edition suhrkamp

Redaktion: Günther Busch

Albert Soboul, nach dem Tode Georges Lefebvres unstreitig der führende Historiker der Französischen Revolution, hat mit dieser monographischen Darstellung das Standardwerk über die Ereignisse zwischen dem 2. Juni 1793 und dem 9. Thermidor im Jahre II verfaßt. In dieser Phase bildeten die Sansculotten, das einfache Volk von Paris, die entscheidende Kraft der politischen Entwicklung. Sobouls Untersuchung, die sich auf die Erhellung der Lebensbedingungen, der Handlungsmotive, der Forderungen und Hoffnungen, der politischen Organisationen dieser Volksbewegung konzentriert, ist der bislang einzige (und ein einzigartiger) Versuch eines Historikers, den Sansculottismus aus seinen Wurzeln zu erklären und seinem Einfluß auf die Geschichte der bürgerlichen Revolution in Frankreich umfassend nachzuspüren. Der Autor beschreibt die Wendungen und Wechselfälle des Aufstands und seine Verankerung im Alltag der Beteiligten; er schildert die Sansculotten in den Sektionsversammlungen, auf der Straße, in den Kämpfen, in ihren Wohnungen und ihren konkreten Lebenszusammenhängen. Mit der Ausgabe dieses Buches in der *edition suhrkamp* wird das international hochgerühmte und wohl bedeutendste Werk über diesen Gegenstand auch dem Leser in der Bundesrepublik zugänglich.

Albert Soboul
Französische Revolution und Volksbewegung: die Sansculotten

Die Sektionen von Paris im Jahre II

Bearbeitet und herausgegeben von Walter Markov

Suhrkamp Verlag

Der Bearbeitung liegt zugrunde Teil II von *Les Sans-culottes parisiens en l'an II. Mouvement populaire et gouvernement révolutionnaire 2 juin 1793 – 9 thermidor an II*
Die Übersetzung aus dem Französischen besorgte Claus Werner

edition suhrkamp 960
Erste Auflage 1978
© Rütten & Loening, Berlin 1962. Lizenzausgabe mit freundlicher Genehmigung von VEB Deutscher Verlag der Wissenschaften, DDR. Alle Rechte vorbehalten. Printed in Germany. Satz, in Linotype Garamond, Druck und Bindung bei Georg Wagner, Nördlingen. Gesamtausstattung Willy Fleckhaus.

Inhalt

Vorbemerkung 7

Einleitung 9

I. Mentalität und soziale Zusammensetzung der Volksmasse und ihrer Vorkämpfer 20
Die gesellschaftlichen Widersprüche und ihre Widerspiegelung im Bewußtsein der Volksmassen 20
Statistische Unterlagen 46

II. Die sozialen Bestrebungen der Pariser Sansculotterie 70
Vom Recht auf Dasein zur »Gleichheit der Lebenshaltung« 70
Von der »Gleichheit der Lebenshaltung« zur Einschränkung des Eigentumsrechts 76
Sansculotterie und Handelskapital 89
Die Steuerpolitik der Volksmassen 98
Um das Recht auf Arbeit und Unterstützung 108
Das Recht auf Bildung 112

III. Die politischen Tendenzen der Pariser Sansculotterie 123
Die Volkssouveränität 123
Kontrolle und Abberufbarkeit der gewählten Vertreter 136
Permanenz und Autonomie der Sektionsversammlungen 150
Der Aufstand 162

IV. Die politische Praxis der Volksmassen 169
Die Öffentlichkeit als »Schutzschild des Volkes« 169
Die Einheit, »Unterpfand des Sieges« 182
Die Gewalt 200

V. Die politische Organisation der Pariser Sansculotterie 205

Die Sektionsversammlungen 206
Ausschüsse und Beamte der Sektionen 225
Von den Volksgesellschaften zu den Sektionsgesellschaften 243

VI. Der militante Sansculotte im täglichen Leben   276

Ausblick   307
Volksbewegung und bürgerliche Revolution.
Versuch einer Bilanz   307

Anmerkungen   322

Anhang   380

Vorbemerkung

Dem deutschen Leser ist Albert Soboul, Professor an der Universität Clermont-Ferrand, kein Unbekannter. Beiträge aus seiner Feder sind im Verlag Rütten & Loening in den Sammelbänden *Jakobiner und Sansculotten* (1956), *Beiträge zum neuen Geschichtsbild* (1956) und *Maximilian Robespierre* (1961) erschienen; ebenso hat er an der Dokumentation *Die Sansculotten von Paris* (Akademie-Verlag Berlin, 1957) mitgewirkt. Hingegen lagen Übersetzungen von Sobouls größeren Arbeiten *Die Französische Revolution, Die Armee im Jahre II* und *Bürgerliche Revolution und Volksbewegung* bisher zwar in russischer, tschechischer, italienischer und japanischer, nicht aber in deutscher Sprache vor. Verlag und Herausgeber sind der übereinstimmenden Meinung, die Lücke mit den *Sektionen von Paris im Jahre II* würdig und nutzvoll schließen zu können.

Albert Soboul steht nach dem Ableben unseres gemeinsamen Lehrers Georges Lefebvre unstreitig an der Spitze einer Geschichtsschreibung der Revolution »von unten«, wie sie in Frankreich bezeichnet wird: einer Geschichtsschreibung, die die Revolution von ihrer realen Basis, den Volksmassen, her begreift und verdeutlicht. Prinzipiell ist dazu von marxistischer Seite gewiß bereits Wegweisendes gesagt worden. Die eigentliche Probe aufs Exempel in Gestalt einer umfassenden monographischen Darstellung scheint uns jedoch erst Sobouls Thèse *Les Sans-culottes parisiens en l'an II. Mouvement populaire et gouvernement révolutionnaire, 2 juin 1793 – 9 thermidor an II* (La Roche-sur-Yon 1958) geleistet zu haben.

Die von uns besorgte deutsche Ausgabe ist keine Wiedergabe der 1168 Seiten des für den Spezialisten ohnehin unentbehrlichen Originalwerkes, das die Erzählung des geschichtlichen Ablaufs der Jakobinerdiktatur einschließt. Vom Verfasser schon vor Drucklegung des französischen Textes dazu autorisiert, beschränken wir das hier vorgelegte Buch – mit dem Mittelstück (Teil II) der These übereinstimmend, jedoch bei Straffung des wissenschaftlichen Apparates – auf die Klassenanalyse jenes einfachen Volkes von Paris, das in seiner revolutionären Komplexität so schwer zu fassen ist und für das sich die Historiker mancher Hilfsbegriffe, wie Plebejer, Sansculotten, menu peuple oder низы, bedient haben, ohne den Sachverhalt damit wirklich immer angemessen und vor allem vollständig auszudrücken.

Die Krise der Republik in Frankreich und der antikoloniale Befreiungskampf der Völker Asiens, Afrikas und Lateinamerikas haben – ungeachtet oder besser: gerade infolge der neuen Vorzeichen, die ihr mit der Großen Sozialistischen Oktoberrevolution gesetzt sind – der »Jakobinerfrage«: bürgerliche Revolution und Volksbewegung, neue Aktualität verliehen. Es mag nicht nur für den Fachmann wesentlich sein, sie auch an ihrem Ursprung zu studieren.

Walter Markov

Einleitung

Alle Geschichtsschreiber der Französischen Revolution haben mit Nachdruck auf die Rolle der städtischen Volksmassen verwiesen, vor allem auf die Rolle des Volkes von Paris: zu einem großen Teil war die Revolution sein Werk. Vom Frühjahr 1789 bis zum Frühjahr 1795, vom 14. Juli bis in die Prairialtage des Jahres III, hat es für die Revolution seine ganze Kraft hingegeben, hat es seine ganze Hoffnung in sie gesetzt, für sie gelebt und gelitten. Kein Historiker hat an diesem entscheidenden Anteil vorbeizugehen vermocht.

Das Volk ist der Hauptakteur in Michelets *Histoire de la Révolution française*[1]. Nicht die Sansculotten – das *Volk;* und es gibt keinen Versuch einer Definition oder einer Analyse, was und wer das ist: das *Volk* steht hier für die Gesamtheit der in einer mythischen Person zusammengeballten und emporgereckten Nation, so wie das auch mit »La France« bisweilen geschieht. Und dennoch: ist im wechselvollen Verlauf der Revolution die Rolle des Pariser Volkes immer in ihrer wirklichen Tragweite erfaßt worden? Haben ihm die Historiker die Stellung zugewiesen, die ihm zukommt? Oder haben nicht im Gegenteil mehr oder weniger alle dazu geneigt, sein Wirken letztlich durch die Bourgeoisie entscheidend bestimmt zu sehen, haben sie nicht dieses Wirken als fast ausschließlich gegen die Aristokratie und den Feudalismus, gegen die königliche Macht und das Ancien régime gerichtet aufgefaßt? Sollten die Sansculotten, und insbesondere die Sansculotten von Paris, tatsächlich stets nur in voller und herzlicher Übereinstimmung mit der revolutionären Bourgeoisie gehandelt haben?

Gewiß, dieses Problem ist aufgetaucht und erkannt worden. Schon von Thiers, der hier und da auf die besondere Rolle der Pariser Sektionen und die Unabhängigkeit ihrer Bewegung hinweist, so vor allem in Angelegenheiten der Versorgung der Stadt, wo er im Februar 1793 die Sektionen, die die Taxierung fordern, in scharfen Gegensatz zu den Jakobinern stellt, die »die Taxierung als gefährlich für die Freiheit des Handels ablehnten«[2]. Das ist offenkundig rasch hingesagt; die Darstellung bleibt im wesentlichen auf der politischen Ebene – die sozialen Kämpfe als der eigentliche Hintergrund der Volksrevolution treten gar nicht in Erscheinung. Thiers' Informationen stammen aus offiziellen Dokumenten und Memoiren; der gewaltige Stapel von Dokumenten der Pariser Sektionen, der damals noch vorhanden war, ist nicht eines Blickes gewürdigt worden.

Michelet ging weiter. In seinem Vorwort von 1868 beschreibt er, wie sein Buch aus den Akten der Archive geboren ist. »Wo ich zu den großen Tragödien des revolutionären Paris vordringen wollte, öffnete mir das Rathausarchiv den Zugang zu den Registern der Kommune; die Polizeipräfektur zeigte mir die bunte Vielfalt in den Protokollen unserer 48 Sektionen.«[3] Michelet hat sich nicht damit zufriedengegeben, die Tätigkeit der Munizipalität zu studieren, d. h. der vom Volk gewählten Stadtverordneten: er hat dem Volk selbst in seinen Sektionen nachgespürt. Im Falle des 31. Mai sagt er, wie er »mit peinlicher Sorgfalt die Register der 48 Sektionen gelesen und abgeschrieben hat«; bei der Rekonstruktion des 9. Thermidor ist er »Schritt für Schritt« den 31 Sektionsprotokollen gefolgt, die damals noch vorhanden waren.[4] Halten wir immerhin seinen guten Vorsatz fest: doch Michelet hat sich kaum um mehr gekümmert als das, was er die »großen Tragödien des revolutionären Paris« nannte, als nämlich die Sansculotten aus dem Hintergrund auf die große Bühne des revolutionären Geschehens hervorbrachten. Er hat dem Volk als eigentlich geschichtswirkender Kraft seinen Platz in der Geschichte gegeben, aber er hat es sich erspart, sein alltägliches Leben zu erforschen. Was waren denn seine Sorgen und seine Hoffnungen, seine Anliegen und seine Motive? Und wer war überhaupt dieses Volk? War die Sansculotterie eine homogene Masse? Waren ihre Interessen vom Handlanger bis zum selbständigen und besitzenden Handwerker die gleichen? Und wer waren, genau genommen, diese Sektionen, diese Ausschüsse, diese Volksgesellschaften, die plötzlich im Durcheinander der grandes journées auftauchten, um alsbald wieder im Schatten zu versinken? In ständiger Arbeit mit den Dokumenten, in der dauernden Auseinandersetzung mit den Augenzeugen eine lebendige Kenntnis vom Geschehen der Revolution erhaltend, hat es Michelet vermocht, der tiefsten Seele dieses

Volkes, das die Revolution gemacht hat, mit seinem Überschwang und seinen Illusionen Ausdruck zu verleihen. Er hat von der großen Hoffnung von 1789 gesprochen, vom Volkszorn über das aristokratische Komplott, vom patriotischen Elan von 1792. Mit dem Volke in den Vierteln lebend, wo das Andenken an Marat, an Jacques Roux und den Père Duchesne noch lebendig war, hat er Freundschaft zu Hébert und den Enragés gefaßt und die große Enttäuschung der Massen im Frühjahr 1794 nachempfunden. Aber hat er die wirkliche Bedeutung der politischen und sozialen Bestrebungen der Pariser Sansculotterie begriffen, wenn er aus Jacques Roux einen der ersten Sozialisten macht? »Im Herzen selbst von Paris, in den düsteren und engen Arbeiterstraßen (der Sektionen Arcis und Saint-Martin)«, schreibt er in seinem Vorwort von 1868, »keimte der Sozialismus, eine Revolution hinter der Revolution.«[5] Verlegt Michelet – und zwar aus Gründen seiner Polemik mit Louis Blanc über Robespierre – hier nicht seine eigenen Interessen, die Interessen eines Menschen des 19. Jahrhunderts, an das Ende des 18. Jahrhunderts?

Sosehr Michelet mit Sympathie und menschlicher Wärme an das Studium der Dokumente der Pariser Sektionen herangegangen war, sosehr unterzog sich Mortimer-Ternaux dieser Aufgabe mit zum System erhobenem Naserümpfen. Für seine *Histoire de la Terreur* suchte er verbissen aus den Protokollen alles heraus, was seine politische Voreingenommenheit untermauern und beweisen konnte, daß die Sektionen von Paris praktisch »achtundvierzig Herde immerwährender Wühlarbeit«[6] waren. Immerhin sind uns dadurch sorgfältige Abschriften heute verlorener Dokumente erhalten geblieben.

Taine wiederum hat für seine *Origines de la France contemporaine*, meist ohne auf die eigentlichen Quellen zurückzugehen, bei seinen Vorgängern, insbesondere im Werk von Mortimer-Ternaux, alle feindseligen Äußerungen zusammengesucht, die seine vorgefaßten Ideen stützen konnten: er kennt vom Pariser Volk, »diesem sich auf einem Purpurteppich sielenden Vieh«[7], wirklich nur ein Zerrbild. Gleichwohl hat Taine Forschungsrichtungen aufgezeigt, die sich unbedingt als fruchtbar erwiesen. Er hat die sozialen Wesensmerkmale des Vorstoßes der Sektionen herausgestellt und dargelegt, inwiefern dieser Vorstoß der Bourgeoisie gefährlich war. In seinem

Bestreben, die Volksbewegungen mit gleichen Anteilen von Verachtung und Furcht darzustellen, hat er ihre Vielschichtigkeit hervorgehoben und das Übereinandergreifen der gesellschaftlichen Kräfte, der Einzelinteressen und der die Massen bewegenden Anliegen aufgezeigt. Insofern ist Taine anregend.

Dieser positiven Forschung, von der Vorurteil und Klassengebundenheit Taine abgelenkt hatten, hat sich in aller Bescheidenheit ein Mann gewidmet, dessen Werk, wenn es auch nicht den Vergleich mit den Arbeiten seiner illustren Vorgänger aushält, doch wenigstens das Verdienst zukommt, einen Weg gezeigt zu haben. 1898 veröffentlichte Ernest Mellié sein Buch *Les sections de Paris pendant la Révolution française*. Bestrebt, vor allem ihrem Aufbau und ihrer Wirkungsweise nachzuspüren, will er die Pariser Sektionen nicht auf der Straße, an den Kampftagen oder am Rednerpult ihrer Versammlungen zeigen, »sondern bei sich daheim, in ihren täglichen Zusammenkünften, inmitten ihrer vielfältigen Aufgaben«[8]. So in den Versammlungen, Ausschüssen, Gesellschaften betrachtet, erscheint die Tätigkeit der Volksmassen nicht mehr diskontinuierlich und auf rein politisches Wirken beschränkt, sondern als Tagesarbeit, zu einer Kette sich anreihend, die allen Bedürfnissen des Lebens Rechnung trägt und Aufmerksamkeit zollt. Auf solche Weise wäre der politischen Aktion ihr gesellschaftlich-soziales Fundament zurückgegeben. Ein weitgespanntes Programm, das, wäre es zu Ende geführt worden, in einem getreuen Abbild des täglichen beschwerlichen Lebens des revolutionären Paris gegipfelt hätte. In Wirklichkeit aber hat sich Mellié mit einer in der Hauptsache institutionellen Studie zufriedengegeben: wann die Sektionen geschaffen worden sind, nach welchen Gesetzen sich ihr Dasein regelte, wie sie aufgebaut waren, ihre Aufgaben verteilten, ihre Vollmachten nach und nach erweiterten und aus einfachen Wahlkörperschaften zu autonomen Gemeindevertretungen wurden, machtvoll genug, den Pariser Gemeindebehörden ebenso wie den Nationalversammlungen entgegenzutreten. Mellié ist den Sektionen bei ihren vielfältigen Angelegenheiten gefolgt, hat ihr ganzes Räderwerk wieder in Gang gesetzt und sie in der ganzen Weitgespanntheit ihrer Aufgaben zu neuem Leben erweckt. Hat er aber ins Licht zu bringen vermocht, was die Volksbewegung, der die Pariser Sektionäre als Kader dienten, an Besonderem auszeichnete? »Die Geschichte der Sektionen zu schreiben, das bedeutete fast ebensoviel, wie die Revolution zu schildern«[9], schreibt Mellié, und er gibt damit letzten Endes zu, daß sich die Aktion des Volkes nur im Gefolge der Bourgeoisie entwickelte und sich durch keine Besonderheit, keine Eigenständigkeit hervorhob. Wenn es auch wahr ist, daß die Pariser Sektionen nicht nur an den grandes journées Einfluß auf den Verlauf der Revolution genommen haben, sondern daß sie Tag für Tag in die Debatten der Nationalversammlungen und Gemeindevertretungen eingegriffen haben, so daß in dieser Hinsicht wirklich ihre Geschichte nur zu oft mit der Geschichte der Revolution selbst verschmilzt, so gilt daneben dennoch, daß sie gleichwohl ihr eigenes und überaus intensives Leben gelebt haben, ein Leben mit ganz besonderen und ihm eigentümlichen Akzenten. Die Geschichte der Pariser Sektionen zu schreiben bedeutet also nicht, die Revolution als solche zu schildern; es bedeutet, zumindest von 1792 an, die Geschichte der Pariser Sansculotten zu schreiben.

Diese Geschichte der Sektionen, vor der Mellié zurückgeschreckt ist, hat F. Braesch für die Zeit von Juni bis Dezember 1792 zustande gebracht. Seine Arbeit ist der Geschichte von Paris ebensosehr gewidmet wie der »Kommune vom 10. August 1792«. »Es schien mir, daß die bemerkenswerteste historische Persönlichkeit der Französischen Revolution, ... diese Persönlichkeit mit hundert Köpfen und tausend Armen, die Paris heißt, nun auch endlich einmal verdiente, in die Mitte der Terreur gestellt zu werden.«[10] Mehr als in dem zentralen Organismus der eigentlichen Kommune muß man in den Sektionen die wahrheitsgetreue Erklärung für die Gemeindepolitik und damit nur zu oft für die allgemeine Politik suchen. Deshalb hat sich Braesch der Aufgabe unterzogen, »mit Sorgfalt das komplizierte Spiel der Politik der Sektionen zu verfolgen«[11], ihre Geschichte zu schreiben und damit ein ganz ursprüngliches und positives Werk zu schaffen. Gleichwohl ist dieser Arbeit eine gewisse Beschränkung auferlegt. Auch wenn er nach eigenem Eingeständnis ökonomischen und religiösen Fakten breiten Raum einräumt, versucht der Autor doch immer wieder, diese Fakten nur vom politischen Standpunkt aus zu sehen. Ein Wort Michelets aufgreifend, macht er aus der ökonomischen Frage »eine Konsequenz und eine wesentliche Vertiefung der Freiheit«; die Freiheit »geht allem voraus«.¹² Diese Grundhaltung, die einer falschen Analogie zu den sozialen Problemen des 20. Jh. entspringt, verzerrt oft den rechten Blickwinkel. »Der Kampf ging damals wie heute zwischen den Arbeitern und der besitzenden Bourgeoisie.«¹³ Es wird ganz vergessen, daß der Hauptfeind für den Sansculotten immer noch die Aristokratie blieb; der Handwerksgeselle wird mit dem Fabrikarbeiter in einen Topf geworfen: es ist da nämlich mehr vorhanden als »einfach ein Unterschied in der Daseinsweise«. Dieser Unterschied berührt das Wesen beider Gruppen selbst.

Albert Mathiez trifft den Kern des Problems, wenn er in *La vie chère et le mouvement social sous la Terreur* aus der Handelsfreiheit einerseits und der Zwangsbewirtschaftung andererseits den Einsatz der Partner im Kampf zwischen Sansculotten und Besitzenden macht, wenn er darstellt, wie die Enragés dem Recht auf Eigentum das Recht auf Leben entgegensetzen. Aber hatten nicht auch zahlreiche Montagnarden die gleiche Unterscheidung getroffen? Mathiez beschäftigt sich vor allen Dingen mit Fragen der Versorgung und verweist mit Recht auf »den tiefen und heftigen Gegensatz« zwischen dem System des allgemeinen Maximums, zwischen der von den Sansculotten angestrebten wirtschaftlichen Terreur einerseits und den »Herzensanliegen einer leidenschaftlich für die Sache der Freiheit eingenommenen Gesellschaft«¹⁴ (oder sagen wir genauer: für die Interessen der Bourgeoisie) andererseits. Das führt ihn dahin, daß er die *politische* Unvereinbarkeit der sansculottischen Demokratie mit der Revolutionsregierung außer acht läßt, die Rolle Robespierres hingegen überschätzt.

Im Gegensatz dazu hat Daniel Guérin in *La lutte de classes sous la première République* Robespierre zum Vorläufer der Thermidorreaktion gemacht. Er hat in der Pariser Sansculotterie eine Avantgarde und in ihrem Erhebungsversuch des Jahres II eine Keimform der proletarischen Revolution sehen wollen. Auf diese Weise sollte die *Theorie der permanenten Revolution* ihre Bestätigung finden, wonach sich angeblich im Rahmen der bürgerlichen Revolution des 18. Jahrhunderts schon die proletarische Revolution des 20. Jahrhunderts herausschälen sollte. »1793 lagert sich der bürgerlichen Revolution schon eine Keimform der proletarischen Revolution auf.«[15] So werden Probleme unserer Zeit auf das 18. Jh. übertragen, wird aus der Handwerks- und Krämersansculotterie ein Fabrikproletariat gemacht, wird für eine proletarische Avantgarde gehalten, was oftmals nichts weiter ist als ein Trupp ideologischer Nachzügler, der die aufgabereifen Positionen der traditionellen Wirtschaftsform verteidigt. Jeder eigenständige Zug wird auf diese Weise der Volksbewegung in der Revolution genommen.

Ob sie nun das Wirken der Volksmassen unter dem Blickwinkel der Bourgeoisie und als wesentlich gegen die Aristokratie und das Ancien régime gerichtet sahen, mithin in völliger Übereinstimmung mit dem Wesen der bürgerlichen Revolution, oder ob sie andererseits darin eine Bewegung erkannten, die den sozialen Kämpfen des 19. und 20. Jh. vorgriff: jedenfalls haben die meisten Historiker – mit verschiedenen Nuancen, die zweifelsohne auf ihre jeweiligen besonderen Auffassungsweisen, ihre soziale Herkunft und die Zeit, der sie entstammen, zurückzuführen sind – letztlich den eigenständigen und spezifischen Charakter der Volksrevolution verkannt.

Es ist natürlich evident, daß die Sansculotterie in erster Linie gegen die Aristokratie und den königlichen Absolutismus gekämpft hat. Der 14. Juli liefert dafür ebenso den Beweis wie Valmy und die patriotische Begeisterung der Freiwilligen. Die Sansculotten haben der revolutionären Bourgeoisie die für die Beseitigung des Ancien régime und die Niederwerfung der Koalition unerläßlichen Kampftruppen gestellt. Trotzdem bildeten sie eine gesellschaftliche Kategorie, die in vielen Dingen der Bourgeoisie als Gegner gegenüberstand. Zwar konnten sie nicht von sich aus die Marschrichtung der Revolution ändern, aber sie haben dennoch ihre eigenen Ziele verfolgt, oftmals im Zusammengehen mit der Bourgeoisie, manchmal auch gegen sie. Wie die Bauernschaft strebte die Sansculotterie über die Vernichtung der Aristokratie hinaus nach Zielen, die sich nicht genau mit jenen der führenden revolutionären Klasse deckten. So wie innerhalb der Revolution eine autonome bäuerliche Strömung existierte, so hat sich auch eine spezifisch sansculottische Strömung herausgebildet.

Die Ursprünge dieser Strömung sind in der Stellung der Handwerkerschaft und der kleinen Ladenbesitzer innerhalb der Gesellschaft des Ancien régime zu suchen, in jener Krise der französischen Wirtschaft, auf die die Arbeiten von C.-E. Labrousse ein neues Licht geworfen haben. Sie liegen in der immer größer werdenden Erschwernis der Lebensbedingungen der Pariser Volksmassen schon weit vor 1789. Denn ebenso wie durch das aristokratische Komplott sind die Sansculotten durch die Lebensmittelkrise in Bewegung gesetzt worden. Eigenständig in ihren Ursprüngen, ist es diese Volksbewegung auch in ihrem Verlauf und ihrer politischen Organisation: davon zeugen die Vollversammlungen der Pariser Sektionen, wo die Sansculotten im Jahre II Alleinherrscher sind, und mehr noch die Sektionsgesellschaften, die im Herbst 1793 neu gegründet wurden. Ein Abgrund klafft zwischen ihnen und den Volksgesellschaften der Zensusperiode. Ein Abgrund auch, selbst im Jahre II noch, zwischen einer Sektionsgesellschaft und dem Jakobinerklub. Eigenständig und autonom ist diese Volksbewegung auch in ihren Krisen, wie in jener vom Sommer 1793, die in den Tagen des 4. und 5. September gipfelte. Albert Mathiez hatte diese Tage als »hébertistischen Vorstoß«[16] bezeichnet, Guérin als »ausgesprochene Arbeitermanifestation«[17]. Dabei waren sie nichts weiter als sansculottische Kampftage, wobei Hébert, Chaumette und die Kommune von Paris eher nachzogen als führten. Diese Tage stehen in keiner engen und eindeutigen Verbindung mit dem allgemeinen Verlauf der Revolution: die Sansculotten forderten Fixpreise für die Lebensmittel und die staatliche Reglementierung ihres Verkaufs, und erst am 29. September trug die jakobinische Bourgeoisie unter innerem und äußerem Druck ihrem Verlangen Rechnung.

So enthüllt sich schließlich der besondere Charakter der Tendenzen der Sansculotterie. Eng mit der staatlichen Reglementierung und Preisfestsetzung verbunden, die das Wesen der alten Produktions- und Austauschweise ausgemacht hatten, stand sie in ihrer Mehrheit der Geisteshaltung der Bourgeoisie feindlich gegenüber, die die Nationalversammlungen und die Verwaltungen füllte und nicht Ruhe ließ, ehe sie nicht eine ökonomisch-juristische Freiheit fest gegründet hatte, die ihren Unternehmungen alle Anlaufmöglichkeiten gewährte. Die Mentalität der Pariser Sansculotten war in ihrem Wesen oftmals identisch mit jener der Bauern, die ihre bäuerlichen

Gemeinfreiheiten und ihre Kollektivrechte, die ihnen die Existenz sicherten, gegenüber der sich durchsetzenden kapitalistischen Landwirtschaft und dem agrarischen Individualismus verbissen verteidigten. Jenseits des großen Konflikts zwischen dem dritten Stand und der Feudalaristokratie scheinen sich das Frankreich der Handwerker und Gesellen, der kleinen Ladenbesitzer und der Kleinbauern und das Frankreich der agrarischen Großpächter, der Handelsherren und der Unternehmer gegenüberzustehen.

Dabei zogen die sozialen Antagonismen politische Gegensätze nach sich. Die Volksbewegung tendierte von 1789 an zur Dezentralisation und zur lokalen Autonomie hin. Es war dies ein fernes, tief verwurzeltes und durch die gebieterische Notwendigkeit einer starken monarchischen Macht lange Zeit zurückgedrängtes Ziel, das nun durch die Revolution freigesetzt wurde. Tocqueviille hat sich kaum Mühe gegeben, die Mentalität der Volksmassen zu ergründen, und er ist auch nicht bis zu ihr vorgedrungen. Sie steht in scharfem Gegensatz zur Hauptthese seines Buches, daß nämlich das ganze Ancien régime hindurch der Zug zur Zentralisation geherrscht habe. Der Krieg machte die Zentralisation neuerlich zur gebieterischen Notwendigkeit. Anfang des Jahres 1793 schweißte die nationale Verteidigung das, was vom revolutionären dritten Stand übrig war, zu einer Einheit zusammen: sie allein konnte den Bestand des neuen Staates sichern. Das Volk war es, das die Revolutionsregierung, die Levée en masse und die Zwangswirtschaft, die die Städte ernähren und die Armeen versorgen sollte, durchsetzte. Die Bourgeoisie, die von Anfang an die Zügel der Revolution in der Hand hielt, wollte in Gestalt der Montagnarden auch hierin die Leitung an sich reißen. Würden sich aber die Sansculotten mit Gehorsam bescheiden? Die Revolutionsregierung war geschaffen worden, um den Krieg an den Fronten zu führen und im Innern den Untergang der Aristokratie zu vollenden. Aber würden die Sansculotten, wenn sie sie schon einmal an die Macht getragen hatten, auch das Gewicht einer starken und zentralisierten Regierung ertragen? Der Konflikt mußte sich verschärfen an der Verschiedenheit der Einstellungen und des politischen Verhaltens: denn konnten die Sansculotten von der Demokratie und der revolutionären Diktatur die gleiche Auffassung haben wie die Bourgeoisie?

Damit wird das Ineinandergreifen der sozialen und politischen Kämpfe immer verworrener. Die historische Entwicklung läßt sich nicht in einen mechanischen Schematismus pressen, sie ist dialektische Bewegung. Wer sich mit ihrem Studium befaßt, muß sich bewußt sein, daß hier Simplifizierung Verfälschung bedeutet; er muß sich Klarheit verschaffen ebenso über die Vielfältigkeit, die ihren Reichtum darstellt, wie über die inneren Widersprüche, die jede historische Entwicklung zu einem hochdramatischen Geschehen verdichten.

Die Geschichte dieser Volksbewegung, die vom Frühjahr 1789 bis zum Frühjahr 1795 die Revolution durchzogen, mit dramatischen Akzenten versehen und ihr oftmals auch den Stempel aufgeprägt hat, läßt sich auch heute noch aus direkten Quellen erschließen. Gewiß, vieles ist unwiederbringlich verlorengegangen, und es sind nur noch unvollständige Serien und verstreute Bündel vorhanden. Aber dennoch sind die Quellen immer noch zahlreich genug und erweisen sich als noch längst nicht ausgeschöpft.

Der große Komplex der Akten, den die Pariser Sektionen und ihre verschiedenen Ausschüsse bei ihrem Verschwinden als beredtes Zeugnis ihrer ungeheuren Aktivität und ihrer vorrangigen Rolle in der Revolution zurückgelassen haben, erscheint heute verstümmelt und zerrissen. Immerhin, wenn man die in verschiedenen Archiven liegenden Bestände und einzelnen Stücke zusammenträgt, verfügt man über zahlreiche und in ihrem Gegenstand verschiedenartige Dokumente. Ein sorgfältiges Studium dieser Akten wird auf jeden Fall auf die Geschichte der Revolution ein neues Licht werfen und gestatten, den wirklichen Platz der Pariser Sansculotten zu bestimmen, ohne deren Mithilfe es der Bourgeoisie niemals gelungen wäre, den Sieg davonzutragen.

Es ist unsere Aufgabe, hier ihre Stellung inmitten der Geschehnisse der Revolution nachzuzeichnen, besonders vom 2. Juni 1793 an, der als Lohn ihres Kampfes den Sturz der Gironde und den Untergang der liberalen Republik brachte, bis zum 9. Thermidor, an dem mit Robespierre ihr Traum von einer egalitären Republik hinstarb. Dem Studium des Konvents und seiner Ausschüsse, dem Studium der Kommune von

Paris, Gegenständen, die bis heute vor allem die Aufmerksamkeit der Historiker auf sich gezogen haben, wollen wir das Studium des Pariser Volkes in seinen Vollversammlungen und seinen Sektionsgesellschaften hinzufügen. Unter neuem Blickwinkel werden sich neue Aspekte eröffnen und unsere Kenntnisse vertiefen. Die Geschichte der »großen Tragödien des revolutionären Paris«, um noch einmal den Ausdruck von Michelet aufzugreifen, entwickelte sich auf mehreren Ebenen: auf jener des Konvents und seiner Ausschüsse, der Kommune, der Sektionen selbst, auf der Ebene der allgemeinen Bewegungsrichtung der Revolution und einer der Volksbewegung vorbehaltenen. Von einer zur anderen Ebene sind Überschneidungen sehr zahlreich. 1793 und im Jahre II ergeben sich daraus zwei Fragenkomplexe. Ein Problem politischer Natur: Wie konnte die ihren besonderen Interessen und Auffassungen entspringende Haltung der Sansculotten mit den Erfordernissen der revolutionären Diktatur und der nationalen Verteidigung in Übereinstimmung gebracht werden? Oder anders gesagt: Wie sollte das Problem des Verhältnisses einer Volksdemokratie zur bürgerlichen Revolutionsregierung gelöst werden? Und ein Problem sozialer Natur: Wie sollten die wirtschaftlichen Bestrebungen und Forderungen der Sansculotten mit den Bedürfnissen der Bourgeoisie, die ja immerhin an der Spitze der Revolution stand und blieb, auf einen Nenner kommen? Oder wieder anders gesagt: Wie sollte das Problem des Verhältnisses der arbeitenden Klassen zu den besitzenden Klassen gelöst werden?

Es kommt uns hier darauf an, in der Beschränkung auf den geographischen Raum von Paris und auf den Zeitabschnitt, den wir untersuchen, zu zeigen, daß die Volksbewegung ihre Autonomie und ihre Besonderheit besitzt und daß man ihr einen maßgeblichen Platz in der Geschichte der Revolution einräumen muß: zunächst, um unsere Kenntnis ihres Klassenhintergrundes zu erweitern, aber auch, um sie fester in die Herausbildung der Grundlage des heutigen Frankreich einzuordnen, dessen Nationalgeschichte – und wir möchten dies unterstreichen – von ihr unauslöschliche Züge empfangen und bewahrt hat.

I. Mentalität und soziale Zusammensetzung der Volksmasse und ihrer Vorkämpfer

Neun Monate lang, von Juni 1793 bis Februar 1794, hat die Bewegung der Pariser Sansculotten die Grundlage gebildet, auf der die Revolutionsregierung ihre Macht auf- und ausbauen konnte, auf der die »Diktatur der öffentlichen Wohlfahrt« ruhte. Ebenso lange hat es die Bewegung verstanden, einer widerwilligen Nationalversammlung ökonomische Maßnahmen abzuringen, die das Los der Volksmassen bessern konnten. Sucht man nun hinter solchen Ergebnissen der Sansculottenbewegung deren Triebfedern, so taucht zunächst die Frage auf: Wer sind, als soziale Gruppe, die Pariser Sansculotten, wer gehört alles unter diesen Begriff?

Die Antwort ist nicht leicht. Dokumente von Wirtschafts- oder Steuerbehörden, die eine genaue Analyse gestatten würden, liegen nicht vor. Die wenigen statistischen Angaben, die man heranziehen kann, sind durchweg unvollständig oder ungenau. Im großen und ganzen läßt sich die soziale Struktur der Sansculotterie nur auf dem Umweg über die politischen Dokumente ermitteln, insbesondere aus den Akten der »antiterroristischen« Unterdrückungswelle des Jahres III. In dem Maße, wie hier der Antagonismus zweier sozialer Kategorien deutlich wird, können wir die Mentalität und das Verhalten der Pariser Sansculotten erkennen. Wir erfahren allerdings nicht so sehr, was sie wollen, sondern eher, was sie nicht wollen. Dieses Fehlen eines entwickelten Klassenbewußtseins entspricht der sozialen Zusammensetzung des Pariser Volkes, soweit sie sich feststellen läßt; besser noch erklärt es sich aus der sozialen Zusammensetzung der politischen Kader in den einzelnen Sektionen.

Die gesellschaftlichen Widersprüche und ihre Widerspiegelung im Bewußtsein der Volksmassen

Ehe versucht werden kann, die sozialen Konturen der Sansculotterie zu umreißen, muß in Betracht gezogen werden, wie sie sich selbst definiert. Texte, aus denen sich in dieser Hinsicht ein erster Überblick gewinnen läßt, sind vorhanden.

Äußerliches Kennzeichen des Sansculotten ist seine Kleidung; durch sie hebt er sich von den sozial Höhergestellten ab. Wer die lange Hose trägt, rechnet zum Volk. Die Kniehose, »culotte«, ist die Tracht der Aristokratie und, verallgemeinert, der oberen Schichten des alten dritten Standes. Robespierre stellte den »Sans-culottes«, die die Kniehose nicht tragen, die »Culottes dorées«, die »vergoldeten «Kniehosen, gegenüber. Die Sansculotten treffen die gleiche Unterscheidung. Als der Polizeispitzel Rousseville in seinem Bericht vom 25. Messidor des Jahres II über Intrigen schreibt, die den Überwachungsausschuß von Sceaux unterhöhlen, stellt er den Gegensatz zwischen den »Seidenstrümpfen« und den Sansculotten besonders heraus.[1] Erst recht gilt diese Betonung des Unterschiedes in der Kleidung für den »Stutzer«. Am 4. Prairial des Jahres III wird der Uhrmachergehilfe Barack aus der Sektion Lombards verhaftet, weil er gesagt hat, »den Schuften von Stutzern würde auch noch die Haut über den A... gezogen«. Auf die Frage, wen er mit den Stutzern meine, antwortet er, das wären »für ihn diejenigen, die gut gekleidet sind«[2]. Einen Tag später wird der Kanonier Fontaine aus der Sektion Réunion verhaftet. Er redet immerfort von seiner Rache an den Stutzern und meint damit diejenigen in der Nationalgarde, die ihm am besten angezogen vorkamen.[3]

Der besonderen Kleidung entspricht ein besonderes soziales Verhalten, das sich eigentlich wiederum als Nicht-Verhalten manifestiert. Die Umgangsformen des Ancien régime haben für das Jahr II keine Gültigkeit mehr: Die Sansculotten verlangen auch in den gesellschaftlichen Beziehungen Gleichberechtigung. Am 5. Plubiôse des Jahres II wird der Zimmereiunternehmer und Holzhändler Jean-Baptiste Gentil verhaftet, weil er seinen Verpflichtungen gegenüber der Republik nicht nachgekommen ist. Das Revolutionskomitee der Sektion Quinze-Vingts wirft ihm unter anderem auch sein Auftreten vor: »Man durfte nur mit dem Hut in der Hand zu ihm kommen, er ließ sich auch noch mit ›Monsieur‹ anreden und hat immmer einen hochmütigen Eindruck gemacht«; schon deshalb habe man ihn nie für einen guten Bürger angesehen.[4] Als schlimmstes Vergehen wird dem Eisenhändler Gannal aus der Sektion Réunion, der am 7. Frimaire verhaftet wird, »sein hochnäsiger Charakter gegenüber seinen Arbeitern«[5] vorgehalten. Wenn die Volksgesellschaft der Sektion Poissonnière im Frimaire den Angestellten bei der 4. Abteilung des Marineministeriums Paul Bonjour anzeigt, dann weniger, weil er früher Diener im Kleidermagazin des Herzogs von Orléans war, sondern weil er Ton und Allüren der Vorzimmer des alten Hofes beibehalten hat. Schon sein Gesicht spiegelt »die Regungen eines vom Aristokratismus zerfressenen Herzens«[6] wider.

Vom äußeren Gebaren her schließen die Sansculotten ohne weiteres auf den Charakter, vom Charakter auf die politischen Anschauungen. Was sich mit ihrem Gefühl für Gleichheit und Brüderlichkeit nicht verträgt, ist des Aristokratismus verdächtig. Ein Ci-devant, d. h. ein ehemaliger Adliger, findet nur schwer Gnade vor ihren Augen, selbst wenn ihm keinerlei konterrevolutionäre Handlung ohne Äußerung vorgeworfen werden kann. »Denn solche Menschen können sich niemals zur Höhe unserer Revolution emporschwingen. Immer werden sie den Hochmut im Herzen bewahren, und niemals werden wir ihre einstige Stellung vergessen und die Herrschaft, die sie über uns hatten.« So begründet am 16. Oktober 1793 das Revolutionskomitee der Sektion République die Verhaftung des Herzogs von Brancas-Céreste und stellt gleichzeitig mit Sinn für Wesentliches fest, daß er immer noch 89 980 Livres Rente hat.[7] Hochmut und Verachtung ertragen die Sansculotten nicht. Das sind aristokratische Allüren, die mit dem brüderlichen Geist, der zwischen gleichgestellten Bürgern herrschen soll, unvereinbar sind, und sie verraten ganz offensichtlich eine politische Einstellung gegen jene Demokratie, die von den Sansculotten in ihren Vollversammlungen und Volksgesellschaften verwirklicht wird. In den Berichten über die Verhaftung Verdächtiger rechtfertigen die Sektionsbehörden ihr Vorgehen oftmals mit solchen negativen Charakterzügen ihrer Opfer.

Am 17. September 1793 beschließt das Revolutionskomitee der Sektion Révolutionnaire die Verhaftung des Uhrenhändlers Etienne Gide. Er hat für die Girondisten Partei ergriffen, besitzt aber auch einen »hochmütigen und dünkelhaften« Charakter und spricht oft »voller Ironie«.[8] Ähnliche Gründe führen zur Verhaftung des Advokaten Bourgeois aus der Sektion Réunion. Er hat sich in den Vollversammlungen auf die Seite der Aristokraten gestellt, vor allem jedoch wird ihm sein »hochmütiges Auftreten gegenüber den Sansculotten« zur Last gelegt.[9] In der Sektion Gravilliers ist der Architekt Langlois wohl ein Verfechter der Freiheit, »aber einer Freiheit ohne Gleichheit«. Er hat die armen Sansculotten immer zutiefst verachtet und wird deshalb am 19. Oktober 1793 verhaftet.[10] Am 28. Brumaire beschließt das Revolutionskomitee der Sektion Marchés die Verhaftung des Musikalienhändlers Bayeux, der in der Vollversammlung der Sektion erklärt haben soll, »es sei doch eine Schande, wenn da als Präsident ein Flickschuster, und noch dazu ein so schlecht angezogener, säße«[11]. Den Gerichtsvollzieher Joseph Catoire nennt das Revolutionskomitee der Sektion Bon-Conseil einen Egoisten und Gleichgültigen, vor allem aber verachte er die Sansculotten. Am 28. Frimaire wird er verhaftet.[12] Auch der Kurzwarenhändler Gence hatte »Verachtung für die Sansculotten« gezeigt, und ihm widerfährt wegen »notorischen Mangels staatsbürgerlicher Gesinnung [incivisme]« am 22. Germinal das gleiche Schicksal.[13] In der Sektion Contrat-Social wird am 23. Floréal der Uhrmacher Brasseur verhaftet. Ihm wird vor allem vorgeworfen, daß er gesagt habe, »es sei doch für einen Mann wie ihn recht unangenehm, in seiner Abteilung der Nationalgarde unter eine Sorte von Leuten versetzt zu sein, die man gar nicht kennt«[14]. Daß der Rentenkontrolleur Gromaire aus der Sektion Tuileries die Patrioten verachtete und »voll Herablassung« von den Vollversammlungen sprach, hat mehr als alles andere zu seiner Verhaftung geführt.[15] Oft gilt schon eine gewisse Gleichgültigkeit gegenüber den Sansculotten als Ausdruck aristokratischer Einstellung. In der Begründung für die Verhaftung des ehemaligen Bankiers Girardot-Marigny, die am 12. Brumaire erfolgte, vermerkt das Revolutionskomitee der Sektion Guillaume-Tell einfach, er sei »einer dieser Reichen, die es ablehnten, sich mit den Republikanern zu verbrüdern«[16].

Schwerer noch als eine hochmütige oder verächtliche Haltung gegenüber den Sansculotten oder gar als einfache Gleichgültigkeit wiegt es in den Augen der Sansculotten, wenn man sie auf ihre untergeordnete soziale Stellung hinweist.

Am 9. Frimaire wird Louis-Claude Cézeron aus der Sektion Poissonnière als Verdächtiger verhaftet. In dem Bericht, den das Revolutionskomitee darüber gibt, findet ein Ausspruch besondere Hervorhebung, den er am 31. Mai in der Vollversammlung getan htte: »Die Armen hingen von den Reichen ab, und die Sansculotten wären niemals mehr als die niederste Klasse.«[17] Der Fellhändler Bergeron aus der Sektion Lombards sagte, als er die Sansculotten ihrer Bürgerpflicht nachgehen sah, »... sie täten besser daran, ihre Arbeit zu verrichten als sich in die Politik zu mischen«. Das trägt ihm am 18. Pluviôse die Verhaftung als Verdächtiger ein.[18] Die Sansculotten vermerken es sehr übel, wenn ihnen jemand durch seine soziale Stellung oder durch sein Vermögen imponieren will. Ebenso schlecht vertragen sie es, wenn jemand auf seine Bildung pocht. Der Advokat Truchon aus der Sektion Gravilliers, den schon Jacques Roux mehrfach in seinem *Publiciste* angezeigt hatte, wurde am 9. Prairial des Jahres II schließlich verhaftet. Man warf ihm vor, er habe den »wenig klarsichtigen Bürgern falsche Meinungen beigebracht und behauptet, »in die führenden Stellen gehörten aufgeklärte und wohlhabende Männer, die es sich leisten könnten, etwas Zeit zu verlieren«[19]. Dem früheren Abbé Antheaume, Erzieher der Kinder des Vaterlandes in der Sektion Guillaume-Tell, wird bei seiner Verhaftung am 16. Brumaire vorgehalten, sein »Hochmut und seine Schulmeisterallüren seien unerträglich und mit der Gleichheit und Einfachheit eines guten Republikaners unvereinbar«[20].

Ganz offensichtlich wollen die Sansculotten die sozialen Beziehungen auf eine egalitäre Basis gestellt wissen. Indessen verbergen sich hinter ihrem Verhalten genauer bestimmte Realitäten. Es ist zu erörtern, inwieweit diese von ihnen tatsächlich erfaßt und zum Ausdruck gebracht worden sind.

Der gesellschaftliche Antagonismus, der der Masse des Volkes am deutlichsten bewußt wurde, ist jener, der Aristokratie und Sansculotterie gegenüberstellt. Gegen die Aristokratie haben sich die Sansculotten am 14. Juli 1789 und am 10. August 1792 erhoben, und gegen sie kämpfen sie noch 1793/94. Sehr bezeichnend dafür ist die Adresse der Sansculotten von Beaucaire an den Konvent vom 8. September 1793: »Wir sind

Sansculotten; ... arm und tugendhaft, haben wir eine Gesellschaft von Handwerkern und Bauern gegründet ... wir kennen unsere Freunde: das sind jene, die uns vom Klerus und vom Adel befreit haben, von der Feudalität, vom Zehnten, vom Königtum und all den Geißeln, die es im Gefolge hat; das sind jene, die von den Aristokraten Anarchisten, Aufwiegler, Maratisten genannt worden sind.«[21] Noch deutlicher enthüllt sich der Sinn des Klassenkampfes in der Adresse der Volksgesellschaft von Dijon vom 27. Nivôse des Jahres II: »Es ist wichtig, daß wir nur noch ein Volk sind und nicht mehr zwei Nationen, die einander feindlich gegenüberstehen.« Deshalb soll durch ein Dekret die Todesstrafe ausgesprochen werden gegen »alle, ohne Ausnahme, die als Aristokraten erkannt worden sind«[22]. Für den Mechaniker Guyot in der Sektion République »verdienten alle Adligen ohne Unterschied die Guillotine«.[23]

So sehr ist die Aristokratie der Hauptfeind der Sansculotten, daß sie schließlich alle ihre Feinde unter diesem Begriff sammeln, auch wenn sie nicht dem ehemaligen Adel angehören, sondern den oberen Schichten des einstigen dritten Standes. Darin spiegelt sich die Stellung der Sansculotten innerhalb der Revolution trefflich wider und bestätigt die Autonomie ihrer revolutionären Aktion.

Am 25. Juli 1792 verbindet die Sektion Louvre mit ihrer Forderung nach Absetzung des Königs eine Anzeige gegen die Aristokratie, worunter sie nicht nur die Adelsaristokratie versteht, sondern auch jene der »Minister, Finanziers, Bourgeois und vor allem der eidverweigernden Priester«[24]. Über seinen ursprünglichen Inhalt hinaus umfaßt der Begriff Aristokratie im Jahre II alle sozialen Kategorien, gegen die die Sansculotten im Kampf standen. Daher der bezeichnende Ausdruck »Bourgeois-Aristokratie«, der in den Texten so häufig vorkommt.[25] Daher auch die ausgesprochen plebejische Ausdeutung des Begriffs, die im Jahre II ein anonymer Petitionär vornimmt und in der sich politische und soziale Gesichtspunkte miteinander verbinden. Der Schreiber, der sich »Schutzengel der Republik« nennt, stellt den Zweifler am Sieg der Revolution neben den Bauern, der seinen Acker nicht bestellt, und den Unternehmer, der sich weigert, Arbeiter zu angemessenem Lohn zu beschäftigen; den eidverweigernden

Priester neben den Reichen, der die Armen nicht unterstützt. So wird »Aristokrat« schließlich zur Bezeichnung für alle Gegner der Sansculotten, adliger wie bürgerlicher Herkunft, die alle zusammen »die Klasse der Bourgeois« bilden, »denen man die Milliarde [gemeint ist die Zwangsanleihe] abnehmen sollte«[26]. Die Extremisten unter den Sansculotten dehnen den Begriff Aristokrat sogar auf die Bourgeoisie schlechthin aus. Am 21. Mai 1793 erklärt ein Sprecher in der Sektion Mail, »das seien alle die Reichen, alle die großen Kaufleute, alle die Hamsterer, diese windigen Advokaten, die Bankiers, die Koofmiche, alle die Rechtsverdreher und alle, die etwas haben«[27].

Die Wirtschaftskrise hatte dazu beigetragen, die sozialen Gegensätze weiter zuzuspitzen. In dem Maße, wie sie sich verschärfte und die Partei der Patrioten von 1789 auseinanderfiel, gesellte sich zu dem Hauptantagonismus Sansculotterie-Aristokratie noch derjenige zwischen den Sansculotten und den oberen Schichten des alten dritten Standes. Ein Schreiben an den Sicherheitsausschuß berichtet im Pluviôse des Jahres II über das Vorhandensein zweier Parteien in der Sektion Brutus: derjenigen des Volkes, des »Sansculottismus«, und der anderen, die aus »Bankiers, Börsenagenten und Reichen« besteht.[28] Eine Adresse an den Konvent vom 27. Ventôse stellt den »braven Sansculotten« nicht nur den Klerus, den Adel und die verbündeten Fürsten gegenüber, sondern auch die Staatsanwälte, Notare und Advokaten, außerdem »die großen Pächter, diese Egoisten, und alle dicken reichen Kaufleute: gegen uns machen sie Krieg und nicht gegen unsere Tyrannen«.[29] Ist das der Gegensatz zwischen Besitzenden und Nichtbesitzenden? Das kann man nicht behaupten; unter den Sansculotten sind die Handwerker und kleinen Kaufleute selbst Besitzende. Viel eher handelt es sich um den Widerspruch zwischen den Anhängern einer bestimmten Auffassung von einem begrenzten und kontrollierten Eigentum und den Parteigängern des uneingeschränkten Rechts auf Eigentum, so wie es 1789 proklamiert worden ist. Noch mehr ist es die Opposition der Anhänger von Reglementierung und Zwangspreisen gegen die Verfechter der absoluten Wirtschaftsfreiheit, der Widerspruch zwischen Verbrauchern und Erzeugern.[30]

Innerhalb dieser elementaren und grundsätzlichen Reaktionen oder Schwarzweißmalereien lassen sich die sozialen Antagonismen gleichzeitig nuancieren und genauer fassen, die zu erkennen geben, was die Sansculotten eigentlich sind. In den Texten werden die »honnêtes gens«, die »feinen Leute«, angezeigt, und die Sansculotten meinen damit diejenigen, welche besitzen, wenn nicht Reichtümer, so doch Wohlstand und Kultur; sie meinen die besser gebildeten, besser gekleideten Bürger, die sich mit dieser ihrer Wohlhabenheit und Bildung brüsten oder sich ihrer immerhin sehr bewußt sind. Die Sansculotten zeigen die Rentiers an, d. h. jene, die ohne Arbeit von ihren Einkünften leben, und wenn sie schließlich ganz allgemein die Reichen anzeigen, dann nicht die Grundeigentümer und Besitzenden überhaupt, sondern die »Großen« im Gegensatz zu den »Kleinen«, die sie selber sind. Die Sansculotten kennen keine Feindschaft gegenüber dem Eigentum, das die Handwerker und Gewerbetreibenden unter ihnen schon besitzen und nach dem die Gesellen streben, sie verlangen nur seine Begrenzung.[31]

Der Ausdruck »feine Leute« erscheint nach dem 2. Juni, als sich Sansculotten und Gemäßigte auf politischer und sozialer Ebene feindlich gegenübertreten. Er bezeichnet zunächst die Bourgeois, die sich der Gleichheit widersetzen, erhält aber schließlich eine ebenso ausgedehnte Bedeutung wie das Wort Aristokrat und umfaßt alle Feinde der Sansculotterie.[32] Am 12. Nivôse des Jahres II wird ein gewisser Berberat verhaftet. Er hat sich gegen die Ereignisse des 31. Mai gewandt, für Raffet gestimmt, die Patrioten als Bettler abgetan; kurz, »er neigte mehr zu den sogenannten feinen Leuten – oder besser gesagt: Aristokraten – als zu den Sansculotten«[33]. Der Kurzwarenhändler Gence aus der Sektion Marchés, am 22. Germinal verhaftet, hatte sich im Juni 1793 als Parteigänger »derjenigen, die man damals feine Leute nannte« erwiesen.[34] Ein gewisser Lamarre, Kaffeewirt aus der Sektion Bon-Conseil, wird am 5. Prairial des Jahres III festgenommen. Er wetterte unaufhörlich gegen die »feinen Leute« und hatte in öffentlicher Versammlung eine permanente Guillotine für sie verlangt.[35] Die Wäschearbeiterin Rimbaut hatte sogar die Ansicht vertreten, man müsse auch den letzten der sogenannten feinen Leute aufs Schafott führen.[36]

Wenn die Sansculotten ihre Gegner voller Ironie als *feine Leute*[37] bezeichneten, so haben diese ihrerseits die Sansculotten *Kanaille* tituliert. Damit fanden die sozialen Antagonismen in zwei Bezeichnungen ihren Niederschlag. Am 25. September 1793 wird auf Anordnung der Sektion République der Tischler Bertout verhaftet; er hatte »eine andere Regierung« gewünscht, »um die Kanaille niederzuhalten, weil sonst die anständigen Leute verloren seien«[38]. Unter den Anklagepunkten gegen einen gewissen Appert, der am 25. Brumaire des Jahres II als Verdächtiger verhaftet wird, hebt das Revolutionskomitee der Sektion Lombards besonders seine Anwürfe gegen die Patrioten hervor, die er beschuldigte, »sie hätten eine besondere Taktik angewandt, die ehrbaren Leute auszuschalten, um die Kanaille an die Spitze zu bringen«[39]. In den Dokumenten des Jahres III findet man gelegentlich die Ausdrücke »honnêtes gens« und »meneurs« – Drahtzieher, Rädelsführer – gegeneinandergestellt, wobei als letztere die politischen Kader der Sansculotterie vom Jahre II verstanden werden.[40] Nur selten läßt der Sprachgebrauch eine scharfe Unterscheidung des sozialen Aspekts bei den jeweiligen Gruppen zu. Immerhin berichtet der Überwachungsausschuß des 6. Arrondissements am 16. Pluviôse des Jahres III über stürmische Szenen in der Vollversammlung der Sektion Lombards, wo sich »40-Sous-Leute« und »ehrbare Bürger« in den Haaren liegen.[41] Darin manifestiert sich mittelbar der soziale Gegensatz zwischen der Klasse der Wohlhabenden oder Reichen und jenen, die von ihrer Hände Arbeit leben.

Dieser soziale Gegensatz findet seinen Niederschlag auch in der feindseligen Haltung der Sansculotten gegenüber den Rentiers, besonders deutlich im Herbst 1793, als die Wirtschaftskrise und die dadurch hervorgerufenen Existenzschwierigkeiten die Klassenantagonismen verschärfen. Es kommt so weit, daß Rentier gleichgesetzt wird mit Verdächtiger. Am 18. September 1793 ordnet das Revolutionskomitee der Sektion Mutius-Scaevola die Verhaftung des ersten Sekretärs der Pariser Polizei, Duval, an, der doppelt verdächtig ist: er mißachtet die Sektionsversammlungen und genießt 2000 Livres Rente.[42] Am 16. Oktober 1793 läßt das Revolutionskomitee der Sektion République den Herzog von Brancas-Céreste nicht nur als ehemaligen Angehörigen des Adels festnehmen, sondern auch deshalb, weil er noch immer 89 980 Livres Rente besitzt.[43] Am 2. Germinal verfügt das Revolutionskomitee der Sektion Mont-Blanc die Verhaftung von Jean-François Rivoire, einem ehemaligen Pflanzer von San Domingo; er hat die Verfassung nicht unterschrieben, keine patriotischen Spenden gezeichnet und seine Pflichten als Nationalgardist versäumt. Als erschwerender Umstand wird hinzugefügt: er besitzt 16 000 Livres Rente.[44] Ein extremer Fall: Am 19. Ventôse wird bei einer Polizeirazzia im Jardin de l'Egalité ein gewisser Pierre Becquerel aus der Sektion Guillaume-Tell verhaftet aus keinem anderen Grund als dem, gesagt zu haben, »er lebe von seinem Besitz«[45]. Vorher, am 2. Frimaire, hatte die Volksgesellschaft Lepeletier einer Petition zugestimmt, die darauf abzielte, aus allen Verwaltungen nicht nur die ehemaligen Adligen, die Söhne königlicher Sekretäre, die Bankagenten und Wechselmakler zu entfernen, sondern auch alle Personen, von denen bekannt war, daß sie mehr als 3000 Livres Rente bezogen; die somit frei werdenden Plätze sollten Sansculotten vorbehalten bleiben.[46] Diese schließen also in ihre Feindschaft nicht das Rentnertum an sich ein, sondern nur die großen Rentiers. Unter den politischen Kadern der Sektionen des Jahres II figurieren vielmehr zahlreiche Kleinrentner, Handwerker oder Gewerbetreibende, die sich aus dem Geschäftsleben zurückgezogen haben. Im Mai 1793 versichert der Papierhändler Potin, Polizeikommissar der Sektion Contrat-Social, bis zu einem Betrag von 4000 oder 5000 Livres Rente sei das Ackergesetz, die gefürchtete »loi agraire«, unerläßlich.[47] So sieht aus der Perspektive der Werkstatt und des Kramladens das soziale Ideal aus.

Der Widerwille der Sansculotterie gegen die Großrentner war nur eine besonders ausgeprägte Erscheinungsform ihrer instinktiven Opposition gegen die Reichen überhaupt. Die sansculottischen Extremisten stehen an der Schwelle der Babeufschen Erkenntnis des Jahres IV, daß die Revolution der offene Krieg »zwischen Reichen und Armen«[48] ist. Aus diesem mehr empfundenen als erkannten Gegensatz erwächst zu einem guten Teil die Mentalität der Terreur. Am 5. Mai 1793 wird in der Nähe von Saint-Germain-l'Auxerrois eine Frau Saunier in Haft genommen, weil sie laut gerufen hat, »man müsse einen neuen 10. August herbeiführen und alle Reichen ermorden und erwürgen«[49]. Ähnliche Äußerungen stellen im Jahre III, selbst wenn sie lange zurückliegen, einen oft benutzten Verhaftungsgrund dar. Am 12. Germinal wird der Perückenmacher Delaviez aus der Sektion Bonne-Nouvelle verhaftet, weil er sich rühmte, die Reichen zum Schafott geführt zu haben, die vom Revolutionstribunal verurteilt worden waren.[50] Viguier aus der Sektion Poissonnière, auch ein Perückenmacher, wird am 5. Prairial verhaftet, weil er gesagt haben soll, das Volk »könne erst glücklich sein, wenn die Reichen und Stutzer umgebracht seien«[51]. In der Sektion Amis-de-la-Patrie wird am 10. Prairial Pierre Fortier verhaftet, weil er zu verschiedenen Gelegenheiten »seinen Gefühlen des Neides gegen die Reichen«, die er verachtete, Ausdruck gegeben habe.[52] Wo sie die Macht in den Sektionen ausübten, verstanden es die Sansculotten, aufgebracht und voller Haß gegen die Reichen, diese ihre Macht im Sinne einer Politik der Diskriminierung gegen sie einzusetzen. Reichtum war öfters ein Grund zur Verdächtigung. Zwar wird er selten als alleiniges Motiv angeführt, aber er dient sehr oft zur Erhärtung unbestimmter politischer Anschuldigungen.

Wenn man den Aussagen Glauben schenken darf, die am 13. Ventôse des Jahres III den Rechtsgrund für die Einkerkerung des Schuhmachers Jean-Baptiste Mallais, eines einstigen Revolutionskommissars der Sektion Temple, abgaben, so hatte er es besonders auf die Reichen abgesehen. Er erklärte einem Handwerksgesellen, »wenn er ihn nicht habe einsperren lassen, so deshalb, weil er ihn für einen Sansculotten ansehe. Aber er habe seinen Meister einsperren lassen, weil er alle Reichen ins Gefängnis brächte.« Einer Frau gegenüber vertrat er die Ansicht, »wenn ihr Mann 20 000 Livres hätte, würde er ihn köpfen lassen; da er aber nichts habe, betrachte er ihn als Sansculotten«[53]. Trotz der bei den verhörenden konterrevolutionären Thermidorianern gewiß in Rechnung zu stellenden provokatorischen Absicht bleiben diese Äußerungen dennoch charakteristisch für die Mentalität des Terrorismus. Im August 1793 wird einem Bürger die Beglaubigung seiner Bürgertreue mit der bündigen Bemerkung verweigert, »er besitze ein Vermögen«[54]. Franconville jun., ein Kaufmann aus der Rue Neuve-Eustache, wird am 9. September verhaftet, weil er die Beratungen der Vollversammlung der Sektion Brutus gestört habe. Das Revolutionskomitee weist besonders drauf hin, daß er eine Leibrente von 1922 Livres genießt.[55] Am 10. Oktober ordnet das Revolutionskomitee der Sektion Révolutionnaire die Verhaftung des Juweliers Bapst vom Quai des Orfèvres an: er verkehrt mit Gemäßigten und mit Aristokraten, und »man schätzt ihn auf 80 000 Livres Vermögen«[56]. Gleiches Geschick trifft den Schnittwarenhändler Godefroy aus der Sektion Lombards. Auch er hat wiederholt die Vollversammlungen seiner Sektion gestört. Die Verdachtsgründe gegen ihn werden aber vor allem durch seine soziale Stellung verstärkt: er besitzt in Vernon, im Departement Eure, eine Baumwollspinnerei, in der 120 Frauen, Greise und Kinder arbeiten, und sein Einkommen beträgt 16 122 Livres.[57] Gegen den Holzhändler und Zimmereiunternehmer Jean-Baptiste Gentil, der am 5. Pluviôse in Haft genommen wird, weil er seinen Verpflichtungen gegen die Republik nicht nachgekommen sei, kann das Revolutionskomitee der Sektion Quinze-Vingts keinerlei politisches Vergehen ins Feld führen; daher nimmt es seinen Charakter und seine Einkünfte, 24 722 Livres, unter die Lupe.[58] Gleiches geschieht bei der Verhaftung des ehemaligen Schleierhändlers Santerre aus der Sektion Faubourg-du-Nord am 24. Germinal. Er lebt von seinen Einkünften; »die Leute, mit denen er verkehrte, waren immer Leute mit Geld, mithin Aristokraten«, und er hat sich »allezeit vom Schweiß der Tagelöhner gemästet«.[59]

So wird die instinktive Abneigung der kleinen Leute bei den Bewußtesten zur systematisch gepflegten Haltung und zur politischen Richtschnur. Ende Juli 1793, als offenbar wird, daß die Besitzenden die föderalistischen Umtriebe unterstützen und die Hauptmacht der gemäßigten Partei darstellen, fordert eine Petition der Sektion Sans-Culottes, den reichen Aristokraten ihr gesamtes Hab und Gut wegzunehmen und sie zu Bettlern zu machen.[60] Eine Petition, die am 5. Frimaire dem Konvent von der Kommune vorgelegt und in der verlangt wird, die Reichen, die aus Paris aufs Land gezogen sind, zur Rückkehr zu zwingen, klagt den Reichtum als ein »Krebsgeschwür« an, »das alles verdirbt, was ihm nahe kommt und von ihm abhängt«[61]. Am 9. Ventôse soll nach dem Bericht des Polizeispitzels Charmont ein Mitglied der Salpeterkommission der Sektion Chalier geäußert haben, »er habe nichts so

Freches gesehen wie die reichen Bürger dieser Sektion«. Während die Armen mehr opfern, als sie eigentlich können, drehen die Reichen den Groschen zweimal um: »Man sollte mit harten Schlägen an die Tür dieser Reichen klopfen, die kein Vaterland kennen.«[62]

Die führenden politischen Kader des Jahres II förderten diese in den Sansculotten tief verwurzelte Abneigung gegen die Reichen. »Das ist die Revolution des Armen«, hatte Michel Lepeletier in seinem Plan einer Nationalerziehung geschrieben, den Robespierre am 13. und 29. Juli 1793 vor dem Konvent verlas. Am 8. Ventôse verkündete Saint-Just: »Die Armen sind die Macht dieser Erde. Es ist ihr gutes Recht, den Regierungen, die sich nicht um sie kümmern, als Herren gegenüberzutreten.« Es ist hier nicht der Ort, die sozialen Ansichten der Montagnarden und Jakobiner im einzelnen darzulegen noch etwa ihre Auffassung von den Beziehungen der Klassen zueinander zu untersuchen; auch soll die Aufrichtigkeit der Robespierristen nicht in Zweifel gezogen werden. Dennoch ist anzuerkennen, daß für eine solche Politik eine taktische Notwendigkeit vorlag, gelegentlich wohl auch das Wunschbild ehrgeiziger Träume. Die Krise der Revolution zwischen Frühjahr und Herbst 1793 erzwang das Bündnis mit den Volksmassen: die Sansculotten waren die Kraft, mit deren Hilfe die bewußteste Fraktion der Bourgeoisie die Aristokratie und ihre Verbündeten vernichtend schlagen konnte. »Die inneren Gefahren«, schrieb Robespierre während des Aufstandes vom 2. Juni in sein Notizbuch, »rühren von den Bourgeois her; um die Bourgeois zu besiegen, muß man das Volk um sich scharen.« Manche Volksvertreter, die als Konventsbevollmächtigte in die Provinz entsandt wurden, machten sich, wie Fouché in Nièvre[63], diese Forderung zu eigen und verfochten eine entschlossene Sozialpolitik, die den Bedürfnissen der unteren Klassen Rechnung trug.

Diejenigen unter den führenden Männern der Revolution, die nicht mit Regierungsverantwortlichkeit und den dadurch bedingten Rücksichten belastet waren, bemühten das Thema des Gegensatzes zwischen Reichen und Sansculotten offensichtlich für ihre politischen Ziele. Jacques Roux zuerst und nach ihm Hébert schlugen es in immer neuen Variationen an. Die Sansculotterie war in ihrer Masse ein gewaltiger Hebel, den man gegen die Regierungsausschüsse ansetzen konnte. Ohne Frage haben Hébert und seine Freunde sehr wohl daran gedacht, ihn zur Durchsetzung ihrer Zwecke zu verwenden. Schon Jacques Roux hatte seinen *Publiciste de la République française par l'Ombre de Marat* unter das Leitmotiv »Ut redeat miseris, abeat fortuna superbis« gestellt. Der *Père Duchesne* überschüttete in seiner volkstümlichen Sprache die Reichen mit Invektiven und brachte die Sansculotten zur Weißglut. Der egoistische, nichtstuerische, unnütze Reiche: unter den verschiedensten Formen wird der Gegenstand aufgegriffen und abgewandelt. Es ist im Grunde nur die sprachliche Umsetzung einer im Volke weit verbreiteten Anschauung, aber Héberts Geschick und Temperament verdichtet sie zugleich und trägt solchermaßen dazu bei, in den Sansculotten ein klareres Bewußtsein von den Klassenantagonismen zu wecken.

Ganz gewiß sollte man die Dinge nicht überspitzen. Die Sansculotten verstehen unter »Reichen« Aristokraten ebenso wie Bourgeois. Sie selbst bilden aber keineswegs eine soziale Einheit, sondern umfassen Gesellen ebenso wie Handwerksmeister und Gewerbetreibende. Einige unter ihnen haben aber trotzdem so etwas wie eine Klassenpolitik betrieben. Wiederholt fordern Sansculotten die Entwaffnung der Reichen oder versuchen sie sogar durchzusetzen. Am 20. April 1793 schlagen in der Sektion Contrat-Social einige vor, die Reichen zu zwingen, ihre Waffen abzugeben.[64] In der Sektion Réunion beschließt das Revolutionskomitee, den Reichen die Waffen wegzunehmen und sie den Sansculotten auszuhändigen.[65] Andere sind noch weiter gegangen. Laugier, der ehemalige Friedensrichter der Sektion Fontaine-de-Grenelle, wird am 20. Ventôse des Jahres III beschuldigt, in der Vollversammlung seiner Sektion vorgeschlagen zu haben, man solle sich der Reichen, der Rentner, Bankiers und Finanzleute, die er alle miteinander als Feinde der Republik betrachtete, überhaupt entledigen.[66] Am 5. Vendémiaire des Jahres IV wird die gleiche Anschuldigung gegen den Schankwirt Antoine Lebrun, ehemals Friedensrichter der Sektion Bonnet-Rouge, erhoben: »Er hetzte ungebildete Bürger durch Brandreden und blutdürstige Anträge gegen die reichen Leute, die Kaufleute, die anständigen und aufgeklärten Männer auf.«[67] Wenn man einer Anzeige vom 17. Messidor des Jahres III Glauben schenken will, erschlich sich der Friedensrichter der Sektion Quinze-Vingts, Lebègue, das Vertrauen der Armen, »um sie gegen die Reichen aufzubringen«[68]. Blandin aus der Sektion Lombards, auch er Friedensrichter, »lobhudelte der Klasse, die er die Sansculotten nannte, durch seine Reden und durch unverschämte Vergleiche mit den Wohlhabenden«[69]. Der Bildhauer Marlée, Polizeikommissar in der Sektion Bondy, »führte Krieg« gegen die Reichen; so stellt es wenigstens der Zivilausschuß des Jahres III hin.[70] Das beste Bild von dieser Geisteshaltung gibt aber die Petition der Sektion Observatoire vom 29. September 1793. Dort werden die Nation und »die Klasse der Kaufleute, der Bankiers, der Börsenmakler und überhaupt der Reichen« gegeneinandergestellt; die Nation ist sansculottisch, die durch ihren Reichtum privilegierte Minderheit, deren Privileg zu Ende geht, zählt ohne Zweifel nicht dazu.[71]

Die klarblickenden Sansculotten kommen offensichtlich zu der Erkenntnis, daß an die Stelle des Vorrechts der Geburt jenes des Geldes getreten ist. Sie ahnen, daß auf die zerschlagene Feudalgesellschaft die Bourgeoisie als herrschende Klasse folgen wird. Am 16. März 1793 wendet sich ein Beschluß der Sektion Gardes-Françaises (die damals noch nicht »erneuert« ist) gegen ein Plakat, das auf diese »verhängnisvolle Trennungslinie« hinweist. »In der Gegenüberstellung der Worte Bourgeois und Volk offenbart sich die sträfliche Absicht.«[72] Fouquier-Tinville weist in seiner Anklageschrift gegen Bailly vom 20. Brumaire des Jahres II im Zusammenhang mit den Ereignissen, die 1791 die Flucht des Königspaares nach Varennes im Gefolge hatten, auf diesen entstehenden sozialen Antagonismus hin: ». . . das Volk und vor allem diejenigen . . ., die nicht leiden wollten, daß ein Teil der Nation, der unter dem Namen Bourgeoisie bekannt ist, sich des ganzen Kredits der beiden untergegangenen Stände bemächtigte«[73]. In seinem Bericht vom 8. Ventôse stellt der Polizeispitzel Pourvoyeur dem »bedürftigen Sansculotten« »eine Klasse von dem, was man früher ›Bourgeois‹ nannte«, gegenüber.[74] Es wäre aber falsch, diesen fortgeschrittenen Stand des Bewußtseins als Allgemeingut der Sansculotterie anzusetzen. Eine eindeutige Erkenntnis von der sozialen Vorrangstellung der Bourgeoisie konnten die unteren Volksschichten erst gewinnen, nachdem die Aristokratie endgültig zerschlagen war.

Seine vollständigste Ausprägung gewinnt der Gegensatz zwischen Sansculotten und Reichen in der Feindschaft gegenüber dem Handel, die einer der Grundzüge der Volksmentalität im Jahre II ist.

Als städtische Verbraucher sind die Pariser Sansculotten ganz natürlich geneigt, sich gegen diejenigen zu wenden, die den Handel mit den wichtigsten Nahrungsmitteln in der Hand haben. Soweit sie selbst Kleinhändler sind, halten sie sich an die Großhändler. Die meisten sind Handwerker und Gesellen, seltener Arbeiter im heutigen Sinne des Wortes; sie bleiben im wesentlichen unabhängige Kleinproduzenten und stehen im Gegensatz zu den Inhabern des Handelskapitals. Die Wirtschaftskrise und die politischen Kämpfe vertieften diesen Antagonismus, der in der gesellschaftlichen Situation der Sansculotten verwurzelt war. Als die Lebensmittelnot und die Teuerung zunahmen, wurden alle größeren Kaufleute sofort verdächtigt, »Monopolisten«, Schieber und Hamsterer zu sein. Zumindest auf der Ebene der Sektionen schlug der Kampf gegen die Girondisten und, nach dem 31. Mai, gegen die Gemäßigten oftmals um in einen Kampf gegen die Handelsbourgeoisie. Der Konflikt spitzte sich noch mehr zu, als die Sansculotten die behördliche Preisfestsetzung und die Regelung der Verteilung forderten. Die Verteidigung der Freiheit der Produktion und des Austauschs durch die Kaufleute wurde zu einem Verdachtsgrund gegen sie. Zur Adels- und Priesteraristokratie gesellten die Sansculotten von nun an die Handelsaristokratie. Als im Jahre III die Gemäßigten wieder die Oberhand gewannen, machten sie in logischer Umkehrung der Dinge als einen der schwersten Vorwürfe gegen die einstigen Terroristen häufig geltend, daß diese die Kaufleute mit Haß verfolgt hätten: »Von der Höhe des Berges her ist der Handel vernichtet worden«[75], heißt es am 20. Germinal des Jahres III in einem Petitionsentwurf der gesäuberten Sektion Gravilliers.

1793 und im Jahre II deuten Ausschreitungen und Ladenstürme in den Augenblicken höchster politischer Erregung darauf hin, wie tief die Feindschaft gegen die Kaufleute in den

Volksmassen verwurzelt war. Daneben erweist sie sich auch an der ständigen Bereitschaft zu Repressalien. Eine Anzeige aus dem Jahre III sagt darüber: »Wenn in den Versammlungen [der Sektion Marchés] die geringste Unruhe ausbrach, schob man die Ursache dafür gleich den Kaufleuten in die Schuhe und bedrohte sie mit der ganzen Strenge des Gesetzes.« Die Sektion umfaßte ein Geschäftsviertel, in dem es sehr viele Kaufleute gab, die man als Aristokraten behandelte, und »man billigte die Plünderung der Kramläden, indem man sagte, das Volk habe ein Recht darauf, sich für die Habgier der Krämer zu entschädigen«[76]. Als im März 1793 die Aushebungen für die Vendée begannen, benutzten die Sansculotten häufig die Sammlungen zugunsten der Freiwilligen, um ihrer Feindschaft gegen die Kaufleute Luft zu machen. Jean-Baptiste Larue, Maurergehilfe und Mitglied des Revolutionskomitees der Sektion Lombards, soll erklärt haben, die Freiwilligen seien »Sch...kerle und Holzköpfe, wenn sie auszögen, ohne jeder 100 Goldstücke in der Tasche zu haben. Man müsse nur den Strolchen von Kaufleuten die Köpfe abschneiden; nach dieser Prozedur seien die notwendigen Summen bald gefunden.«[77]

Nachdem sich die Volksmacht gefestigt hatte, genügte es oft, daß einer Kaufmann war, um in den Augen der Revolutionskomitees verdächtig zu erscheinen. Diese wurden in ihrer Haltung bestärkt durch die Kommune, deren Beschluß vom 19. Oktober 1793 unter die Verdächtigen auch diejenigen zählte, »die die habgierigen Bauern und Kaufleute beklagen, gegen welche das Gesetz Maßnahmen zu ergreifen gezwungen ist«[78]. Es gab Ausschüsse, die eine solche Ermutigung nicht erst abgewartet hatten. Schon am 14. September hatte das Revolutionskomitee der Sektion Lombards, wo die Feindschaft gegen die Kaufleute besonders heftig war, einen gewissen Dussautoy in Haft genommen. Außer seiner indifferenten Haltung wurde ihm seine Tätigkeit als Gemischtwarenhändler zum Vorwurf gemacht.[79] Das Revolutionskomitee der Sektion Brutus beschloß Anfang Oktober die Verhaftung des Leinenhändlers Launay aus der Rue Neuve-Saint-Eustache. Er gehörte »zu jenen Kaufleuten dieser Straße, die der föderalistischen Partei in der Sektion den Rücken stärkten«[80]. In der Sektion Bon-Conseil bestätigte das Komitee die Verhaftung des Gemischtwarenhändlers Jean-Louis Lagrave vom 25. Bru-

maire, indem es einfach auf sein gesellschaftliches Verhalten
verwies: Er »verkehrte nur mit Geschäftsleuten, Egoisten
gleich ihm, sah keinen Patrioten an, noch gab er sich mit ihm
ab ..., hielt stets zur Partei der großen Kaufleute bekrittelte
die Patrioten, wie die meisten dieser großen Händler, und trat
sogar gegen sie auf«[81]. Bis in das Frühjahr des Jahres II hinein
gingen die Verhaftungen von Kaufleuten weiter. Das Revolutionskomitee der Sektion Lombards verhaftete noch am 18.
Ventôse Duthu und am 1. Germinal Garillaud und konnte
ihnen außer ihrer Indifferenz gegenüber den politischen Geschehnissen kaum etwas anderes vorwerfen als ihre Tätigkeit
als Gemischt- oder Kurzwarenhändler.[82]

Aber nicht nur in Maßregelungen einzelner offenbarte sich
die Feindschaft der Sansculotten gegen die Kaufleute. Sie
richtete sich gegen eine ganze soziale Kategorie, die man wenn
nicht überhaupt aus dem öffentlichen Leben auszuschalten, so
doch zu unterdrücken suchte, damit sie keinen Schaden anrichten konnte. Am 3. Oktober 1793 fordert die Vollversammlung der Sektion Unité, die Kaufleute, *welcher Art sie
auch seien*, von allen gerichtlichen Funktionen auszuschließen. Die gleiche Sektion beschließt am 30. Nivôse des Jahres
II, sechs Kommissare zu ernennen, die die Kaufleute *jeder Art*
überwachen sollen.[83] Am 27. Pluviôse nahm die Volksgesellschaft Bonne-Nouvelle eine Rede des Bürgers Jault zur
Kenntnis, der sich als Mitglied des Zentralrats der Kommune
scharf gegen die Handelsaristokratie wandte.[84] Schließlich bildeten Angriffe gegen das Händlertum auch eines der Lieblingsthemen des *Père Duchesne*.[85] Nach der Verurteilung Héberts und Chaumettes hörten die Verhaftungen von Kaufleuten und die Anzeigen gegen den Handel auf. Der Wohlfahrtsausschuß schlug in seiner Handelspolitik einen neuen Weg
ein. Den Behörden der Kommune wurde ans Herz gelegt, eine
Kampagne zu unterbinden, die das traditionelle soziale
Gleichgewicht empfindlich störte, und einen Beruf wieder in
seine alten Ehren einzusetzen, der für die Erfordernisse der
Kriegführung als unentbehrlich betrachtet wurde.[86]

Die Kaufleute warteten auf den Sieg der Reaktion, die im
Jahre III endgültig die Macht behauptete, um sich an den
früheren Terroristen für die erlittene Behandlung zu rächen.
Im Germinal und Prairial wurde eine einfache Bemerkung als

hinreichender Grund für eine Verhaftung gewertet. Die neue Lebensmittelkrise, noch verschlimmert durch die Aufhebung des Maximums, hatte die Feindschaft der Sansculotten gegen den Handel im Jahre 1795 noch vergrößert. Die Akten der »antiterroristischen« Repression bieten eine Menge von Beispielen, an denen sich die Stimmung der Volksmassen gegen den Handel ablesen läßt. Die Skala reicht, je nach den Umständen, vom einfachen Bekenntnis der Feindseligkeit bis zum entschlossenen Willen, die ganze soziale Kategorie der Kaufleute und Händler zu vernichten.

Weil er im Jahre II angeblich gesagt habe, »man solle weder die Kaufleute noch die Reichen schonen«, wird am 5. Prairial des Jahres III der Schmuckfederarbeiter Davelin aus der Sektion Amis-de-la Patrie entwaffnet und aus der Nationalgarde ausgeschlossen.[87] Weil er nicht näher bezeichnete Äußerungen gegen die Kaufleute getan haben soll, wird Jacques Brabant aus der Sektion Arsenal verhaftet.[88] Auch gegen den Sattler Caillaud aus der Sektion Bon-Conseil wird ein Verfahren eröffnet. Er hatte erklärt, er hoffe, »das wird einmal aufhören, und die großen Gauner von Keufleuten und Stutzern werden nicht immer unsere Herren sein«[89]. Es gibt Äußerungen von Sansculotten, die von einer klaren Einsicht in die sozialen Widersprüche Zeugnis geben. Ein gewisser Barqui forderte im Jahre II in der Sektion Bonne-Nouvelle, die Kaufleute aus den Vollversammlungen und Volksgesellschaften sowie aus allen zivilen und militärischen Funktionen zu *entfernen*.[90] Auch der Angestellte Rose aus der Sektion Lombards widersetzte sich der Zulassung von Kaufleuten zur Volksgesellschaft.[91] Der Zimmerergeselle Quéreau erklärte im Ventôse des Jahres II, man brauche im Revolutionskomitee »keinen Kaufmann, nicht einmal einen Zündholzhändler«[92].

Von der Verurteilung des Handels gehen bewußtere oder auch ungestümere Sansculotten zur Billigung der Ladenstürmungen über. Gillet, einer der Avantgardisten der Volksgesellschaft Quinze-Vingts, rief, einer Anzeige aus dem Jahre III zufolge, die Lastträger des Seine-Hafens La Râpée zur Plünderung der Kaufleute auf: »Sie seien Gauner und Schurken; das Schicksal dieser ungücklichen Arbeiter beklagen, beteuern, sie verdienten zuwenig, das waren die Mittel, die er für geeignet hielt, ihnen Geschmack an der Räuberei zu machen.«⁹³ Während der Unruhen vom 25. und 26. Februar 1793 soll der Schuster Servière, Revolutionskommissar der Sektion Muséum im Jahre II, mitten in der Vollversammlung »in der ehemaligen Kirche Germain« erklärt haben, »er sei durchaus mit der Plünderung einverstanden, und es sei höchst abwegig, sich dagegen aufzulehnen«⁹⁴. In der Sektion Gardes-Françaises wurde am 5. Prairial des Jahres III gegen den früheren Präsidenten des Klubs der Cordeliers, Chenaux, der Vorwurf erhoben, er habe 1793 geäußert, »der Ladensturm hätte einen moralischen Zweck gehabt«⁹⁵. Den Tischler Debon aus der Sektion Quinze-Vingts klagte man an, »mehrfach zum Ladensturm gegen die Kaufleute aufgerufen zu haben mit der Behauptung, sie seien die grausamsten Feinde des Volkes«⁹⁶. Die Verhaftung des Wasserträgers Bergeron, Sektion Bonne-Nouvelle, am 6. Pluviôse des Jahres III wird damit begründet, daß er »durch seine provokatorischen Äußerungen zur Plünderung der Holzhändler hetzte«⁹⁷. In einem gewissen Sinn entsprach der Ladensturm – erinnern wir uns, daß Chenaux seinen moralischen Zweck herausgestellt hatte – dem Egalitarismus der Sansculotten: die Rücknahme usurpierten Besitzes durch den einzelnen fand ihre Legitimation im Mißverhältnis der Existenzbedingungen.⁹⁸

Mehr noch als in den Äußerungen gegen die Kaufleute und in Aufmunterungen zum Ladensturm kam die tiefe Feindschaft der Sansculotten gegen die Handelsbourgeoisie zum Ausdruck in ihrem Willen, dort, wo es einen Grund gab, mit harter Hand zu strafen, und in einer Überspitzung der Schreckensherrschaft. Viele politisch aktive Sansculotten erblickten in der Drohung mit der Guillotine ein wirksames Mittel gegen die Lebensmittelnot. Die Forderung nach einer Revolutionsarmee entsprang dem Wunsch, ein Instrument zu besitzen, das die Bauern zwingen konnte, ihr Getreide zum Taxpreis zu verkaufen. Und die Stimmen hörten nicht auf, die der Revolutionsarmee, nachdem sie dekretiert worden war, eine fahrbare Guillotine beigegeben wissen wollten, die ihre Wirksamkeit noch steigern sollte. In dieser Forderung sind gewissermaßen alle terroristischen Äußerungen, die im Jahre II gegen die Kaufleute getan wurden, zusammengefaßt. Die Witwe Barbau aus der Sektion Indivisibilité, nach Meinung ihrer Denunzianten eine wahre »Furie«, erklärte immer wieder: »Solange die nur auf ihren Gewinn bedachten Kaufleute, die Ehemaligen, die Reichen usw. ... nicht geköpft oder in einem Schub aus dem Lande gejagt sind, kann es nicht gut gehen.«[99] Die Witwe Barbau stellt ganz selbstverständlich die Kaufleute vor die Aristokraten. Wenn es nach einem gewissen Roux aus der Sektion Unité gegangen wäre, hätten »an allen Straßenecken und vor jeder Ladentür Guillotinen« gestanden, »dann, sagte er, wären die Waren billig«[100]. Auch der Haarschneider Calvet, ein früheres Mitglied des Zivilausschusses der Sektion Lepeletier, versicherte im Jahre II, daß das Maximum eingehalten würde, wenn man jeden Tag zweihundert Kaufleute auf die Guillotine schickte.[101] In der Sektion Invalides erklärte der Uhrmacher Fargère, »wenn die Ehemaligen alle sind, kommen die Kaufleute dran«[102].

Im Jahre III gaben Hunger und Elend dem Haß der Sansculotten auf die Kaufleute neue Nahrung. Terroristische Ausfälle gegen sie füllen die Akten der Unterdrückungswelle. Am 19. Ventôse läßt sich der Druckereiarbeiter Jacques Rohait aus der Sektion Panthéon angesichts der Fleischpreise zu dem Wunsche hinreißen, »daß die ganzen verd ... Lumpen von Händlern bald eins draufkriegen mögen«[103]. In der Sektion Fraternité wird ein gewisser Berthaux entwaffnet, weil er am 2. Prairial erklärt hat, »man müßte die Kaufleute über die Klinge springen lassen«[104]. Als am 1. Prairial Frau Maudrillon sieht, wie die Leiche des Abgeordneten Féraud geschleift wird, ruft sie aus: »Bravo, bald kommen die Kaufleute dran!«[105] In jenen Prairialtagen sind solche Ausrufe, in denen die Sansculotten ihrem übervollen Herzen Luft machen, nicht selten. Der Färber Nicolas Barrucand, einst Kommissar des Revolutionskomitees der Sektion Arsenal, meit, an Fronleichnam sollte man »die Straßen mit Kaufmannsköpfen pflastern«[106]. Baudit, Schmuckwarenarbeiter aus der Sektion Gardes-Françaises, trommelte die Passanten der Rue Saint-Honoré zusammen: »Die verfluchten Sch ... kaufleute! Ja, diese Schurken! ... Ich fresse sie mit Stumpf und Stiel!«[107] Manchen Sansculotten überzeugen die noch lebendigen Erinnerungen an das Jahr II von der Notwendigkeit, zur organisierten Schreckensherrschaft zurückzukehren, um mit den Kaufleuten wie mit den Adligen fertig zu werden. Der Hutmacher Ferrier, dem offenbar die Aufstände von Lyon, Marseille oder

Bordeaux im Jahre 1793 und die Gegenmaßnahmen, die sie nach sich zogen, vor Augen stehen, soll erklärt haben: »Man müsse die großen Gemeindevertretungen, die nur aus Kaufleuten und Reichen bestehen, auflösen und diese Leute vernichten und zerschmettern.«[108] In der Sektion Muséum versichert der Schneider Baillieux, Mitglied des alten Revolutionskomitees, »beim ersten besten Umschwung würden alle Priester, alle Adligen und Kaufleute in ihren Häusern erwürgt«[109]. Die Schwestern Barbot, die einen Krämerladen in der Sektion Gravilliers unterhielten, sollen am 1. Prairial erklärt haben: »Wenn die Jakobiner oben dran sind, werden an allen Straßenecken Guillotinen aufgestellt, und dann wird mit allen Aristokraten, Gemäßigten und Händlern reinen Tisch gemacht.«[110]

Es erhellt aus diesen Texten, was die Sansculotterie ist. Sie hebt sich ab durch ihren Gegensatz zur Aristokratie, zu den Reichen, zum Handel; Widersprüche, deren Natur verrät, wie fließend die sozialen Abgrenzungen innerhalb des alten dritten Standes sind und wie unmöglich es wäre, die Sansculotterie als eine Klasse zu definieren. Nur gegen die Aristokratie setzt sie sich klar ab, ihre Grenzen zur Bourgeoisie hin liegen nicht fest. Als ein Zusammenschluß sozial disparater Elemente wird sie durch innere Widersprüche zerrissen, aus denen sich ihre Unfähigkeit, ein geschlossenes Programm zu entwickeln, und nicht zuletzt auch ihr politisches Scheitern erklären.

Überdies ist die tief eingewurzelte Feinschaft gegenüber der Aristokratie kein ausschließliches Kennzeichen der Sansculotten.[111] Vielmehr wird sie 1789 vom gesamten dritten Stand geteilt. Zwar ist mit der fortschreitenden Vertiefung der revolutionären Krise der einstige dritte Stand auseinandergebrochen, und verschiedene Fraktionen der Bourgeoisie haben einen Kompromiß nach dem Vorbild der englischen Revolution von 1688 ins Auge gefaßt. Die montagnardische Bourgeoisie aber und insbesondere ihre jakobinische Fraktion sind auch im Jahre II entschlossen an der Spitze des Kampfes gegen die Aristokratie im Innern und an den Fronten geblieben: die gesamte Politik der Revolutionsregierung war geboren aus den Erfordernissen dieses Kampfes.

Die Feindschaft des Volkes gegen Reichtum und Handel

geht nicht ohne innere Widersprüche ab: sie treten auf, sobald es sich um Sansculotten handelt, die Inhaber einer Werkstatt oder eines Ladens sind. Gewiß erklären ihre Wortführer immer wieder ausdrücklich, daß sich ihr Feuer gegen den Großbesitz, gegen den Großhandel richtet. So erregt es den Zorn des *Père Duchesne*, «daß die Großen immer noch die Kleinen fressen». Wenn Hébert erklärt: »Die Geschäftemacher kennen kein Vaterland!«, so beeilt er sich hinzuzufügen: »Man soll nicht denken, daß ich den Handel verachte. Niemand ehrt mehr als ich den anständigen Menschen, der von den Früchten seines Fleißes lebt.«[112] Gemeint sind damit die unabhängigen Handwerker und kleinen Ladenbesitzer, Kleinproduktion und Kleinhandel. Hébert ahnt nicht einmal, daß es zwischen den Interessen der Handwerksmeister und Gewerbetreibenden und jenen der Gesellen und Arbeiter einen Gegensatz geben könnte.

Diese Widersprüche, die die Einigkeit der Sansculotten bedrohen werden, tauchen auch in einigen Texten auf, in denen sich die Sansculotten auf positive Weise selbst zu definieren suchen. Solche Belegstellen sind seltener, weil sie aus den untersten Volksschichten herrühren, aber sie unterstreichen dennoch sehr deutlich, daß die Sansculotterie vielschichtig zusammengesetzt ist.

In manchen Dokumenten werden die Sansculotten gleichgesetzt mit jenen, die nichts besitzen, mit den Proletariern im traditionellen Sinne des Wortes.[113] Als im Brumaire des Jahres II Didot, der Präsident des Revolutionskomitees der Sektion Réunion, in einem *Précis sur la Révolution et le caractère français*[114] festzuhalten sucht, worin das Wesen der Republik besteht, stellt er den Reichen »die wahren Patrioten« gegenüber, »die meistens zu den Armen gehören«. Der Sansculotte verteidigt das Eigentum des Reichen, wogegen »der reiche Aristokrat täglich das Eigentum des Volkes verletzt, das aus seinen Rechten, seinem Lebensunterhalt und seiner Freiheit besteht«. Am 27. Pluviôse schlägt Erimante Lambin aus der Sektion Chalier einen Aufruf gegen die Advokaten, Anwälte, Priester und Adligen an; er stellt ihnen die Sansculotten gegenüber, *die nichts haben*.[115] Bald darauf wird Babeuf von den *besitzlosen* Sansculotten sprechen.[116] Auch die Besitzenden sind sich klar darüber, daß unter den Patrioten die

Sansculotten die große Masse der Nichteigentümer darstellen. Am 5. Juli 1793 verliest Chabot vor dem Jakobinerklub einen Brief Ramels aus Toulouse, in dem er schreibt, »daß die Besitzenden allein die Sache der Republik retten könnten. Wie könnt Ihr zulassen, daß Eure Interessen anderen anvertraut werden? Sollen Eure Waffen in die Hände der Sansculotten gegeben werden?«[117] Die klarste Definition in dieser Hinsicht stammt von den Sansculotten selbst. Petion gibt sie, um sie der Verachtung preiszugeben, am 10. April 1793 vor dem Konvent wieder: »... wenn man von Sansculotten spricht, versteht man darunter durchaus nicht alle Bürger, Adlige und Aristokraten ausgenommen, sondern man meint damit die Leute, die nichts haben, um sie von denen zu unterscheiden, die etwas haben.«[118] Als Nichtbesitzende arbeiten die Sansculotten, um zu leben, genauer noch: Sie arbeiten mit ihren Händen. In einer Anzahl von Texten wird der Sinn des Wortes noch weiter eingeschränkt und gleichzeitig verfeinert. Das Thema, daß die Sansculotterie die Masse der Arbeitenden umfaßt und »die wertvollste Klasse« der Nation darstellt, hat Hébert, der gut wußte, wie er seiner Anhängerschaft kommen mußte, häufig angeschlagen. »Nichts gilt als die Sansculotten«, schreibt er im September 1793 in seinem *Père Duchesne*, »... sie sind es, die die Stoffe weben, die wir tragen, sie bearbeiten die Metalle und schmieden die Waffen, mit denen die Republik verteidigt wird«[119]. Und abermals setzt er »diesen fleißigen Handwerkern, die alle ihre Kräfte an ihre Arbeit hingeben«, die Bankiers, Fainanzleute, Kaufleute, Schieber, Wucherer und Juristen entgegen, »in einem Wort: die Blutsauger der Sansculotterie.«. In ihrer Adresse an den Konvent vom 24. September 1793 stellt die Sektion Poissonnière den *reichen Egoisten* »diesen fleißigen Teil des Volkes« gegenüber, »der nur seine Arbeitskraft zum Leben hat«[120]. Am 16. Messidor des Jahres II setzte das Revolutionskomitee der Sektion Bon-Conseil drei Kommissare ab, die für die Salpeterherstellung eingesetzt waren: »Sie zeigten eine Wohnkultur und einen Hochmut, die zu ihren Arbeitern in krassem Widerspruch standen.« Die Arbeiter wurden dabei übrigens als die *wahren Sansculotten* bezeichnet.[121] Bei seiner Verhaftung am 17. Germinal des Jahres III wird der Sansculotte Vingternier über seine Sektion befragt. Er antwortet, er kenne nur die

Sektion »des Volkes und der Arbeiter«[122]

Die einstigen politischen Aktivisten mußten während der Unterdrückungswelle des Jahres III oft erleben, daß man ihnen vorwarf, sie hätten das Gefühl des Volkes für diesen sozialen Antagonismus zu politischen Zwecken ausgenutzt, einen Antagonismus, den zu verschleiern die Besitzenden ihrerseits im Gegenteil alles Interesse hatten. Zufolge einer Aktennotiz vom 17. Nivôse hat das frühere Revolutionskomitee der Sektion Bonne-Nouvelle immer versucht, »die zahlreiche Klasse der in Kammern zur Untermiete wohnenden Arbeiter zu verwirren«[123]. Der Weinhändler Damilot aus der Sektion Piques, früher Kommissar zur Bekämpfung des Wuchers, wird beschuldigt, er sei »Ratgeber und Anstifter der armen Arbeiter der Sektion« gewesen.[124] Am 20. Germinal zeigen die ehrbaren Leute der Sektion Bon-Conseil die Partei an, die »die unsinnigen Bezeichnungen *Stutzer* [muscadins] und *Sansculotten* erfand«. Sie werfen ihr vor, die Bürger in zwei antagonistische Klassen eingeteilt zu haben. »Unter die erste Klasse – als ob es unter Republikanern überhaupt mehrere Klassen geben könnte – reihten sie die Juristen, Rentiers, die Gebildeten, die Angestellten und die Künstler. Zur zweiten ... rechneten sie nur jene achtbaren Bürger, die gewöhnt waren, mit ihren Händen zu arbeiten ... Ihnen erzählten sie immer wieder, daß diejenigen, die reicher, besser gekleidet oder gebildeter waren als sie, ihre Feinde und Konterrevolutionäre seien, als ob der Patriotismus nur im Beruf und in der Kleidung läge; und sie hatten der Kaste, die sie Sansculotterie nannten, ein solches Privileg zugestanden, daß sie behaupten konnten, daß es außer ihr keine staatsbürgerliche Treue geben könne.«[125] Dieser Text macht trotz seiner böswilligen Absichtlichkeit und trotz zweifellosen Übertreibungen der Denunzianten ganz deutlich, daß eine Fraktion der Sansculotterie versucht hat, den Gegensatz zwischen Besitzenden und Arbeitern in den Vordergrund zu rücken, während sich die Gemäßigten, die im Jahre III wieder an die Macht gelangt waren, an den traditionellen Gegensatz zwischen dritten Stand und Aristokratie hielten. Die unklaren Vorstellungen über diesen Gegensatz förderten die Auflösung der sansculottischen »Koalition«, indem sie ihr Handwerker und Gewerbetreibende entzogen, die als Kleineigentümer immerhin Besitzende waren.

Wohl war sich die Sansculotterie des Grundwiderspruches der Gesellschaft des Ancien régime eindeutig bewußt und voller Haß gegen die Aristokratie, aber eben das war die montagnardische Bourgeoisie auch. Es liegt auf der Hand, daß die Sansculotterie ein Klassenbewußtsein nicht haben konnte: aus verschiedenen sozialen Kategorien mit oftmals einander zuwiderlaufenden Bedürfnissen zusammengesetzt, stellt sie keine Klasse dar; ihre Einheit manifestiert sich nur in der Negation. Ein letzter Wesenszug möge das noch einmal unterstreichen. Für die Volksmeinung reicht die soziale Charakteristik nicht aus, um zu definieren, was ein Sansculotte ist. Ein konterrevolutionärer Arbeiter konnte von ihr niemals als guter Sansculotte akzeptiert werden, einem patriotischen und republikanisch gesinnten Bourgeois wird hingegen gern die Eigenschaft eines Sansculotten verliehen.[126] Die soziale Definition wird durch eine politische näher bestimmt; eines ergänzt das andere und hängt von ihm ab. »Man findet Tugend und Patriotismus nur unter den Sansculotten«, erklärt der *Père Duchesne;* »ohne sie wäre die Revolution im Eimer, sie allein werden die Republik retten«[127]. Sansculotte wird hier fast zum Synonym für Patriot und Republikaner.[128]

Um Sansculotte zu sein, genügen kein Lippenbekenntnis zum Patriotismus und keine einfache Geisteshaltung[129]; es braucht ein politisch klares Verhalten. Der Sansculotte hat an den großen revolutionären Ereignissen Anteil gehabt, er *kämpft* für die demokratische Republik. Der Vollversammlung der Sektion Marchés, die am 9. Prairial des Jahres III dem ambulanten Teehändler und wohl auch Sansculotten Herbet vorhält, er sei Terrorist gewesen, antwortet dieser voll Stolz, indem er auf seine geleisteten Dienste verweist: »Ich bin ganz gewiß ein Terrorist, aber bewiesen habe ich es nur am 10. August 1792 vor dem Schloß des Tyrannen Capet, wo mich mein Terrorismus den linken Arm kostete ... Ich bin auch ein Bluthund. Aber ich habe nur mein Blut vergossen, das floß am 10. August; und ich bedaure es nur deswegen, weil es mir sein Verlust unmöglich gemacht hat, mit meinen Brüdern in den Kampf an die Front zu ziehen.«[130] Noch klarer drückt sich Brutus Magnier aus, im Jahre II Vorsitzender einer Militärkommission bei den Armeen des Westens. Er hat in einem Brief, der beschlagnahmt worden ist, die Regierung kritisiert,

»die den Sansculotten den Tod geschworen hat«. Bei seiner Vernehmung am 21. Messidor des Jahres III wird er gefragt, was er unter einem Sansculotten versteht. »Hat geantwortet, er meine damit die Sieger der Bastille, des 10. August und des 31. Mai, vor allem die letzteren, denen man einen ewigen Krieg geschworen zu haben scheint; außerdem meine er jene, die heute als Terroristen und Blutsäufer bezeichnet würden, und zwar von Kannibalen, die vielmehr diese Titel verdienten.«[131] So weist sich der Sansculotte aus sowohl durch sein politisches Verhalten als auch durch seine soziale Stellung; diese war viel schwerer zu bestimmen als jenes.

Alle diese Züge werden in einer Niederschrift Vingterniers aus dem Frühjahr 1793 aufgegriffen, in der »auf die unverschämte Frage: Was ist denn eigentlich ein Sansculotte?« geantwortet wird: »Das ist einer, der immer zu Fuß geht ... und der mit seiner Frau und seinen Kindern, wenn er welche hat, ganz schlicht im vierten oder fünften Stock wohnt.«[132] Auch Jacques Roux spricht von den Speichern, wo die Sansculotten wohnen, und der *Père Duchesne* schreibt: »Will einer die Blüte der Sansculotterie kennenlernen, dann soll er mal in die Dachkammern der Arbeiter gehen ...«[133] Vingternier geht dann auf die nützliche Arbeit des Sansculotten ein, der weder Zeit noch Geld für Vergnügungen hat, und stellt vor allem seine ständige Bereitschaft heraus, in seiner Sektion und an den Fronten für das Wohl der Republik zu streiten.[134] Eben dieser politische Einsatz für das Volk, der kämpferische Patriotismus ist es, der über alle sozialen Unterschiede hinweg die Einheit der Pariser Sansculotterie schmiedet.

Statistische Unterlagen

Eine statistische Untersuchung der Pariser Sektionen läßt sich anhand der politischen Dokumente und Texte unternehmen, aber auch hier stößt man auf die bereits genannten Schwierigkeiten. Es ist nur mit großer Mühe und nur annähernd möglich, festzustellen, was die Sansculotterie ist, wie sie gegen die übrige Bevölkerung abzugrenzen ist, welchen Anteil an der Gesamtbevölkerung sie einnimmt.

Es ist schon nicht ganz einfach, genau zu sagen, wie groß die

Gesamtbevölkerung von Paris überhaupt war. Noch schwieriger ist es, das Verhältnis der Pariser Sansculotten zur Einwohnerzahl der einzelnen Sektionen zu bestimmen. Zwar hatte das Gesetz vom 11. August 1793 eine Volkszählung in den Pariser Sektionen angeordnet, und diese hatten im Jahre II auch damit begonnen, aber die Arbeiten wurden nur sehr schleppend durchgeführt. Erst zehn Sektionen hatten sie im Thermidor abgeschlossen. Die Registrierung zog sich noch über das ganze Jahr III hin. Am 11. Fructidor stellte der Verteilungsausschuß eine Erhebung über die Ausgabe von Brotkarten auf Grund der Register der Sektionsausschüsse an. Sein *Tableau sommaire* der Pariser Bevölkerung gibt eine Gesamtzahl von 640 504 Einwohnern an.[135] Diese Zahl liegt weit über jener der Volkszählung von 1789, die aus Anlaß der Wahlen zu den Generalständen vorgenommen wurde, nämlich 524 186, und ist sicherlich übertrieben, da die Sektionen bestrebt waren, eine höhere Zahl von Personen anzugeben, die zu verpflegen wären, als sie wirklich hatten. Immerhin stimmt aber diese Zahl ungefähr mit einer Aufstellung über die Pariser Bevölkerung »zu Zwecken der Verpflegung« vom 13. Pluviôse des Jahres III überein, die bisher allen Forschern entgangen zu sein scheint und eine Gesamtzahl von 636 772 Köpfen nennt.[136]

Obwohl diese Ziffern nur Annäherungswerte darstellen, erlauben sie doch interessante Rückschlüsse darüber, mit welchem Nachdruck die Bevölkerung der verschiedenen Sektionen hinter der Forderung nach ausreichender Versorgung mit Lebensmitteln stand. Die Sektion Panthéon-Français hat mit 24 977 Einwohnern die höchst Bevölkerungsziffer, ihr folgt mit 24 774 die Sektion Gravilliers. Demgegenüber ist bemerkenswert, daß die Sektionen in den Faubourgs Saint-Antoine und Saint-Marcel nicht zu den am dichtesten bevölkerten gehören. Im Faubourg Saint-Antoine steht die Sektion Quinze-Vingts mit 18 283 Einwohnern an fünfter Stelle, erst an siebzehnter die Sektion Montreuil (13 479 Einwohner), die Sektion Popincourt sogar erst an sechsunddreißigster Stelle (10 933 Einwohner) in der Größenordnung der Pariser Sektionen. Die Sektion Finistère im Faubourg Saint-Marcel steht mit 11 775 an dreißigster Stelle. Im Herzen von Paris, beiderseits der Seine, liegen zwei sehr dicht besiedelte Gebiete. Auf dem rechten Seineufer vereinigen die zwölf Sektionen der Stadtmitte allein mehr als 180 000 Einwohner.[137] In den vier Sektionen Unité, Bonnet-Rouge, Mutius-Scaevola und Marat des linken Ufers wohnen mehr als 70 000 Pariser.[138] Im Jahre II erscheinen gerade diese Sektionen als die fortschrittlichsten: das Problem der Versorgung stellte sich hier mit größerer Schärfe als sonstwo. Ein einzelner Name, Ducroquet, Kommissar zur Bekämpfung des Wuchers in der Sektion Marat, steht für den Druck, den die Volksmassen auf die Behörden ausübten, und für die meist aus der unmittelbaren Praxis geborenen Maßnahmen, die sie zur Linderung ihrer Not vorschlugen.

Die Verteilung der Arbeiterbevölkerung geht mit der Bevölkerungsdichte ziemlich parallel: Die große Masse der Arbeiter lebt im Herzen der Hauptstadt. Eine Untersuchung von F. Braesch, die er nach den Angaben der Arbeitgeber zum Zwecke des Umtauschs großer Assignaten gegen kleinere Werte zur Bezahlung ihrer Arbeiter anstellte, hat uns ziemlich genaue Auskünfte über die Zahl der Lohnempfänger in 41 Sektionen geliefert, wenn auch nur für das Jahr 1791.[139] Lohnempfänger waren 62 743 Personen, umgerechnet, wenn man vier Personen für eine Familie annimmt, also 250 972 Einwohner. Von diesen Zahlen ausgehend, schätzt Braesch die Arbeiterbevölkerung der gesamten Hauptstadt auf 293 820 Personen, etwa die Hälfte der Pariser Bevölkerung.[140] Zwei Gebiete, die sich durch eine Zusammenballung der Arbeiterbevölkerung auszeichnen, liegen beiderseits der Seine im Zentrum der Stadt. Auf dem linken Ufer leben mehr als 10 000 Arbeiter in den Sektionen Unité, Marat, Bonnet-Rouge, Mutius-Scaevola, Chalier und Panthéon-Français.[141] Auf dem rechten Ufer gibt es zwischen der Seine und den alten Stadttoren einen festen Block von Arbeitern: fast 28 000 Lohnempfänger wohnen dort.[142] Demgegenüber sind die Faubourgs, die sich in der Geschichte der Revolution einen besonderen Namen gemacht haben, keine ausgesprochenen Arbeiterbezirke, zum mindesten sitzen die Arbeiter dort nicht so dicht wie im Zentrum. In den drei Sektionen des Faubourg Saint-Antoine werden nur 4519 Arbeiter registriert, in der Sektion Finistère im Faubourg Saint-Marcel sogar nur 613; die Zahl erhöht sich für diesen Faubourg auf 3441, wenn man die beiden Sektionen

Observatoire und Sans-Culotte hinzuzählt.[143]

Nicht weniger bemerkenswert ist die Verteilung der Arbeiter auf die Werkstätten innerhalb der einzelnen Sektionen. Durchschnittlich kommen in Paris 16,6 Arbeiter auf einen Arbeitgeber. Im Faubourg Saint-Antoine liegt diese Zahl bei 14,9, in der Sektion Finistère bei 16,1.[144] In den Arbeitervierteln der Innenstadt kann als Richtzahl 15,6 für das linke Seineufer, 19,6 für das rechte gelten.[145] Die Sektion mit den wenigsten Arbeitnehmern ist die Sektion Fraternité mit 305 Lohnempfängern, während die Sektion Amis-de-la-Patrie im Herzen von Paris 5288 Lohnempfänger registriert. Am stärksten sind die abhängigen Arbeitskräfte in den Sektionen Marchés und Faubourg-du-Nord konzentriert; hier kommen auf einen Unternehmer durchschnittlich 27,9 bzw. 31,8 Arbeiter. In der Sektion Sans-Culottes sind es 25,7, in den Sektionen Brutus, L'Homme-Armé und Révolutionnaire dagegen überwiegt die handwerkliche Kleinproduktion, kenntlich durch mittlere Beschäftigtenzahlen von 10,2, 9,9 und 8,5.

Soweit die Zahlen, die Braesch aus den Aufstellungen für den Umtausch der großen Geldscheine ermittelt hat. Sie geben kein exaktes Bild von der sozialen Struktur der Pariser Arbeiterschaft, denn hier tauchen nur jene Arbeitgeber auf, die für die Bezahlung ihrer Beschäftigten zu sorgen hatten. Aber wie viele kleine Handwerker, die in ihrer Werkstatt allein arbeiteten, wurden von dieser Maßnahme gar nicht berührt? Wie viele Gesellen, die im Hause ihres Meisters lebten und an seinem Tisch aßen, wurden in der Hauptsache in Naturalien bezahlt? Tatsächlich sind die kleinen und kleinsten Handwerksbetriebe den statistischen Berechnungen Braeschs entgangen.

Den Beweis dafür treten die Erhebungen an, die im Juni 1793 von den Behörden der Sektion Faubourg-Montmartre über die Zimmereien, Stellmachereien, Schlossereien und Tischlereien in ihrem Bereich angestellt worden sind.[146] Daraus ergibt sich eine viel niedrigere Beschäftigtenzahl als jene, die man aus den von Braesch benutzten Dokumenten errechnen kann.[147] Sie ist nach den einzelnen Berufszweigen verschieden: Wo für die Führung des Betriebes ein gewisses Grundkapital und ein großer Bestand an Werkzeug erforderlich ist, ist die Zahl der Arbeitskräfte entsprechend höher;

deshalb beschäftigen die Zimmereien mehr Leute als etwa die Schlosserwerkstätten. Im Juni 1793 wurden in der Sektion Faubourg-Montmartre neun Zimmereiunternehmen mit insgesamt 81 Arbeitern gezählt, also durchschnittlich 9; die Akten über den Umtausch der Assignaten, die zwei Jahre älter sind, geben nur fünf Betriebe mit durchschnittlich 17 Arbeitern an. Wenn im Juni 1793 zwei Unternehmer 31 bzw. 14 Leute in Lohn haben, beschäftigen demgegenüber sieben weitere Betriebe nur zwischen 3 und 7 Arbeitern.[148] Im Stellmacherhandwerk ist die Konzentration der Arbeiter auf die Betriebe geringer: 146 Beschäftigte in 23 Betrieben ergibt ein Mittel von 6,1; aber nur neun Unternehmer hatten sich 1790/91 zum Umtausch der Assignaten gemeldet, die durchschnittlich 9 Arbeiter beschäftigten. Das größte Unternehmen beschäftigt 24 Arbeiter, zwei haben 14, eins 12, ein anderes 11 Arbeiter. Dagegen haben zwei Stellmacher gar keinen Gesellen, und zwei haben nur einen; drei Werkstätten haben je zwei Gehilfen, zwei andere je drei.[149] Drei Stellmacher arbeiten in einer Werkstatt zusammen, vier andere, auch in gemeinsamer Werkstatt, beschäftigen vier Leute. 19 Tischlereien gibt es in der Sektion, mit durchschnittlich nur 5,2 Gesellen (nach den Dokumenten zum Geldumtausch von 1790/91 sind es nur zwölf, aber mit einem Mittel von neun Arbeitern). Es gibt vier Unternehmer mit 24, 12, 11 und 10 Gesellen; aber vier Tischler arbeiten allein, einer mit einem Gehilfen, zwei beschäftigen je zwei Gesellen, in zwei Werkstätten arbeiten je drei Leute, nur in einer vier; drei Meister haben jeder fünf Gesellen und zwei haben sechs. Noch mehr verteilt sind die Arbeiter in der Schlosserei: 51 Gesellen auf 25 Werkstätten, das sind zwei in jeder (nach den von Braesch benutzten Dokumenten waren es nur neun Betriebe mit einem Durchschnitt von 6,5 Arbeitern). In einem einzigen Betrieb gibt es 16 Arbeiter, aber 10 Meister arbeiten ganz allein, fünf haben nur einen Gesellen, drei nur zwei.[150]

Diese wenigen Daten genügen, um die von Braesch erarbeiteten Resultate über die Verteilung der Pariser Arbeiterschaft auf die Betriebe zu korrigieren. Wenn er für die Sektion Faubourg-Montmartre einen Durchschnitt von 15,9 Arbeitern auf einen Meister errechnet hat, so senkt sich dieser Schnitt, wenn wir uns an die Angaben für die vier Handwerke aus dem

Jahre 1793 halten, auf 5,5. Gewiß trägt diese letzte Zahl den Berufen, wo die Konzentration der Arbeitskräfte schon sehr weit fortgeschritten ist, keine Rechnung, wie etwa der Textilindustrie, den Tuchfabriken oder den Strumpfwirkereien. Dennoch glauben wir, daß sie der Wirklichkeit näher kommt als die Zahl der Braeschs, dessen Berechnungen wegen der Auslassung der kleinen Betriebe, wo der Handwerker allein oder bestenfalls mit einem oder zwei Gehilfen arbeitet, von vornherein ein falsches Bild ergeben müssen. Denn eben die Handwerkerschaft ist das beherrschende Element unter den Pariser Arbeitern.

Sozusagen an der Peripherie der Arbeiterschaft, aber auf die Gesamtheit der Pariser Bevölkerung von großem Einfluß, wenigstens in den Zeiten der Lebensmittelnot, vegetierte unter dürftigsten Verhältnissen noch eine ausgehungerte Masse von Armen. Nach einem Bericht, den am 14. Germinal des Jahres II der Hospitalverwalter Danjou dem Generalrat der Kommune vorlegte, belief sich die Zahl der Armen, die Unterstützung erhielten, auf insgesamt 68 981 in allen Pariser Sektionen.[151] Das bedeutet, wenn man die Aufstellung über die Bevölkerung »zu Zwecken der Verpflegung« vom 13. Pluviôse des Jahres III zugrunde legt, daß jeweils etwa neun Einwohner einen Armen unterstützen mußten.[152] Diese Masse von Armen ist auf die einzelnen Sektionen sehr unterschiedlich verteilt. Besonders dicht saßen sie in den alten Faubourgs, woraus sich deren besondere politische Rolle erklärt. Die drei Sektionen des Faubourg Saint-Antoine zählen 14 742 Unterstützungsempfänger, es kommt also etwa einer auf drei Einwohner.[153] Das macht begreiflich, daß hier die Frage des täglichen Brotes jede andere Überlegung überschattet hat. Bei der Entwaffnung des Faubourgs am 4. Prairial des Jahres III antwortete der Stellmacher Delorme, der Hauptmann der Kanoniere von Popincourt, neben der Mündung des ersten Geschützes seiner Batterie stehend, dem General Menou auf die Frage, ob er Republikaner sei: »Gibst du mir Brot?«[154] Die Spitze der Pariser Sektionen nimmt, was die Zahl der Unterstützungsempfänger angeht, die Sektion Quinze-Vingts ein (6601 Personen); ihr folgt die Sektion Finistère mit 4951 Armen, das ist einer auf 2,3 Einwohner! Im Faubourg Saint-Marcel ist das Verhältnis demnach noch ungünstiger als im Faubourg Saint-

Antoine. Auf dem linken Ufer, in den vier Sektionen Chalier, Panthéon-Français, Observatoire und Sans-Culottes, gibt es 10 625 Arme, das sind rund einer auf sechs Einwohner. Diese vier Sektionen gehörten im Jahre II zu jenen, die die Avantgarde der Revolution bildeten. Ebenso, auch auf dem linken Ufer, die Sektion Bonnet-Rouge mit ihren 2037 Unterstützungsempfängern, wo einer auf acht Einwohner kommt. Dagegen ist die Zahl der Armen in den Sektionen des Westens niedriger.[155] Die Bedürftigkeit steigt wieder an in den Sektionen der nördlichen Außenbezirke: Faubourg-Montmartre, Faubourg-Poissonnière, Faubourg-du-Nord, Bondy und Temple zählen zusammen 8448 Arme, das ist ein Verhältnis von 1 zu 6,4. Im Zentrum findet sich die stärkste Zusammenballung in der Sektion Maison-Commune, die mit ihren 4258 Unterstützungsempfängern auf den dritten Rang mit einem Verhältnis von 2,9 kommt. Dagegen gibt es in der Sektion Gravilliers auf 24 774 Einwohner nur 1616 Arme, das ist einer auf 16,5 Einwohner.

Durch diese Armen erhält die Sozialstruktur der Pariser Sansculotterie eine besondere Note, und in dieser Besonderheit wird einer der Hauptfaktoren der Volksbewegungen sichtbar: der Hunger.[156]

In Krisenzeiten war es die Pariser Sansculotterie in ihrer Gesamtheit, die die revolutionäre Bewegung in breiter Front ihren Höhepunkten zutrieb. Hatte sich die Situation wieder etwas beruhigt und war die Sorge um das tägliche Brot weniger drückend, so nahmen die Sansculotten durchaus nicht alle gleich regen Anteil am politischen Geschehen; nicht alle Sansculotten waren aktive, stets bereite Streiter für die Revolution. Diese aber, die politischen Kader der Pariser Sektionen im Jahre II, runden das Bild der sozialen Zusammensetzung der Pariser Sansculotterie ab und setzen ihm gleichzeitig besondere Akzente auf.[157]

Die Materialien für deren Studium bilden die Akten, die in der alphabetischen Serie der Register des Sicherheitsausschusses zusammengefaßt sind.[158] Es handelt sich dabei zwar vor allem um die Akten der Unterdrückungswelle vom Prairial des Jahres III, die uns in gewisser Hinsicht ebensosehr über die Geisteshaltung der besitzenden Klassen nach dem Thermidor wie über die Auffassungen der Sansculotten über den Terror aufklären. Viele der Anzeigen sind nur mit allergrößter Vorsicht aufzunehmen; die Verschärfung des Klassenkampfes im Frühjahr des Jahres III dehnte den geringsten Anlaß ins Riesenhafte aus, um den Vorwand für eine »gesetzliche« Verhaftung zu erwirken. Wie viele wurden damals als Septembermänner angezeigt und verhaftet, die überhaupt keinen Anteil an den Hinrichtungen gehabt hatten? Persönlichen Racheakten und Streitigkeiten wurde freier Lauf gelassen. Nehmen wir die Erinnerung an die Heidenangst hinzu, die die »feinen Leute« im Jahre II empfunden hatten, als sie sich aus ihrer sozialen und politischen Vormachtstellung verdrängt sahen: alles das steigerte die Unterdrückungswelle bis zur Maßlosigkeit. Trotzdem bilden die zahlreichen Aktenbündel über Entwaffnungen und Verhaftungen eine unersetzliche Quelle, die einzige über die sansculottischen politischen Kader in ihrer Gesamtheit.

Der Inhalt dieser Dokumente ist jedoch längst nicht so, daß er eine genaue statistische Untersuchung ermöglichte. Das Alter der sansculottischen Kämpfer ist nur ganz selten angegeben, ihr Beruf meistens vergessen worden. Außerdem ist das verwendete Vokabular ganz willkürlich. Schon daran läßt sich ermessen, wie sehr jede Forschung über die soziale Zusammensetzung der Sansculotterie zu Vermutungen gezwungen ist. Die große Masse derjenigen, die mit ihren Händen arbeiteten, wurde von den Besitzenden, ob Aristokraten oder Bourgeois, am Ende des 18. Jh. mit dem ein wenig verächtlichen Namen »Volk« bezeichnet. Der Buchhändler Hardy faßt in seinem Tagebuch[159] unter dem Ausdruck *menu peuple* (die kleinen Leute) sowohl die nichtbesitzenden Klassen als auch das Pariser Kleinbürgertum zusammen, das fast immer über irgendwelches Eigentum verfügt, kleine Kaufleute, Meister mit eigener Werkstatt, aber auch Gesellen, Handlanger und Arme. In der Tat sind zwischen dem Kleinbürgertum und dem Proletariat die Abstufungen ebenso zahlreich wie die Antagonismen. Schon Jean-Jacques Rousseau schrieb in seinen *Confessions,* daß er aus einer Familie stammte, »die sich durch ihre Sitten vom Volk abhob«; sein Vater war Uhrmacher. Wie ein Echo dazu klingt die Auffassung des Tischlers Duplay, des Hauswirts von Robespierre. Oft ist der Ausspruch seiner Tochter, der Frau des Konventsabgeordneten Lebas, zitiert worden, wonach ihr Vater, auf seine Würde als Bürger bedacht, niemals einen seiner »Bedienten«, d. h. seiner Arbeiter, an seinen Tisch gelassen habe. Der »Tischler« Duplay: Jaurès erinnert daran, daß er zehn- bis zwölftausend Livres Miete aus seinen Häusern zog, nicht gerechnet die Einkünfte aus seinem Unternehmen.[160] Das Vokabular entspricht der Ungenauigkeit der sozialen Abgrenzungen und dem unauslöschlichen Stempel, den das Handwerk seinen Mitgliedern aufdrückt: Das Gewerbe oder die Zunft, der einer angehört, ist maßgebend, nicht was er darin macht und welche Rangstufe er in der Produktion einnimmt. Gewiß gehört der *Tischler* Duplay zur Welt der Arbeit; dennoch ist er ein ziemlich großer Unternehmer im Tischlerhandwerk. Hat er in seiner Jugend selber den Hobel geführt? Oder nur sein Vater oder auch Großvater? Das ist nicht einfach ein Detail; es bedürfte immerhin der Aufklärung, wenn eine echte Sozialgeschichte der Revolution geschrieben werden soll. Der Leiter eines Handwerksunternehmens behielt seine Berufsbezeichnung bei und nannte sich weiterhin Tischler oder Zimmermann, auch wenn er fünfzig und mehr Arbeiter beschäftigte. Da gibt es in der Sektion Faubourg-du-Nord den »Fächermacher« Mauvage, einen aktiven Sansculotten. Aus einer sorgfältigen Prüfung seiner Akten geht hervor, daß er eine Fächermanufaktur mit über sechzig Arbeitern besaß.[161] Da sich hinter der gleichen Bezeichnung grundsätzlich verschiedene soziale Stellungen verbergen, ist es in jedem einzelnen Fall notwendig, die Stufe in der gesellschaftlichen Hierarchie zu bestimmen, auf der diese Handwerker und Ladenbesitzer standen. Aber wo hörte das eigentliche Handwerk auf, wo beginnt das Unternehmen? Es ist in den meisten Fällen unmöglich, aus den zeitgenössischen Dokumenten scharfe Trennungsstriche zwischen dem Gesellen, dem kleinen Handwerksmeister und dem Unternehmer zu ermitteln.[162] Zwischen ihnen liegen vielfältige Abstufungen, Übergänge, die jede Grenze verwischen. Jede Einordnung bleibt illusorisch und willkürlich, die ein solches zutiefst lockeres und in Fluß befindliches soziales Gefüge in eine strenge Nomenklatur zu pressen versucht. Überdies kann eine einzig und allein auf politische Dokumente gegründete Untersuchung von vornherein zu keinem restlos befriedigenden Ergebnis gelangen. Man müßte dazu auch die Vermögensverhältnisse der sansculottischen Vorhut kennen. Das Fehlen jeglicher Steuerunterlagen für die Pariser Sektionen läßt dieses Problem offen. Vielleicht könnten sehr sorgfältige Nachforschungen in den Notariatsarchiven hier ein Resultat zeitigen, wenigstens für diejenigen Gruppen der Sansculotterie, die der mittleren Bourgeoisie am nächsten standen. Die untersten Schichten, das eigentliche Volk, sind dahingegangen, ohne eine Spur zu hinterlassen, es sei denn in den Akten der »antiterroristischen« Unterdrückung.

Nach ihren ausgeübten Funktionen wie nach ihrer Herkunft gliedern sich die politischen Kader der Pariser Sektionen des Jahres II in drei Gruppen, in denen sich die verschiedenartige soziale Zusammensetzung der Sansculotterie widerspiegelt. Die Mitglieder der Zivilausschüsse stellen die älteste, stabilste und wohlhabendste Gruppe dar; viele von ihnen gehören fast schon zur mittleren Bourgeoisie. Das Personal der Revolutionskomitees, die erst aus jüngerer Zeit datieren, hat seinen Dienst nicht, wie die Mitglieder der Zivilausschüsse, ehrenamtlich versehen, sondern ist bald dafür besoldet worden; es rekrutiert sich weit stärker aus den Volksschichten. Vom März 1793 bis zum Fructidor des Jahres II ist diese Gruppe am stärksten den Wechselfällen des politischen Lebens ausgesetzt und demokratisiert sich bis zum Herbst 1793 mehr und mehr. Die einfachen politischen Aktivisten der Sansculotterie, die keine Funktion bekleiden, finden sich vom Herbst 1793 an meist in den Volksgesellschaften zusammen und setzen sich aus den untersten Schichten der Bevölkerung zusammen.

Die Zivilausschüsse waren durch das Gemeindegesetz vom 21. Mai/27. Juni 1790 ins Leben gerufen worden und waren damals den Aktivbürgern vorbehalten. Nach dem 10. August 1792 wurden sie fast völlig erneuert, und die nun gewählten Kommissare hielten sich zum großen Teil bis ins Jahr III, wobei viele sogar den Repressalien des Prairials entgingen. Ihre im wesentlichen administrativen Funktionen hatten es ihnen ermöglicht, sich aus der Politik der Schreckensherrschaft herauszuhalten. Zwar erhielten diese Ausschüsse vom Pariser Gemeinderat Gelder zur Deckung ihrer Verwaltungskosten, aber die einzelnen Mitglieder versahen ihr Amt lange Zeit ohne jede Entschädigung. Erst am 6. Floréal des Jahres II gewährte ihnen der Konvent eine Entschädigung von drei Livres für jeden Tag, den sie ihrer staatlichen Funktion widmeten. Die Maßnahme kam zu spät, um eine Demokratisierung in der Zusammensetzung der Ausschüsse herbeizuführen. Die meisten ihrer Kommissare gehörten dem gehobensten Kreis der Sansculotterie an, denen es Einkünfte aus einem Handwerksbetrieb oder aus einem Geschäft erlaubten, sich zusätzlichen Verwaltungsaufgaben zu widmen.

Von 343 registrierten Zivilkommissaren im Jahre II lebten 91, das ist mehr als ein Viertel (26,2 Prozent), von ihren Zinsen. Wenn nur 12 angegeben werden, die Rentiers oder Grundbesitzer sind (3,4 Prozent), so üben dafür 77 (22,8 Prozent) keinerlei berufliche Tätigkeit mehr aus. Sie leben von den Ersparnissen, die sie durch handwerkliche, geschäftliche oder freiberufliche Tätigkeit erworben haben, und bilden eine Kategorie von Kleinrentnern. Von diesen entfallen auf ehemals freiberuflich Tätige, ehemalige Beamte, Juristen oder ausgeschiedene Priester 7,8 Prozent der Gesamtheit. Handwerker und Kaufleute, die sich zur Ruhe gesetzt haben, konstituieren die bedeutendste Gruppe, 14,1 Prozent. Alle Zünfte, alle Handelssparten sind vertreten: an erster Stelle kommen die Lebensmittelhändler, dann die Weinhändler, Schneider, Friseure und Perückenmacher. Dabei sind die Ladenbesitzer und Kaufleute zahlreicher vertreten als die Handwerker, 36 (10,4 Prozent) gegen 13 (3,7 Prozent). Es wäre zwar notwendig, den Grad der Wohlhabenheit dieser kleinen Ruheständler, die wohl bescheidene Rentner waren, festzustellen, aber die Dokumente versagen hier. Immerhin müssen ihre Einkünfte groß genug gewesen sein, um es sich leisten zu können, die Sektionsgeschäfte zu erledigen, ohne dafür bis in den Floréal des Jahres II hinein ein Entgelt zu erhalten.

In der Gruppe derjenigen Kommissare, die einen Beruf ausüben, aber einen Teil ihrer Zeit den Verwaltungsaufgaben widmen (252, das sind 73,8 Prozent), fehlt das proletarische Element ebenfalls völlig, wobei wir allerdings auf die Ungenauigkeit in den Bezeichnungen verweisen müssen. Demgegenüber stellen auch die Leiter von Manufakturen, Fabrikanten oder Unternehmer lediglich 2,3 Prozent (8). 42. Kommissare (12,2 Prozent) üben eine freiberufliche Tätigkeit aus, sie sind Architekten, Bildhauer und Kunstmaler, außerdem Juristen, Ärzte und Sanitäter, schließlich Angestellte. Wenn zu dieser Gruppe noch die Kommissare gezählt werden, die im Laufe ihres Lebens freien Berufen angehört haben, erhöht sie sich auf 20 Prozent der Gesamtheit.

Den Hauptanteil unter den Mitgliedern der Zivilausschüsse stellen die kleinen Handwerker und Geschäftsleute, 201 von 343 insgesamt, das sind 58,6 Prozent. Mit den ehemaligen Handwerkern und Geschäftsleuten kommt man auf 250 Personen, das sind 72,7 Prozent, also fast drei Viertel des Bestandes der Zivilausschüsse. Davon können 120 Kommissare (34,9 Prozent) als Handwerker angesehen werden, 81 (23,6 Prozent) als Geschäftsinhaber oder Kaufleute. Das Verhältnis ist hier umgekehrt wie bei den Kommissaren, die im Ruhestand leben. Darf man daraus schließen, daß der Laden mehr eintrug als die Werkstatt? Unter den Geschäftsleuten werden 35 als »Kaufleute« bezeichnet, das deutet auf eine gewisse Bedeutung ihres Geschäfts hin, da der Kolonialwaren- oder Kurzwarenhändler einer höheren sozialen Kategorie angehört als der Krämer. Die restlichen 46 sind wahrscheinlich einfache Ladeninhaber. An erster Stelle kommen die zwölf Kurzwarenhändler, wobei Kaufleute und Krämer zusammengerechnet werden; es folgen neun Kaffeewirte, neun Lebensmittelhändler und fünf Weinhändler. Der kleine Lebensmittelhandel und besonders die Schankwirte haben einen ansehnlichen Teil der Zivilkommissare gestellt.

Unter den 120 Handwerkern (34,9 Prozent) sind jene der »freien Künste« mit 34 Personen am zahlreichsten, wobei die 13 Schneider an der Spitze stehen, gefolgt von zwölf Malern und Anstreichern. Zwölf Handwerker kommen aus holzverarbeitenden Berufen, elf verarbeiten Leder, zehn sind aus der Textilbranche, neun schließlich aus dem Baugewerbe; dazu noch sechs Friseure oder Perückenmacher. Auch hier wären Auskünfte über Umfang und Bedeutung der Handwerksbetriebe notwendig: mit wie vielen Gesellen arbeitete der kleine Handwerksmeister? Die Akten der einzelnen Zivilkommissare geben keine Auskunft darüber, welcher Stufe in der sozialen Hierarchie sie angehören. Wir fanden zwei zufällige Angaben: Ladainte, Zivilkommissar der Sektion Amis-de-la-Patrie, früher ausgeübter Beruf nicht ersichtlich, besitzt 1400 Livres Rente, was etwa dem Jahresgehalt eines kleinen Angestellten entspricht; außerdem übte er die ehrenamtliche Funktion eines Richters beim Handelsgericht aus. Veirun, Zivilkommissar in der Sektion Lombards, beschäftigte in seiner »Fabrik« 80 Arbeiter: dieser gute Sansculotte gehörte schon zu den größeren Unternehmern.[163]

Die Kommissare der Revolutionskomitees, die zunächst auch unentgeltlich arbeiteten, aber seit dem 5. September 1793 bezahlt wurden, rekrutierten sich, wie gesagt, aus anderen, den Volksmassen näherstehenden Kreisen und waren demokratischer gesinnt als die der Zivilausschüsse. Unter ihnen sind diejenigen, die von ihren Zinsen leben, weniger zahlreich: Von 454 registrierten Kommissaren waren es zwanzig, also 4,6 Prozent (in den Zivilausschüssen 26,2 Prozent); davon sind nur vier Rentiers im eigentlichen Sinne (0,8 Prozent), elf Kommissare haben früher freie Berufe ausgeübt (2,4 Prozent), sechs sind ehemalige Geschäftsinhaber oder Handwerker (1,3 Prozent). Es sind nur wenig mehr Unternehmer vertreten, dafür ist das proletarische Element stärker. Die Fabrikanten, Unternehmer oder großen eister stellen 13 Kommissare (2,8 Prozent gegenüber 2,3 Prozent in den Zivilausschüssen). Demgegenüber findet man 22 Lohnempfänger, Arbeiter, Gesellen oder Gehilfen, und 23 Bediente oder ehemalige Bediente: das sind 9,9 Prozent der Gesamtsumme. Die freien Berufe sind durch 52 Kommissare vertreten (10,5 Prozent), und zwar sind es in erster Linie Schauspieler, Bildhauer, Kunstmaler, Musiker, außerdem Lehrer; die Juristen stellen relativ wenig Kommissare. Zu dieser Gruppe können noch 22 Angestellte gerechnet werden, davon sieben Postangestellte (4,8 Prozent). Auch in den Revolutionskomitees gehören die meisten Kommissare dem Handwerk oder dem Kleinhandel an: nämlich 290 von den 454 registrierten, das sind 63,8 Prozent. Davon können 206 Kommissare (45,3 Prozent) als aus dem Handwerk stammend betrachtet werden; 84 (18,5 Prozent) kommen aus dem Handel. Die Handwerker sind relativ zahlreicher als in den Zivilausschüssen. Die Entschädigung von zunächst 3, später von 5 Livres bedeutete für viele einen willkommenen Ausgleich für die Verluste, die sie durch den Niedergang oder gar das Aussterben ihres Gewerbes erlitten hatten: gerade deshalb ist die Zahl der Kunsthandwerker und Hersteller von Luxusartikeln bezeichnend hoch. Die 28

Schuhmacher bilden die bedeutendste Gruppe, nämlich 6,1 Prozent, gefolgt von den Tischlern mit 3,9 Prozent und den Perückenmachern und Friseuren mit 3,5 Prozent. Insgesamt stammen aus den »freien Künsten« 42 Kommissare (9,2 Prozent). Aus der Gruppe der Bauberufe kommen 37 Kommissare (8,1 Prozent), und 29 gehören dem holzverarbeitenden und Möbelhandwerk an (6,3 Prozent).

Von den 84 aus dem Handel kommenden Kommissaren werden 41 (9 Prozent) als Kaufleute bezeichnet und scheinen mehr als einen kleinen Laden zu besitzen. Groß- und Kleinhandel zusammengefaßt, bilden zehn Weinhändler die Spitze, zu denen man noch sechs Schankwirte rechnen kann; die Schankstuben haben im politischen Leben der Sektionen eine wichtige Rolle gespielt. Aus dem Lebensmittelhandel kommen fünfzehn Kommissare: sechs Kolonialwarenhändler, drei Pastetenbäcker, ein Bäcker, ein Obsthändler; dazu können noch zwei Speisewirte und zwei Hoteliers gezählt werden.

Hier und da sind in die Personalakten Angaben eingestreut, aus denen sich die soziale Stellung dieser Kommissare ermessen läßt. Zahlreiche Handwerker und Ladenbesitzer, die ihre Existenzgrundlage ganz oder teilweise verloren hatten, fanden in der bezahlten Funktion eines Sektionskommissars eine Entschädigung für den Verlust ihrer Kunden und eine neue Existenzgrundlage.[164] Das ist der Grund für den hohen Anteil an Perückenmachern und Friseuren oder an Schuhmachern in den Revolutionskomitees, aber auch von ehemaligen Bedienten, die ihre Stellung verloren haben und besonders zahlreich im Revolutionskomitee der Sektion Bonnet-Rouge vertreten sind, im ehemals aristokratischen Faubourg Saint-Germain. Noël aus der Sektion Bon-Conseil, der seine Beschäftigung als Perückenmacher »durch die Revolution« verloren hat, wird Kommissar; er hat drei Kinder und seine alte Mutter zu ernähren.[165] Ebenso Jean-Baptiste Moulin, auch er Perückenmacher aus der Sektion République, Geschworener am Revolutionstribunal nach dem 22. Prairial des Jahres II. Bei seiner Verhaftung im Jahre III rechtfertigte er sich: »Da ich meinen Beruf als Perückenmacher verloren hatte, war ich gezwungen, in den Überwachungsausschuß meiner Sektion einzutreten, um leben zu können.«[166] In der Sache des seit dem 5. Prairial verhafteten Miel aus der Sektion Marchés stellt der Zivilausschuß des Jahres III fest, daß er »ein Amt im Revolutionskomitee nur angenommen hat, um sich die Existenzmittel für sich, seine Frau und seine Kinder zu verschaffen«[167]. Grambeau, Kommissar der Sektion Lombards, war 1789 Blumenhändler; sein Handel ist durch die Revolution ruiniert worden.[168] Der Händler Castet aus der Sektion Guillaume-Tell habe sich nach Aussagen von Denunzianten aus dem Jahre III zum Revolutionskomitee gedrängt, »um Ämter zu haben«[169]. Der ehemalige Bediente Claude Gourgaud, »durch die Auswirkungen der Revolution ohne Stellung«, wurde Bürogehilfe beim Revolutionskomitee der Sektion Poissonnière.[170] Der Kleiderreiniger Nicolas Petit aus der Sektion Lepeletier wurde am 16. Oktober 1793 als Bürogehilfe eingestellt. Bei seiner Verhaftung am 19. Ventôse des Jahres III wird ihm aus dieser Ernennung ein Strick gedreht, denn er kann weder lesen noch schreiben. Er diktiert ein Rechtfertigungsschreiben: »Mein Beruf als Kleiderreiniger trug mir nicht genug ein, um mit meiner Familie bestehen zu können. Ich war deshalb gezwungen, mich um ein Amt zu bewerben, und bekam die Stelle als Bürogehilfe ... Ist es denn ein Verbrechen, sich einen Lebensunterhalt zu suchen?«[171]

Wenn auch viele Kommissare in ihren Funktionen den Lebensunterhalt gefunden haben, den ihnen ihr Gewerbe nicht mehr einbringen konnte[172], so gab es umgekehrt andere, die über bescheidene Einkünfte verfügten oder sogar gute Stellungen innehatten. Der Kommissar Lambert aus der Sektion Arsenal ist ein ehemaliger Bedienter, der von seiner bescheidenen Rente lebt.[173] Etienne Fournier, Kommissar der Sektion Indivisibilité, ein ehemaliger Steinzeugmacher, besitzt 1700 Livres Rente[174], das Jahreseinkommen eines mittleren Angestellten. Der Kommissar Tarreau aus der Sektion Révolutionnaire sagt aus, daß sein Stand als Juwelier ihm nicht das eingebracht hat, »was man Vermögen nennen kann. Er hat mir nur annähernd das Notwendige verschafft, um meine Frau und meine Kinder unterhalten zu können.«[175] Das heißt doch wohl, daß die soziale Stellung Tarreaus etwa die Mitte hielt zwischen den reichen Klassen und den Volksklassen. Martineau, Wein- und Holzhändler und Mitglied des Revolutionskomitees der Sektion Bondy von seiner Gründung bis zum 9. Thermidor, besaß ein Vermögen: er hat von einem Onkel

»einen Nachlaß von einiger Bedeutung« geerbt, außerdem »hatte er recht anständige Zubußen vom Chef seiner Frau«[176]. Der Färber Barrucand aus der Sektion Arsenal, Bastillestürmer, Kommissar für die Herstellung von Piken und Mitglied des Revolutionskomitees, gibt ein Vermögen von 21 600 Livres an; er hat für 47 300 Livres ein Haus erworben. Gewiß, er hat dazu Anleihen aufnehmen müssen und sein Silberzeug verkauft, bleibt aber nichtsdestoweniger wohlhabend.[177]

Es gibt Kommissare, die an der Spitze großer Unternehmen stehen. Der Gipsfabrikant Maron aus der Sektion Gardes-Françaises besitzt einen Steinbruch, in dem er zwanzig Arbeiter beschäftigt.[178] Der schon erwähnte Mauvage, Revolutionskommissar der Sektion Faubourg-du-Nord und aktiver Sansculotte, leitet eine Fächermanufaktur, in der sechzig Arbeiter ihr Brot finden. Er bezeichnet sich nichtsdestoweniger ganz schlicht als Fächermacher.[179] Einige Kommissare haben irgendeine günstige Gelegenheit ergriffen, um sich selbständig zu machen und so auf der sozialen Stufenleiter emporzuklimmen. Wenn der ehemalige Pförtner Candolle, Revolutionskommissar in der Sektion Arsenal, nur ein kleiner Weinhändler geworden ist, so hat sich Larue aus der Sektion Lombards vom Maurergesellen im Jahre 1789 zum Bauunternehmer im Jahre II emporgearbeitete. Nach den Aussagen seiner Denunzianten »hat er verschiedene Aufträge in seinem Fach von der Kommune erhalten, die damit an der Schaffung seines Vermögens beteiligt war«[180].

Obwohl also die Mitglieder der Revolutionskomitees durchschnittlich aus anderen, plebejischeren Schichten stammen als die der Zivilausschüsse, weisen sie dennoch die gleiche soziale Abstufung vom Lohnarbeiter bis zum Großunternehmer auf. Auch darin bestätigt sich wiederum, daß die Sansculotterie eine Verbindung von heterogenen sozialen Elementen darstellte.

Auch wenn man die dritte Gruppe der politischen Aktivisten in den Sektionen aus dem Jahre II untersucht, nämlich die der einfachen Sansculotten ohne bestimmte Funktion, drängt sich dieselbe Feststellung auf, doch mit dem Unterschied, daß hier das Element der Lohnarbeiter stärker in den Vordergrund tritt. Von 514 registrierten »militants« (wir verstehen darunter jeden Bürger, der eine wirkliche politische Rolle spielte, entweder in der Vollversammlung seiner Sektion oder in der Volksgesellschaft, und der aus diesem Grunde unter die Repressalien des Jahres III fiel) sind 64 Lohnarbeiter: Gesellen, Hilfsarbeiter, Laufburschen und Lehrlinge, Tagelöhner oder Handlanger. Das sind 12,4 Prozent aller Registrierten. Wenn man hierzu die Hausangestellten, Gelegenheitsarbeiter, Bürodiener und Ladengehilfen rechnet, nämlich 40 Personen oder 7,7 Prozent, dann stellt das proletarische Element 20,1 Prozent der Aktiven, während es nur 9,9 Prozent des Bestandes der Revolutionskomitees und gar nur 0,8 Prozent des Personals der Zivilausschüsse ausmacht. Auf der anderen Seite findet man hier nur einen Rentier und einen Hausbesitzer, acht Ladeninhaber und Kaufleute, die sich von den Geschäften zurückgezogen haben: das sind 1,9 Prozent, während die gleiche Kategorie 4,6 Prozent der Revolutionskommissare und 26,2 Prozent der Zivilkommissare stellte. Auch die Unternehmer und Fabrikanten sind stark in der Minderzahl: vier oder 0,7 Prozent, dagegen 2,3 Prozent bei den Zivilausschüssen und 2,8 Prozent bei den Revolutionskomitees. Die freien Berufe sind durch 35 politische Aktivisten vertreten (6,8 Prozent); wenn man die 45 Angestellten dazurechnet, erhöht sich ihr Anteil auf 15,5 Prozent. Die Gruppe der Angestellten ist hier von besonderer Bedeutung: sie sind es sehr oft, die in den Sektionsgesellschaften die Diskussionen entfachen und tragen.

Die kleine Geschäftswelt und vor allem das Handwerk stellen die Majorität, wenn auch in einem geringeren Verhältnis als bei den Zivilausschüssen und den Revolutionskomitees: Es sind 81 Geschäftsleute (15,7 Prozent) und 214 Handwerker (41,6 Prozent). Unter den ersteren werden 34 oder 6,6 Prozent als Kaufleute bezeichnet. Die 18 Lebensmittelhändler stellen das größte Kontingent, unter ihnen die zehn Weinhändler wiederum als stärkste Fraktion: nochmals bekunden sie ihre Rolle im politischen Leben der Sektion.

Von den 214 Handwerkern stellen die Schuhmacher allein einen festen Block von 41 Aktivisten, das sind 7,9 Prozent der Gesamtzahl; nach ihnen kommen 24 Friseure oder Perückenmacher und 20 Schneider. Es erübrigt sich, auf den Zusammenhang zwischen der politischen Aktivität dieser kleinen Handwerker und ihren wirtschaftlichen Schwierigkeiten hinzuweisen. Aus dem Baugewerbe kommen 30 oder 5,8 Prozent der Gesamtsumme, 29 sind Angehörige des holzverarbeitenden Handwerks und der Möbeltischlerei (5,6 Prozent), nur 23 kommen aus dem Kunstgewerbe und der Luxusartikelherstellung (4,4 Prozent). Damit ergibt sich, daß aus den Berufen, die eine geringere fachliche Qualifikation brauchen, die größere Zahl von politischen Aktivisten kommt. In den Zivilausschüssen und Revolutionskomitees war das Verhältnis gerade umgekehrt: dort stellt das gehobene Handwerk eine echte Elite, die in mehr als einer Sektion der Sansculoterie die Hauptkader geliefert hat.

Wenn unter den einfachen Kämpfern die Lohn- und Gehaltsempfänger überwiegen, so gibt es unter ihnen anderenteils eine Reihe von wohlhabenden Bürgern. Varlet aus der Sektion Droits-de-l'Homme verfügt über Einkünfte in Höhe von 5800 Livres; zu seinen Bezügen als Postangestellter kam noch ein persönliches Vermögen. Dieser Enragé gehörte schon fast zur mittleren Bourgeoisie. Frangeux aus der Sektion Lepeletier war überzeugter Jakobiner, der von seinen Renten lebte: »Meinen Unterhalt bestritt ich von den Zinsen meiner Ersparnisse, die ich seit 40 Jahren gemacht und vor der Revolution in Staatsanleihen angelegt hatte.«[181] François Mercier, ehemaliger Verkäufer in einem Hutgeschäft aus der Sektion Marat, der Geschworener beim Revolutionstribunal wurde, legte die 12 150 Livres, die er 1780 von seiner Mutter geerbt hatte, in Leibrenten an. Er habe sich »der Geschäfte mehrerer Personen angenommen« und sei sparsam mit seinen Renten und seinen Tagegeldern als Geschworener umgegangen; auf diese Weise habe er 9430 Livres aufgehäuft. Im Jahre III gibt er ein Vermögen von 21 580 Livres an.[182] Bouland, aktiver Sansculotte der Volksgesellschaft Lazowski und der Sektion Finistère, der nicht aufhörte, »Wehe über die Kaufleute!« zu schreien, hatte zu Beginn der Revolution ein Haus auf dem Boulevard de l'Hôpital gekauft.[183] Im Pluviôse des Jahres III wurde der Sattelhändler Damoye aus der Sektion Montreuil wegen seiner »terroristischen« Vergangenheit verhaftet. Er erklärt in seinem Rechtfertigungsschreiben, als »wohlhabender Hausbesitzer habe er sich um sein Hab und Gut zu kümmern und sei sehr in Sorge, weil er sich schon seit zwei Monaten ununterbrochen in Haft befinde«. Im Jahre IV werden Damoye 3000 Livres Zwangsanleihe zum Hartgeldkurs auferlegt[184]: Damoye oder der Bourgeois als Sansculotte...

Aus der Zusammensetzung der politischen Kader der Pariser Sektionen im Jahre II wie aus der Rolle des Faubourg Saint-Antoine und, in geringerem Maße, des Faubourg Saint-Marcel innerhalb der revolutionären Bewegung und an den großen Tagen der Revolution vom Juli 1789 bis zum Prairial des Jahres III ergibt sich die Feststellung, daß die revolutionäre Avantgarde der Pariser Sansculotterie nicht etwa ein Fabrikproletariat ist, sondern eine Koalition kleiner Handwerksmeister und Ladeninhaber mit den Gesellen, Gehilfen und Arbeitern, die mit ihnen zusammen arbeiten und leben. Aus dieser Tatsache resultieren gewisse Züge der Volksbewegung und ihres allgemeinen Verhaltens, aber auch bestimmte Widersprüchlichkeiten, die sich aus ihrem zwiespältigen Klassenhintergrund ergeben.

Der kleine Handwerksmeister, der in vielen Fällen selbst ein arrivierter Geselle ist, arbeitet und lebt mit seinen Gesellen – oft nur einem, selten mehr als drei – eng zusammen. Er übt auf sie einen entscheidenden, auch politischen Einfluß aus: über ihn dringen bürgerliche Einflüsse in die Arbeiterschaft. Selbst wo die Lage zwischen den Gesellen und ihren Meistern gespannt ist, zeigt sich doch, daß sie, aus der Schule dieser Meister hervorgegangen, in ihrem Hause wohnend und mit ihnen am gleichen Tisch essend, auch ihre Anschauungen über die Grundprobleme der Zeit teilen. Die politischen Ansichten der Pariser Arbeiterschaft werden wesentlich bestimmt von denen des handwerklichen Kleinbürgertums. Gewiß dürfen die Dinge nicht vergröbert werden. Insbesondere müßte auch für Paris vom unabhängigen Handwerk die große Gruppe der abhängigen Handwerker abgegrenzt werden, deren klassischer Typ der Lyoner »canut«, der Hausweber, ist.[185] Juristisch frei und sogar Unternehmer, besitzt er selbst Produktionsmittel, kann auch eigene Gesellen anwerben und macht ganz den Eindruck eines »Patrons«; ökonomisch gesehen aber ist er selbst nur Lohnempfänger und völlig abhängig von seinem Verleger, der ihm das Rohmaterial liefert wie auch das fertige Erzeugnis abnimmt und vertreibt. Abhängiger Handwerker und Geselle haben gleiche Interessen: sie fordern vom

Handelskapital den Tarif, einen Lohn, der ihnen das Existenzminimum garantiert. Sie gelangen aber nicht dazu, eine Beziehung herzustellen zwischen dem Wert, den sie durch ihre Arbeit schaffen, und dem Wert, den ihr Lohn darstellt. Dieser letztere wird von ihnen vielmehr gesehen in seinem Verhältnis zum Preis der Lebensmittel, nicht als Gegenwert für geleistete Arbeit; die gesellschaftliche Funktion der Arbeit als solche wird nicht klar erkannt. Der abhängige Handwerker nimmt eine Zwischenstellung ein zwischen dem Gesellen und dem unabhängigen kleinbürgerlichen Handwerker, der bereits an die unterste Schicht der Bourgeoisie angrenzt.

Der Lohnarbeiter in den Manufakturen, die bereits stark konzentriert sind und mit Aktienkapital betrieben werden und deren Hauptstandorte in der Innenstadt liegen, seltener in den Faubourgs, dieser Lohnarbeiter wird bei Gelegenheit eine freiere und unabhängigere Haltung an den Tag legen, eine Haltung, die an jene des Proletariers der modernen industriellen Großbetriebe erinnert: etwa in der Affäre der Tapetenfabrik Réveillon, aus der sich der Aufstand vom 28. April 1789 entwickelte.[186] Aber zumeist haben auch die Lohnarbeiter der größeren Unternehmen ihre Laufbahn in kleinen Werkstätten begonnen. Sie sind durchtränkt von dem Geist, der dort herrscht und den das Milieu, in dem sie leben, das der Gesellen nämlich, unter denen sie nur eine schwache Minderheit darstellen, eher noch verstärkt. Insgesamt steht die Arbeiterschaft den kleinbürgerlichen Handwerkern in ihrer Geisteshaltung sehr nahe und teilt wie sie die Ideologie der Bourgeoisie. Weder in ihrem Denken noch etwa in ihrem Handeln kann die noch in der Formierung begriffene Arbeiterklasse während der Revolution als ein selbständiges Element angesehen werden.

Eine solche Position mußte schwere Widersprüche in sich bergen, die sich auf die Vorstellungen auswirkten, welche sich die Sansculotten von der Arbeit und ihrer gesellschaftlichen Rolle machten und die ebenfalls ihr politisches Handeln bestimmten. Wenn auch in ihren Existenzbedingungen den Gesellen eng verbunden, besaßen die Handwerker immerhin ihre »Bude«, ihre Produktionsmittel und standen als unabhängige Produzenten da. Ihre bürgerliche Einstellung wird darüber hinaus noch gefestigt durch den Umstand, daß unter ihnen und unter ihrer Aufsicht Gesellen und Lehrlinge stehen. Das System der Kleinproduktion und des direkten Verkaufs aber bringt sie in einen unüberbrückbaren Gegensatz zur Handelsbourgeoisie und zum Handelskapital. Dieser Gegensatz erzeugt bei den Handwerkern und Ladeninhabern, die den Marschflügel der Sansculotterie bilden, ein soziales Ideal, das zur ökonomischen Entwicklung im Widerspruch steht.[187] Sie sind gegen die Konzentration von Produktionsmitteln, aber sie sind selbst Eigentümer. Wenn die Fortgeschrittensten unter ihnen im Jahre II eine Vermögenshöchstgrenze fordern, so zeigt dies, daß ihnen der Widerspruch zwischen ihrer sozialen Stellung und einem solchen Verlangen nicht zum Bewußtsein gekommen ist. Die Forderungen dieser Handwerker sublimieren sich in leidenschaftlichen Klagen, steigerten sich wohl auch zur Revolte, fanden jedoch niemals ihren Niederschlag in einem festen Programm. Das gilt auch für die Führer und die politischen Gruppen, die an ihrer Geisteshaltung teilhatten: für Jacques Roux und Hébert wie für Robespierre und Saint-Just.

Wenn es ihnen schon schlecht gelungen ist, ihren Platz als Werktätige in der Gesellschaft zu definieren, so haben die Sansculotten vom Charakter der Arbeit selbst erst recht kein klares und bestimmtes Bild gewinnen können. Sie kommen nicht auf den Gedanken, daß sie in sich eine gesellschaftliche Funktion haben könnte, sondern sehen sie nur in ihrer Beziehung zum Eigentum. Die Bourgeoisie des Jahrhunderts der Aufklärung hatte sehr wohl den »arts et métiers«, den Künsten und Handwerken, neue Geltung verschafft und dem Erfindungswesen einen unvergleichlichen Aufschwung ermöglicht. Ganz auf die Meisterung technischer Probleme und Probleme der Produktion gerichtet, hatte sie jedoch die Arbeit nicht als soziale Funktion begriffen. Von 1789 bis 1794 hat sie sich niemals ernsthaft mit den Fragen befaßt, die die Arbeit als solche und als die Tätigkeit Arbeitender aufwarf; sie hat sie immer nur im Verhältnis zu ihren Klasseninteressen gesehen. Das Gesetz Le Chapelier von 1791, das den Arbeitern das Streik- und Koalitionsrecht verweigerte, beweist es. Wenn der Konvent am 29. September 1793 das allgemeine Maximum bewilligte, das von der Sansculotterie gefordert wurde, so hat die montagnardische Bourgeoisie darin niemals mehr als ein taktisches Zugeständnis gesehen. Daher zielt auch die Festsetzung von Mindestlöhnen im wesentlichen auf die Sicherung eines Existenzminimums ab und geht von den Lebenshaltungskosten aus, die Löhne werden in keiner Weise begriffen und angesetzt als Gegenwert für geleistete Arbeit. Aufgespalten auf die vorherrschende Wirtschaftsform des Handwerks und auf die in der Entstehung begriffene Großindustrie, noch bar jeden Klassenbewußtseins, konnte die Arbeiterschaft ihre Auffassungen jenen der Bourgeoisie nicht entgegensetzen. Ganz auf den Kampf gegen die Aristokratie konzentriert, hat sie die Vertretung und Verteidigung ihrer Interessen weitgehend der Bourgeoisie anheimgestellt. Zu den Problemen der Arbeit mußte sie eine Stellung einnehmen, die von den herrschenden gesellschaftlichen und politischen Gegebenheiten bestimmt war. Für die Bourgeoisie steht das Eigentum im Mittelpunkt aller sozialen Probleme; wie die Erklärung von 1789 setzt auch jene von 1793 das Eigentum unter die unveräußerlichen Menschenrechte, nachdem die Abschaffung des Feudalismus aus dem Eigentum ein absolutes Recht gemacht hatte. Niemals, auch im Jahre II nicht, haben die Sansculotten das Problem der Arbeit in den Mittelpunkt ihrer sozialen Anliegen gestellt.[188] Viel stärker haben ihnen ihre Interessen als Konsumenten am Herzen gelegen. Nicht Streikaufrufe und Lohnforderungen treiben die Sansculotten zur Tat, sondern die Frage des Lebensunterhaltes. Ob der Sansculotte mit seinem Geld auskommt, hängt für ihn nicht davon ab, was er in der Lohntüte hat, sondern davon, ob der Preis der wichtigsten Volksnahrungsmittel, vor allem von Getreide und Brot, das mindestens die Hälfte der Familienausgaben schluckt, gestiegen oder gesunken ist. Die Sansculotten forderten deshalb Festpreise für die Lebensmittel, die Forderung nach einem festen Lohntarif bleibt ein Ausnahmefall. Eine Tatsache, die bezeichnend ist für die wirtschaftlichen und sozialen Bedingungen und für die Ideologie der Zeit.

Die Festlegung der Lebensmittelpreise wurde von den Vorkämpfern der Sansculotterie mit um so größerer Hartnäckigkeit verlangt, als sie ihrerseits in ihren Sektionen unter dem anhaltenden Druck nicht nur der Werktätigen standen, sondern vor allem auch einer zahlen- und bedeutungsmäßig großen Masse von Armen, denen der Hunger an den Eingeweiden nagte. Der Hunger ist das ausschlaggebende Moment der Volksbewegungen; er ist es, der so verschiedene soziale Kategorien wie Handwerker, Ladenbesitzer und Arbeiter zu einem Block zusammengeschmiedet hat, den gemeinsames Interesse gegen den Großkaufmann, den Unternehmer, den adligen oder bürgerlichen Schieber und Spekulanten verband. Im Hinblick auf unser heutiges soziologisches Vokabular mag der Begriff Sansculotte schillernd und ungenau erscheinen, unter den sozialen Bedingungen seiner Zeit entspricht er indessen einer Realität. Zweifellos dürfen politische Beweggründe nicht ausgeklammert werden, wenn man die Haltung der Volksmassen bestimmen will: über allem steht der Haß auf den Adel, der Glaube an ein aristokratisches Komplott, der Wille, das Privileg zu vernichten und die Rechtsgleichheit aufzurichten. Wie anders sollte die Begeisterung und die Opferbereitschaft der Freiwilligen verstanden werden? Die Unruhen vom Februar 1793 aber und die Vorstöße der Massen im Sommer darauf passen nicht recht in die Generallinie der bürgerlichen Revolution: Robespierre selbst hat gesagt, daß die ersteren zurückzuführen seien auf das Interesse des Volkes an »erbärmlichem Warenkram«. Das mit soviel Ausdauer geforderte und am 29. September 1793 endlich durchgesetzte Maximum sollte in den Augen der Sansculotten nicht so sehr die nationale Verteidigung erleichtern wie den Werktätigen ihr tägliches Brot sichern. Ständige Triebkraft für die Aktivität des Volkes ist und bleibt eben doch die Härte der Existenzbedingungen. Man hat sogar Grundlagen für die Behauptung gefunden, daß letzten Endes die Schwankungen der Volkswirtschaft den Rhythmus für die revolutionäre Bewegung abgaben.

Am 1. Prairial des Jahres III wurde der Schneider Jacques Clique aus der Sektion Gardes-Françaises verhaftet, weil er gesagt hatte: »Man möchte meinen, die Einkäufer hätten sich mit den Großbauern geeinigt, alles so teuer wie möglich zu verkaufen, damit der Arbeiter vor Hunger stirbt.« Bei der Vernehmung erklärte er: »Mich hat das Unglück verbittert. Ich bin Vater von drei minderjährigen Kindern, Vermögen habe ich nicht. Meine Arbeit als Tagelöhner muß mir die Mittel zum Leben für fünf Personen verschaffen, und ich habe in dem strengen Winter, den wir hinter uns haben, fast nie

Arbeit gefunden.«[189] Mit der Forderung nach Brot verbanden sich bei vielen, mehr geahnt als gewußt, politische Forderungen. »Unter der Herrschaft Robespierres«, soll am 1. Prairial des Jahres III der Tischler Richer aus der Sektion République erklärt haben, »floß das Blut in Strömen, aber wir hatten Brot. Heute, wo kein Blut mehr fließt, haben wir kein Brot mehr; also sollte doch wohl wieder Blut fließen, damit wir zu Brot kommen...«[190] Die Sansculotten konnten nicht vergessen, daß ihnen trotz aller Schwierigkeiten unter der Herrschaft der Terreur das Brot nicht gefehlt hatte. Die Einstellung zum Terror ist mit der Forderung nach dem täglichen Brot unlöslich verbunden. Dieser Doppelfaktor schweißt die Pariser Sansculotterie zu einer Einheit zusammen.

II. Die sozialen Bestrebungen der Pariser Sansculotterie

Ihre Daseinsbedingungen wie die allgemeinen Lebensumstände machen es verständlich, daß die Sansculotten das Brot in den Mittelpunkt ihrer sozialen Forderungen stellten. Sie zogen daraus den Schluß auf ein allgemeines Recht auf Leben, ohne deswegen zu einer klaren Formulierung zu gelangen: Alle Menschen sollen so essen, daß sie ihren Hunger befriedigen. Es wäre unnütz, hierin den Ausfluß irgendeiner fix und fertigen Doktrin suchen zu wollen. Die Forderungen gewinnen erst unter dem Druck der Begleitumstände Gestalt. Ihre Geschlossenheit rührt aus dem grundsätzlichen Egalitarismus her, der die Geisteshaltung und die Verhaltensweise der Volksmassen charakterisiert: Die Existenzbedingungen sollen für alle die gleichen sein. Dem totalen Besitzrecht als dem Hervorbringer der Ungleichheit stellen die Sansculotten das Prinzip der »Gleichheit der Lebenshaltung« entgegen. Daraus erwachsen ihre verschiedenen Forderungen auf sozialem Gebiet, bis zum Recht auf Unterstützung und dem Recht auf Bildung.

Vom Recht auf Dasein zur »Gleichheit der Lebenshaltung«

Die Erklärung der Menschenrechte vom Juni 1793 bekräftigt noch einmal das allgemeine Glück als Ziel der Gesellschaft. Die Sansculotten gehen weiter: Die Revolution ist vom Volke gemacht worden[1], sie muß vor allem ihm das Recht auf Dasein garantieren. Die Dokumente geben auffälligerweise keinerlei theoretische Rechtfertigung und Begründung dieses Rechts. Selbst die gebildetsten unter den politischen Aktivisten sind keine Theoretiker. Das »Recht auf Dasein« wird unter dem Druck der Ereignisse und als Ausfluß der Lebensmittelfrage geboren. Von diesen Prämissen ausgehend, schließen die Sansculotten ganz einfach und ohne jede logistische Konstruktion auf die *Gleichheit der Lebenshaltung*.

In den ersten Monaten des Jahres 1793 veranlaßte die Verschärfung der Lebensmittelkrise die sansculottischen Wortführer, ihre Gedanken über die sozialen Probleme zu formulieren. Am 7. Februar erklärte die Sektion Gardes-Françaises, daß der Arme nicht von der Gnade des Reichen abhängen soll: »sonst hörten die Menschen auf, vor dem Recht gleich zu sein ...; sonst wäre die Existenz des ersteren in jedem Augenblick dem Untergang ausgesetzt, während der andere ihm die härtesten Gesetze auferlegen könnte«[2]. In einer Petition an den Konvent vom 9. März 1793 reiht ein Bürger aus der Sektion Arcis unter die Feinde der Republik auch diejenigen ein, »die sich unter dem Vorwand der Freiheit und des Eigentums berechtigt glauben, das Blut des Armen zu schlürfen und ihre elende Gier zu befriedigen, indem sie ihm kaum noch die Fähigkeit lassen, zu atmen oder sich zu beklagen«[3]. Noch bezeichnender ist eine Petition gleichen Datums von einem Bürger aus der Sektion Marais: »Es ist Zeit, daß dem einfachen Arbeiter sein Brot, dieser bescheidene Gewinn fleißiger und mühseliger Arbeit, sicher ist. Es ist Zeit, daß eine republikanische Regierung Geschäfte mit der Existenz der Bürger verbietet.«[4]

Solche Vorstellungen geben die gemeinsame Grundlage für die Anschauungen der Volksmassen ab. In seiner Petition vom 25. Juni 1793 verlieh ihnen Jacques Roux Ausdruck: »Die Freiheit ist nur ein leerer Schall, wenn eine Klasse der Menschen die andere ungestraft aushungern kann. Die Freiheit ist nur ein leerer Schall, wenn der Reiche mit Hilfe des Monopols über Leben und Tod von seinesgleichen verfügt.«[5] Während der Krise im Sommer 1793 werden solche Gedanken mit Nachdruck ausgesprochen. Im Namen der Kommissare der Urversammlungen erklärt am 20. August Felix Lepeletier dem Konvent: »Es genügt nicht, daß die Französische Republik auf das Prinzip der Gleichheit gegründet ist. Es gehört sich darüber hinaus, daß die Gesetze, daß die Sitten der Bürger in schönem Zusammenklingen darauf hinwirken, die Ungleichheit in der Lebenshaltung verschwinden zu lassen. Allen Franzosen muß ein glückliches Leben gesichert werden.«[6] Am 2. September stellt die Sektion Sans-Culottes im Zusammenhang mit ihrer Forderung nach dem Maximum für die Lebensmittelpreise fest: »Außerdem muß die Republik einem jeden die Mittel zusichern, sich die notwendigsten Nahrungsmittel verschaffen zu können, und zwar in einer Menge, die ausreicht, um davon leben zu können.«[7] In ihrem Erlaß vom 26. Brumaire ist die Einstweilige Kommission für Ville Affranchie (Lyon) der Meinung, daß es eine Herabwürdigung sei, sich ohne Unterlaß auf die Gleichheit zu berufen, »wenn unermeßliche Vermögensunterschiede den Menschen vom Menschen trennen«[8]. Wie sehr das Recht auf Existenz und die sich daraus ergebenden Folgerungen den tiefsten Erwartungen der Sansculotten entsprechen, selbst wenn sie nicht immer eindeutig definiert worden sind, davon legt in der Hungersnot des Jahres III die Sektion Quinze-Vingts noch einmal Zeugnis ab. Sie fordert am 10. Floréal vom Konvent Zwangsmaßnahmen gegen die Getreideproduzenten und erklärt, »es müsse auf jeden Fall erreicht werden, daß der Arme, der nur seine Assignaten hat, genauso leben kann wie der Reiche«[9].

Diese Forderung nach der Gleichheit der Lebenshaltung entspricht einem der Grundzüge der Volksmentalität: dem Egalitarismus. Empfindlich getroffen vor allem von der schreienden Ungleichheit zwischen arm und reich, die in Hungerszeiten besonders fühlbar wird, fordert der Sansculotte zunächst Gleichheit hinsichtlich der Versorgung mit Nahrungsmitteln. Dieses Stadium wird bald übersprungen: Die Gleichheit ist nur ein leeres Wort, wenn sie nicht auf alle Existenzbedingungen ausgedehnt wird. Der Reiche soll nicht besser leben als der Arme, er soll ihm von seinem Überfluß abgeben, bald überhaupt seine Güter mit ihm teilen. »Nehmt alles, was ein Bürger an Überflüssigem hat«, erklärt die Einstweilige Kommission für Ville-Affranchie, »denn der Überfluß ist eine offene und willkürliche Verletzung der Rechte des Volkes. Jeder, der über seinen Bedarf hat, kann davon nicht Gebrauch, sondern nur Mißbrauch machen; also wird ihm das gelassen, was ihm unbedingt notwendig ist, alles andere gehört der Republik und ihren armen Mitgliedern.« Da ist der Sansculotte schon beim Teilungskommunismus angelangt.

Die Preisfestsetzung für die Lebensmittel sollte die Vorteile des Reichtums zugunsten der Arbeitenden ausgleichen. Das gleiche Ziel verfolgte der verordnete Zwang für die Produzenten, ihre Produkte auf den Märkten zu verkaufen. Dort sollten sich, »ohne Unterschied von arm und reich«[10], alle Verbraucher zum festgesetzten Preis entdecken können. Die egalitären

Forderungen gehen noch weiter. Der Reiche soll auch zu Festpreisen nicht mehr die Möglichkeiten haben, sich Nahrungsmittel von besserer Qualität zu verschaffen, an die der Arme nicht herankann. Auf die Verlesung eines Beschlusses von Fouché und Collot d'Herbois, die als Bevollmächtigte des Konvents nach Ville-Affranchie geschickt worden sind, beschließt der Generalrat der Pariser Kommune auf Antrag Chaumettes am 3. Frimaire des Jahres II, daß es von nun an nur noch eine Sorte Brot geben soll, das *Brot der Gleichheit:* »Da Reichtum und Armut gleichermaßen vor der Herrschaft der Gleichheit verschwinden sollen, wird in Zukunft nicht mehr Weißbrot für die Reichen und Schrotbrot für die Armen gebacken werden.«[11]

Die ungleichmäßige Verteilung der verschiedenen Nahrungsmittel führt zu fortwährenden Beanstandungen von seiten der Sansculotten. Am 21. Brumaire beklagt sich die Sektion Finistère beim Generalrat darüber, »daß die Kaufleute große Unterschiede machen zwischen den Waren, die sie zum Festpreis liefern, und jenen, die ihnen höher bezahlt werden«[12]. Man müsse diesen Mißstand abschaffen, »der den Reichen bevorzugt und den Armen schädigt«. Viel heftiger sind die Beschwerden der Volksmassen über die Versorgung mit Fleisch. Am 20. Pluviôse wandte sich der Überwachungsausschuß des Departements Paris gegen die Fleischer: »Der Arme, der bei ihnen vorspricht, schon oft abgewiesen und daher eingeschüchtert, bekommt bestenfalls Knochen und Abfälle«, während der Reiche die besten Stücke erhält, »weil er bezahlt«.[13] Die Sektionsbehörden ließen es sich sehr angelegen sein, solche Unterschiede in der Versorgung, in denen die unterschiedliche Vermögenslage der Bürger zum Ausdruck kam, zu unterbinden. Als das Wohltätigkeitskomitee der Sektion Observatoire fünf Bäcker angewiesen hatte, den Unterstützungsempfängern Brot auszuliefern, machte das Revolutionskomitee diesen Beschluß rückgängig, »in dem ernsthaften Bestreben, jede Trennungslinie zwischen den unbemittelten Bürgern, die darauf angewiesen sind, Spenden zu empfangen, und jenen, die besser daran sind und für ihren Lebensunterhalt selber sorgen können, zu beseitigen«[14].

Entschlossen, die Lebensbedingungen der einzelnen einander anzugleichen, verlangen die Sansculotten, die Sorge um die

Ernährung der Armen den Reichen aufzubürden. Im *Ami du peuple* vom 10. August 1793 fordert Leclerc, den Armen unentgeltlich Getreide zu liefern: »Die Gesellschaft muß ihnen den Lebensunterhalt zusichern.« Man soll »vom Überfluß der Reichen das Erforderliche wegnehmen, um die dringendsten Lebensbedürfnisse der Armen zu befriedigen«. In einem Punkte wenigstens wurde diese Forderung der Volksmassen erfüllt, zumindest theoretisch.[15] Die Lage in den Gefängnissen forderte zu immer neuen Beschwerden heraus. Die Sektion Bon-Conseil ließ sich voller Entrüstung am 25. Juli 1793 über die Ungleichheit unter den Gefangenen aus: »Der Reichtum darf dem Verbrechen nicht mehr zum Mißbrauch überlassen bleiben. Es darf nicht mehr sein, daß die Gefängnisse Paläste für die einen und wahre Verließe für die anderen sind.«[16] Am 27. Brumaire zeigt der Zentrale Wählerklub dem Generalrat die skandalösen Zustände in den Gefängnissen an, besonders im Gefängnis Madelonnettes, »wo der Reiche auf Federkissen schläft und alle Vorteile seines Überflusses genießt, während der Arme auf seinem Stroh vor Kälte zittert und bei Brot und Wasser sitzt«[17]. Am Abend vorher hatte der Konvent dekretiert, daß die Ernährung der Häftlinge »einfach und gleich für alle, den zahlenden Reichen und den Armen«, sein sollte[18]: eine Entscheidung, die aus dem Prinzip der Republik erwachsen war, die aber gleichzeitig auch den egalitaristischen Gefühlen der Sansculotten entsprach.

Aber nicht nur auf die Versorgung mit Lebensmitteln erstreckt sich der Egalitarismus der Volksmassen, sondern darüber hinaus auf alle Dinge, bei deren Beschaffung das soziale Übergewicht des Reichen zum Ausdruck kommt. Eine unreflektierte, sozusagen elementare Reaktion läßt den Sansculotten, ob Besitzer oder Kleineigentümer, begehren, was er nicht hat: eine Haltung, die für die Grundstimmung der Zeit und für bestimmte Auffassungen von den Klassenbeziehungen typisch ist. Sie manifestiert sich in plötzlichen Ausbrüchen oder Anwandlungen, die postwendend von irgendeinem Polizeispitzel oder irgendeinem begüterteren Zuhörer aufgegriffen und für die passende Gelegenheit im Jahre III aufbewahrt werden.

Nach dem Bericht des Polizeispitzels Prévost vom 9. Brumaire des Jahres II erklärte eine Frau, die sich als Jakobinerin bezeichnete, einer anderen: »Du hast einen schönen Morgenrock; warte nur ein Weilchen, wenn du zwei hast, wirst du mir einen abgeben; und daß wir uns recht verstehen: so wie damit, wird es auch mit allen anderen Dingen sein.«[19] Mitte Ventôse, als die Lebensmittelkrise die Sansculotten aufs neue in Bewegung bringt, verkündet Ancard in einem Café in der Rue de Thionville, »es muß so sein, daß die Reichen ihr Vermögen mit den Sansculotten teilen«[20]. Ähnliche Äußerungen sind zu dieser Zeit nichts Außergewöhnliches. Bacon berichtet, daß ein Bürger am 25. Ventôse in der Vollversammlung der Sektion Contrat-Social unter lebhaftem Beifall erklärt habe: »Wir sind dort angelangt, wo der Reiche bezahlen muß, wo der, der zwei Portionen zu essen hat, dem eine abgeben muß, der keine hat.«[21]

Jedesmal, wenn sich die Lebensmittelkrise verschlimmert, setzt ein neuer Aufschwung dieser egalitaristischen Tendenz ein. Auch im Frühjahr des Jahres III ist es so. Als sich auf dem Boulevard Montmartre am 1. Germinal das Volk zusammenrottet, versucht der Fuhrmann Gervais Béguin, die Kutsche eines Fabrikanten von Militärknöpfen umzukippen, weil er der Meinung ist: »Du brauchst keinen Wagen zu haben, wenn ich auch keinen habe.«[22] Am 12. Germinal klettert in der Sektion Muséum ein gewisser Caillau auf einen Verkaufsstand und freut sich darüber, daß dieser geplündert wird. Er ruft: »Nur die müßten ihn fürchten, die etwas hätten, und die hätten es schließlich auch verdient.« Als ihn ein Offizier der Nationalgarde auffordert, von dem Stand herunterzukommen, das sei Nationaleigentum, antwortet ihm Caillau: »Dann müßte er ja sowieso sein Teil davon haben.«[23]

Während der »antiterroristischen« Verfolgung waren solche Äußerungen oftmals willkommener Anlaß für eine Verhaftung. So widerfährt es am 5. Ventôse einem Angestellten des Kriegsministeriums, Cordebar, der in der Vollversammlung der Sektion Halle-au-Blé beschuldigt wird, er sei »ein Freund der Hébert und Chaumette« und habe im Floréal des vergangenen Jahres erklärt, »wenn er frei wäre, ginge er zu jenen, die reicher wären als er, und sagte ihnen: Du bist reicher als ich; du mußt mich an deinem Vermögen teilhaben lassen, und wenn sie nicht wollten, dann würde er sie zwingen«[24]. Auch der Lehrer Oudard aus der Sektion Halle-au-Blé wird am 10.

Prairial verhaftet, weil er darauf bestanden habe, »alle Geldsäcke, die alle Aristokraten seien, zu guillotinieren und ihren Besitz aufzuteilen«[25]. Am 30. Pluviôse des Jahres III fassen die Kommissare der wohlhabenden Sektion Butte-des-Moulins alle Vorwürfe der Besitzenden gegen die Vorkämpfer der Volksmassen in den folgenden Worten zusammen: »Als sie schließlich keinen Widerstand mehr fanden, haben sie den Plan gefaßt, alles zu überfallen, nicht den Besitz, sondern die Besitzer zu vernichten, um sich dann den Besitz teilen zu können.«[26]

Von der »Gleichheit der Lebenshaltung« zur Einschränkung des Eigentumsrechts

Die gemäßigt-bürgerlichen Kommissare der Sektion Butte-des-Moulins aus dem Jahre III haben die Lage durchaus richtig eingeschätzt: Es bestand in der Tat keinerlei Feindschaft der Sansculotten gegenüber dem Eigentum an sich; nur wollten sie für sich aus diesem Recht Nutzen schöpfen und nicht Opfer des Mißbrauchs sein, den es nach sich zog. Es bedurfte keiner großen theoretischen Überlegung, um von der Forderung nach Gleichheit der Lebenshaltung zur Forderung nach Einschränkung des Rechtes auf Eigentum zu gelangen. Diese, nicht die Abschaffung des Eigentums überhaupt, ergab sich ihnen von selbst.

Da sie alle, unabhängig von ihren Besitzverhältnissen, Verbraucher sind, nehmen die Sansculotten zuerst das Eigentumsrecht an landwirtschaftlichen Produkten aufs Korn. Das Recht des Volkes auf Dasein ist niemals abstrakt formuliert worden, sondern folgert stets aus einer konkreten Situation und mit dem Ziel, eine rechtliche Begründung für die Begrenzung der Preise von Waren des täglichen Bedarfs zu finden, welche allein Gewähr zu bieten schien für eine Sicherung der Gleichheit in der Lebenshaltung. Auf diesem Wege kommen die Sansculotten zur Einschränkung des Eigentumsrechts des landwirtschaftlichen Produzenten an seiner Ernte und zur Kontrolle des Handels mit Agrarprodukten. Auch das ist einer der Grundzüge der Volksmeinung.

Dieses Prinzip ist von der Sektion Panthéon-Français am

22. September 1792 sehr bestimmt ausgesprochen worden: »Es gibt keinerlei Vorwand, keine Überlegung, kein Gesetz und kein Recht zugunsten des Eigentums, das in Anspruch genommen werden könnte, sobald irgendwelche Mißbräuche im Zusammenhang damit auftreten, insbesondere bei diesen drei Warenarten [Getreide, Fleisch und Wein], da sie alle drei zu eng mit dem Schicksal des Armen, der ganzen Gesellschaft und der öffentlichen Ruhe und Sicherheit zusammenhängen.« Das Prinzip der Unverletzlichkeit des Eigentumsrechtes kann nicht angerufen werden, um eine schrankenlose Freiheit des Handels mit Grundnahrungsmitteln zu legitimieren: es geht hier um die Existenz des Volkes.[27] Am 7. Februar 1793 stellt die Sektion Gardes-Françaises fest, daß die landwirtschaftlichen Produkte vom Bauern oder Grundbesitzer nur betrachtet werden dürfen »als ein Pfand, über das er gegenüber der Republik Rechenschaft ablegen muß«. Wenn das Eigentum an den Ackerfrüchten kein unverjährbares Recht ist, kann die Nationalversammlung auch Gesetze darüber erlassen. Vor allem möge sie nicht fürchten, die Freiheit des Handels zu beschränken, wenn sie ein Maximum für den Getreidepreis festsetzt; treffen wird sie damit nur die Spekulanten, »die sich an der Ernährung des Volkes bereichern, die mit dem Leben von Tausenden von Bürgern schmutzige Geschäfte treiben wollen«[28]. Noch deutlicher ist die Erklärung eines Bürgers aus der Sektion Marais vom März 1793: »...die Güter gehören samt und sonders allen, da sie erst Leben schaffen«[29]. In seiner Petition vom 25. Juni 1793 rechtfertigt Jacques Roux die Festlegung der Preise für die Grundnahrungsmittel mit dem Recht eines jeden auf seine Existenz: »Sollte das Eigentum von Schurken etwas Heiligeres sein als das Leben des Menschen?« Im *Ami du peuple* vom 14. August 1793 schreibt Leclerc: »Das Getreide und überhaupt alle Güter des täglichen Bedarfs gehören der Republik, unbeschadet einer gerechten Entschädigung, die dem Bauern zu zahlen ist für den Schweiß und die Mühe, die er an ihre Erzeugung verwandt hat.« Und noch einmal am 17. August: »Die Lebensmittel gehören allen.«[30] In der Petition der Sektion Sans-Culottes vom 2. September 1793 heißt es: »Eigentum ist nur soweit gut, als es den Bedarf des einzelnen befriedigt.« Die Instruktion der Einstweiligen Kommission für Ville-Affranchie setzt fest: »Die Erzeugnisse

Frankreichs gehören gegen eine dem Bauern zustehende Entschädigung den Franzosen. Das Volk hat also ein erwiesenes Recht auf die Früchte, die es selbst hervorgebracht hat.« Und noch im Jahre III erklärt die Sektion Quinze-Vingts am 10. Floréal: »Die Erzeugnisse der Erde gehören allen Menschen, man schuldet lediglich dem Bauern eine angemessene Entschädigung.«[31]

Es handelt sich nun darum, die Ausübung dieses Rechts zu sichern. Die fortgeschrittensten Sansculotten sind sich bewußt, daß die Preisfestsetzung nur einen unzureichenden Notbehelf darstellt. Sie haben schon eine Ahnung davon, daß die radikale Lösung des Problems darin liegt, die Verteidigung der Bodenerzeugnisse in die Hände der Nation zu legen. Es ist jedoch nochmals darauf hinzuweisen, daß sich solche neue Richtungen im Denken des Volkes erst in Krisenzeiten abzuzeichnen beginnen.

Indem er von dem Grundsatz ausgeht, daß »alle Menschen ein gleiches Recht auf Nahrungsmittel und auf alle Erzeugnisse des Bodens haben, die ihm [sic] unabwendbar notwendig sind, um seine Existenz zu sichern«, kommt Leclerc im *Ami du peuple* vom 10. August 1793 zu dem Schluß, daß die Republik selbst zum Aufkäufer werden muß: »Von nun an soll keiner mehr diese Waren des dringendsten Bedarfs an jemand anderen verkaufen können als an den Staat.« Eine ähnliche Art von Nationalisierung nicht nur der Nahrungsmittel, sondern aller Verbrauchsgüter fordert vor dem Jakobinerklub die Sektion Arcis am 18. Brumaire des Jahres II: *Soziale* Gesetze sollen die Ausübung der Freiheit regeln, vor allem der Freiheit des Handels; Börsenwucher und böswilliger Aufkauf werden nur beseitigt werden können durch die Einrichtung von *nationalen Magazinen*. »Die Bauern, Grundbesitzer und Eigentümer der Manufakturen sollen verpflichtet werden, den Überschuß über ihren Verbrauch an allen Arten von Waren zu einem mäßigen Preis dort abzuliefern, und die Nation soll über diese Warn verfügen.«[32] Bei der Diskussion über die Verteilung eines Ölvorrats, der im Ventôse im Keller eines Emigranten beschlagnahmt worden ist, stellt auch die Versammlung der Sektion Champs-Elysées den Privathandel überhaupt in Frage. »Was ist ein Kaufmann? Er ist der Verwalter und nicht, wie man einfältigerweise bisher geglaubt hat, der Besitzer der zum Leben notwendigen Dinge. Er ist der Verwalter dieser Dinge, wie andere Bürger Verwalter eines Teils der staatlichen Autorität sind. Er ist mithin ein Staatsbeamter und sogar der wichtigste von allen, weil er in seiner Hand das Leben des Volkes hält.« »Das wäre in der Tat, hat noch einmal ein Bürger gesagt . . ., eines der besten Mittel, das auch am schnellsten zum Ziele führen würde, um den eigennützigen oder konterrevolutionären Ansichten der Kaufleute entgegenzuwirken, wenn man so viele Lebensmittel wie möglich nach Paris brächte und auf die Sektionen verteilte, um sie zu dem vom Gesetz festgelegten Preis an die Bürger zu verkaufen.«[33]

Die Krise im Frühjahr des Jahres III brachte noch andere Sansculotten dazu, solche oder ähnliche Systeme der Unterstellung des Lebensmittelhandels unter die Gemeinden oder den Staat ins Auge zu fassen. So schlägt am 25. Floréal der Stellmacher Journet, Zivilkommissar der Sektion Indivisibilité, die staatliche Kontrolle des Lebensmittelhandels vor. Der Staat soll die Lebensmittel aufkaufen, um sie »zu gleichen Teilen an alle Bürger« auszugeben. Bedürftige und Arbeiter mit weniger als 1500 Livres Einkommen sollen die Waren zur Hälfte des Preises erhalten, den die Regierung dafür bezahlt hat, »und der Reiche soll den vollen Wert bezahlen«. Journet suchte die Begründung für seinen Plan nicht in theoretischen Erwägungen, sondern im Gebot der Stunde: Paris und die Republik gleichen einer eingeschlossenen Festung, »in der alle Bürger auf die gleiche Ration gesetzt werden müssen«[34].

Die Vorschläge von Journet, mit denen unterstrichen wird, daß die Forderungen des Volkes 1795 noch immer aktuell sind, erweisen sich in doppelter Hinsicht als egalitaristisch: einerseits soll für alle Bürger der Tisch in gleicher Weise gedeckt sein, zum anderen sollen soziale Ungerechtigkeiten durch Heranziehung des Vermögens der Reichen ausgeglichen werden. So gewannen unter dem Druck der Verhältnisse die Anschauungen des Volkes Gestalt; die tägliche Praxis gebar eine soziale Theorie. Aus dem Prinzip der Gleichheit der Lebenshaltung hatten die Sansculotten die Notwendigkeit abgeleitet, das Eigentumsrecht an den Feldfrüchten zu beschränken. In absoluter Folgerichtigkeit entwickelte sich daraus die Kritik an der freien Ausübung des Eigentumsrechtes überhaupt, wenigstens eines Rechts auf Eigentum, wie es die Erklärungen der Menschenrechte vom August 1789 und vom Juni 1793 formuliert hatten.

Das Eigentum wird im Prinzip niemals in Frage gestellt. Die Sansculotten sind unbedingte Verfechter des Kleineigentums. Seine Grundlage aber kann für sie, die durchweg Kleinproduzenten sind, nur die persönliche Arbeit sein. Das Privateigentum des Arbeitenden an seinen Produktionsmitteln entspricht ganz und gar der handwerklichen Wirtschaftsform, die für das Frankreich am Ende des 18. Jahrhunderts noch typisch ist. Eine solche Produktionsweise kann sich nur weiterentwikkeln, wenn der Arbeitende freier Eigentümer ist, der Bauer Eigentümer seines Feldes, der Handwerker Eigentümer seiner Werkstatt und seines Werkzeugs. Als die Sektion Poissonnière am 27. Nivôse des Jahres II vom Ernährungsamt verlangt, daß es einem Bäcker der Sektion eine ihm zustehende Entschädigung zahlen soll, erklärt sie: »Kleine Vermögen, die durch gesellschaftlich nützliche Arbeit erworben sind, können nicht genug respektiert und vor jedem Angriff geschützt werden.«[35] Die Arbeit, heißt es in der Instruktion der Einstweiligen Kommission für Ville-Affranchie, sollte »immer von Wohlstand begleitet sein«.

Aus der unklaren Vorstellung heraus, daß die Gleichheit der Lebenshaltung so lange ein leeres Wort bleiben wird, wie die Herrschaft des Geldes von Beschränkungen des Eigentumsrechtes unangetastet bleibt, halten sich die Sansculotten an die Reichen und an die »Großen«. Vor allem in Krisenzeiten verdichtet sich, in ihren Adressen und Petitionen, ihre Gleichmacherei zu mehr oder weniger durchdachten Plänen für eine Nivellierung der Vermögen: Es braucht weder Reiche noch Arme, und eine geschickt angepaßte Gesetzgebung soll die Konzentration von Reichtum und Produktionsmitteln unmöglich machen. Die Sansculotten sahen zwischen der Beibehaltung des Privateigentums, das sie schon genossen oder nach dem sie strebten, und seiner gleichzeitigen Beschränkung auf sehr eng gezogene Grenzen, die ihrer eigenen sozialen Stellung entsprachen, keinen Widerspruch.

Am 18. August 1792 erklärt der Sprecher der »Männer des 14. Juli und des 10. August«, Gonchon, vor der Gesetzgebenden Versammlung:

»Schafft eine Regierung, die dem Volke mehr Möglichkeiten gibt, als es durch seine bescheidenen Mittel besitzt; schränkt den Reichen im Gebrauch seiner Mittel ein: dann habt Ihr das vollkommene soziale Gleichgewicht.«[36] Was ein Jahr später, am 10. August 1793, Leclerc im *Ami du peuple* schreibt, klingt wie ein Echo darauf: »Immer dann ist ein Staatswesen seinem Zusammenbruch am nächsten, wenn äußerste Bedürftigkeit neben äußerstem Reichtum zu finden ist.« Was damit gemeint ist, sagt klarer noch Felix Lepeletier am 20. August im Namen der Kommissare der Urversammlungen: »Der Reiche sollte weniger der Besitzer als der unglückliche Verweser eines Vermögensüberschusses sein, der dem Glück seiner Mitbürger dient.«[37] Die Instruktion der Einstweiligen Kommission für Ville-Affranchie erklärte am 26. Brumaire des Jahres II, »wenn eine völlige Vermögensgleichheit unter den Menschen leider einmal unmöglich ist, so wäre doch zum wenigsten zu erreichen, daß sich die Unterschiede mehr und mehr ausgleichen«.

Von da bis zu utopischen Projekten war es nur ein kleiner Schritt, der bald getan wurde. Eine anonyme Broschüre vom Januar 1793 erklärt zunächst, daß der Bedürftige »unverjährbarer Mitbesitzer« der Güter der Reichen sei, und fordert, daß kein »Vertrag von einiger Bedeutung abgeschlossen werden sollte, ob nun Kaufvertrag, Pachtabschluß, Gründung von Manufakturen oder Handelsgesellschaften, Heiratsvertrag oder sonst etwas, wo nicht auf freiwilliger Grundlage den Bedürftigen irgendeine Summe zugesprochen würde, die in der Vertragsurkunde Erwähnung finden sollte«[38]. Im Frühjahr 1793 legt der Bürger Tobie der Sektion Fédérés eine Arbeit *Über die Mittel, das Los der Klasse der Bedürftigen in der Gesellschaft zu verbessern* vor, die sie auch annimmt. Er erinnert daran, daß dem »Philosophen von Genf« zufolge der gesellschaftliche Zustand der Menschheit nur insoweit zuträglich ist, »als alle etwas haben und keiner von ihnen zuviel hat«. »Obwohl die vollkommene Vermögensgleichheit von allen vernünftigen Menschen nur als ein Hirngespinst angesehen werden kann, darf das entsetzliche Mißverhältnis zwischen dem stolzen Millionär und dem armseligen Tagelöhner in der neuen Ordnung unserer nationalen Angelegenheiten nicht länger fortbestehen.« Um aber die Ungleichheiten in der

Vermögenslage zu verringern und allen Bürgern Eigentum zuzusichern, sieht der Verfasser der Arbeit nichts weiter vor als den Verkauf der ehemaligen königlichen Schlösser und »aller Ggenstände des Luxus und des Skandals, die darin enthalten sind«, sowie der Juwelen der königlichen Schatzkammer. Die erzielten Summen sollten genügen, um unverzinsliche Anleihen an Leute auszugeben, die sich »ein kleines Geschäft« gründen möchten. Der Plan betrifft also ausdrücklich die kleinen Handwerker, die sich als unabhängige Produzenten niederlassen und davon leben möchten: er spiegelt somit die Bestrebungen des sozialen Milieus wider, dem er seinen Ursprung verdankt.[39] Am 2. Frimaire nimmt die Volksgesellschaft der Sektion Lepeletier einen Plan an, dessen erklärtes Ziel es ist, »die Vermögen soweit wie irgend möglich gleichzumachen«. Die großen Besitzungen, die »für monarchische Machenschaften vonnöten sein mögen«, sind in einer Republik gefährlich. Man muß »das Wohlleben einzelner abschaffen, den allgemeinen Wohlstand sichern und das menschenunwürdige Elend verbannen. Weil sich immer wieder Reiche mit Reichen verbinden, bleiben die Reichtümer in den Händen einer kleinen Gruppe innerhalb der Gesellschaft vereinigt. Wir wollen daher vorschlagen, ein Dekret zu erlassen, wonach sich die Menschen miteinander verbinden und nicht die Vermögen.« Daher sollen zwei reiche Personen, die eine Verbindung miteinander einzugehen wünschen, verpflichtet werden, eine Summe nach Maßgabe ihrer Vermögen in eine Wohltätigkeitskasse einzuzahlen. »Die Einkünfte aus diesem gerechten Tribut sollen dazu verwendet werden, armen Mädchen eine Mitgift zu verschaffen und einem fleißigen Handwerker ohne Vermögen, der sich verheiraten möchte, die Gründung eines Hausstandes zu ermöglichen.« Ein solches Gesetz »gegen die Verschwendung« werde einen sicheren Erfolg haben »bei der besseren Verteilung des Eigentums«[40].

Dergleichen Vorschläge waren und blieben Utopie. Die in ihrer ganzen Konzeption viel klarere Petition der Sektion Sans-Culottes vom 2. September 1793 zielt nicht nur darauf ab, »die Profite der Industrie und die Einkünfte aus dem Handel« durch eine allgemeine Preisfestlegung und durch die Beschränkung landwirtschaftlicher Unternehmen unter einer bestimmten Höhe zu halten[41], sondern auch eine obere Vermögensgrenze festzulegen. Wo läge diese Grenze? Die Petition sagt nichts Genaues darüber aus, aber es läßt sich entnehmen, daß sie dem kleinen handwerklichen und gewerblichen Besitz angepaßt sein soll: »Ein Bürger soll nicht mehr als eine Werkstatt oder einen Laden besitzen dürfen.« Solche radikalen Maßnahmen, schließt die Sektion Sans-Culottes, werden »nach und nach die zu große Ungleichheit der Vermögen beseitigen und die Zahl der Besitzenden ansteigen lassen«[42]. Zu keinem anderen Zeitpunkt der Revolution findet sich eine so exakte und auf das Wesentliche gerichtete Formulierung des sozialen Ideals im Volk: ein Ideal, das dem Status der Handwerker und Ladenbesitzer entspricht, die die Kader der Sansculotterie bildeten und auf ihre Gesellen oder Gehilfen einen entscheidenden ideologischen Einfluß ausübten; ein Ideal, das der Masse der Verbraucher und Kleinproduzenten in den Städten Rechnung trägt, die zugleich allen direkten und indirekten Verkäufern von Lebensmitteln und allen jenen Unternehmern feindlich gesinnt waren, deren expansives Geschäftsgebaren die Gefahr heraufbeschwor, sie auf die Stufe abhängiger Industriearbeiter hinabzustoßen.

Es sind durchaus keine ganz neuen Ideen, die die Sansculotten unter dem Druck der Hungersnot geltend machten. Sie wurden in mancherlei Gestalt von den Wortführern der verschiedenen Fraktionen der montagnardischen Bourgeoisie vorgetragen, die sie wiederum alle miteinander aus dem philosophischen Gedankengut des von Rousseau beeinflußten Zeitalters geschöpft hatten.

Da steht an erster Stelle die Anschauung, daß der Bauer kein absolutes Eigentumsrecht auf die Erzeugnisse seines Landes hat. In seiner großen Rede über die Ernährung vom 2. Dezember 1792, die er aus Anlaß der Unruhen im Departement Eure-et-Loire hielt, unterstellte Robspierre das Eigentumsrecht dem Recht auf Dasein: »Das vornehmste aller Rechte ist das, zu leben; oberstes Gesetz der Gesellschaft ist mithin jenes, das allen Mitgliedern der Gesellschaft die Mittel zum Leben garantiert; alle anderen sind ihm untergeordnet.«[43] Im Mai 1793 stellt Momoro, der zwar selbst nicht eigentlich zur Sansculotterie gehörte, jedoch ihren sozialen Ideen Ausdruck zu verleihen verstand, in seinen *Ansichten über die Festsetzung des Preismaximums für Getreide,* nachdem er, wie allgemein üblich, das Eigentum durch das Recht, es zu gebrauchen und zu mißbrauchen, definiert hatte, sich selbst die Frage: »Kommt eben dieses Recht dem Bauern zu über die Früchte, mit denen das Land seinen Fleiß belohnt hat? Zweifellos nicht. Denn diese Früchte sind doch für die Ernährung der Gesellschaft bestimmt, natürlich gegen eine entsprechende und vorher zu zahlende Entschädigung, die als Preis dafür gelten soll«, wobei diese Entschädigung abgestimmt sein soll »auf das Vermögen der einzelnen Bürger«[44]. Hébert, der sich auch wieder eher als volltönendes Sprachrohr denn als Theoretiker erweist, schreibt im August 1793, daß die Erde »gemacht worden ist für die lebenden Wesen, und von der Ameise bis zu jenem hochmütigen Insekt, das sich Mensch nennt, soll ein jeder in den Früchten dieser Mutter aller seine Nahrung finden«. Und er schließt: »Das oberste Eigentum, das ist das Leben. Essen muß man, egal um welchen Preis.«[45] Solche Ideen gehörten im Sommer 1793 so sehr zum Gemeingut der Zeit, und der Druck der Massen war so stark, daß der Dantonist Dufourny, im übrigen ein erklärter Gegner der Sansculotterie, am 1. September die verschwommenen Wünsche der Volksmassen auf eine durchsichtige Formel brachte: »Die Inhaber des Bodens, die Bauern, die keinerlei Recht haben, mit ihm Mißbrauch zu treiben, indem sie entweder keine Feldfrüchte erzeugen oder sie vernichten, sind in Wahrheit weder die Besitzer des Bodens noch die seiner Erzeugnisse.« Sie sind nur die Treuhänder der Ernte, über die – gegen eine Entschädigung – die Nation allein verfügt. Der Handel muß zum eigentlichen Zweck seiner Einrichtung zurückgeführt werden, nämlich dem Erzeuger und dem Verbraucher zu dienen. Nahrungsmittel können nicht Gegenstand der Spekulation sein. »Jeder Spekulant, der Werte in Form von Nahrungsmitteln nur dazu verwendet, um Profit daraus zu ziehen, ist ein unnützer, gefährlicher und verbrecherischer Zwischenhändler, ein echter Schieber, ein Monopolist, ein Feind der Gesellschaft.«[46]

Nichts anderes brachten die Sansculotten zum Ausdruck. Ihre Originalität bestand aber darin, daß sie diese Ideen in die Tat umsetzen und der Wirtschaft Reglementierung und Preisfestsetzung aufzwingen sollten. Die Montagne nahm die Forderung nach dem Maximum nur unter Zwang und Gewalt an. Das Schweigen Robespierres, den ganzen Sommer 1793 hindurch, zu diesem sehr ernsten Problem ist dafür bezeichnend. Er besaß eine zu tiefe Einsicht in die Notwendigkeiten der Politik, als daß er bei aller seiner Liebe für das Volk das Gleichgewicht der gesellschaftlichen Kräfte unterschätzt und die Interessen der Bourgeoisie einfach in den Wind geschlagen hätte. Hinter der Fassade der einmütigen Deklarationen blieb der Interessengegensatz unüberbrückbar bestehen.

Die gleiche *äußerliche* Geschlossenheit zeigt sich in der Frage des Eigentumsrechtes. Die Führer des Berges oder der Jakobiner vertraten in dieser Frage ganz ähnliche Auffassungen wie die Sansculotten; aber wann hätten sie auch nur versucht, ihnen Gesetzeskraft zu verleihen? Es gibt Äußerungen Chaumettes vor dem Generalrat der Kommune oder Héberts in seiner Zeitung, doch fühlten diese sich durchaus als zuständige Vertreter der Sansculotterie.[47] Billaud-Varenne, ein stärkerer Theoretiker, stellt in seinen *Eléments de républicanisme* die These auf, das Eigentum sei der Angelpunkt jeder staatlichen Vereinigung. Daher »muß das politische System nicht nur einem jeden die friedliche Nutzung seiner Güter zusichern, sondern dieses System muß auch so aufgebaut sein, daß es soweit wie irgend möglich eine wenn schon nicht völlig gleichmäßige, so doch wenigstens in vertretbaren Proportionen gehaltene Verteilung der Güter unter den Bürgern garantiert«. Wenn das Recht auf Eigentum unverjährbar ist, »muß es doch zugunsten aller Menschen, die die Nation darstellen, Anwendung finden«; dann wird sich in der Republik niemand »in der direkten und nicht auf Gegenseitigkeit beruhenden Abhängigkeit von einem einzelnen« befinden.[48] Robespierre hatte am 24. April 1793 aus dem Eigentum nicht ein Naturrecht, sondern eine durch die Gesellschaft geschaffene Einrichtung gemacht, von der es wünschenswert sei, daß alle Bürger in ihren Genuß kämen.[49] Saint-Just bezeichnete es in seinen *Institutions républicaines* als das Ziel der Republik, »allen Franzosen die Mittel zu verschaffen, mit denen sie die wichtigsten Lebensbedürfnisse befriedigen können, ohne von etwas anderem als den Gesetzen abhängig zu sein und ohne daraus entstehende Abhängigkeit in ihrem Status als Bürger«. Mit anderen Worten: Jeder Franzose soll ein Kleineigentümer und ein unabhängiger Produzent sein. Und an anderer Stelle: »Der Mensch soll unabhängig leben...; es braucht weder Reiche noch Arme.«[50] Die Erkenntnis, daß die Republik nicht bestehen kann ohne eine gewisse soziale Ausgeglichenheit, hat im Denken des 18. Jh. von Montesquieu bis Rousseau ihren festen Platz.[51] Die Führer der Montagne bewiesen darin keinen größeren Erfindergeist als die politischen Aktivisten aus den Reihen des Volkes.

In einem Punkt allerdings legten die Pariser Sansculotten eine gewisse ideologische Kühnheit an den Tag. In der Frage der Begrenzung des Eigentums kamen auch die verwegensten Montagnarden nicht über die Vorstellung hinaus, dabei mehr ins Auge zu fassen als das Eigentum an Grund und Boden. In seinen *Institutions républicaines* legt Saint-Just dar, daß »lediglich ein Maximum des Grundbesitzes festgelegt werden kann«. Wenn Billaud-Varenne in seinen *Eléments de républicanisme* »den zerstörenden Einfluß der großen Vermögen durch eine beschleunigte Zerstreuung derselben ohne die Möglichkeit einer späteren neuen Aufhäufung mildern« will, dann denkt er dabei nur an den in Grund und Boden angelegten Reichtum. »Kein Bürger soll mehr ... als eine bestimmte Anzahl von Morgen Ackerland besitzen dürfen«, wobei an etwa 20 Morgen gedacht ist. Noch klarer ist die Position Momoros, der immerhin einer der führenden Cordeliers ist und als solcher der Sansculotterie nähersteht. Seine *Erklärung der Menschenrechte* vom September 1792 bestätigt nur »industrielles« Eigentum; solche Besitztümer, »die fälschlich territoriale genannt werden, werden nur so lange garantiert, bis Gesetze über ihren Status erlassen sein werden«[52]. Viele Jakobiner, die auf der schmalen Scheide zwischen Sansculotterie und Bourgeoisie standen, waren dem Reichtum an Grundbesitz viel feindlicher gesinnt als jeder anderen Form von Reichtum. Als weiterer Beweis kann ein Essay über die Volksregierung vom Sommer 1792 dienen: »Wenn die Nation die maximalen Einkünfte aus Grundbesitz auf 120 000 Livres festlegen soll, so ist damit jedoch nicht gemeint, irgendwelche Grenzen oder Beschränkungen für die Zunahme beweglichen Vermögens aufzuerlegen, als da sind Geld, Staatspapiere, Handelswaren, Schiffe und dgl.«[53]

Die Sansculotten, die Verbraucher der landwirtschaftlichen

Produkte sind, aber gleichzeitig auch städtische Kleinproduzenten, denen die Unabhängigkeit ihrer Werkstatt oder ihres Ladens am Herzen liegt, gehen weiter. Da es ihre größte Furcht ist, in die Reihen der Proletarier hinabgedrückt zu werden, richtet sich ihre Feindschaft ebensosehr gegen den großen kommerziellen oder industriellen Besitz wie gegen den Großgrundbesitz oder den landwirtschaftlichen Großbetrieb. Dieser Sicht entspringt die Forderung der Sektion Sans-Culottes: um die Konzentration von Produktionsmitteln zu verhindern, soll keiner mehr als eine Werkstatt oder einen Laden besitzen dürfen.

Im Ergebnis dieses Abrisses drängen sich zwei Reihen von Betrachtungen auf. Da sind zunächst die Unbestimmtheit der sozialen Tendenzen der Volksmassen und, bis zu einem gewissen Grade, auch ihr Mangel an Originalität charakteristisch. Das erstere – die Unbestimmtheit – erklärt sich aus der Klassenposition der Sansculotterie innerhalb der Gesellschaft, d. h. aus ihrer heterogenen Zusammensetzung; das einzige Band, das sie eint, ist die gemeinsame Gegnerschaft zur Aristokratie. Die Sansculotterie umschließt Handwerker und Kaufleute, die zum Kleinbürgertum und manchmal sogar zur mittleren Bourgeoisie rechnen. Zu ihr gehören aber auch Gesellen, die mit der Lebensweise der Handwerker deren soziale Mentalität teilen, und Arbeiter aus den wenigen industriellen Großbetrieben, die Paris damals besaß; ganz zu schweigen von Intellektuellen, Künstlern und gewissen Deklassierten. Ein solches Klassenkonglomerat konnte kein Klassenbewußtsein entwickeln und ebensowenig ein einheitliches soziales Programm; seine Bestrebungen mußten verschwommen und manchmal sogar in sich widersprüchlich bleiben. Darüber hinaus sind sie nicht einmal spezifisch. Sie entstammen dem gemeinsamen Fonds der französischen Aufklärung, aus dem mehr oder weniger *alle* Revolutionäre, insbesondere die Montagnarden und Jakobiner, schöpften. Das gesellschaftliche Ideal der Sansculotten ist dem der Robespierristen sehr nahe: eine Gemeinschaft unabhängiger Produzenten, zwischen denen der Staat mit Hilfe der Gesetze eine annähernde Gleichheit aufrechterhält. Im Gegensatz zur montagnardischen Bourgeoisie haben die Sansculotten allerdings die Preisfestsetzung und die Reglementierung gefordert. Einige haben darüber hinaus die Einschränkung und Kontrolle des handwerklichen und kommerziellen Eigentums gewünscht. Mehr jedoch als durch theoretische Überlegungen haben sie das Maximum durch die Erfordernisse der nationalen Verteidigung und vor allem als ein Mittel zur Wiederherstellung des Gleichgewichts zwischen den antagonistischen ökonomischen Interessen zu rechtfertigen gesucht. Indem sie dies taten, blieben sie der montagnardischen Erklärung der Menschenrechte vom Juni 1793 treu, die die Nation als eine Gemeinschaft begreift, in der alle Bürger gleich sind, und deren Ziel das Glück aller ist. Somit erscheint die Sansculotterie, trotz gewisser Unterscheidungen mit ganz ähnlichen Widersprüchen behaftet, in der sozialen Sphäre ganz im Kielwasser des montagnardischen und namentlich des radikalen jakobinischen Bürgertums. Ihre Besonderheit und Eigenständigkeit liegen auf anderem Gebiet: in ihrer politischen Haltung.

Eine andere Frage wäre, inwieweit die dargelegten Ideen für die Gesamtheit der Sansculotterie stehen. Die Beschlüsse, Adressen und Petitionen, die sie uns übermitteln, gehen aus einer relativ kleinen Gruppe von Kadern hervor, die gebildet genug waren, sie abzufassen. Selbst wenn sie keine unmittelbare Kenntnis vom philosophischen Gedankengut ihres Jahrhunderts hatten, waren sie doch mehr oder weniger davon durchdrungen. Insbesondere die Gedankengänge Rousseaus hatten durch die Klubs und Volksgesellschaften im Volk eine weite Verbreitung gefunden. Wir finden ein dumpfes Echo von ihnen in manchen Texten, die aus sektionären Einrichtungen stammen. Darüber hinaus bleibt aber nichtsdestoweniger die Tatsache bestehen, daß zahlreiche politische Aktivisten, sogar solche, die Ämter in den Sektionen bekleideten, weder lesen noch schreiben konnten; davon zeugen viele Dokumente. Viel mehr als durch die Gewalt der Theorien wurde die große Masse der Sansculotterie durch ihre unerträglichen Existenzbedingungen in Marsch gesetzt. Der Hunger bleibt die ständige Triebfeder für die revolutionäre Bewegung der Massen, von der Réveillon-Affäre im April 1789 bis zu den Tagen des Germinal und Prairial im Jahre III, ohne daß jedoch politische Motive ganz außer acht gelassen werden dürfen, vor allem da, wo es sich um die grandes journées der Revolution handelt[54]. Alle Sansculotten haben im Jahre II jenes unbestimmte Ziel einer Republik der Gleichheit vor sich, die sie selbst als demokratische oder Volksrepublik bezeichnen. Nur einige wenige literarisch Bewanderte waren imstande, nach dem Vorbild der montagnardischen oder jakobinischen Führer einige Grundzüge dieser Republik zu entwerfen und sie theoretisch zu begründen. Die große Masse der Sansculotten begnügte sich damit, für ihre Tagesforderungen zu kämpfen.

Letzten Endes lassen sich indessen gerade in diesen Kämpfen um Notwendigkeiten des Augenblicks die sozialen Zielsetzungen der Sansculotterie ausmachen, so im Kampf um die Reglementierung und Preisfestsetzung. Im Jahre 1793 wurde ein Höchstpreis für Getreide gefordert, um den Brotpreis mit den Löhnen in Übereinstimmung zu bringen oder – anders gesagt – den Arbeitern die Möglichkeit zu leben zu geben; als Argument für diese Forderung wurde das Recht auf Dasein in die Waagschale geworfen. Die soziale Forderung, aus der sozialen Not spontan geboren, forderte ihrerseits ihre theoretische Rechtfertigung heraus, die wiederum dem Kampf neuen Antrieb gab. Mehr noch als prinzipielle Erklärungen gestatten solche Aktionen um soziale Besserstellung eine genaue Einschätzung der sozialen Zielsetzungen der Sansculotterie.[55]

Somit unterstreichen die Gravamina der Sektionen gegen die verschiedenen Formen des Spekulantentums und vor allem gegen die Konzentration der Kriegslieferungen in den Händen der großen Unternehmer besser als alle künstlichen »Systeme« das Wunschbild des Volkes von einem beschränkten Eigentum und einer unabhängigen Kleinproduktion, die die Gesetzgebung in eng gezogenen Grenzen zu halten hätte.

Sansculotterie und Handelskapital

Die Feindseligkeit der Sansculotten gegen das Handelskapital findet ihren Ausdruck vor allem in ihrem hartnäckigen Drängen auf die Unterbindung des Handels mit Zahlungsmitteln.

Dafür gab es grundsätzliche Gründe. Der Umlauf von Gold- und Silbergeld untergrub nach wie vor die Kaufkraft der Assignate und verschärfte so die Wirtschafts- und Nahrungsmittelkrise. Gemünztes Geld war zum Symbol für diejenigen Gesellschaftsschichten geworden, die sich der Gleichheitspolitik der Sansculotten widersetzten. Diese Auffassung bildete den Anlaß zu den im Jahre II so häufigen Wortausbrüchen gegen das Gold und den Luxus[56]. Das Verbot des Verkaufs von Hartgeld war im Februar 1793 Gegenstand einer scharf formulierten Petition, in der seine Einwirkung auf die Entwertung der Assignate und auf die Höhe der Lebenshaltungskosten besonders hervorgehoben wurde.[57] Am 3. März folgte eine neue Adresse desselben Inhalts, diesmal von allen Sektionen gemeinsam ausgehend. Am 11. April endlich gab sich der Konvent geschlagen.[58] Trotzdem hörte der Handel mit Geld nicht auf. Am 27. Juni zeigte der Volksvertreter Dentzel die Börsenwucherer der Rue Vivienne an.[59] Am 29. August meldete die Sektion Unité dem Generalrat der Kommune einen schwunghaften Handel mit Geld, der unter den Galerien im Garten des Palais Egalité getrieben wurde.[60] Im Rahmen der Terreur erfolgten Maßnahmen, die den Geldhandel rigoros unterbinden sollten, die aber gleichwohl nicht zu genügen schienen. Am 7. Frimaire nahm der Generalrat der Kommune eine Petition des Clubs der Cordeliers an, in der das Verbot des Umlaufs von Hartgeld bis zum Frieden gefordert wurde.[61] Im einzelnen verlangten die Cordeliers, »daß jeder Kaufmann, Händler und sogar jede im Dienste irgendeiner Kirche stehende Person gehalten sein solle, alles, was sie an Gegenständen aus Gold oder Silber besäßen[62], an die Münze abzuliefern, und zwar ohne Ausnahme, damit dadurch ein Gegenwert für die Assignaten geschaffen würde«. Das hätte im Handel und in der Geschäftswelt überhat noch mehr böses Blut gegeben, und so wurde die Petition salomonisch an den Wohlfahrtsausschuß zurückverwiesen.[63]

Ein Eingreifen gegen die Börsenwucherer allein genügte nicht. Man muße sich daher an die Institutionen halten, die das Handelskapital in sich vereinigten und seinen Umschlagplatz bildeten. Die Sansculotten forderten daher die Schließung der Börse und die Auflösung der Aktiengesellschaften. Die Sektion Faubourg-du-Nord forderte am 1. Mai 1793 die Schließung der Börse[64]; am darauffolgenden Tag schloß sich die Sektion Contrat-Social der Petition an[65]. Nach dem Ausschluß der Gironde gab der Konvent der Forderung auch nach: am 27. Juni 1793 wurde durch ein Dekret die Schließung der Börse von Paris angeordnet. Immerhin handelte der

Konvent nur unter dem Druck der Volksmassen und betrachtete seine Tat nur als Konzession gegenüber den Forderungen der Sektionen, denn am 25. Juni hatte Jacques Roux seine drohende Petition vorgelegt, und am 26. waren in den Häfen an der Seine die Seifenrevolten ausgebrochen.

Gleichermaßen bezeichnend für die soziale Position der Sansculotterie war ihre feindliche Haltung gegenüber den Aktiengesellschaften, die sich gegen Ende des Ancien régime stark vermehrt hatten und die fortgeschrittenste Form des Handelskapitals darstellten. Ende Juli 1793 entrüstete sich ein Bürger der Sektion Sans-Culottes darüber, daß er »hier eine Hilfskasse, da eine Handelskasse, wieder woanders eine Sparkasse, ein Stück weiter eine Altersrentengesellschaft, hier eine Lebensversicherungsgesellschaft, dort wieder die patriotische Lotterie der Rue du Bac« auftauchen sieht: lauter Unternehmen, um Geld einzuheimsen. »Diese reichen Leute, Vorsteher und Unternehmer von solchen Kassen, sind am meisten zu fürchten«; sie bringen den Handel herunter und vermehren die Schwierigkeiten der Republik. Der Konvent sollte »diese Gaunerkassen beschlagnahmen. Am 24. August verbot die Nationalversammlung die Finanzgesellschaften; am 26. Germinal löste sie in Erweiterung ihres Dekrets vom 17. des 1. Monats des Jahres II alle Aktiengesellschaften ohne Unterschied auf.[66]

Obgleich sich die Politik der nationalen Verteidigung auf dem Gebiete der Armeelieferungen mit der Abschaffung der Aktiengesellschaften abfinden konnte, so war sie doch im ganzen auf die privaten Unternehmen angewiesen, da sich die Nationalisierung nur auf die Waffenfabrikation erstreckte. Um eine hohe Produktivität zu gewährleisten, sahen sich die Regierungsausschüsse gezwungen, die Armeeausrüstung in den Händen einiger großer Unternehmer oder Geschäftsleute zu konzentrieren, anstatt sie auf zahllose kleine Werkstätten aufzuteilen. Daraus entstand das ganze Jahr II hindurch eine Quelle immer neuer Konflikte zwischen der Revolutionsregierung und den Sansculotten, deren Beziehungen zueinander dadurch alles andere als gebessert wurden.

Bei Ausbruch des Krieges wollten die Sektionen, um das Elend der Volksmassen zu lindern und der Arbeitslosigkeit zu steuern, die Versorgung der Truppen mit Kleidung ihren

Mitgliedern vorbehalten. Am 8. September 1792 hatte der Generalrat der Kommune gefordert, die Aufträge entsprechend ihrer Größe auf die 48 Sektionen zu verteilen. Die Krise Anfang 1793 und die Neuaushebungen, die sie im Gefolge hatte, steigerten den Bedarf noch. Die Sektionen eröffneten Werkstätten: so die Sektion Tuileries, die, um die notwendigen Gelder zusammenzubringen, am 4. Februar 1793 »eine staatsbürgerliche Abgabe in Geld oder Naturalien« ausschrieb. Die Beweggründe, mit denen die Sektion Tuileries ihre Entscheidung motivierte, sind bezeichnend für die Feindseligkeit des Volkes gegenüber dem Handelskapital. »Erstens: Die habgierigen Kriegslieferanten, die Böses im Schilde führen oder ungeschickt sind, werden die Kampfkraft unserer Truppen nicht mehr lähmen und unsere Erfolge nicht mehr aufhalten können; das Schicksal der Freiheit wird nicht mehr von der Gnade der Spekulanten und Monopolisten abhängen. Zweitens: Eine kleine Gruppe reicher Unternehmer wird sich nicht mehr den ganzen Gewinn von riesigen Kriegslieferungen aneignen können; dieser wird sich nun auf alle unsere Kaufleute, auf alle unsere Arbeiter, auf uns alle miteinander verteilen. Drittens: Da die kleinen Unternehmen immer mit Umsicht und Sparsamkeit geleitet werden, werden geringere Ausgaben entstehen, und wir werden mehr und bessere Ausrüstungen liefern können.« Konnte das Lob der unabhängigen Kleinproduktion besser gesungen werden? Aber konnte sie andererseits den ungeheuren Anforderungen der nationalen Verteidigung genügen?

So blieb im Ergebnis die Arbeit doch nach der verbreitetsten Methode der Epoche organisiert: Unternehmer erhielten von der Verwaltung die Rohstoffe und ließen die Bekleidung herstellen. Die Sektionen ließen nicht nach, gegen eine solche Organisation zu protestieren, aber da sie nichts Besseres vorzuschlagen hatten, konnten sie sich nur schwer von ihr frei machen. Am 15. Juni 1793 beschloß die Sektion Finistère, damit die Arbeiter von dem neuen Tarif für das Bekleidungsgewerbe Nutzen hätten, eine Werkstatt unter ihrer Aufsicht einzurichten. Trotzdem mußte sie dabei auf Kommissare zurückgreifen, die imstande waren, eine Kaution für die Rohstoffe zu hinterlegen, die der Sektion geliefert wurden, und den Arbeitern den Lohn vorzuschießen. Zwei Kommissare, die über jeden Verdacht der Spekulation erhaben sein mußten, sollten die Werkstatt im Namen der Sektion überwachen und Reklamationen entgegennehmen.[67] Aber nur ein Bürger erbot sich, eine Kaution in Höhe von 6000 Livres zu stellen, und das war auch wieder ein Unternehmer; allerdings wurde seine geschäftliche Freizügigkeit eingeschränkt durch die Kontrolle der Kommissare der Sektion.

Ein solches System, das zwar den Bestrebungen der Volksmassen entsprach, konnte jedoch nicht den Erfordernissen der nationalen Verteidigung genügen, die eine Vermehrung der Produktion und damit ihre Konzentration verlangte. Die Bekleidungsverwaltung ging logischerweise dazu über, Großwerkstätten einzurichten, wo die Produktion mit Hilfe rationeller Methoden betrieben werden konnte. Sie stieß dabei auf den fortwährenden Widerstand der Arbeiter, die an eine unabhängige Arbeit gewöhnt waren und nicht aufhörten, die Einrichtung kleiner, den Sektionen unterstellter Werkstätten zu fordern. So standen sich zwei Auffassungen der Wirtschaftsorganisationen gegenüber, aber gleichzeitig damit auch die Regierungspolitik und die Forderungen der Volksmassen.

Am 25. Juli versuchte der Kriegsminister noch einmal, die gegensätzlichen Interessen unter einen Hut zu bringen und »zum Wohle der Vaterlandsverteidigung« die Schwierigkeiten zwischen den Sektionen und der Bekleidungsverwaltung aus dem Wege zu räumen. Am 30. Juli legten die Kommissare der 48 Sektionen dem Generalrat der Kommune dar, »wieviel Mängel die Vereinigung einer solchen Zahl von Bürgerinnen in einer einzigen großen Werkstatt mit sich bringt«. Sie betrachteten die Aufteilung der Arbeit auf die einzelnen Sektionen als viel vorteilhafter. Trotzdem dekretierte der Konvent am 9. August die Errichtung von sechs großen Zuschneidewerkstätten in Paris sowie eines Verteilungs- und Lieferungsbüros bei jeder Werkstatt; die Verteilung der fertigzustellenden Arbeiten sollte nach der Leistungsfähigkeit jeder Sektion vorgenommen werden. Die Arbeiterinnen empörten sich gewaltig über die Art und Weise, wie die Verwalter die Arbeit verteilten. Am 25. August verlangte eine Abordnung der Frauen vor dem Konvent die Neuorganisation der Bekleidungswerkstätten und »daß die Arbeiten den Sektionen übertragen werden sollen«[68]. Um allen Beschwerden zu begegnen, ermächtigte der Konvent am 30. August 1793 den Kriegsminister, die Anzahl der Verteilungsämter auf 36 zu erhöhen, um den Arbeiterinnen übermäßig weite Wege zu ersparen. Die Vollversammlungen sollten für jede Sektion einen Kommissar ernennen, der die Verteilung und Auslieferung der zugeschnittenen Stücke überwachen sollte.

Dieses Dekret gestattete allen Sektionen, sektionseigene Werkstätten zu eröffnen. Am 9. September 1793 schuf die Vollversammlung der Sektion Invalides die Voraussetzungen zur Eröffnung ihrer Werkstatt.[69] Zwei Kommissare wurden mit der Leitung beauftragt. Sie sollten die Arbeit überwachen und nach Maßgabe der von der Verwaltung festgesetzten Tarife die Fertigungspreise so veranschlagen, daß die Aufwendungen der Werkstatt davon gedeckt würden; die Sektion verzichtete auf jeden Gewinn aus dem Unternehmen, das nur zum Nutzen der Arbeiter dasein sollte. Die Versammlung, die die Kommissare einsetzte und wieder abberief, ihre Bezahlung und die Hrstellungspreise festlegte, die Abrechnung besorgte und die Ausgaben vorschoß, die auch die Beschwerden der Arbeiter entgegennahm, war die eigentliche Leiterin des Unternehmens, das damit voll und ganz den idealsten Vorstellungen der Volksmassen entsprach, was die Organisation der Arbeit und die Arbeit selbst anbetraf. Nur in einem Punkt wies das Unternehmen eine Schwäche auf, der nicht abzuhelfen war: es fehlte ihm an Betriebskapital. Am 25. Thermidor des Jahres II gelangte die Vollversammlung der Sektion Invalides zu der Feststellung, daß, wenn die Kommissare für die Truppenbekleidung selbst die notwendigen Gelder für die Bezahlung der Arbeiterinnen vorschießen müßten, diese Plätze nur von wohlhabenden Leuten zum Nachteil der Sansculotten bekleidet werden könnten. Sie forderte deshalb die begüterten Bürger auf, die notwendigen Kapitalien freundlichst zu leihen. Da die Bekleidungsverwaltung den Sektionswerkstätten keinerlei Betriebsmittel zur Verfügung stellte, waren die Vollversammlungen gezwungen, ihre Zuflucht beim Privatkapital zu suchen; damit fielen die Volkswerkstätten wieder unter die Vormundschaft der Unternehmer.

Das ganze Jahr II hindurch hatten die Beschwerden fortgedauert. Die Sansculotten gaben sich nicht oder nur schwer mit der Oberaufsicht der Behörde zufrieden, die ihnen zu kleinlich erschien. Vor allem aber erhoben sie sich gegen die Submissionäre und Unternehmer, von denen sie sich trotzdem nicht frei machen konnten. Am 2. Oktober 1793 forderte die Sektion Faubourg-Montmartre von den Jakobinern im Namen »der mittellosen Frauen dieser Sektion Arbeit in der Militärbekleidungsindustrie«[70]. Um die gleiche Zeit forderte die Volksgesellschaft Hommes-Libres der Sektion Révolutionnaire, die Verteilung der anfallenden Arbeit solle wieder in die Hände der Sektionen gelegt werden, »wo man einen besseren Überblick über die tatsächlichen Bedürfnisse und die Lauterkeit der Bürger besitzt«, und unterstrich in diesem Zusammenhang das Recht »der mittellosen und fleißigen Klasse« auf Arbeit.[71] Wesentlich schärfer waren die Beschwerden gegen die Unternehmer und Submissionäre. Am 1. Oktober 1793 erschien eine Abordnung der Schuhmacher vor dem Konvent und verlangte, man solle ihnen allein das Recht der Lieferung von Schuhen für die Truppen übertragen.[72] Am 4. Pluviôse schlug die Volksgesellschaft der Sektion Unité ein Gesetz vor, »um alle Submissionäre der Republik, die sich mit Hilfe geschickter Manöver in die Lieferung von Truppenausrüstungen eingeschlichen haben, auszuschalten und ihnen das Handwerk zu legen«. Wer hat davon den Schaden? »Die Republik, die armen Handwerker, die Arbeiter ohne Vermögen, die, um ihr täglich Brot zu verdienen, gezwungen sind, einfach weil sie leben müssen, zu diesen Egoisten zu gehen und um Arbeit zu bitten, die sie dann um schäbigen Lohn verrichten.« Um in Zukunft nicht mehr auf diese Zwischenhändler zurückgreifen zu müssen, forderte die Volksgesellschaft der Sektion, »daß alle für die Belieferung und Unterhaltung der Armeen notwendigen Waren sofort in die staatlichen Lager geschafft werden, damit sie auf die Bekleidungswerkstätten der Sektionen aufgeteilt werden«, die in Durchführung des Dekrets vom 30. August 1793 eingerichtet worden sind. Auf diese Weise werden die Arbeiter Arbeit bekommen, und »das Brot, das sie zu essen haben, wird ihre republikanische Gesinnung stärken«. Die Petition macht Angaben über die Gewinne der *monopolistischen Submissionäre*. Zwar scheinen die Geschäfte, die sie abschließen, der Republik zum Vorteil zu gereichen, in Wirklichkeit aber »bürden diese Monopolisten den Armen die ganze Last ihrer Habsucht auf«[73].

Diese Petition drückte die Feindseligkeit des Volkes gegen das Handelskapital so treffend aus, daß sie die allgemeine Zustimmung der übrigen Pariser Sektionen fand. Schon am 7. Pluviôse schloß sich die Volksgesellschaft der Sektion Lepeletier an[74], am 15. die Vollversammlung der Sektion Invalides. Die Arbeiterinnen dieser Sektion griffen am 30. Pluviôse ihrerseits das Anliegen der Petition auf und reichten der Versammlung eine Vorlage ein mit dem Ziel, »zu erreichen, daß die für die Soldaten der Republik anzufertigenden Kleidungsstücke an die Sektionswerkstätten verteilt werden sollen und nicht an die gierigen Submissionäre, die einen großen Teil des Stücklohnes für sich einbehalten«. In Anbetracht, »daß es gerecht ist, wenn die aus öffentlichen Arbeiten erzielten Gewinne der Mehrheit und den Ärmsten zufallen«, bestimmte die Versammlung Kommissare, die die Petitionärinnen zum Jakobinerklub geleiten sollten.[75] Der Volksgesellschaft der Sektion Unité, die am 20. Pluviôse ihre Petition vergeblich dem Konvent und am 24. ebenso vergeblich dem Generalrat der Kommune vorgelegt hatte, gelang es, die Gesamtheit der Sektionen und der Volksgesellschaften mitzureißen. Am 5. Ventôse erschienen ihre Beauftragten vor dem Konvent: die Petition wurde an den Wohlfahrtsausschuß verwiesen. Für die Regierung war sie eine weitere Warnung, daß sich die soziale Unzufriedenheit verschärfte. Als aber die Krise erst einmal vorüber war und die Führer der Cordeliers ausgeschaltet waren, lag für die Ausschüsse kein Anlaß mehr vor, den Forderungen der Volksmassen zu entsprechen; das hätte nichts weniger bedeutet, als der Revolutionsregierung jene Fraktion der Bourgeoisie zu entfremden, für die die Kriegswirtschaft eine Quelle des Profits darstellte, und zudem wäre die Entfremdung auch noch in einem Augenblick eingetreten, wo die Ausschüsse ihre Wirtschaftspolitik in liberaler Richtung revidierten.

Das Problem aber stand nach wie vor, ebenso wie die Forderungen der Massen nicht aufhörten. Der harte Kurs der Regierungspolitik nach dem Germinal verhinderte nicht, daß sie auch offen laut wurden. Am 15. Floréal zeigte die Vollversammlung der Sektion Bonnet-Rouge eine neue Aristokratie an: die der Unternehmer. »Ein einziger, immer der Reichste, kauft überall alle einträglichen Unternehmen auf, deren gerechte Verteilung einer Menge guter Bürger Existenzmittel für ihre Familien und redlichen Gewinn bringen würde.« Die Schaffung von zwölf Exekutivausschüssen erfordere »die Mitwirkung vieler Arbeiter aus allen Berufszweigen«. Es dürfe nicht sein, daß einige wenige Unternehmer die ganze Arbeit an sich reißen. Um »dieses Ansichreißen, das alle diese Finanzunternehmer schon im Auge haben«, zu verhindern, soll der Konvent durch ein Dekret erlassen, daß sich keiner um die verschiedenen Arbeiten bewerben darf, der nicht im Besitz einer Beglaubigung seiner Staatsbürgertreue ist. Auf diese Weise werden »alle diese gierigen Spekulanten« beseitigt, »die lieber davon Abstand nehmen werden, als daß sie die Gefahr einer Überprüfung auf sich nehmen, deren Ergebnis vielen von ihnen nicht günstig sein könnte«. Der Sansculotte hingegen, der mühelos die Bescheinigung erhält, wird sich »nur den Teil der Arbeit nehmen, die er verdient, der ihm zukommt, ohne dabei seinen Bruder Sansculotten zu schädigen«[76]. Die Aktivisten der Sektion Bonnet-Rouge wollten also die Terreur auch auf das Handelskapital ausdehnen, denn eine Verweigerung des Bürgerzertifikats reihte die Kaufleute und Unternehmer in die Kategorie der Verdächtigen ein. Es erging dieser Petition wie den anderen vor ihr: sie wurde in eben dem Augenblick eingebracht, da die Regierungsausschüsse zum Nutzen der besitzenden Klasse die Terreur im ökonomischen Bereich abzubauen begannen.

Immerhin wurden die sektionseigenen Bekleidungsmanufakturen nicht sofort von der Thermidorreaktion beiseite gefegt; es stand also außer Zweifel, daß sie von Nutzen waren. Erst als die Pariser Sansculotterie in den Prairialtagen des Jahres III zu Boden geworfen wurde, schlug damit endgültig auch ihre Stunde. Am 25. ermächtigte der Wohlfahrtsausschuß die Kommission für die Versorgung der Armee, die Zuschneidewerkstätten und Verteilungsämter der Kommune von Paris aufzulösen und die Truppenbekleidung bei privaten Unternehmern herstellen zu lassen.

Das Rad der Geschichte nahm seinen normalen Gang wieder auf. Es konnte keine Rede mehr davon sein, die unabhängige Kleinproduktion zu begünstigen, als die freie Wirtschaft wiederhergestellt war und die Kriegslieferungen der Großbourgeoisie als ein Tummelplatz für die Entfaltung ihrer kapitalistischen Initiative erscheinen mußten.

Die Steuerpolitik der Volksmassen

In gleichem Maße und mit gleicher Deutlichkeit wie ihr Auftreten gegen die Konzentration der Kriegsindustrie läßt das, was die Sektionen hinsichtlich ihrer Steuerpolitik in der Tat umsetzten, einen Rückschluß zu auf die Bestrebungen der Sansculotterie. Auch hier zeichnet sich das Bestreben ab, die *Kluft* zwischen Reichen und Armen zu verringern und die Lebensbedingungen einander anzugleichen.

Der soziale Instinkt fand in der revolutionären Begeisterung einen Bundesgenossen, da die Besitzenden meist zugleich auch die Gemäßigten, die Lauen, waren. Die Steuerpolitik der Volksmassen entspringt der gleichen Mentalität wie die Ventôse-Dekrete. Es geht einmal darum, den unbegüterten Bürgern durch eine Besteuerung der Reichen unter die Arme zu greifen; mehr noch aber gilt es, die Feinde der Revolution zu treffen. Klarsten Ausdruck dafür gibt der Beschluß, den Collot d'Herbois und Fouché am 24. Brumaire des Jahres II in Ville-Affranchie faßten: Die revolutionäre Abgabe, die von den Reichen zu erheben ist, soll ihrem Vermögen und ihrer mangelnden Loyalität angemessen sein. Die sozialen und politischen Konsequenzen dieser Steuerpolitik, wie sie das Volk betrieb, glichen – unter Wahrung der Proportionen – jenen, die die Ventôse-Dekrete nach sich zogen: sie riefen die Besitzenden gegen ein System auf den Plan, das Hand an den Reichtum legte, und trieben sie dazu, das Joch der sansculottischen Demokratie abzuschütteln.

Auskunft über den Geist, in dem die revolutionären Abgaben für die Reichen festgesetzt und eingetrieben wurden, gibt die Instruktion der Einstweiligen Kommission für Ville-Affranchie, die in ihrer Mehrheit aus Pariser Sansculotten zusammengesetzt war. Wie anders sollten die Ausgaben für den Krieg gedeckt und die großen Kosten der Revolution wieder eingebracht werden, wenn nicht durch eine Besteuerung der Reichen? Sind sie Aristokraten, dann ist es nur recht und billig, daß sie einen Krieg bezahlen, den sie selber vom Zaun gebrochen haben. Sind sie aber Patrioten, muß es ihnen eine Freude sein, mit ihrem Geld der Republik zu dienen. Jeder Bürger, der mehr hat, als er braucht, soll der Besteuerung unterworfen werden. »Es handelt sich hier nicht darum, mit mathematischer Exaktheit oder mit ängstlichem Skrupel zu verfahren, so wie man die Aufteilung allgemeiner Abgaben vornehmen muß.« Die Einnehmer sollen alles wegnehmen, was ein Bürger an Überflüssigem hat, »denn der Überfluß ist eine offene und willkürliche Verletzung der Rechte des Volkes«. Ganz im Geiste des Teilungskommunismus denken die militanten Verfasser der Instruktion an alles, was von Wert ist. Die Besteuerung der Reichen soll sich nicht auf deren Einkünfte beschränken. »Alles, was sie sonst gescheffelt haben, und was die Vaterlandsverteidiger brauchen könnten, nimmt die Republik in diesem Augenblick ebenfalls in Anspruch. So gibt es Leute, die lächerliche Vorräte an Hemden, Handtüchern und Schuhen aufgehäuft haben.« Alles das wird der revolutionären Beschlagnahme unterworfen. Die Instruktion wurde von manchen Buchstabe für Buchstabe befolgt.[77]

Die Auffassung, daß die Reichen allein die volle Last des Staatshaushalts tragen und so die mittellosen Bürger von Steuern befreien sollen, ist für die revolutionäre Mentalität der Volksmassen charakteristisch. Sie überlebt sogar die Reaktion des Jahres III. Die Petition der Sektion Piques vom 30. Germinal an den Konvent fordert unbeschadet der Tatsache, daß sie im gleichen Atemzug die ehemaligen Männer der Schreckenszeit anklagt, eine Verfassung, »die vor allem den Menschen, der kein Vermögen besitzt, nicht dazu verurteilt, daß er die Pflichten des Reichen erfüllt, die dieser allzuoft vernachlässigt«. Wer Besitztümer hat, fordert eine größere Garantie für sie und soll demzufolge dem Staat für größere Dienste auch mehr bezahlen. »Es wird Zeit«, schließt die Adresse, »daß wir energisch gegen die Reichen vorgehen, die weder unsere Mühen noch Gefahren teilen; spannt sie vor den Wagen der Verfassung. Sie allein sollen ihn mit aller Kraft ziehen, der Bauer aber, der Handwerker, die Klasse der Mittellosen sollen ihn ohne Mühe lenken können.«[78]

Die politischen Kader der Pariser Sektionen hatten zwischen dem 10. August 1792 und dem 9. Thermidor mehrfach Gelegenheit, dergleichen Prinzipien in die Tat umzusetzen.[79] Die

Anleihen, Abgaben oder *freiwilligen Sammlungen,* die auf Anordnung der Vollversammlungen in verschiedenen Sektionen durchgeführt wurden, zielten alle darauf ab, einen Beitrag zu den Anstrengungen des Krieges zu leisten, sei es durch Bewaffnung und Ausrüstung von Freiwilligen, durch die Organisierung der Salpetergewinnung oder durch die Unterstützung der Frauen und Kinder der Kämpfenden. Seltener waren sie ausschließlich dazu bestimmt, die Not der Armen zu lindern. Die sozialen Zielsetzungen der Sansculotten sind ausgerichtet auf die Erfordernisse des revolutionären Kampfes, nur selten sind sie Ausfluß von Prinzipien allein.

Das Gesetz vom 13. Frimaire des Jahres III forderte von denjenigen republikanischen Behörden, die Revolutionssteuern erhoben oder *freiwillige oder Zwangssammlungen* vorgenommen hatten, eine Rechnungslegung darüber.[80] Die Sektion Théâtre-Français, die vorher »Marat« geheißen hatte, ließ daraufhin eine Liste der Einnahmen aufstellen. Im September 1792 hatte die Versammlung eine freiwillige Kollekte für die Bewaffnung und Einkleidung der Dienstpflichtigen beschlossen. Im März 1793, anläßlich der Aushebung von 300 000 Mann, hatte es neue freiwillige Sammlungen gegeben, dann wieder bei der Einberufung für den Vendée-Feldzug im Mai. Im Frimaire des Jahres II wurde eine Listensammlung eröffnet »zur Unterstützung der Opfer eines Brandes in der Rue Serpente«. Eine neue Sammlung wurde im Nivôse durchgeführt zur Bewaffnung und Ausrüstung der jakobinischen Kavalleristen, die durch die Sektion ausgehoben wurden. Im Germinal wurden Standarten für die Kompanien und Gelder für ein geplantes Fest der Märtyrer der Freiheit gebraucht. Im Floréal schließlich ordnete die Vollversammlung noch eine Sammlung an, »um ihren Verpflichtungen gegenüber den Verteidigern des Vaterlandes und ihren Familien nachzukommen«[81].

Werden die Sektionen in ihrer Gesamtheit gesehen, so ergibt sich folgendes Bild: Der Nachdruck der Steuerpolitik der Volksmassen wurde zunächst bestimmt von der äußeren Gefahr. Die Sektionsbehörden begannen die Reichen zu besteuern, um die Freiwilligen auszurüsten und zu unterstützen. Der Klassencharakter der Besteuerung wurde in dem Maße deutlicher, wie sich die Macht der Volksmassen festigte. Die erste

Forderung nach einer Klassenbesteuerung fällt mit den Septemberereignissen von 1792 zusammen. Am 2. September fordert die Sektion Montreuil »ein Gesetz, das alle Rentiers, die nicht mit der Kraft ihrer Arme zur Verteidigung der Republik beitragen können, verpflichtet, von ihrem Vermögen [etwas abzugeben], um die Frauen und Kinder zu unterstützen, deren Männer und Väter draußen sind, um gegen den Feind zu kämpfen«[82]. Am gleichen Tage nimmt die Sektion Poissonnière von einem Beschluß der Sektion Gravilliers Kenntnis, in dem gesagt wird, »daß die vermögenden Alten sich der Frauen und Kinder der Bürger annehmen sollen, die für die Verteidigung der Grenzen ausgehoben sind«[83]. Offensichtlich sind diese Forderungen nie erfüllt worden. Die besitzenden Klassen hielten das Heft noch zu fest in der Hand, um in diesem Punkte nachgeben zu müssen. Vollversammlungen wie die der Sektion Théâtre-Français organisierten in ihrem Verwaltungsbereich *freiwillige* Sammlungen. Die dabei angewandten Verfahrensweisen sind heute nicht mehr festzustellen.

Nachdem am 24. Februar 1793 die Aushebung von 300 000 Mann dekretiert worden war, setzte im März eine neue Welle revolutionärer Steuern ein. Die Soldaten mußten eingekleidet und bewaffnet, ihre Frauen und Kinder versorgt werden. Aber die Sansculotten waren zu dieser Zeit noch nicht unumstrittene Herren ihrer Sektionen: die Besitzenden machten ihnen die Macht streitig. Daher trug die Besteuerung noch keinen offenkundigen Klassencharakter, sondern war mehr oder weniger Ergebnis eines Kompromisses. Am 9. März beschließt die Vollversammlung der Sektion Bondy, alle Freiwilligen der Sektion einzukleiden und zu bewaffnen. Aber da »eine der Ursachen, die bislang den Abmarsch der furchtlosen Verteidiger der Freiheit verzögert haben, die Ungewißheit war, wovon ihre Väter, Mütter, Frauen und Kinder leben sollten«, beschließt sie, »daß für die Frauen, Kinder, Väter und Mütter der wenig begüterten Bürger, die in den Krieg ziehen, Nahrung und Wohnung zu Lasten der Bürger der Sektion gehen sollen«. Die Sektion überläßt es den Besitzenden, die in der Versammlung sitzen, sich selbst Aufgaben aufzuerlegen und so »mit einem geringen Teil ihres Vermögens die Gefahren, Mühen, ja das Leben jener aufzuwiegen, die gegen den Feind marschieren, um ihnen alle Vorteile unserer heiligen Revolution und ihrer Besitztümer zu sichern«. Sie behält sich nur das Recht vor, behördlicherseits die Abgabe eines Bürgers festzusetzen für den Fall, wo sie offenkundig in Mißverhältnis zu seinem Vermögen stünde.[84] Es wird da also ein Kompromiß zwischen Besitzenden und Sansculotten ausgehandelt: diese geben ihr Blut, jene ihr Geld. Ein Kompromiß, das in anderer Form das Recht bestätigt, einen Ersatzmann zu stellen, wogegen die Sansculotten aufstehen werden, sobald sie an die Spitze der Sektion treten. Von den gleichen Grundsätzen ausgehend, beschließt am 11. März 1793 die Vollversammlung der Sektion Temple, daß »alle Bürger freiwillig und entsprechend ihrem Vermögen, das sie selbst abschätzen mögen, zu den Bedürfnissen derjenigen unserer Brüder beisteuern sollen, die an die Front gehen«[85].

Da es den Besitzenden überlassen blieb, sich selbst die Abgabe festzusetzen, erwiesen sich die eingegangenen Gelder als ungenügend. Um ihren Verpflichtungen gegenüber den Freiwilligen nachkommen zu können, mußten die Sektionen bei der Staatsmacht Unterstützung suchen. Am 19. Mai 1793 bittet die Vollversammlung der Sektion Bon-Conseil den Konvent um einen Vorschuß von 150 000 Livres, für die zwanzig der reichsten Bürger der Sektion Kaution stellten.[86] Im allgemeinen verstanden sich die Reichen nur höchst widerwillig dazu, für solche Vorschüsse gutzusagen. Als am 30. Mai die Vollversammlung der Sektion Arsenal beschließt, den Konvent um einen Vorschuß von 150 000 Livres anzugehen, stellt sie fest, daß »die zwanzig Bürger mit dem größten Vermögen sich der Bürgschaft und Verantwortlichkeit für diese Anleihe nicht entziehen werden können: man wird sie einfach zwingen«.

Nach dem 2. Juni dauerte die Unzugänglichkeit der Reichen in nicht wenigen Sektionen noch an. Trotzdem fuhren die Sansculotten fort, die Aufbringung der Gelder ihrer Großzügigkeit anheimzustellen. Auch das ist ein Anzeichen dafür, wie schwach sich die Volksbewegung weiterhin fühlt. Zivilausschuß und Revolutionskomitee der Sektion Indivisibilité alarmieren am 4. Juni die Vollversammlung: »Viele reiche Bürger lehnen es ab, mit ihrer Person und ihrem Vermögen zur Erhaltung von Gleichheit und Freiheit beizutragen«, andere tun es nicht in dem Maße, wie sie es könnten. Trotzdem ist die Versammlung entschlossen, solange der Krieg in der Vendée andauert, Monat für Monat 100 Livres an jeden Freiwilligen zu zahlen, dazu noch eine Unterstützung an seine Familienangehörigen: das sind 30 000 Livres jeden Monat für die fünfzehn Kompanien der Sektion. Zwei Mittel geben die Ausschüsse an, um ihre Verpflichtungen erfüllen zu können. »Das erste: Jeder reiche Bürger der Sektion verpflichtet sich schriftlich und freiwillig, auf Ehre und Gewissen, nach seinem Vermögen die Summe abzuliefern, die er jeden Monat geben will, solange der Vendéekrieg andauert; das zweite ist eine Zwangsbesteuerung der reichen Bürger.« Die Ausschüsse sprechen sich zugunsten der ersten Lösung aus. Die Summe der versprochenen Gelder soll gedruckt und angeschlagen werden. »Wenn da Verpflichtungen erscheinen, die den mutmaßlichen Vermögensverhältnissen nicht entsprechen, ... kann die Vollversammlung die Maßnahmen ergreifen, die sie für richtig erachtet, um die besagten Bürger ihrem Vermögen entsprechende Summen zahlen zu lassen.«[87]

Nach den Septemberereignissen von 1793 gewinnen die Sansculotten endgültig in ihren Sektionen die Oberhand. Was bis dahin dem guten Willen der Besitzenden überlassen geblieben war, wird nun zur Pflicht. Somit nimmt die Besteuerung Klassencharakter an und erweist sich als revolutionäre Maßnahme. Der neuen Gesinnung gibt Chaumette Ausdruck, wenn er am 19. Brumaire vor dem Generalrat der Kommune erklärt: »Da die Reichen auf keine Weise zum Wohle ihrer Brüder haben beitragen wollen, ist es notwendig gewesen, sie ein wenig zu pressen, daß sie die Aktivität und Wachsamkeit der Sansculotten gebührend bezahlen.«[88] Wenn die Besitzenden sich nicht zu einem Opfer bequemen wollen, dann zwingt man sie eben dazu. Der Tapezierer Antoine Lebrun, Friedensrichter der Sektion Bonnet-Rouge, wurde im Prairial des Jahres III verhaftet, weil er im September 1793 erklärt hatte, »man werde mit Hilfe von Bajonetten die Summen zu erhalten wissen, die für die dringendsten Bedürfnisse der Frauen und Kinder der Vaterlandsverteidiger gebraucht werden«[89]. Im Frimaire des Jahres III wird der Tischler Antoine Maréchal, Revolutionskommissar in der Sektion Mont-Blanc, angezeigt, weil er immerfort im Jahre II »revolutionäre Zwangsbesteuerung« für die Reichen verlangt habe. Als die Sektion ein Fest zu Ehren Marats geben wollte und der Einwand erhoben wurde, das werde sehr teuer kommen, habe er gerufen: »Wir haben Reiche in der Sektion, Verdächtige, wir werden sie einsperren und ihnen, wenn nötig, 100 000 Taler Revolutionssteuer aufbrummen.«[90]

Da das Gesetz vom 14. Frimaire über die Errichtung der Revolutionsregierung den Sektionen die Erhebung von dergleichen Steuern untersagt hatte, beschränkten sich die Sansculotten von nun an darauf, in ihren Sektionen freiwillige Sammlungen durchzuführen. Immer wieder mußten die Reichen tief in die Tasche langen, wenn sie dem Zweifel an ihrer staatsbürgerlichen Tugend entgehen wollten. Aber sie taten es nur sehr widerwillig. Als die Kommissare der Sektion Halle-au-Blé, die mit der Sammlung für die Ausrüstung eines Jakobinerreiters beauftragt waren, bei dem Arzt Petit erschienen, rief dieser: »Da seid ihr ja schon wieder! Wann hört denn das endlich auf?« und übergab ihnen nur eine Assignate über zehn Sous, obwohl genau bekannt war, daß er über runde 5000 Livres Rente verfügte. Die Vollversammlung, der er angezeigt wurde, erklärte ihn einstimmig zum schlechten Bürger. Dieser Beschluß wurde gedruckt und angeschlagen.[91]

Im Laufe des Winters wurden die freiwilligen Sammlungen immer zahlreicher, und damit wuchs auch die Spannung zwischen Sansculotten und Besitzenden. Bewaffnung von Jakobinerreitern, Salpetergewinnung, Dekadenfeiern, Bürgerfeste, alles führte dazu, die Reichen auf indirekte Weise zu besteuern. Wenn sie sich zu entziehen suchten, drohten die Volksbehörden mit der Einstufung als Verdächtige. Anfang Pluviôse beschloß die Volksgesellschaft der Sektion Lepeletier, einen Jakobinerreiter auszurüsten. Sie schickte ein Rundschreiben an die wohlhabenden Bürger: »Wie glücklich kannst Du sein, daß Du mehr hast als sie [die Sansculotten], was Du an Geld geben kannst! Du wirst sicher nicht auf diese Genugtuung verzichten wollen, die Dich Deine Brüder nur deshalb nicht mit Neid empfinden sehen, weil sie alle bereit sind, zum Ausgleich ihr Blut dem Vaterland zu geben.« Die Versammlung der Sektion Lombards nahm am 30. Pluviôse eine Verordnung über die Regelung der Salpetergewinnung an. Um die Kosten für die Einrichtung der Werkstatt zu decken und die mit dieser Aufgabe betrauten Sansculotten mit einem Lohn von täglich sechs Livres bezahlen zu können, wurde eine Sammlung veranstaltet: Artikel 3 besagt zusätzlich, daß, wenn die Reichen nicht entsprechend ihren Mitteln geben, der Vollversammlung darüber berichtet werden soll.[92] Am 30. Ventôse beschließt die Sektion Chalier eine Sammlung für den Kauf von drei Kupferkesseln, die für die Salpeteraufbereitung gebraucht werden. Am 5. Germinal beklagt sich der Kommissar für die Salpetergewinnung, nachdem er die Sansculotten, die nach Kräften gegeben haben, rühmlich erwähnt hat (arme Tagelöhner haben bis zu zwanzig Livres gespendet), »bitter über diese elenden Egoisten, diese Feinde der Revolution, die alles für sich behalten und durch ihre Pracht und durch ihren Luxus das Elend des Volkes zu verhöhnen scheinen«. Reiche Leute mit 40 000 Livres, andere, die mehrere Hausangestellte haben, »Leute, die früher in der Equipage fuhren«, haben sich nicht geschämt, nur zwanzig Sous oder fünf Livres anzubieten. Die Vollversammlung beschloß, die Liste dieser Reichen dem Revolutionskomitee zuzusenden, »mit dem ausdrücklichen Befehl, sie nach dem Buchstaben des Gesetzes als Verdächtige zu behandeln«[93].

Aus der Zeit vor dem 14. Frimaire, als den Sektionen die Erhebung revolutionärer Zwangsabgaben noch nicht untersagt war, gewinnt man jedoch eine noch bessere Vorstellung von den Grundsätzen der Steuerpolitik der Volksmassen. Die vom Juni 1793 bis zum Frimaire des Jahres II erhobenen Steuern verfolgen im wesentlichen die Rückerstattung der auf Anordnung des Konvents aus dem Staatsschatz bewilligten Vorschüsse, die es den Sektionen gestatteten, ihren Verpflichtungen gegenüber den Freiwilligen für die Vendée nachzukommen.

Am 11. Juni 1793 beschließt die Vollversammlung der Sektion Panthéon-Français die Ausschreibung einer Abgabe auf alle beweglichen Güter der Sektion, mit deren Hilfe die Schulden der Sektion abgezahlt werden sollen. Diese Abgabe soll aber nicht »die mittellose Klasse der Arbeiter« treffen. Der Steuersatz ist mäßig, vor allem kennt er keinerlei Progressivstaffelung. Der Haus- und Grundbesitz wird mit einem Zehntel seiner Einkünfte belastet, unter Abzug erwiesener Lasten auf Grund eines Gerichtsbeschlusses und von 150 Livres für jedes Kind unter fünfzehn Jahren. Der gleiche Steuersatz gilt für bewegliche Güter, aber er wird nach der Miete berechnet. Anwälte und Rechtsanwälte zahlen ein Zehntel ihrer Miete, Lehrer ein Zwanzigstel (5 Prozent), Staatsangestellte sechs Deniers auf einen Livre Einkommen (2,5 Prozent). Die Bürger endlich, die »nur von der Arbeit ihrer Hände leben«, wurden mit sechs Deniers auf jeden Livre besteuert, der hundert Livres Miete überstieg; was unter dieser Zahl lag, konnte nach eigenem Ermessen versteuert werden.[94] Wenn auch Arbeiter und Angestellte bevorzugt abschnitten, war die Besteuerung von Grundbesitz und Immobilien, da es keinerlei Progressivbesteuerung gab, doch recht mäßig. Waren nicht viele Sansculotten selbst Eigentümer ihrer Werkstatt oder von Grund und Boden?

In der Sektion Gravilliers wurde hingegen eine progressive Steuerstaffelung angenommen. Am 6., 7. und 8. Juni diskutierte das Revolutionskomitee über »eine Art und Weise der Aufteilung auf die Reichen«, um die 180 000 Livres zurückzuerstatten zu können, die die Sektion geliehen hatte. Schließlich setzte die Versammlung ein unversteuerbares Minimum von 1200 Livres für Grundbesitz, 300 Livres für Mieten sowie einen Grundsteuersatz von einem Zwanzigstel (5 Prozent) »und dann ansteigend« fest. Leider ist die Progressivskala nicht angegeben.[95] Ein Beratungsprotokoll der Sektion Lombards vom 6. September, wo über die Rückzahlung der mit dem nationalen Schatzamt abgeschlossenen Anleihe zugunsten der Freiwilligen für die Vendée verhandelt worden war, setzte, von den gleichen Prinzipien ausgehend, sogar Einzelheiten fest. Es sollten alle Bürger der Sektion besteuert werden, deren Einkünfte aus öffentlichen Ämtern oder aus Grund- oder Industriebesitz 1200 Livres überstiegen, wobei es als gleichgültig galt, ob das bekannt war oder nur angenommen wurde. Die Bürger, »die wohlhabend sind und nur von ihren Einkünften leben«, d. h. ohne zu arbeiten, hatten das Anderthalbfache der Steuern zu zahlen, die den übrigen Bürgern auferlegt wurde. Ledige wurden zwei Gruppen über derjenigen eingestuft, in die sie nach ihren Einkünften eigentlich gehörten. Demgegenüber wurde für jeden Familienvater, der mindestens 4 Kinder unter zwölf Jahren zu versorgen hatte, die Steuer halbiert, wobei jeder in der Familie lebende alte oder kranke Angehörige als Kind zählte. Schließlich sollten »die jungen Kaufleute, Bankangestellten, Schreiber von Notaren und Anwälten, die auf Kosten der Personen untergebracht sind, bei denen sie arbeiten«, und die während des Aufgebots für die Vendée für unabkömmlich erklärt worden waren, eine Art Buße zahlen, je nach dem Fall zehn bis fünfzig Livres.[96] Auch hier aber fehlen zwei wesentliche Punkte, an denen sich die ganze Tragweite der Steuerpolitik der Volksmassen ermessen ließe: der Steuersatz und der Index der progressiven Besteuerung.

Klarer ist in dieser Hinsicht das Projekt einer Abgabe der Sektion Bonne-Nouvelle.[97] Eigentümer von Immobilien und Leute, die von ihren Renten leben, sollen mit einem Fünftel (20 Prozent) des Nettoeinkommens aus ihren Häusern oder Renten besteuert werden; für diese Kategorie ist weder ein unversteuerbarer Mindestsatz noch eine progressive Abgabe vorgesehen. Außerdem werden auch alle Mieter besteuert; damit aber diese Abgabe nicht »die mittellose Klasse« trifft, wird die Vollversammlung einen unversteuerbaren Mindestbetrag festsetzen. Der Steuersatz ist progressiv: 1 Sou pro Livre (5 Prozent) vom unversteuerbaren Minimum bis zu 300 Livres Miete; 1 Sou 6 Deniers pro Livre (7,5 Prozent) von 300 bis 600 Livres; 2 Sous pro Livre (10 Prozent) von 600 bis 1000 Livres; 2 Sous 6 Deniers pro Livre (12,5 Prozent) für Mieten über 1000 Livres. Beamte, Angestellte, Pensionäre usw. werden nach ihren Einkünften besteuert, und zwar 1 Sou pro Livre (5 Prozent) bis zu 2000 Livres Bezüge; 1 Sou 6 Deniers pro Livre (7,5 Prozent) von 2000 Livres bis 4000 Livres; 2 Sous pro Livre (10 Prozent über 4000 Livres.

Es ist erstaunlich, in welchen gemäßigten Grenzen sich diese vom Volke vorgeschlagene Besteuerung hält. Mehrfach haben die Pariser Sektionen unter dem Namen von Zwangsanleihen eine progressive Steuer für die Reichen gefordert, sowohl von der Kommune als auch vom Konvent, der schließlich eine einzige außerordentliche Zwangsanleihe nur mit größter Zurückhaltung dekretiert hat.[98] Als am 21. Juni der Plan dieser im Prinzip schon dekretierten Anleihe zur Diskussion gestellt wurde, erklärte Robespierre, er nehme nicht genug Rücksicht auf die *kleinen Vermögen;* im gleichen Atemzug empfahl er aber, die Reichen nicht zu sehr vor den Kopf zu stoßen.[99] Den gleichen Widerspruch birgt die Steuerpolitik der Volksmassen in sich: sie ist durchaus bemüht, die Nichtbesitzenden zu schonen, ohne aber das bewegliche und unbewegliche Eigentum zu sehr mit Lasten überhäufen zu wollen, da solches bis zu einem gewissen Grade auch viele Sansculotten besaßen, die Handwerker oder Ladenbesitzer waren.

Um das Recht auf Arbeit und Unterstützung

Nach den Vorstellungen des Volkes sollten die Unterschiede in den Lebensbedingungen durch eine entsprechende Steuerpolitik ausgeglichen werden, da sich eine Neuverteilung des Eigentums durch die Festsetzung eines Vermögensmaximums als unmöglich erwies. In die gleiche Richtung zielte auch das geforderte Recht auf Arbeit und Unterstützung; es ging darum, jedem Bürger seinen Unterhalt und eine unabhängige Existenz zu sichern. Recht auf Arbeit und Recht auf Unterstützung erscheinen als die natürlichen Folgerungen aus dem Recht auf Dasein: alle sind sie auf die Gleichheit der Lebenshaltung als oberstes Ziel gerichtet.

Als am 22. Mai 1793 die Sektion Gravilliers dem Konvent ihre Freiwilligen für die Vendée vorstellt, erhebt sie gleichzeitig die Forderung nach Sicherung des Lebensunterhaltes für die Sansculotten, vor allem durch Ausschreibung *öffentlicher Arbeiten*. Weniger klar drückte sich die Erklärung der Rechte vom 24. Juni aus: nur das Recht auf Unterstützung wird ausdrücklich bestätigt, nicht das auf Arbeit.[100] Nach den Vorstellungen des Volkes war aber das eine ohne das andere nicht möglich. In ihrer Petition vom 27. Juli 1793 leitet die Sektion Maison-Commune das eine wie das andere aus dem Recht auf Dasein ab. Arbeitslosigkeit und Teuerung rauben »der am wenigsten begüterten Klasse« die Existenzmöglichkeiten; der Gesetzgeber muß sie ihr verschaffen, und die Mittel sind einfach: »es ist die Arbeit, es ist ein niedriger Lebensmittelpreis«. Infolgedessen fordert auch die Sektion Maison-Commune die Ausschreibung öffentlicher Arbeiten.[101] »In einem Staat, wo Gleichheit und Freiheit herrschen«, bestätigt auch eine Petition der Volksgesellschaft der Sektion Hommes-Libres vom Brumaire des Jahres II, »sind öffentliche Arbeiten das gute Recht der bedürftigen und arbeitsamen Klasse der Gesellschaft.«[102] Was ist das anderes als die Forderung nach dem Recht auf Arbeit?

Deutlicher und hartnäckiger waren die Forderungen der Massen nach Unterstützung. Schon vor dem 31. Mai, in ihrem Kampf gegen die Gemäßigten, hatten die politisch fortgeschrittenen Sektionen die Einrichtung öffentlicher Hilfsaktionen ganz oben auf ihr Programm geschrieben; man wollte und mußte sich der ärmsten unter den Sansculotten versichern. Durch ein Dekret vom 26. November 1792 bereits hatte der Konvent den Angehörigen und Kindern der Freiwilligen Hilfe zugesagt, ein Beschluß, der am 4. Mai 1793 auf die Familien der Soldaten aller Truppengattungen ausgedehnt wurde. Die Sektion Invalides ging weiter und forderte am 8. Mai eine Pension für die Witwen und Waisen, für die Verstümmelten und alle, die ihren Beruf nicht mehr ausüben könnten. Die Mittel dazu sollten durch eine Abgabe von einem Zwölftel des jährlichen Einkommens beschafft werden, der alle waffenfähigen Bürger unterworfen sein sollten.[103] Es ging aber nicht nur darum, den Angehörigen und Kindern der Freiwilligen Hilfe und Unterstützung zukommen zu lassen; man mußte allen Bedürftigen unter die Arme greifen, und zwar, indem man die Reichen besteuerte. Die Maßnahmen, die zu diesem Zweck ins Auge gefaßt werden, sind durchweg nicht ganz frei von einem gewissen Klassenhaß gegenüber den Besitzenden. Das Ziel, die Freiwilligen auszurüsten, aber auch den Armen zu helfen, versuchen die Sektionen des Faubourg Saint-Antoine mit Hilfe einer Zwangsanleihe auf die Wohlhabenden zu erreichen, die sie am 1. Mai 1793 gemeinsam vorschlagen.[104]

Nach dem 2. Juni ändert sich der Ton und wird wesentlich gebieterischer. In ihrem Aufruf vom 10. Juni verlangen die Kanoniere der Sektion Quatre-Vingt-Douze eine Verfassung, die »zum unabänderlichen Grundsatz erhebt, daß die Hilfe des Vaterlandes das gute Recht des Armen ist«[105]. Die Erklärung der Rechte gewährt ihnen Genugtuung: Hilfe aus öffentlicher Hand wird darin zur *heiligen Pflicht* erklärt.[106] Jedoch muß sie erst organisiert werden. Zwar hatte der Konvent schon im März Grundlagen für die Einleitung umfassender Hilfsmaßnahmen geschaffen. Am 28. Juni nahm er ein Dekret an über die Unterstützungen, die jährlich allen Kindern, Greisen und Unterstützungsbedürftigen zu gewähren seien, und am 15. Oktober beschäftigte er sich mit der Abschaffung der Bettelei. Aber genaue Durchführungsverordnungen zu diesen allgemein gehaltenen Dekreten kamen nie heraus. Die Forderungen hörten infolgedessen nicht auf.

Bei der Annahme der Verfassung beglückwünschten viele Urversammlungen den Konvent, daß er das Recht auf Unterstützung verkündet hatte, drängten ihn aber gleichzeitig, »sein Werk zu vollenden«. Das gilt besonders für die Urversammlungen des Faubourg Saint-Antoine. Die Sektionen Quinze-Vingts, Popincourt und Montreuil, wo es die meisten Bedürftigen gab, erklärten am 4. Juli 1793, es sei Zeit, daß der Arme, der bisher allein die Revolution durchgeführt habe, »beginne, endlich auch ihre Früchte zu ernten«. Sie fordern »die so lange verlangte Einrichtung von Werkstätten, wo der Arbeitsame stets zu jener Zeit und überall die Arbeit findet, die ihm fehlt; von Heimen, wo der Greis, der Kranke und Sieche von Brüdern die Hilfe empfängt, die ihm die Menschlichkeit schuldet[107]. Am 17. Juli verlangte die »Gesellschaft der revolutionären Republikanerinnen« die Inangriffnahme öffentlicher Hilfsaktionen. Am 14. August wurde dem Generalrat von allen Pariser Sektionen eine Petition an den Konvent über die Einrichtung von Heimen und Hospitälern unterbreitet.[108] Beim Abmarsch junger Einberufener im September erschienen in den patriotischen Adressen die gleichen Forderungen. Diejenigen der Sektion Montreuil rufen am 11. September dem Konvent sein *heiliges Versprechen* ins Gedächtnis: »die nationale Großzügigkeit schuldet [unseren Angehörigen] die Unterstützung, die sie in dem Zustand allgemeiner Hilflosigkeit, in dem wir sie zurücklassen, brauchen«[109]. Die gleiche Forderung kommt von den Eingezogenen aus der Sektion Popincourt am 22. September.

Im Brumaire rufen die Maßnahmen, die Fouché im Departement Nièvre ergriffen hat und über die Chaumette im Generalrat der Kommune begeistert berichtet, neue Reklamationen hervor. »Man schreibt mir«, erklärt der Prokurator der Kommune am 11. Brumaire, »daß es in diesem Landstrich weder Adlige noch Priester noch Reiche mehr gibt; ich sage Reiche, weil man Mittel und Wege gefunden hat, die Armut auszurotten und allen unglücklichen Krüppeln und Bettlern Hilfe angedeihen zu lassen.« Chaumette forderte einen Maßnahmeplan, »um die Alten und Kranken zu unterstützen und ein Mittel zu finden, die Armen zu beschäftigen, damit die Bettelei aus Paris verbannt wird und der leidenden Menschheit Hilfe gewährt wird«. Die Finanzierung sollte auf Kosten der Reichen geschehen. »Die Reichen! Man muß sie zwingen, Gutes zu tun und, freiwillig oder gezwungenermaßen, zum Glück aller beizutragen.«[110] Auch dieses Mal noch blieb es bei solchen grundsätzlichen Erklärungen. Die Sektion Mutius-Scaevola riet am 22. Brumaire dem Konvent, die notwendigen Summen aus der Zwangsanleihe auf die Reichen zu nehmen. Dieser Rat wurde nicht angenommen.[111] Am 28. Nivôse forderte die Volksgesellschaft der Sektion Popincourt, es müßten »auf Kosten der Reichen« Stätten eingerichtet werden, wo man die bedürftigen und alten Bürger unterbringen könne. Da sie selbst kaum vermögend ist, muß die Sektion »mit Schmerzen zusehen, wie ihre Brüder leiden, ohne ihnen helfen zu können«.[112]

Die Unfähigkeit der staatlichen und Gemeindebehörden, eine wirksame Unterstützung zu organisieren, gibt der Entstehung von mehr oder weniger utopischen Plänen Raum. Im September 1793 schlug die Sektion Sans-Culottes eine jährliche, im August durchzuführende Sammlung in allen Sektionen oder Kommunen vor, die »in Erinnerung an die Annahme der Verfassung und an den 10. August 1792« stattfinden und deren Erlös den Alten und Kranken zugute kommen sollte.[113] Am 18. Pluviôse forderte die Gesellschaft der Freunde der Freiheit (der »Vertbois-Klub«) in der Sektion Gravilliers alle Bürger auf, monatlich 30 Sous für die Unterstützung der Unglücklichen zu geben. Die Vollversammlung stimmte diesem Antrag zu und beauftragte die Hauptleute jeder Kompanie mit der Durchführung.[114] So kam man auf die Mildtätigkeit und die Almosen zurück, die man hatte abschaffen wollen, indem man sie als »Unterstützung« deklarierte.

Die Verschlechterung der Lebenslage gegen Ende des Winters 1793/94 hatte eine neue Welle von Forderungen nach der Organisierung staatlicher Hilfsmaßnahmen zur Folge. Am 3. Ventôse meldet der Polizeibeobachter Hanriot, daß die Sektion Contrat-Social ein Hospiz eingerichtet hat, »wo schwangere Frauen aufgenommen werden sollen und wo man ihnen die Fleischbrühe und das Fleisch geben will, die in einem solchen Falle notwendig sind«[115]. Die Sektion Homme-Armé stimmte einer Adresse zu »über die Hilfe, die man den vom Schicksal Getroffenen zukommen lassen soll«[116], und der sich vor allem die Volksgesellschaft der Sektion Lepeletier am 14. Ventôse und die Sektion Invalides am 15. anschlossen. Die Sektion Homme-Armé stützt sich auf den Artikel 21 der Erklärung der Menschenrechte und erinnert den Konvent, »daß es Zeit ist, die Bürger ohne Vermögen in den Genuß ihrer Rechte zu bringen«. Sie fordert die Einrichtung eines Heimes in jeder Sektion, »damit der reiche Egoist in seinem eigenen Hause nicht mehr Rücksichten und Bequemlichkeiten genießt, als unsere armen Brüder in dem Heim finden, das ihnen von unseren republikanischen Händen bereitet worden ist«. Aber kein arbeitsfähiger Armer soll in ein solches Heim aufgenommen werden, man gebe diesen vielmehr die Unterstützung, die sie eben brauchen, vor allem verschaffe man ihnen Arbeit oder die Rohstoffe, die sie zur Ausübung ihres Gewerbes benötigen.[117] Am 15. Ventôse legt auch die Volksgesellschaft der Sektion Bonne-Nouvelle dem Konvent ihre Gedanken vor »über die Möglichkeiten, die verschiedenen Gesellschaftsklassen nach Maßgabe ihrer Vermögenslage zur Unterstützung der Armen beitragen zu lassen«[118]. Am 29. diskutiert die Volksgesellschaft der Sektion Lombards das Projekt einer Wohltätigkeitskasse: »Jeder Bürger soll nach den ausgesetzten Mitteln im Krankheitsfalle sicher sein, von der Gesellschaft Hilfe zu erhalten.«[119] Das war schon das Prinzip der sozialen Sicherheit. Das Dekret vom 22. Floréal über die Eröffnung eines Buches der Wohltätigkeit in jedem Departement zeichnete dieses System der sozialen Sicherheit vor, nach dem die Sansculotten, die sich nur schwer von den überkommenen Auffassungen von Wohltätigkeit lösen konnten, in irgendeiner Form strebten.

Der 9. Thermidor zerschlug alle diese Pläne. Es blieb nichts davon übrig, es sei denn eine große zerstörte Hoffnung.

Das Recht auf Bildung

Ein gleiches Schicksal erlitten die Pläne für ein öffentliches allgemeines Unterrichtswesen, dessen Einrichtung einen Beitrag zur Durchsetzung der Gleichheit der Lebenshaltung leisten sollte.

Kinder ihres Jahrhunderts, stellten die Sansculotten die Bildung an die Spitze ihrer Forderungen und setzten sie damit allen anderen gesellschaftlichen Rechten gleich. Sie sahen in ihr ein Mittel, ihre Lebensbedingungen zu verbessern, auf der sozialen Stufenleiter emporzusteigen und die Vorherrschaft des Reichtums zu zerschlagen, da die Bildung, solange die Gemeinschaft sie nicht allen zusichert, das kostbarste Privileg der besitzenden Klassen darstellt. Überdies erhofften sie vom Fortschritt der Bildung eine Stärkung der Republik, deren Zukunft ihnen nur gesichert schien, wenn die Generationen nach ihnen von ihrem Ideal durchdrungen waren. Die Forderung nach kostenloser Bildung für alle fügt sich damit lückenlos in den sozialen Kampf der Sansculotterie ein und gibt ihm einen letzten entscheidenden Zug.

Schon vor dem 31. Mai[120] bestehen die fortgeschrittensten Sektionen auf die Einführung der öffentlichen Bildung oder versuchen, sie in ihrem Bereich selbst durchzusetzen. Am 17. März 1793 beschließt die Patriotische Gesellschaft der Sektion Luxembourg, »eine öffentliche und vorläufige Erziehung für die Kinder« durchzuführen. Angesichts der Dringlichkeit dieser Aufgabe wird sie selbst sich der Mühe unterziehen, ihnen Lesen und Schreiben beizubringen, und alle Kinder, Jungen und Mädchen von sechs bis zwölf Jahren, zweimal wöchentlich unterrichten. Besondere Sorgfalt wird sie der moralischen und staatsbürgerlichen Erziehung angedeihen lassen. »Grundlagen des Unterrichts werden die Darlegung der Aufgaben und Pflichten der Kinder gegenüber ihrem Vaterland und ihren Eltern sein, die Belehrung über die Sitten und Empfindungen, die zu haben sie sich bemühen müssen, um der Gesellschaft nützlich zu sein. Man wird ihre natürliche Güte pflegen, sie zur Teilnahme anhalten, zur Achtung vor dem Alter ... Man wird ihnen durch kindliche, ihrem Verständnis angepaßte Vergleiche das Ziel aller gesellschaftlichen Vereinigung darlegen und die verschiedenen Regierungsformen nahebringen, die diese annehmen kann; man wird sie insbesondere über die auf die Prinzipien der Freiheit und Gleichheit gegründete Regierung belehren. Man wird ihnen eine Erläuterung der Naturgesetze, der politischen und staatsbürgerlichen Gesetze geben. Damit verbinden wird man die Erklärung, was Souveränität ist, Sanktion des Volkes, Freiheit, Gleichheit, Republik; man wird über die Leiden sprechen, die mit jeder tyrannischen Regierung verbunden sind, und über das Glück, das sich natürlicherweise aus jeder republikanischen Regierung ergibt.[121] An die Spitze ihrer Anliegen stellte die Gesellschaft der Sektion Luxembourg die staatsbürgerliche und politische Erziehung.

Von gleichen Bestrebungen lassen sich auch die Sektionen Observatoire, Finistère, Sans-Culottes und Panthéon-Français leiten, als sie im Mai einen »Kodex der Nationalerziehung« fordern, der den Prinzipien der Republik entspricht.[122] Am 22. Mai verpflichtet die Sektion Gravilliers den Konvent, die Einheit und Unteilbarkeit der Republik vor allem durch eine Nationalerziehung zu sichern.

Nach dem 2. Juni, als es gilt, den Sieg des Volkes auszubauen und zu sichern, erscheint die Einführung des allgemeinen Unterrichts notwendiger denn je. »Auf der einen Seite vernichten Unwissenheit und Fanatismus die Früchte von vier Jahren voller Kämpfe und Opfer«, erklärt am 16. Juni ein Bürger in der Vollversammlung der Sektion Amis-de-la-Patrie, »auf der anderen Seite zerstreuen Unterricht und Aufklärung die Vorurteile und lassen uns eine Revolution lieben, die ihre unzerstörbare Grundlage nur in der Tugend haben kann.« Der Redner beharrt auf der Notwendigkeit, »dem bedürftigen Teil des Volkes alle Mittel der Bildung zu verschaffen«, und fordert die sofortige Einführung der Grundschulen.[123] Die Erklärung der Rechte vom 24. Juni 1793, durch die das Recht auf Bildung anerkannt wurde, stellte die Volksmassen zumindest in theoretischer Hinsicht zufrieden.[124] Aber, wie die Sektion Panthéon-Français feststellt, ist es »nicht genug damit getan, Gesetze zu schaffen, man muß auch ihre Durchführung sichern«. Nun, nach der Fertigstellung der Verfassung, gilt es, »die Säule zu errichten, die ihr als Stütze gegen die Vorurteile der Priesterschaft und des Adels dienen soll: Dekretiert, organisiert eine allgemeine und republikanische Volksbildung. Diese so lange vernachlässigte Volksbildung wird als ein wesentlicher Bestandteil zu der großen Maßnahme zum Wohle des Volkes hinzutreten. Unwissenheit und Fanatismus richten mehr Unheil an als die Vendée und die Waffen der Aufständischen.« Auch hier dient die Volksbildung wesentlich politischen Zielsetzungen. Es geht darum, eine nationale Volksbildung zu organisieren, »die den Sansculotten den Erwerb der Kenntnisse erleichtert, die sie befähigen, alle Ämter einzunehmen«[125].

Die Glückwunschadressen anläßlich der Annahme der Verfassung bestanden auf die Notwendigkeit, das öffentliche Bildungswesen rasch zu organisieren. Das schreibt die Sektion Amis-de-la-Patrie am 4. Juli. Am gleichen Tage verlangt die Sektion Fédérés »einen weise angelegten Plan für eine Erziehung, die unseren Kindern Wohlstand sichert«[126]. Die Blumenmädchen fordern den Konvent auf, die Nationalerziehung »nach volkstümlichen Prinzipien zu organisieren«[127]. Am 7. Juli verlangt die Sektion Bon-Conseil eine Nationalerziehung, die »den Keim patriotischer Tugenden« entwickelt[128]; am 14. fordert die Sektion Droits-de-l'Homme »einen öffentlichen Unterricht, der die Bürger die Richtschnur ihrer Pflichten und die Ausübung der Tugenden lehrt«[129].

Trotzdem meinen die Sansculotten damit nicht, daß sie sich mit einer gesellschaftlichen Erziehung begnügen wollen, die lediglich zukünftige Staatsbürger formt. Sie wollen auch eine praktische und auf das Leben gerichtete Erziehung, die durch berufliche Ausbildung die Jugend auf eine positive Tätigkeit vorbereitet. Der Einfluß der Ideenwelt ihres Jahrhunderts ist hier unleugbar, vor allem der des *Emile*. Die Kinder sollen sich weniger ein intellektuelles Wissen aneignen als vielmehr moralische und berufliche Prinzipien. Am 4. Juli verlangt die Sektion Faubourg-Montmartre »nicht eine von jenen metaphysischen Erziehungen, die die Sitten und die republikanischen Tugenden ihres Sinnes entleert, sondern eine Ausbildung, die geeignet ist, die Handfertigkeit und den Gewerbefleiß zu entwickeln, die der nationalen Industrie einen großen Aufschwung, unseren Fabriken und unserem Handel neue Regsamkeit gibt und auf ewig die Tyrannei zerstört«[130]. Am gleichen Tag erklären die drei Sektionen des Faubourg Saint-Antoine, sie erwarteten voller Vertrauen das Gesetz über die Erziehung. »Wir sind ganz sicher, daß wir dort die Mittel finden, durch die sich der Bauer ... aller Entdeckungen freuen kann, die seine Arbeit erleichtern und ihre Früchte mehren können. Der Handwerker, die Seele der Wirtschaft, wird in ihr die Mittel finden, seine Kunst, und der Arbeiter die, seine Fähigkeiten zu vervollkommen; und Ihr werdet durch sie all das ausmerzen, was den Geist des Aberglaubens ... wiederaufleben lassen oder verewigen könnte.«[131]

Am 13. Juli brachte Robespierre dem Konvent den Plan von Lepeletier de Saint-Fargeau zur Kenntnis, und am 29. schlug er im Namen des Ausschusses für öffentliche Erziehung seine Annahme vor. Dabei blieb es, und die Organisierung der öffentlichen Erziehung wurde eines der großen Themen für die Agitation der Kritiker der Revolutionsregierung. Am 17. Juli wird sie von den Revolutionären Republikanerinnen reklamiert. Am 17. dankt Leclerc im *Ami du peuple* »demjenigen, der den Plan gefaßt hat, allen Kindern eine gemeinsame Erziehung zu geben«, nämlich Lepeletier. Aber »warum hat der Nationalkonvent diese weise Maßnahme nicht als Ganzes angenommen, warum fürchtet er, die Eltern zu zwingen, sich auf das Niveau der Gleichheit zu begeben, indem sie ihre Kinder ohne Unterschied in die gemeinsamen Erziehungseinrichtungen schicken?«[132] Hébert ist heftiger: »Niemals werden wir gute Generäle, gute Staatsbeamte haben, solange nicht eine gute Erziehung die Menschen umgeformt hat.« Der Konvent möge sich angelegen sein lassen, »den Sansculotten eine Bildung zu geben, um sie von der Tyrannei der Akademiker und der Schöngeister zu befreien«[133].

Solche Ermutigungen gaben den Sektionen neuen Auftrieb. Am 25. August legt die Sektion Lombards dem Konvent eine Petition vor, die verlangt, daß die Nationalerziehung kostenlos und obligatorisch sein soll.[134] Am 13. September erklärt die Sektion Panthéon-Français den Grundsatz: »Das Gesetz bestraft, die Bildung überzeugt« und verlangt die Eröffnung einer öffentlichen und gebührenfreien Schule in jeder Sektion und in jedem Kanton. Dabei geht es nicht nur darum, die Kinder und Jugendlichen zu erziehen; man solle auch das Mannesalter nicht vergessen, das noch »unter dem Einfluß alter Vorurteile leidet«[135]. Am 21. Oktober verabschiedete der Konvent ein Dekret, durch das staatliche Primärschulen errichtet wurden, deren Programm die Pflege des Geistes mit der des Körpers verband, die Moral mit der Gymnastik, die Lehre mit dem Experiment. Aber schon am 14. Brumaire (4. November) wurde es wieder in Frage gestellt.[136] Der Entchristianisierungsfeldzug machte die Dringlichkeit einer positiven Planung deutlich: es ging nicht an, nur zu zerstören. Die Sektionen Mutius-Scaevola und Bonnet-Rouge, die dem Konvent am 22. Brumaire die Reste des Kirchenschmuckes überbringen, bedrängen ihn, »eine allgemeine und einheitliche Nationalerziehung für alle« zu organisieren.[137] Am 6. Frimaire kommen die »kleinen Kinder« der Sektion Mutius-Scaevola, entsprechend instruiert, wieder und bitten den Konvent um »schleunige Einrichtung der Primärschulen«[138].

Das schleppende Vorgehen der Regierungsstellen brachte Sektionen und Gesellschaften dahin, daß sie gelegentlich von selber ans Werk gingen. Die Sektion Bonne-Nouvelle richtete »einen Kursus der Moral und der Vernunft« ein; die Volksgesellschaft Lazowski eröffnete »eine Moralschule für die jungen Bürger«.[139] Als die Volksgesellschaft der Sektion Réunion am 27. Brumaire »einen Kursus der Moral, der den Prinzipien der Natur und der Wahrheit folgen soll«, vorschlug, stimmte die Vollversammlung diesem Plan zu und rief eine Kommission für Volksbildung ins Leben.[140]

Am 29. Frimaire nahm der Konvent ein Dekret über die Volksbildung und insbesondere über die Primärschulen an. Er schuf ein dezentralisiertes, aber staatlicherseits überwachtes Bildungssystem und kam so den Anschauungen der Volksmassen ziemlich entgegen.[141] Immerhin war dieses System mit dem Dekret allein noch nicht durchgeführt, und solange der Krieg andauerte, ging die Revolutionsregierung dieser Aufgabe aus dem Wege.

Die Vorwürfe verstummten daher nicht. In Nummer 349 seines *Père Duchesne,* die im Pluviôse erschien, stellte Hébert »den großen Zorn des Père Duchesne, daß er sehen muß, wie die Volksbildung nur auf einem Flügel vorwärtshinkt, und daß es Bildungshamsterer gibt, die nicht wollen, daß auch das Volk gebildet sei, damit die armen Wichte weiter den Bettelsack tragen müssen«, in den Mittelpunkt.[142] Am 6. Pluviôse lenken die Schüler der Sektion Fontaine-de-Grenelle das Augenmerk des Konvents auf ihre Lehrer, »die seit drei Jahren in äußerster Dürftigkeit dahinvegetieren; so lange ist es her, daß sie nicht die mindeste Bezahlung erhalten haben«[143]. Im selben Monat, am 17., treten die Schüler der Sektion Mutius-Scaevola noch einmal vor den Konvent und verlangen »die sofortige

Einrichtung von Primärschulen«¹⁴⁴.

Die Frage nach den Lehrbüchern war nicht weniger dringlich und zog die Aufmerksamkeit der Sektionsbehörden in gleichem Maße auf sich. Am 22. Brumaire hatte das Revolutionskomitee der Sektion Lepeletier eine aristokratische Druckschrift mit dem Titel *Neue Methode, um das ABC zu lernen* angezeigt und die Familienväter aufgefordert, die Lehrer ihrer Kinder schärfstens zu überwachen, damit sie »in ihren Klassen nicht dieses freiheitsfeindliche Machwerk verbreiten«¹⁴⁵. Das Dekret vom 29. Frimaire hatte den Ausschuß für öffentlichen Unterricht beauftragt, »Elementarbücher für die absolut notwendigen Kenntnisse zur Heranbildung von Staatsbürgern« zu veröffentlichen.¹⁴⁶ Am 9. Pluviôse veranstaltete der Konvent ein Preisausschreiben für die Abfassung elementarer Unterrichtswerke.¹⁴⁷ Mittlerweile wurden die Sektionen ungeduldig. Am 17. Pluviôse forderten die Schüler der Sektion Mutius-Scaevola Elementarbücher, aus denen sie »die Liebe zum Vaterland, die Prinzipien der Weisheit und aller Tugenden« schöpfen könnten.¹⁴⁸ Am 20. erklären die Schüler der Sektion Finistère, sie warteten immer noch »auf Elementarbücher der Moral und anderer Wissenschaften«¹⁴⁹.

Im Verlaufe des Ventôse trug die Unruhe, die durch die immer größere Verzögerung bei der Organisierung des Schulwesens hervorgerufen wurde, nicht wenig dazu bei, die allgemeine Krise der Sansculotterie zu verschärfen. Nach der Aussage des Polizeibeobachters Charmont vom 5. Ventôse »ist man es müde, mit anzusehen, daß die Kinder keinerlei neue Bildung erhalten, die eines Tages das Glück zukünftiger Generationen ausmachen soll«; man will, daß endlich Primärschulen eingerichtet werden.¹⁵⁰ Am 10. verfaßt die Sektion Sans-Culottes eine energische Petition: es sei *äußerst dringend*, endlich den Grundschulunterricht einzuführen, »damit ein jeder die notwendigen Talente und Tugenden erwerbe, um die ganze Fülle seiner natürlichen Rechte zu genieße«¹⁵¹. Am 14. wird, nach dem Polizeispitzel Hanriot, »dem Wunsch der Patrioten nach einer allgemeinen Volksbildung sehr heftig Ausdruck verliehen. Sie beschweren sich, daß noch nirgendwo Schulen eröffnet worden sind, um den republikanischen Geist zu fördern. Es habe fast den Anschein, sagte ein guter Bürger in einer Versammlung, als wolle man dem Wagen der Revolution Knüppel zwischen die Speichen werfen.«[152] Die Petition der Sektion Sans-Coulottes wurde am 15. Ventôse den übrigen Vollversammlungen unterbreitet; bei der Sektion Montagne fand sie wärmste Aufnahme.[153] Als Antwort auf diese einmütige Forderung ließ das Departement am 21. einen Beschluß anschlagen, wonach die Einrichtung von Primärschulen beschleunigt werden sollte. Ein Polizeibeobachter stellte fest, daß »die Gier, mit der dieser Beschluß gelesen wurde, den Wunsch der guten Bürger beweist, sofort und auf der Stelle republikanische Schulen eingerichtet zu sehen«[154].

Wurde nun wenigstens ein Anfang mit der Verwirklichung dieses Beschlusses gemacht? Es scheint so. Bei allem guten Willen der Behörden waren die Schwierigkeiten jedoch groß. Es fehlte an allem: keine Räume, keine Bücher, keine Bänke. Weder die Sektionen noch die Kommune hatten genügend Geld zur Verfügung, um die Schulen einzurichten. Am 19. Germinal melden die Kommissare der Sektion Halle-au-Blé dem Departement, daß es in ihrer Sektion überhaupt keine schulische Einrichtung gibt. Um eine Knabenschule und eine Mädchenschule einrichten zu können, bitten sie, zwei der Nation gehörende, also offenbar sequestrierte Häuser verwenden zu dürfen; Tische und Bänke möge man ihnen aus dem ehemaligen Collège Duplessis zur Verfügung stellen, das in ein Gefängnis umgewandelt worden ist. Das Departement konnte nichts weiter tun, als einen seiner Kommissare zu beauftragen, die beiden Sektionskommissare zum Volksbildungsausschuß der Regierung zu begleiten.[155] Aber selbst dieser hatte keinerlei Vollmacht, über die Verwendung von Nationaleigentum zu verfügen.

Es lassen sich daran die unüberwindlichen Schwierigkeiten ermessen, mit denen sich die Volksbehörden herumschlagen mußten, um in ihren Sektionen Schulen einzurichten; viele gaben den aussichtslos scheinenden Kampf auf. Die Enttäuschung der Sansculotten war um so größer, je mehr Hoffnung sie in die Volksbildung gesetzt hatten, in der sie ein Mittel sahen, das Regime zu festigen und sich selbst über ihre Lage zu erheben.

Die Konzeption eines begrenzten Eigentumsrechtes; ein Kampf, der sich in immer neuen Petitionen, Adressen und

Erklärungen ausdrückt, um die Durchsetzung einer harten Steuerpolitik, um die Einführung eines Unterstützungssystems für die Armen und um die Errichtung einer Volksbildung, die alle zusammen die Gleichheit der Lebenshaltung verwirklichen sollten; Forderungen im Namen eines dumpf empfundenen Rechtes eines jeden auf Dasein, das nur selten klaren Ausdruck gewinnt: alles dies zusammen sind Kennzeichen eines sozialen Ideals, das ganz auf dem Boden der ökonomischen Bedingungen der Zeit gewachsen ist.

Ob Bauern oder Handwerker: um über ihre Person und ihre Arbeit frei verfügen zu können, mußten die Sansculotten zunächst einmal ihre eigenen Herren werden und aus der Abhängigkeit, in der sie verhaftet waren, heraustreten; waren sie doch fast alle an die Scholle gebunden oder Gefangene eines engen Zunftrahmens. Daher rührt ihr Haß gegen die feudale Aristokratie, ihre Feindschaft gegenüber dem Ancien régime und seiner korporativen Organisation; ihre Unterstützung ermöglichte der Bourgeoisie den Machtantritt. Als einfache Warenproduzenten gründen sie das Eigentum auf die persönliche Arbeit und träumen von einer Gesellschaft kleiner Eigentümer, die jeder ihr Stück Feld, ihre Werkstatt, ihren Laden besitzen. Die Aufrechterhaltung einer relativen Gleichheit soll der Staat gewährleisten. Durch den Schutz der kleinen Unternehmen, durch Erbschaftsgesetze, progressive Einkommensteuer und Unterstützung der Armen soll er das Kleineigentum in dem Maße wiederherstellen, wie die ökonomische Entwicklung es zu zerstören unternimmt. Vor allem gilt es, gegen die Errichtung eines Monopols des Reichtums wie gegen die Entstehung eines abhängigen Proletariats anzugehen.

Wie groß auch die Anstrengungen der Revolutionsregierung gewesen sein mögen, man war im Winter des Jahres II, in dem sich die schwerste Krise der Revolution zusammenballte, noch weit von einem solchen Ziel entfernt. Hatte es die Konfiszierung der Güter der Kirche und der Emigranten erlaubt, den landlosen Bauern einen Streifen Acker zuzuweisen? Hatte die Auflösung der Zünfte ausgereicht, daß sich die Gesellen auf eigene Rechnung selbständig machten?

Ein solches Regime von Kleinproduzenten setzte die Zerstückelung des Bodens in kleinste Parzellen und die Aufsplitterung des Eigentums voraus; es schloß andererseits unter den damaligen Bedingungen die gesellschaftliche Kooperation und die Konzentration der Produktionsmittel aus. Die Sansculotten begriffen nicht, daß diese Wirtschaftsordnung, an einem gewissen Punkt der Entwicklung angelangt, ihre eigenen Totengräber hervorbringen mußte, die ihren Untergang besiegeln würden: wenn sich die individuellen und verstreuten Produktionsmittel notwendigerweise einmal in gesellschaftlich konzentrierte Produktionsmittel umgewandelt haben, wird das Kleineigentum einer Menge unabhängiger handwerklicher Produzenten vom Großbesitz einer Minderheit kapitalistischer Unternehmer überwuchert werden. Das auf Lohnarbeit gegründete Eigentum tritt an die Stelle des Eigentums, das auf der persönlichen Arbeit beruht.

Die Sansculotterie schlug sich verzweifelt mit unlösbaren Widersprüchen herum. Obwohl den Reichen und den Großen feindlich gesinnt, ist sie mit der bürgerlichen Ordnung untrennbar verkettet, weil sie selbst schon besitzend ist oder hofft, es zu werden. Sie fordert Preisfestsetzung und Eigentumsbeschränkung; aber gleichzeitig möchte sie die Unabhängigkeit des Kramladens, der Werkstatt und des bäuerlichen Eigentums gewahrt wissen und erweist sich damit indirekt doch wieder als Anhängerin und Anhängsel des Wirtschaftsliberalismus, der zu den Grundgesetzen der kapitalistischen Bourgeoisie in ihrer Aufstiegsperiode gehört. Diese Widersprüche sind das Abbild der sozialen Zusammensetzung der Sansculotterie, die keine Klasse ist und demzufolge auch kein einheitliches soziales und wirtschaftliches Programm aufstellen konnte. Die Handwerker, die einen wesentlichen Bestandteil der Sansculotterie ausmachten, waren mit einem Produktionssystem verbunden, das auf der individuellen Arbeit beruhte. Mit den meisten von ihnen ging es im gleichen Maße abwärts, wie die kapitalistische Organisation der Wirtschaft an Boden gewann; nur einer kleinen Minderheit gelang der Anschluß an den Aufschwung des Industriekapitalismus.

Die fortgeschrittensten Montagnarden und die Robespierristen insbesondere, deren soziale Ansichten zwar nicht mit denen der Sansculotten identisch, aber doch immerhin ziemlich verwandt waren, unterlagen den gleichen Widersprüchen; sie wurden wie jene ihre Opfer. Hierin manifestiert sich, welcher unüberbrückbare Antagonismus bestehen kann zwischen den Bestrebungen einer Gesellschaftsgruppe und den objektiven historischen Notwendigkeiten. Hierin zeichnet sich aber auch, schon im Winter des Jahres II, der tragische Konflikt ab, an dem vor den Gesetzmäßigkeiten der bürgerlichen Revolution die Gleichheitsrepublik scheitert, die die Sansculotten erhofften und erstrebten.

III. Die politischen Tendenzen der Pariser Sansculotterie

Obgleich die Vorkämpfer der Volksbewegung kein eigenständiges und wirksames soziales Programm aufstellen konnten, so brachten sie doch auf politischem Gebiet ein in sich geschlossenes Gedankengebäude zusammen, das sie zur fortgeschrittensten Gruppe in der Revolution macht. Sie faßten den Begriff der Volkssouveränität in seiner ganzen Tragweite und leiteten aus ihm sowohl die Eigenverantwortlichkeit und die permanente Machtausübung der Sektionen ab als auch das Recht auf Bestätigung der erlassenen Gesetze durch das Volk, auf die Kontrolle und die Abberufbarkeit seiner gewählten Vertreter. Damit bewegten sie sich auf die Praxis einer direkten Regierung und die Errichtung einer Volksdemokratie[1] hin. Das wirft aber die Frage auf, ob die bürgerlichen Auffassungen von Demokratie und die Belange der Revolutionsregierung mit den politischen Tendenzen der Sansculotterie in Einklang zu bringen waren.

Die Volkssouveränität

Die Souveränität ruht beim Volke. Aus diesem Grundsatz leitet sich alles politische Verhalten der Vorkämpfer der Volksmassen ab. Sie verstanden unter *Volk* keine Abstraktion, sondern das Volk in seiner ganz konkreten Realität, vereinigt in den Sektionsversammlungen und durch diese alle seine Rechte frei ausübend. Die Souveränität des Volkes ist »unverjährbar, unveräußerlich und unübertragbar«. Daraus schließt am 3. November 1792 die Sektion Cité, daß »jeder Mensch, der behauptet, mit ihrer Ausübung betraut zu sein, als Tyrann, Usurpator der Freiheit der Nation und des Todes schuldig zu betrachten ist«[2]. Als am 13. März 1793 ein Bürger in der Vollversammlung der Sektion Panthéon-Français erklärt: »Man bedroht uns mit einem Diktator«, steht die Versammlung wie ein Mann auf und schwört, »jedem Diktator, Protektor, Tribun, Triumvir, Regulator oder jeden anderen, der, unter welchem Namen es auch sei, die Souveränität des Volkes anzutasten wagt«, zu erdolchen.³ Diese Sorge, die Souveränität des Volkes mit allen Mitteln aufrechtzuerhalten, gibt zweifellos die Erklärung für die geringen Erfolge der Vorschläge Marats, die er mehrfach gemacht hat, einen Volkstribun oder einen Diktator zu ernennen, und auch für die Anklage gegen Hébert und andere, sie wollten einen *Großrichter* einsetzen. Eine solche Anklage war bestens dazu angetan, sie in der Meinung des Volkes herabzusetzen und ihnen den Wind aus den Segeln zu nehmen.

Die Sansculotten beriefen sich auf den unverjährbaren und unveräußerlichen Charakter der Volkssouveränität, als sie vom Juli 1792 an in Massen in die Sektionsversammlungen strömten. Damit war der Unterschied zwischen aktiven und passiven Bürgern ausgelöscht. »Es ist nicht so, daß eine bestimmte Klasse von Bürgern allein die Fähigkeit besitzt, sich das ausschließliche Recht der Rettung des Vaterlandes anzumaßen«, stellte die Adresse der Sektion Théâtre-Français vom 30. Juli 1792 fest. Deshalb rief sie die »aristokratischerseits unter dem Namen Passivbürger bekannten« Bürger auf, ihren Dienst in der Nationalgarde zu versehen, in den Vollversammlungen mitzuberaten, kurz: »an der Ausübung jenes Teils der Souveränität, der der Sektion zusteht«, teilzuhaben.⁴ Die gleichen Ansichten, aber in einfacherer Form, soll Hanriot am 31. Mai auf dem Waffenplatz der Sektion Finistère vertreten haben: »Seit langem macht der Reiche die Gesetze, nun ist es endlich so weit, daß der Arme sie mal macht und daß zwischen dem Reichen und dem Armen Gleichheit herrscht.«⁵ Die Sorge um wirkliche und vollkommene Gleichheit bestimmte die Sektionen auch dazu, daß sie in die Urwählerversammlungen entgegen dem Buchstaben des Gesetzes auch Lohndiener und Hausangestellte hineinließen. Es könne »keine Demarkationslinie zwischen französischen Staatsbürgern« geben, erklären am 27. September 1792 die Sektion Mirabeau⁶ und am 5. Oktober die Sektion Quatre-Vingt-Douze⁷. Die Sektion Tuileries ging noch weiter: Sie ließ am 4. August 1793, wenn auch nur mit beratender Stimme, die belgischen und Mainzer Flüchtlinge zu ihrer Vollversammlung zu.⁸

Es wäre trotz aller Vorurteile der Zeit logisch gewesen, das

Prinzip der Volkssouveränität auch auf die Frauen auszudehnen. Diese versäumten nicht, sich darauf zu berufen und Ansprüche anzumelden. In manchen Sektionen nahmen sie wenigstens bis zum Herbst 1793 an den Sitzungen der Vollversammlungen mit beratender Stimme teil. Die militantesten Frauen begnügten sich nicht mit dieser rein faktischen und nur vom guten Willen abhängigen Anerkennung und forderten die Einsetzung in ihre vollen Rechte. So etwa die Gesellschaft der Revolutionären Republikanerinnen, so auch die Bürgerinnen der Sektion Droits-de-l'Homme. Letztere wandten sich im September 1793 gegen das Vorurteil, das »aus der Hälfte der Menschheit passive und vom Leben ausgeschlossene Wesen machte«. »Warum sollten auch die Frauen, die mit der Fähigkeit, zu empfinden und ihren Gedanken Ausdruck zu verleihen, begabt sind, zusehen, wie ihr Ausschluß aus den Angelegenheiten der Allgemeinheit verkündet wird? Die Deklaration der Rechte gilt für das eine wie für das andere Geschlecht.«[9] Vergebliches Ansinnen: die Frauen blieben aus dem politischen Leben der Sektionen verbannt. Das ging nicht ohne heftige Auseinandersetzungen ab.[10] Die Sansculotten, selbst wenn sie in anderen Dingen eine freiere Auffassung vertraten, schlossen sich hierin dem Standpunkt der Jakobiner an, daß die Frauen in die »eng umgrenzte Sphäre ihres Haushalts« eingeschlossen bleiben müßten[11]; die althergebrachte Auffassung von der Familie setzte sich durch, die väterliche Autorität blieb gewahrt. Die Volkssouveränität erstreckte sich nur auf die Männer.

Sonst aber duldete die Ausübung der Volkssouveränität keinerlei Beschränkung. Die Sansculotten wollten sie in ihrer Gesamtheit und auf allen Gebieten wahrnehmen.

Vor allem auf dem Gebiet der Legislative. Ein Gesetz kann nur Gültigkeit haben, wenn es vom Volke gemacht oder von ihm sanktioniert worden ist. Als die Gesetzgebende Versammlung am 10. Mai 1791 jeder Gruppe von Individuen das souveräne Recht, im Namen des einzelnen zu sprechen, abstritt und demzufolge Kollektivpetitionen verbot sowie die Beratungen der Gemeindeversammlungen auf »ausschließlich die Gemeinde betreffende Verwaltungsangelegenheiten« zu beschränken versuchte, protestierte die Brüderliche Gesellschaft der beiden Geschlechter bei den Jakobinern gegen diese

Einschränkung: Damit werden die Kommunen, das heißt das souveräne Volk, der Ausübung ihres obersten gesellschaftlichen Rechtes beraubt; damit wird ihnen ihre Existenz genommen.« Die Souveränität ruht in den versammelten Bürgern, man kann ihnen deren Ausübung nicht untersagen und ihnen auch nicht das Recht nehmen, Gesetze, die ihnen nicht passen, zurückzuweisen. Jedes Gesetz, zu dessen Ausarbeitung sie nicht beigetragen haben, ist ein Willkürgesetz.[12] Ein solches Prinzip läuft auf die Durchsetzung der direkten Demokratie hinaus, vor allem in Zeiten der Krise, und eben dann bestehen die Sansculotten mit um so größerer Hartnäckigkeit auf der uneingeschränkten Ausübung ihrer Rechte. Die Adresse der Sektion Théâtre-Français vom 30. Juli 1792 stellt fest, daß, wenn der Ausnahmezustand für das Vaterland ausgerufen worden ist, »das Volk ganz selbstverständlich wieder die Ausübung der obersten Kontrollfunktion an sich nimmt«[13]. Mehr noch, sie stellt den Grundsatz auf, »daß es jedem Departement überlassen sein müsse, für eine lokale Gesetzgebung Sorge zu tragen, solange das Vaterland in akuter Gefahr ist«[14]. Eine solche anarchistische Tendenz stand im Widerspruch zu den Erfordernissen einer kollektiven nationalen Aktionseinheit. In einer Broschüre aus dem Sommer 1792 heißt es, das Volk könne sich unter den kritischen Zeitumständen nicht damit zufriedengeben, Vertreter zu wählen und ihnen seine Vollmachten zu übertragen. Die Versammlungen des Souveräns müssen auch bestehen bleiben, während der Nationalkonvent in Funktion ist. »Solange das Vaterland in Gefahr ist, muß der Souverän auf seinem Posten sein; ob an der Spitze seiner Armeen oder an der Spitze seiner Staatsgeschäfte: er muß überall sein.«[15]

Sobald außergewöhnliche Umstände herrschen, reißen die Sansculotten tatsächlich die Ausübung der gesetzgebenden Gewalt an sich. Das gilt vor allem bei Aufständen, aber auch bei der Annahme der Verfassung. Am 14. Juli 1793 erscheinen zahlreiche Sektionen vor dem Konvent, um ihm ihre Annahme der Verfassung mitzuteilen. Unter ihrem Druck beschließt die Versammlung, daß die Redner, die für die Sektionen das Wort ergriffen haben, im Saale bleiben sollen, »denn sie erscheinen nicht als Petitionäre, sondern als Glieder des Souveräns«[16]. Ebenso wird am 4. September der Sitzungssaal des

Generalrats der Kommune von den Massen überflutet; das Volk tagt mit den Stadträten und beschließt mit ihnen. Wenn der *Moniteur* einfach feststellt, »es habe sich um eine brüderliche Diskussion zwischen dem Volk und seinen Beauftragten gehandelt«, so ist das *Journal de la Montagne* genauer: »Der Sitzungssaal war überfüllt, das Volk hatte sich unter den Magistrat gemischt und beriet mit ihm.«[17] Im *Ami du peuple* vom 21. August 1793 sagt Leclerc ohne Umschweife: »Souverän, geh an Deinen Platz. Die Ihr Euch über den Souverän gestellt habt, steigt herab von Euren Bänken, sie gehören dem Volke. Du Volk, fülle das Rund des weiten Hauses.«

Auch mit der Einsetzung der Revolutionsregierung scheinen diese Prätentionen nicht aufgegeben worden zu sein, wenigstens nicht bis zum Germinal des Jahres II. Wenn man den Anzeigen aus dem Jahre III Glauben schenken darf, waren Kundgebungen der Rechte des Volkes hinsichtlich seiner gesetzgebenden Gewalt nicht selten. In der Sektion Marchés »sagten die Intriganten [es spricht ein Gemäßigter], wenn sie sich über ein Dekret hinwegsetzen wollten: Wir sind der Souverän; wir allein haben das Recht, Gesetze zu machen, und brauchen somit diejenigen Gesetze, die uns nicht passen, nicht auszuführen.«[18] In der Sektion Contrat-Social nahm das Mitglied des Revolutionskomitees Guiraut keinen Anstoß daran, im Laufe des Sommers 1793 vor der Vollversammlung zu erklären: »Der Augenblick ist da, wo die Sektionen aufstehen und in Massen zum Konvent marschieren müssen, um ihm zu sagen, daß er Gesetze für das Volk macht, und vor allem Gesetze, die dem Volk zusagen. Sie müssen dem Konvent eine Frist von drei Monaten setzen und ihm deutlich machen, daß, wenn er nach diesen drei Monaten solche Gesetze nicht gemacht habe, man ihn über die Klinge springen lassen würde.« Balestier, ein anderer Kommissar, schlug in dieselbe Kerbe: »Der Konvent besteht aus lauter Leuten, die dafür bezahlt werden, daß sie die Gesetze machen, die von ihnen verlangt werden; und wenn die Gesetze nicht zur Zufriedenheit ausfallen, dann sollte man über ihre Durchführung zur Tagesordnung übergehen.«[19]

Aus dem Prinzip der Volkssouveränität, das die Sansculotten – obzwar etwas konfus – zur Theorie der direkten Regierung führt, leiten die Aktivisten unter ihnen für die gesetzgeberische Arbeit eine Hauptforderung ab, die sie niemals aufhören, geltend zu machen: die Sanktion der Gesetze durch das Volk.

Schon Rousseau hatte verkündet, daß die Souveränität nicht veräußert werden könne und daß die Gesetze Akte des Allgemeinen Willens seien. »Jedes Gesetz, das nicht vom Volk in Person bestätigt wird, ist nichtig.«[20] Die gleichen Grundsätze hatte Nicolas de Bonneville in der *Bouche de fer* entwickelt.[21] Am 30. Mai 1791 hatten die Cordeliers festgestellt, daß die Nation nur durch Gesetze, die sie selbst *bestätigt* oder *gefordert* hat, einheitlichen Charakter haben könne und daß die Verfassung erst dann Gesetzeskraft erhalte, wenn sie durch das Volk bestätigt worden sei. Wenn die Urwählerversammlungen des Rechtes beraubt würden, Gesetze der Kritik zu unterziehen und eigene Wünsche vorzubringen, werde an die Stelle der Adelsaristokratie nur eine Aristokratie der Volksvertreter treten.[22]

Als sich während der Krise des Sommers 1792 die Sansculotten im politischen Leben durchsetzen und sich die Volkssouveränität im Aufstand vom 10. August Geltung verschafft, werden diese Prinzipien noch einmal auf eklatante Weise bestätigt. Am 9. August schlägt die Vollversammlung der Sektion Marché-des-Innocents Leitsätze für einen Nationalkonvent vor und kommt zu der Forderung, daß »die Dekrete, die er über die Ausarbeitung einer Verfassung und von solchen Grundgesetzen wie über die Ehe, die Erbfolge und die Gerichtsordnung erlassen wird«, erst nach ihrer Annahme durch die Urwählerversammlungen Gesetzeskraft erhalten.[23] Am 27. August behält sich die Sektion Bondy das Recht vor, die vom Konvent zu erlassende Verfassung anzunehmen oder abzulehnen.[24] Am 9. September schlägt ein Vertreter der Sektion Halles auf der Wählerversammlung des Departements Paris vor, den Dekreten des Konvents erst dann Gesetzeskraft zuzusprechen, wenn sie das Volk in den Urwählerversammlungen sanktioniert hat.[25] Die Vollversammlung der Sektion Halle-au-Blé stattet am 18. September die Abgeordneten für den Konvent »mit den notwendigen Vollmachten aus, den Franzosen jede Art von Gesetzen und Regierungsformen vorzuschlagen«, und bringt ihnen gleichzeitig in Erinnerung, daß die Souveränität im Volke allein ruhe.[26] Am gleichen Tage stimmt die Sektion Poissonnière einer Petition zu, in der verlangt wird, daß die Verfassung die Sanktion des Volkes erhalten muß.[27] Die Sektion Cité geht am 29. September von der Voraussetzung aus, »daß es keine Verfassung geben könne ohne die freie und ungehinderte Zustimmung des Volkes«, wenn sie erklärt, daß sie die Abschaffung des Königtums und die Proklamierung der Einheit und Unteilbarkeit der Republik durch den Konvent billigt. Sie fordert, daß, noch bevor sich der Konvent mit der Ausarbeitung von Grundgesetzen befaßt, er »den Urwählerversammlungen so bald wie möglich die Verfahrensweise für die Sanktion seiner Dekrete zur Kenntnis bringe«[28]. Das Recht des Volkes auf die Bestätigung der Gesetze findet also nicht nur im Ausnahmefall seine Anwendung und beschränkt sich nicht nur auf die Verfassung, sondern gilt für die gesamte Gesetzgebung.

Am 2. November 1792 nimmt die Vollversammlung der Sektion Piques ein Projekt »über die Art und Weise der Sanktion der Gesetze« an. Da die Souveränität unveräußerlich ist, »dürfen wir allein unsere Gesetze diktieren; ihre [der Volksvertreter] einzige Aufgabe ist es, sie uns vorzuschlagen«. Die Gesetze sind dem Volk in den Urwählerversammlungen zu unterbreiten und nicht seiner »sanktionierenden« Versammlung von Delegierten.[29]

Dabei beschränkten sich die Sansculotten nicht auf die theoretische Inanspruchnahme ihrer Rechte. Vor allem pochten sie auf diese Rechte, wenn sie sich mitunter gegen Dekrete des Konvents auflehnten und Gesetzesübertretungen rechtfertigen wollten, die im Sinne ihrer politischen Interessen waren. Am 16. Dezember 1792 verbannte der Konvent gegen die Stimmen der Montagne alle Mitglieder der Familie der Bourbonen.[30] Diese Maßnahme rief in den Pariser Sektionen eine heftige Diskussion hervor. Am 19. erklärt Hanriot in der Sektion Sans-Culottes, das Dekret greife die Prinzipien der Freiheit an. Die Vollversammlung erhebt zum Beschluß, »daß eine Masse von Menschen, die sich zur Gesellschaft vereinigen, das Recht hat, in die Gesellschaft aufzunehmen oder aus ihr auszustoßen, wen sie will«, und forderte daher, das Dekret vom 16. der Sanktion des Volkes zu unterwerfen.[31] Am 5. Juni 1793 beruft sich der Präsident der Vollversammlung der Sektion Mont-Blanc auf ein Gesetz, das ihm gestattet, die Versammlung um 10 Uhr zu schließen. Auvray, der Kommandant des Bataillons, widersetzt sich dem: »Es gebe kein solches Gesetz, weil das, was da bestehe, nicht vom Volke sanktioniert worden sei.«[32] Wenn man einer Anzeige vom 29. Ventôse des Jahres II gegen das Revolutionskomitee der Sektion Bonnet-Rouge Glauben schenken darf, pflegten die Kommissare zu sagen: »Wenn der Konvent ein Dekret verabschieden würde zugunsten der Inhaftierten, das der Präsident eingebracht hätte, dann würden sie bestimmt nicht beistimmen, ehe es nicht vom Komitee gebilligt wäre.«[33] In der Sektion Amis-de-la-Patrie wird am 2. Brumaire des Jahres III Cailleux angezeigt, weil er gesagt habe, »über ein Gesetz ließe sich streiten«[34].

In der Auffassung der Volksmassen von der Souveränität hat eine Teilung der Gewalten keinen Platz. Das Volk als oberster Gesetzgeber ist gleichzeitig auch oberster Richter. »Die Gerechtigkeit wohnt immer mitten im Volke«, erklärt Leclerc am 16. Mai 1793 vor dem Generalrat der Kommune.[35] In der Vollversammlung der Sektion Finistère soll der Sansculotte Bouland nach dem 10. August mehrere Male erklärt haben: »In solchen Krisenzeiten braucht es keine Gerichte, das Volk ist der Souverän, es kann wohl die Schuldigen verurteilen und richten.«[36] Denn es ist nicht die Rechtsprechung zu allen Zeiten eines der kennzeichnenden Attribute des Souveräns gewesen? Im System der sektionären Demokratie wird sie ganz von selbst zu einem der wichtigsten Vorrechte des Volkes, das zu gegebener Zeit auch von diesem Vorrecht rigorosen Gebrauch macht. Die Tribunale, die während der Septembertage 1792 tagen, leiten ihre Macht vom Volke her, das seiner Souveränität nicht entsagt hat, als es sie übertrug: Wo das Volk spricht, schweigen die Tribunale. Als die Sektionen Fontaine-de-Grenelle, Sans-Culottes und Quatre-Nations zugunsten einzelner aus ihren Reihen sprachen, gehorchten die Tribunale der Abbaye oder von La Force. Da diese Tribunale vom Volke gebildet worden waren, waren sie das Volk selbst. Einer der Kommissare des Generalrats der Kommune erklärte in der Nacht vom 2. zum 3. September vor der Legislative: »Das Volk hat mit der Rache auch Gerechtigkeit geübt.«[37]

Die Ausübung der Rechtsprechung als eines Attributs der

Souveränität durch das Volk hat insbesondere die Septemberkrise von 1792 bestimmt; sie stieß damals auf wenig Widerspruch. Es ging darum, den Aufstand des 10. August zu legitimieren und die Gefahr zu überwinden, in der das Vaterland schwebte. Die gleichen Prätentionen tauchten aber auch in allen anderen kritischen Situationen auf. Im März 1793, als es um die Aushebung von 300 000 Mann ging, forderte vor der Vollversammlung der Sektion Bonne-Nouvelle Pouxlandry, der bald darauf zum Revolutionskommissar berufen wurde, eine neue *Septembrisierung,* indem er erklärte, das Volk müsse *sein Strafgericht ergehen lassen* über alle Abgeordneten, die beim Prozeß des Königs für die Berufung gestimmt hätten.[38] Noch im Prairial des Jahres III verlangt der Schuhmacher Duval ein Volkstribunal zur Rettung der Republik.

Ein letztes wesentliches Attribut der Volkssouveränität, auf dessen Nutznießung die Sansculotten stets bestanden haben und das vom Juli 1789 bis zum Prairial des Jahres III unwiderrufliche Konsequenzen nach sich zog, war schließlich die Waffengewalt des Volkes. Das Volk als Souverän ist nur bewaffnet denkbar.

In einer Adresse an die Wahlkörperschaft vom August 1792 definiert eine Broschüre die *Grundpfeiler* der Freiheit und zählt auf: die Permanenz der Sektionsversammlungen, die Pressefreiheit, »die freie Bewaffnung aller Bürger ohne Unterschied«[39]. Als die Sansculotten in den Vollversammlungen der Sektionen Fuß faßten, drangen sie auch in die Ränge der Nationalgarde ein. Die Pike wurde das Symbol des souveränen Volkes unter Waffen und das Symbol der neuen Ordnung: man trieb einen Kult mit ihr, sie wurde die *heilige Pike* und bezeichnete schließlich die Sansculotten selbst. An deren Bewaffnung zeichneten sich ihre politischen Fortschritte ab; ihre Entwaffnung war das äußere Zeichen, daß ihr Einfluß zu Ende war. Da die Feuerwaffen unvergleichlich wirksamer waren als die Piken, hörten die Sansculotten nicht auf, sie zu fordern, genauso, wie sie heftig protestierten, als im Herbst 1792 davon die Rede war, den Sektionen die Kanonen wegzunehmen, um sie den Armeen zu übergeben. Am 4. November greift die Sektion Champs-Elysées einen Beschluß der Sektion Bonne-Nouvelle auf: niemals wird sie zugeben, daß »ihre Kanonen, die ihr Eigentum sind, ihre Beute vom 14. Juli, anders das Gebiet der Sektion verlassen als zusammen mit der Streitmacht der Sektion«[40]. Die gleiche Haltung nimmt am 6. November die Sektion Cité ein: die Kanonen sind ihr Eigentum, nur die Vollversammlung kann die Kompanie Kanoniere ermächtigen, den Dienst der Sektion zu verlassen. Eine Adresse der Sektion Quinze-Vingts ruft dem Konvent im Dezember 1792 ins Gedächtnis, daß nur die Bürger von Paris das Recht haben, in der Stadt unter Waffen zu gehen; die Minister können keine Truppen nach Paris beordern. Der 2. Juni 1793, der Tag ihres politischen Sieges, war auch der Tag der allgemeinen Bewaffnung der Sansculotten. An diesem Tag entwaffnet die Sektion Réunion wie alle fortgeschrittenen Sektionen die Aristokraten und Gemäßigten, »um die Arme zu bewaffnen, die wirklich würdig sind, für die Freiheit zu streiten«[41]. Die Entwaffnung der Sansculotten im Jahre III war nicht nur eine Vorsichtsmaßnahme; sie war das Symbol der politischen Reaktion und geschah im allgemeinen gleichzeitig mit dem Ausschluß der Sansculotten aus den Vollversammlungen. Eine der ersten Maßnahmen, die im Prairial die Aufständischen forderten, war die Rückgabe ihrer Waffen an die Bürger, denen sie weggenommen worden waren. Dieser Vorschlag kam von Duroy und bildete später einen der Angelpunkte der Anklage gegen ihn. Das Volk unter Waffen nimmt sich die Ausübung seiner Rechte durch den Aufstand zurück – das war die weitestgehende Auslegung eines Prinzips der Volkssouveränität, dem die Thermidorianer niemals zustimmen konnten.

Die Vorstellungen der Volksmassen von der Souveränität und die Konsequenzen, die sie daraus zogen, besaßen an sich schon einen revolutionären Gehalt. Gestützt auf die Macht der bewaffneten Sektionen, manifestierte er sich die ganze Revolution hindurch, vor allem aber im Sommer 1792. Ein Jahr später jedoch trat der Widerspruch zwischen den Anschauungen und dem politischen Vorgehen der Sansculotterie und der Revolutionsregierung, die verschiedenen anderen Umständen Rechnung tragen mußte, offen zutage. Es ist dies ein Problem von außerordentlicher Tragweite, das im gleichen Maße wie die soziale Frage einer der Kernpunkte der Krise ist, die schließlich die Revolutionsregierung und mit ihr auch die

Volksbewegung in den Abgrund ziehen sollte.

Die Auffassung der Volksmassen von der Souveränität war eine entscheidende Waffe im Kampf gegen die Monarchie. Am 31. Juli 1792 erklärte die Sektion Mauconseil in ihrem berühmten Beschluß, sie werde in ihre Rechte wiedereintreten und Ludwig XVI. nicht mehr als König der Franzosen anerkennen; wenn sie der Nation treu bliebe, müßte sie »dem Übermaß an Eiden abschwören, die ihr in ihrer Gutgläubigkeit entrissen worden waren«[42]. Die Prinzipien der Volkssouveränität und der sektionären Autonomie wurden damit zu ihren äußersten Grenzen getragen: zur Auflösung des politischen Körpers. Auf den Bericht von Vergniaud hin annullierte die Legislative am 4. August den Beschluß der Sektion Mauconseil: die Souveränität gehöre dem ganzen Volke, nicht einem Teil des Volkes.[43] Zwei Auffassungen von Souveränität standen sich hier gegenüber: es gab keinen anderen Ausweg als den Aufstand. Die Sektionen taten diesen Schritt.

Nach dem 10. August konzentrierte sich die Souveränität bald in den Händen des Konvents, dann in denen seiner Regierungsausschüsse. Das Problem vom August 1792 stellte sich in seiner ganzen Schärfe, aber unter einer anderen Form, im Jahre II neu: Wie konnte und sollte man die Anforderungen der Volkssouveränität, so wie die kämpferischen Sektionäre sie sich vorstellten, und die Bedürfnisse der Revolutionsregierung, die sich zwangsläufig aus ihrer Politik der nationalen Verteidigung ergaben, in Übereinstimmung bringen?

Im Jahre II verschwand sogar der Ausdruck Volkssouveränität aus dem Vokabular der Regierungspolitik, dieser Ausdruck, der in den Jahren 1792 und 1793 sozusagen zum Abc gehört hatte. Vergeblich sucht man ihn in der Rede Saint-Justs vom 10. Oktober 1793 über die Notwendigkeit, die Staatsgeschäfte bis zum Frieden einer revolutionären Regierung zu übertragen[44], im Dekret vom 14. Frimaire, das diese Regierung konstituierte, in der Rede Robespierres vom 5. Nivôse über die Grundsätze einer revolutionären Regierung. Diese Stille spricht Bände: nach dem Dekret vom 14. Frimaire spielten die Sektionen keine Rolle mehr in der Revolutionsregierung. Schon am 5. Brumaire hatte ein Dekret die Wahlen für die Gemeindebehörden ausgesetzt, und dieses Dekret wurde nun Wirklichkeit. Wenn Magistrate oder Kommunalbeamte neu zu benennen waren, begnügten sich die mit Reorganisationsaufträgen in die Provinz geschickten Abgeordneten oder die Nationalagenten damit, die Volksgesellschaften um Rat zu fragen. Somit konzentrierte sich die Volkssouveränität nun nicht, wie Albert Mathiez[45] schreibt, »in den Klubs, d. h. in der Partei, die an der Macht war«, sondern in den Händen des Regierungsapparates. Den Sansculotten ging ihre Vollmacht, wählen zu dürfen, die ihnen als das Symbol ihrer Souveränität erschien, über alles. Dieses Recht wird ihnen im Jahre II genommen. Die Revolutionskomitees, die von den Vollversammlungen im Frühjahr 1793 gewählt worden waren, wiedergewählt im September, gesäubert durch den Generalrat der Kommune im Herbst 1793, geraten in Laufe des Winters ganz ins Schlepptau des Allgemeinen Sicherheitsausschusses. Im Frühjahr des Jahres II werden ihre Mitglieder durch den Wohlfahrtsausschuß ernannt. Das gleiche Schicksal erlitt der Generalrat der Kommune. Nach dem Germinal und der Hinrichtung Héberts und Chaumettes setzt der Ausschuß Mitglieder des Generalrates ab und ernennt ihre Nachfolger, ohne die Sektionen überhaupt zu fragen. Am 16. Floréal schärft der Nationalagent der Kommune von Paris, Payan, den Sektionen ein, daß »es unter der Revolutionsregierung keine Urwählerversammlungen gibt; es gibt nur Vollversammlungen«[46]. Damit wird den Sansculotten bedeutet, daß ihre souveränen Rechte an die Revolutionsregierung übergegangen sind. Der Schuhmacher Potel, Kommissar der Sektion Contrat-Social, erklärt im Germinal von der Rednertribüne der Gesellschaft der Freunde der Republik, die Gesellschaft habe als Teil des Souveräns das Recht, Gesetze zu machen; er wird vom Fleck weg verhaftet.[47] Es trug viel zu dem kühlen Verhältnis zwischen Sansculotten und Revolutionsregierung im Frühjahr des Jahres II bei, daß diese die Bestrebungen der Volksmassen im Hinblick auf die Souveränität so sehr ignorierte.

Nach dem Thermidor wandte sich die Reaktion, die sich der Gefahr, welche der Vorherrschaft der Bourgeoisie aus dem Begriff der Volkssouveränität erwuchs, wohl bewußt war, mit aller Schärfe gegen den angeblichen Mißbrauch, der mit diesem Begriff getrieben worden war. Das Volk hatte eine klare Vorstellung von der Souveränität: sie ruhte in den Vollversammlungen der Sektionen. An die Stelle dieser als einfältig verurteilten Anschauung trat nun eine abstrakte Auffassung der Souveränität, die den Tendenzen und Interessen der Bourgeoisie genau entsprach. Am 12. Vendémiaire des Jahres III beklagte sich der Abgeordnete Lambert vor dem Wohlfahrtsausschuß über den leichtfertigen Umgang mit Begriffen wie Volk, Souverän u. a. »Dem Volke allein, als Kollektiv genommen, kommt die wirkliche Souveränität zu. Daraus ergibt sich, daß der Souverän seinem Wesen nach eins und unteilbar ist, mit anderen Worten, daß er ein rein metaphysisches Wesen ist, d. h. der Ausdruck des Allgemeinen Willens.«[48] Für die Sansculotten war der Souverän etwas aus Fleisch und Blut, es war das Volk selbst im Vollbesitz seiner Rechte, die es in den Sektionsversammlungen übte. Über den Fortbestand dieser Überzeugung kann es keinen Zweifel geben. Am 1. Prairial erklärte der Kurzwarenhändler Jean Thévenin aus der Sektion Arsenal, der Konvent habe kein Recht mehr, Gesetze zu machen, »es gäbe nur die Gesetze, die das Volk sich an diesem Tage selber machte«[49]. Eben an diesem Tage stürmen die Sansculotten den Konvent und richten sich auf den Sitzen der Abgeordneten häuslich ein. Ein Kundgebungsteilnehmer ruft ihnen zu: »Sprecht Ihr für alle; wir wollen selber den Konvent bilden!«[50] Da die Abgeordneten bei der Durchführung ihrer Aufgaben versagt haben, tritt das Volk wieder in die Ausübung der Souveränität ein.

Am Ende der Amtszeit des Konvents nahmen die Aktivbürger, die Nutznießer der Verfassung des Jahres III, eben zu diesen Prinzipien der Sansculotten Zuflucht, als sie gegen das Dekret protestierten, das zwei Dritteln der Konventsabgeordneten Macht sozusagen auf Lebenszeit verlieh. Am 20. Fructidor des Jahres III erklärt die Sektion Fidélité: »Wenn der Souverän Volk versammelt ist, kann und darf er keine Autorität über sich anerkennen. Er kann sich selbst seine Gesetze geben und empfängt sie von niemandem.«[51] Eine solche Äußerung wirkt wie reiner Hohn im Munde von Staatsbürgern, deren Qualität als Zensuswahlberechtigte geradezu die Negation des Prinzips der Volkssouveränität ist.[52]

Kontrolle und Abberufbarkeit der gewählten Vertreter

Aus dem Charakter der Unveräußerlichkeit und Unübertragbarkeit der Volkssouveränität ergab sich eine weitere Konsequenz, die einen der Hebel für die Aktivität der Volksmassen darstellte: das Recht auf Prüfung, Kontrolle und Abberufbarkeit der gewählten Vertreter.

Auch hier ist auf Rousseau und den *Contrat-Social* als Quelle zu verweisen. Rousseau hatte das Repräsentativregime, so wie es in England praktiziert wurde, einer heftigen Kritik unterzogen. »Das englische Volk hält sich für frei; es irrt sich gewaltig. Frei ist es nur während der Wahlen zum Parlament; sobald die Mitglieder gewählt sind, ist das Volk Sklave, einfach nichts.« »Die Abgeordneten eines Volkes sind also nicht seine Vertreter und können es nicht sein; sie sind nur seine Beauftragten ...«[53] Die Sansculotten sagen dazu: Mandatare. Die Konventsabgeordneten, bemerkt am 22. September 1792 ein Bürger der Sektion Tuileries, »dürfen nicht Repräsentanten genannt werden, sondern Mandatare des Volkes«[54]. Leclerc geht von den Darlegungen Rousseaus aus, wenn er am 21. August 1793 im *Ami du peuple* auf einen Generalnenner bringt, was den Sansculotten vorschwebt: »Denke vor allem daran, daß ein Volk, das sich vertreten läßt, nicht mehr frei ist und deshalb diesen Titel Volksvertreter nicht verschleudern sollte ... Der Wille kann sich nicht vertreten lassen ... Deine Magistrate, wer sie auch seien, sind nur deine Mandatare.« Nicht wenige Sansculotten unterschreiben ihre Briefe, in denen sie sich an die Volksvertreter wenden, im Jahre II mit den Worten: *Dein in den Rechten Dir Gleichgestellter.*[55]

Um zwischen dem Repräsentativregime und den Erfordernissen einer echten Demokratie irgendwo zu einem Ausgleich zu gelangen, verlangten die Sansculotten das Recht, die Gesetze zu sanktionieren. Das gleiche Ziel verfolgt die Überwachung der Gewählten durch das Volk. Diese Überwachung wurde bei den Wahlen zum Konvent von den Pariser Sektionen mit Nachdruck gefordert. Da die indirekte Wahl die Nachteile des Repräsentativregimes noch vermehrte und die Souveränität des Volkes in noch weitere Ferne rückte, wollten zahlreiche Sektionen diesem Nachteil abhelfen, indem sie das Wahlergebnis der Wählerversammlung des Departements Paris einer Prüfung unterzogen und ihr Recht der Kontrolle und Abberufung wahrnahmen.[56]

Die Legislative hatte den Unterschied zwischen Aktivbürgern und Passivbürgern aufgehoben, aber sie hatte das System der indirekten Wahl beibehalten. Deshalb forderten die fortgeschrittensten Sektionen die allgemeine und direkte Wahl. In den *Mitteln, der Sektion Marseille unterbreitet . . ., um ein für allemal die Freiheit und Gleichheit herzustellen* bezeichnet Lacroix das Wahlrecht in zwei Stufen als »unmoralisch, die Souveränität des Volkes zerstörend, Kabalen und Intrigen freies Spiel lassend«[57]. Am 21. August 1792 stimmt die Sektion Quinze-Vingts dem Entwurf für eine Petition der Sektion Montreuil zu, in dem gefordert wird, »daß es keine Wahlkörperschaften mehr geben, sondern jedwede Wahl in den Urversammlungen vorgenommen werden soll«[58]. Am 27. August bekannte sich zwar die Sektion Place-Vendôme unter dem Einfluß Robespierres zur indirekten Wahl, aber sie erklärte dennoch, »daß im Prinzip alle Sachwalter des Volkes unmittelbar vom Volke ernannt werden müssen, d. h. durch die Urversammlungen«. Um die Nachteile der indirekten Wahl auszugleichen, sollen die Wahlmänner mit lauter Stimme und im Beisein des Volkes wählen.[59] Am selben Tag stellt die Sektion Bondy fest, »daß das souveräne Volk niemandem die Ausübung der Rechte übertragen kann, welche nur unter großen Nachteilen abgetreten werden könnten, und daß eine Repräsentation nur dann eine echte Vertretung ist, wenn sie von den Vertretenen selbst und unmittelbar vergeben worden ist«[60]. Der Generalrat der Kommune gab zu diesen Auffassungen seine Unterschrift, als er am 27. August beschloß, die Wahlmänner sollten durch Zuruf und in Anwesenheit des Volkes wählen, und die Entscheidung der Wählerversammlung solle der Bestätigung durch die einzelnen Sektionen unterworfen sein.

Die Überprüfung oder die Endauswahl der Gewählten sollten nicht nur den Mängeln der Zweistufenwahl abhelfen, sondern sie waren zugleich Kundgebungen der Unteilbarkeit der Volkssouveränität. Am 27. August fordert die Sektion Place-Vendôme, daß die durch die Wahlmänner gewählten Abgeordneten »der Revision oder Überprüfung durch die Sektionen oder Urversammlungen unterzogen werden sollen, so daß die Mehrheit diejenigen ablehnen kann, die des Vertrauens des Volkes unwürdig sind«. Die Sektion Bondy gewährt der Wählerversammlung nur ein Repräsentativrecht und »behält sich vor, als Abgeordnete nur diejenigen anzuerkennen, die durch die Mehrheit der Urversammlungen des Departements anerkannt oder bestätigt werden«. Noch am gleichen 27. August stellt sich der Generalrat der Kommune hinter diese Auffassungen. Am 31. beschließt die Sektion Maison-Commune, die Wahlmänner sollten die Abgeordneten nur angeben; den Sektionen sollte die Entscheidung über ihre Annahme oder Ablehnung überlassen bleiben. Am 1. September erklärt die Sektion Poissonnière, »in Anbetracht der Tatsache, daß das souveräne Volk das Recht hat, seinen Sachwaltern den Weg vorzuschreiben, den sie zu gehen haben, um entsprechend seinem Willen zu handeln«, daß die Abgeordneten von den Urversammlungen eingehend durchgesprochen, bestätigt oder abgelehnt werden sollen.[61] Die Sektion Invalides schließlich faßt am 9. September den Beschluß, daß sie von den Wahlmännern ernannten Mitglieder für den Konvent erst dann endgültig zugelassen werden sollen, wenn sie die Billigung der Urversammlungen erhalten haben.

Diese Frage wurde von den Volksmassen mit solchem Nachdruck gestellt, daß am 12. September die Versammlung der Wahlmänner beschloß, den Sektionen eine Liste der Abgeordneten vorzulegen, die in den Konvent gewählt worden waren, »um auf diese Weise die Sanktion des Volkes durch die Endauswahl vorzubereiten, und auch, um dadurch das Bewußtsein ihrer Souveränität in allen Mitgliedern des Staatswesens zu wecken«[62]. Am 13. unterstrich die Sektion Fontaine-de-Grenelle noch einmal die Notwendigkeit strengster Vorsichtsmaßnahmen, »um die Souveränität des Volkes gegen alle Angriffe sicherzustellen, die von Ehrgeizlingen gegen sie vorgetragen werden könnten«[63]. Am 15. schließlich beschloß die Sektion Marseille, an die Überprüfung der benannten Abgeordneten zu gehen; sie forderte die Wahlkörperschaft auf, ihnen keinerlei Vollmachten zu geben, ehe sie nicht erfolgreich aus der Zensur der Sektionen hervorgegangen wären.

Welches immer die Anschauungen der Volksmassen über die Souveränität gewesen sein mögen: es läßt sich nicht übersehen, daß sich auch die am feierlichsten verkündeten Prinzipien den jeweiligen Umständen anpaßten. Wenn vor der Bekanntgabe der Abgeordneten das Prinzip der Zensur durch die einzelnen Sektionen mit solchem Nachdruck vertreten wird, so handelt es sich darum, sich gegen jeden schlechten Entscheid der Wählerversammlung zu sichern: das Volk hätte dabei das Recht, die Abstimmung der Wahlmänner zu korrigieren. In aller Klarheit drückt sich dazu die Vollversammlung der Sektion Quatre-Nations aus. Sie erinnert daran, daß es am 9. September 1792 notwendig gewesen ist, »die Feuillants, Petitionäre, Pfründenbesitzer und andere Intriganten dieser Art« aus allen Ämtern auszuschließen, und sie kommt zu dem Beschluß, daß, »falls es etwa geschähe, daß eines dieser bezeichneten Individuen zu dem Amt eines Volksvertreters gelangte«, sie sich das Recht vorbehielte, ihn abzulehnen und zu einer Neuwahl zu schreiten.[64] Die Zensur der Volksvertreter liegt also ebenso im Sinne taktischer Erfordernisse wie im Sinne des allgemeinen Prinzips der Volkssouveränität. Als es sich aber erwies, daß – in Paris – die Mehrzahl der von der Wahlmännerversammlung gewählten Abgeordneten der Montagne angehörte, änderten die fortgeschrittenen Sektionen ihre Haltung und zeigten sich den Grundsätzen gegenüber elastisch: Wenn die Zensur der Abgeordneten auch in diesem Falle durchgeführt wurde, lief man Gefahr, damit gerade das Gegenteil von dem zu erreichen, was bezweckt war. Der Generalrat der Kommune, der am 27. August die Sanktion der Entscheidungen der Wählerversammlungen durch die Sektionen gefordert hatte, nimmt keinen Anstoß daran, seinen einmal gefaßten Beschluß zu widerrufen. Mitte September veröffentlicht er eine Adresse »über die Nachteile, die sich ergeben würden, wenn man die Abgeordneten des Konvents einer Endauswahl unterzöge«[65].

Tatsächlich griffen schon manche Sektionen oder gewisse Agitatoren unter diesem Deckmantel Patrioten mit dem besten Leumund an. Am 19. September nahm die Sektion Marchés die Ernennung Marats in den Konvent erst nach einer langen Diskussion an und nicht, ohne die »zerstörerischen Grundsätze« des Volksfreundes übel vermerkt und verdammt zu haben. Méhées Sohn regte sich darüber auf, daß man den Bürgern das Recht rauben wollte, die von den Wahlmännern bezeichneten Bürger anzunehmen oder abzulehnen: er tat es aus keinem anderen Grunde als dem, gegen Robespierre vorgehen zu können. Bei manchen Sektionen war es einfach Opportunismus, wenn sie zwar darauf beharrten, wie sehr ihnen eine solche Endauswahl der Abgeordneten am Herzen läge, aber in allzu großer Hartnäckigkeit in dieser Frage eine Gefahr sahen und stillschweigend verzichteten. So erklärte am 18. September 1792 die Sektion Réunion, sie wolle *nur dieses eine Mal* darauf verzichten, von ihrem Recht der Zensur der von den Wahlmännern vorgenommenen Ernennungen Gebrauch zu machen.[66] Um »sowohl den Rechten des Volkes als auch dem, was das Heil des Vaterlandes verlangt, gerecht zu werden«, beschließt die Sektion Poissonnière am gleichen Tage, die Überprüfung der Abgeordneten aufzuschieben bis »nach der Rückkehr unserer Brüder, die an die Front gegangen sind«[67].

Um das Prinzip der Volkssouveränität zu wahren, genügte es nicht, die Nachteile des Zweistufenwahlsystems durch die Zensur der Abgeordneten auszugleichen. Es ist in gleichem Maße notwendig, daß die einmal Gewählten auch dem Mandat, das sie bekommen haben, treu bleiben. Ohne daß dem Wortlaut nach auf die Theorie des Wählerauftrags zurückgegriffen wurde, wie sie bei den Wahlen zu den Generalständen und bei der Ausarbeitung der *Cahiers de doléances* aufgestellt worden war, sprachen sich die Pariser Sektionen bei den Wahlen zum Konvent eindeutig für das Prinzip der Kontrolle und Abberufbarkeit der Gewählten durch das souveräne Volk aus. Auf solche Weise ließen sich wenigstens bis zu einem gewissen Grade die Mängel des Repräsentativsystems mildern.

Am 25. August 1792 stellt die Vollversammlung der Sektion Marché-des-Innocents als einen der Grundpfeiler eines Nationalkonvents das Prinzip auf, daß »die Abgeordneten nach dem Willen ihres Departements abberufbar sein sollen« und daß »die Staatsfunktionäre durch die Kommittenten abberufbar sein sollen, deren Entscheidungen auszuführen sie verpflichtet sind«[68]. Am gleichen Tage fordert die Vollversammlung der Sektion Bonne-Nouvelle, die verhindern möchte, daß das Recht der Sektionen, ihre gewählten Vertreter abzuberufen, wann immer es ihnen gefällt, mißachtet wird, die Sektionen von Paris auf, »ihre Abgeordneten noch einmal auf das unverjährbare Recht hinzuweisen, das sie besitzen, ihnen ihre

Vollmacht zu entziehen und sie auf das Ziel ihrer Mission zu verpflichten«[69]. Am 9. September schlug ein Wahlmann der Sektion Halles der Wahlmännerversammlung des Departements Paris vor, »zum Prinzip zu erheben, daß die unverjährbare Souveränität des Volkes das unveräußerliche Recht in sich schließt, seine Vertreter zurückzuberufen, sobald es das für angemessen und zur Durchsetzung seiner Interessen für notwendig erachtet«. Die Wahlmännerversammlung, die am 6. September auf einen Vorschlag, die Deputierten »im Falle der Amtsvernachlässigung und Pflichtversäumnis« abzuberufen, sich damit begnügt hatte, die Frage an die Urversammlungen zurückzuverweisen[70], nahm den Vorschlag der Sektion Halles an. Am 18. erklärte die Vollversammlung der Sektion Droits-de-l'Homme, sie behalte sich das Recht vor, ihre Abgeordneten zurückzuberufen, »wenn sie sich im Laufe ihrer Sitzungsperiode einer schlechten staatsbürgerlichen Gesinnung verdächtig machten«[71]. Am gleichen Tage erteilte die Sektion Poissonnière den Abgeordneten des Konvents den Auftrag, in die zukünftige Verfassung das Prinzip der Abberufbarkeit der gewählten Vertreter aufzunehmen, die »nach Gutdünken durch die Urversammlungen« ausgesprochen werden sollte.[72] Die Vollversammlung der Sektion Réunion verkündete, »sie behalte sich ausdrücklich vor, die gewählten Vertreter abzuberufen, falls sie im Laufe ihrer Tätigkeit irgend etwas täten, was sie als schlechte Staatsbürger verdächtig machte, oder falls sie versuchten, in Frankreich ein Regiment aufzurichten, das der Freiheit und Gleichheit widerspräche«[73].

Es ist also nicht so, daß das Prinzip der Kontrolle und Abberufbarkeit der Abgeordneten von den Pariser Sektionen als Ausfluß theoretisch-staatsrechtlicher Überlegungen aufgestellt worden wäre. Unter den Gegebenheiten des Sommers 1792 entsprach es ebenso wie das Prinzip der Überprüfung der Entscheidungen der Wahlmännerversammlung ganz klaren praktischen Notwendigkeiten. Es ging ganz einfach darum, den Sieg der Fortschrittspartei zu sichern. Deshalb wurde dieses Prinzip immer dann in Anwendung gebracht, wenn die revolutionäre Politik bedroht war. Die Abgeordneten sind, nach dem Vokabular einer Broschüre des Jahres 1792, nur die Mandatare, die Befehlsträger der Bürger. Sie haben ihnen also streng zu folgen, sich nicht zu drücken und gegenüber ihren

Kommittenten alles zu verantworten, was sie in der Ausübung ihrer Funktion als Mandatare gesagt, geschrieben oder getan haben. Seit vom Herbst 1792 an schwere Auseinandersetzungen Girondisten und Montagnarden zu Gegnern gemacht haben, fordern die fortgeschrittenen Sektionen das Recht, die Abgeordneten zu überprüfen und Rechenschaft von ihnen zu verlangen, während die gemäßigten Sektionen gegen diesen Anspruch voller Schärfe protestieren.

Aus Anlaß der Wahlhandlungen, die am 11. November 1792 zur Neubesetzung der Pariser Behörden begannen, beschloß die Sektion Panthéon-Français am 2. Dezember, sie behalte sich das Recht vor, die gewählten Bürger einer endgültigen Prüfung zu unterziehen. Am 18. fordert die Sektion Quatre-Vingt-Douze die Wahlmännerversammlung auf, zu ihrer Verpflichtung zu stehen, die sie übernommen hat, nämlich ihre Entscheidungen der Zustimmung der Sektionen zu unterwerfen; außerdem seien die Gewählten Rechenschaft schuldig. Die Sektion Champs-Elysées hingegen, ein Hauptzentrum des Moderantismus, wandte sich am 30. Dezember 1792 gegen jene »Beschlüsse, die von einem machiavellistischen und zerstörerischen Geist diktiert werden: man vergewaltigt da die Entscheidungsfreiheit der Bürger durch die Drohung, sie zu ächten; und man vergißt die Grundsätze soweit, daß man die Repräsentanten der gesamten Nation durch die offene Ablegung eines erzwungenen Eides beeinflussen will«; sie verlangt *in vollem Umfang* den Respekt der Freiheit der Volksvertreter.[74] Darin zeichnet sich aufs deutlichste der tiefe Gegensatz zwischen zwei Auffassungen des Repräsentativsystems ab: der Auffassung der Bourgeoisie und jener der Volksmassen.

Als sich im März 1793 die Krie zuspitzte, forderten die fortschrittlichsten Patrioten die Anwendung des Rechtes des Volkes, seine Vertreter abzuberufen, gegen *die Gruppe der Ruchlosen*. Als am 10. März der erste Versuch gemacht wurde, die Gironde auszuschließen, forderte der Klub der Cordeliers das Departement Paris »als integrierenden Bestandteil des Souveräns« auf, die Ausübung der Souveränität in seine Hand zu nehmen. Die Wahlkörperschaft der Stadt Paris solle zusammengerufen werden, um »die Mitglieder, die die Sache des Volkes verraten haben«, neu zu benennen.[75] Am gleichen Tage verlangt die Sektion Quatre-Nations »als letzte und einzig wirksame Maßnahme« die Einberufung aller Vollversammlungen der Sektionen, um die Wahlmännerversammlung des Departements Paris zu ermächtigen, »die ungetreuen Mandatare abzuberufen, die nicht würdig sind, Gesetzgeber zum Wohle der Allgemeinheit zu sein«, da sie ihr Mandat verraten haben, indem sie »für das Leben des Tyrannen und die Entscheidung des Volkes darüber gestimmt haben«[76].

Dem Prinzip der Abberufbarkeit der gewählten Vertreter stellen die Girondisten das Prinzip ihrer Unverletzlichkeit entgegen.[77] Am 10. April 1793 bemerkt die Sektion Tuileries, dieses letztere Prinzip »habe man sich unter dem monarchischen Regime ausgedacht«; unter einer republikanischen Regierung könnten die Abgeordneten seinen Schutz nicht mehr in Anspruch nehmen. »Mandatare müssen einem freien Volk über ihre Handlungen und Taten rechenschaftspflichtig sein.« Daher forderte die Sektion Tuileries die Aufhebung der Unverletzlichkeit »als eines verabscheuungswürdigen Privilegs, eines perfiden Mäntelchens, das sich ein verderbter Mandatar umhängen kann, um ungestraft die Interessen des Volkes zu verraten«[78]. Im Namen dieser gleichen Grundsätze bekundete am 12. Mai die Sektion Finistère »ihre Unzufriedenheit ... über das Unglück, das Nachlässigkeit, Unerfahrenheit oder Böswilligkeit des Konvents über uns gebracht haben«, und trug den Volksvertretern auf, »sich eindeutig mit Ja oder Nein zu erklären, ob sie die Republik zu retten imstande sind oder nicht«[79].

Ihre Überzeugung, daß die gewählten Vertreter rechenschaftspflichtig und abberufen seien, rechtfertigte in den Augen der Volksmassen auch theoretisch die Ereignisse vom 31. Mai und vom 2. Juni 1793. Da der Konvent hinsichtlich derjenigen Abgeordneten, die vom Volk des Verrats in ihrem Mandat für schuldig befunden worden waren, dem ausdrücklichen Befehl des Souveräns nicht Folge geleistet hatte, nahm das Volk die Ausübung der Souveränität wieder in seine eigenen Hände und ordnete die Abberufung der girondistischen Abgeordneten an. Am 31. Mai erteilte der Generalstaatsanwalt des Departements, Luillier, dem Konvent im Namen der revolutionären Behörden den Befehl, sich dem Willen der Nation zu beugen. Die Abordnung und eine große Volksmenge drangen in den Saal und vereinigten sich »brüderlich mit den Mitgliedern der linken Partei«[80]. Am 2. Juni erklärte der Sprecher der Abordnung der revolutionären Behörden, daß die Bürger von Paris »von ihren Mandataren ihre schimpflich verratenen Rechte fordern«[81]. Der Aufstand brach aus als die äußerste Schlußfolgerung aus dem Prinzip der Souveränität.

Seit dem August 1792 hatten die Montagnarden die Forderungen des Volkes hinsichtlich seiner Souveränität vertreten und zum Ausdruck gebracht. Jetzt waren sie an der Macht: verliehen sie diesen Forderungen nun auch Gesetzeskraft? Am 25. Mai hatte die Sektion Unité »angesichts der Tatsache, daß die Verantwortlichkeit zum Wesen der Republik gehört«, gefordert, »daß ein Tribunal von Ephoren, bestehend aus Mitgliedern der 86 Departements, bei der Wiederwahl der Abgeordneten über deren Haltung aus der abgelaufenen Sitzungsperiode Zeugnis ablegen soll und daß diejenigen, die dem Vaterland schlecht gedient haben, ... für immer aus allen Ämtern, die die Republik zu vergeben hat, ausgeschlossen werden sollen«[82]. Am 18. Juni stellten die Sektionen von Arras das Problem in seiner ganzen Dringlichkeit, als sie dem Konvent erklärten, daß fünf Abgeordnete des Departements Pas-de-Calais ihr Vertrauen verloren hätten. Die Versammlung raffte sich zu keiner Entscheidung auf.[83] Auf diese Hauptanliegen eingehend, legte Hérault de Séchelles am 24. Juni im Laufe der Diskussion über den Entwurf der Verfassung ein Kapitel vor, das den Titel tragen sollte *Über die Zensur des Volkes über seine Abgeordneten und über seinen Schutz gegen Druck von seiten der Gesetzgebenden Versammlung*. Er stieß auf lebhaften Widerstand; Couthon ließ das Projekt im Namen des Wohlfahrtsausschusses zurückweisen.[84] Wieder hatten also taktische Erfordernisse den Sieg über Grundsatzfragen davongetragen.

Die Stärkung des Wohlfahrtsausschusses, die fortschreitende Stabilisierung der Revolutionsregierung brachten die Forderungen der Sektionen in dieser Frage nicht ganz zum Schweigen. Außerdem griff die den Volksmassen nahestehende Presse die Angelegenheit immer wieder auf. Leclerc rief am 21. August 1793 den Abgeordneten durch seinen *Ami du peuple* ins Gedächtnis, daß sie unter den »wachsamen Blikken« des Volkes stünden. »Sein Arm wird lohnen oder strafen, je nachdem, welche Meinung Ihr durch Euer Handeln ihm über Eure Haltung beigebracht haben werdet.« Am 4. August hatte die Sektion Amis-de-la-Patrie vom Generalrat der Kommune gefordert, die Abgeordneten sollten nach jeder Sitzung beurteilt werden, und »man solle ihnen nach ihren Leistungen Sitzungsgelder zahlen«.[85] Am 29. September bekräftigt die Sektion Halle-au-Blé in feierlicher Form, »es komme nur dem Souverän zu, über die Mitglieder der republikanischen Behörden, die er selbst erwählt habe, ein Urteil zu fällen«[86]. Gegen Anfang des Jahres II weist die Sektion Observatoire noch einmal darauf hin, »daß die Souveränität notwendig das Recht in sich einschließt, unredliche Volksvertreter und alle Staatsbeamten, die sich ihres Vertrauens unwürdig erwiesen haben, abzuberufen«[87].

Eine solche Kontrolle durch das Volk verstärkte natürlich auf der anderen Seite auch die Autorität der Abgeordneten, die sein Vertrauen besaßen, und verschiedene Montagnarden, die es in der Krise vom Sommer 1793 für notwendig hielten, ihre Tätigkeit vor ihrer Sektion zu vertreten, waren sich offenbar darüber im klaren. So reicht am 4. September Collot d'Herbois, der der Sektion Lepeletier angehört und sich auf einer Mission in den Departements Oise und Aisne befindet, seiner Sektion ein Exposé über seine Tätigkeit und eine Sammlung seiner Entscheidungen ein, die von der Sektion diskutiert und gebilligt werden.[88] Eine solche Verbindung gab einerseits den Sektionen die Möglichkeit, ihre gewählten Vertreter zu kontrollieren, andererseits konnten aber die Volksvertreter über die Sektionen auf die öffentliche Meinung einwirken.

Als durch das Dekret vom 14. Frimaire die Revolutionsregierung endgültig eingesetzt und die Autorität des Wohlfahrtsausschusses nunmehr unumstritten war, schlief die Anrufung des Prinzips der Souveränität der Volksmassen ein. Die Regierungsausschüsse, die mehr als alles andere auf Zentralisierung der Verwaltung und ihre Arbeitsfähigkeit bedacht waren, duldeten nicht einmal die einfache Erwähnung des Rechtes des Volkes auf Kontrolle seiner gewählten Vertreter. Die Grundsatzfragen wurden den Erfordernissen der Politik der öffentlichen Wohlfahrt untergeordnet.

Die Sansculotten blieben bei der im Namen ihrer souveränen Rechte erhobenen Forderung, die Legislative zu kontrollieren, nicht stehen. Auch die Exekutive und ihre ausführenden Organe wollten sie ihrer Aufsicht unterstellen. Solange es noch eine Auseinandersetzung zwischen Gironde und Montagne gab, solange die Gefahr einer Rückschwenkung zum Moderantismus nicht gebannt war, so lange wurde dieses Prinzip klar ausgesprochen und laut von Rechts wegen gefordert. Auch hier brachte erst die Errichtung der Revolutionsregierung die Sansculotten zum Schweigen.

Weil in der Ausrüstung der Freiwilligen Versäumnisse und Nachlässigkeiten unterlaufen sind, bekräftigt am 14. Dezember 1792 die Sektion Bon-Conseil ihre Auffassung, man müsse »unerbittlich die Maßnahmen der Exekutivgewalt auf allen Gebieten der Verwaltung überwachen«, und fordert die übrigen Sektionen auf, »im Namen des öffentlichen Wohls und der Freiheit« einen Ausschuß einzusetzen, der die Geschäfte der Ministerien überwacht.[89] Die Vollversammlung der Sektion Quatre-Nations stimmte diesem Beschluß am 17. Dezember zu. Diejenige der Sektin Gardes-Françaises hingegen, in der die Gemäßigten das Übergewicht hatten, verurteilte am 11. Januar 1793 »jede Art Einrichtung, die der Eigenverantwortlichkeit der Minister Abbruch tun könnte«[90].

Die Überwachung des Regierungsapparates von seiten der Volksmassen erstreckte sich auch auf das Militärwesen und sogar auf die operative Heeresleitung. Die Sektion Bon-Conseil, wo die Vorstellungen von den Rechten des Volkes besonders ausgeprägt gewesen zu sein scheinen, forderte Sauterre, den Oberkommandierenden der Pariser Nationalgarde, auf, vor der Vollversammlung zu erscheinen, um einen Streitfall über eine dienstliche Frage zu entscheiden. Am 10. Februar 1793 endlich bequemt er sich dazu und entschuldigt sich damit, »er fürchte, es könnte so aussehen, als wollte er sich bei den Sektionen beliebt machen, deshalb lasse er sich dort nicht so oft sehen, wie er es eigentlich wünschte«[91]. Da sie feststellt, daß »Verrätereien nur durch lautere, einsichtige und immer bereite Wachsamkeit vorgebeugt werden kann«, schlägt die Sektion Lombards im März 1793 vor, eine ständige Kommission ins Leben zu rufen, die einige ihrer Mitglieder nach der Vendée entsendet, wo sie »alle Operationen der Generäle, alle

Truppenbewegungen, deren Stärke und Geist« überwachen sollen; auf Grund ihrer Berichte wird die Kommission die notwendigen »Anzeigen, Hinweise und Erklärungen« abgeben.[92] Wenn diesem Vorschlag auch kein Erfolg beschieden gewesen zu sein scheint, zögerte die Sektion Gardes-Françaises dennoch nicht, am 17. Juni 1793 zwei Kommissare nach Tours zu entsenden. Sie sollen über die Stellung der Armee, ihre Erfolge und ihre Niederlagen Bericht erstatten, sich mit den Hauptleuten der Kompanien der Sektion in Verbindung setzen und die Führung der Offiziere und Soldaten überwachen. Sie werden »mit allen Mitteln der Überzeugung die Soldaten und Offiziere als Brüder an ihre Pflichten erinnern, wenn sie von diesen abweichen sollten«. Das war entschieden mehr als eine gewöhnliche Mission. Am 25. Juni wurden die Vollmachten der beiden Kommissare der Sektion Gardes-Françaises in Tours von den beiden zur Küstenarmee von La Rochelle auf Mission geschickten Abgeordneten gegengezeichnet. Am 4. September stellte der Stabschef dieser Armee im Hauptquartier Saumur dem zur Vendée abgesandten Kommissar der Sektion Gardes-Françaises François Lemaître »einen Passierschein für jeden Ort aus, an den er sich begeben möchte«. Am 21. September zeichnete in Saumur General Bournet noch einmal die Vollmachten Lemaîtres gegen.[93]

Ganz offensichtlich fielen die Angestellten der allgemeinen Verwaltungen unter die Aufsicht durch die Volksmassen. Das Recht der Sektionen, die Beamten zu kontrollieren und ihre Tätigkeit zu beurteilen, wurde vom Sommer 1792 an bis in den Winter des Jahres II viele Male bekräftigt. Es liegt hier wohl zugleich ein Vorrecht des Souveräns als auch eine den Gegebenheiten des Augenblicks entsprechende soziale und politische Forderung vor: die Ausscheidenden mußten ihren Posten guten Sansculotten zur Verfügung stellen. Übrigens wird das politische Ziel ganz offen ausgesprochen. Am 14. Dezember 1792 verlangt die Sektion Bon-Conseil den Druck einer Liste der Angestellten aller Verwaltungen in Paris, »um diese Angestellten der öffentlichen Kritik auszusetzen und eine Reform durchzuführen, die die Umstände gebieterisch verlangen, und endlich auch, um diejenigen, deren Einstellung dem gegenwärtigen Regierungssystem zuwiderläuft, durch bewährte Familienväter und andere Patrioten zu ersetzen, die ohne Beruf und ohne Brot sind, weil sie alles der Revolution geopfert haben«[94]. Die gleiche Forderung wird am 18. Dezember von der Sektion Quinze-Vingts erhoben.[95]

Nach dem 2. Juni bestärkte die Ausübung der Gewalt durch die Sektionen die Sansculotten in der Überzeugung, daß die Staatsangestellten vom Volk und von ihm allein abhingen. »Viele Bürger«, heißt es in einer Anzeige aus dem Jahre III, »haben geglaubt undglauben vielleicht heute noch, das Recht, Beamte zu ernennen, gäbe ihnen auch das Recht, sie gleichsam in notwendiger Konsequenz dessen wieder absetzen zu dürfen.«[96] Die Sektion Amis-de-la-Patrie, die einen gewissen Bailly zum Kommissar zur Bekämpfung des Wuchers eingesetzt hatte, wollte ihn wieder absetzen, weil er sich nicht als fest genug erwiesen hatte. Am 23. August 1793 beschäftigte sich der Generalrat der Kommune mit der Frage, ob ein Kommissar durch die Sektion, die ihn eingesetzt hat, auch wieder abgesetzt werden kann, und kam schließlich zu einem negativen Entscheid: »Wenn es den Sektionen erlaubt würde, mal so und mal so zu entscheiden, gäbe es bald nichts Beständiges mehr in der Republik.«[97] Die Sektion Amis-de-la-Patrie setzte Bailly trotzdem ab. Der Konvent, vor den die Angelegenheit am 1. September gebracht wurde, gab nach: die Wahl ihrer Kommissare sei allein Sache der Sektionen.

Auch auf diesem Gebiet und vor allem zu diesem Zeitpunkt war den revolutionären Behörden das Prinzip weniger wichtig als der Gebrauch, der von ihm gemacht wurde: Es war gut, wenn die Sansculotten darauf pochten, aber es konnte unheilvoll in den Händen der Gemäßigten werden. Als die gemäßigten Sektionen darauf drangen, die Versorgung von Paris zu kontrollieren und die Lagerhallen der Stadt geöffnet zu bekommen, riefen sie, wie die Sektion Beaurepaire am 28. Juli, »das unveräußerliche Recht [an], [die Mandatare des Volkes] bei der Ausübung ihrer Tätigkeit zu überwachen oder sie über ihre Tätigkeit Rechenschaft ablegen zu lassen, wenn sie sie beendet haben«. Wer sich dem entgegenstelle, beginge »ein wahrhaftes Attentat auf die Souveränität der Nation, eine Rebellion gegen den Willen und das Recht der Kommittenten«[98]. Als der Konvent am 25. August den gemeinsamen Verpflegungsausschuß der Sektionen auflöste, protestierte die Sektion Indivisibilité im Namen ihres unveräußerlichen Rechtes, »sich durch ihre Kommissare über alle Verwaltungstätigkeit ihrer Beauftragten Bericht erstatten zu lassen und ihre Haltung bei jedem Akt ihrer Tätigkeit nachzuprüfen«; deshalb sei dieses Dekret ein Angriff auf die Souveränität des Volkes.[99] Auf diese Weise verwendeten die Gemäßigten sansculottische Prinzipien gegen die Regierungsausschüsse.

Im Herbst 1793, als es darum ging, mit der moderantistischen Gefahr fertig zu werden und die Revolutionsregierung auf eine feste Basis zu stellen, wurden die Kontrolle und Überprüfung der Beamten mit noch größerem Nachdruck gefordert. Schon am 28. August hatte die Sektion Arcis die Schaffung einer Kommission verlangt, die unter der Aufsicht der Sektionen die Staatsbürgertreue aller im Staatsdienst Beschäftigten überprüfen sollte.[100] In der allgemeinen Überprüfung, die sich an die Volksaufstände vom 4. und 5. September anschloß, hatten einige Verwaltungen das Recht für sich in Anspruch genommen, die Überprüfung ihrer Angestellten selbst durchzuführen, und damit den scharfen Protest der fortgeschrittensten Sektionen hervorgerufen. Am 29. September erklärte die Sektion Halle-au-Blé die Überprüfung, die das Departement selbst vorgenommen hatte, für *null und nichtig*: »Es komme nur dem Souverän zu, die Mitglieder der republikanischen Behörden, die er selbst gewählt hat, zu überprüfen.«[101] Etwa zum gleichen Zeitpunkt unterstreicht die Sektion Observatoire energisch ihren Standpunkt, daß die Souveränität des Volkes ganz selbstverständlich das Recht in sich schließt, nicht nur unredliche Abgeordnete abzuberufen, sondern »überhaupt alle Staatsbeamte, die ihr Vertrauen nicht verdienen«. Da dieses Prinzip »durch die Unmöglichkeit, ihm auf gesetzlichem Wege nachzukommen, stillschweigend durchbrochen wird«, verlangt die Sektion vom Konvent »eine Verfahrensweise, alle Staatsbeamten von ihrem Posten zu entfernen, die ihrer Pflicht nicht nachkommen«[102].

Eine solche Forderung ließ sich aufrechterhalten, solange noch von der Seite der Gemäßigten her Gefahr drohte. Als diese beseitigt war, entglitt den Vollversammlungen und Volksgesellschaften die Überprüfung der Beamten wie der republikanischen Behörden. Das Dekret vom 14. Frimaire über die Einsetzung der Revolutionsregierung übertrug die Säuberung der republikanischen Institutionen dem Wohlfahrtsausschuß und den auf Mission entsandten Volksvertretern in den Departements.[103] Den Sektionen wurde jedes Recht auf Kontrolle und Abberufung genommen. Die Stabilität und zentrale Geschlossenheit der Regierung triumphierten über die populäre Praxis demokratischer Prinzipien. Diese Entwicklung trug zur Entzweiung zwischen Sansculotten und Revolutionsregierung, die vom Germinal an offen zutage trat, wesentlich bei. Der tiefe Unmut, der nun aufgespeichert wird, läßt darüber keinen Zweifel zu. »Wo kämen wir hin«, erklärte am 25. Pluviôse ein Bürger aus der Sektion Contrat-Social, »wenn wir nicht aus nächster Nähe die Führung derjenigen überprüfen dürften, die uns kommandieren!«[104] Etwa zur gleichen Zeit erklärte die Bürgerin Auxerre, eine Arbeiterin aus der Sacknäherei des Mehllagers in der Rue du Temple, »sie seien der Souverän, und die Gemeindebeamten und die Behörden seien nur ihre ausführenden Organe«. Sie wurde am 6. Ventôse beim Revolutionskomitee der Sektion Amis-de-la-Patrie wegen konterrevolutionärer Äußerungen angezeigt.[105]

Permanenz und Autonomie der Sektionsversammlungen

Mehr noch vielleicht als die große Politik lag dem militanten Sansculotten die Lokalpolitik am Herzen. Daher mag die Wichtigkeit rühren, die er den Grundorganisationen des politischen Lebens beimißt: den Gemeindeversammlungen und vor allem den Sektionsversammlungen und Volksgesellschaften. An die Stelle des abstrakten Begriffes von einer Souveränität, die mit Hilfe einer Nationalversammlung ausgeübt wird, setzt er die ganz konkrete Realität des Volkes, das in seinen Sektionsversammlungen versammelt ist: dort nur weiß sich der Sansculotte voll und ganz im Besitz seiner souveränen Rechte und kann mit ihnen etwas anfangen. Deshalb auch stellt er in die erste Reihe der Attribute der Souveränität die Permanenz und Autonomie der Sektionsversammlungen.

Damit greift der Sansculotte des Jahres II eine Forderung des Aktivbürgers von 1790 wieder auf, füllt sie aber gleichzeitig mit einem neuen Inhalt. Am 18. März 1790 hatte der Distrikt Chaussée-d'Antin daran erinnert, »daß der Patriotismus und die Permanenz der Distrikte die Grundlagen der französischen Freiheit gewesen sind«. Die Sektionen sollen sich deshalb »ihr unverjährbares Recht, sich nach ihrem Willen zu versammeln, sei es zur Regelung ihrer inneren Angelegenheiten, sei es, um sich Maßnahmen der Gemeindeverwaltung zu widersetzen, sei es aus sonstigen gerechten und vernünftigen Gründen«, bewahren.[106] 35 von 60 Distrikten stimmten einer Adresse zu, in der die Permanenz »in regelmäßigen Monatsversammlungen« gefordert wurde.[107] Am 23. März 1790 unterbreitete der Bürgermeister von Paris ihren Wunsch der Konstituierenden Versammlung.[108] Am 10. April 1790 unternehmen die Distrikte neue Schritte, und zur gleichen Zeit geht auch der Broschürenfeldzug weiter. Eine anonyme Broschüre legt dar, man habe unter Permanenz das Recht und die Möglichkeit der Sektionen zu verstehen, sich alle Monate zu versammeln, und »in den Fällen, wo wichtige Dinge eine Entscheidung der Vollversammlung erfordern«, außerdem das Recht, ständige Ausschüsse zur »Durchführung der Anordnungen der Gemeindebehörde und der Polizei« zu bilden.[109] Auf den Einwand, die Permanenz der Sektionsversammlungen werde Paris in ebenso vieler *souveräne Republiken* umwandeln, und es heiße, die Kommune auflösen, wenn man den Sektionen alle Handlungen einer reglementierenden Gewalt zubillige, antwortet eine andere Broschüre mit der *notwendigen Aufsicht* der Sektionen über alle Vorgänge des öffentlichen Lebens und mit den Vorteilen der Permanenz für die staatsbürgerliche Erziehung der Bürger.[110]

Solche Forderungen nach Permanenz und Autonomie der Sektionsversammlungen liefen zu sehr auf die Praxis der direkten Regierung hinaus, um vor den Augen einer Versammlung Gnade zu finden, die vom Bewußtsein ihrer Vorrechte durchdrungen und der demokratischen Bewegung aus ganzem Herzen feindlich gesinnt war. Nach den Bestimmungen des Gemeindegesetzes vom 21. Mai bis 27. Juni 1790 waren die Sektionen, die an die Stelle der Distrikte traten, weiter nichts als Wahlkreise, deren Bürger sich nur zur Wahl versammeln und darauf wieder auseinandergehen; jede Permanenz war aufgehoben. Vergeblich hatten die Distrikte protestiert und die Beibehaltung der Zuständigkeiten verlangt, die sie sich angeeignet hatten. Die Parteigänger des Gesetzes, vor allem der Berichterstatter über das Gesetz, Démeunier, hatten am

3. Mai geltend gemacht, man könne neben einer Nationalversammlung keine rivalisierende Gewalt dulden. Robespierre erinnerte an die Rolle, die die Distrikte in den ersten Zeiten der Revolution gespielt hatten, und verlangte, die Sektionen sollten sich frei zur Beratung versammeln dürfen. Mirabeau aber fürchtete, solche souveränen Sektionen könnten »die Wirkung von Aktionen und Gegenaktionen haben, die imstande wären, die Verfassung zu zerstören«[111]. Trotzdem nahm das Gesetz den Sektionen nicht alle Möglichkeiten, sich auch außerhalb der Wahlhandlungen zu versammeln. Auf das Verlangen von 50 Aktivbürgern war der Präsident einer Sektion verpflichtet, eine Vollversammlung einzuberufen. Auch eine gewisse administrative Selbsttätigkeit genoß die Sektion: ihre Kommissare wachten über die Durchführung der Gesetze, standen mit den Gemeindebehörden in Briefwechsel und besaßen zusammen mit dem Polizeikommissar, der von der Vollversammlung gewählt worden war, gewisse Befugnisse der niederen Gerichtsbarkeit. Aber das Gesetz gab keinerlei Aufschlüsse über die Kompetenz der Vollversammlung noch über die Dauer oder den Zeitpunkt ihrer Sitzungen.

Immerhin trug die politische Lehrzeit, die die Bürger dank ihrer Tätigkeit der Distrikte durchgemacht hatten, ihre Früchte. Die Sektionen beschäftigten sich weiter mit der großen Politik[112], wie die Proteste des Gemeindeadministrators Peuchet im *Moniteur* vom 11. Januar und vom 18. Februar 1791 beweisen: »Was die Anarchie der Distrikte hervorgebracht hat, wird bald unter dem Regime der Sektionen wieder entstehen, wenn sie die Grenzen ihrer Befugnisse überschreiten und sich mit Beratungen und Entscheidungen befassen, während das Gesetz über ihre Einsetzung ihnen doch nur reine Wahlfunktionen zugebilligt hat.«[113] Um die Sektionen in die engen Grenzen ihrer Zuständigkeit zu bannen, erweiterte und vertiefte die Konstituierende Versammlung das Gesetz vom 21. Mai 1790 durch das vom 18. Mai 1791. Dieses bezog sich auf das Petitionsrecht und legte die Fälle fest, in denen Bürger die Einberufung der Gemeindeversammlung verlangen konnten; es hatte in erster Linie die Sektionen von Paris im Auge. Deren Versammlungen sollten nur in Angelegenheiten von ausschließlich munizipalem Interesse zusammengerufen werden können. Aber diese neue Einschränkung war genauso nutzlos wie alle vorhergehenden. Am 21. Juni 1791 war der Generalrat der Kommune gezwungen, einen Beschluß der Sektion Théâtre-Français für ungültig zu erklären, der »dem Bataillon Saint-André-des-Arts befahl, keinen anderen Befehl entgegenzunehmen als vom ständigen Ausschuß der Sektion und jeden Adjutanten verhaften zu lassen, der sich auf dem Gebiet der Sektion blicken lassen sollte«[114]. Das hieß den Sinn der Autonomie der Sektionen etwas sehr weit treiben, aber die Sektion Théâtre-Français konnte Erfordernisse der öffentlichen Sicherheit ins Feld führen: Ludwig XVI. war soeben geflohen.

Die Fortschritte der demokratischen Bewegung seit Beginn des Jahres 1792, dann auch die allgemeine Krise, die durch die Kriegserklärung veranlaßt worden war, fegten die armseligen Hindernisse hinweg, die die Konstituierende Versammlung mit Mühe aufgerichtet hatte, um die Souveränität der Sektionen und ihre Autonomie zu beschneiden. Am 2. Februar 1792 forderte die Brüderliche Gesellschaft der beiden Geschlechter, die ihren Sitz im Jakobinerkloster hatte, die Permanenz der Sektionsversammlungen, nicht um die legislative, exekutive und administrative Gewalt in die eigenen Hände zu nehmen, die »eine große Gesellschaft nur durch Delegierte ausüben kann«, sondern zur Ausübung ihrer »Aufsichtsgewalt, die direkt auszuüben jede Gesellschaft von freien Menschen das Recht hat«. Keine Autorität habe das Recht, eine Kommune oder Sektion einer Kommune daran zu hindern, sich zu versammeln, wann und sooft sie will. Die Brüderliche Gesellschaft führte die üblichen Argumente ins Treffen: die Permanenz wird dazu beitragen, die Bürger zu guten Staatsbürgern zu erziehen, sie wird Mißverständnisse aus dem Wege räumen und alle Klassen »zu einer Einheit von Kraft und Willen« zusammenschweißen.[115]

Die Verschlechterung der Lage im Frühjahr 1792 verlieh der patriotischen Forderung nach Permanenz eine unwiderstehliche Kraft; durch sie allein war es möglich, um die Worte der Petition der Brüderlichen Gesellschaft zu verwenden, »die Agenten des österreichischen Kabinetts und des Komitees von Koblenz« zu überwachen. Am 28. Mai werden die Sektionen Théâtre-Français, Croix-Rouge und Fontaine-de-Grenelle bei der Gesetzgebenden Versammlung vorstellig wegen eines Dekrets, das sie »in einen Zustand der Wachsamkeit versetzen soll, der unter den gegebenen Umständen so dringend notwendig ist«[116]. Die Sektion Lombards schlägt am 30. Mai vor, die Vollversammlungen sollten permanent bleiben, solange »diese Tage der Krise« andauern.[117] Von der Sektion Mauconseil kommt die gleiche Forderung: »Wenn das Vaterland in Gefahr ist, müssen alle Bürger ihm zu Hilfe eilen. Aber wie soll das geschehen, wenn sie keinen Treffpunkt für eine rasche und nutzbringende Zusammenkunft haben?«[118] Am 16. Juni fordert die Sektion Croix-Rouge von neuem die *aktive* Permanenz der Sektionsversammlungen: »Dort werden zu allen Zeiten, zu jeder Stunde Eure furchtlosen Verteidiger bereit und bewaffnet dastehen.«[119] Am Tage darauf stimmte die Sektion Faubourg-Montmartre »angesichts der Gefahren, die von allen Seiten die Sache des Volkes bedrohen«, und um »unabsehbarem Unglück« vorzubeugen, dieser Entschließung zu.[120] Die Sektion Montreuil beschloß am 28. Juni, eine Adresse aufzusetzen zur Durchbringung der Permanenz der 48 Sektionen von Paris, mit »der Freiheit, über alle Dinge zu beraten, die das öffentliche Wohl angehen«[121]. Am 2. Juli nahm noch einmal eine Abordnung von Bürgern von Paris das Recht der Sektionsversammlungen auf Permanenz in Anspruch.

Die Proklamierung des Ausnahmezustandes vom 11. Juli: »Das Vaterland ist in Gefahr!« brachte wohl die Permanenz der republikanischen Behörden mit sich, nicht aber die der Sektionen, denen der Behördencharakter abgesprochen wurde, da sie keine abgegrenzte Autorität und keine besonderen Aufgabenbereiche hatten. Aber noch im Laufe des Juli wurde die Permanenz der Sektionsversammlungen zur Tatsache: Die Sitzungen wurden von nun an täglich abgehalten, und alle Bürger hatten Zutritt. Am 3. Juli hatte die Sektion Postes die Öffentlichkeit ihrer Sitzungen beschlossen. Am 24. machte sie sich den Inhalt einer Petition an die Gesetzgebende Versammlung zu eigen über die Mittel, den Gefahren des Vaterlandes zu steuern. Dort steht an erster Stelle die Permanenz der Sektionsversammlungen. Noch am gleichen Tage beschloß sie, dreimal wöchentlich Sitzungen abzuhalten, »bis die Nationalversammlung anders darüber entschieden habe«[122]. Am 25. Juli endlich gab die Gesetzgebende Versammlung nach und dekretierte die Permanenz der Sektionsversammlungen. Was die Konstituierende und dann die Gesetzgebende Versammlung zwei Jahre hindurch hartnäckig zurückgewiesen hatten, wurde nun von den Umständen erzwungen.

Die Permanenz war von nun an eine der Grundlagen des politischen Systems der Volksmassen und jener direkten Regierung, die deren Vorkämpfer schrittweise und Stück für Stück einzuführen versuchten. In Krisenzeiten erweist sie sich als ein wirksames Aktionsmittel und wird daher eifersüchtig gehütet. Anfang September 1792 stellt sie ein Wahlmann aus der Sektion Thermes-de-Julien in einem Aufruf an die Wahlkörperschaft als »eine der vier Säulen der Freiheit« hin.[123] Am 16. November 1792 beschließt die Vollversammlung der Sektion Buttedes-Moulins, nur dreimal in der Woche zusammenzukommen, aber sie sagt klar und deutlich, daß sie deswegen nicht auf das Recht der Permanenz verzichte.

Im Kampf zwischen Girondisten und Montagnarden stellte die Permanenz eine der wirksamsten Waffen in den Händen der Sansculotten dar. Aus diesem Grunde tat die Gironde von Anfang des Jahres 1793 an ihr Möglichstes, ihre Abschaffung zu erwirken. Richaud fordert sie am 6. Januar. Salles macht geltend, daß die Permanenz ein *revolutionäres Kampfmittel* sei und man sie nicht verlängern könne, ohne die öffentliche Sicherheit aufs schwerste zu gefährden. Demgegenüber steht Marat auf dem Standpunkt, daß umgekehrt die Permanenz die öffentliche Sicherheit gewährleiste, und fordert sie für die ganze Dauer der Gefahr für das Vaterland beizubehalten. Im gleichen Sinne äußerte sich auch Robespierre. Mit der Zuspitzung der Krise im Mai nahm die Debatte ihren Fortgang. Am 20. wurde in der Sektion Poissonnière vorgeschlagen, die Sitzungen sollten nicht mehr permanent sein, »in Anbetracht der geringen Zahl von Bürgern, die dahin geht«. Die Versammlung beeilte sich, diesen als gefährlich erachteten Antrag zurückzuweisen: »Man könne sich nicht damit befassen, die Permanenz der Versammlung zu unterbrechen, wenn nicht vorher vier Tage lang darüber diskutiert worden sei.«[124] Am 24. Mai führte der Zwölferausschuß die Entscheidung herbei, daß die Vollversammlungen alle Abende um 10 Uhr aufgehoben werden müßten: eine zweideutige Maßnahme, die die

Vorteile der Permanenz, so wie sie die Sansculotten handhabten, wieder aufhob. Die fortgeschrittenen Sektionen leisteten diesem Dekret keine Folge. Schon am 28. Mai erklärte die Sektion Marchés, sie werde sich diesem Dekret nicht unterwerfen. Auf Vorschlag Héberts entschied die Sektion Bonne-Nouvelle, sie werde sich nach 10 Uhr in Form eines Klubs zusammenfinden, »um sich mit ihren Angelegenheiten zu befassen«[125].

Indessen erwies sich die Permanenz als ein zweischneidiges Schwert. Wenn die Sansculotten in Krisenzeiten in Massen in die Vollversammlungen strömten, so neigten sie dazu, fernzubleiben, sobald die Gefahr vorüber war. Es genügte also schon, daß ihre Gegner eifrigere Versammlungsbesucher waren, um einen Wechsel in der Majorität herbeizuführen. Man konnte das nach dem 2. Juni in den Pariser Sektionen sehr gut beobachten. Die Gemäßigten, die auf der Ebene der großen Politik vollständig geschlagen waren, versuchten diese Schlappe in den Sektionsversammlungen wieder wettzumachen, indem sie sie überliefern. Es kam da zu erbitterten Kämpfen, richtigen unterirdischen Bürgerkriegen en miniature, und in manchen Sektionen gelangten die Sansculotten erst im Laufe des Sommers oder gar erst Anfang Herbst 1793 endgültig an die Macht. In den großen Städten wie Lyon oder Marseille wurde die Permanenz der Sektionsversammlungen zum Instrument der Konterrevolution. Marat war es, der diese Gefahr aufdeckte, der einzige realistische Kopf, wenn es überhaupt einen gab. Am 21. Juni verlangt er in einem Brief an den Konvent die Aufhebung der Permanenz als der Grundlage und Ursache der Fehlschläge, die mehrere große Städte betroffen hatten, »denn die Reichen, die Intriganten und die Böswilligen laufen in Mengen in die Sektionen, machen sich zu deren Herren und lassen sie die schlimmsten Beschlüsse gegen die Freiheit fassen, während die Tagelöhner, die Arbeiter, die Handwerker, die Kleinhändler, die Bauern, in einem Wort: die ganze große Menge der Unbemittelten, die arbeiten müssen, um zu leben, dort nicht sein können, um den verbrecherischen Machenschaften der Feinde der Freiheit entgegenzutreten«[126].

Dieses Argument wurde von Danton aufgegriffen und war mitbestimmend für die Abfassung des Dekrets vom 9. September 1793, das die Sitzungen der Vollversammlungen auf zwei in der Woche beschränkte. Aber so wohlbegründet diese Maßnahme auch sein mochte, die Aufhebung der Permanenz versetzte dem politischen System der Volksmassen einen schweren Schlag. Sie lag in der Entwicklungsrichtung zu einer Revolutionsregierung, deren Anliegen es war, die Volksbewegung unter ihre Kontrolle zu bringen und ihr – unter ihrem Oberbefehl – einen Kampfabschnitt in der Front der sich formierenden Jakobinerdiktatur zuzuweisen. Durch und durch Gemäßigte, wie der ehemalige Departementspräsident von Paris, Nicoleau, begrüßten das Dekret begeistert. Schweren Unruhen, so schreibt Nicoleau in einem Memorandum, habe der Konvent vorgebeugt, »als er diese verderbenbringende Permanenz abschaffte, die es Intriganten um so leichter möglich machte, das Volk in Verwirrung zu setzen, als die Versammlungen nur wenig besucht gewesen seien und die gebildeteren Patrioten gezwungen gewesen wären, ihnen fernzubleiben, um ihren Geschäften nachzugehen oder sich gemeinnützigen Aufgaben zu widmen«[127]. Das war die genaue Umkehrung des Arguments von Marat und Danton, die Schlußfolgerung aber war die gleiche.

Die Gewährung der Entschädigung von 40 Sous hatte die Sansculotten zu verwirren vermocht und die Sektionen gespalten; die Aufhebung der Permanenz rief einen einmütigen Protest hervor. Die Sansculotten umgingen das Dekret vom 9. September, indem sie Sektionsgesellschaften gründeten. Gleichwohl aber fuhren sie das ganze Jahr II hindurch fort, eine raschere Abfolge der Sitzungen zu verlangen. Die Kommunalbehörden hingegen standen nicht an, dem ein unbeugsames Nein entgegenzusetzen; noch schärfer als ihre Vorgängerin bestand die robespierristische Kommune auf einer strikten Befolgung des Gesetzes.

Nicht nur, weil sie die Sektion als ausübendes und kontrollierendes Organ der großen Politik auffaßten, das gleichzeitig auch der Inbegriff der Repräsentation der Nation war, versteiften sich die Sansculotten darauf, deren Permanenz beibehalten zu wollen: sie begriffen sie auch als eine autonome, ihre Angelegenheiten selbst regelnde Körperschaft. Für sie ist die Sektion souverän, ihre inneren Angelegenheiten sind niemandes Sache als der Vollversammlung.

Im Jahre 1790, als das Gesetz über die Neubildung der Gemeindeverwaltungen vorbereitet wurde, forderte ein gewisser Boileux de Beaulieu, jede Sektion oder jeder Distrikt solle wie eine besondere Gemeinde gebildet werden, mit eigener Polizeihoheit, eigener Verwaltung, eigener Eintreibung und Verteilung der Abgaben. Mehr noch, die Kommune solle »keine Entscheidung treffen dürfen, sei es über Verwaltungs- oder Polizeidinge, ohne ihren Entwurf jeder Sektion oder jedem Distrikt zur Beratung und Beschlußfassung vorgelegt zu haben, und es dürfe keine polizeiliche oder administrative Verordnung erlassen oder durchgeführt werden, wenn nicht die Mehrheit der verschiedenen Sektionen oder Distrikte ihr Ja gesagt habe«[128].

Es läßt sich auch hier wieder eine direkte Linie von den Zensusbürgern des Jahres 1790 zu den Kadern der Volksbewegung des Jahres II verfolgen. Die Sorge um völlige Autonomie trieb die Sektion Sans-Culottes am 3. März 1793 dahin, daß sie die Übertragung des Zivilstands an die Sektionen forderte. Die gleiche Sorge bewog die Sektion Cité, am 4. Mai gegen den Anspruch Santerres, des Oberkommandierenden der Pariser Nationalgarde, zu Felde zu ziehen, er wolle selbst die Adjutanten, Generaladjutanten und Offiziere aller Grade für die Bataillone der neuen Aushebung bestimmen, wobei er damit argumentierte, »die Freiwilligen dürften nicht der Gefahr ausgesetzt werden, für die Talentlosigkeit ihrer Kommandeure geopfert zu werden«. Eine solche Maßnahme ist ein offener Angriff auf die Freiheit der Sektionen, und die Sektion Cité wird an der Spitze ihrer Kompanie keinen Offizier dulden, der nicht von ihr selber dorthin gestellt worden ist.[129] Und am 26. Juni 1793 nimmt die Sektion Unité die Wahl Raffets zum Kommandanten der Pariser Nationalgarde durchaus nicht widerspruchslos hin, sondern erklärt, sie werde ihm, selbst wenn er ernannt sei, nicht gehorchen. Um die Durchführung der Sektionsobliegenheiten zu sichern, erheben etliche Vollversammlungen im Jahre II von den Einwohnern ihrer Sektion eine Abgabe, obwohl ihnen von Gesetzes wegen verboten war, irgendwelche direkten oder indirekten Steuern einzutreiben. So beschloß im Pluviôse eine Sektion, »es solle von einer jeden Privatperson der Sektion ein- oder zweimal in der Dekade eine Summe von 10 bis 15 Sous je nach ihrer Vermögenslage erhoben werden, um den vielfältigen Ansprüchen der jeweiligen Sektionen Genüge zu tun«[130]. Am 16. Pluviôse wies der Generalrat der Kommune erneut darauf hin, daß keine Sektion eine Abgabe fordern darf, »wobei er sich darauf stützt, daß das souveräne Volk allein das Recht hat, Steuern zu beschließen und sich aufzuerlegen, und daß keine Sektion eine Sondersteuer einführen dürfe«[131].

Am heftigsten und nachdrücklichsten aber wurde die Autonomie der Sektionen verfochten, wenn es um Polizeiangelegenheiten ging. Schon am 4. Februar 1791 erklärt die Sektion Théâtre-Français, der Verwaltungsmodus der Polizeibehörde entspreche nicht dem Geist der Verfassung und sei gefährlich für die Freiheit: Die Polizeigewalt sei auf die 48 Sektionen zu übertragen. Die Sektion Mirabeau gibt am 12. September 1792 kund, »es sei im Sinne des Naturrechts, ... wenn jedes Individuum, das irgendeiner Sache als schuldig angesehen werde, zunächst einmal in den Gewahrsam derjenigen Sektion käme, wo es beheimatet ist«. Die Sektion ist von Natur aus das erste in Frage kommende Tribunal; sie allein soll, auf ihrem Gebiet, mit der Durchführung von Haftbefehlen und Untersuchungen betraut werden.[132]

Es war das ein Gebiet, auf dem die Pariser Sektionen außerordentlich empfindlich waren. So erklärt sich ein Beschluß, den die Sektion Quinze-Vingts am 8. September 1792 faßte und der folgendes zum Inhalt hatte: »Es ist unter der Würde der Kommune, irgend jemanden auf das Gebiet irgendeiner Sektion zu entsenden, ohne das vorher in entsprechender Form der Sektion angekündigt zu haben, und daß die Kommissare der Kommune es unter irgendwelchen Ausflüchten verweigern, ihre Vollmachten vorzulegen.«[133] Am 24. Dezember erklärte die Sektion Louvre in aller Form, sie allein habe Polizeigewalt auf ihrem Territorium. Am 11. Mai 1793 hebt die Sektion Contrat-Social hervor, keine Sektion habe Rechenschaft abzulegen über die auf ihrem Gebiet eingesetzte Polizei. Ein solches Prinzip schließt die Konsequenz ein, daß die Polizeikommissare, die, obgleich von der Vollversammlung ernannt, der Aufsicht der Kommune unterstellt sind, den Sektionsausschüssen untergeordnet werden sollen; andernfalls »würde jenes abscheuliche Polizeiregime wieder aufgerichtet, das zu Recht aller Schrecken war«[134]. Auf dem Höhepunkt der Märzkrise von 1793, am 27., erklärt Marat vor den Jakobinern: »Innerhalb ihrer Mauern ist eine Sektion souverän.«[135] Daß solche Grundsätze mit den Notwendigkeiten und Bestrebungen der Revolutionsregierung völlig unvereinbar waren, liegt auf der Hand.

Noch einmal, nach dem 9. Thermidor, zeigte es sich, welcher Bedeutung die Sansculotten der Permanenz und der Autonomie der Sektionen beimaßen. Hatten sie zunächst immer und immer wieder eine häufigere Abfolge der Sitzungen verlangt, so griffen sie anläßlich des Prairialaufstandes im Jahre II auf die Permanenz als ein probates Mittel zurück.

Demgegenüber gängelte die zum Zuge gekommene Reaktion in immer schärferer Form die Abhaltung der Sitzungen, um sie schließlich überhaupt einzustellen. Am 9. Thermidor untersagte der Konvent die Einberufung der Sektionsversammlungen ohne ausdrückliche Zustimmung der Regierungsausschüsse. Am 4. Fructidor, gleichzeitig mit der Aufhebung der Entschädigung von 40 Sous, beschränkte er die Vollversammlungen auf eine in der Woche; der gleiche Thuriot, der am 25. Juli 1792 die Permanenz vorgeschlagen hatte, verwies auf »die Nachteile einer zu großen Häufigkeit der Sektionssitzungen«[136].

Vergeblich protestierten die Sansculotten. Am 28. Fructidor wird der Kleiderreiniger François Paris aus der Sektion Piques verhaftet, weil er geäußert habe, »schon seien die Sektionsversammlungen auf eine in der Dekade reduziert worden, und in ein paar Tagen werde man sie überhaupt abschaffen, ... immerhin wären diese Versammlungen die Hauptstütze der Republik«[137]. Am 30. Fructidor forderte die Sektion Gravilliers den Konvent auf, »doch in Betracht zu ziehen, wie notwendig es für das Volk sei, auf dem laufenden zu bleiben, über seine Angelegenheiten zu verhandeln und sie auch zu vertreten, und daß drei Versammlungen im Monat bei ihrem patriotischen Eifer und ihrer staatsbürgerlichen Besorgnis nicht genügten; man möge also doch dekretieren, daß sich die Sektionen von Paris wie ehedem versammeln können«[138]. Einem ähnlichen Beschluß stimmte am gleichen Tage auch die Sektion Montreuil zu, dem sich am 10. Vendémiaire die

Sektionen Montagne, Popincourt und Tuileries anschlossen. Am 7. Vendémiaire forderte die Volksgesellschaft Salle électorale den Konvent auf, das Volk in die volle Ausübung seiner Rechte wiedereinzusetzen. »Gebt Paris die zwei Sektionsversammlungen pro Dekade zurück, die den Erfordernissen der täglichen Arbeit ohnehin nicht genügen.«[139] Am 10. kommt die gleiche Forderung von den Sektionen Lepeletier und Invalides, am 20. auch von der Sektion Montmartre.

Im Frühjahr des Jahres III erschienen selbst die Dekadenversammlungen gefährlich: sie wurden zum Treffpunkt für die Sansculotten. Am 10. Ventôse wurde in der Sektion Republique, vor allem von »Arbeitern, Fuhrleuten und anderen« bewohnt, vorgeschlagen, um die Sansculotten von den Sitzungen auszuschließen, diese nicht mehr von sechs bis zehn Uhr abends, sondern von elf bis drei Uhr mittags abzuhalten, »dann habe man nicht mehr die Zusammenballung terroristischer Elemente zu fürchten«[140]. In der Tat war es am 8. Germinal eine der ersten Maßnahmen des Konvents, der den Unruhen ein Ende setzen wollte, die Abhaltung von Vollversammlungen auf die Zeit von ein bis vier Uhr nachmittags festzusetzen. Auf diese Weise sollten die Sansculotten ausgeschaltet werden. Die aufständischen Sektionen erklärten sich aber in Permanenz. Am 13. Germinal abends erklären die Bürger der Sektion Popincourt, die sich *in voller Bewaffnung versammelt* haben, sie stimmten einem Beschluß der Sektion Cité zu, die »die Sitzung in Permanenz einberufen habe«. Sie fordern »ihre Brüder in den anderen Sektionen auf, in gleicher Weise zu verfahren und sich mit den Mitteln zu befassen, die die Sache der Republik retten könnten, sowie solche einander mitzuteilen, die sie für das Gelingen eines solchen Unternehmens für am besten geeignet hielten«[141]. Am 10. Floréal beschließt die Sektion Montreuil, sich in Permanenz zu erklären, um über Angelegenheiten der Lebensmittelversorgung zu beraten.[142] Unter den Forderungen, die das Volk am 1. Prairial vor dem Konvent, den es gestürmt hat, geltend macht, befindet sich auch die nach Permanenz der Sektionen. Nach der Abstimmung über einige Dekrete durch die in der Sitzung verbliebene Minderheit erklärt der Abgeordnete Romme: »Es genügt nicht, zweifellos sehr nützliche Dekrete zu erlassen, es müssen auch die Mittel zu ihrer Durchführung gesichert sein«; zu diesem Zweck verlangt er die Einberufung der Sektionen und ihre Permanenz.[143]

Es war dies das letzte Aufbegehren. Am 4. Prairial dekretierte der Konvent, daß die Frauen zu den Sektionsversammlungen nicht mehr zugelassen seien; immerhin hatten sie dieses Recht seit dem Sommer 1792 gehabt und während des Sommers 1793 oft sogar an den Beratungen teilgenommen. Die Vollversammlungen hielten aber ihre Dekadenversammlungen noch ab. Als am 24. Thermidor eine Petition der Sektion Bonne-Nouvelle vorliegt, erbost sich irgendein drittrangiger Abgeordneter darüber, daß die Sektionen von Paris ihre Sitzungen fortsetzen. Am Tage darauf gibt Boissy d'Anglas zu bedenken, es lohne sich doch nicht, für die kurze Zeit, die noch bis zur Vollendung der Verfassung verbleibt, Neuerungen einzuführen; sie möge zu diesem Gegenstand also endgültige Regeln festsetzen. Als im Vendémiaire des Jahres IV die Sektionsversammlungen den Rahmen für die royalistische Agitation abgaben[144], schlug Merlin de Douai die unverzügliche Anwendung des Artikels 363 der Verfassung des Jahres III vor, der diese Versammlungen untersagte. Damit eilte man in diesem einen Punkt der Errichtung der konstitutionellen Regierung, die am 5. Brumaire erfolgte, voraus.[145]

Das war der endgültige und unwiderrufliche Untergang der Sektionsversammlungen, in deren Rahmen sich die politische Tätigkeit der Sansculotten abgespielt hatte und deren Permanenz in ihren Augen die Verkörperung des Prinzips der Volkssouveränität gewesen war.

Der Aufstand

Letzte Zuflucht eines souveränen Volkes ist der Aufstand. In die Erklärung der Menschenrechte vom August 1789 hatte die Konstituierende Versammlung dieses Recht nicht aufgenommen. Der Konvent hingegen verankerte es im Artikel 35 der Erklärung vom Juni 1793, um sowohl dem 10. August und dem 31. Mai eine rechtliche Grundlage zu geben, als auch das Volk gegen jeden Unterdrückungsversuch zu wappnen.[146]

Die Sansculotten sahen darin mehr als eine formelle und theoretische Bestätigung ihrer Souveränität. Sie waren vom

Vollgefühl ihrer Rechte durchdrungen, praktizierten ohne großes Federlesen die Methoden der direkten Regierung und waren ohne weiteres geneigt, die Ausübung der Souveränität in ihre eigenen Hände zu nehmen, sobald sie glaubten, daß die Rechte des Souveräns von seinen Sachwaltern mit Füßen getreten würden. In allen Krisenzeiten, bis in das Jahr III hinein, mehren sich von seiten der Volksmassen Verlautbarungen über ihr Recht zum Aufstand. Am 1. Prairial des Jahres III forderte der Schuster Duval aus der Sektion Arsenal, der die Petition der Aufständischen von der Tribüne des Konvents herab verlesen hatte, den damals amtierenden Präsidenten Boissy d'Anglas auf, anzuerkennen, daß der Aufstand die heiligste aller Pflichten sei und daß diese Worte in die Erklärung der Rechte eingeschrieben seien.[147]

Gleichwohl verbirgt sich hinter diesem Begriff, je nach den Umständen, verschiedenes. So wie ihn die Sansculotten auffassen, ist der Aufstand nicht unbedingt eine bewaffnete Aktion.[148] Am 6. Oktober 1792 erklärt die Vollversammlung der Sektion Gravilliers, »durch die Ausübung einer geradezu lächerlichen und unbegrenzten Macht über die Sektionen von Paris« beweise der Konvent, daß er von der Souveränität des Volkes einen falschen Begriff habe. »Erheben wir uns«, schießt sie, »ein letztes Mal und halten wir uns bereit, bis wir unseren Mandataren bewiesen haben, daß die Männer von 1789, vom 10. August und vom vergangenen 3. September durch eine stolze und ehrfurchtgebietende Haltung, wie sie nur dem Souverän zukommt, sie zu ihren Pflichten zu rufen und ihnen unsere Rechte ins Gedächtnis zu bringen wissen, die sie die Unverschämtheit zu mißachten besessen haben.«[149] Am 27. Dezember 1792 erklärt sich die Sektion Théâtre-Français als im Aufstand befindlich bis »zu dem Augenblick, wo Frankreich von seinen Tyrannen gesäubert sein wird«. Sie meint damit »einen Dauerzustand gesunden Mißtrauens, der Aktivität, der Wachsamkeit, des patriotischen Pflichteifers, in dem alle guten Republikaner so lange bleiben müssen, bis die Freiheit auf unerschütterlichen Fundamenten aufgebaut sein wird«[150]. Den gleichen Sinn legt die Sektion Unité in diesen Begriff, wenn sie es am 24. Mai 1793 ablehnt, ihre Protokolle der Zwölferkommission zu unterbreiten, und zur Tagesordnung übergeht »mit der Begründung, daß es gestattet ist, der

Unterdrückung Widerstand zu leisten«[151]. Gleiches meint auch der Friedensrichter Hu, Präsident der Sektion Panthéon-Français. Als ein Bürger am 25. Frimaire des Jahres II das Dekret vom 14. anführt, dessen einer Artikel alle zentralen Kommissionen oder Versammlungen untersagt, verläßt Hu das Präsidium mit der Erklärung, dieses Gesetz könne nicht existieren. »Wenn es existierte, müßte sich das Volk in Massen erheben, und er habe den Mut, sich an seine Spitze zu stellen und es nach dem Konvent zu führen, um diesem zu sagen, er habe einen Irrtum begangen und müsse dieses Gesetz außer Kraft setzen.«[152] Wenn sich die Cordeliers am 14. Ventôse als im Aufstand befindlich betrachten, so haben sie eher eine Massenkundgebung im Auge als eine bewaffnete Aktion. Als endlich im Jahre III die Militärkommission auf seinen Plan eines *friedlichen Aufstandes* zu sprechen kam und ihr Erstaunen über die ungewöhnliche Zusammenstellung dieser beiden Wörter äußerte, antwortete Brutus Magnier, ein friedlicher Aufstand bestehe »in einer erhabenen Bewegung eines Volkes, das seinen Mandataren sagt: tut das, weil ich es will«[153]. Mithin kann Aufstand, Insurrektion, für die Sansculotten den Widerstand des Volkes bedeuten, das sich erhebt, Gehorsam gegenüber Gesetzen verweigert, die es nicht anerkennt, die Ausübung seiner souveränen Rechte wieder in die eigenen Hände nimmt, Rechenschaftslegung von seinen Mandataren fordert und ihnen seinen Willen aufzwingt. In diesem Stadium ist der Aufstand eine Massenkundgebung, in der sich sowohl die Einmütigkeit des Volkes bei der Durchsetzung seiner Ziele als auch seine achtunggebietende Majestät als Souverän manifestieren soll.

Gleichwohl: Die friedlichen Mittel führen nicht immer zum Ziele. Nicht immer pocht daher das Volk, wenn es sich erhoben hat, nur auf seine Rechte: es steht dahinter stets die Drohung mit der Macht der Masse und die Bereitschaft, sich dieser Macht auch zu bedienen. Am 1. Mai 1793 erscheint eine Abordnung des Faubourg Saint-Antoine vor dem Konvent und unterbreitet ihm Vorschläge, die dem Wohl der Allgemeinheit dienen sollen. Das geschieht in schlankweg ultimativer Form: »Wenn Ihr sie [die Vorschläge] nicht annehmt, so erklären wir, die wir [die Sache des Volkes] retten wollen, Euch, daß wir uns zu ihrer Durchsetzung erhoben haben.

10 000 Mann stehen vor der Saaltür.«[154] Ebenfalls im Mai erklären die Sektionen des Faubourg Saint-Marcel den Volksvertretern, daß das Volk über den Gebrauch seiner Rechte wachen werde, »daß ein einziger Augenblick genügt, und es erhebt sich in seiner ganzen Größe, umzingelt Euch und fordert von Euch Rechenschaftslegung über den ehrenvollen Auftrag, den es Euch anvertraut hat«[155]. Mitunter ist die Drohung noch deutlicher. In der Nacht vom 9. auf den 10. Thermidor erklärt ein Sansculotte der Sektion Quinze-Vingts in aller Deutlichkeit, weil die »mit der Wahrnehmung der Interessen Beauftragten« (er sagt nicht *Volksvertreter*, nicht einmal *Mandatare*!) nicht ihre Pflicht tun, habe das Volk das Recht, sich zu erheben und sie zu verjagen.[156]

Mächtigste und im äußersten Fall angewandte Manifestation der Volkssouveränität ist der bewaffnete Aufstand. Der Generalmarsch und das Geläut der Sturmglocke leiten ihn ein. Beide bedeuten, daß das Volk die Ausübung seiner Rechte in die eigenen Hände nimmt und seinem Willen mit der Waffe in der Hand Geltung zu verschaffen entschlossen ist. Im Zusammenhang mit dem Aufstandsversuch vom 12. Germinal des Jahres III gibt ein gewisser Pitton, Stahlschleifer aus der Sektion Poissonnière, seiner Überzeugung Ausdruck, »das souveräne Volk habe das Recht, den Generalmarsch schlagen zu lassen und die Versammlungen zu eröffnen«[157]. Der Sticker Cordas aus der Sektion Lombards, der später, im Jahre II, Polizeiverwalter werden sollte, soll nach dem 10. August erklärt haben: »Sobald das Volk den Aufstand ausgerufen habe, brauche es kein anderes Gesetz mehr anzuerkennen als den souveränen Willen.«[158] In der Nacht vom 9. zum 10. Thermidor erklärte das ehemalige Mitglied des Wohlfahrtsausschusses für das Departement Paris und erster Schriftführer des Revolutionstribunals, Lécrivain, »man brauche den Anordnungen der Konventsausschüsse nicht mehr zu gehorchen, sobald die Sturmglocke läute, denn dann sei der Konvent nichts mehr«[159]. Die Erinnerung an die großen Tage des 14. Juli, des 10. August und des 31. Mai, der Widerhall, den diese Tage in den Gemütern der Sansculotten fanden, als das Volk in all seiner Majestät auf dem Plan erschien und seine souveräne Macht fühlen ließ, machen für nicht wenige Sansculotten den Aufstand zu einem erhebenden und weihevollen

Erlebnis. Der Schwung jener Tage blieb ihnen unvergeßlich. Die Schließung der Tore, der Generalmarsch, die Sturmglocke, die Alarmschüsse reizen die Nerven zum äußersten, spannen alle Sinne, reißen die Massen in einen Taumel der Begeisterung. Dazu kommt bei diesen einfachen und schlichten Menschen das Bewußtsein, im Begriff zu sein, sich über sich selbst zu erheben, etwas zu sein und dem Schicksal der Nation ihren Stempel aufzudrücken. Welcher Stolz schwingt in den Worten eines gewissen Pellecat aus der Sektion Quinze-Vingts, die er in der Nacht vom 9. zum 10. Thermidor an einen jungen Nationalgardisten richtet: »Du bist noch jung und hast nicht viel von der Revolution erlebt, Du weißt nicht, was das ist: eine Kommune, wenn sie den Generalmarsch schlagen und die Sturmglocke läuten läßt!«[160]

Das Volk, das im Aufstand die Ausübung seiner souveränen Rechte zurückerkämpft hat, faßt alle Gewalten in seiner Hand zusammen: es kann Gesetze erlassen, Recht sprechen, alle Funktionen der Exekutive ausüben. Sowie der Aufstand losgebrochen ist, befiehlt nur das Volk. In der Sektion Indivisibilité erklärt der Kommissar Marchand, ein ganz einfacher Sansculotte, der nicht einmal lesen kann, am 1. Prairial des Jahres III: »Es gibt keine Behörde mehr, das Volk ist im Aufstand, es braucht keine Weisungen mehr, das Volk allein befiehlt!«[161] Am 2. widersetzt sich ein gewisser Lallemand, Gazeweber aus der Sektion Mont-Blanc, dem ausdrücklichen Befehl von Regierungsstellen: »Heute erkenne er keinen Konvent mehr an, er befinde sich im Aufstand.«[162] Ebenfalls am 2. kommt der Türsteher beim Friedensgericht Louis Vian zum Zivilausschuß der Sektion Finistère und gibt bekannt, »er sei nichts mehr, das souveräne Volk habe seine Rechte zurückerobert«[163]. Die Rechtsprechung wird als eines der bestimmenden Merkmale der Souveränität angesehen: die Ereignisse der Septembertage von 1792 legen dafür beredtes Zeugnis ab. Nichts anderes soll der Aufstand eigentlich, als die Allmacht des Souveräns kundtun. Ist dies geschehen, legt das Volk die Waffen nieder und überträgt die Ausübung seiner Souveränität aufs neue Sachwaltern, denen es sein Vertrauen schenkt. In ihrer Adresse vom 31. Mai 1793 erklärt die Sektion Sans-Culottes: »Wenn noch in dem Augenblick, wo sich das Volk erhebt, unsere Sektion sich an Euch wendet, dann in der

Hoffnung, daß, indem sie Euch noch einmal ihre Waffen leiht und Euch die Ausübung ihrer Souveränität überträgt, Ihr davon Gebrauch machen werdet zum Wohle des Volkes.«[164]

Ein Dokument aus dem Jahre III, aus der Sektion Bonnet-de-la-Liberté stammend, enthüllt uns, wie vom sansculottischen Standpunkt her ein Aufstand »gemacht« wird. Am 11. Floréal setzen Frauen, denen es nicht gelungen war, Brot zu bekommen, »im Namen des souveränen Volkes und des Gesetzes« den Zivilausschuß fest. Der Sektionstambour wird aufgefordert, den Generalmarsch zu schlagen, denn »wenn das Volk aufgestanden ist, weil es unredliche Sachwalter hat, muß es sie anklagen, verurteilen und auf der Stelle bestrafen«. Daraufhin werden vom Volke vier Kommissare gewählt, die das Verhalten der Sektionsbehörden prüfen sollen. Es hat den Anschein, als sei mit dieser Vertrauenskundgebung an neue Sachwalter und der Übertragung der Ausübung der Souveränität an sie das Ziel des Aufstandes erreicht: zahlreiche Sansculotten gehen; für sie ist der Aufstand zu Ende. Die restlichen werden durch einige Bewaffnete und vier Kommissare rasch zur Vernunft gebracht, und der Zivilausschuß wird in Freiheit gesetzt.[165]

An diesem Beispiel zeigt sich besonders klar die Stärke und die Schwäche der Auffassungen, die die Volksmassen von ihrer Souveränität und dem Aufstand hatten. Es ist mit der Ausrufung des Aufstandes im Namen des Rechts des Souveräns nicht getan, er will auch organisiert sein. Gleichermaßen genügt es nicht, neuen Sachwaltern das Vertrauen der Massen auszusprechen, es muß auch eine Macht, und zwar eine bewaffnete Macht, hinter ihnen stehen. Der 10. August und der 31. Mai bewiesen dieses Prinzip. Noch einmal, dieses Mal auf tragische Weise, bestätigte es sich in den Prairialtagen.

Aus all dem lassen sich die Grenzen der politischen Reife der Sansculotterie ermessen und erhellt gleichzeitig die bestimmende Rolle der Bourgeoisie in der Führung der Revolution. Die Sansculotten lieferten die Streitmacht, ohne die sich kein Angriff führen läßt; die Bourgeoisie, oder doch wenigstens der Teil der Bourgeoisie, der das Heil der Revolution im Zusammengehen mit dem Volke sah und suchte, plante und organisierte die großen revolutionären Kampfmaßnahmen, und ihr kamen auch die dabei gezeitigten Ergebnisse zugute. Das betrifft sowohl den 10. August als auch den 31. Mai. So betrachtet, waren die »großen Tage« der Volksmassen Kampftage der bürgerlichen Revolution.

Konnte das anders sein? Die unentschlossenen und ungeschlossenen Aufstandsaktionen der auf sich selbst gestellten Sansculotterie im Ventôse des Jahres II waren ebenso wie die Versuche im Germinal und Prairial des Jahres III in ihren Ergebnissen tragische Fehlschläge, ganz als ob die nur auf sich selbst und ihre eigene Kraft gestellten Sansculotten zur Ohnmacht verurteilt gewesen wären. Denn es besteht ohnehin ein Widerspruch zwischen der Aktion der Volksmassen und den objektiven Erfordernissen der bürgerlichen Revolution. Dieser Widerspruch bricht auf politischer Ebene auf zwischen der Tendenz der Sansculotten, ihre in der Verfassung verbrieften Rechte wörtlich zu nehmen, und dem Charakter der bürgerlichen Demokratie, für die die Rechte des Souveräns nur bei der Ernennung ihrer Vertreter direkt wirksam werden, danach aber nur durch deren Vermittlung. Vergniaud sprach im Namen der Gironde als der Verfechterin dieser Demokratie der Bourgeoisie, wenn er sich am 13. März 1793 gegen den Mißbrauch wandte, den die »Anarchisten« mit dem Worte Souveränität trieben: »Wenig hätte gefehlt, und sie hätten die Republik gestürzt, indem sie jede Sektion glauben machten, in ihrem Schoße ruhe die Souveränität.«[166]

Die Auffassungen der Sansculotterie von der Volkssouveränität hatten wohl der montagnardischen Bourgeoisie als Rechtfertigung für die Aufstände vom 10. August und vom 31. Mai gedient; gleichwohl waren sie unvereinbar mit dem Anliegen der Revolutionsregierung und einer wirksamen Politik der nationalen Verteidigung. Es war dies ein Widerspruch, der unter den objektiven Bedingungen der Zeit nicht anders aus der Welt geschafft werden konnte als durch eine *Gleichschaltung* und *Zurechtrückung* der Pariser Sektionen. Doch das bedeutete, den Schwung der Volksbewegung abzuwürgen, der eben diese Revolutionsregierung an die Macht getragen hatte und der allein ihr den Rückhalt gab. So wurde die Krise nicht gelöst, sie wurde vielmehr verschärft.

IV. Die politische Praxis der Volksmassen

Nicht weniger als durch ihre politischen Tendenzen mußte die Sansculotterie die Bourgeoisie durch ihr politisches Verhalten und ihre politischen Praktiken in Unruhe versetzen und somit den Widerstand der Revolutionsregierung hervorrufen, der es in erster Linie um ein politisches Gleichgewicht und um einen größtmöglichen Wirkungsgrad ihrer Maßnahmen zu tun war.

Zwei Grundprinzipien sind es, auf denen die politische Aktion der Sansculotten beruht und deren letzte Zuflucht die Gewalt ist: die Öffentlichkeit als Schutzschild des Volkes, die sich im Jahre II als natürliche Folge aus der revolutionären Überwachungstätigkeit ergibt, und die Einheit, die ihre Grundlage hat in der Einhelligkeit der Gefühle und Überzeugungen und mit deren Hilfe das Zusammenspiel der Aktionen herbeigeführt wird, die damit als ein Unterpfand des Sieges erscheint. Auf diese Prinzipien gründen sich bestimmte Praktiken, die für das politische Verhalten der Volksmassen bestimmend sind und es gegen das politische Verhalten der Bourgeoisie abgrenzen. Aus der politischen Aktion geboren und in ihr bewährt, haben sie das Ihre zum Fortschritt der Revolution und zur Festigung der Diktatur der Ausschüsse getan. Es bleibt aber zu untersuchen, ob sie mit den Notwendigkeiten dieser Diktatur und mit den objektiven Zielsetzungen der Revolution vereinbar blieben.

Die Öffentlichkeit als »Schutzschild des Volkes«

»Der Patriot hat sein Ich aufgegeben«, schreibt am 25. Ventôse des Jahres II die Sektion Fontaine-de-Grenelle an die Volksgesellschaft von Auxerre, »alles hat er in die gemeinsame Masse eingebracht: Freuden und Schmerzen, alles teilt er seinen Brüdern mit und teilt es mit ihnen. Seht, eben darin liegt der Ursprung der Öffentlichkeit, die die brüderliche, das will besagen die republikanische Regierung ausmacht.«[1]

Die Öffentlichkeit erwächst aus den Vorstellungen einer brüderlichen Verbundenheit, die sich der Sansculotte von den sozialen Beziehungen macht. Sie zeitigt auf politischem Gebiet bedeutsame Konsequenzen: Ein Patriot darf weder seine Meinungen noch seine Taten verheimlichen, um so weniger, als er ohnehin nichts als das Wohl der Allgemeinheit im Sinne haben soll. Das politische Leben spielt sich vor aller Augen ab, im Angesicht des Souveräns: die Verwaltungskörperschaften ebenso wie die Vollversammlungen beraten in öffentlichen Sitzungen, die Wahlmänner wählen »mit lauter Stimme«, d. h. offen bzw. durch Zuruf unter den Blicken der Zuschauer auf den Tribünen. Nur wer böse Absichten hat, handelt im geheimen: die Anzeige wird zur staatsbürgerlichen Pflicht. Die Öffentlichkeit ist sehr wohl der »Schutzschild« des Volkes. In den Händen der Sansculotten erwies sich diese Regel – in allen Krisenperioden, von 1792 bis 1794, eisern durchgeführt – als eine wirksame revolutionäre Waffe.

Am 22. Februar 1792 setzten mehr als 200 Pariser Bürger der Gesetzgebenden Versammlung auseinander, »wie wesentlich es ist, anzuordnen, daß die Sitzungen der Verwaltungen öffentlich durchgeführt werden, damit das Volk diejenigen, die nur für sein Wohl wachen und handeln, von jenen zu unterscheiden lernt, die sich seines Vertrauens nur bemächtigen, um ihrem Ehrgeiz und ihren Launen zu frönen«[2]. Erst recht erschien die Öffentlichkeit als unabdingbares Mittel der revolutionären Wachsamkeit, als der Krieg ausgebrochen war. Um die Verwaltungskörperschaften zu veranlassen, »in ihren Beratungen mehr Reife walten zu lassen und schnellere Erledigung ihrer Angelegenheiten zu erreichen«, und auch, damit das Volk sein Recht, »die Arbeit seiner Verwaltungen selbst zu überwachen«, ausüben könne, dekretierte die Gesetzgebende Versammlung am 1. Juli die Öffentlichkeit der Sitzungen der Verwaltungskörperschaften.[4] Unter dem Druck der Volksmassen breitete sich diese Praxis sehr rasch auf das gesamte politische Leben aus. Im Jahre II verbindet sie sich mit dem Bedürfnis nach revolutionärer Wachsamkeit.[4] Als am 13. März 1792 in der Sektion Postes ein Bürger die Öffentlichkeit der Vollversammlungen gefordert hatte, wurde noch die Tagesordnung ins Feld geführt: das hätte bedeutet, die Passivbürger zuzulassen. Am 13. Juli jedoch anerkennt die Vollversammlung, »es sei von Bedeutung, daß jeder Bürger Zeuge sein könne von dem, was sich in den Beratungen tut«; ihre Versammlungen werden von nun an öffentlich sein.[5]

Die Sektion Roule tut am 20. Juli ein Gleiches[6], und etwa zum gleichen Zeitpunkt folgen sämtliche Sektionen nach. Die Sansculotten strömen in die Vollversammlungen und begnügen sich durchaus nicht mit einer Zuschauerrolle. In die Sitzungssäle werden Tribünen eingebaut, auf denen sich Abend für Abend Frauen und Kinder und der Sektion nicht angehörende Bürger drängen. Von nun an beraten die Sektionen in Anwesenheit des Volkes.

Genügte aber die Öffentlichkeit der Sitzungen schon? Vielmehr tat es doch not, daß sich die Überwachung durch die Volksmassen auch auf wichtigere und wichtigste Manifestationen des politischen Lebens erstreckte: auf die Wahlen und Abstimmungen. Um ihre Gegner aus dem Felde zu schlagen, setzten die Patrioten die offene Abstimmung, dann eine solche durch Zuruf durch.

Die Praxis der offenen Wahl bürgert sich nach dem 10. August 1792 ein. Am 17. erscheinen zwei Angestellte der Gemeindeverwaltung vor der Versammlung der Sekton Théâtre-Français und verlesen das Gesetz über die Schaffung eines Außerordentlichen Kriminalgerichts. Die Versammlung beschließt »angesichts der Dringlichkeit und der Notwendigkeit, dieses Tribunal rasch ins Leben zu rufen«, daß sie ihren Vertreter durch Zuruf bestimmen wird.[7] Bei den Wahlen zum Konvent wurde die offene Wahl für alle Wahlhandlungen für verbindlich erklärt. Dadurch war es möglich, auf die Entscheidung der Wahlmänner einen Druck auszuüben und somit in gewissem Maße das Zweistufenwahlsystem zu umgehen, das als zerstörend für die Souveränität des Volkes erachtet wurde und Intrigen Vorschub leistete. Unter dem Einfluß Robespierres beschloß die Sektion Place-Vendôme am 27. August 1792, die Wahlmänner sollten, um den Nachteilen des Zweistufenwahlsystems abzuhelfen, ihre Stimme laut und in Anwesenheit der Öffentlichkeit abgeben. Um vor allem die letztere Maßnahme richtig zum Tragen zu bringen, wurden die Wahlhandlungen in den Saal der Jakobiner verlegt.[8] Am gleichen Tag entschied die Sektion Bondy, alle Wahlen sollen offen vorgenommen werden und die Wahlversammlung sollte eine möglichst große Anzahl von Bürgern um sich scharen, »damit sie Zeugen des Willens jedes einzelnen Wahlmannes würden«; solche Maßnahme allein sei angetan, »Intrigen zu vereiteln und die Wahlmänner zu zwingen, mit ihren Vollmachten keinen Mißbrauch zu treiben«[9]. Ebenfalls noch am 27. August sanktionierte der Generalrat der Kommune diese Entscheidungen: Die Wahlen sollten offen und nach namentlichem Aufruf durchgeführt werden und die Versammlungen im Beisein des Volkes stattfinden. Da der Saal des Bischofspalastes nicht die notwendigen Voraussetzungen für die Anwesenheit der Öffentlichkeit bot, sollte die Wahlversammlung im Tagungsraum der Jakobiner zusammenkommen. Die Wahlversammlung entsprach diesem Beschluß.[10]

Von neuem tauchte die Frage des Wahlmodus im Oktober 1792 auf, als der Bürgermeister von Paris und die Gemeindebeamten zu bestimmen waren: die gleiche Sorge um die revolutionäre Wachsamkeit wurde von den meisten Sektionen zur Begründung herangezogen, um dasselbe Verfahren der offenen Abstimmung anzuwenden. Dem Wahlgesetz, das der Konvent am 19. Oktober 1792 verabschiedet hatte und nach dem die Abstimmungen geheim durchzuführen waren, stellte die Sektion Mirabeau die Forderung nach der offenen Abstimmung entgegen, wobei sie auf die Nachteile und Gefahren hinwies, die die gesetzlich festgelegte Form der Abstimmung nach sich zöge.[11] Die Sektion Champs-Elysées begnügte sich klugerweise, ohne ihre Entscheidung klar zu formulieren, mit der Feststellung, daß die Primärversammlungen souverän seien. Am 3. Oktober erhob sie zum Prinzip, daß die Ausübung des Rechts der Abstimmung durch keine Bestimmung beschnitten werden könne, die nicht aus den Primärversammlungen selbst hervorgegangen wäre, denn dies sei das einzige Recht, das niemals an einen anderen abgetreten werden könne und dürfe; mithin seien die Primärversammlungen in vollem Recht, wenn sie den Modus ihrer Abstimmungen selbst festlegten.[12] Immerhin sprachen sich noch am gleichen Tage die Sektionen Arsenal, Bon-Conseil und Butte-des-Moulins klar gegen die geheime Wahl und für eine offene, namentliche Abstimmung aus.[13] Dem schloß sich auch die Sektion Marais an. Die Sektion Gravilliers wiederum beteuerte am 7. Oktober vorsichtigerweise ihre Unterwerfung unter das einmal erlassene Gesetz, forderte aber, daß in Zukunft die Wahlen offen stattfinden sollten; »keine Vorherrschaft irgendeiner Partei« könne sie so in ihrem Sinne beeinflussen.[14] Zu einer ähnlichen Haltung entschloß sich auch die Sektion Piques, als sie am 9. ihrer Meinung Ausdruck gab, die geheime Wahl sei »ein Modus, der die Freiheit gefährde«; wenngleich sie sich diesmal hinter das Gesetz stellte, forderte sie den Konvent doch auf, einen Wahlmodus zu dekretieren, »wie er einem freien Volk zukommt«[15]. Am 13. Oktober machte die Sektion Lombards ihre bereits abgeschlossene offene Abstimmung für die Wahl des Bürgermeisters rückgängig mit der Erklärung, sie sei »nur dieses eine Mal« mit der Ernennung auf Grund einer geheimen Abstimmung einverstanden.[16] Die Sektion Halles hingegen hielt am 21. Oktober an ihrer offenen Abstimmung fest. Auch die Sektion Panthéon-Français beschloß »ohne Rücksicht auf das Gesetz und die von der Gemeindeverwaltung gefaßten Beschlüsse«, sie werde offen abstimmen.[17] Ganz unentschlossen zeigte sich die Sektion Bondy. Als die Vollversammlung am 29. Oktober die Abstimmung mit offener Wahlliste und mit lauter Stimme forderte, hob der Präsident die Sitzung auf, um das Gesetz nicht zu übertreten. Die Versammlung konstituierte sich mit einem anderen Präsidium neu, beschloß die offene Abstimmung »als das einzige Wahlverfahren, das sich für Republikaner geziemt«, gab sich aber für die Wahl eines Bürgermeisters mit der geheimen Abstimmung zufrieden.[18] Diese Haltung war mehreren Sektionen gemeinsam, die zwar zu einer offenen Abstimmung neigten, sich aber gleichwohl der durch das Gesetz vorgeschriebenen geheimen Abstimmung beugten. Die Lage erschien weniger angespannt als im September, der Druck des Volkes hatte spürbar nachgelassen. Der Einfluß der Gemäßigten, die sich eng an die Formen der bürgerlichen Demokratie und die Legalität klammerten, hielt dem Einfluß der Sansculotten die Waage, die ihrerseits vor einer Übertretung des Gesetzes zurückschreckten. Auf Befehl Rolands zog der Bürgermeister von Paris am 9. Oktober Erkundigungen über den Wahlmodus ein, der von den einzelnen Sektionen angenommen worden war. Aus dem Ergebnis dieser Umfrage kann man sich ein Bild über die politischen Verhältnisse machen, die in jenem Oktober 1792 in den Pariser Sektionen herrschten, jedoch leider nur ein unvollständiges Bild, das aber Auskunft über den Einfluß gibt, den die

Volksmassen in dieser einen Frage auf ihre Sektionsversammlungen ausübten. Von 26 Sektionen sind uns die Antworten überkommen. Davon erklärten 15, sie hätten nach namentlichem Aufruf offen abgestimmt, wobei einige nicht hinzuzufügen vergaßen, sie hätten sich dabei an das bei den Wahlen zum Konvent benutzte Verfahren gehalten. 11 Sektionen haben die geheime Wahl angewandt, aber, so fügt der Bürgermeister in seinem Bericht vom 14. Oktober an den Minister des Innern hinzu, sie haben den Wunsch ausgedrückt, künftig möchten offene Wahlen durch das Gesetz zugelassen sein.[19] Neuerliches Anwachsen des Einflusses der Gemäßigten im Herbst 1792 ist vor allem in den Sektionen Temple, Luxembourg, Popincourt, Piques und Théâtre-Français zu verzeichnen: sie haben in geheimer Abstimmung gewählt. Die Sektion Temple hatte noch am 10. Oktober erklärt, sie wolle die offene Wahl anwenden, am 15. schrieb sie, sie sei zur geheimen Abstimmung zurückgekehrt. Die Sektionen Panthéon-Français, Gravilliers, Finistère und Faubourg-Montmartre jedoch blieben bei ihrem einmal gefaßten Entschluß, offen abzustimmen; sie zählen zu den Sektionen, in denen die Stimme der Volksmassen am gewichtigsten war.

Schon im Oktober hatte sich gezeigt, daß die politische Praxis der Volksmassen sich nicht mehr recht durchzusetzen vermochte. Ein klarer Beweis dafür ist die Tatsache, daß 11 von 26 Sektionen das bei den Wahlen zum Konvent angewandte Wahlverfahren der offenen Abstimmung aufgegeben hatten. Im Dezember ist das Absinken des Einflusses noch offensichtlicher. Am 1. Dezember war die Wählerversammlung von Paris zusammengetreten, um die Neuwahl des Departements vorzunehmen. Dabei hielt sie an dem bisher angewandten Verfahren der offenen Abstimmung nach namentlichem Aufruf fest. Gegen diese Entscheidung wurde von zwei Sektionen sofort Sturm gelaufen. Die Sektion Fraternité forderte den Konvent auf, dafür zu sorgen, daß das Gesetz befolgt würde. Die Sektion Popincourt befahl ihren Vertretern, die Teilnahme an den Wahlhandlungen der Wählerversammlung abzulehnen, wobei sie argumentierte, dieser Wahlmodus schließe die Intrige in keiner Weise aus und stelle überdies »einen offenen und willkürlichen Ungehorsam gegenüber dem Gestz« dar.[20] Eine ähnliche Entscheidung scheint die Sektion République getroffen zu haben. Die Wählerversammlung gab jedenfalls nach: Am 3. Dezember annullierte sie ihren Beschluß.

Als im März 1793 die Krise von neuem ausbrach, kamen die Sansculotten auf ihre Forderung nach offener Abstimmung als einer wirksamen Waffe im Kampf gegen die Gemäßigten zurück. Aber bald erschien selbst dieser Wahlmodus verdächtig, da er nicht mit dem Gefühl der Einhelligkeit in Einklang stand, das die Sansculotten beseelen sollte, und so bürgerte sich im Laufe des Sommers 1793 allgemein die Wahl durch Zuruf ein. Diese Wahl durch Zuruf oder auch durch Aufstehen und Sitzenbleiben war noch besser als die offene Abstimmung dazu angetan, Zögernde mitzureißen und jede Opposition von vornherein auszuschalten. Sie wurde bald die einzige Form einer revolutionären Wahl.

Als im März 1793 die Pariser Sektionen zunächst von sich aus, dann aber entsprechend dem Gesetz vom 21. zur Einsetzung von Revolutionskomitees schritten, geschahen diese Wahlen durchweg offen, oftmals auch durch Aufstehen und Sitzenbleiben, wie in der Sektion Contrat-Social.[21] Die Ernennungen in dieser Form wurden späterhin als illegal angesehen und bildeten während der Unterdrückungswelle des Jahres III einen der am häufigsten vorgebrachten Anklagepunkte gegen die ehemaligen Kommissare.[22] In dem erbitterten Ringen, das sich im Mai und Juni die Sansculotten und die Gemäßigten um die Vorherrschaft in den Vollversammlungen liefern, ist der Wahlmodus eine Waffe, die sich die beiden feindlichen Parteien gegenseitig streitig machen. »Keine geschlossene Wahl, oder die Kabale triumphiert«[23], erklärt am 21. Mai ein Sansculotte aus der Sektion Mail. Bei der Wahl des Oberkommandierenden der Pariser Nationalgarde wollten die Sansculotten auf jeden Fall ihren Kandidaten Hanriot durchdrücken und setzten daher in den Sektionen, die sie beherrschen, die offene Abstimmung durch; die Gemäßigten, die sich für Raffet erklärten, sprachen sich demgegenüber für die geheime Wahl aus. Die damals von den Gemäßigten gelenkte Sektion Lepeletier hielt sich an den Wortlaut des Gesetzes, aber die Sansculotten in ihrer Versammlung stimmten dennoch offen ab. Einer von ihnen, der Kanonier Merlière, erklärte: »Ich mach' doch nicht den Dummen, ich stimme offen für Hanriot.«[24]

Wo sie sich nicht durchsetzen konnten, schlugen die Sansculotten einen Mittelweg ein. So ließ z. B. am 27. Juni in der Sektion Unité ein Bürger den Beschluß, durch den die Versammlung die geheime Wahl für verbindlich erklärt hatte, annullieren: die Gesetzesausfertigungen müßten von den Wählern unterzeichnet sein, andernfalls sie als ungültig zu betrachten seien.[25] Auf diese Weise wurde das Prinzip der Öffentlichkeit durchgesetzt.

Mit dem Anwachsen des politischen Einflusses der Sansculotterie im Laufe des Sommers 1793 bürgert sich die offene Abstimmung allgemein ein. Die Gesellschaft Hommes-Libres in der Sektion Pont-Neuf macht sie am 7. August für sich verbindlich: es sei »der Wahlmodus freier Menschen«. Die Vollversammlung folgt am 4. September nach, als der Vorstoß der Volksmassen seinen Höhepunkt erreicht hat.[26] Im Brumaire sind selbst die letzten gemäßigten Sektionen oder Gesellschaften sansculottisiert: Am 27. entscheidet auch die Volksgesellschaft Lepeletier dahin gehend, daß sie fortan alle Ernennungen durch offene Abstimmung vornehmen werde. Diejenigen Gemäßigten, die sich immer noch darauf versteifen, die geheime Abstimmung anwenden zu wollen, werden als Verdächtige inhaftiert. So geschieht es Anfang Brumaire einem gewissen Bourdon aus der Sektion Bonne-Nouvelle, weil er »im Augenblick der Ernennungen im Sumpf mit leiser Stimme abgestimmt hat«[27]. So geht es auch Louis Maillet, Kupferstichdrucker aus der Sektion Panthéon-Français, der am 12. Frimaire verhaftet wird, »weil er sich halsstarrig dem Wunsch der Patrioten widersetzt hat, in den Vollversammlungen offen zu wählen«[28]. Mit dem Beginn des Jahres II verschwindet die Praxis der geheimen Abstimmung als Bekundung einer staatsfeindlichen Haltung aus dem politischen Leben der Sektionen.

Die Sansculotten waren Herren der Vollversammlungen geworden. Sie setzten in ihnen nun einen Wahlmodus durch, der noch besser ihrem revolutionären Temperament und ihrem glühenden Verlangen nach Einmütigkeit entsprach: die Abstimmung durch Zuruf. Ein solches Verfahren war nicht etwa neu. Die Sansculotten hatten es schon angewandt, wenn die Krisen ihren Höhepunkt erreicht hatten. So hatte am 2. August 1792 die Vollversammlung der Sektion Postes ihren

Präsidenten durch Zuruf bestimmt und einen Antrag auf eine Wahlliste abgelehnt. Aber erst vom September 1793 an verbreitet sich diese Form der Wahl über alle Sektionen. Es ist etwa diese Zeit, als es sich die Vollversammlung der Sektion Beaurepaire zur Gewohnheit macht, ihren Präsidenten durch Zuruf zu ernennen, »weil sie ihre Zeit nicht mit einer Zettelwahl vergeuden will«. »Sie wolle sich darüber hinaus angelegen sein lassen, gleichermaßen zu verfahren, wenn der Vorsitzende des Ausschusses Anordnungen erhalte, die er ihr mitzuteilen habe und über die ein rascher Entschluß zu fassen sei.«[29] Die Abkürzung des Verfahrens bildet nicht allein den Grund für die Wahl durch Zuruf. Es wird darin ebenso ein Mittel gesehen, unliebsame Opponenten zum Schweigen zu bringen, als auch eine Kundgebung der revolutionären Einheit, die den Sansculotten so teuer ist. Diese Form der Wahl wurde bis ins Frühjahr des Jahres II hinein zur Regel, zusammen mit der anderen, weniger häufig angewandten, aber ebenso wirksamen Form des Aufstehens und Sitzenbleibens. So trifft z. B. die Vollversammlung der Sektion Butte-des-Moulins am 20. Brumaire die Entscheidung, Ernennungen »auf revolutionäre Weise durch Aufstehen und Sitzenbleiben« zu vollziehen[30], am 25. Frimaire aber wählt sie ihr Präsidium neu »auf revolutionäre Weise durch Zuruf«[31]. Es ist dies auch das gemeinhin bei der Sektion Invalides, bei der Volksgesellschaft der Sektion Poissonnière usw. angewandte Verfahren. Die Wahl durch Zuruf setzt sich unter den Druck der Volksmassen schließlich auch im Generalrat der Kommune durch. Am 2. Ventôse bittet sein Präsident Lubin um Ablösung. »Lubin! Lubin!« rufen sofort fast einmütig die Mitglieder des Rates, und die Tribünen nehmen den Ruf auf: »Lubin! Lubin!« Lubin wendet ein, eine solche Ernennung sei nicht legal. »Man sieht in den Gesetzen über die Provisorische Regierung nach und findet dort, daß der Generalrat das Recht hat, seinen Präsidenten, wann und auf welche Weise es ihm gefällt, zu ernennen und neu zu ernennen. Soll etwa erst ein Wahlausschuß gebildet, eine Zettelwahl durchgeführt werden? »Das hieße doch seine Zeit zu sehr verschwenden.« Lubin wird als gewählt ausgerufen.[32]

In den Sektionen hatten die Sansculotten nun einen Wahlmodus durchgesetzt, der ihrem Temperament und ihren Interessen entsprach. Aber das genügte ihnen nicht. Wenn es nach ihnen gegangen wäre, hätte er auf alle Gebiete des politischen Lebens ausgedehnt werden müssen, so etwa auch auf das Gebiet der Justiz. Die Geschworenen des Revolutionstribunals fällten ihre Entscheidung schon offen.[33] Aber im Gerichtshof des Kriminaltribunals beim Departement wurde noch nach den alten Regeln verfahren. Am 30. Frimaire drückt die Gesellschaft Hommes-Libres in der Section Révolutionnaire ihr Erstaunen hierüber aus: »Der Magistrat, der Richter, der Bürger Geschworene, den das Gesetz berufen hat, über Vergehen gleich welcher Art sein Urteil zu fällen, schuldet dem Volke Rechenschaft über die Erwägungen, die ihn zu seinem Spruch geführt haben, er schuldet der öffentlichen Meinung Rechenschaft über alle seine Gedanken, damit sie ihn ihrerseits beurteilen kann.« Die Geschworenen sollten angehalten sein, ihren Spruch offen zu verkünden und ihre Einstellung auch zu begründen. »Die Öffentlichkeit, dieses Grundprinzip der Freiheit, der Gerechtigkeit und der Gleichheit, wird ihnen den festen Willen verleihen, dessen sie bedürfen.«[34] Der Konvent lehnte es ab, für die niederen Gerichte die althergebrachte Prozeßordnung aufzugeben; die Petition wurde an den Legislativausschuß verwiesen. Nach den Angaben des Polizeibeobachters Boucheseiche wurde am 21. Ventôse in den Gruppen vor dem Justizpalast der Abstimmungsmodus der Geschworenen am Kriminalgericht einer heftigen Kritik unterzogen. »Man bemerkte, daß diese geheime Methode mehr als einem Wucherer das Leben rette, denn dieser oder jener Geschworene, der mit lauter Stimme sagen würde, daß der Angeklagte schuldig sei, erteile ihm bei der geheimen Abstimmung Absolution.«[35]

Zu diesem Zeitpunkt war die populäre Praxis der offenen Wahl schon dem Untergang verfallen. Sie sollte die Ventôsekrise und die Verurteilung der Cordeliersgruppe nicht überstehen. Mit dem Erstarken der Jakobinerdiktatur vollzog sich die Rückkehr zu den bürgerlichen Formen. Die Abstimmung durch Zuruf und selbst die durch offene Stimmabgabe wurden bei den Ernennungen in den Vollversammlungen durch Payan, den Nationalagenten der »gesäuberten« Kommune, in aller Form untersagt. Die Sektionen mußten gehorchen. Aber lieber blieben die Sansculotten den Vollversammlungen fern, als daß sie sich einem Wahlmodus unterwarfen, von dem sie überzeugt waren, daß er ihre Gegner begünstigte. Am 30. Messidor entstand in der Vollversammlung der Sektion Invalides eine heftige Diskussion über die Ernennung zweier Kommissare für das Bekleidungswesen: Sollte man sie durch Zuruf bestimmen oder in geheimer Wahl wählen? »Nachdem beschlossen worden war, daß die besagten Kommissare in geheimer Wahl gewählt werden sollten, haben viele Bürger die Versammlung verlassen, die an der weiteren Beratung nicht mehr teilzunehmen wünschten.«[36] Die Rückkehr zur geheimen Wahl war eine der Maßnahmen, in denen der Umschwung vom Frühjahr des Jahres II zum Ausdruck kam. Auch er tat das Seine dazu, die Revolutionsregierung bei den Sansculotten mißliebig zu machen.

Die Reaktion der Thermidorepoche setzte in diesem Punkt die Politik der robespierristischen Kommune fort. Mehr noch, sie verfolgte im Prairial des Jahres III sogar jene, die für die offene Wahl, die Ernennung durch Zuruf oder durch Aufstehen und Sitzenbleiben, eingetreten waren, sowie jene, die daraus Nutzen gezogen hatten. Die letzte Erwähnung dieser bürgerlichen Praxis kommt aus der Sektion Indivisibilité. In der Zusammenkunft der Urwählerversammlung am 1. Schalttag des Jahres III schlug ein gewisser Berger vor, man könne gar nicht anders als offen wählen. Er wurde unter dem fast einmütigen Protest der Versammelten »als einer der entschiedensten Agenten des Terrorismus« aus der Versammlung ausgeschlossen.[37]

Die Öffentlichkeit der Sitzungen der Verwaltungskörperschaften und die Ächtung der geheimen Wahl bewirkten, daß sich das politische Leben in aller Öffentlichkeit abspielte. Alle Bürger waren berufen, die Taten, die Worte, ja sogar die Absichten ihrer Freunde wie ihrer Feinde zu begutachten. Sie durften aber auch nichts verschweigen, was für das öffentliche Wohl von Interesse sein konnte. Mit anderen Worten, die Anzeige war die endliche Auswirkung des Prinzips der Öffentlichkeit; sie wurde für den Sansculotten eine staatsbürgerliche Pflicht.[38]

Auf öffentlichen Plätzen, auf Kundgebungen, überall ermahnte das *Auge der Wachsamkeit*[39], eines der in der revolutionären Symbolik am meisten verwendeten Embleme, die

Bürger, die Augen offenzuhalten. Oftmals erschien die Anzeige unter den Pflichten des republikanischen Schwurs.[40] Anzeigen nahmen in den Beratungen der Vollversammlungen und der Volksgesellschaften großen Raum ein. Es gab sogar ein Gesetz, das die Menschen zur Anzeige aufrief. Nach dem Dekret vom 16. September 1791 ist die staatsbürgerliche Anzeige Pflicht für jeden, der etwa Zeuge eines Anschlags werden sollte. Am 26. Ventôse des Jahres II forderte der Generalrat der Kommune auf Vorschlag des Jakobinerklubs alle guten Bürger auf, *mehr denn je* die Feinde der Sache des Volkes zu überwachen und anzuzeigen.

Nicht nur, daß die Sansculotten von der Anzeige regen Gebrauch machten, sie rechtfertigten sie auch. In seinem *Essai sur la dénonciation politique*[41], den er am 25. Juli 1793 vor der Sektionsgesellschaft der Sektion Guillaume-Tell verlas, definiert Etienne Barry die Anzeige als einen Akt, durch den man, »ohne verpflichtet zu sein, seinen Namen bekanntzugeben, wenn man es nicht will, und ohne zur Verantwortung gezogen werden zu können, den republikanischen Behörden Anschläge gegen die Öffentlichkeit, von denen man erfahren hat, zur Kenntnis bringt«. Unter dem Ancien régime war der Denunziant natürlich ein schäbiger Kerl, »weil unter einer despotischen Regierung das, was man öffentliche Ordnung nennt, nichts weiter ist als die Erhaltung und Verschlimmerung des Despotismus«. Seit der Revolution hingegen »ist die politische Anzeige, weit davon entfernt, ein moralisches Verbrechen zu sein, eine Tugend und eine Pflicht«, hat sie doch zum Ziel, die Menschenrechte gegen jeden Angriff zu schützen. Was gibt es Besseres gegen die *adligen und bürgerlichen* Aristokraten? Das Beispiel Marats ist ein überzeugender Beweis. Und Barry kommt zu dem Schluß: »Die Anzeige ist der Schutzschild der Freiheit in einer Volksrepublik.«[42] Das gleiche sagt am 27. Floréal des Jahres II ein Sansculotte aus der Sektion Chalier, wenn er meint, die Anzeige sei, genauso wie die Öffentlichkeit, der *Schutzschild des souveränen Volkes*. Sie sollte »im Range der Lauterkeit und der Ehre« stehen; wer schweigt, ist ein schlechter Bürger, wer anzeigt, ist einer Belohnung würdig. Es ist durchaus nicht nötig, Zeuge einer Handlung gewesen zu sein, um anzeigen zu dürfen: »Es wird Sache der Geschworenen und der Justizangestellten sein, der geborenen

Verteidiger der Angeklagten, den Wert Eurer Aussagen zu überprüfen.«[43]

So erscheint die Denunziation im Jahre II als eine der Manifestationen der revolutionären Wachsamkeit. Ihr edler Zweck rechtfertigt sie; damit verliert sie in den Augen der Sansculotten ihren anrüchigen Charakter und wird zu einer staatsbürgerlichen Pflicht.[44] Am 26. September 1793 macht der Perückenmacher Marrans das Revolutionskomitee der Sektion Chalier darauf aufmerksam, »daß er einer und sogar mehreren konterrevolutionären Gesellschaften auf der Spur ist, daß er versuchen wird, sich dort aufnehmen zu lassen, um sie anzuzeigen, und daß er allem zustimmen wird, was man dort unternehmen wird, damit er nicht als Spitzel entlarvt wird...«[45] In der gleichen Sektion gewährte der Beamte Montain-Lambin, Mitglied des Wohltätigkeitsausschusses, einer Bürgerin Hilfe, die er andererseits wieder anzeigte, »weil sie der Revolution zuwiderlaufende Prinzipien vertrete«[46]. Chassant von der Sektion Muséum, ein ehemaliger Priester der Kirche Saint-Germain-l'Auxerrois, hielt es für eine Pflicht der Kinder, die Eltern anzuzeigen, wenn sie ihnen den katholischen Kult beibringen wollten.

Als im Jahre III Sansculotten als Denunzianten verhaftet werden, verteidigen sie sich nicht etwa, sondern sind erstaunt, daß man ihnen daraus einen Strick drehen will. Der Wäscher Landru aus der Sektion Thermes, der am 9. Prairial unter der Anschuldigung verhaftet worden ist, er habe einen gewissen Duhamel wegen seiner royalistischen Äußerungen angezeigt, gibt die Tatsache rundweg zu: »Er habe geglaubt, es tun zu müssen.«[47] Aus dem gleichen Grunde war auch der Maler Michel aus der Sektion Bonne-Nouvelle am 5. Prairial verhaftet worden. »Ist es denn ein Verbrechen«, schreibt er in einer Petition an den Allgemeinen Sicherheitsausschuß, »wahre und dem Wohl des Volkes nützliche Dinge enthüllt und angezeigt zu haben? Haben wir denn schon solche Unordnung, Anarchie und Verwirrung, daß die staatsbürgerliche Anzeige der Denunziation aus Rache, Eigennutz oder Habgier gleichgesetzt wird?« Er hat denunziert, aber nicht aus Haß, Eigennutz oder Rache. »Die Liebe zu meinem Vaterland allein hat mich zu meiner Anzeige geführt. Wenn die Mehrheit der Bürger genug Tugend besessen hätte, um alle Feinde des Vaterlandes anzuzeigen, wäre das Vaterland gerettet.«[48] Gleiche Töne schlägt der Tischler Gentil an, ein ehemaliger Kommissar der Sektion Contrat-Social, der am 5. Prairial des Jahres III zum Tode verurteilt worden ist. »Warum er mehrere Personen aus dieser Sektion denunziert hat? – Weil er glaubte, sie seien gegen die Interessen des Vaterlandes.«[49]

Die Einheit, »Unterpfand des Sieges«

Bis in seine letzten und äußersten Auswirkungen hinein legt das Prinzip der Öffentlichkeit Kunde ab von dem glühenden Willen zur Einmütigkeit, der den Sansculotten beseelt. Er fühlt sich ganz zur Masse gehörig, es ist ihm unbegreiflich, wie man sich von ihr absondern kann; die Einheitlichkeit der Gefühle, der Meinungen und der Entscheidungen erscheint ihm nicht allein wünschenswert, sondern einfach notwendig. In der Einheit sieht er daher einen der Angelpunkte seiner politischen Tätigkeit und macht sich von ihr eine geradezu mystische Vorstellung. Es handelt sich dabei nicht einfach um die nationale Einheit, wie sie in der Nacht vom 4. August zum Ausdruck gekommen ist, wie sie die Verfassung von 1791 proklamiert hat und wie sie noch einmal vom Konvent feierlich verkündet und am 10. August 1793, am Jahrestag des Tuileriensturms, zelebriert worden ist. Die Einheit, das ist in den Händen der Sansculotten eine politische Waffe, ein Unterpfand und ein Werkzeug des Sieges. Sie wollen die weitestgehende Vereinigung zwischen den Organisationsformen des Volkes, und mehr noch zwischen den verschiedenen sozialen Kategorien, denen allen gemeinsam der Untergang der Aristokratie am Herzen liegt. Korrespondenz und Verbrüderung sind die Mittel, dieses große Ziel Wirklichkeit werden zu lassen, der Bruderkuß ist sein Symbol, der Schwur gibt ihm eine Art religiöse Weihe.

Das Bedürfnis, die revolutionären Kräfte zusammenzufassen, zeigt sich zuerst in den Sektionen. »Je tiefer das Vaterland in der Gefahr steckt, desto enger müssen sich die Bürger zusammenschließen«, erklärt am 6. September 1792 die Sektion Beaubourg, die eine *Proklamation der Brüderlichkeit* erläßt und den bedeutungslosen Namen »Beaubourg« gegen den Namen »Réunion« eintauscht. Jede Trennung zwischen den Bürgern soll verschwinden, die ganze Sektion soll »eine einzige große Familie bilden, deren sämtliche Glieder aufs engste miteinander verbunden sind«[50]. Der Friedenskuß besiegelt diesen Schwur.

Die Sansculotten taten, was in ihren Kräften stand, um alle Bürger zur Teilnahme am politischen Leben heranzuziehen. Es war ihnen unbegreiflich, wie man indifferent oder neutral sein konnte. Es fehlte nicht an Aufrufen zum Zusammenschluß, aber sie vermochten jene nicht zu überzeugen, deren Interessen durch die Revolution geschädigt wurden. Wo sie nicht überzeugen konnten, gingen die Sansculotten mit Gewalt vor: als Herren der Sektionen kehrten sie sich gegen jene, die den Gefahren des Vaterlandes gleichgültig gegenüberstanden und das Ende des Gewitters abwarteten. Im Herbst 1793 galten Gleichgültigkeit, Gemütsruhe, Egoismus als Verdachtsmomente; es durfte in der Republik keine zwei Parteien geben. Die brennende Sorge um die Einheit verschärfte den Terror.

Aufrufe zum fleißigen Besuch der Sitzungen der Vollversammlungen, verbunden mit Drohungen gegen die Gleichgültigkeit, häuften sich zu Beginn des Jahres 1793, als die Krise die Kämpfer mobilisierte und ihre Reihen fester schloß. Am 13. Dezember 1792 hatte die Sektion Arsenal die Bürger zu einem regen Sitzungsbesuch verpflichtet. Am 2. Januar 1793 wiederholte sie ihren Aufruf und stellte mit Bitterkeit fest, daß die Eifrigsten die am wenigsten Begüterten seien: »Es sind die Arbeiter ..., es sind diejenigen, die bei jeder Gelegenheit, wo es darauf ankommt, sich als erste der Gefahr entgegenstellen.« Umgekehrt ist es bei »den wohlhabenden Bürgern aller Klassen«: die einen sind indifferent, die anderen, »ganz und gar ihrem Handel oder anderen gewinnbringenden Spekulationen hingegeben, beschäftigen sich fast ausschließlich mit der Sorge um ihr Vermögen«. Deshalb besucht nur eine kleine Anzahl Bürger aus den unteren Volksschichten die Versammlungen.[51] Die Sektion Gardes-Françaises machte sich einen Beschluß der Sektion Arsenal zu eigen und ordnete an, die Wähler in eine Liste einzutragen. Auf diese Weise unterschied sie »die Bürger, die die heiligen Pflichten, die ihnen das Interesse des

Vaterlandes auferlegt, getreulich erfüllen, von jenen, die sich unter den verschiedensten Vorwänden darum drücken«[52].

Am 14. Februar 1793 erklärt die Sektion Marchés in einem Aufruf an die Bürger, zu den Anstrengungen der Verteidigung das Ihre beizutragen. »Bei einem freien Volk gibt es das nicht, daß einer neutral ist: da gibt es nur Brüder oder Feinde.« In einer Republik ist ein Individuum nicht denkbar, »dem der Fortschritt der Freiheit nicht am Herzen läge, kein einziges Wesen, das nicht mit seiner ganzen Kraft sich dafür einsetzt, daß sie sich im Innern ausbreitet und im Ausland respektiert wird, keiner endlich, der sich als an ihrem Erfolg nicht beteiligt betrachten dürfte«[53]. Von der Propaganda geht die Sektion Bondy bald zur Drohung über. Am 8. März beschließt sie, alle Bürger zusammenzurufen »mit der Drohung, sie gewaltsam herbeizuschaffen, falls sie sich weigern sollten«. Es werden alle diejenigen als Feinde der Sache des Volkes und als unwürdig, den Namen eines Franzosen zu tragen, betrachtet werden, »die sich weigern sollten, mit ihrem Mut, ihrem Vermögen oder ihrer Tätigkeit die Gefahren zu teilen, die uns zu bedrohen scheinen«[54]. Am 22. März wandte sich die Sektion Théâtre-Français an die Besitzenden. »Die Besitzenden mögen sich doch endlich darüber klar werden, daß die Fortdauer der Revolution allein imstande ist, ihnen ihre Besitztümer zu retten.« Sie sollen also eifrig zu den Vollversammlungen kommen, »das Heil des Vaterlandes hängt ab von der Vereinigung aller Bürger«[55].

Weder Propaganda noch Drohungen führten zu dem gewünschten Ergebnis. Am 1. April richtet die Sektion Bondy einen Aufruf *An die Leichtfertigen:* vergeblich. Am 10. April kündigt das *Letzte Wort der Sektion Bondy an die Leichtfertigen* Strafmaßnahmen an. Es werden alle jene zu schlechten Bürgern erklärt werden, die dreimal hintereinander in der Vollversammlung gefehlt haben; die Namen der *Leichtfertigen* werden dem Sektionsausschuß mitgeteilt, so daß sie für Beglaubigungen der staatsbürgerlichen Unbescholtenheit oder für Auslandspässe nicht mehr als Zeuge benannt werden können. Damit sinkt der Leichtfertige zu einem Bürger zweiten Ranges herab; bald wird er zum Verdächtigen gestempelt werden. Mehr noch: Die Sektion Bondy wird jeden für lau erklären, »der Besitzer, Rentner oder als im Besitz von ausreichendem Vermögen bekannt ist und nicht schon ein öffentliches Amt ausübt und der, wenn er zu irgendeinem Amt vorgeschlagen wird, es verweigert«[56]. Da die von der Sektion zu vergebenden Ämter noch Ehrenämter waren, drängten sich die Sansculotten nicht danach; für die Reichen aber bedeutete die Ablehnung eines solchen Amtes den Beweis mangelnden Staatsbürgerbewußtseins.

Es genügte aber nicht, daß die Reichen sich persönlich zur Verfügung stellten: es wurde von ihnen erwartet, daß sie auch mit ihrem Vermögen zur allgemeinen Sache beitrügen. Am 4. Mai 1793 beschloß die Sektion Piques eine Sammlung zugunsten der Freiwilligen für die Vendée. »Jeder Bürger, der, gleichgültig gegenüber dem Schicksal des Vaterlandes, es sich nicht angelegen sein lassen sollte, sich in die Sammelliste eintragen zu lassen, muß sich darauf gefaßt machen, das Doppelte seines Anteils zu bezahlen und außerdem die entsprechende Beurteilung zu bekommen, die seine negative Haltung ihm einbringt.«[57]

Daß sich dergleichen Aufrufe häuften, spricht für den geringen Erfolg, den sie verzeichneten. Politische Konzeptionen und politisches Verhalten der Sansculotten und der Bourgeois waren einander zu unterschiedlich, als daß Leichtfertigkeit und Sorglosigkeit den wirklichen Grund für das Fernbleiben der bemittelten Bürger von den Vollversammlungen bilden konnten. Vielmehr widerstrebte es ihnen, sich mit den »Leuten aus dem Volk« allzu gemein zu machen und sich deren politischer Praxis zu unterwerfen. Ende Mai noch lud sie die Sektion Molière-et-Lafontaine ein, »als Brüder zu kommen und die Arbeit mit ihnen zu teilen, ihnen jenen Anteil ihres Wissens zu bringen, den ein jedes Individuum seinem Vaterlande schuldet«[58]. Am 5. Juni beschloß die Vollversammlung der Sektion Théâtre-Français, um der wiedererlangten Einheit einen symbolhaften Ausdruck zu verleihen, »jede Trennungslinie zwischen den Bürgern« abzuschaffen und »die Bezeichnungen rechte und linke Seite« nicht mehr gelten zu lassen.[59] Aber alle Aufrufe, alles Entgegenkommen waren vergebens.[60]

Die Unmöglichkeit, die Indifferenten für die Sache der Allgemeinheit zu interessieren noch sie gar in eine geschlossene Einheitsfront der Nation einzureihen; ließ die Sansculotten, die inzwischen Herren der sektionären Körperschaften geworden waren, zum Mittel der Gewalt gegen sie greifen. Im September 1793 wurde Gleichgültigkeit zu einem Verdachtsgrund, und das blieb so bis in den Thermidor. Zwar stand im Gesetz vom 17. September, dem Gesetz über die als verdächtig zu Betrachtenden, kein Wort von Indifferenz als einem ausreichenden Grund dafür. Aber der Generalrat der Kommune ging darüber hinaus und bestand in seinem Beschluß vom 19. Tag des ersten Monats darauf, daß verdächtig alle diejenigen würden, die zwar nichts gegen, aber auch nichts für die Freiheit unternommen hätten.[61]

Zudem waren die Revolutionskomitees der Kommune ohnehin schon vorausgeeilt. Das Gesetz über die Verdächtigen war kaum erlassen, als die Verhaftungen von Indifferenten und »Leichtfertigen« begannen. Schon am 18. September 1793 wird in der Sektion Muséum ein gewisser Blondel, ein früherer Kammerdiener, verhaftet: er ist verdächtig »auf Grund seiner Leichtfertigkeit und seiner Lauheit«[62]. Am 21. erfolgt in der Sektion Invalides die Verhaftung von François Lagrange, der von seinem Vermögen lebt, »als einem Menschen, der unter uns lebte, ohne zum allgemeinen Wohl beizutragen, und der demzufolge als Sorgloser zu betrachten ist«[63]. Der ehemalige Notar Arnoult aus der Sektion Bondy wird am 2. Oktober verhaftet. »Sein Charakter ist wenigstens der eines Egoisten und eines Leichtfertigen«; man hat ihn in der Sektion nie zu sehen bekommen; er kann nur »ein Feind der Revolution sein, weil er nie an ihr teilgenommen hat«[64]. Aus der Sektion Indivisibilité wird am 5. Oktober 1793 der ehemalige Rentenauszahler Boutray als Verdächtiger angesehen, weil er »sich niemals bei irgendeiner Gelegenheit zur Unterstützung des Vaterlandes hat blicken lassen«. Er erschwert den Fall noch, indem er bei seiner Verhaftung erklärt, »er sei weder Demokrat noch Royalist noch Republikaner, er verhalte sich vielmehr ruhig und lasse die Dinge auf sich zukommen«[65]. Der Schriftsteller Bluteau aus der Sektion Arcis wird am 2. Brumaire verhaftet, weil er niemals, zu keinem Zeitpunkt der Revolution, die Waffen ergriffen hat. Der Seidenhändler Bossu aus der Sektion Bon-Conseil hat sich »niemals als Freund der Revolution gezeigt«; er hat den Beweis seiner Leichtfertigkeit bei seinem Dienst (in der Nationalgarde) geliefert, den er nur selten selber geleistet hat. Er wird am 28.

Brumaire verhaftet.⁶⁶ Mit ihm zusammen, am gleichen Tag und in der gleichen Sektion, wird der Perlenhändler François Boucher festgenommen, der »alle Merkmale eines Leichtfertigen trägt und sich keiner Partei angeschlossen hat«⁶⁷. In der Sektion Bondy wird am 7. Frimaire der Großkaufmann und einer der Verwalter der ehemaligen Indienkompanie André Montigny verhaftet: »Als einer, der sich nie hat blicken lassen, wird er als verdächtig betrachtet.«⁶⁸ »Weil er nichts für die Revolution getan hat«, wird der Wachshändler Bénard aus der Sektion Lombards am 8. Frimaire verhaftet. Weil »mehrere schlechte Bürger dieses Arrondissements weder ihre Fähigkeiten noch ihre Zeit noch ihren Wohlstand an die Angelegenheiten der Allgemeinheit wenden wollen und die Festigkeit der Republikaner ... schwächen«, verhaftet das Revolutionskomitee der Sektion Faubourg-du-Nord am 8. Frimaire den Rentner Laporte.⁶⁹ Der Handelsvertreter Bachman aus der Sektion Fontaine-de-Grenelle »hat nichts für die Revolution getan«; er wird am 12. Frimaire verhaftet.⁷⁰

In dem Maße, wie sich die Revolutionsregierung zu festigen versteht, lassen die Verhaftungen wegen Leichtfertigkeit und Sorglosigkeit nach. Gleichwohl werden sie nicht völlig eingestellt, und das dürfte darauf hinweisen, daß die politischen Tendenzen der Sansculotterie auch nach dem 14. Frimaire noch Bestand haben. Am 18. Nivôse wird der Gerichtsvollzieher André Angard aus der Sektion Bon-Conseil verhaftet: er ist ein Sorgloser. Ein Gesinnungsgenosse von ihm, der ledige Rentner La Chapelle aus der Sektion Contrat-Social, »ging seinen Vergnügungen nach; die Revolution kümmerte ihn wenig«. Er wurde am 6. Germinal verhaftet und mußte »nun über sein politisches Verhalten seit 1789 Rechenschaft ablegen«⁷¹. Noch am 23. Floréal ordnete das Revolutionskomitee dieser Sektion die Verhaftung des Uhrmachers Brasseur an, und zwar »in Anbetracht seiner Sorglosigkeit. Er vernachlässigt seinen Wachdienst, liebt seinen Dienst überhaupt nicht, hat nichts für die Revolution getan.«⁷²

Besonders empfindlich waren die Sansculotten gegen die Indifferenz von Leuten, die eine gute Schulbildung besaßen und über besondere geistige Fähigkeiten verfügten: ein Umstand, der bezeichnend ist für ihre politische Einstellung, für ihren Glauben an die Allmacht der Erziehung und für ihre

Überzeugung, daß Kenntnisse wesentlich zur Entwicklung staatsbürgerlicher Gefühle beitragen. Die Enttäuschung über das Versagen dieser Leute fand in harten Repressalien ihren Ausdruck. Am 15. Brumaire beschließt das Revolutionskomitee der Sektion Montagne die Verhaftung des ehemaligen Angestellten bei der Indienkompanie Jean-Charles Choderlos als eines »sehr gebildeten Menschen«. »Es geht uns sehr nahe«, schreiben die Kommissare, »daß wir Euch mitteilen müssen, daß eine große Anzahl dieser Menschen mit Schulbildung, so wie Choderlos, ihre Fähigkeiten nicht voll eingesetzt haben, um die Feinde der Republik zu bekämpfen, die sich in unserer Sektion breitmachten, und daß wir sehen mußten, wie sie es mit keiner Partei verderben wollten, während die Sansculotten, die A von B nicht unterscheiden konnten, die wahren Prinzipien kraftvoll verteidigten und keine anderen Interessen kannten als die des Vaterlands.«[73] In der Sektion Amis-de-la-Patrie wird der Notar Berthel »eingestuft als über große Kenntnisse verfügend und in der Revolution neutral geblieben zu sein«. Das trägt ihm seine Verhaftung am 25. Brumaire ein.[74] »Obwohl mit großer Beredsamkeit und anderen Gaben ausgestattet«, hat der Angestellte beim Staatlichen Schatzamt Civet aus der Sektion Faubourg-du-Nord, »niemals die Rechte des Volkes in Schutz genommen«. Am 9. Frimaire wird er verhaftet.[75] Am 25. Ventôse ordnete das Revolutionskomitee der Sektion Montagne die Festnahme des Schriftstellers Laharpe an. Er hat zwar der Sache der Freiheit Dienste geleistet, »trotzdem ist ihm der Vorwurf zu machen, daß er nicht zu den Versammlungen seiner Sektion gekommen ist, um die Sansculotten zu unterstützen und bei seinem Talent die großen Prinzipien der Natur dort zu entwickeln, um die Aristokratie zu zerschmettern, die damals am Zuge war«[76].

Der Klassencharakter dieser Härte gegenüber dem Indifferentismus liegt auf der Hand. Notare, Kaufleute, Rentner ..., alle Sorglosen gehören der Klasse der Bemittelten oder gar der Reichen an. Der Verdruß der Sansculotten darüber, daß sie sie nicht um die Revolution haben scharen können, ist gleichermaßen Ausdruck ihres glühenden Wunsches nach der Vereinigung aller Bürger wie der Schwäche ihres Klassenbewußtseins: Weniger wegen ihrer sozialen Lage als vielmehr wegen ihrer politischen Haltung werden die Indifferenten verhaftet.

Es macht nicht den Eindruck, als hätten die Sansculotten begriffen, wie das eine das andere bedingte. Ihr Streben nach Einheit über Klassenschranken hinweg liefert einen eklatanten Beweis für den utopischen Charakter ihrer politischen und sozialen Bestrebungen.

Ist die Einheit und Geschlossenheit schon innerhalb der Sektionen von entscheidender Notwendigkeit, so ist sie erst recht unabdingbar zwischen den höheren Organisationsformen der Volksmassen: Sie ist die Voraussetzung für deren Wirksamkeit. Die Volksbewegung auf einen Nenner bringen, die Sektionen und Klubs in einheitlichem Geiste und mit gleicher Entschiedenheit handeln lassen: das war eine der dauernden Sorgen der sansculottischen Avantgarde wie auch aller konsequenten Führer der Revolution. Von anhaltender Wirksamkeit auf dieses Ziel hin erwiesen sich Kollektivpetitionen und ein reger Meinungsaustausch zwischen den Körperschaften der Sektionen.

Das Petitionsrecht war mit einmütiger Zustimmung allen Bürgern zuerkannt worden. Zwar ist es nicht ausdrücklich in der Erklärung der Menschenrechte von 1789 niedergelegt, aber die Deklaration von 1793 proklamiert es feierlich in ihrem Artikel 32. Nicht gegeben war aber dadurch, wie dieses Recht geübt werden konnte und sollte. Und hier stehen sich zwei Auffassungen diametral gegenüber: die der individualistischen Bourgeoisie und die der unitaristischen Sansculotterie. Für die einen müssen Petitionen von einzelnen gezeichnet sein, für die anderen ist das Kollektiv der Träger. Am 6. April 1791 stellt der *Moniteur* den Unterschied klar heraus: »Jede Petition ist ein individueller Akt von Bürgern, die sich dazu verstehen, sie zu unterschreiben. Es geht gegen alle Freiheit, gegen alle Prinzipien, eine Petition einer Mehrheit von Stimmen zuzuordnen und einen solchen Akt etwa zu nennen: Petition einer Sektion oder Petition einer Kommune, es sei denn, alle Bürger dieser Sektion oder dieser Kommune waren bei der Abfassung anwesend und einer Meinung darüber gewesen; und das muß dann durch ihre Unterschriften beurkundet sein.«[77] Am 10. Mai 1791 untersagt die Verfassunggebende Versammlung Kollektivpetitionen. Wohl reiht sie am 9. August darauf das Petitionsrecht unter die *durch die Verfas-*

sung garantierten Grundrechte, aber sie vermerkt ausdrücklich, daß Petitionen von Einzelpersonen unterzeichnet sein müssen.[78] Gleichwohl wurde die Gepflogenheit, Petitionen im Namen von Kollektiven zu unterbreiten, beibehalten; sie entsprach der Auffassung der Volksmassen und diente den Interessen der Revolution. Am 4. Februar 1792 rief der Berichterstatter des Verfassungsausschusses einen wilden Tumult auf den Tribünen und auf der linken Seite der Versammlung hervor, als er die Zurückweisung aller kollektiv eingebrachten Petitionen vorschlug.[79] Der Zutritt der Sansculotten zu den Sektionsversammlungen, ihre immer aktivere Anteilnahme am politischen Leben drückten diese Praxis im Laufe des Sommers 1792 endgültig durch. Wie hätte es auch anders sein können, da doch eine ganze Menge der Sansculotten gar nicht unterzeichnen konnten?

Mit dem Konflikt zwischen Gironde und Montagne brach auch die Debatte um das Petitionsrecht neu auf. Am 15. April 1793 traten Beauftragte der Pariser Sektionen vor den Konvent und verlangten den Ausschluß von 22 seiner Mitglieder. Die Versammlung wies sie ab, indem sie dekretierte, sie hätten ihre Petition persönlich zu unterzeichnen. Sie mußten sich beugen: ein Türsteher sammelte auf ausdrücklichen Befehl des Präsidenten ihre Unterschriften ein.[80] Die Sektion Gravilliers ließ daraufhin am 18. April einen geharnischten Protest los. Sie rechtfertigte das Recht auf Kollektivpetitionen durch die Gefahren, in denen das Vaterland schwebte, und durch die Notwendigkeit der Geschlossenheit. »In diesen schwierigen Augenblicken sollten wir uns hüten, die Bürger zu entzweien, vielmehr müssen und wollen alle sich zusammenschließen, um einen unüberwindlichen Wall zu bilden.« Seit sich das Vaterland in Gefahr befindet, haben alle Sektionen immer von dem Recht Gebrauch gemacht, Kollektivpetitionen vorzulegen; dieses Recht abzuschaffen hieße die Revolution einen Schritt rückwärts machen lassen. Somit ist die individuelle Zustimmung zu einer Petition »eine unmoralische [Handlung] und in der Absicht vorgeschlagen, die brüderliche Einheit zu zerstören, die zwischen den guten Bürgern herrscht [...; sie] ist in keiner Weise unserem Regierungssystem angemessen, das alle Bürger ohne Unterschied an öffentliche Funktionen ruft; damit wäre der größere und gesündere Teil der Bürger zur

Bedeutungslosigkeit verurteilt und somit auf alle Zeit der Möglichkeit beraubt, seinen Willen kundzutun, einfach, weil er nicht schreiben kann«[81].

Gegen den Einspruch der Gironde fuhren die Sektionen fort, Petitionen im Namen von Kollektiven zu unterbreiten. Nach dem 2. Juni und das ganze Jahr II hindurch wurde das zur Regel, und noch nach dem 9. Thermidor wurden Kollektivpetitionen eingebracht. Erst nach den Prairialtagen verschwinden sie, zusammen mit der Volksbewegung überhaupt. Die Verfassung des Jahres III anerkannte das Recht auf Petitionen, führte aber wieder aus, »daß sie von Einzelpersonen herrühren müssen; keine Vereinigung von Bürgern darf Kollektivpetitionen einbringen«[82]. Mit der Ausschaltung der Sansculotterie von der Macht kehrte man somit zur bürgerlichen, individualistischen Auffassung des Petitionsrechtes zurück.

Mit der Praxis der kollektiven Petitionen allein wird »die Einmütigkeit der Empfindungen, das Zusammenspiel der Handlungen«, die nach der Meinung der Sektion Lombards vom 27. März 1791 für das Heil der Revolution so notwendig sind, noch nicht erreicht. Ihre Wirksamkeit bleibt begrenzt, solange nicht die Sektionen untereinander korrespondieren können. Tatsächlich wird nur so, durch die gegenseitige Mitteilung ihrer Betrachtungen und Entschließungen, die Aktionseinheit geschaffen. Im allgemeinen vollzieht sich diese Verbindung der Sektionen durch den Austausch von Kommissaren. Das geht natürlich recht langsam vor sich; werden alle Sektionen von einer Angelegenheit betroffen, ist die Zeit zum Handeln oftmals verstrichen, ehe alle benachrichtigt sind. Eine Verbindung muß, um wirksam zu sein, rasch zustande kommen. Am 27. März 1791 schlug die Sektion Lombards ein zentrales Korrespondenzbüro vor, wo Kommissare sich die Entscheidungen ihrer jeweiligen Sektionen unterbreiten und sie diskutieren sollten.[83] Es wurde nichts daraus, und im Februar 1792 versuchte die Sektion Sainte-Geneviève noch einmal, allerdings ebenfalls vergeblich, ein *Korrespondenzbüro* oder *Verbindungskomitee* auf die Beine zu bringen[84].

Am 27. Juli 1792 endlich schuf die Kommune unter dem Zwang der Ereignisse ein zentrales Korrespondenzbüro der Sektionen, das weiter nichts war als eine Nachrichtenagentur, wo durchaus nicht beraten werden sollte, das aber wenigstens die Möglichkeit einer raschen Koordinierung der Aktionen der Massen bot. Zum gleichen Zweck ernannte am 11. August 1792 die Sektion Théâtre-Français »zwei staatsbürgerliche Kuriere mit der Vollmacht, dorthin zu eilen, wo sie gebraucht würden..., um alle Einzelheiten, Aufklärungen und Instruktionen zu geben und zu empfangen, die für die Sache der Allgemeinheit von Nutzen sein könnten, und der Sektion davon Bericht zu erstatten«[85]. Dem zentralen Korrespondenzbüro der Kommune war kein langes Leben beschieden: noch im Sommer 1792 ging es ein. Am 10. Februar 1793 beklagt sich die Sektion Quatre-Vingt-Douze über den Zeitverlust, den die Korrespondenz über Kommissare mit sich bringt. Überdies tun die Gemäßigten das Ihre, um sie überhaupt zu untersagen. Am 24. Mai 1793 läßt die Zwölferkommission ein Dekret beschließen, das die Korrespondenz reglementiert, und am 25. fordert die von den Gemäßigten beherrschte Sektion Arcis, »jede Art von Korrespondenz« sollte den Volksgesellschaften verboten werden[86]. Am 4. Juni kann die Sektion Halle-au-Blé mit Genugtuung feststellen, daß die Einigkeit der Sektionen ein Faktor ihres Sieges gewesen ist, und schlägt die Schaffung eines zentralen Ausschusses vor, der aus Delegierten der Revolutionskomitees gebildet werden und eine *ständige* Korrespondenz mit den Sektionen unterhalten soll. »Es ist dies das einzige Mittel, um Verrätereien zuvorzukommen.«[87] Am 1. Frimaire des Jahres II kam die Sektion vor dem Generalrat der Kommune noch einmal auf die Notwendigkeit eines Zentralkomitees der Sektionen zurück, »um ihre Beschlüsse unverzüglich bekanntzumachen«[88]. Alle diese Versuche scheiterten an der mangelnden Bereitschaft der Kommune: denn war nicht der aus Vertretern der Sektionen gebildete Generalrat deren eigentliches Verbindungsorgan? Selbst ein zentrales Nachrichtenbüro hätte für ihn eine Konkurrenzbehörde bedeutet.

Auf dem Gipfelpunkt der revolutionären Krisen und aus den Gründen, auf die die Sektion Lombards seit dem März 1791 immer wieder hingewiesen hatte, erwies sich die Verbindung durch Kommissare als mangelhaft und ungenügend. Aufstandsausschüsse wie jene, die am 10. August und am 31. Mai ihre Arbeit aufnahmen, konnten erst in dem Augenblick in Erscheinung treten, wo ihre Aktion einsetzte, wo die Sektionen ihnen ihre souveränen Vollmachten übertrugen. Zur Vorbereitung dieser höchsten Form der Aktion und mangels eines offiziellen zentralen Organismus erfanden die Sansculotten ein Mittel, das die Verbindung untereinander zum höchsten Grad der Vollkommenheit brachte: die Fraternisierung, die Verbrüderung.

Für die Sansculotten war der Begriff der Brüderlichkeit mit dem der Einigkeit unabdingbar und auf in den Augen springende Weise verbunden: in den Texten der Jahre 1793 und 1794 treten diese beiden Begriffe fast immer gemeinsam auf. Hinter Brüderlichkeit steht nicht nur der Begriff der Bande der Zuneigung zwischen Staatsbürgern, sondern sie bedeutet vielmehr, daß sie zu einer Masse verschmolzen sind, in der alle gleich sind. Die Korrespondenz war letzten Endes nur ein administratives Verfahren, die Verbrüderung ist mehr. Sie rührt an das Gefühl und ruft oft einen geradezu mystischen Widerhall hervor. Ihre Ursprünge könnte man in den Föderationen von 1790 suchen. Dort ist es das gleiche glühende Bekenntnis zur Einigkeit, die gleiche Hingabe an den anderen. Aber die Föderationen umschlossen alle Klassen der Nation, sie waren eher feierliche Beteuerungen als Kampfmanifestationen. Die Verbrüderung dagegen vereinigt nur diejenigen, die sich der Sansculotterie zugehörig fühlen; sie ist auf eine sofortige Aktion gerichtet, ist eine Waffe im Kriege mit den Gemäßigten. Die Korrespondenz zwischen den Sektionen vollzog sich mit Hilfe von Kommissaren, die mit Vollmachten ausgestattet waren. Die Verbrüderung der Sansculotten ist eine Massenaktion. Sowie eine Sektion von den Gemäßigten bedroht ist, zieht die Vollversammlung der benachbarten Sektion geschlossen dahin; im Namen der Brüderlichkeit schließen sich die beiden Versammlungen zu einer zusammen, vereint durch den Schwur und Bruderkuß, und fassen ihre Beschlüsse gemeinsam. Die Verbrüderung ist ein gegenseitiger Beistandspakt, der über Sektionen und Gesellschaften hinweg die gesamte Sansculotterie vereint.

Zum ersten Mal wird die Verbrüderung im März 1793 sichtbar. Die Gesellschaft der Verteidiger der Republik forderte damals die Sektionen und Volksgesellschaften auf, sich am 17. auf der Place de la Réunion zu versammeln, »um mit einem brüderlichen Kuß die Einheit zu besiegeln, die zwischen den Patrioten herrschen muß«[89]. Je schärfer sich die Gefahr von der gemäßigten Seite her profilierte, desto mehr waren Verbrüderungsszenen an der Tagesordnung. Am 21. April 1793 erscheint eine große Abordnung der Versammlung der Sektion Lombards in der Vollversammlung der Sektion Contrat-Social. Ihr Sprecher spricht »über die Intrigen, die Anarchie und die zahllosen Unruhen, die die royalistisch-dumourialistische [Dumouriez-]Partei anzettelt, und den grausamen inneren Zwiespalt, den sie in den Versammlungen hervorruft«. Deshalb sollen die beiden Sektionen den feierlichen Schwur ablegen, »brüderlich in enger Verbindung und Einmütigkeit miteinander zu leben und zu korrespondieren und die aristokratische Hydra zu zerschmettern und zu vernichten«. Abordnung und Versammlung tauschten den Bruderkuß. Am 23. April begab sich die Vollversammlung der Sektion Contrat-Social mit dem Präsidium an der Spitze ihrerseits in die der Sektion Lombards. Beide Sektionen bilden nur mehr eine Versammlung *von Brüdern und Freunden,* und die beiden Präsidien haben gemeinsam den Vorsitz. Der Schwur, Einheit und Brüderlichkeit zu pflegen, wird wiederholt, der Bruderkuß beschließt die Sitzung. Von da an waren beide Sektionen durch einen religionsähnlichen Pakt miteinander verbunden. Als daher am 14. Mai eine Abordnung der Sektion Lombards der Sektion Contrat-Social mitteilt, daß bei ihnen die Aristokratie die Patrioten zu überwältigen droht, bricht der Präsident augenblicklich die Beratungen ab, und die Versammlung marschiert geschlossen nach der Sektion Lombards, um den dortigen Sansculotten Hilfe zu bringen.[90]

Aber nicht nur die enge Verbindung zweier benachbarter Sektionen ist das Ziel der Verbrüderung wie der Korrespondenz, sondern der Zusammenschluß der Gesamtheit der Pariser Sektionen. Als am 26. April 1793 ein Bürger der Versammlung der Sektion Contrat-Social mitgeteilt hatte, die Sektion Gardes-Françaises befinde sich »in einer Art Aufstand«, beschloß diese augenblicklich, »die Bürger Sansculotten« sollten sich als Abordnung dorthin begeben, »um sie zur Ruhe aufzufordern und zu bringen, zur Verbrüderung und Kameradschaftlichkeit«. Am 27. wurde ein weiterer Beschluß in diesem Sinne gefaßt: Am nächsten Tage sollte die Versammlung der

Sektion Contrat-Social mit dem Präsidium an der Spitze in die Versammlung der Sektion Gardes-Françaises marschieren, »um sich mit ihr zu verbrüdern und ihr Einheit, Schutz und Hilfe gegen die Unruhestifter und Feinde der Revolution zu versprechen, die die Republik stürzen und zerstören wollen«. Am 28. beraten beide Versammlungen gemeinsam über die Maßnahmen, die getroffen werden sollen. Am 29. endlich leistet eine Abordnung der Sektion Gardes-Françaises vor der Versammlung der Sektion Contrat-Social den Schwur, »sich zu vereinigen und zu verbrüdern in gutem Zusammenhalt und guter Eintracht«; in Zukunft wird man sich »einmal jede Woche abwechselnd in jeder Sektion verbrüdern«[91].

Mit Hilfe der Fraternisierung gelang es den Pariser Sansculotten im Mai 1793, das Fortschreiten des Einflusses der Gemäßigten in den Sektionen aufzuhalten und sich schließlich der Vollversammlungen zu bemächtigen. Am 5. Mai war es in turbulenten Szenen den Gemäßigten gelungen, die Vollversammlung der Sektion Bon-Conseil unter ihre Herrschaft zu bringen. Da riefen die Sansculotten stehenden Fußes die Sektion Lombards um Hilfe an, wobei sie sich auf ein Vereinigungsprotokoll beriefen, »durch das die beiden genannten Sektionen sich Einigkeit, Brüderlichkeit und Hilfe versprochen und geschworen hatten für den Fall, daß die Aristokratie die Freiheit vernichten wolle«. Die Sansculotten der Sektion Lombards, verstärkt durch die der Sektion Amis-de-la-Patrie, drangen daraufhin in die Versammlung der Sektion Bon-Conseil ein und vertrieben die Gemäßigten. Die drei Sektionen verbanden sich durch einen *brüderlichen Beschluß* und sandten Kommissare in die anderen Sektionen, »um von ihnen allen die gleiche Brüderlichkeit und Hilfe zu fordern, um den Präsidenten aller Sektionen den Bruderkuß des Friedens zu geben und Hilfe und Unterstützung zu schwören bei der Niederschlagung der Störer der öffentlichen Ordnung und schließlich sie zu bestimmen, daß sie alle Mittel anwenden, um den Bürgerkrieg zu vermeiden, den die Böswilligen in Paris entfachen wollen«[92].

Im Protokoll der Sektion Contrat-Social vom 12. Mai 1793 stehen Sätze, die die politische Bedeutung und Tragweite der Fraternisierung deutlich hervorheben. Die beiden Sektionen Bon-Conseil und Contrat-Social, die sich an diesem Tage zu einer gemeinsamen Sitzung zusammengefunden haben, beschließen »als eines und unteilbares Prinzip der Sansculotterie, daß überall und an jedem Ort, wo eine oder mehrere Sektionen von Paris sich mit einer anderen verbunden haben, die vereinigten Sektionen nur eine gemeinsame Versammlung bilden werden und daß die Entscheidungen für alle verbindlich sein sollen«[93]. So wurde mit Hilfe der Fraternisierung die Aktionseinheit der fortgeschrittensten Sektionen verwirklicht.

Gegen Ende Mai spitzt sich die Lage immer mehr zu, und die Verbrüderungen häufen sich. Am 18. haben die Gemäßigten in der Sektion Contrat-Social ihr Haupt erhoben. Eine Abordnung »von mehr als 200« Bürgern der Sektion Bon-Conseil erscheint und schlägt vor, »zweimal in der Woche mit den Sansculotten der Sektion Contrat-Social zu fraternisieren, um die Aristokraten von den Sansculotten zu unterscheiden«. Nach ihr kommen ebenso große Delegationen der Sektionen Halles, Gravilliers und Lombards, und die fünf Sektionen beschließen, loszuziehen und mit ihren Brüdern von den anderen Sektionen zu fraternisieren, wenn sie von der Aristokratie unterdrückt werden. Zunächst werden sie den Sektionen Arsenal und Butte-des-Moulins zu Hilfe eilen, »um dort die Aristokraten zu vertreiben«. Am nächsten Tag kommt es in der Versammlung der Sektion Contrat-Social, in der sich Abordnungen der Sektionen Droits-de-l'Homme, Marchés, Bon-Conseil und Gravilliers drängen, zu neuen Verbrüderungen. Es wird vorgeschlagen, daß man in einige Sektionen gehen sollte, »wo man sagt, daß die Aristokratie triumphiert«[94].

Am 20. Mai spielt sich eine ähnliche Szene in der Versammlung der Sektion Droits-de-l'Homme ab. Zunächst erscheint die Gesellschaft der Freunde der Menschenrechte und will sich der Sektion durch einen Schwur verbinden, der »Krieg der Aristokratie, Einheit gegen Intrige und Tyrannei« zum Inhalt hat. Da taucht eine gewaltige Abordnung der Sektionen Contrat-Social, Bon-Conseil, Unité, Lombards, Gravilliers und Marchés auf: »begeisterte Ausbrüche von Patriotismus und Brüderlichkeit wiederholen sich«. Reden werden gehalten. Schließlich kommt einer auf den Zweck der Verbrüderung zu sprechen: die Säuberung des Präsidiums der Vollversammlung und des Revolutionskomitees von Gemäßigten.

Der Beschluß, daß die versammelten sieben Sektionen über die Einhaltung der gefaßten Entscheidungen wachen werden, beschließt die Szene.[95] Somit erwies sich die Fraternisierung als Mittel zur *Regeneration* gemäßigter Sektionen. Aus einer Manifestation der Einheit der Sansculotterie wird sie ein Instrument des Klassenkampfes gegen die Gemäßigten.

Am selben 21. Mai erschienen die Sektionen Contrat-Social, Bon-Conseil, Arcis und Lombards auch in der Sektion Mail, um dort ebenfalls zu fraternisieren, ihr Versuch scheiterte aber. Um jedem neuen sansculottischen Angriff zuvorzukommen, beschließt die Sektion Mail am nächsten Abend, ihre Sitzungen in Zukunft pünktlich um 10 Uhr aufzuheben, und vor allem solle kein Bürger auch nur beratende Stimme haben, wenn er nicht in der Sektion ansässig ist, keine Abordnung von mehr als 20 Personen soll vorgelassen werden und keine Deputation bewaffnet erscheinen dürfen.[96] Dergleichen Vorsichtsmaßnahmen sprechen Bände über die Gewaltakte, zu denen die feindlichen Parteien griffen, um die Vollversammlungen unter ihre Gewalt zu bekommen. Durch böse Erfahrungen gewitzt, beschloß die Sektion Pont-Neuf am 6. Juni sogar, keine Deputation von mehr als vier Bürgern vorzulassen. »Die Erfahrung hat bewiesen, daß das im Prinzip sehr lobenswerte Motiv, Abordnungen, die fraternisieren wollen, möglichst groß zu machen, den Feinden der Ordnung und des Allgemeinwohls zum Vorwand dienen kann, Ruhestörer mit einzuschmuggeln.« Wenn die Sektionen wirklich ihren Schwur der Brüderlichkeit und gegenseitigen Hilfeleistung erneuern wollen, können sie das ebensogut durch Kommissare tun.[97] Das war nichts weiter als eine klare Zurückweisung der Fraternisierungspraktiken, wie sie von den Sansculotten geübt wurden.

Nach dem 2. Juni verlor die »gemäßigte Gefahr« an Stärke und Bedeutung, und damit schwand auch allmählich der offensive Charakter der Fraternisierung. Am 2. Juni schon sendet die Sektion Bon-Conseil zwei Kommissare in alle Sektionen, um ihnen »den Bruderkuß und die feierliche Verpflichtung zur Einheit, Unteilbarkeit und Hilfe im Falle der Unterdrückung« anzubieten und sie einzuladen, sich ihr durch den gleichen Schwur zu verbinden.[98] Am 4. übergibt die Sektion Luxembourg der Sektion Théâtre-Français eine Aufforderung »zur Vereinigung, um die gegen die Freiheit gerichteten Absichten der Aristokratie zum Scheitern zu bringen«[99]; die Sektion Unité aber begnügt sich am 10. Juni damit, 24 Kommissare in die Sektion Butte-des-Moulins zu entsenden, um dort zu fraternisieren. Am 11. erließ die Sektion Bondy einen Aufruf zur Einheit an ihre Brüder in den Departements: sie wolle sie mit der Fackel der Wahrheit und einem Ölzweig, dem Symbol des Friedens, empfangen. Am 20. riefen die Kanoniere der Pariser Sektionen ihre Waffenbrüder auf, auf den Champs-Elysées zu fraternisieren und ihren Schwur zur Aufrechterhaltung der Einheit der Republik zu erneuern. Um diese Einheit zu besiegeln, lud die Sektion Tuileries am 4. August die Kommissare der zu ihrem Gebiet gehörigen Urversammlungen des Departements ein, an ihren Beratungen teilzunehmen, »damit sie uns brüderlich durch ihr Wissen über unsere gemeinsamen Interessen aufklären, denn alle Franzosen sind Brüder«[100].

Mit der endgültigen Niederschlagung des Moderantismus in den Pariser Sektionen verschwand die Fraternisierung völlig aus der politischen Praxis der Volksmassen. Wohl haben die Sansculotten hin und wieder noch den Drang, die Notwendigkeit der Einheit mit einer gewissen Feierlichkeit zu unterstreichen. So schwören sich am 6. und am 10. Pluviôse des Jahres II die Gesellschaft der Revolutionären Sansculotten und das Komitee der Sektion Chalier »Einheit und herzlichste Brüderlichkeit« und verkünden »ewigen Haß einem jeden, der es wagen oder versuchen sollte, sie zu entzweien«[101].

Die Verbrüderung hatte im Frühjahr 1793 eine wirksame Waffe im Kampf gegen die Gemäßigten geliefert. Da es keine organisierte Partei gab, da nicht einmal ein zentraler Organismus vorhanden war, der die politische Aktion aller Kräfte des Volkes hätte koordinieren können, war die Verbrüderung das geeignete Mittel, zu gegebenen und ganz bestimmten Gelegenheiten die Einheit und Geschlossenheit der Sansculotterie Wirklichkeit werden zu lassen. Gleichzeitig weckte sie damit deren Klassenbewußtsein. Als ihre Aufgaben erfüllt und die Sansculotten unumstrittene Herren der Vollversammlungen waren und die Revolutionsregierung ein festgefügter Machtfaktor war, hatte die Fraternisierung nur noch symbolischen Wert. Die Einheit der Sektionen war hergestellt; sie zu erhalten, schien die Korrespondenz mit Hilfe von Kommissaren ausreichend. Und das enthüllt sowohl die Natur der Ventôsekrise des Jahres II als auch die Unfähigkeit der Führer der Cordeliers: Um die Einheit der Sansculotterie aufs neue zu dokumentieren und zu erhärten, kamen sie nicht auf die Idee, sich der Fraternisierung zu bedienen, die ein Jahr vorher ein entscheidender Faktor des Sieges der Massen gewesen war; sie griffen nicht einmal auf die Korrespondenz zurück!

Die Sansculotten selber entsannen sich mit sicherem Instinkt dieses Mittels, als sie im Jahre III zum letzten Mal aufbegehrten. Am 10. Germinal führte die Sektion Guillaume-Tell die Korrespondenz wieder ein. Sie beschloß, den anderen Sektionen alle Beschlüsse mitzuteilen, die sie zum Zwecke des Gemeinwohls oder des allgemeinen Nutzens fassen würde; ihre Parole sei *Einheit und Brüderlichkeit*.[102] Am 12. Germinal übermitteln die Sansculotten der Sektion Popincourt, nachdem sie selber dem Entschluß der Sektion Cité zugestimmt hatten, die sich in Permanenz erklärt hatte, ihre Entscheidung ihren Brüdern der Sektionen Arsenal, Maison-Commune, Arcis und Homme-Armé: »Sie werden allezeit bereit sein, mit den Bürgern der anderen Sektionen zu fraternisieren.«[103] Die politische Praxis der Volksmassen bildete ein Ganzes: mit der Fraternisierung war die Permanenz untrennbar verbunden, das eine ging nicht ohne das andere. Als die Vollversammlungen keine Sitzungen abhielten, weil die Permanenz verboten worden war, gab sich die Sektion Popincourt damit zufrieden, Kommissare loszuschicken, die die Zivilausschüsse in Bewegung setzen sollten. Diese Kommissare wurden auf der Place de Grève aufgehalten und nach dem Wohin gefragt. Einer von ihnen erklärte, er gehe nach der Sektion Cité, »um sie aufzufordern, sie solle immer fest bleiben, denn wir sind in der Krise«; ein anderer sagte, er wolle »die anderen Sektionen auffordern, brüderlich zusammenzustehen«, »es gehe darum, sich nicht zu entzweien, und sie seien doch alle Brüder«.[104] Dieser Sansculotte aus der Sektion Popincourt hatte damit das wesentliche Element des politischen Verhaltens der Sansculotterie aufgedeckt: ihm liegt die Brüderlichkeit zugrunde. Darunter darf nicht etwa eine abstrakte Tugend verstanden werden, sondern das Gefühl, ja sogar die sinnliche Empfindung der Einheit der Sansculotterie. Der Sansculotte begreift sich

nicht als ein auf sich gestelltes Individuum, er fühlt sich und
handelt als ein Teil der Masse.

Die Gewalt

Letzte Zuflucht gegen die Gegner der Einheitsbestrebungen,
gegen jene, die sich der Fraternisierung widersetzten, war dem
Sansculotten die Gewalt. Auch sie gehört zu den charakteristischen
Zügen seines politischen Verhaltens. Die Gewalt in den
Händen der Massen war es gewesen, mit deren Hilfe die
Bourgeoisie dem Ancien régime die ersten Schläge versetzen
konnte; überhaupt war der Kampf gegen die Aristokratie gar
nicht denkbar ohne sie. In den Jahren 1793 und 1794 gebrauchten
die Sansculotten Gewalt nicht nur gegen die Aristokraten,
sondern ebenso gegen die Gemäßigten, die die Errichtung
einer egalitaristischen Republik zu hintertreiben suchten.
Die Wurzel für die Anwendung von Gewalt und vor allem für
ihre manchmalige Übertreibung ist zweifellos auch in der
Natur des Menschen zu suchen. Das Temperament erklärt
manche heftige Reaktion. Die Berichte über die ehemaligen
Terroristen, die uns aus dem Jahre III überliefert sind, vermerken
oft deren aufbrausenden, cholerischen Charakter.
Dieser oder jener leidet unter Zornesausbrüchen, »was ihn
dazu gebracht haben kann, daß er schlimme Reden führte,
ohne deren Folgen vorauszusehen oder abzuschätzen«[105]. Die
Reaktion der Sansculotten ist um so heftiger, als es doch
oftmals einfache, von den Bildungsmitteln ausgeschlossene,
aber vom Leben hart mitgenommene Menschen sind, deren
Elend sie zu solchen Ausbrüchen hinriß.

Die Reaktion hat im Jahre III alle Terroristen ohne Unterschied
als »Blutsäufer« bezeichnet.[106] Wenn man sich auch
hüten muß, solche Äußerungen zu verallgemeinern und die
Polizeiberichte und Denunziationen auf die Goldwaage zu
legen, braucht man doch nicht zu verschweigen, daß für einige
Gewalt mit Blutvergießen gleichzusetzen ist. Ein gewisser
Arbulot, seines Zeichens Tuchscherer aus der Sektion Gardes-
Françaises, der am 9. Prairial verhaftet wurde, ist als sehr
gefährlicher Ehemann und Nachbar verschrien, sein Charakter
ist »hart und wild«. Er soll zugegeben haben, daß ihm die

Septembermassaker Vergnügen bereitet hätten. Bunou aus der Sektion Champs-Elysées, am 5. Prairial festgenommen, soll im Jahre II eine Guillotine für die Sektion angefordert haben, »und wenn kein Henker da wäre, wolle er es selber machen«[107]. Ähnliche Äußerungen soll der am 6. Prairial festgenommene Lesur aus der Sektion Luxembourg getan haben: »Mit der Guillotine ginge es nicht schnell genug, man müsse auch in den Gefängnissen noch einige Aderlässe vornehmen. Wenn der Henker müde wäre, wolle er sich selber aufs Schafott stellen, für ein Viererbrot als Lohn, und wenn er's mit Blut tränken müßte.«[108] In der Sektion Gardes-Françaises wird am 6. Prairial ein gewisser Jayet verhaftet, weil er im Jahre II erklärt haben soll, »er möchte Bäche von Blut fließen sehen und bis an die Knöchel darin waten«[109]. Ein anderer erklärt beim Verlassen der Vollversammlung der Sektion République: »Die Guillotine hat Hunger; sie fastet ja auch schon eine ganze Weile.«[110] Die Frauen teilten mitunter eine solche terroristische Überspitzung. Am 8. Prairial wird eine gewisse Baudray, Limonadenverkäuferin aus der Sektion Lepeletier, verhaftet, weil sie erklärt haben soll, »von denen, die sich den Sansculotten entgegenstellten, wollte sie das Herz zu essen haben«. Es hieß auch, sie erziehe ihre Kinder in demselben Geiste: »Man hörte sie von nichts anderem reden als vom Köpfeabschlagen, vom Schädelspalten und daß nicht genug Blut flösse.«[111]

Trotzdem läßt es sich mit dem Temperament einzelner natürlich nicht erklären, daß die Gesamtheit der militanten Sansculotten den Rückgriff auf die Gewalt und die Anwendung der Guillotine nicht nur gerechtfertigt, sondern oftmals betrieben hat. Für viele bedeutet die nackte Gewalt einfach den letzten Ausweg, wenn die Krise auf ihrem Höhepunkt angelangt ist. Die gleichen Leute, die nicht zögern, Blut zu vergießen, sind in normalen Zeiten ganz friedliche Menschen, gute Söhne, gute Gatten und gute Väter. Der Schuster Duval aus der Sektion Arsenal wurde am 11. Prairial wegen seiner Rolle beim Aufstand am 1. zum Tode verurteilt: seine Nachbarn bescheinigen ihm, daß er ein guter Vater, ein guter Ehemann und Bürger, ein *Mensch von guten Sitten* war. Das Gefühl, daß das Vaterland in Gefahr ist, der Glaube an ein aristokratisches Komplott, die ganze Atmosphäre der Tage des Aufstandes, Sturmglocke, Alarmschüsse, Waffengeklirr, bringen diese Menschen außer Rand und Band und in ihnen so etwas wie eine zweite Natur hervor. Nach den Erklärungen des Zivilausschusses der Sektion Faubourg-du-Nord gab es in dem Anstreicher Joseph Morlot, der am 5. Prairial des Jahres III verhaftet wurde, zwei klar voneinander zu trennende Naturen: »Die eine, von seinen natürlichen Neigungen geleitet, ist sanft, anständig, großmütig; in ihr sind alle gesellschaftlichen Tugenden beisammen, die er im stillen übt. Die andere, die in den Augenblicken der Gefahr durchbricht, zeigt sich in den blutigen Farben aller Laster, die hier auf hervorstechendste Weise vereinigt sind.«[112]

Diese Heftigkeit kommt nicht von irgendwoher. Sie hat ein klares politisches Ziel und einen Klasseninhalt. Sie ist die Waffe, die der Widerstand der Aristokratie die Sansculotten zu ergreifen zwingt. In der Sektion Poissonière soll im Brumaire des Jahres II das Revolutionskomitee über die Verhaftung eines gewissen Charvin wegen seiner gemäßigten Haltung beraten haben, »die das Vertrauen in die Taten der Revolution untergräbt und die Ausbreitung einer fortschrittlichen Gesinnung in der Sektion verhindert«[113]. Am 5. Prairial des Jahres III wurde der Lehrer Moussard, Angestellter bei der Exekutivkommission für Erziehungswesen, verhaftet. »Ich habe mich eben begeistern können«, schreibt er in seinem Rechtfertigungsschreiben. »Wer schießt in einer Revolution schon nicht übers Ziel? ... Man sagt, ich sei überspannt: ja, die Leidenschaft für das Gute brennt in mir, ich habe eine glühende Liebe zur Freiheit und werde immer meinen Zorn gegen die richten, die Feinde meines Vaterlandes sind.«[114]

Die Guillotine ist volkstümlich, weil die Sansculotten in ihr ein Racheinstrument der ganzen Nation sehen. So erklären sich Ausdrücke wie »nationales Hackmesser«, »Volksbeil«; die Guillotine ist manchmal auch »die Sense der Gleichheit«.[115] Der Klassenhaß gegen die Aristokratie wird ins maßlose gesteigert durch den Glauben an ein aristokratisches Komplott, der seit 1789 eine der treibenden Kräfte für den Volkszorn ist. Der Krieg nach außen und der Bürgerkrieg verstärkten im Volke die Überzeugung, daß man mit der Aristokratie nur durch Terror fertig würde und daß die Guillotine zur Festigung der Republik unerläßlich sei. Nach der Meinung des Zivilausschusses der Sektion Butte-des-Moulins ist der Angestellte beim Marineamt Becq ein guter Vater und guter Ehemann, der sich allgemeiner Wertschätzung erfreut, aber er ist außerordentlich überspannt, und er wendet seine Hitzköpfigkeit gegen die Priester und die Adligen, gegen die er *gewöhnlich* zum Mord aufrief. Das gleiche gilt von Jean-Baptiste Mallais, Schuster und Revolutionskommissar in der Sektion Temple: Er nimmt keinen Anstoß daran, mit dem Knüppel zu argumentieren, wenn immer es gegen die Adligen und die Priester geht, die er als Feinde des Volkes betrachtet. Wenn er davon spricht, die Frauen der Patrioten zu bewaffnen, dann nur, »damit sie ihrerseits die Frauen der Aristokraten erwürgen«[116]. Ein gewisser Barrayer aus der Sektion Réunion soll im Jahre II über den Sohn Ludwigs XVI. erklärt haben, »man müsse den kleinen Wolf umbringen, der im Temple ist«, sonst »würde er eines Tages das Volk erwürgen«[117]. Noch klarer kommt das politische Ziel, das die Sansculotten mit der Gewalt und dem Terror verbanden, in den Worten zum Ausdruck, die sich am 6. Ventôse des Jahres II der Polizeibeobachter Perrière in sein Notizbuch geschrieben hat: »Ist heute Guillotine? fragt ein elegant gekleidetes Kerlchen von den Gemäßigten. – Ja, antwortet ihm ein aufrechter Patriot, denn Verrat gibt's immer.«[118]

Im Jahre III bekam der Rückgriff auf die Gewalt für die Sansculotten einen noch ausgeprägteren Sinn. Der Terror hatte im Jahre II auch der Lenkung der Wirtschaft gedient: durch ihn war das allgemeine Maximum wirklich zur Anwendung gekommen, das dem Volke sein tägliches Brot sicherte. Daß zusammen mit der bürgerlichen Reaktion nach dem 9. Thermidor durch die Aufgabe der gesetzlichen Preisregelung eine Zeit entsetzlichen Hungers anbrach, ließ in manchen Köpfen die Vorstellung keimen, Terror sei gleich Überfluß, so wie schon die Volksherrschaft mit Terror gleichgesetzt wurde. Der Schuster Clément aus der Sektion République wird am 2. Prairial angezeigt, weil er gesagt haben soll, »man könne eine Republik nicht ohne Blut machen«[119]. In der Sektion Brutus wird am 5. Prairial ein gewisser Denis verhaftet. Nach seiner Meinung gab es »gute Republikaner nur, als guillotiniert wurde«[120]. Eine Frau Chalandon aus der Sektion Hommes-Armé erklärte, »es werde nur gut gehen, wenn an allen

Straßenecken von Paris Guillotinen aufgestellt würden und aufgestellt blieben«[121]. Noch deutlicher drückt sich am 1. Prairial der Tischler Richer aus der Sektion Republique aus: »Wir bekommen nur Brot, indem wir Blut vergießen; unter dem Terror hat es uns nicht daran gefehlt.«[122]

Welches auch im einzelnen die Ziele gewesen sein mögen, die die Pariser Sansculotterie ihnen subjektiv zugeschrieben hat: der Terror und der Gebrauch der Gewalt durch die Volksmassen haben der Bourgeoisie auf mehr als einem Gebiet die Trümmer des Feudalsystems und des Absolutismus aus dem Wege geräumt. Nichtsdestoweniger entsprangen sie einer der Bourgeoisie vollkommen fremden Geisteshaltung, ebenso wie die politische Praxis der Volksmassen – die in den Jahren 1793 und 1794 ihren ganz besonderen Ausdruck fand in der offenen Wahl und in der Fraternisierung – die Umsetzung einer Auffassung von Demokratie in die Tat war, welche sich von der Auffassung, wie sie die Bourgeoisie und selbst die Jakobiner vertraten, zutiefst unterschied.

Gewiß ist auch die revolutionäre Bourgeoisie an den kritischsten Punkten ihres Kampfes gegen die Aristokratie nicht vor der Gewaltanwendung zurückgeschreckt. Auch die Bourgeoisie hat sich verschiedene Praktiken, wie sie das Volk übte, zu eigen gemacht: so etwa in Paris bei den Wahlen zum Konvent die offene Stimmabgabe. Die Ereignisse – und ihr wohlverstandenes Klasseninteresse – legitimierten einen solchen Abfall von den althergebrachten Auffassungen über bürgerliche Demokratie. Eben dieses Klasseninteresse und die Ereignisse aber verhinderten, daß sich solche Praktiken verewigten, nachdem die Revolutionsregierung erst einmal fest im Sattel saß. Entsprachen sie dem Temperament und der Lage der Volksmassen, so waren sie auf die Dauer unvereinbar mit der Haltung und den politischen Auffassungen der Bourgeoisie, stellten vielmehr eine ernste Bedrohung ihrer Vorherrschaft dar. Sie untergruben darüber hinaus den Organismus der Revolutionsregierung und die Diktatur der Ausschüsse. Auch hier trägt ein innerer Widerspruch bei, die Krise zu verschärfen.

V. Die politische Organisation der Pariser Sansculotterie

Die Kraft, welche die Pariser Sansculotterie in den Dienst der bürgerlichen Revolution wie ihrer eigenen Forderungen stellte, hätte viel von ihrer Wirksamkeit eingebüßt, wäre die Sansculotterie nicht organisiert gewesen. Die Sansculotten nutzten die durch die Konstituante geschaffenen gesetzlichen Institutionen, indem sie ihnen einen neuen Inhalt gaben. Sie bedienten sich der dem Konvent abgetrotzten revolutionären Einrichtungen und schufen endlich mit den Sektionsgesellschaften ein ausschließlich den Interessen der Volksmassen dienendes Kampfinstrument. Damit gaben sie der revolutionären Bewegung eine gleichermaßen bewegliche und wirksame Organisationsform. Diese legte vom Frühjahr bis zum Herbst 1793 im Kampf gegen die Gemäßigten ihre Bewährungsprobe ab und ermöglichte schließlich den Sieg der Jakobinerdiktatur und die Errichtung der Revolutionsregierung. Mit deren zunehmender Festigung trat jedoch die Unvereinbarkeit eines Nebeneinanders zweier Gewalten, der der Regierung und der des Volkes, immer spürbarer an die Oberfläche.

Die Sektionen hatten sich einer großen Autonomie erfreut. Sie hatten bewiesen, daß sie sehr wohl, wo wie sich zu gemeinsamer Aktion zusammenfanden, den Regierungsausschüssen und dem Konvent ihren Willen aufzwingen konnten, wie am 5. September 1793. Vom Herbst 1793 bis ins Frühjahr des Jahres II hinein stellte sich das Problem der Beziehungen zwischen der Revolutionsregierung und der von den Sektionen verfochtenen Demokratie, die in Gestalt ihrer Organe als eine autonome Macht im Herzen der Revolution erschien, in immer tragischer werdender Schärfe und gipfelte in der Frage, ob nicht mit dem Fortschreiten der Krise und vor allem bei Ausbruch jenes turbulenten Frühjahrs des Jahres II ein neuer Aufbruch der Volksmassen die Revolutionsregierung hinwegfegen konnte.[1]

Die Sektionsversammlungen

Der königliche Erlaß vom 13. April 1789 hatte zur Vorbereitung der Wahlen zu den Generalständen die Stadt Paris in 60 Distrikte eingeteilt. Diese Distrikte setzten auch nach dem Abschluß der Wahl ihre Zusammenkünfte fort und berieten in ihren permanenten Vollversammlungen. In ihnen zeigte sich der Wille der Distrikte zur Selbstverwaltung und zur Teilnahme an den Angelegenheiten der Nation.[2] Am 30. August legte die Munizipalbehörde die Verwaltung jedes dieser Distrikte in die Hand eines Ausschusses von 16 bis 24 Mitgliedern.

Die Verfassunggebende Nationalversammlung, die durch das Dekret vom 14. Dezember 1789 die Gemeindebehörden des Königreichs ins Leben gerufen hatte, konnte es nicht hinnehmen, daß Paris eine besondere Organisationsform besaß, der die Tendenz zur Autonomie innewohnte. Nach langwierigen Beratungen nahm sie schließlich das Dekret vom 21. Mai und 27. Juni 1790 an, das man als die Gemeindeverfassung von Paris bezeichnen kann. An die Stelle der 60 Distrikte traten 48 Sektionen. Die bis dahin geduldete Permanenz der Distrikte wurde unterbunden. Die Sektionen waren nichts weiter als Wahlbezirke, die bei Wahlen zusammentraten und nach deren Beendigung sofort wieder auseinandergingen. Das Gesetz beschränkte zwar ihre Freiheit, zusammenzukommen, aber es hob sie nicht ganz auf: auch außerhalb von Wahlhandlungen konnten unter bestimmten Bedingungen und wenn 50 Bürger es verlangten, die Sektionen zusammentreten.

Die Versammlung ist das höchste Organ der Sektion; es ist der Souverän bei der Ausübung seiner Macht. In den Primärversammlungen kommen die Bürger zusammen, um zu wählen, in den Vollversammlungen beraten sie.

Die Primärversammlungen, der eigentliche Daseinsgrund der Sektionen und nach dem Willen des Gesetzgebers ihre Hauptaufgabe, fanden nicht allzu häufig statt: nur 50 zwischen dem 11. November 1791 und dem 11. Februar 1794. Die Aufhebung jeglichen Unterschieds zwischen Aktiv- und Passivbürgern, die zuerst die Sektion Théâtre-Français am 27. Juli 1792 beschlossen hatte und die sich kurz danach auch in den übrigen Pariser Sektionen durchsetzte, änderte das

Wesen der Versammlungen. Sie wurden wirklich zum Organ der Souveränität des Volkes. Das Dekret der Gesetzgebenden Nationalversammlung vom 10. August, dem zufolge alle Bürger über 25 Jahre, wenn sie mindestens ein Jahr in Paris ansässig waren, zu den Neuwahlen für die Friedensrichter zugelassen sein sollten, zog nur mit der Realität gleich: es bestätigte den Tatbestand. Nichts anderes tat die Gesetzgebende Nationalversammlung, als sie am nächsten Tag beschloß, daß »die Unterscheidung der Franzosen in aktive und nicht aktive Bürger aufgehoben sei«.

Das Gesetz vom 21. Mai 1790 legte wohl fest, unter welchen Bedingungen die Vollversammlungen zusammentreten sollten, sagte aber nichts über ihre Dauer und Häufigkeit, ihre Kompetenz oder ihren Zweck. Die Versammlungen fanden ursprünglich nicht sehr häufig statt (in der Sektion Postes waren es 50 in dem Zeitraum vom 4. Dezember 1790 bis zum 25. Juli 1792, als die Permanenz eingeführt wurde), aber die Sektionen legten das Gesetz sehr großzügig aus. Sie beschäftigten sich weiterhin mit den Angelegenheiten der Nation und mischten sich wohl auch in die große Politik. Deshalb präzisierte die Verfassunggebende Nationalversammlung das Gesetz durch das Zusatzdekret vom 18. bis 22. Mai 1791, d. h., sie schränkte es ein. Die Vollversammlungen sollten nur mehr zusammengerufen werden können zur Beratung von Verwaltungsangelegenheiten rein örtlichen Charakters. Jede andere Beratung sollte als nicht der Verfassung entsprechend und demzufolge für null und nichtig angesehen werden. Somit wurde der Wirkungskreis der Sektionen rigoros eingeschränkt, und sie waren nichts weiter als gewöhnliche Verwaltungsuntereinheiten der Hauptstadt. Das wirkte sich auch auf ihre Tätigkeit aus: Vom 30. Mai bis zum 9. September 1791 hielt die Sektion Postes nur sechs Sitzungen ab.

Der Krieg und die Notlage des Vaterlandes hatten die Wiederherstellung der Permanenz der Vollversammlungen zur Folge und verliehen ihnen eine theoretisch unbegrenzte Kompetenz. Am 9. September 1793 wurde die Permanenz wieder aufgehoben, zu dem gleichen Zeitpunkt, als die Entschädigung von 40 Sous eingeführt wurde. Dennoch ließen die Versammmlungen bis zum Frühjahr des Jahres II nicht ab, sich neben lokalen auch mit politischen Angelegenheiten zu

beschäftigen.
　Das Gemeindegesetz von 1790 zielte eigentlich nur auf die Primärversammlungen ab, es enthielt nichts über die Abhaltung und das Verfahren der Vollversammlungen. Es legte lediglich fest, daß jede Versammlung sofort nach ihrem Zusammentritt einen Präsidenten und einen Sekretär zu benennen habe. Den Versammlungen blieb damit überlassen, wie sie sich organisierten. In welcher Weise sie das taten, läßt sich heute schwer übersehen, da Dokumente darüber und insbesondere Reglements über den inneren Aufbau dieser Versammlungen fehlen. In den Jahren 1793 und 1794 ist der Aufbau sehr einfach. Die Versammlung wird von einem Präsidenten geleitet, dem ein Präsidium und ein Schriftführer für die Abfassung des Protokolls zur Seite stehen. Wahlhelfer haben den Auftrag, die Stimmzettel auszuwerten oder die Stimmen zu zählen, Zensoren sorgen für die Einhaltung der Ordnung im Saal. Das Präsidium wird im allgemeinen alle Monate neu gewählt, und zwar fast immer durch Aufstehen und Sitzenbleiben oder durch Zuruf. Das Personal wechselt wenig: eine kleine Zahl von Aktiven teilt sich in die Ämter. Auf diese Weise wurden manche Präsidenten von Vollversammlungen das ganze Jahr II hindurch immer wieder in ihrer Funktion bestätigt.
　Die Sitzungen begannen mit der Verlesung des Protokolls, der Gesetze und Dekrete sowie der Beschlüsse der Kommune. Das nahm viel Zeit in Anspruch und zögerte den eigentlichen Beginn der Diskussion über die Fragen der Tagesordnung hinaus, die im allgemeinen der Präsident zusammen mit den Mitgliedern des Präsidiums aufstellen mußte[3]. Auf diese Weise zogen sich die Versammlungen, die theoretisch um 5 Uhr nachmittags begannen, um im Einklang mit dem Gesetz um 10 Uhr aufgehoben zu werden, bis spät in die Nacht hin. In der Sektion Montagne sind sie fast immer erst gegen 11.30 Uhr zu Ende, wodurch, zufolge dem Polizeibeobachter Hanriot, der Arbeiter »in die Verlegenheit kommt, am anderen Tage nicht pünktlich zur Arbeit zu sein«. Am 25. Ventôse des Jahres II fordert ein Bürger mit großem Nachdruck, man sollte die Versammlungen um 5 Uhr eröffnen, um 6 Uhr mit der Beratung beginnen, und dann könne man auch die Versammlung pünktlich um 10 Uhr schließen.[4] Im allgemeinen schei-

nen die Sitzungen sehr ungeregelt, wenn nicht stürmisch verlaufen zu sein, auch dann, wenn die Sansculotten unbestrittene Herren waren; es fehlte ihnen oftmals an der nötigen Mäßigung. Der Polizeibeobachter Prévost schreibt in einem Bericht vom 30. Pluviôse aus der Sektion République, bei einer Beratung über schwerwiegende Dinge hätten viele Bürger wild durcheinander ums Wort gebeten oder lauthals geschrien und damit jede Beratung unmöglich gemacht.[5] Am 1. Ventôse hatte in der Sektion Chalier der Präsident ein Glas Wein getrunken, während er den Vorsitz der Versammlung hatte. Darauf wollten ihn die einen absetzen: »Jetzt ist es hier schon wie in einem Laden eines Weinhändlers, wie lange wird's dauern, dann wird auch noch geraucht.« Verschiedene wandten ein, andere hätten es doch genauso gemacht; nach mehr als einer Stunde Geschrei und Gezänk ging man einfach zur Tagesordnung über.[6] Die Einrichtung der Räumlichkeiten, in denen sich die Vollversammlungen abspielten, trug kaum zu einer festen Ordnung bei. Die zum Nationalgut erklärten Kirchen und Kapellen eigneten sich für dergleichen Versammlungen im Grunde wenig. Die Sektionen ließen nicht ab, entsprechende Einrichtungen oder zweckmäßige neue Räume zu fordern. Die Sektion Montagne schlägt am 1. Germinal des Jahres II unter Zugrundelegung einer Petition der Sektion Bonne-Nouvelle vor, daß in jeder Sektion ein Sitzungssaal auf Kosten der Republik gebaut werden sollte. »Eine Menge Bürger dringen ohne Erlaubnis in die Versammlung ein, weil mehrere Türen da sind, was bei einem geschlossenen Raum unmöglich wäre.«[7]

Um die Rolle der Vollversammlungen bei der politischen Organisation und der politischen Tätigkeit der Pariser Sansculotterie exakt einzuschätzen, macht sich die Klärung zweier Problemkomplexe erforderlich: Wie hoch darf die Zahl der Anwesenden bei den Primär- oder Vollversammlungen angenommen werden? Wie hoch war der Anteil der Bürger, die im Genuß der Entschädigung von 40 Sous waren?

Der größte Teil der Protokolle der Vollversammlungen ist verlorengegangen. Es lassen sich also keine chronologischen Folgen dieser Protokolle zusammenstellen, die es erlauben würden, an Hand der politischen Geschehnisse die Teilnehmerzahl der Vollversammlungen zu verfolgen und etwa in einer Kurve festzuhalten. Zudem unterließen es die Protokollanten nur zu oft, die Zahl der Anwesenden anzugeben, und begnügten sich mit einer ganz oberflächlichen Schätzung. Daher verfügen wir nur über verstreute und fragmentarische Angaben, die im allgemeinen auch nur die Wahlhandlungen betreffen. Man kann also bestenfalls eine annähernde Zahl erhalten. Die aber erhält einen festen Wert, wenn man sie in Beziehung setzt zu der Zahl der Aktivbürger, deren Listen von 1790 an mit großer Sorgfalt aufgestellt worden sind, oder zu der Zahl der Bürger, die nach dem 10. August 1792 mehrere Male von den Steuerbehörden taxiert worden sind.

Vom Beginn der Revolution an ist die Teilnahme am politischen Leben der Sektionen nur die Sache einer Minderheit, es sei denn in Krisenzeiten oder an den großen revolutionären Tagen wie dem 31. Mai, wo das Volk in Massen in die Versammlungen strömte. Während des Zensusregimes ist es nur eine kleine Anzahl von Aktivbürgern, die an den Vollversammlungen teilnehmen, selbst wenn sich diese für irgendeine Wahl in Primärversammlungen umbilden. Ihr Anteil an der Gesamtzahl der Bürger erscheint uns heute unwahrscheinlich gering, er schwankt zwischen 4 und 19 Prozent je nach der Sektion und der Epoche. Gewiß sollte man, um der Wirklichkeit so nahe wie möglich zu kommen, auch die soziale Zusammensetzung der einzelnen Sektionen und den politischen Druck in Betracht ziehen, den die Sansculotten auf die Aktivbürger ausübten. Unter diesem Gesichtspunkt ist es auffällig, daß in den drei Sektionen Faubourg-Montmartre, Fontaine-de-Grenelle und Louvre, die alle drei je ungefähr 12 000 Einwohner hatten, die Vollversammlungen in den Monaten April/Mai 1792 einen um so höheren Besuch aufzuweisen hatten, je geringer der Anteil an aktiven Bürgern war. In der Sektion mit der ärmsten Einwohnerschaft, d. h. der Sektion Faubourg-Montmartre, erreicht die Besucherzahl 18 Prozent der Gesamtzahl der Aktivbürger, in der reichsten dieser drei Sektionen, der Sektion Louvre, kommt sie nicht über 5 Prozent hinaus. In der Sektion Fontaine-de-Grenelle bleibt die Besucherzahl von April bis Juli 1792 ständig bei 7 Prozent stehen, während die Vollversammlung der Sektion Louvre sich gegenüber der Verschärfung der Lage sehr empfindlich zeigt: Die Besucherzahl steigt von 5 Prozent Anfang Mai auf 19 Prozent Ende Juli – das ist der Zeitpunkt, wo die Passivbürger in die Versammlungen eindringen.

Um den wirklichen Wert der Besucherzahlen in den Vollversammlungen einschätzen zu können, muß aber auch die Tagesordnung der einzelnen Sitzungen in Betracht gezogen werden. Die Wahl einer Amtsperson zieht selbstverständlich mehr Bürger an als eine gewöhnliche Beratung. Die großen Probleme der hohen Politik bewegen Ende Juli 1792 die Aktivbürger ebensosehr wie die Passivbürger, das zeigt das Beispiel der Sektion Louvre. Man muß also, um zu einer exakten Auskunft zu gelangen, den Besuch irgendeiner Sektion über die ganze Zensuswahlperiode hinweg verfolgen. Nach dem Zustand der Unterlagen läßt sich das für die Sektionen Arsenal und Postes durchführen. Bei beiden Sektionen bleibt der Besuch äußerst schwach. Er wird ein wenig besser, wenn es um die Wahl für einen wichtigen Posten geht oder um die Benennung zu den Sektionsbehörden – das beweist immerhin den Hang zur Autonomie der Sektionen. Länge und Kompliziertheit der Wahlen für die Behörden der Kommune von Paris ermüdeten die Aktivbürger, und daraus erklärt sich der schwache Besuch bei den Wahlen vom Februar 1792 sowohl in der Sektion Arsenal wie auch in der Sektion Postes. Nicht weniger bezeichnend für diese Entfremdung der Gesamtheit der Aktivbürger vom politischen Leben ist der schwache Anteil von 6 Prozent an der Versammlung vom 23. Juni 1792 in der Sektion Postes, wo es um den sehr wichtigen Tagesordnungspunkt der Prüfung des Verhaltens des Bürgermeisters und des Gemeinderats von Paris an dem bedeutsamen 20. Juni ging. Aber: liegt hier einfach Gleichgültigkeit oder doch etwa Furcht vor dem Druck der Volksmassen vor? Die Stimmenthaltung war unter dem Zensusregime ein beherrschender Zug des politischen Lebens der Sektionen. Sie wurde von den Aktiven nicht widerspruchslos hingenommen, vielmehr kam es zu häufigen Protesten dagegen: so z. B. am 21. November 1791 in der Sektion Luxembourg[8] oder am 28. Dezember in der Sektion Postes[9].

Der Zutritt der Passivbürger zu den Sektionsversammlungen im Juli und August 1792 ließ für kurze Zeit die Besucherzahl anschwellen. Aber bald ließ der Besuch wieder nach. In dieser Hinsicht ist die Kurve der Besucherzahlen in den Versammlungen der Sektion Contrat-Social, der früheren Sektion Postes, besonders bezeichnend. Die Zahlen erreichen im Oktober/November 1792 eine Höhe, die im Laufe der gesamten Zensusperiode nie erreicht worden ist. Allerdings handelt es sich um die Wahl des Bürgermeisters von Paris. Der Zustrom läßt sofort wieder nach, als die Tagesordnung weniger interessant wird. Die Zahl der Anwesenden sinkt von 330 Wählern am 12. November 1792 auf 151 am 28. anläßlich der Besetzung eines Ehrenamtes. Die Kompliziertheit der Wahlhandlungen und die Vielzahl der Abstimmungen werden den bislang durchaus eifrigen Bürgern über; die Uninteressierten und am wenigsten Überzeugten bleiben weg, sobald sich die politischen Kämpfe zuspitzen. Am 11. Februar 1793 fand die Wahl Paches zum Bürgermeister von Paris statt; die Wahlversammlung zählte nur 194 Stimmberechtigte. Als es am 18. Januar nur um die Wahl einer einfachen Amtsperson gegangen war, waren lediglich 123 erschienen. Wenn auch die soziale Zusammensetzung anders geworden ist, der Versammlungsbesuch ist auf das mittlere Niveau des Besuchs in der Zensusperiode zurückgegangen. Am 25. Oktober 1792 hatte der *Moniteur* aus Anlaß einer Abstimmung in der Sektion Panthéon-Français auf die schwache Beteiligung am politischen Leben der Sektion hingewiesen: »Jede der 48 Sektionen kann wenigstens 4000 Wähler aufweisen; ... es kommt aber vor, daß eine beratende Versammlung manchmal nur aus 150, 100 oder sogar noch weniger Bürgern besteht.«[10] Der anonyme Redakteur des *Moniteur* übergeht stillschweigend eine wichtige Tatsache: die große Veränderung in der politischen Zusammensetzung der Vollversammlungen seit dem 10. August.

Von dem Zustrom der Sansculotten erschreckt, scheren viele Bürger, die bis dahin aktiv am politischen Leben teilgenommen hatten, aus jeder gesellschaftlichen Tätigkeit aus. Von den bisher passiven, d. h. nicht wahlberechtigten Bürgern besteht nur ein sehr kleiner Teil auf weiterer Teilnahme am politischen Geschehen, nachdem die Gefahr erst einmal vorüber ist. Die Versammlungen waren nur in andere Hände übergegangen; die wenigen Zahlenangaben, die sich aus den Protokollen entnehmen lassen, führen zu der Feststellung, daß der Eintritt der Sansculotten in das politische Leben die Besucherzahlen an den Versammlungen nicht wesentlich geändert hat.

Nach wie vor bleibt das Verhältnis zwischen den aktiven Mitgestaltern am Leben der Sektion und der Masse der Bürger äußerst ungünstig. Der Besucherstrom schwillt nur dann an, wenn eine wichtige Abstimmung auf der Tagesordnung steht. Deshalb verdoppelt sich in der Sektion Bon-Conseil die Zahl der Anwesenden vom 18. zum 30. November 1792 beinahe: Es geht am 30. um eine Stichwahl für den Bürgermeisterposten von Paris. Die Wahl der übrigen Gemeindebeamten hingegen trifft auf wenig Interesse. Am 8. Januar 1793 beispielsweise sind nur 55 Personen anwesend, als die Sektion Bondy eine Amtsperson wählt. Die Wahlen der Überwachungsausschüsse, die im März und April 1793 stattfinden, sind die Angelegenheiten einer kleinen Anzahl entschlossener Sansculotten: in der Sektion Observatoire erscheinen am 30. März nur 94. In der Sektion Bon-Conseil zieht die Wahl des Polizeikommissars am 7. Mai eine größere Besucherzahl an (328) als die des Überwachungsausschusses am 1. April (229). Die Benennung eines vorläufigen Oberkommandierenden der Pariser Nationalgarde, der den an die Vendéefront gegangenen Santerre ersetzen soll, war eine Handlung, deren hochpolitische Bedeutung in diesen Krisentagen niemanden entgehen konnte. Trotzdem erschien in den Vollversammlungen der Sektionen Unité und Louvre am 22. und 26. Mai nur eine kleine Anzahl von Bürgern. Am 29. waren sie in der Sektion Théâtre-Français relativ zahlreich, aber wahrscheinlich vor allem, weil das Präsidium neu gewählt wurde. Die inneren Angelegenheiten der Sektionen interessieren die Sansculotten oftmals mehr als die Fragen der großen Politik. Darf man daraus schließen, daß sich die Massen in der großen Krise vom Mai 1793 nur sehr langsam in Bewegung bringen ließen? Es ist notwendig, dabei die sozialen und politischen Besonderheiten einer jeden Sektion in Betracht zu ziehen, die mehr oder weniger rasche Reaktionen auslösten. In dieser Hinsicht gibt das Beispiel der Sektion Mail einen Fingerzeig. Zur Neuwahl des Präsidiums am 23. April 1793 zählt die Vollversammlung nur 83 Anwesende, am 23. Mai dagegen, bei der Benennung des vorläufigen Oberkommandierenden, 252. Für die Sektion Butte-des-Moulins läßt sich der Versammlungsbesuch vom Oktober 1792 bis zum Mai 1793 in einer Kurve festhalten: er scheint vom 10. August bis zum 31. Mai im Verhältnis zu anderen Sektionen besonders hoch gewesen zu sein, im Verhältnis zur Gesamtzahl der Bürger bleibt er aber auch hier minimal.

Nach dem 2. Juni liegt das politische Geschehen in den Sektionen noch immer in den Händen einer Minderheit, die aber nach ihrer sozialen Herkunft hin immer ausgeprägter wird. Die Gemäßigten werden allmählich ausgeschaltet. Von den Sansculotten besucht nur eine geringe Anzahl die Versammlungen, eine noch kleinere Gruppe die Sektions- und Volksgesellschaften. Als am 2. September 1793 die Sektion Pont-Neuf vier Mitglieder des Revolutionskomitees wählen will, zählt die Vollversammlung nur 84 Personen; »eine beträchtliche Anzahl von Bürgern« hatte den Sitzungssaal verlassen, als Delegationen erschienen, *um zu fraternisieren.*[11] Dennoch sind die Vollversammlungen stärker besucht als unter dem Zensusregime, stärker auch noch als zwischen dem 10. August und dem 31. Mai, als Sansculotten gegen Gemäßigte standen. Da sie nun die alleinigen Herren der Versammlungen sind, fühlen sich die Sansculotten dort wohler. Für viele ist der fleißige Versammlungsbesuch Ausdruck ihrer staatsbürgerlichen Treue; die Entschädigung von 40 Sous zieht wenn auch nicht alle Arbeiter, so doch wenigstens eine gewisse Anzahl der ärmsten unter ihnen herbei.

Für den Besuch der Sektionsversammlungen in der Zeit vom 2. Juni 1793 bis zum 9. Thermidor liefern sehr verstreute Dokumente einige Angaben. Danach waren die Vollversammlungen besonders stark besucht bei der Wahl des Oberkommandierenden der Pariser Nationalgarde in der zweiten Junihälfte 1793: im Kampf zwischen Sansculotten und Gemäßigten war hier jede Stimme von Bedeutung. Naturgemäß besonders hoch war das Interesse in der Sektion Sans-Culottes, der Sektion Hanriots – hier waren es am 19. Juni 678 Anwesende –, und der Sektion Raffets, Butte-des-Moulins: anläßlich der drei Wahlgänge am 16., 18. und 27. Juni steigen die Anwesenheitszahlen von 780 auf 824, dann sogar auf 1215 Bürger.

Der stärkste Versammlungsbesuch aus dem Jahre II, nämlich 900 Anwesende am 10. Ventôse des Jahres II in der Vollversammlung der Sektion Bon-Conseil, erklärt sich aus der Wichtigkeit einer politischen Debatte, die die gesamte

Sektion aufs stärkste bewegte: an diesem Tage antwortete Lullier auf eine Anzeige Marchands.[12] Die Wahlen zu militärischen Kommandostellen hatten immer einen viel größeren Zulauf als die von Magistratsbeamten. Am 15. Germinal des Jahres II zählt die Vollversammlung der Sektion Brutus nur 100 Wahlberechtigte für die Erneuerung des Präsidiums, aber am 15. Floréal 430 Personen, als es um die Ernennung des Kommandanten der Streitkräfte der Sektion geht. Besonders typisch sind in dieser Hinsicht die Schwankungen der Besucherzahlen in der Sektion Montagne, der ehemaligen Sektion Butte-des-Moulins, im Zeitraum vom Juni 1793 bis zum Pluviôse des Jahres II, ebenso wie die der Sektion Invalides in der Zeit zwischen dem Pluviôse und dem Messidor: der Zustrom schwillt regelmäßig an den Tagen an, wo Wahlen für militärische Posten stattfinden, um auf ein normales Maß abzusinken, sobald zivile Funktionen zu besetzen sind. Die Sansculotten sind zum Dienst in der Nationalgarde zwar verpflichtet, aber sie betrachten den Dienst unter Waffen als ein Recht, nicht als einen Zwang, und offensichtlich maßen sie der Wahl ihrer Offiziere einen großen Wert bei.

Die Dürftigkeit der Belege läßt es nicht zu, anhand der Teilnehmerzahlen an den Vollversammlungen die Mißbilligung der Revolutionsregierung durch die Sansculotten nach dem Germinal und der Hinrichtung Héberts und Chaumettes abzumessen. Die wenigen Angaben, die sich hier und da finden, scheinen darauf hinauszulaufen, daß sich die Teilnehmerzahl in etwa auf der gleichen Höhe gehalten hat, wobei sie bei Wahlen für militärische Posten höher und für die wenigen noch in der Kompetenz der Versammlungen gebliebenen zivilen Ernennungen etwas niedriger war. Noch immer also übten Wahlen eine anziehende Wirkung aus. Wie aber war es in den gewöhnlichen turnusmäßigen Versammlungen?

Nach dem Thermidor verschob sich die soziale und politische Zusammensetzung der Vollversammlungen noch einmal. Die Sansculotten wurden nach und nach verdrängt, die Teilnahme geringer. Am 30. Frimaire des Jahres III besteht die Vollversammlung der Sektion Unité aus ganzen 40 Personen, dabei zählte im Jahre 1791 diese Sektion 2653 Aktivbürger! In der Sektion Invalides nehmen am 20. Germinal 69 Bürger an der Wahl des Wohltätigkeitsausschusses teil. Auch diese Sektion hatte im Jahre II 2440 Wähler gehabt. Gegen Ende des Jahres III strömen die »ehrbaren Leute«, nun der Sansculotten ledig, nach langer Unterbrechung aller Wahlhandlungen wieder in Massen in die Primärversammlungen. Bei der Einschätzung dieses lebhaften Besuchs darf aber nicht vergessen werden, daß besondere Bedingungen bei der Abstimmung herrschten. So lagen in der Sektion Arcis die Wahllisten drei Tage lang von 7 Uhr morgens bis 10 Uhr abends aus. Die Herrschaft der Notabeln begann.

Es ist von Bedeutung zu wissen, wie groß an der Minderheit von Leuten aus dem Volk, die regelmäßig die Vollversammlungen besuchte, der Anteil der Nutznießer der Entschädigung von 40 Sous war, oder, anders ausgedrückt, in welchem Maße die Arbeitenden im Jahre II am politischen Leben der Sektionen teilgenommen haben.

Am 5. September 1793 hatte Danton gefordert, die Vollversammlungen sollten auf zwei in der Woche reduziert werden und »alle Sansculotten diesen Versammlungen beiwohnen können, unter dem Vorbehalt, daß man sie für die Zeit, die sie durch die Beratungen von ihrer Arbeit ferngehalten würden, entschädigen sollte«. Der Konvent dekretierte daraufhin, daß die *armen Bürger* das Recht auf eine Entschädigung von 40 Sous für jede Sitzung hätten. Am 9. September legte Barère die Durchführungsverordnung vor. Nach Artikel 2 dieser Verordnung »können alle Bürger, die keine anderen Einkünfte zur Bestreitung ihres Lebensunterhaltes haben als die tägliche Arbeit ihrer Hände, eine Entschädigung von 40 Sous für jede Sitzung beanspruchen«. Kommissare, die die Sektion einsetzt, so erläutert der Artikel 4, sollen »den Bedürftigkeitsgrad der in Artikel 2 bezeichneten Bürger« bestätigen und ihre Anwesenheit in den Vollversammlungen der Sektionen zu Protokoll nehmen.[13]

Seit sie eingeführt wurde, liegt in dieser an sich sehr wichtigen Maßnahme eine gewisse Doppelsinnigkeit. Handelt es sich tatsächlich darum, die an den Vollversammlungen teilnehmenden Arbeiter für den dadurch entstehenden Lohnausfall zu entschädigen? Danton bekräftigt es mit Entschiedenheit, aber die prinzipielle Entscheidung darüber, die am 5. September getroffen wurde, nennt nur die *armen Bürger*.

Geht es also einfach um eine Unterstützung der bedürftigen Sansculotten? Die Worte Barères, des Berichterstatters über dieses Gesetz vom 9. September, lassen diesen Gedanken aufkommen. Er erinnert an das vier Tage vorher beschlossene Prinzip, »daß jeder Bürger, der nur von seiner Hände Arbeit lebt, *im Falle einer erwiesenen Bedürftigkeit* das Recht auf eine Entschädigung hat«. Diesen Ausdruck greift auch der Artikel 4 wieder auf: die Kommissare sollen *den Bedürftigkeitsgrad* der Berechtigten bestätigen. er Artikel 2 endlich ist deutlich: Die Entschädigung wird nicht automatisch an die Bürger gezahlt, »die keine anderen Einkünfte zur Bestreitung ihres Lebensunterhaltes haben als die tägliche Arbeit ihrer Hände«, sondern sie *können* sie nur in Anspruch nehmen. Die Durchführungsverordnung zog also der Tragweite der von Danton vorgeschlagenen Maßnahme enge Grenzen: sie hatte weniger die bezahlten Arbeiter im Auge als vielmehr die Bedürftigen. Diese einschränkende Auslegung trat noch mehr zutage durch die geringe Wertschätzung, deren sich von seiten der gehobeneren Schichten der Sansculotterie und in gewissen Sektionen diese Entschädigung von 40 Sous und mit ihr auch jene, die davon profitierten, ausgesetzt sahen. Nach dem Bericht des Beobachters Perrière vom 14. Ventôse des Jahres II haben die Bürger der Sektion Sans-Culottes die Entschädigung entschieden verweigert, »weil sie, wie sie sagten, nicht als Vierzig-Sous-Patrioten bezeichnet werden wollten«[14].

Die Art und Weise, wie dieses Dekret von manchen Sektionen zur Anwendung gebracht wurde, verrät sehr oft die gleiche Einstellung. Der Artikel 4 des Gesetzes vom 9. September beinhaltete, daß die Sektionen Kommissare ernennen sollten, die die Liste der Empfangsberechtigten aufstellen und ihre Anwesenheit in den Versammlungen festhalten sollten.[15] Am 25. September 1793 nimmt die Vollversammlung der Sektion Gravilliers ein Reglement in diesem Sinne an. Der Bürger, »der Anspruch auf die Entschädigung hat und sie auch in Anspruch nehmen will«, soll vom Hauptmann seiner Kompanie eine Bestätigung erhalten, »durch die festgestellt wird, daß er tatsächlich keinen anderen Lebensunterhalt als die tägliche Arbeit seiner Hände hat«. Ein Ausschuß von acht Kommissaren soll die allgemeine Liste aufstellen und prüfen, und jeder abgewiesene Bürger soll sich an die Vollversammlung wenden können, die in letzter Instanz entscheidet. Die Berechtigten sollen eine rote Karte erhalten mit dem Stempel des betreffenden Ausschusses für diese Entschädigung. Damit sind diese Leute auf wirklich diskriminierende Weise »gestempelt«. Die sehr genaue Anweisung führt sehr eingehend die »Mittel zur Feststellung der ununterbrochenen Anwesenheit« in den Sitzungen auf: zwei Kommissare prüfen die Identität der Betreffenden beim Eintritt in die Versammlung, die um 5 Uhr beginnt; um 6 Uhr werden die Listen geschlossen; eine Abwesenheit von mehr als einer halben Stunde führt zur Absprechung der Entschädigung.[16] Dieses Reglement, das am 25. September, nach der Entfernung von Jacques Roux und seinen Parteigängern aus der Versammlung, angenommen worden ist, verrät eine latente Feindseligkeit gegenüber den Bürgern, die bald den Beinamen *Vierzig-Sous-Patrioten* erhalten werden. Es gibt kein Dokument, das ihr genaues Verhältnis in der Sektion Gravilliers festzustellen erlaubte und wodurch sich klar erwiese, welche Auslegung die Kommissare dem Gesetz vom 9. September gaben: ob sie die Entschädigung den Lohnempfängern (die keine anderen Einkünfte zur Bestreitung ihres Lebensunterhaltes haben als die tägliche Arbeit ihrer Hände, um den Wortlaut des Gesetzes zu verwenden) oder nur den Bedürftigen zukommen ließen.

Tatsächlich zog die Anwendung dieses Gesetzes mancherlei Schwierigkeiten nach sich und gab den Sektionsbehörden den Vorwand zu vielerlei Auslegungen, die alle einschränkend waren. Am 20. Brumaire beschließt die Vollversammlung der Sektion Montagne, die Hausangestellten sollen von der Nutznießung der Entschädigung ausgeschlossen werden. Damit wurde das Gesetz nicht nur falsch ausgelegt, sondern einfach verletzt. In zahlreichen Sektionen wird bei seiner Anwendung ganz offen böswillig verfahren. In der Sektion Bon-Conseil begnügen sich die Sektionsbehörden damit, als sie die Liste der Berechtigten aufstellen, diese einfach eine Erklärung *auf Ehre und Gewissen* abgeben zu lassen.[17] In der Sektion République ist die Entschädigung bis zum 25. Frimaire noch nicht ausgezahlt worden. An diesem Tage beschweren sich nämlich mehrere Bürger, sie hätten noch nicht einen Sou aus den Kommissaren herausziehen können, die ernannt worden waren, »um die braven Sansculotten einzutragen, die zur Vollversammlung zugelassen worden sind«. Neue Beschwerden folgen am 8. und am 9. Nivôse. »Im allgemeinen«, vermerkt der Polizeibeobachter, »sind alle Bürger, die in dieser Sektion ein Amt haben, ebenso viele Despoten, die es gar nicht lieben, bezahlen zu müssen.«[18] Nach dem Bericht des Polizeibeobachters Pourvoyeur weigern sich am 17. Nivôse die Behörden der Sektion Lombards, die Entschädigung auszuzahlen, die das Gesetz den *bedürftigen Bürgern* zuerkennt, weil sie es nicht billigen.[19] In der Sektion Réunion entspinnt sich am 5. Ventôse eine Diskussion darüber, wer eigentlich Anspruch hat. Die Versammlung war der Meinung, daß das Gesetz die Entschädigung »nur den wirklich Armen und nicht den Arbeitern, die große Summen verdienen«, zuerkennt. Eine Kommission soll sich um ein Mittel kümmern, »sie nur denen zukommen zu lassen, die sie wirklich dringend brauchen«. Am 9. Ventôse bestätigte das Revolutionskomitee diese Auslegung.[20] In der Sektion Maison-Commune wurde das Reglement für die Auszahlung der Entschädigung erst am 30. Prairial angenommen. Eine Kommission von zwölf Mitgliedern sollte »die Bedürftigkeit und Ehrbarkeit der Antragsteller« prüfen, Streitfälle sollten der Vollversammlung vorgelegt werden. Jeder Familienvater, der keine anderen Einnahmen hat als durch seine Arbeit, soll eingetragen werden, sofern er Patriot ist. Die Kommission, die »die Notwendigkeit, mit den Scherflein der Republik sparsam zu wirtschaften, in Betracht ziehen soll«, soll die Führung, die finanziellen Lasten, die Arbeitslosigkeit der ledigen Arbeiter überprüfen, ehe sie sie in die Listen einträgt.[21] Damit wurde das Dekret vom 9. September an moralische und politische Bedingungen geknüpft und in diskriminierender Weise mißbraucht.

Welche Abgrenzungen auch im allgemeinen durch die Durchführungsregelung der einzelnen Sektionen gezogen wurden, die Entschädigung war bis in den Thermidor Gegenstand heftigster Kritik und trug dazu bei, die Klassengegensätze im Innern der Sansculotterie zu verschärfen. Die Arbeiter verlangten hartnäckig die Nutznießung dieser Entschädigung, wobei sie sie selbst für außerordentliche Versammlungen forderten[22], und wurden nur zu oft deswegen von den Besitzenden als Bürger zweiter Klasse angesehen. Als die Kommissare für das Bekleidungswesen der Sektion Poissonnière am 17.

Germinal aus der Volksgesellschaft ausgeschlossen worden waren, protestierte einer von ihnen: »Die Versammlung war nur wenig zahlreich und nur aus Vierzig-Sous-Leuten zusammengesetzt, daher war ihre Entscheidung nicht rechtskräftig.«[23] Diese Äußerung ist bezeichnend für die Feindseligkeit eines Besitzenden gegenüber einem einfachen Arbeiter und beweist, daß die ursprüngliche Unterscheidung in Aktiv- und Passivbürger faktisch doch noch Bestand hatte.

In etlichen Versammlungen bildeten die *Vierzig-Sous-Leute* bald eine Partei, auf die sich die fortgeschrittensten Patrioten stützten, so etwa Momoro in der Sektion Marat. In der Sektion Réunion versicherte sich ein gewisser Didot, der mit dem Revolutionskomitee, das die Vollversammlung beherrschte, im Streit lag, nachweislich der *Vierzig-Sous-Leute*. Am 5. Ventôse schürte er den Aufruhr unter den Arbeitern, die von der Nutznießung der Entschädigung ausgeschlossen waren, und stachelte sie an, sie sollten sich *ihre* 40 Sous auszahlen lassen. Bei seiner Verhaftung am 9. erklärte er, »er sei verhaftet worden, weil er die Partei des Volkes ergriffen und die Leute unterstützt habe, die eben diese 40 Sous erhalten hätten«, während das Revolutionskomitee ihn anklagte, er habe sich eine Partei geschaffen.[24] Nach Angaben des Polizeibeobachters Jarousseau verursachte die Bezahlung der 40 Sous Kabalen bei Ernennungen. Die Entschädigungsempfänger wurden oft als eine Art Stimmvieh behandelt, das sich die feindlichen Gruppen streitig zu machen suchten, so etwa in der Sektion Lombards, wo die Sektionsbehörden nach den Angaben des Polizeibeobachters Pourvoyeur sich am 17. Nivôse weigerten, die Entschädigung an die Bedürftigen auszuzahlen, sie aber denjenigen gewährten, die ihnen ergeben waren. Das Revolutionskomitee der Sektion Lombards dreht allerdings den Spieß um und beschuldigt einen gewissen Rouy, er habe sich unter den Vierzig Sous-Leuten eine Partei geschaffen, für die er immer »Eifer« an den Tag gelegt habe.[25] In eben dieser Sektion Lombards verfolgen die Reaktionäre im Jahre III mit wildem Haß die Nutznießer der Entschädigung, wie den Zimmermannsgesellen, »der erst in den Versammlungen der Sektion erschienen ist, seitdem das Dekret gegen die Freiheit erlassen worden ist, das jedem Wähler 40 Sous zubilligte«. »Dieser Bürger wäre wahrscheinlich nie aus seiner abgrundtiefen Nichtigkeit hervorgetreten, in die ihn die Natur geworfen zu haben scheint, wenn ihn die Zehnmännerregierung [gemeint ist der Große Wohlfahrtsausschuß] nicht zu etwas gemacht hätte, indem sie ihn bezahlte.«[26] Das ist ganz offensichtlich der Groll der Besitzenden, die ihre Vormachtstellung einen Augenblick lang bedroht sehen.

Indem sie die ständigen Streitigkeiten, die mit der Bezahlung der Entschädigung verbunden waren, und die Schiebungen, die dabei vorkamen, zum Vorwand nahmen[27], verlangten die Besitzenden die Abschaffung der Entschädigung und stützten sich dabei auf die Kosten, die dadurch verursacht würden. Warum sollte man denn 40 Sous an den Dekadentagen ausgeben, an denen die Arbeiter sowieso nicht arbeiteten? fragt am 1. Nivôse der Polizeibeobachter Mercier.[28] Perrière schreibt sich am 14. Ventôse in sein Notizbuch, daß »sich Leute, denen offensichtlich daran liegt, aus den Versammlungen jene Klasse auszuschließen, die von Natur aus einer echten Volksrevolution freundlich gegenübersteht, weil sie in ihrem Interesse liegt, bemühen, jenen unbemittelten Bürgern die geringe Summe vorzuenthalten, mit der sie der immer gerechte und menschliche Konvent für einen Teil ihrer kostbaren Zeit entschädigen wollte«[29]. So brach über dem Streit um die 40 Sous der ganze Gegensatz zwischen bürgerlicher und Volksrevolution hervor. Der Konvent hatte am 9. September der Entschädigung weniger aus Menschenfreundlichkeit zugestimmt als vielmehr, um ein Mittel in der Hand zu haben, das ihm bei der Abschaffung der Permanenz der Sektionen helfen sollte. Als es dann darum ging, sie in die Tat umzusetzen, hatten die Sektionsbehörden, die im allgemeinen den höheren Schichten der Sansculotterie angehörten, die Bedeutung dieses Beschlusses wesentlich verfälscht, indem sie die Auszahlung mit offensichtlich herabsetzenden Maßnahmen verbanden. Die Regierungsstellen intervenierten gegen ein solches Vorgehen erst nach dem Germinal, als der Volksbewegung endgültig Steine vor die Räder geworfen waren.

Am 27. Floréal kam aus der Sektion Indivisibilité noch einmal eine Anzeige an den Generalrat der Kommune wegen der Unregelmäßigkeiten, die bei der Gewährung der Entschädigung von 40 Sous vorkamen. »Ein wohltätiges Gesetz möge sich nicht in eines zum Nutzen der sorglosen und gierigen

Bürger verwandeln«[30], heißt es da. Die Beschwerde wurde an den Wohlfahrtsausschuß weiterverwiesen. Dieser ordnete eine einschränkende Anwendung des Gesetzes vom 9. September an. Es steht nicht mehr die Frage, die Arbeiter für die Zeit zu entschädigen, die sie durch den Besuch der Vollversammlungen von der Arbeit ferngehalten werden, es geht ganz schlicht und einfach um eine Unterstützung für die Bedürftigen. Auch auf diesem Gebiet siegen also die Auffassungen der bürgerlichen Jakobinerdiktatur über die der sansculottischen Demokratie. Am 7. Messidor richtete auf Anordnung des Wohlfahrtsausschusses der Hilfsausschuß an die Pariser Sektionen ein Rundschreiben »wegen der Unregelmäßigkeiten, die mehrere Bürger mit dem Recht auf Anwesenheit in den Vollversammlungen ihrer Sektion begehen, indem sie die in diesem Falle gewährten 40 Sous in Empfang nehmen, ohne als Bedürftige dazu berechtigt zu sein, ohne wirklich anwesend zu sein oder indem sie nur für kurze Zeit erscheinen, um die Entschädigung in Empfang zu nehmen«. Das Rundschreiben griff die einschränkende Auslegung des Gesetzes vom 9. September wieder auf: die Entschädigung steht nur *den unglücklichen Patrioten* zu, sie ist »eine Hilfe, die das Vaterland nur der Armut zubilligt«.[31]

Die Sektionen nahmen dieses Rundschreiben zur Kenntnis und schritten daraufhin zu einer Überprüfung der Liste der Entschädigungsempfänger. Zahlreiche Sansculotten wurden gestrichen, und das war für sie ein Vorwurf mehr, den sie der Revolutionsregierung zu machen hatten. Leider sind die Dokumente nicht mehr zahlreich genug vorhanden, als daß die Opfer dieser Säuberungsaktion zahlenmäßig festgestellt und im Anschluß daran der Umfang des Widerstandes und der Opposition ermessen werden könnten, die diese Säuberung hervorrief. In der Sektion République wurde am 5. Thermidor ein gewisser Rocherie verhaftet, weil er die Vollversammlung gestört hatte. Er hatte Krach geschlagen, weil er aus der Liste der Entschädigungsempfänger gestrichen worden war. Die Vollversammlung der Sektion Maison-Commune, die am 30. Prairial ein sehr strenges Reglement in dieser Angelegenheit erlassen hatte, ernannte am 10. Messidor zwölf Kommissare, die das Rundschreiben vom 7. zur Anwendung bringen sollten. Deren Bericht, den sie am 15. Thermidor vorlegten, zeigt den Mißbrauch auf, »der auf nichts anderes abzielte, als unsere glückliche Revolution zu untergraben, indem unter der Bezeichnung einer Entschädigung ein Teil unserer Finanzen verschleudert wurde, die niemandem anderen zustehen als den Verteidigern des Vaterlandes, ihren notleidenden Familien und den unglücklichen Republikanern«. Der Bericht kommt zu dem Schluß: »Die Republik will keine bezahlten Parteigänger.« Die Kommission lehnte 104 Sansculotten ab und behielt nur 91 Entschädigungsempfänger auf der Liste, ganz zweifellos lauter Arme.[32]

Die sansculottische Demokratie war zu dieser Zeit schon zu Tode getroffen. Am 4. Fructidor erhob Bourdon aus dem Departement Oise scharfe Anklage gegen das »fatale Dekret der 40 Sous« und wies darauf hin, daß es doch die Mittelklasse (darunter ist doch wohl zu verstehen: die Klasse in der Mitte zwischen Aristokratie und Sansculotten, die Bourgeoisie also) war, die es in der Nacht vom 9. zum 10. Thermidor dem Konvent ermöglicht hatte, den Sieg davonzutragen. Auch Cambon erhob sich gegen den Mißbrauch, der mit der Entschädigung von 40 Sous getrieben worden sei. Sie wurde aufgehoben.[33]

Ganz abgesehen davon, was alles mit der Entschädigung geschah und welchen Einschränkungen die Anwendung des Gesetzes vom 9. September auch unterworfen wurde, wäre es doch dringend notwendig, für jede einzelne Pariser Sektion die Zahl der Empfänger der Entschädigung festzustellen. Auf diese Weise ließe sich der Einfluß der Arbeiter auf das politische Leben der Sektionen ermessen. Leider sind die erhalten gebliebenen Dokumente zu fragmentarisch. Das Gesetz vom 13. Frimaire des Jahres III machte es allen Behörden und mit der Rechnungsführung Beauftragten zur Pflicht, über die seit dem Beginn der Revolution vereinnahmten Summen genaue Rechenschaft abzulegen. In Paris wurden eigens zu diesem Zweck von jeder Sektion Kommissare eingesetzt. Die meisten dieser umfassenden Rechnungslegungen sind leider verlorengegangen; es konnten nur die der Sektionen Théâtre-Français und Mont-Blanc wiederaufgefunden werden. Durch einige andere Dokumente ergänzt, vermitteln sie ein Bild, in welchem kraß niedrigen Verhältnis die Empfänger der Entschädigung zur Gesamtzahl der Bürger überhaupt standen.

Am 11. September erscheinen nach einem Bericht des Polizeibeobachters Béraud in der Sektion Temple nur *einige fünfzig Bürger*, um die 40 Sous zu empfangen. Diese Zahl ist erstaunlich niedrig, wenn man bedenkt, daß am 6. Juni 1791 die Sektion 1662 Aktivbürger und im Jahre II 2950 Wähler umfaßte; zudem wurden in dieser Sektion im Germinal des Jahres II 1340 Bedürftige gezählt. Ein gleiches oder ähnliches Verhältnis läßt sich überall feststellen. Am 5. Floréal erhalten in der Sektion Arcis 340 Bürger die Entschädigung, und diese Zahl ist verhältnismäßig hoch; in der Sektion Indivisibilité dagegen stehen am 25. Floréal nur ganze 99 auf der Liste. In der Sektion Montagne beträgt zwischen dem 3. Oktober 1793 und dem 20. Ventôse die durchschnittliche Zahl der Vierzig-Sous-Leute 95; dabei zählte 1791 die Sektion 2395 Aktivbürger, hatte im Jahre II 1008 unterstützte Arme und 5031 eingeschriebene Wähler. In der Sektion Maison-Commune umfaßte die Liste der Entschädigungsempfänger vor der Zensur vom 15. Thermidor 195 Namen auf 1729 Aktivbürger, 4258 unterstützte Arme (ein besonders hoher Anteil) und 3347 Wähler.

Noch beweiskräftiger sind die Rechnungslegungen, die von den Kommissaren der Sektionen Homme-Armé, Mont-Blanc und Théâtre-Français abgegeben wurden, weil sie sich über längere Zeiträume erstrecken. In der Sektion Homme-Armé erhalten im Floréal 94 die Entschädigung, im Prairial sind es 98, im Messidor 90, im Thermidor 87, während die Sektion 1784 Aktivbürger, 358 unterstützte Arme und insgesamt 10 841 Einwohner zählte. In der Sektion Mont-Blanc haben die Kommissare im Zeitraum vom 1. Brumaire bis zum 30. Thermidor 8352 Livres ausgezahlt, das sind umgerechnet durchschnittlich 69 Entschädigungsempfänger in jeder Sitzung, während es in der Sektion 856 Aktivbürger, 1031 Unterstützungsempfänger und 10 960 Einwohner gab. Die Sektion Théâtre-Français hingegen hat vom 15. September 1793 bis zum 30. Thermidor insgesamt 11 774 Livres ausgezahlt, und es kommen somit durchschnittlich 84 Entschädigungsempfänger auf jede Sitzung der Vollversammlung: eine sehr kleine Anzahl im Verhältnis zu den 1736 Aktivbürgern, den 846 unterstützten Armen und 2418 registrierten Wählern.

Es wäre schließlich ebenso notwendig, die soziale Lage der

Sansculotten genau zu ermitteln, die in den Genuß der Entschädigung von 40 Sous gekommen sind. Aber genauere Angaben zu diesem Punkt geben nur die Aufstellungen über die Summen, die die Kommissare der Sektion Montagne für die Sitzung vom 20. Ventôse ausgezahlt haben. Unter den 105 Personen, die die 40 Sous erhielten, finden sich 2 Krüppel, 9 Bürger ohne Beschäftigung, 26 Gelegenheitsverdiener, 6 Hilfsarbeiter oder Tagelöhner, 51 Handwerker, wahrscheinlich Gesellen. Die Zahl der Bedürftigen wegen Krankheit oder Arbeitslosigkeit übersteigt kaum ein Zehntel der Gesamtzahl. Es bleibt die Frage nach der Situation der Gelegenheitsverdiener und Tagelöhner, die zweifellos mehr als schlecht war. Bei ihnen handelt es sich im wesentlichen um Sansculotten, die wirklich keine anderen Einkünfte als die tägliche Arbeit ihrer Hände hatten, wobei es noch fraglich ist, ob diese genügte, sie aus der Lage von Notleidenden herauszubringen.

Ausschüsse und Beamte der Sektionen

Die Vollversammlungen, in der Theorie das souveräne Organ der Sektionen, wären – im Jahre II von einer Minderheit von Überzeugten besucht, unter denen die Vierzig-Sous-Leute nahezu als Bürger zweiter Klasse betrachtet wurden – praktisch zur Ohnmacht verurteilt gewesen, wenn sie nicht Vollzugsorgane zur Seite gehabt hätten, die die Kontinuität ihrer Aktion sicherstellten.

Die Sektionen waren, nach dem Wortlaut des Gesetzes, nicht nur bloße Wahlbezirke. Sie stellten gleichzeitig untere Verwaltungsbereiche der Kommune von Paris dar. Als solche waren sie mit Vollzugsorganen, Beamten und gewählten Ausschüssen versehen. An der Spitze einer jeden Sektion soll, so sieht es das Gesetz vom 21. Mai 1790 vor, ein Ausschuß stehen, der als Vermittler zwischen der Gemeindeverwaltung und der Vollversammlung dient. Das gleiche Gesetz ordnete auch jeder Sektion einen von einem Schriftführer unterstützten Polizeikommissar zu, der aus ihren Reihen hervorgehen sollte. Als durch das Gesetz vom 25. August und 29. September 1790 die Tribunale der Stadt Paris eingerichtet wurden, bekam jede Sektion auch einen Friedensrichter, dem Beisitzer zugeordnet waren. Zu diesen Organen kamen nach Maßgabe des Notwendigen besondere Ausschüsse: Militärausschüsse, nachdem das Gesetz vom 19. und 21. August 1792 die Neuordnung der Nationalgarde nach dem 10. August legalisiert hatte; Revolutionskomitees auf Grund des Gesetzes vom 21. März 1793; Salpeterkommissionen im Jahre II; im Frühjahr 1794 entstanden sogar hier und da Landwirtschaftsausschüsse. Inwieweit haben nun diese Organe dazu beigetragen, daß die Selbstverwaltung der Sektionen nicht nur auf dem Papier stand? In welcher Weise und in welchem Maße hat sich die sansculottische Führerschaft mit Hilfe dieser Ausschüsse in die Verwaltungsarbeit einarbeiten und im Jahre II am politischen Leben teilnehmen können?

Die Zivilausschüsse der Sektionen dienen, so will es das Gesetz vom 21. Mai 1790, zugleich als Ausführungsorgane von Verwaltungsmaßnahmen und als Berichterstatter für die Gemeindeverwaltung über die Vorkommnisse ihres Verwaltungsbereichs. Sie überwachten und unterstützten die Polizeikommissare. Darüber hinaus sollten sie über die Durchführung von Anweisungen, Beschlüssen und Entscheidungen wachen und der Gemeindekörperschaft, dem Generalrat sowie dem Bürgermeister und dem Staatsanwalt der Kommune oder seinen Vertretern alle Aufklärungen und Hinweise geben, die von ihnen angefordert würden.

Die Kommune vom 10. August löste schon am 11. die Zivilausschüsse auf, die unter dem Zensusregime gebildet worden waren. Am 15. nahm sie ein neues Reglement über ihre Wahl durch die Versammlungen an. Nunmehr von 16 Mitgliedern gebildet, die aus ihren Reihen einen Präsidenten und einen Sekretär wählten, die alle vierzehn Tage abzulösen waren, wurden diese Ausschüsse mit allen Vollmachten wieder ausgestattet, die sie schon vorher besessen hatten. Mit der Einführung der Permanenz der Sektionen verloren diese Ausschüsse an Bedeutung und gerieten mehr und mehr unter die Kontrolle der Vollversammlungen, die eifersüchtig über ihre souveränen Rechte wachten. Von den Vollversammlungen wurden ihnen Reglements auferlegt, die sie in einer engen Abhängigkeit von ihnen halten sollten. Solche Reglements beschlossen u. a. am 30. September 1792 die Sektion République und am 13. Oktober die Sektion Gravilliers. Nach dem Beschluß der Sektion République sind die Kommissare ohne weiteres abberufbar: »Als Mandatare der Versammlung erhalten sie ihre Befehle, um sie auszuführen.« Der Ausschuß darf über keine Angelegenheit entscheiden, ohne der Versammlung darüber zu berichten; diese allein hat das Recht, einen Spruch zu fällen. Er kann nicht einmal einen provisorischen Beschluß fassen, denn »seine Aufgabe ist es, sich mit allen Einzelheiten der Polizeiverwaltung zu befassen«. Mit peinlicher Genauigkeit wird in dem Reglement festgelegt, wie die Register und Archive zu führen sind und wie sie kontrolliert werden sollen. Außerdem hat der Ausschuß alle acht Tage der Vollversammlung Bericht zu erstatten.[34] So sollten die Rechte des Souveräns gewahrt und die Autonomie der Sektionen aufrechterhalten werden.

Wie alle ausführenden Organe, die der Ernennung durch die Sektionen unterstanden, befanden sich die Zivilausschüsse in einer zwiespältigen Lage. Von den Versammlungen gewählt, sind sie ihre Repräsentanten und ihre Mandatare. Als Verwaltungskörperschaften unterstehen sie jedoch der Kommune und sind verpflichtet, deren Beschlüsse auszuführen, selbst gegen den Willen der Vollversammlungen. Mit Kleinarbeit überladen, sich klugerweise eng an ihre administrativen Angelegenheiten haltend, kamen die Zivilausschüsse trotzdem nicht mit den Vollversammlungen in Konflikt. Weder im Jahre 1793 noch im Jahre II mischten sie sich groß in die allgemeine Politik, und besonders am 31. Mai hielten sie sich ganz im Hintergrund. In diesen Hintergrund blieben sie von nun an durch die Revolutionskomitees gedrängt. Bis zum 7. Fructidor blieben ihnen nur noch subalterne Funktionen, mit der einen Einschränkung immerhin, daß zu besonders kritischen Anlässen, wie dem 9. Thermidor, Zivilausschüsse und Revolutionskomitees gemeinsam berieten.[35]

Im Jahre II befaßten sich die Zivilausschüsse vornehmlich mit der Lebensmittelversorgung und der Wohltätigkeit. Auf diesem letzteren Gebiet hat es niemals eine klare Abgrenzung zwischen ihren Aufgaben und denen der Wohltätigkeitsausschüsse gegeben. Vor allem war es die Verteilung von Brot und Fleisch, die eine besonders gründliche Überwachung von seiten der Zivilkommissare erforderte, eine Aufgabe übrigens, die sie sich sehr angelegen sein ließen, wie verschiedene Reglements bezeugen: so etwa die, die am 27. Juli und am 15. September 1793 von den Sektionen Maison-Commune und Mont-Blanc angenommen wurden. Oftmals wuchs den Kommissaren bei aller Hingabe die Arbeit über den Kopf. Am 25. Ventôse des Jahres II bat der Zivilausschuß der Sektion Invalides die Vollversammlung, sie möchte ihm sechs Beigeordnete ernennen.

Die Hingabe der Zivilkommissare an ihre Arbeit war um so verdienstvoller, als sie bis zum Frühjahr 1794 keinerlei Vergütung für ihre Mühen bekamen. Zwar hatte ein Beschluß der Gemeindeverwaltung vom 18. Januar 1791 jedem Ausschuß 1200 Livres jährlich gewährt, aber nur zur Deckung von Verwaltungskosten. Das war zudem eine Summe, die als ungenügend erachtet wurde und zahlreiche Proteste hervorrief. Mit der Einführung der Permanenz erschien diese Zuwendung überhaupt lächerlich. Die Kommune sah das ein und gewährte am 2. April 1793 jeder Sektion 3000 Livres, um die Schulden zu decken, die die Ausschüsse seit dem 10. August hatte machen müssen. Die jedem Zivilausschuß zugestandene Summe wurde vom 1. Januar rückwirkend auf 1500 Livres pro Jahr festgesetzt und durch den Beschluß der Kommune vom 25. April 1793 auf 1900 Livres erhöht, »solange die Permanenz andauern würde«[36]. Diese Maßnahmen konnten die Zivilkommissare nicht zufriedenstellen, die um so verbitterter waren, als die Mitglieder der Revolutionskomitees seit dem 5. September 1793 3 Livres und seit dem 8. November sogar 5 Livres erhielten. Es war dies eine Frage von Bedeutung, und ein Mitglied des Generalrats unterstrich am 11. September ihre politische Tragweite. Er forderte, »daß in Zukunft die Sansculotten, die in den Zivilausschüssen beschäftigt sein würden, für ihre Arbeit entschädigt und bezahlt werden müßten. Ohne diese Maßnahme«, sagte er, »würde man, da der Mensch nicht von der Luft leben kann, die er atmet, allein den Perückenträgern, den ehemaligen Advokaten, Notaren, Anwälten, die doch zumindest der Bürgerfeindlichkeit verdächtig sind, das ausschließliche Recht auf diese Ämter zugestehen.«[37] Auch die inzwischen sansculottisierten Vollversammlungen regten sich darüber auf. Auf die Initiative der Vollversammlung der Sektion Observatoire verlangen am 22. Brumaire 26

Sektionen vom Konvent, daß die Zivilkommissare die gleiche Entschädigung erhalten sollten wie die Revolutionskommissare. »Wollt Ihr denn, daß es in den Ausschüssen nur Reiche und Kaufleute geben soll und daß der tugendsame Arme davon ausgeschlossen bleibt?«[38] Der Konvent sah sich um so mehr im Recht, die Petitionen zurückzuweisen, als die Sektionen nicht einmütig hinter der Forderung standen. Als die Sektion Observatoire am 10. Pluviôse darauf zurückkam, ging die Sektion Montagne über ihren Petitionsentwurf zur Tagesordnung über: »Der brave Sansculotte findet immer, wenn er sich der Sache der Allgemeinheit widmet, Hilfe bei seinen Brüdern, den guten Bürgern.«[39] Die Sektion Montagne, die frühere Butte-des-Moulins, war eine von den Sektionen, in denen die Volksmassen am wenigsten Gewicht hatten. Trotzdem gab am 6. Floréal der Konvent nach und billigte den Zivilkommissaren eine Vergütung von 3 Livres pro Tag zu, »für die Zeit, die sie der Sache der Allgemeinheit zu geben gezwungen sind«[40].

Es war reichlich spät, und obwohl die Maßnahme rückwirkend galt, konnte sie die Zusammensetzung der Zivilkomitees nicht mehr ändern. Die meisten Kommissare, die zu dieser Zeit im Amt waren, waren schon im August oder September 1792 gewählt worden: welcher Sansculotte hätte seit dieser Zeit ohne Bezahlung leben können? Daraus erklärt es sich, daß sich das Personal der Zivilkomitees aus den oberen Schichten der Kleinbourgeoisie rekrutiert. Kaufleute und Handwerker, die sich zur Ruhe gesetzt haben, Kleinrentner und Leute aus freien Berufen sind zahlreich vertreten. Von allen Organen der Sektionen sind die Zivilkomitees diejenigen, die den Volksmassen am fernsten stehen.

Wie alle Institutionen, in denen sich die Autonomie der Sektionen manifestierte, haben die Zivilkomitees eine Entwicklung durchgemacht. Zunächst die Mandatare ihrer Mitbürger, werden die Kommissare in dem Maße, wie sich die Machtposition der Revolutionsregierung festigt, einfache Beamte, die bald unter der Kontrolle des Wohlfahrts- und Sicherheitsausschusses ernannt und schließlich durch die Gemeindeverwaltung bezahlt werden. Eine zunächst unmerkliche Entwicklung, die im Frühjahr 1794 immer rascher vor sich geht und nach dem Sturz der Revolutionsregierung ihr

Ende findet. Wohl gab das Gesetz vom 7. Fructidor des Jahres II, das die Zahl der Revolutionskomitees auf zwölf beschränkte, den Zivilausschüssen ihre frühere Bedeutung zurück und übertrug ihnen sogar gewisse neue Aufgaben[41], aber am 28. Vendémiaire des Jahres III dekretierte der Konvent, daß es nur zwölf Kommissare für jede Sektion geben dürfte, die alle drei Monate zu einem Viertel durch den Gesetzgebungsausschuß neu zu benennen wären. Die auf diese Weise zu treuen Dienern des Konvents gemachten Zivilausschüsse hielten sich noch ein Jahr: das Gesetz vom 19. Vendémiaire des Jahres IV[42] löste auch sie auf. Damit verschwand das letzte Überbleibsel der Autonomie der Sektionen.

Die wichtigsten Funktionen in den einzelnen Sektionen neben den Zivilausschüssen waren im Aufbau der Gemeindeverwaltung während der Zensusperiode die des Polizeikommissars und des Friedensrichters. Sie bestehen im Jahre II noch immer, aber auch hier hat die Festigung der Revolutionsregierung die Natur dieser Einrichtungen geändert.

Nach dem Munizipalgesetz vom 21. Mai 1790 wählte jede Sektion unter den Bürgern des Arrondissements einen Polizeikommissar für eine zweijährige Amtszeit, wobei es möglich war, daß er wiedergewählt wurde. Er hatte in den Sitzungen des Zivilausschusses beratende Stimme. Seine Vollmachten waren umfassend: er nahm, mit dem Schreiben eines der Zivilkommissare ausgestattet, die Inhaftierungen von in flagranti ertappten Personen vor. Unter seinem Befehl führte ein Schriftführer, der wie er auf zwei Jahre gewählt und unbegrenzt wiederwählbar war, bei den Zusammenkünften des Zivilausschusses Protokoll, formulierte die Beschlüsse, fertigte die Schreiben, Auszüge und Briefe aus und befaßte sich mit den für die Arbeit des Ausschusses und des Kommissariats notwendigen Registern. Durch die Kommune vom 10. August wurden die Polizeikommissariate aufgelöst, aber entsprechend dem Dekret vom 19. September 1792 wurden die Kommissare neu gewählt und in ihren Vollmachten bestätigt. Sie setzten sich nun auch aus unteren Bevölkerungskreisen zusammen; eine Vergütung von jährlich 3000 Livres für die Polizeikommissare und von 1800 Livres für die Schriftführer erlaubte den Sansculotten, sich um diese Posten zu bemühen. Daher wächst im Herbst 1793 ihre Bedeutung noch: sie werden die Hilfskräfte der Revolutionskomitees.

Die Friedensrichter und ihre Beisitzer wurden in den Pariser Sektionen auf Grund des Gesetzes vom 25. August und 29. September 1790 über die Einrichtung von Gerichtshöfen in Paris eingesetzt. Ihnen oblag die Rechtsprechung in allen Personal- und Eigentumsdelikten bis zu einem Wert von 50 Livres und in allen Berufungssachen bis zu 100 Livres. Zu ihrem Ressort gehörten außerdem Wiedergutmachungsangelegenheiten, Eigentumsklagen, Mietsangelegenheiten, Lohnstreitigkeiten und die Überwachung der Einhaltung der gegenseitigen Verpflichtungen von Meistern und ihren Angestellten sowie endlich alle Klagen über Beleidigungen und Gewalttaten, soweit die Beteiligten nicht an Kriminalgerichte gehen wollten. Auch sie wurden für zwei Jahre gewählt und waren wiederwählbar, und für ihre Wahl wurde von der Gesetzgebenden Nationalversammlung der Unterschied zwischen Aktiv- und Passivbürgern am 10. August 1792 aufgehoben. Am 15. August änderte die Kommune die Form ihrer Wahl. Da die Ausschüsse der Sektionen nunmehr aus 18 Mitgliedern bestehen sollten, sollten von den beiden Kandidaten, die die meisten Stimmen auf sich vereinigten, der erste Friedensrichter und der zweite Schriftführer werden. Die sechs Kandidaten, die nach Ernennung der sechzehn Kommissare die meisten Stimmen auf sich vereinigten, sollten die Beisitzer werden.

Die Vergütung des Friedensrichters betrug 2400 Livres jährlich, dazu kamen noch die Gebühren für Anbringung, Überprüfung und Abnahme der Siegel. Sein Schriftführer bekam nur 800 Livres, zusätzlich einen Teil der Gebühren. Trotz dieser Vergütung gerieten die Funktionen des Friedensrichters auch 1793 nur selten in die Hände der unteren Volksschichten. Sie blieben immer den gehobeneren Gruppen des Kleinbürgertums vorbehalten, denn es bedurfte dazu einer gewissen juristischen Bildung, die nicht Sache der echten Sansculotten war. Im allgemeinen rekrutierten sich die Friedensrichter aus den Juristen des Ancien régime, die sich der Sache des Volkes angeschlossen hatten. Nach der Einsetzung der Revolutionsregierung entglitt die Ernennung des Friedensrichters und seines Schriftführers den Händen der Sektionen: durch die

Dekrete vom 8. Nivôse und vom 23. Floréal des Jahres II wurde sie dem Generalrat der Kommune übertragen.[43]

Eine der wesentlichsten Aufgaben der Sektionsbehörden war die Linderung der Not, die durch die zeitbedingten Schwierigkeiten noch größer geworden war. Eine solche Aufgabe war ganz der Stimmung der Zeit angepaßt, vor allem der Gemütsverfassung der Volksmassen. Die Verfassung von 1793 hatte verkündet, daß »die Hilfe durch die Allgemeinheit eine heilige Pflicht« sei. Die Sansculotten ließen niemals nach, die Organisation dieser Hilfe auf staatlicher Ebene zu verlangen, denn *Wohltätigkeit* zu üben lag ihnen am Herzen, vor allem wollten sie ihr einen brüderlichen Beiklang verleihen, und niemals waren die Sammlungen häufiger als im Jahre II.

Schon die Distrikte und dann auch die Sektionen hatten von sich aus Ausschüsse oder Kommissionen ins Leben gerufen, die mit der Unterstützung der Notleidenden bauftragt waren. Ähnliche Einrichtungen hatten die 33 Kirchspiele von Paris. Am 9. April 1791 ernannte die Kommune eine Wohltätigkeitskommission, die ihrerseits am 12. Oktober für die Kirchspiele Kommissionen einsetzte. Am 26. erhielt sie die notwendigen Vollmachten, um die Gelder für die Armen verwalten zu können. Diese Wohltätigkeitskommission übte bis zum 31. August 1793 ihr Amt aus. Von Anfang an herrschte eine gewisse Zweigleisigkeit und manchmal sogar Rivalität zwischen den für die Kirchspiele eingesetzten Kommissionen und den Ausschüssen der Sektionen. Da es die Gemeindeverwaltung den Sektionen freigestellt hatte, ihre Wohltätigkeitsausschüsse beizubehalten oder nicht, löste die Sektion Postes am 8. November 1791 den ihren auf. Viele andere Sektionen dagegen wachten eifersüchtig über die ihnen einmal eingeräumten Vorrechte und den Einfluß, den sie daraus gewonnen hatten, und behielten nicht nur ihren Ausschuß bei, sondern taten sogar alles, den Kirchspielen ihre Rechte in dieser Hinsicht abzunehmen. Die Sektion Fontaine-de-Grenelle verlangt von der Verfassunggebenden Nationalversammlung, die öffentlichen Hilfsgelder durch eine einzige, den Sektionen unterstehende Kasse verwalten zu lassen. Die Sektion Enfants-Rouges verlangt die Auflösung der Kirchspielkommissionen und argumentiert damit, daß »alle Bürger, welcher Religion sie auch angehören, Anspruch auf Unterstützung hätten, die sie nie beanspruchen könnten, solange die Pfaffen damit beauftragt wären«[44]. Am 8. Februar 1792 erfolgt von der Sektion Fontaine-de-Grenelle ein neuer Schritt zur Gründung eines Wohltätigkeitsausschusses durch die Sektionen und nicht durch die Kirchspiele. Nach dem 10. August scheint es, daß die Kirchspielausschüsse zur Auflösung verurteilt sind: Unterstützung wie Zivilstand werden in weltliche Hände gelegt. Am 18. August ernennt die Sektion Bon-Conseil einen Wohltätigkeitsausschuß, der am 18. Oktober die anderen Sektionen auffordert, die Auflösung der Konkurrenzkommissionen zu verlangen. Am 8. Dezember endlich stellte sich auch der Generalrat auf diesen Standpunkt, löste die Kommissionen auf und schuf für jede Sektion einen Wohltätigkeitsausschuß. Trotzdem zog sich die Organisation der neuen Ausschüsse noch mehrere Monate hin. Der Konvent beschäftigte sich schließlich mit der Angelegenheit, nahm am 28. März 1793 ein Gesetz an, das die Unterstützung in weltliche Hände legte, schuf einen zentralen Wohltätigkeitsausschuß für Paris und sah für jede Sektion die Bestätigung eines bezahlten Schatzmeisters für die Einnahmen zugunsten der Armen vor. Die 33 Kirchspielkommissionen blieben aufgelöst.

In Anlehnung an dieses Gesetz stellten die Kommissare der Vollversammlungen einen Organisationsplan für die Sektionskomitees auf, den der Generalrat am 25. Juli 1793 bestätigte.[45] Der Wohltätigkeitsausschuß umfaßte 16 bis 24 Mitglieder, die von der Vollversammlung auf zwei Jahre gewählt wurden und zur Hälfte wiederwählbar waren. Jede Sektion sollte in Arrondissements aufgeteilt werden, deren jedes zwei Kommissaren unterstand, die eine namentliche Liste aller unterstützungsbedürftigen Armen ihres Bezirkes aufzustellen hatten.[46] Die Funktion der Kommissare wurde nicht bezahlt. Vom 20. bis zum 22. September 1793 wurden in allen Pariser Sektionen die Wohltätigkeitsausschüsse eingesetzt. Sie befaßten sich aber nicht nur mit den karitativen Aufgaben, die ihnen das Reglement vom 25. Juli zuwies, sondern unterstützten bald tatkräftig die Zivilausschüsse, die mit Arbeit überlastet waren, vor allem halfen sie ihnen bei der Ausgabe von Brot und Fleisch.[47] Sehr oft vereinigten sich die beiden Komitees, wenn Angelegenheiten der Versorgung zu beraten waren.

Die Wohltätigkeitsausschüsse unterlagen der gleichen Entwicklung wie die Zivilausschüsse und Revolutionskomitees. Nach der Errichtung der Revolutionsregierung wurden sie durch den Wohlfahrts- und den Sicherheitsausschuß ernannt. Am 22. Frimaire des Jahres III wurden sie dem Ausschuß für öffentliche Hilfsmaßnahmen beim Konvent unterstellt. Mit der Auflösung der Sektionen hatte auch ihre Stunde geschlagen.

Die autonomistische Tendenz der Sektionen manifestierte sich aber nicht nur dadurch, daß sie bestrebt waren, möglichst viele Verwaltungseinrichtungen unter ihrer Kontrolle und Oberhoheit zu schaffen; sie fand ihren besonderen Ausdruck in der Schaffung einer der Sektion unterstehenden bewaffneten Truppe, deren sämtliche Dienstgrade im Jahre II den Sansculotten zugänglich waren.

Im Jahre 1789 hatte die bürgerliche Nationalgarde von sich aus und zwangsläufig ihre Struktur der Verwaltungseinteilung in Distrikte angepaßt und sich in 60 Bataillone unterteilt. Diese Einteilung wurde durch das Dekret vom 12. und 23. September 1791 beibehalten. Selbstverständlich hatten nur Aktivbürger das Recht, in der Nationalgarde Dienst zu tun. Das Gesetz vom 21. Mai 1790, das die Sektionen ins Leben rief, zerstörte jedoch die Übereinstimmung zwischen Distrikten und Bataillonen, und die Sektionen ließen nicht nach, gegen diesen anomalen Zustand zu protestieren, der nach Auffassung der Sektion Croix-Rouge, die sie am 9. Mai 1792 zum Ausdruck brachte, »hinterhältig eingefädelt und ausgedacht« war. Den 10. August 1792 überstand diese Organisation nicht. Schon am 13. ermächtigte der Generalrat die Sektionen, die Bürger in Kompanien zusammenzufassen; sämtliche Unterscheidungen nach Aktiv- und Passivbürgern wurden aufgehoben, alle wurden bewaffnet. Diese neue Organisation bekam mit dem Dekret vom 19. und 21. August 1792 ihre gesetzliche Grundlage, wenn sie auch in manchen Einzelheiten abgeändert wurde. Die Pariser Nationalgarde wurde in 48 *bewaffnete Sektionen* eingeteilt, wobei die Zahl der Kompanien jeder Sektion der Zahl der waffenfähigen Bevölkerung angepaßt war. An der Spitze der bewaffneten Sektion stand ein Oberkommandierender, ein zweiter Kommandeur, ein

Adjutant und ein Fahnenträger. Die Kompanie zählte 126 Mann.[48] Jede Sektion hatte eine oder mehrere Artilleriekompanien. Alle Bürger der bewaffneten Sektion nahmen an der Wahl der Kommandanten, Offiziere und Unteroffiziere teil. Die versammelten Sektionen ernannten gemeinsam den Oberstkommandierenden auf drei Monate, wobei die Möglichkeit bestand, daß er ein Jahr lang wiedergewählt wurde.

Auf diese Weise waren die Sektionen Herren ihrer Streitkräfte. Sie überwachten aufmerksam die Wahl der Offiziere und beanspruchten das Recht, sie gegebenenfalls abzuberufen. Um alle Fragen, die die einzelnen Kompanien betrafen, im Einklang miteinander regeln zu können, wurden Militärausschüsse oder *Kriegskomitees* geschaffen, die sich im Bedarfsfall in Disziplinargerichte umwandelten. So wurde in der Sektion Théâtre-Français der nach dem 10. August ernannte Militärausschuß im Jahre 1793 als Disziplinargerichtshof bestätigt. Gleiche Funktionen hatte auch das *Kriegskomitee* der Sektion Lombards, das aus 28 Mitgliedern bestand, die von der Vollversammlung gewählt worden waren. Es führte Buch über die von den Kapitänen der Kompanien in Sammlungen vereinnahmten Gelder, verteilte versprochene Zuschüsse an die Freiwilligen, ihre Eltern, Frauen und Kinder, stand in Korrespondenz mit dem Verwaltungsrat des Bataillons, das sich an der Front befand, befaßte sich mit der Bewaffnung, Bekleidung und Ausrüstung dieses Bataillons. Das alles geschah unter der Kontrolle der Vollversammlung. Über ihre Militärausschüsse oder Kriegskomitees standen die Sektionen in ständiger Verbindung mit den Bürgern an der Front, wobei sie sie zugleich ermutigten und überwachten. Auf diese Weise gab es keinerlei Trennung zwischen Armee und Nation; davon zeugen vor allem die zahlreichen Adressen an die Armeen, die die Sektionen verfaßt haben, und die Kommissare, die von ihnen an die Kriegsschauplätze geschickt wurden. So beschloß z. B. die Sektion Halle-au-Blé am 14. Mai 1793, einen Kommissar mit den Freiwilligen der Sektion in die Vendée zu schicken, der den Auftrag hatte, eine laufende Korrespondenz mit der Vollversammlung zu unterhalten.[49] Die Disziplinargerichtshöfe, die nichts weiter als eine Abwandlung der Militärausschüsse darstellten, waren mit Vertretern aus allen Schichten des Volkes besetzt. Ihre Hauptaufgabe war es, die besonderen

Verfügungen zur Durchführung zu bringen, die die verschiedenen Vollversammlungen für den Militärdienst ausgearbeitet hatten. Auch das ist eine Manifestation der Autonomie der Sektionen. Solche Verfügungen wurden u. a. von der Vollversammlung der Sektion Marais am 5. November 1792, der Sektion Panthéon-Français am 29. Pluviôse des Jahres II, der Sektion Popincourt am 10. Germinal erlassen.

Für die Zentralgewalt konnte sich die militärische Autonomie der Sektionen als sehr gefährlich erweisen. Die Regierungsausschüsse begriffen das nach den Erfahrungen des 9. Thermidor, und vom 19. an stellten sie den Oberstkommandierenden und den Stab der Pariser Nationalgarde unter die direkte Kontrolle des Konvents und seines Wohlfahrts- und Sicherheitsausschusses. Im Jahre III wurde die Organisation der Nationalgarde mehrere Male neu in Angriff genommen, jedesmal verlor sie dabei ein Stück ihres populären Charakters und geriet mehr und mehr in die Hand der Regierung. Am 13. Frimaire entschied der Konvent, daß man, um gewählt werden zu können, lesen und schreiben können müsse. Damit wurden zahlreiche Sansculotten aus den unteren Dienstgraden verdrängt. Nach den Germinaltagen unterband das Gesetz vom 28. die Korrespondenz zwischen Bataillonen und Sektionen und unterstellte die Nationalgarde der Leitung des Militärausschusses des Konvents. Immer noch hatten die Sektionen ihre eigenen Kanonen und waren sehr stolz darauf; nach den Prairialtagen, am 20., mußten sie sie jedoch abgeben. Am 16. Vendémiaire des Jahres IV schließlich wurde die Nationalgarde unter den Befehl des Kommandierenden Generals der Heimatarmee gestellt. Das war das Ende. Die Organisation einer bewaffneten Macht auf Sektionsebene konnte die Volksregierung des Jahres II auf die Dauer nicht überleben.

Von allen Institutionen, die die Revolution hervorgebracht hat, die sich mit ihr entwickelt und gewandelt haben und die ihren Ursprung aus der Initiative des Volkes selber herleiten, sind die Revolutionskomitees wohl der deutlichste Ausdruck wenn schon nicht für die Autonomie der Sektionen, so doch für die Macht des Volkes.

Nach dem 10. August 1792 schufen manche Sektionen nach dem Vorbild, vielleicht auch auf Antrieb der Kommune und ihres Überwachungsausschusses, selbst regelrechte Ausschüsse für revolutionäre Wachsamkeit, die in ihrer Form und Aufgabe jenen vorgreifen, die dann durch das Gesetz vom 21. März 1793 ins Leben gerufen wurden. Einen solchen Ausschuß gibt es seit dem 11. August 1792 in der Sektion Théâtre-Français. Auch die Sektion Amis-de-la-Patrie ernannte ein Komitee von 14 Mitgliedern zu diesem Zweck. Am 21. folgte die Sektion Postes mit der Bildung eines Komitees von zwölf Mitgliedern. Entsprechend den Anweisungen der Kommune erhielten diese Komitees vor allem die Feststellung und Überwachung der Verdächtigen zur Aufgabe.

Im März 1793 verlangte die drohende Gefahr gebieterisch die Schaffung neuer Komitees. Am 13. bildete die Vollversammlung der Sektion Croix-Rouge ein *Revolutionskomitee* aus sieben Mitgliedern, das Denunziationen entgegennehmen und bei den Denunzierten Haussuchungen vornehmen sollte. Der kurz nach dem 10. August geschaffene Ausschuß für Allgemeine Sicherheit der Sektion wurde aufgelöst; das neue Komitee unterstand nicht mehr der Kommune und handelte in eigener Verantwortung. Schon am Vorabend hatte die Sektion Théâtre-Français ihren Überwachungsausschuß ermächtigt, Haftbefehle gegen diejenigen Bürger auszustellen, die ihm »wegen ihrer der Revolution zuwiderlaufenden Meinungen verdächtig erschienen«[50]. Der Konvent konnte nicht umhin, einer Einrichtung Gesetzeskraft zu geben, die sich schon allgemein ausbreitete. Das Gesetz vom 21. März 1793 richtete in allen Kommunen und Sektionen von Kommunen Komitees mit zwölf Mitgliedern ein. Ihre Aufgaben aber waren bemerkenswert eingeschränkt: Das Gesetz erkannte ihnen nichts weiter zu als das Recht auf Überwachung der Ausländer.

Aber sehr rasch erweiterte sich das Aufgabengebiet der neuen Komitees. Ende März oder Anfang April – meist in heftigen Szenen und Debatten – ernannt, wo es immer ging, aus erprobten Sansculotten zusammengesetzt, stellten die Komitees sehr bald eine Kampforganisation gegen die Gemäßigten dar. Schon am 1. April 1793 erkannte die Vollversammlung der Sektion Panthéon-Français ihrem Revolutionskomitee *provisorisch* »alle notwendigen Vollmachten ohne jede Einschränkung« zu, die erforderlich waren, »um mit Erfolg über das Wohl des Vaterlandes und die allgemeine Sicherheit der Bürger zu wachen«[51]. Am 30. März hatte die Sektion Luxembourg die Kommune um Aufklärung darüber gebeten, was eigentlich die Funktionen dieser Komitees seien. Die Kommune antwortete am 4. April durch ein Rundschreiben und bemühte sich, deren Tätigkeit zu koordinieren. Gleichzeitig erweiterte sie sie auch. Die Komitees sollten sich nicht nur mit der Überwachung der Ausländer befassen, sondern auch mit der Ausfertigung von *Bürgerkarten*, d. h. den Nachweisen der staatsbürgerlichen Unbescholtenheit, mit der Prüfung der Papiere von Militärpersonen und mit ihrer Inhaftierung in dem Falle, wo diese nicht in Ordnung wären; außerdem sollten sie zur Verhaftung aller Personen schreiten, die ohne Kokarde angetroffen würden. Damit wurde die Tragweite des Gesetzes vom 21. März weit überschritten.

Das Gesetz vom 17. September 1793 bestätigte die Befugnisse, die sich die Komitees faktisch schon angeeignet hatten. Sie wurden damit betraut, die Liste der Verdächtigen aufzusetzen, Haftbefehle gegen sie auszustellen und die Siegel an ihren Papieren anbringen zu lassen. Die sehr großzügige Auslegung, die die Kommune dem Begriff »Verdächtiger« gab, erweiterte die Vollmachten dieser Komitees um so mehr. Von der Bevormundung durch die Vollversammlungen hatten sie sich schon befreit, nun entzogen sie sich auch immer mehr der Kontrolle durch die Kommune und strebten dahin, allmählich das gesamte Leben der Sektion zu überwachen. Gegen die Tendenzen der Volksmassen zur Autonomie werden sie wirksame Instrumente der revolutionären Zentralisation.

Als Herren ihrer eigenen Organisation arbeiteten die Revolutionskomitees Reglements aus, die ihre Arbeiten abstimmten und einem jeden Mitglied seine Aufgabe zuwiesen, so das Revolutionskomitee der Sektion Unité am 28. März 1793, das jeden Tag von 10 Uhr morgens bis 2 Uhr nachmittags und von 5 bis 8 Uhr abends Sitzung abhielt. Am 31. März entschließt sich das Komitee der Sektion Réunion, seinen Präsidenten alle vierzehn Tage neu zu wählen; zwei Kommissare sollen immer 24 Stunden Dienst haben; das Lokal des Ausschusses soll von 9 bis 1 Uhr und von 3 bis 6 Uhr geöffnet und die ganze Nacht jemand anwesend sein. In der Sektion Observatoire sollen die Kommissare alle Tage von 9 bis 10 Uhr morgens und von 4 bis

7 Uhr nachmittags zu sprechen sein; drei Register wurden vorgesehen, eins für Denunziationen, eins für die Bürgerkarten, eins für Protokolle. Die Vielzahl der Aufgaben und der Zuwachs an Verantwortung zwangen die Komitees, ihre innere Organisation zu verbessern. Vom 5. Juni 1793 an teilte sich das Komitee der Sektion Gravilliers in drei Abteilungen mit je vier Mitgliedern auf. Die erste Abteilung prüfte die Anträge auf Beglaubigungen der staatsbürgerlichen Unbescholtenheit, die zweite gab die Karten aus, die dritte nahm Denunziationen entgegen und führte die entsprechenden Untersuchungen. In der Sektion Piques hatte das Komitee am 14. April 1793 beschlossen, alle Tage um 7 Uhr abends zusammenzukommen, außerdem sollten zwei seiner Mitglieder von 8 Uhr morgens an ständig anwesend sein. Am 6. September wurden die Vollsitzungen auf Dienstag, Donnerstag und Sonnabend festgesetzt. Am 1. Ventôse schließlich teilt sich das Komitee, um seinen vielfältigen Aufgaben gerecht zu werden, in drei Abteilungen mit jeweils vier Mitgliedern auf. Die erste Abteilung war mit der täglich anfallenden Arbeit des Komitees betraut, der zweiten unterstand die innere Überwachung der Sektion zusammen mit dem Polizeikommissar und die Durchführung von Aktionen und Maßnahmen der Sicherheit, die dritte besetzte das Lokal des Komitees, sicherte die Weiterleitung von Beschlüssen, die Aufbewahrung und Anfertigung von Protokollen und die Erhaltung der Archive. Die Komitees bildeten schon zu diesem Zeitpunkt einen machtvollen Verwaltungsapparat in den Händen und zur Verfügung der Revolutionsregierung.

Die den Kommissaren gewährte Vergütung bildete eines der Mittel, mit dessen Hilfe die Regierungsausschüsse diese Einrichtung in ihrem Sinne modifizierten und schließlich unter ihre Kontrolle brachten. In den ersten Monaten waren für die Komitees nur Sekretariatskosten vorgesehen gewesen, die Funktion der Kommissare selbst blieb ohne Entgelt. Am 27. April 1793 hatten sich die Delegierten der Sektionen in der Sektion Contrat-Social zusammengefunden und eine Entschädigung verlangt. Diese Maßnahme war als notwendig erschienen, um ein gutes Funktionieren der Komitees zu garantieren und um sie mit Leuten aus dem Volk besetzen zu können. Aber erst nach dem 2. Juni wurde diese Forderung erfüllt. Am

12. Juli bewilligte der Wohlfahrtsausschuß des Departements den Revolutionskommissaren eine Bezahlung von 3 Livres täglich.⁵² Am 7. August stellte der Wohlfahrtsausschuß dem Bürgermeister von Paris 30 000 Livres zu diesem Zweck zur Verfügung. Der Konvent legalisierte diese Maßnahme am 5. September. Am 18. Brumaire des Jahres II wurde die Vergütung auf 5 Livres pro Tag erhöht. Die Entschädigung der Revolutionskommissare bildete gleichzeitig ihre Funktion um. Bisher waren sie durch die Vollversammlungen gewählt worden und erschienen als die Mandatare der Sektionen, unabhängig von den Verwaltungsbehörden. Nun werden sie zu besoldeten Beamten und unterstehen der Kontrolle der Kommune. Am 5. September, zusammen mit der Gewährung einer Vergütung von 3 Livres, befahl der Konvent, daß die Kommissare eine Überprüfung durch den Generalrat über sich ergehen lassen müßten, der ermächtigt war, sie gegebenenfalls abzuberufen und zu ersetzen. Die Abstimmung über das Gesetz über die Verdächtigen am 17. September unterstrich diese Unterwerfung, indem sie es gleichzeitig leicht, jedoch inhaltsschwer abänderte: Die Komitees korrespondieren von nun an direkt und ohne Vermittler mit dem Sicherheitsausschuß; sie werden damit dem Einfluß der Kommune entzogen. Pache zeigte die Mängel einer solchen Neuordnung in einem Rundschreiben an die Komitees auf, das er am 27. Brumaire des Jahres II erließ. Wenn sie schon nur mit dem Sicherheitsausschuß über Dinge korrespondieren dürfen, die die Verhaftung von Verdächtigen betreffen, wäre es doch ganz von Nutzen, wenn die Kommune wenigstens über ihre anderen Arbeiten unterrichtet würde. Schließlich versuchten die Gemeindebehörden einen Einfluß wiederzugewinnen, der ihnen längst entglitten war: Chaumette rief alle Mitglieder der Komitees für den 14. Frimaire zusammen. Diese Versammlung wurde rundweg untersagt.

Am 6. Pluviôse des Jahres II delegiert das Revolutionskomitee der Sektion Finistère ein Mitglied zum Sicherheitsausschuß, damit dieser ihm die Art und Weise angebe, wie ein Mitglied, das seinen Rücktritt eingereicht hat, ersetzt werden soll. Der Ausschuß schickt zum Wohlfahrtsausschuß, aber dieser antwortet nicht. Darauf wendet sich das Revolutionskomitee selber an ihn und bekommt folgenden Bescheid: Die

Ernennungen sollen nicht mehr den Vollversammlungen übertragen werden, wo allzuoft die *Tartüffs der Revolution* den Sieg davontragen, sondern den Ausschüssen selbst, die weitsichtiger sind; die Kommune soll ein Zensurrecht behalten. Man landet schließlich bei dem Verfahren der Zuwahl. Jedenfalls bittet am 22. Pluviôse das Revolutionskomitee der Sektion Piques, man möge ihm die Wahl zweier Mitglieder bestätigen, die es vorgenommen hat. Trotzdem bleibt dieses Recht den Komitees nicht lange erhalten, sondern geht an die Regierungsausschüsse über. Der Wohlfahrtsausschuß hat sich im Pluviôse nicht geäußert, um nicht in die Rechte des Sicherheitsausschusses einzugreifen. Die Ventôsekrise stärkt ihm den Rücken. Am 9. Germinal ernennen beide Ausschüsse gemeinsam das erneuerte Komitee der Sektion Marat. Im Prairial behielt sich der Wohlfahrtsausschuß die Ernennung der Kommissare allein vor, die nun ein wahrer Zankapfel für die beiden Ausschüsse geworden war, während von der anderen Seite her auch die Vollversammlungen nicht aufhörten, gegen diese Verletzung ihrer souveränen Rechte zu protestieren.

Die Revolutionskomitees, die eines der Meisterstücke der Jakobinerdiktatur gewesen waren, überstanden den 9. Thermidor nicht. Das Dekret vom 7. Fructidor des Jahres II ersetzte sie durch zwölf Überwachungsausschüsse der Arrondissements, deren jeder vier Sektionen unter sich hatte. Der Sicherheitsausschuß wurde mit der Bildung neuer Komitees beauftragt, die unter seiner direkten Abhängigkeit standen. Die Verpflichtung für die Mitglieder, lesen und schreiben können zu müssen, entfernte ein für allemal die gewöhnlichen Sansculotten aus ihnen.[53]

Durch ihre Zusammensetzung hatten die Revolutionskomitees vor allem nach der Säuberung durch den Generalrat der Kommune eine der demokratischen Institutionen innerhalb der Sektionen dargestellt. Die Zivilausschüsse, deren Mitglieder erst nach dem 6. Floréal des Jahres II eine Vergütung erhielten, rekrutierten sich aus den wohlhabenderen Schichten der Sansculotterie. Die Revolutionskomitees wurden schon seit dem Juli 1793 besoldet, auch spielten sie im Gegensatz zu den Zivilausschüssen eine wesentlich größere politische Rolle; sie setzten sich im allgemeinen aus entschiedenen Sansculotten zusammen, die aus bescheideneren, oftmals ärmlichen Verhältnissen stammten. Diese sahen in ihrer Funktion nicht nur ein Mittel, ihre Kraft im Dienste der Republik einzusetzen, sondern sie fanden durch ihre Mitarbeit in den Revolutionskomitees auch Gelegenheit, ihren Lebensunterhalt besser zu bestreiten und die soziale Stufenleiter hinaufzusteigen.

Die militärischen und zivilen Institutionen der Sektionen[54] datieren aus den ersten Jahren oder sogar aus den ersten Monaten der Revolution; das Zensuswahlsystem hat ihnen daher zunächst das Gepräge gegeben und ihre Form bestimmt. Sehr bald aber strebten sie nach einer Umbildung, die zuerst von den Bestrebungen nach lokaler Autonomie bestimmt war, Bestrebungen, die das Anliegen der Nutznießer dieses Zensusregimes selbst waren, dann aber unter dem Druck der Volksmassen, die eine Beteiligung an der Macht forderten. Somit entwickelten sich die Einrichtungen der Sektionen im Rhythmus der Revolution, sie hielten mit ihrem Fortschreiten Schritt und setzten ihr Streben nach immer größerer Verselbständigung und ihren immer ausgeprägteren Charakter einer Volksbewegung in die Tat um. Gegenüber den staatlichen Institutionen und den Organen der Zentralgewalt legten sie eine unleugbare revolutionäre Wirksamkeit an den Tag. Weder der 10. August noch der 31. Mai wären möglich gewesen ohne die Organisation und die Kräfte, die die Sektionen den aufständischen Ausschüssen zur Verfügung stellen konnten. Aus der Revolution geboren, trieben die Institutionen der Sektionen die Revolution voran und erstarkten mit ihr. Sie verknöcherten in dem Maße, wie sich die Macht in den Händen der Revolutionsregierung befestigte, die die Sektionen selbst an die Macht getragen hatten.

Sie waren damit einem doppelten inneren Widerspruch unterworfen, der sie untergrub und ihren Untergang unabweislich machte. Denn wie sollten und konnten die Bestrebungen der Volksmassen nach lokaler Autonomie mit der Stärkung der Zentralgewalt und den Erfordernissen der Jakobinerdiktatur auf einen Nenner gebracht werden? Mehr noch: wie konnten und sollten, nachdem die konterrevolutionäre Gefahr aus der Welt geschafft war, der Bourgeoisie Institutionen erträglich gemacht werden, in denen sich der revolutionäre

Elan der Sansculotten manifestiert hatte und die einen nicht zu übersehenden Volkscharakter trugen? Die Organisationen der Sektionen verschwanden nach dem 9. Thermidor, von der einsetzenden rückläufigen Bewegung hinweggeschwemmt. Ihr Todesurteil aber war ihnen schon gesprochen worden, als die Revolutionsregierung festen Fuß gefaßt hatte.

Von den Volksgesellschaften zu den Sektionsgesellschaften

Die Aufhebung der Permanenz der Vollversammlungen und die bald einsetzende Bevormundung der Sektionsausschüsse sollten den Sansculotten den Weg abschneiden. Aber die militanten Sansculotten, um die Autonomie ihres Organismus besorgt und beunruhigt durch die Kontrolle der Revolutionsregierung, machten sich eine alte Einrichtung für ihre Zwecke zu eigen: sie wandelten die Volksgesellschaften in Sektionsgesellschaften um oder bildeten neue. Seit 1791 hatten die Volksgesellschaften in der Revolution eine wichtige Rolle gespielt.[55] Im Jahre II nun erscheinen die Sektionsgesellschaften als die Grundorganisation der Volksbewegung. Über sie lenkt die sansculottische Führerschicht die Sektionspolitik, kontrolliert die Verwaltungsorgane und beeinflußt die Gemeinde- und Regierungsbehörden.

Während die Gemäßigten die Gesellschaften in eine rein erzieherische Aufgabe hineindrängen wollten, wiesen ihnen die Sansculotten von Anfang an ein politisches Ziel zu. In der großen Debatte, die im September 1791 in der Verfassunggebenden Nationalversammlung stattfand und als deren Ergebnis den Gesellschaften jede politische Tätigkeit untersagt wurde[56], kamen Brissot und Robespierre überein, diese Einschränkung zu bekämpfen. Für Brissot sollen die Volksgesellschaften drei Aufgaben haben: »Gesetze zu diskutieren, die erlassen werden sollen; sich über erlassene Gesetze zu informieren; alle Staatsbeamten zu überwachen«[57]. Für Robespierre haben sie die Aufgabe, über die Aufrechterhaltung der Rechte der Nation zu wachen. Marat jedoch mit seinem scharfen Sinn für politische Notwendigkeiten hatten schon am 7. Februar 1791 im *Ami du peuple* die Rolle dargelegt, die die Sektionsgesellschaften im Jahre II wirklich spielen werden:

die Volksklubs sollen sich nicht mit der Rolle gewöhnlicher Erzieher begnügen, sondern die Patrioten einer jeden Sektion sollen dort die den Vollversammlungen unterbreiteten Beschlüsse diskutieren. »Auf diese Weise werden die Mitglieder der Klubs in ihre jeweiligen Sektionsversammlungen mit reiflich bedachten Urteilen kommen, und die besten Bürger werden sich nicht mehr durch das Geschwätz von Schönrednern beirren lassen.« Außerdem sollen die Volksgesellschaften die öffentlichen Beamten bis in die Regierungsstellen überwachen.

Am 10. August 1792 schrieb die älteste der Brüderlichen Gesellschaften, diejenige, die ihren Sitz in der Bibliothek der Jakobiner in der Rue Saint-Honoré hatte, den Volksgesellschaften eine lediglich instruktive Mission zu.[58] Aber schon am 6. Juni 1792 beabsichtigte die patriotische Gesellschaft der Sektion Pont-Neuf, ein Überwachungs- und Kontrollorgan ins Leben zu rufen. Die Ereignisse selbst drängten die Volksgesellschaften in eine aktive Politik.[59] Den entscheidenden Anstoß dazu gab die Krise vom Frühjahr 1793. Entsprechend einer Erklärung vom 18. April wollte sich die patriotische Volksgesellschaft der Sektion Mail nicht mehr damit zufriedengeben, »die Intrige zu verfolgen, Böswilligkeit entgegenzutreten, Hinterlist zu enthüllen, Bürgereifer zu entfachen, den dahinsterbenden Patriotismus neu zu beleben«; sie würde auch »ohne Unterlaß Royalismus, Fanatismus, Moderantismus, Rolandismus, der der Superlativ von allen ist«, bekämpfen. Ihre Mitglieder werden aktive und unermüdliche Missionare, ihr Kreuzzug wird ein Kreuzzug der Freiheit sein.[60] So groß und so wichtig war der Anteil der Volksgesellschaften am Kampf gegen die Gemäßigten und den Föderalismus, daß der Konvent am 23. Juli 1793 ein Gesetz erließ, das jeden unter Strafe stellte, der irgend etwas gegen sie unternehmen wollte. Als die Jakobiner am 22. August die Munizipalität von Nancy anzeigten, weil sie versucht hatte, die Gesellschaft dieser Stadt aufzulösen, forderten sie die Todesstrafe »für diejenigen, die versuchen sollten, diese Heimstätten des Patriotismus zu zerstören«[61].

Solange die Gefahr im Innern nicht beseitigt war, stützten sich die Regierungsausschüsse bewußt auf die Volksgesellschaften, um die Revolutionsregierung zu schaffen und die

Kriegsanstrengungen zu erhöhen. Am 23. Brumaire des Jahres II forderte der Wohlfahrtsausschuß von den Pariser Volksgesellschaften eine Liste derjenigen Bürger, »die am geeignetsten sind, öffentliche Funktionen aller Art zu übernehmen«[62]. Selbst wenn das Einsetzungsdekret vom 14. Frimaire den Platz der Gesellschaften innerhalb des Systems der Revolutionsregierung nicht genau angibt und ihnen die Entsendung von Kommissaren sowie die Einberufung von Kongressen oder die Bildung von zentralen Ausschüssen untersagt, hielt es der Wohlfahrtsausschuß doch für gut, ihre Rolle in seinem Rundschreiben vom 16. Pluviôse genau zu definieren: Wachsamkeit und Aufmerksamkeit, aber auch Zusammenarbeit mit den republikanischen Behörden bei der Besetzung von Ämtern. Die Volksgesellschaften sollen zu Hilfsorganen der Volksvertreter auf Mission werden, die mit der Säuberung und Einsetzung von republikanischen Behörden beauftragt sind.[63]

Obschon das eine wichtige Aufgabe war, blieb sie trotzdem ein ganzes Stück hinter der zurück, die die Volksgesellschaften in Wirklichkeit erfüllten. Das erwähnte Rundschreiben vom 16. Nivôse gehört mit in den Rahmen der umfassenden Bemühungen der Regierungsausschüsse, die Volksbewegung unter ihre Kontrolle zu bringen und sie in eine untergeordnete Rolle zu drängen. Denn in der Tat stellten die Gesellschaften, und besonders die Sektionsgesellschaften, den ganzen Winter des Jahres II hindurch, weit davon entfernt, sich mit einer solchen zweitrangigen Rolle von Hilfskräften zufriedenzugeben, fundamentale Organismen des gesamten politischen Lebens dar.

Vom Herbst bis zum Frühjahr des Jahres II umspannt ein weites Netz die Hauptstadt. Ob sie nun aus Anlaß der Aufhebung der Permanenz der Vollversammlungen erst gegründet worden sind oder schon vorher bestanden haben, die meisten Volksgesellschaften streben danach, Sektionsgesellschaften zu werden.[64]

Soweit sich das Datum ihrer Gründung ermitteln läßt, scheinen zwei Gesellschaften, die 1790 gegründet worden sind, und drei, die von 1791 herrühren, ohne Unterbrechung bis in das Jahr II bestanden zu haben[65]; ebenso acht Gesellschaften, die 1792 gegründet worden sind, vier vor dem 10. August, drei danach[66]. Die Krise von 1793 zieht bis in den September hinein die Gründung von acht Volksgesellschaften nach sich.[67]

26 schließlich sind gegründet worden, um das Gesetz zu umgehen, das die Permanenz der Vollversammlungen unterband, und erscheinen seit ihrem Bestehen als Sektionsgesellschaften.[68] In manchen Sektionen bestehen gleichzeitig zwei rivalisierende Gesellschaften. So gibt es in der Sektion Contrat-Social die Gesellschaft der Freunde des Vaterlands älteren Datums und die Sektionsgesellschaft, die am 26. September 1793 gegründet worden ist; in der Sektion Gravilliers bestehen die Gesellschaft der Freunde der Freiheit, Gleichheit und Menschlichkeit, die ihren Sitz in der Rue du Vert-Bois hatte, und die Sektionsgesellschaft nebeneinander. Die älteren Gesellschaften, die von den Behörden und den Jakobinern gestützt wurden, trugen über die Sektionsgesellschaften den Sieg davon: diese mußten sich auflösen. Es ist dies ein Abschnitt des Kampfes der *Patrioten von 1789* gegen die *Patrioten von 1793*, auch *Patrioten zweiten Aufgusses* genannt, eines Kampfes, dessen sozialen Hintergrund man nicht übersehen sollte. In den Sektionen Réunion und Unité scheinen die Sektionsgesellschaften umgekehrt die Brüderlichen Gesellschaften älteren Datums, denen aber wohl der rechte Zusammenhalt fehlte, aufgesogen zu haben; die Gesellschaft der Rue Saint-Avoye verband sich mit der Gesellschaft Réunion, und ganz zweifellos tat dies auch die Brüderliche Gesellschaft der Sektion Unité mit der Sektionsgesellschaft dieser Sektion[69].

Neben diesen Gesellschaften, die alle, ob sie nun früheren oder späteren Ursprungs waren, auf der Grundlage einer Sektion organisiert waren, hielten sich einige Gesellschaften älteren Datums bis in das Jahr II, ohne Sektionsgesellschaften zu werden. So gab es in der Sektion Montreuil die Gesellschaft der Freunde der Menschenrechte und Feinde des Despotismus, die 1791 gegründet worden war, und in der Sektion Maison-Commune die Gesellschaft der Verteidiger der Menschen- und Bürgerrechte. Wir wollen neben der altehrwürdigen Brüderlichen Gesellschaft der Patrioten beiderlei Geschlechts, die ihren Sitz bei den Jakobinern hatte, noch einige der wichtigsten nennen: die Gesellschaft der Männer des 14. Juli, die ehemaligen Französischen Garden; die Gesellschaft der Verteidiger der einen und unteilbaren Republik, die sich im Café Chrétien, auf der früheren Place des Italiens, zu versammeln pflegte; die Gesellschaft der Revolutionäre des

10. August, die ihren Sitz in der Rue Saint-Denis hatte, im ehemaligen Kloster der Filles-Dieu; der Wählerklub des Bischofspalastes[70]; die Republikanische Volksgesellschaft der Künste. Diese Gesellschaften wurden im allgemeinen von Vorkämpfern der Volkssache aufgesucht, die auf verschiedene Weise und aus verschiedenem Anlaß eine besondere Rolle gespielt hatten: am 14. Juli, am 10. August, am 31. Mai usw. In diesem Sinne erscheinen sie im Jahre II oftmals als die leitenden Stäbe der revolutionären Aktion. Das gleiche gilt, wenn auch auf höherer Ebene, für den Klub der Cordeliers. Im Jakobinerklub hingegen hatten die eigentlichen Sansculotten, vor allem die Frauen, die seinen Sitzungen mit Pünktlichkeit beiwohnten, überhaupt keinen Einfluß. Die Aktiven der Sektionen fühlten sich in ihren Gesellschaften am wohlsten: vom Herbst 1793 bis zum Frühjahr des Jahres II bilden diese die Rüstkammer der Volksbewegung.

Nach dem Vorbild der Jakobiner gaben sich die Volksgesellschaften Reglements, die ihre Ziele enthielten, die Bedingungen für den Eintritt ihrer Mitglieder festlegten sowie die Ordnung und den Ablauf ihrer Sitzungen regelten. Schon 1790/91 nahmen die Gesellschaften älteren Datums ähnliche Statuten an. Sie gaben damit den Gesellschaften ein Beispiel, deren Gründung in das Frühjahr 1792 fällt. 1793 stellten diese Gesellschaften neue Regeln auf, um sich den Erfordernissen der Politik anzupassen, indem sie ihre Grundsatzerklärungen oder die Schwurformeln und die Bedingungen für die Aufnahme änderten. Im Herbst 1793 und Anfang des Winters schließlich gaben sich die Sektionsgesellschaften Statuten, die sehr oft denen der älteren Gesellschaften nachgeahmt waren.
  Alle Reglements beginnen mit der Darlegung der Ziele der Gesellschaft. Das der Gesellschaft Luxembourg ist am 19. Februar 1793 ausgearbeitet worden: sie will »eine ständige Verbindung zwischen den Bürgern schaffen, deren Wissen und Patriotismus durch einen solchen Zusammenschluß größere Intensität und Energie erlangen«.[71] In einer Rede über die Rolle der Gesellschaften bezeichnet sie einer der Redner, der sich bemüht, sie von den Vollversammlungen abzugrenzen, als Schulen des Republikanismus und der Moral.[72] Die Gesellschaft der Freien Menschen in der Sektion Pont-Neuf erklärte

am 28. August 1793, sie wolle sich vor allem der Unterrichtung ihrer Mitglieder widmen. Jede Sitzung solle zur Verlesung und Diskussion von Schriften allgemeinen Interesses verwandt werden, zu Erörterungen über die Verfassung, die Menschenrechte, die Pflichten und Gesetze der Bürger.[73] In ihrem Organisationsplan vom 5. Oktober legt die Brüderliche Gesellschaft der Freunde des Vaterlandes besonderes Gewicht auf die Überwachung, mehr noch als auf die Unterweisung der Bürger. »Wir müssen alle diejenigen beaufsichtigen, die mit der Regierung der Republik beauftragt sind«: die Staatsangestellten also, aber auch die Lieferanten, »die Blutsauger des Staates«.[74] Die Gesellschaft der Freunde der Republik in der Sektion Piques beschäftigt sich vor allem mit der Unterweisung. In ihrem Reglement vom 19. Oktober macht sie sich zum Ziel »das Studium und die Kenntnis der Gesetze, die Diskussion aller Angelegenheiten von öffentlichem Interesse, die Verteidigung der Unterdrückten, die Überwachung der Verräter, die Anzeige feindlicher Machenschaften, die Korrespondenz mit allen wahren Freunden der Freiheit und Gleichheit«[75]. Als zeitlich letztes setzt das Statut der Gesellschaft in der Rue de Montreuil im Germinal des Jahres II auf die Liste der Pflichten seiner Anhänger nicht nur die Unterweisung und die Wachsamkeit, sondern auch noch die gegenseitige Hilfe.[76] Die Gesellschaft von Belleville erklärte kurz und bündig, ihre Pflicht sei »die Überwachung derer, die uns regieren, die Volksbildung, die Verbreitung von Moral und Patriotismus«[77]. Und die Volksgesellschaft von Sceaux will »die republikanischen Behörden überwachen, das beste Mittel, damit sie nicht vom Wege abkommen, unsere Brüder über ihre Rechte aufklären, den Unterdrückten Schutz gewähren und ihnen zu Hilfe kommen«[78].

Nach der Darlegung ihrer Ziele stellen die Statuten die Aufnahmebedingungen zusammen: im allgemeinen genügt es, Beweise seiner Bürgertreue und des Patriotismus an den Kampftagen der Revolution abgelegt zu haben. Die Patriotische Gesellschaft der Sektion Luxembourg läßt alle Bürger zu, »die ihr Patriotismus in ihre Reihen ruft und die für würdig erachtet werden, auf Grund ihrer staatsbürgerlichen Einstellung an dieser Vereinigung teilzuhaben«. Die Republikanische Gesellschaft der Sektion Marchés nimmt alle »patriotischen

Bürger der Sektion« auf[79], die der Sektion Amis-de-la-Patrie »alle Bürger und Bürgerinnen, die als gute Patrioten und Republikaner bekannt sind«, und diejenige der Sektion Piques, die Gesellschaft der Freunde der Republik, will sich ganz einfach aus »Patrioten« zusammensetzen. Nach dem Statut der Gesellschaft der Sektion Halle-au-Blé, das lediglich dem der Gesellschaft der Sektion Gardes-Françaises entlehnt ist, soll keiner in die Gesellschaft aufgenommen werden, »wenn er nicht Beweise eines wiederholt gezeigten und anerkannten Patriotismus abgelegt und seinen Dienst nicht persönlich abgeleistet hat«[80]. Für die Gesellschaft der republikanischen Tugenden in der Sektion Observatoire genügt es, ein »guter französischer Bürger zu sein«[81], für diejenige der Sektion Montreuil muß man nur »die erforderlichen Qualitäten für einen guten Republikaner« haben, die nicht weiter dargelegt werden. Für die Gesellschaft der Freunde der Menschenrechte in der gleichen Sektion muß man ein ehrenhafter Mensch sein, »ohne andere Anliegen als das der Tugenden und guten Sitten«[82].

Solche weitgefaßten Bedingungen konnten selbstverständlich nicht genügen, um die Wirksamkeit der Volksgesellschaften zu gewährleisten. Die meisten treffen daher Vorsorge, daß die Anhänger monarchischer Klubs wie der Feuillants oder der Sainte-Chapelle sowie die Unterzeichner antirepublikanischer Petitionen von vornherein ausgeschlossen werden. Die Gesellschaften der Sektion Gardes-Françaises und Halle-au-Blé zählen dazu auch diejenigen, »die zur Verschlechterung der Sitten beitragen, sei es durch die Beherbergung von Dirnen, sei es, indem sie irgendeinen anderen Handel solcher Art treiben, den die Lauterkeit und das keusche Leben eines wahren Republikaners verabscheuen«. Die Gesellschaft der Sektion Amis-de-la-Patrie verbietet außerdem den Notaren den Zutritt, die der Sektion Maison-Commune den Anhängern Lafayettes. Die Gesellschaft der Sektion Poissonnière fordert von jedem Kandidaten eine Erklärung vor versammeltem Auditorium über das, »was er seit der Revolution und für die Revolution getan hat«; jeder Bürger, der sich gegen die Ereignisse des 20. Juni, des 10. August, des 31. Mai und des 2. Juni ausläßt, soll abgewiesen werden.[83]

Noch bedeutend umfangreicher ist die Proskriptionsliste der

Gesellschaft der Sektion Unité. Sie weist die Priester, Adligen, Staatsanwälte, Advokaten ab »und vor allem diejenigen öffentlichen Beamten, die über ihre Tätigkeit keine Rechenschaft abgelegt haben«, diejenigen, die »mit allgemein als verdächtig bekannten Leuten und mit bekannten Aristokraten Umgang pflegen«, »jeden Egoisten, der mit unerlaubten Gewinnen aus dem Elend des Volkes rechnet«, und »schließlich jeden Bürger, der sich nicht das Gesetz über die Grundnahrungsmittel zu eigen gemacht hat«[84]. Die Sektionsgesellschaft der Sektion République stellt ihren Kandidaten eine Reihe von Fragen: »Was tatest du vor der Revolution? Was hast du für die Revolution getan? Bist du Adliger, Bankier oder Börsenmakler gewesen?«[85]

Im allgemeinen wurden die Kandidaten durch Mitglieder der Gesellschaft vorgestellt, die für sie Bürgschaft leisteten. Ein Aufnahmeausschuß erfaßte sie in einer Liste, und sie wurden in öffentlicher Sitzung geprüft, in manchen Sektionen dreimal hintereinander.[86] In der Gesellschaft der Sektion Poissonnière bleiben die Namen der Kandidaten acht Tage lang an der Saaltür angeschlagen. Soweit ein bestimmtes Alter für die Zulassung angegeben ist, beträgt es sechzehn Jahre. Sobald er zugelassen ist, leistet der Neuaufgenommene einen Eid.[87] Der Gesellschaft der Sektion Marchés scheinen solche Vorsichtsmaßregeln noch nicht zu genügen. Sie teilt die Liste der zugelassenen Bürger dem Revolutionskomitee mit, »damit sie dort überprüft werde, mit der Bitte, diejenigen Mitglieder der Gesellschaft anzugeben, deren Patriotismus und deren Sitten verdächtig sind«. Die meisten Statuten sahen, um die Gesellschaften vor einem Nachlassen der Bürgertreue zu schützen, periodische Überprüfungen vor, wie z. B. in der Gesellschaft der Sektion Luxembourg, in der am Ende jedes Trimesters eine »staatsbürgerliche Überprüfung« stattfinden soll.[88] Die strengen Maßstäbe, die sie an die Zulassung legen, genügen in der Tat nicht, den Volksgesellschaften und mehr noch den Sektionsgesellschaften ihre patriotische Reputation zu garantieren. Den Kritiken und versteckten Angriffen von seiten der Jakobiner begegneten sie durch Säuberungsaktionen. Die Bewegung verstärkt sich im Laufe des Winters des Jahres II, als die Revolutionsregierung fürchten muß, daß die Gesellschaften einer Volksbewegung als Rückgrat dienen könnten. Als die Jakobiner es verweigern, daß sich die Sektionsgesellschaften ihnen affiliieren, um sie damit in Mißkredit zu bringen, antworten sie mit einer solchen Säuberung, um ihre staatsbürgerliche Ergebenheit unter Beweis zu stellen. Daher nimmt die Gesellschaft der Sektion Piques am 22. Pluviôse des Jahres II ein Statut über ihre Säuberung an. Diese Arbeit war von einem Ausschuß von 20 Mitgliedern vorbereitet worden, die schon am 14. Nivôse ernannt worden waren; das Statut wurde dem Revolutionskomitee unterbreitet und von ihm gebilligt. An dieser Episode läßt sich der Rückzug der Gesellschaften seit dem Herbst und die Stärkung der Revolutionsregierung ermessen.

Die meisten der älteren Gesellschaften nahmen seit dem Sommer 1793, die Gesellschaften jüngeren Datums von Anbeginn Frauen als Mitglieder auf.[89] Am 19. September 1793 beschloß die Gesellschaft der Freien Menschen, ihnen ihre Reihen zu öffnen; sie sollen links vom Präsidenten sitzen, die Männer rechts. Am 9. Brumaire des Jahres II gehen die Freien Menschen über einen Antrag, die Frauen aus der Gesellschaft auszuschließen, deren Männer nicht darin seien, zur Tagesordnung über und beschließen, in das Zulassungskomitee vier Frauen aufzunehmen, die am 12. ernannt wurden. Nach dem Statut der Patriotischen Gesellschaft der Sektion Luxembourg waren die Bürgerinnen vom 14. Lebensjahr an mit den gleichen Rechten wie die Männer und unter den gleichen Formalitäten zugelassen, ihre Zahl sollte aber ein Fünftel der Gesamtzahl der Männer nicht überschreiten dürfen. In dem gleichen Verhältnis waren sie auch in die Funktionen der Gesellschaft wählbar, mit Ausnahme derjenigen des Präsidiums. Trotz des Mißtrauens, das vom Brumaire des Jahres II an den Frauengesellschaften und ihrer Beteiligung am öffentlichen Leben entgegengebracht wurde, scheinen die Frauen bis ins Frühjahr 1794 hinein in manchen Gesellschaften, wo sie im Präsidium saßen und in die Debatten eingriffen, eine wichtige Rolle gespielt zu haben, so in der Brüderlichen Gesellschaft der Sektion Panthéon-Français, die von ihren Gegnern »Hermaphrodite« genannt wurde.[90]

Im allgemeinen wird die Zulassung durch die Zahlung einer Aufnahmegebühr rechtskräftig. Ihre bescheidene Höhe war auch für die Sansculotten, selbst die ärmsten, erschwinglich.

Als in der Sektion Pont-Neuf die Gesellschaft der Freien Menschen 4 Livres forderte, gab am 1. September 1793 ein Redner zu bedenken, »daß es notwendig wäre, die Aufnahmegebühr zu senken, wenn man allen echten Sansculotten die Möglichkeit geben wollte, die Zahl der Mitglieder der Gesellschaft zu vergrößern, die nur gewinnen könne, wenn sie den reinsten Teil der Bürger aufnähme«. Am 18. wurde die Beitrittszahlung auf 3 Livres gesenkt, die viermonatlichen Beiträge auf 30 Sous.[91] Die Freunde des Vaterlandes fordern höchstens 3 Livres, mindestens 30 Sous, ohne bestimmte Zeitpunkte für die Beitragszahlung festzulegen; die »wenig begüterten« Bürger sollen davon befreit sein. In der Gesellschaft der Sektion Unité wird der Beitrag auf 3 Livres für das erste Trimester und auf 2 Livres für die übrigen Trimester festgesetzt. Die Gesellschaft der Sektion Halle-au-Blé forderte 2 Livres für den Eintrittsausweis und einen Livre Beitrag im Trimester. Am 17. September 1793 hatte die Gesellschaft Lepeletier die Aufnahmegebühr auf 100 Sous festgesetzt, aber »wenn ein guter Sansculotte erscheinen sollte, der die 100 Sous nicht bezahlen kann, dann sollte er trotzdem aufgenommen werden«[92]. Ebenso will die Gesellschaft der Sektion Poissonnière, deren Beitrag 40 Sous beträgt, auf Bericht ihres Aufnahmekomitees die Sansculotten aufnehmen, die nicht zu den allgemeinen Kosten beisteuern können. Die Mitglieder der Gesellschaft der Sektion Maison-Commune zahlen 10 Sous im Monat, diejenigen der Gesellschaft der Sektion République 24 Sous im Vierteljahr. Der Republikanische Klub der Sektion Homme-Armé verwirft überhaupt alle »pekuniären Bedingungen« und »streckt allen Patrioten der Sektion die Hand hin, welches auch ihre Mittel sein mögen«; eine Sparbüchse sollte die Gaben der Mitglieder aufnehmen. Die verschiedenen Sätze für die Beiträge spiegeln die soziale Zusammensetzung der Sektionen wider. Im allgemeinen waren die Beitragssätze in den Gesellschaften älteren Datums höher als in den Sektionsgesellschaften.

Statuten regeln auch die Bildung des Präsidiums. Es umfaßt für gewöhnlich einen Präsidenten, einen Vizepräsidenten, einen oder zwei Sekretäre, manchmal sogar drei oder vier, die für einen Monat gewählt werden und wiederwählbar sind, einen Schatzmeister und einen Archivverwalter, die meistens fest angestellt sind.⁹³ Inspektoren kontrollieren die Eintretenden, Zensoren halten die Ordnung im Saale aufrecht. Bei der Verwaltung der Gesellschaft wird das Präsidium von Kommissionen oder Ausschüssen unterstützt: einem Beitritts- oder Prüfungskomitee, einem Verwaltungskomitee, einem Korrespondenzkomitee, je nach der Größe der Gesellschaften. Die Freunde der Republik besitzen einen Wohltätigkeitsausschuß, die Gesellschaft der Sektion Halle-au-Blé ein Überwachungskomitee, das Denunziationen entgegennehmen soll.⁹⁴

Die Gesellschaften, die noch aus älterer Zeit stammen, treten für gewöhnlich zweimal in der Woche zusammen. Diejenigen, die erst 1793 entstanden sind, scheinen wie die Vollversammlungen permanente Sitzungen gehabt zu haben, zumindest nach dem 2. Juni, waren sie doch Kampforganisationen gegen die Gemäßigten. Das gilt z. B. für die Gesellschaft der Sektion Butte-des-Moulins. Als die Permanenz der Vollversammlungen aufgehoben wurde, hielten die Sektionsgesellschaften, die gegründet worden waren, um das Gesetz zu umgehen, ihre Sitzungen an den Tagen ab, an denen die Vollversammlungen nicht tagten, d. h. alle Tage außer dem Quintidi und dem Dekadi, so die Sektionsgesellschaften von Marchés, Amis-de-la-Patrie und Maison-Commune. Der politische aktive Sektionär hatte recht wenig Freizeit. Daher beschränkten manche Gesellschaften ihre Sitzungen auf vier in der Dekade, nämlich den 2., 4., 7. und 9. Tag, wie die Sektionsgesellschaften von Unité und Halle-au-Blé sowie die Gesellschaft Republikanische Tugenden. Andere begnügen sich sogar mit nur drei Sitzungen, am 2., 4. und 7. Tag jeder Dekade, so die Gesellschaften der Sektionen République, Poissonnière und die Gesellschaft Freunde der Republik in der Sektion Piques. Die Gesellschaften aus der älteren Revolutionsperiode, die meist den Jakobinern angeschlossen waren, paßten sich dem Sitzungsturnus der Muttergesellschaft an und hielten nur zwei bis drei Sitzungen pro Dekade ab.

Der Sitzungssaal war für die Mitglieder zwar von 5 Uhr nachmittags an geöffnet, aber die Sitzungen begannen erst um 6, im Sommer um 7 Uhr. Das Präsidium saß, mit der Jakobinermütze angetan, an einem langen Tisch auf einer Estrade; den Rednern war ein etwas erhöhtes Pult zugewiesen.⁹⁵ Hinter dem Präsidium ragten die Büsten von Märtyrern der

Freiheit empor, manchmal die Büste von Brutus oder der
»Figur der Freiheit«. An den Wänden hingen die Trikolore,
die Jakobinermütze, das Abzeichen der Sektion, Losungen
und republikanische Symbole.[96] Die Sitzungen waren öffentlich, eine Holzbrüstung in Armhöhe teilte den Saal in zwei
Hälften. Oftmals saßen die Zuhörer auch auf Tribünen, die
Frauen auf einer Seite, die Männer auf der anderen.[97]

Die Sitzung begann mit der Verlesung des Protokolls und
der Korrespondenz. Dann wurden die Namen von Kandidaten bekanntgegeben, die um Zulassung ersucht hatten, und die
zuständige Kommission gab ihr Urteil ab. Schließlich kamen
die verschiedenen Berichte. Um 7 Uhr ging die Sektionsgesellschaft der Sektion République zur eigentlichen Tagesordnung
über. Zwischen 8 und 9 Uhr wurden dort das *Journal du soir*
und das *Bulletin de la Convention* verlesen. In der Gesellschaft der Republikanischen Tugenden in der Sektion Observatoire begannen die Sitzungen um 7 Uhr mit der Verlesung
des Protokolls, der Zuschriften und des *Bulletins des lois,* und
um 8 Uhr wurde zur »großen Tagesordnung« übergegangen.
Genauso war es in der Gesellschaft der Rue de Montreuil. Die
Gesellschaft der Sektion Poissonnière sah von 8 bis 9 Uhr
»Vorlesungen über Moral und patriotische Schriften« vor. Die
Gesellschaft der Freunde der Republik in der Sektion Piques
verwandte eine ganze Sitzung in jeder Dekade auf »die Verlesung kleiner patriotischer Reden, die für alle faßlich waren«[98].

Die Redner sprachen von der Tribüne und trugen dabei eine
Jakobinermütze; die Statuten, die übrigens oftmals schlecht
befolgt wurden, besagten, daß sie nicht unterbrochen oder mit
Zwischenfragen behelligt werden durften. In der Gesellschaft
der Freunde des Vaterlandes »sollte jeder, der ein anderes
Mitglied persönlich angriffe oder beleidigte, zur Ordnung
gerufen werden«[99]. Die Patriotische Gesellschaft der Sektion
Luxembourg verbot »jeden Wortschwall, Komplimente und
Danksagungen«. Ihre Mitglieder wurden, wie in jeder anderen
Gesellschaft übrigens auch, angehalten, »die republikanische
Sprechweise, gemeinhin Duzen genannt«, anzuwenden.[100] Die
Redner aus dem Volke besaßen durchaus nicht alle Rednergaben.[101] Daher sollten nach dem Reglement der Sektionsgesellschaft der Sektion République »die Zuhörer, wenn der Redner
abschweift oder müde wird, sich von ihren Plätzen erheben«.

Sobald sieben aufgestanden sind, befragt der Präsident die Versammlung, ob der Redner weitersprechen soll, wobei die Abstimmung darüber offen, durch Handaufheben, Sitzenbleiben und Aufstehen, erfolgt. Manchmal werden Abstimmungen mit Hilfe von Zettelwahlen durchgeführt, allerdings müssen die Zettel unterschrieben sein. Das Wahlgeheimnis ist dem Sansculotten ein fremder Begriff, er sieht darin immer ein Manöver oder eine Intrige. Trotz der vorbeugenden Maßnahmen von seiten des Status und trotz der Zensoren, die über die Ruhe in den Sitzungen wachten, waren diese sehr oft heftig, ja tumultuös. Auseinandersetzungen waren häufig. Aber der Sansculotte gibt sich ganz und gar dem Affekt hin: solche Auseinandersetzungen enden fast immer inmitten von Beifallsstürmen mit dem Bruderkuß. Die Mitglieder der Gesellschaften, aber auch die Zuhörer, außerordentlich leicht zu rühren, ließen sich von den Rednern schnell mitreißen. Dann kam es zu Begeisterungsausbrüchen, zu den *patriotischen Verzückungen*. Die ganze Gesellschaft erhob sich, wiederholte den Schwur, frei zu leben oder zu sterben, irgendeiner stimmte »ein Lied nach der beliebten Melodie der Carmagnole« an, alle Anwesenden fielen ein, danach erklang die Hymne der Marseiller.[102] Es waren das Momente äußerster Ergriffenheit und patriotischen Überschwangs, wo die Demütigsten über sich hinauswuchsen und teilnahmen am Kult der Freiheit und der Republik.

So wie die Vollversammlungen der Sektionen ihre Stärke durch die Korrespondenz vervielfacht hatten, so wollten auch die Volksgesellschaften ihre Wirksamkeit durch gegenseitige Affiliation[103] steigern.

In seiner Rede vom 29. September 1791 hatte Robespierre die Affiliation definiert als »die Verbindung einer gesetzlich zugelassenen Gesellschaft mit einer anderen gesetzlich zugelassenen Gesellschaft, mit deren Hilfe sie übereinkommen, miteinander über Dinge von allgemeinem Interesse zu korrespondieren«[104]. Die Korrespondenz war die notwendige Folge der Affiliation. Dieser doppelte Prozeß lief darauf hinaus, den gesamten politischen Körper mit einem weitgespannten Netz zu überziehen. Auf diese Weise wurde die Macht der Gesellschaften riesenhaft vergrößert. »Wie soll diese enge und notwendige Verbindung geschaffen werden?« fragt im Jahre II ein Rundschreiben der Volksgesellschaft von Belleville. »Indem wir, Brüder und Freunde, uns über unsere Rechte und unsere Pflichten aufklären, indem wir gemeinsam arbeiten und wachen ... Um zu diesen Zielen zu gelangen, müssen sich die Bürger des ganzen Reiches zu patriotischen Gesellschaften zusammenschließen, und diese Gesellschaften müssen untereinander und mit einer zentralen Gesellschaft oder Muttergesellschaft in ständiger Verbindung sein, von der ohne Unterlaß diese Strahlen des Lichts und des Lebens ausgehen und zurückstrahlen, die den Patriotismus bewußt machen, beleben und erwärmen.«[105] Das Netz der durch Affiliation miteinander verbundenen Gesellschaften ersetzte gewissermaßen die fehlende Organisation einer führenden Revolutionspartei.

Das Recht auf Affiliation und auf Korrespondenz traf auf lebhaften Widerstand. Die Verfassunggebende Nationalversammlung diskutierte darüber am 29. September 1791. Sie verbot damals zwar die im Namen von Kollektiven eingereichten Petitionen, aber sie wagte nicht, sich am Recht auf Affiliation zu vergreifen. Die Debatte brach im Frühjahr 1792 von neuem aus, als sich das Netz der dem Jakobinerklub affiliierten Klubs als ein wirksames Instrument der Volksbewegung erwies. In einer anonymen Broschüre erklärt ein *Freund der Verfassung*, »die Klubs müßten voneinander isoliert und unabhängig sein und keine Korrespondenz miteinander führen«[106]. Im Jahre 1793 wurden Affiliation und Korrespondenz zu einem der Faktoren für den Erfolg der vom Volke getragenen Offensive gegen die Gemäßigten. »Schneidet die Fäden der Korrespondenz zwischen den Volksgesellschaften durch«, soll einer der girondistischen Redner gesagt haben. »Und wir, wir sagen ihm, laßt diese heilsamen Fäden ganz«, entgegnet ihm eine Abordnung der Sektion Arsenal. »Diese Fäden sind es, die alle Punkte des Kreises mit dem Mittelpunkt verbinden, sie allein sichern die Festigkeit [der entstehenden Verfassung].«[107]

Nach dem 2. Juni erbaten oder erneuerten die Gesellschaften älteren Datums und die im Frühjahr 1793 gegründeten Gesellschaften ihre Affiliation mit dem Jakobinerklub. (Die meisten älteren Gesellschaften waren ihm schon vorher angeschlossen gewesen.) So bittet am 16. Juni die Gesellschaft der

Sektion Homme-Armé die Jakobiner, sich ihnen anschließen zu dürfen. Am 13. September wird die Gesellschaft der Freien Menschen in der Sektion Révolutionnaire, die schon den Cordeliers und der Brüderlichen Gesellschaft affiliiert ist, von den Jakobinern in die Liste der angeschlossenen Gesellschaften aufgenommen.[108] Die Gründung der Sektionsgesellschaften mußte in das System der Affiliation und der Korrespondenz eine gewisse Verwirrung hineintragen. Die alten Gesellschaften waren untereinander und mit den Jakobinern affiliiert gewesen, und der Anstoß war von der Muttergesellschaft ausgegangen. Die Sektionsgesellschaften mit ihrer allgemeinen sozial niedriger gestellten Mitgliederschaft, und zudem auf ganz bestimmten Raum beschränkt, baten für gewöhnlich nicht um den Anschluß bei den Jakobinern, wenn sie sich schon untereinander affiliierten. Ihre Bestrebungen gehen auf eine autonome Bewegung hin. Von da her rührt, vom Herbst 1793 an, die feindselige Haltung in den Kreisen der Regierung und der Jakobiner, und das ist der Grund für die Offensive, die von allen Seiten gegen die Sektionsgesellschaften begonnen wurde. Diese versuchten sich aus der Affäre zu ziehen, indem sie doch noch um die Affiliation baten, aber sie wurde ihnen fast in jedem Falle verweigert, und das brachte sie erst recht in Mißkredit.[109] Nach der Auflösung der Sektionsgesellschaften im Frühjahr des Jahres II kamen Affiliation und Korrespondenz den Jakobinern allein zugute: von nun an sind sie nicht mehr als ein Mittel, die Zentralisierung in den Händen der Revolutionsregierung voranzutreiben.

Die große Gefahr, die in der Affiliation steckt, wird, wie schon der Revolutionsregierung, nach deren Zerschlagung auch der Thermidorreaktion bewußt. Schon am 24. Fructidor des Jahres II richtet Durand de Maillane das Augenmerk des Konvents auf die *Gefahr für die Freiheit,* die aus der Affiliation der Volksgesellschaften mit dem Jakobinerklub erwächst.[110] Am 25. Vendémiaire des Jahres III untersagte ein Dekret den Gesellschaften »alle Affiliationen, Zusammenschlüsse, Föderationen, Korrespondenzen«[111].

In besonders kritischen Zeiten der Revolution erschienen aber auch Affiliation und Korrespondenz als ungenügend, die Aktionseinheit der Gesellschaften zu sichern. Die Weitsichtigsten in den Volksgesellschaften bemühten sich daher um die

Schaffung eines Organismus, der ihre Aktionen koordinieren und leiten sollte. Der Versuch der Bildung eines Zentralkomitees der Volksgesellschaften zerschlug sich an den gleichen Hindernissen, an denen auch das zentrale Korrespondenzbüro gescheitert war, das die Vollversammlungen einmal ins Auge gefaßt hatten.[112] Die Initiative dazu ging von der Brüderlichen Gesellschaft beiderlei Geschlechts im Jakobinerkloster aus, »die angesichts der Gefahren, in denen das Vaterland schwebt, und in der Überzeugung, daß in den Volksgesellschaften Männer sitzen, die fähig sind, es zu retten«, die anderen Gesellschaften am 25. August 1793 aufforderte, Kommissare zu entsenden, die an der Bildung eines Zentralkomitees mitwirken sollen.[113] Die Brüderliche Gesellschaft stieß zweifellos auf Schwierigkeiten und besonders bei den Jakobinern auf eine feindselige Haltung, denn der zunächst vorgesehene Sitz dieser Behörde im Saal der Brüderlichkeit im ehemaligen Jakobinerkloster in der Rue Saint-Honoré wurde zugunsten des Bischofspalastes aufgegeben und das Statut des Zentralkomitees erst am 20. Oktober 1793 angenommen. Das Komitee ging direkt aus den verschiedenen Pariser Gesellschaften hervor, die je zwei ihrer Mitglieder delegiert hatten. Sein Ziel war es, »eine ununterbrochene Korrespondenz mit allen Volksgesellschaften der Republik zu unterhalten, ihnen als Sammelpunkt zu dienen, die im Zentralkomitee aufgeworfenen oder durch andere Gesellschaften eingereichten Fragen, von denen das Komitee annimmt, daß sie die gesamte Republik angehen, zur Diskussion zu stellen«[114]. Am 12. Brumaire des Jahres II nahm der Generalrat der Kommune von der Bildung des Zentralkomitees amtlich Kenntnis, und dieses trat am 18. Brumaire zum erstenmal auf mit einer Petition »zur Liquidierung der durch Fanatismus und Irrtum hervorgerufenen Fehler«[115]. Das neue Komitee stellte sich an die Spitze der Volksbewegung.

Seine Tätigkeit rief sofort Protest hervor. Der Wählerklub oder Zentralklub des Departements Paris mit dem Sitz im Bischofspalast, der sich nach dem 21. September 1793 neu gebildet hatte und die gleiche Rolle für sich in Anspruch nahm, denunzierte am 27. Brumaire beim Generalrat das Zentralkomitee der Volksgesellschaften, dessen Tätigkeit ihm um so verdächtiger erschien, als seine Sitzungen hinter verschlossenen Türen stattfanden. Die Angelegenheit wurde der Polizeiverwaltung übergeben. Wahrscheinlich mußte sich das Zentralkomitee vor dieser Bedrohung auflösen; jedenfalls trat es nicht mehr in Erscheinung. Nun sollte auch der Beginn des jakobinischen Angriffs auf die Sektionsgesellschaften nicht mehr auf sich warten lassen. Das Dekret vom 14. Frimaire untersagte in Artikel 17, Absatz 3, bald darauf jeden Kongreß und jede zentrale Vereinigung, die von Volksgesellschaften einberufen würden. Es konnte bei der Organisierung des Regimes der Revolutionsregierung kein anderes »Zentrum der Einwirkung auf die öffentliche Meinung« mehr zugelassen werden als die Muttergesellschaft der Jakobiner.[116]

Die Gesellschaften begnügten sich nämlich durchaus nicht mit der Rolle der Unterweisung und Überwachung, die sie sich in ihren Statuten zugedacht hatten. Durch eine Reihe kaum merklicher Eingriffe hatten sie in den meisten Sektionen die Vollversammlungen unter ihre Kontrolle gebracht, und sehr oft waren auch die Beamten der Sektionen in ihrer Hand. Eine solche Volksmacht wiederholte in gewissem Sinne das Regierungssystem und zerstörte damit zwangsläufig dessen einende Macht.

Im Ablauf der Sitzungen nahm die Unterweisung stets einen breiten Raum ein. Vom Frühjahr des Jahrs II an, als die jakobinischen und Regierungsbehörden die Volksgesellschaften unter ihre Botmäßigkeit gebracht hatten, wurde ihr eine beherrschende Stellung zugewiesen. Lektüre der patriotischen Zeitungen, der vor dem Konvent und den Jakobinern gehaltenen Reden, der Dekrete und Gesetze; Reden über moralische oder die Staatsbürgerpflichten betreffende Themen, die die führenden Männer der jeweiligen Gesellschaften hielten; Rezitation der Verfassung oder der Erklärung der Menschenrechte durch Kinder: so begannen im allgemeinen die Sitzungen. Die Sektionsgesellschaft der Sektion République stellte an den Anfang einer jeden Sitzung die Verlesung des *Journal du soir*, des *Bulletin de la Convention*, der Beschlüsse der Kommune und des Tagesbefehls der Nationalgarde. Am 27. Pluviôse rezitiert ein siebenjähriges Kind von der Tribüne herab die Erklärung der Menschenrechte; am 4. Ventôse wird eine Rede über die Einweihung eines Freiheitsbaumes verlesen; am 7. wiederholt ein Mädchen von 8 Jahren eine Rede auf den

Tod Chaliers; am 22. ruft der Bericht Saint-Justs über die Eingekerkerten ungeteilten Beifall hervor; der schon zurückliegende Bericht Robespierres über die Prinzipien der Revolutionsregierung wird am 17., Saint-Justs Erklärung über die Verhaftung Dantons am 22. Germinal verlesen; am 7. Floréal hört die Versammlung den Bericht Saint-Justs über die allgemeine Polizei, am 22. den Robespierres über die religiösen und moralischen Anschauungen. Und so war es überall in den verschiedenen Gesellschaften. Manche hielten besondere Veranstaltungen zum Besten der Kinder ab, die in solchen Sitzungen von der Tribüne herab die Erklärung der Menschenrechte, die Verfassung oder irgendeine Rede zu aktuellen Begebenheiten rezitierten.

Die Überwachung im weitesten Sinne des Wortes beanspruchte ebenfalls einen großen Teil der Sitzungszeit. Bei der umfassenden Säuberungsaktion vom Herbst 1793 griffen die Regierungsbehörden natürlich auf die Volksgesellschaften zurück. Diese wurden am 13. September aufgefordert, dem Wohlfahrtsausschuß »eine Liste aller Angestellten, die kein Vertrauen verdienen und deren mangelnder Bürgersinn bekannt ist«, einzureichen. Am 9. Oktober bekamen sie die Aufforderung, die Lebensmittel- und Militärbekleidungsverwaltungen zu überwachen, und am 15. sollten sie Informationen über die Verwaltungsbeschlüsse hinsichtlich der Emigranten und deren Besitztümer liefern. Die Volksgesellschaften hatten diese Aufforderungen gar nicht erst abgewartet: Am 5. September hatte die Gesellschaft der Freien Menschen beschlossen, über alle Kandidaturen für öffentliche Ämter zu diskutieren. In der Gesellschaft Lepeletier hatte ein Mitglied den Auftrag, sich um alle Posten zu kümmern, die vakant würden, sowie um geeignete Kandidaten dafür. Umgekehrt machten es sich die Leiter der Dienststellen zur Gewohnheit, sich an die Volksgesellschaften zu wenden, ehe sie ihre Entscheidung über Kandidaten für frei werdende Posten fällten. So befragt der Archivar des Zivilgerichts im Brumaire des Jahres II die Sektionsgesellschaft der Sektion Droits-de-l'Homme, ob sie einen gewissen Jean Liard eines Platzes im Zivilgericht für würdig erachte. »Der Augenblick sei gekommen, wo die Patrioten überall sein müssen, denn das ist das beste Mittel, um die Aristokraten daran zu hindern, sich irgendwo zu zeigen.« Die Auslieferung der Beglaubigungen der staatsbürgerlichen Unbescholtenheit, die fast überall in die Zuständigkeit der Gesellschaften fiel, wurde für sie ein wirksames Instrument der Kontrolle über die Beamten. Am 2. Brumaire beschlossen die Freien Menschen, alle Verwaltungsangestellten, die in der Sektion Révolutionnaire wohnten, sollten verpflichtet sein, die Beglaubigungen über ihre staatsbürgerliche Unbescholtenheit binnen Monatsfrist erneuern zu lassen.

Die Volksgesellschaften gaben sich nicht damit zufrieden, nur die Beamten unter Kontrolle zu halten. Sie kümmerten sich vor allem um die Überwachung der Heereslieferungen und der Kriegsproduktion. Die Gesellschaft der Freunde der Gleichheit in der Sektion Réunion ernennt am 2. Brumaire Kommissare, die die Qualität der Schuhe und der Stoffe nachprüfen sollen, die in einer Kaserne gelagert sind. Sie stellen fest, daß es Schund ist. Am 5. verlangt die Gesellschaft von der Vollversammlung, sie solle ebenfalls Kommissare ernennen, um der Kommission dadurch mehr Gewicht bei der Wahrnehmung ihrer Aufgaben zu verleihen. Am 8. fordert sie das Zeugnis eines Kapitäns und mehrerer Soldaten an, die sich von der Tribüne herab über die schlechte Qualität der ihnen gelieferten Ausrüstungen beklagen. Die Kontrolleure, die den Auftrag gehabt hatten, diese Lieferungen abzunehmen, wurden alsobald angezeigt, und die Gesellschaft forderte das Revolutionskomitee auf, ihre Verhaftung vorzunehmen und die Beweisstücke dem Öffentlichen Ankläger zu übergeben. Im Nivôse ernannte die Gesellschaft der Freien Menschen in der Sektion Révolutionnaire drei Kommissare, die die Tätigkeit der Waffenwerkstätten, die in Paris eingerichtet worden waren, überprüfen und »die verschiedenen Mängel aufdecken sollten, die diese für den Wohlstand der Republik so notwendigen Einrichtungen schädigen könnten«. Die Kommissare entledigten sich dieses Auftrags gewissenhaft, besuchten die drei Werkstätten, die es auf dem Gebiet der Sektion gab, erkundigten sich über die Einstellung der Leiter und den Fleiß der Arbeiter, kümmerten sich um Einzelheiten der Produktion und regten mögliche Verbesserungen an. Am 9. Germinal beglückwünschte die Waffen- und Pulverkommission die Gesellschaft der Freien Menschen zu ihrer *Wachsamkeit*.[117]

In konsequenter Fortführung ihres Überwachungsauftrags kamen die Volksgesellschaften wie von selbst zur Kontrolle und später auch zur Leitung des politischen Lebens der Sektionen. Nach der Auffassung der Gesellschaft der Sektion Poissonnière sind die Volksgesellschaften nichts anderes als *gesäuberte Sektionen*. Darin liegt die Tendenz, sich an die Stelle der Sektionsversammlungen zu setzen. Die Entwicklung in dieser Richtung bekam Auftrieb, als die Permanenz abgeschafft wurde, denn die Sektionsgesellschaften wurden ja gegründet, um unter neuem Namen die an einigen Tagen verbotenen Vollversammlungen durchführen zu können.[118] Sie sicherten damit die Permanenz und die Kontinuität der Vollversammlungen, aber sie konzentrierten damit auch in den meisten Sektionen die wirkliche Macht in ihren Händen und beschränkten die eigentlichen Vollversammlungen auf eine ganz gewöhnliche Registraturtätigkeit.

Am 15. September 1793 schlägt ein Bürger der Vollversammlung der Sektion Champs-Elysées vor, »an den Tagen, wo nach dem Wortlaut des Gesetzes keine Beratung stattfinden soll, sollten sich die sansculottischen Republikaner zu einer Volksgesellschaft zusammenfinden, um auf diese Weise eine stets aktive Überwachung zu gewährleisten«. Ihre Hauptaufgabe soll es sein, »alle Diskussionen, die der Vollversammlung unterbreitet werden sollen«, vorzubereiten.[119] Am 21. September fordert die Gesellschaft der Sektion Brutus den Präsidenten und den Sekretär der Vollversammlung auf, ihr am Vorabend der Sitzungen »einen Hinweis auf die Dinge zugehen zu lassen, von denen sie glauben, daß sie einige Aufmerksamkeit verdienen und daß es notwendig sei, sie vorher noch einmal durchzudiskutieren«. Wenige Tage darauf entschied die Gesellschaft, sie habe das Recht, diese oder jene Maßnahme zu beschließen, die sich dann die Vollversammlung zu eigen zu machen habe. Gleiche Ansprüche führen zur Gründung der Volksgesellschaft der Sektion Maison-Commune. »Die Intriganten könnten aus der Unterbrechung der Sitzungen Nutzen ziehen, um sich zu verbünden und den Ablauf der Vollversammlungen zu untergraben«; mit Hilfe der Gesellschaft soll die Kontinuität der Überwachung gesichert werden. Vor allem sei es von größter Wichtigkeit, »die Dinge, die Gegenstand der Beratungen der Vollversammlung werden sollen, so vorzubereiten, daß sie in der kurzen Zeit, auf die diese beschränkt ist, auch wirklich zu Ende gebracht werden können«. Eines der Ziele der Gesellschaft soll es deshalb sein, »die Arbeiten der Versammlung zu beschleunigen«.[120] Am 24. Brumaire erklärt die Sektionsgesellschaft der Sektion Réunion kurz und bündig, »sie wird sich im wesentlichen damit beschäftigen, die Angelegenheiten zu diskutieren und ausreifen zu lassen, ehe sie vor die Vollversammlung gebracht werden«[121].

Ein solches Vorgehen und die konspirativen Allüren, die die Sektionsgesellschaften mitunter annahmen, lassen die Feindseligkeit erklärlich werden, die ihnen im Herbst 1793 die Gemäßigten, die sie gern als »Clique« bezeichneten, entgegenbrachten.[122] Die Rechte der Vollversammlung usurpiert zu haben: das ist einer der wichtigsten Anklagepunkte, die im Jahre III gegen die Gesellschaften erhoben wurden. Am 20. und 30. Pluviôse wurde der Sektionsgesellschaft der Sektion Fontaine-de-Grenelle, von der man einen »kleinen Kreis« herausgegriffen hatte, vorgeworfen, alle Ernennungen in zivile und militärische Ämter sowie »alle Akte der Souveränität, die das Gesetz dem in der Urversammlung der Sektion oder Kommune versammelten Volk vorbehalten hat«, für sich mit Beschlag belegt zu haben. Die Versammlung hätte keinen Beschluß gefaßt, keine Beglaubigung der Bedürftigkeit, des Wohnsitzes, geschweige denn der staatsbürgerlichen Unbescholtenheit ausgestellt, die ihr nicht von den Mitgliedern der Gesellschaft diktiert worden wären, deren Vorentscheid und Zustimmung notwendig waren.[123]

Der Vorwurf scheint nicht einmal übertrieben zu sein. Während einiger Monate – vom Herbst 1793 bis in das darauffolgende Frühjahr – entglitt die Ausübung der Macht des Volkes tatsächlich den Vollversammlungen und oft auch den Sektionsbehörden und ging ganz in die Hände der Gesellschaften über. In etlichen Sektionen begnügten sich die Vollversammlungen damit, den Entscheidungen der Gesellschaften durch Eintragung ins Protokoll Gesetzeskraft zu verleihn. Am 15. Brumaire des Jahres II ermächtigt die Vollversammlung der Sektion Invalides die Gesellschaft, eine Petition der Sektion Maison-Commune über Fragen der Versorgung entgegenzunehmen »und die geforderte Zustimmung in ihrem

Namen zu erteilen oder zu verweigern«[124]. Am selben Tage erklärte die Sektion Droits-de-l'Homme, sie wolle keinen anderen Kult anerkennen als den der Vernunft, und beauftragte die Sektionsgesellschaft, dem Generalrat der Kommune davon Mitteilung zu machen. Als die Vollversammlung der Sektion Montagne ein Rundschreiben des Wohlfahrtsausschusses erhalten hatte, in dem die Angabe von Bürgern gefordert wurde, die imstande seien, alle möglichen Ämter zu besetzen, übergab sie es am 30. Brumaire der Sektionsgesellschaft zur Durchführung. Am gleichen Tage beschloß die Vollversammlung der Sektion Observatoire, »um alle Klagen und allen Aufruhr wegen der Entwaffnung zum Schweigen zu bringen, die die Umstände mit sich gebracht haben, um die Aristokratie zu zerschmettern«, daß sich alle entwaffneten Bürger an die Sektionsgesellschaft wenden sollen, die das endgültige Urteil fällen wird.[125] Die Vollversammlungen, aus denen die Gemäßigten und Opponenten entfernt worden sind, zeigen von selbst Bereitschaft, sich unterzuordnen. So stellt die Versammlung der Sektion Beaurepaire am 10. Brumaire ihr Versammlungslokal für die Tage, wo sie nicht zusammenkommt, »in Anbetracht der Wichtigkeit der Arbeit der Volksgesellschaft« den Revolutionären Sansculotten vom 31. Mai zur Verfügung.[126]

Wichtiger noch als der bestimmende Einfluß auf die Beratungen der Vollversammlungen waren den Gesellschaften die Ernennungen. Im Herbst 1793 zensierten und überprüften sie die Sektionsbeamten, wobei sie sich übrigens durchaus an die Aufgabe hielten, die ihnen die Regierungsstellen zugewiesen hatten. Die Zensur stellte nach einer Denunziation aus dem Jahre III gegen die Gesellschaft der Sektion Brutus »das große Mittel« dar, »um die Patrioten auszuschließen und zu verfolgen«, worunter natürlich hier die Gemäßigten zu verstehen sind.[127] Am 20. Oktober 1793 hatte diese Gesellschaft eine Überprüfung der Mitglieder des Revolutionskomitees, des Friedensrichters, seines Schriftführers, des Polizeikommissars und des Kommissars zur Bekämpfung des Wuchers vorgenommen.[128] Aber nicht nur mit der Überprüfung der schon amtierenden Funktionäre beschäftigten sich die Gesellschaften, sie griffen auch in die Ernennungen selbst ein. Auf den Vorwurf, »tyrannisch vorzugehen, um die Vollversammlung bei Ernennungen zu beeinflussen«, und Kandidatenlisten vorzulegen, die schon vorher abgesprochen seien, antwortet die Brüderliche Gesellschaft der Sektion Panthéon-Français am 25. August 1793, sie habe niemals geleugnet, daß die Kandidaturen vorher diskutiert worden seien. »Wir lassen uns das um so mehr zum Ruhme gereichen, als wir sie einer zweiten Überprüfung unterwerfen und als unsere Wahl immer bestätigt worden ist«.[129] Am 17. Brumaire wählt die Gesellschaft Lepeletier drei Kommissare für die Eintreibung der Zwangsanleihe, wobei sie ihre Mitglieder auffordert, in die Vollversammlung zu gehen und an der Ernennung teilzunehmen. Am 5. Nivôse anerkennt die Vollversammlung der Sektion Beaurepaire auf Empfehlung der Sektionsgesellschaft den Bürger Ricordon als Mitglied des Zivilausschusses. Die Gesellschaft der Sektion Poissonnière befaßte sich regelmäßig mit den Kandidaturen: am 19. Nivôse stellte sie eine Liste der Kandidaten für den Zivilausschuß auf, die am anderen Tage der Versammlung vorgelegt werden sollte; am 22. wählte sie einen Kommissar zur Bekämpfung des Wuchers; am 24. schritt sie zur Wahl der Kandidaten, die das Revolutionskomitee erweitern sollten; außerdem bestimmte sie am 7. Nivôse einen Schriftführer und stellte am 14. die Liste des Wohltätigkeitsausschusses auf, den die Vollversammlung am nächsten Tag ernannte. Als die Salpeterkommission der Sektion Brutus beigeordnete Kommissare brauchte, wandte sie sich deswegen am 28. Pluviôse an die Sektionsgesellschaft, die sie bestimmte. Am 4. Ventôse wählte die Gesellschaft Lepeletier vier ihrer Mitglieder für das Präsidium der Vollversammlung aus, das am nächsten Tag neu gewählt werden sollte.

Schließlich nahmen die Sektionsgesellschaften den Vollversammlungen und oft auch den Revolutionskomitees die Ausfertigung der Beglaubigungen der staatsbürgerlichen Unbescholtenheit weg. Nur allzuoft stellten die Versammlungen und Komitees es ihnen von selbst anheim oder verlangten wenigstens von den Antragstellern das Zeugnis der Sektionsgesellschaft. Am 11. September 1793 schlug die Gesellschaft der Sektion Beaurepaire dem Generalrat vor, die Anträge auf Beglaubigungen der staatsbürgerlichen Unbescholtenheit sollten von nun an ihr zum Zweck der Überprüfung unterbreitet werden. Es endete damit, daß die Versammlung ihre Vollmachten wenigstens der Sache nach der Gesellschaft übertrug, denn sie beschloß am 5. Germinal, daß die Beglaubigungen von einer aus der Gesellschaft zu wählenden Kommission von zwölf Mitgliedern ausgefertigt werden sollten. In der Sektion Brutus wurden die Beglaubigungen erst gegen Vorlage einer Bestätigung durch sechs aktive Mitglieder der Gesellschaft ausgefertigt.[130] Damit wurden die Sektionsgesellschaften, nachdem sie schon die Vollversammlungen hinsichtlich der Ernennungen wie auch der Adressen und Petitionen unter ihren Einfluß gebracht hatten, faktisch die Herren des gesamten Lebens der Sektionen. Die Bürger, denen sie die Beglaubigung der staatsbürgerlichen Unbescholtenheit verweigerten, hatten keinerlei Rechte und Ansprüche mehr.

Es ist, soll eine genaue Einschätzung der Rolle der Volksgesellschaften gegeben werden, notwendig, die Zahl ihrer Anhänger und deren soziale Herkunft zu kennen. Immerhin sollte man aber auch nicht zuviel Gewicht auf den Sollbestand einer Gesellschaft legen, denn entscheidend ist die Zahl der Anwesenden bei den Sitzungen und deren Überzeugtheit. Erwächst doch die Stärke der Gesellschaften weniger aus der Zahl ihrer Mitglieder als vielmehr aus der Zahl ihrer Aktiven. Die zu suchen aber ist schwierig. Die Dokumente lassen uns hierüber im Stich, sei es, weil die Archive der Gesellschaften nur nachlässig geführt worden sind, sei es, weil sie, um der Reaktion nicht in die Hände zu fallen, nach dem Thermidor vernichtet wurden.[131]

Der Mitgliederstand der Gesellschaften scheint je nach den Epochen und den Sektionen geschwankt zu haben, wenn auch innerhalb relativ enger Grenzen. Nach Angabe einer Abordnung, die am 14. Juni 1793 bei den Jakobinern vorstellig wurde, umfaßte die Gesellschaft der Sektion Homme-Armé »200 dem Berg ergebene Sansculotten«. Etwa um die gleiche Zeit gab es in dieser Sektion an die 2000 waffenfähige Männer. Somit war also etwa ein Zehntel der Männer im besten Alter in der Volksgesellschaft organisiert. Als die alte Gesellschaft Lepeletier sich im September 1793 erneuert und säubert, behält sie nur 37 Mitglieder, bei ihrer neuen Säuberung im Ventôse des Jahres II zählt sie dann wieder 89 Mitglieder. Im Juli 1793 umfaßte die Streitmacht der Sektion 3231 Männer, also hätten somit der Volksgesellschaft im darauffolgenden Frühjahr nur ein bis zwei Männer von hundert angehört. Bei den Freunden der Gleichheit in der Sektion Réunion dauerte die Säuberung vom 23. September 1793 bis zum 7. Frimaire des Jahres II. Die Gesellschaft zählte nach dem Abschluß 148 Mitglieder, während die Sektion 4378 Wähler hatte, was einem Verhältnis von drei bis vier Mitgliedern der Gesellschaft auf hundert Bürger gleichkommt. Die Republikanische Gesellschaft der Sektion Unité hatte am 23. Nivôse des Jahres II 280 Mitglieder auf ungefähr 4000 Bürger in der Sektion, also etwa 9 Prozent. Der Gesellschaft der Sektion Piques gehörten nach Angaben des Berichterstatters ihres Säuberungsausschusses im Pluviôse des Jahres II 400 Bürger an[132]; in dieser Sektion waren 3538 Sicherheitskarten ausgegeben worden[133], das ergäbe in dieser Sektion einen Satz von 11 Prozent. Zum Abschluß ihrer Säuberungsaktion zählte die Republikanische Gesellschaft der Sektion Mont-Blanc am 22. Ventôse des Jahres II 112 Mitglieder, während im voraufgegangenen Juli die Streitmacht der Sektion 2378 Männer umfaßt hatte; es kamen also auf hundert Bürger etwa vier Mitglieder der Gesellschaft. Die Gesellschaft der Sektion Brutus hatte bei ihrer Auflösung am 30. Germinal einen Mitgliederstand von 208 Mitgliedern gegen 2670 Wähler, mithin ungefähr 7 Prozent. Das Verhältnis der Mitglieder der Volksgesellschaften zur Gesamtzahl der Bürger einer Sektion scheint also selten über 10 Prozent hinausgegangen zu sein.

Verfolgt man, soweit es die Dokumente gestatten, die Entwicklung ein und derselben Gesellschaft, so stellt man fest, daß der Mitgliederbestand, der für kurze Zeit, im Frühjahr 1793, angeschwollen war, im Laufe des Winters des Jahres II eine sinkende Tendenz hatte, und zwar in dem Maße, wie sich die Macht der Revolutionsregierung stärkte. Im Juni 1792 zählte die Gesellschaft der Freien Menschen in der Sektion Pont-Neuf 44 Mitglieder, von denen vier keinen Aufnahmebeitrag bezahlt hatten. Im Laufe des Sommers – genaue Daten lassen sich nicht ermitteln – steigt die Zahl der Mitglieder auf 72: die »Herren Kandidaten« vom Juni haben ihre Reihen den Sansculotten geöffnet. Der Kampf zwischen Girondisten und Montagnarden, zwischen Sansculotten und Gemäßigten bringt einige Abgänge: gegen Ende des Winters 1793 hat die

Gesellschaft nur noch 69 Mitglieder. Neuer Zustrom nach dem 2. Juni, der Epoche intensiver politischer Arbeit, wo Sansculotten und Gemäßigte um die Beherrschung der Machtmittel der Sektionen streiten, nämlich um die Vollversammlungen und die Volksgesellschaften: Anfang August kommt die Gesellschaft der Freien Menschen auf rund 100 Mitglieder. Nach dem endgültigen Sieg der Sansculotten steigt diese Zahl noch, sei es, weil die Sansculotten ihre Position in der Gesellschaft ausbauen wollen, sei es, daß sich die Gemäßigten durch den Eintritt in die Gesellschaft ein politisches Alibi zu sichern versuchen. Die am 2. Frimaire des Jahres II abgeschlossene Säuberungsaktion drückt die Zahl auf 85 Mitglieder: 17 sind ausgeschlossen worden, 22 weiteren ist der Zutritt vorläufig untersagt, weil sie »wenig bekannt« oder Unterzeichner von bürgerfeindlichen Petitionen sind. Die rückläufige Bewegung im politischen Leben der Sektionen, die Mißstimmung gegenüber den Gesellschaften im Frühjahr 1794, die Furcht, die so manchen früheren Aktiven ergriff: alles das verringerte die Mitgliederzahlen und damit die Schlagkraft der Gesellschaft. Bei ihrer Auflösung am 14. Prairial haben die Freien Menschen nur noch 53 Mitglieder. In der Sektionsgesellschaft der Sektion République sind die Proportionen anders, aber ein ähnliches Schwinden des Mitgliederbestandes kennzeichnet nach dem Germinal auch sie. Am 5. Nivôse des Jahres II mit 62 Mitgliedern gegründet, kommt sie am 2. Ventôse auf die Zahl von 264. Eine strenge Säuberungsaktion, die vom 22. Germinal bis zum 17. Floréal dauert, reduziert ihren Bestand auf 154 Mitglieder.[134]

Bei aller Schwankung des Mitgliederbestandes scheint die soziale Zusammensetzung der Gesellschaften stabiler gewesen zu sein, obwohl sich auch hier im Jahre II ein Zug zur Demokratisierung bemerkbar macht. Die Gesellschaften waren gegründet worden zur Unterweisung des Volkes, vor allem der vom Wahlrecht ausgeschlossenen Passivbürger, in politischen Fragen. Daher umfaßten sie von Anfang an Bürger aus bescheidenen Verhältnissen, nach der *Chronique de Paris* vom 2. November 1790 »Obst- und Gemüsehändler aus dem Viertel«, »Wasserträger und andere brave Leute« nach dem *Babillard* vom 25. Juni 1791.[135] Trotzdem: Zu Beginn der Revolution scheinen Kaufleute und Handwerksmeister dominiert zu haben. Nach dem 10. August bilden Gewerbetreibende, Handwerker, Kleinhändler die große Masse der Mitglieder. Die Gesellen, Arbeiter und ganz kleinen Leute dringen erst im Herbst 1793 ein und spielen von da an eine Rolle. Zu allen Zeiten aber finden sich unter den Mitgliedern Leute freier Berufe, aber aus mittleren Verhältnissen: Künstler, Angestellte, Beamte, nicht zu reden von gewissen Deklassierten. Ganz selbstverständlich war die soziale Zusammensetzung auch von den besonderen Verhältnissen in der Sektion bestimmt. Die Patriotische Gesellschaft der Sektion Bibliothèque hatte sich lange Zeit überwiegend aus Bourgeois zusammengesetzt. Die Aktivbürger, die allein an den außerordentlichen Sitzungen teilnahmen, in denen die Sektion betreffende Fragen besprochen wurden, erfreuten sich zunächst eines Vorzugsrechtes, die Passivbürger dagegen spielten nur eine untergeordnete Rolle. Anfang des Sommers 1792 verschwinden diese Unterschiede. Gleichwohl behielten die ehemaligen Aktivbürger noch etwa ein Jahr lang ihre beherrschende Stellung bei. Im Herbst 1793 waren die Sansculotten dann die alleinigen Herren der Gesellschaften. Trotzdem muß man hier zwischen den Volksgesellschaften älteren Datums, in denen die *Patrioten von 1789* die erste Geige spielten, und den volkstümlicheren Sektionsgesellschaften unterscheiden, wo sich die *Patrioten zweiten Aufgusses,* die von 1792 oder sogar 1793, versammelten, die von ihren Gegnern diesen Namen erhalten hatten. Die Polizeibeobachter haben im Jahre II oftmals über die durch ihr niedriges soziales Niveau bestimmte Teilnehmerschaft bei den Sektionsgesellschaften berichtet. Am 11. Ventôse meldet Bacon aus der Sektionsgesellschaft der Sektion Arcis die Anwesenheit von vielen *Leuten in Hemdsärmeln*, von Arbeitern und Maurern. Aber handelt es sich bei ihnen um die eigentlichen Mitglieder oder bloß um Zuhörer? Am 20. Germinal erklärt die Gesellschaft der Sektion Maison-Commune, sie bestehe aus *mittellosen* Bürgern. Am 24. Pluviôse des Jahres III wird die Gesellschaft aus der Rue du Vert-Bois in der Sektion Gravilliers angezeigt; man wirft ihr vor, sie bestehe »fast ganz aus Arbeitern und wenig gebildeten Leuten, die sehr leicht irrezuführen sind«[136].

Leider ist das Material, das uns Auskunft geben könnte, nicht sehr zahlreich vorhanden, und dadurch wird es schwierig, die soziale Zusammensetzung der Volksgesellschaften exakt zu bestimmen, zumal die wenigen Mitgliederlisten, die überhaupt vorhanden sind, in den meisten Fällen gar keine Berufsbezeichnung angeben.

Im Juni 1792 kommen auf 20 Mitglieder der Gesellschaft der Freien Menschen in der Sektion Pont-Neuf, bei denen ein Beruf angegeben ist, außer einem »Bürger von Paris« vor allem Handwerker oder Kaufleute von einer sozial einigermaßen gehobenen Stellung: neun Uhrmacher, drei Schmuckwaren- oder Juwelenhändler, zwei Graveure usw. Im Laufe des Sommers steigt die Zahl auf 72. Unter den 60 Mitgliedern, deren Beruf angegeben ist, finden sich zwei Großkaufleute, drei Angestellte, vier Angehörige freier Berufe, die übrigen Mitglieder sind Handel- oder Gewerbetreibende, aber alle aus Kunst- oder Luxusgewerben (dreizehn Schmuckwarenhändler oder Juwelenhändler, zwölf Uhrmacher, sechs Graveure oder Ziseleure, zwei Schwertfeger, ein Emailleschmelzer, ein Fächermacher, ein Silberschmied, ein Teppichknüpfer). Dazu kommen noch andere Handwerker oder Kaufleute: drei Kurzwarenhändler, zwei Schneider, zwei Schuhmacher, ein Mützenmacher, ein Tischler, ein Schlosser, ein Maler, ein Bürstenmacher, ein Kaffeewirt. Anfang August 1793 hat sich die soziale Zusammensetzung leicht verändert. Bei den 71 Mitgliedern, deren Beruf vermerkt ist, halten die vierzehn Uhrmacher, vierzehn Schmuckwaren- und Juwelenhändler, sieben Graveure und Ziseleure noch immer die Spitze, aber es sind nun bereits sieben Angestellte, und zwei Mechaniker und ein Koch treten neu auf. Für das Jahr II fehlt jeglicher Hinweis auf die soziale Gliederung, und deshalb ist es leider unmöglich, einzuschätzen, in welchem Maße es den untersten Schichten der Sektion Pont-Neuf gelang, in die Gesellschaft der Freien Menschen einzudringen.

Unter den 125 eingetragenen Mitgliedern der Gesellschaft der Sektion Réunion, die ihr vom 23. September 1793 bis zum 12. Frimaire des Jahres II angehörten und deren Beruf bekannt ist, bilden 17 Büroangestellte und Verwaltungsbeamte die zahlreichste Gruppe. Nach ihnen kommen vierzehn Schmuckwarenhändler und zwölf Handwerker aus Luxusgewerben. Die wohlhabende mittlere Bourgeoisie ist durch drei Großkaufleute und elf Kaufleute vertreten, deren Geschäftszweig im allgemeinen nicht angegeben ist, sowie durch drei Rentner, fünf frühere Kaufleute oder Handwerker, die von ihren Rücklagen leben. Unter den einfachen Handwerkern sind die acht Schuhmacher der am meisten vertretene Berufszweig. Die untersten Schichten werden durch vier Kleinhändler und zwei Arbeiter repräsentiert, deren nähere Berufsbezeichnung fehlt, außerdem durch zwei Messerschleifer und je einen Maurer, Holzhacker, Zeitungsträger, Trödler, Altwarenhändler, Gelegenheitsverdiener. In die freien Berufe schließlich gehören drei Chirurgen und ein Apotheker, zwei Bildhauer, drei Pförtner, zwei Anwälte, zwei öffentliche Schriftsteller, ein Lehrer, dazu könnte man noch einen ehemaligen Kanonikus und den Vikar von Saint-Méry rechnen.

Am 23. Nivôse gehörten der Republikanischen Gesellschaft der Sektion Unité 280 Mitglieder an. Von diesen kann man 36 in die Kategorie der Kaufleute, Großhändler oder Fabrikanten rechnen, 28 unter die Angestellten und nur 16 zu den Arbeitern und kleinen Leuten. Die große Masse der Gesellschaft besteht aus 181 Handwerkern und Ladenbesitzern, deren soziale Stellung zu ermitteln unmöglich ist.

Es läßt sich hieran ein weiteres Mal ermessen, wie ungenau und unvollständig Dokumentation und verwendetes Vokabular sind und wie sehr jedes Studium der Sansculotterie im ganzen darauf angewiesen ist, sich mit ungenauen oder bestenfalls mit Annäherungswerten zu begnügen. Die Volksgesellschaften demokratisierten sich im Herbst 1793, vor allem die Sektionsgesellschaften öffneten sich in breiterem Maße den Vertretern der untersten Schichten. Aber in den einen wie den anderen dominierten die Männer aus dem kleinen Handwerk und Handel, einer sozialen Kategorie, die weit genug gespannt war, die verschiedensten Elemente in sich aufzunehmen und in unmerklichen Nuancen den Übergang vom eigentlichen Volk zur Bourgeoisie darzustellen.

Wie dem auch sei, in der politischen Bewegung zählte die Masse der Mitglieder der Gesellschaften weniger als die kleinere Zahl der eigentlichen Aktiven, die die Politik und die Haltung der Gesellschaften bestimmten. Denn wie groß auch die Mitgliederzahlen gewesen sein mögen, die Gesellschaften wurden normalerweise nur von den aktiven, kämpferischen Sansculotten besucht. Sie bildeten die Waffenkammer der

Volksbewegung, sie waren so etwas wie die Kader einer Partei.

Es gibt Dokumente, aus denen man ganz falsche Schlüsse ziehen könnte. Die Volksgesellschaften gaben genauso wie die Vollversammlungen der Öffentlichkeit freien Zutritt zu ihren Sitzungen. Im Frühjahr 1793 möblierte die Gesellschaft der Freien Menschen, die mit Sicherheit weniger als 100 Mitglieder hatte, ihren Sitzungssaal und stellte 200 Stühle hinein. Fast überall waren die Frauen zahlreich vertreten. Aber diejenigen, die sich den Volksgesellschaften anschlossen, gerieten sehr rasch in den Mißkredit, den sich die Revolutionären Republikanerinnen zugezogen hatten, und mußten sich fast immer damit zufriedengeben, den Sitzungen nur beiwohnen zu dürfen. Das gleiche gilt für die Kinder und jungen Leute, die dorthin gingen, »um sich zu unterrichten und die revolutionären Prinzipien kennenzulernen«[137]. So erklären sich die zahlreichen Teilnehmer, von denen die Polizeibeobachter immer wieder berichten, so etwa Bacon am 11. Ventôse in den Sektionsgesellschaften der Sektionen Arcis und Indivisibilité und in der Sektion Lombards, wo er die Anwesenheit zahlreicher Frauen vermerkt, und am 13. Ventôse in den Sektionsgesellschaften der Sektionen Bon-Conseil und Droits-de-l'Homme. Die Sektionsgesellschaft der Sektion République stellt am 22. Ventôse fest, daß der Saal, wo sie ihre Sitzungen abhält, durch den starken Zustrom an Besuchern zu klein wird, und beschließt am 27., von nun an im Tempel der Vernunft zu tagen. Aber wenn die Sektionsgesellschaften im Winter und Frühjahr des Jahres II einen gewissen Zustrom an Besuchern verzeichnen, die Mitglieder mit Sitz und Stimme blieben immer wenig zahlreich, vor allem in den Volksgesellschaften älteren Datums. Die Aktiven der Gesellschaften beschworen zwar ihre Mitbürger immer wieder, die Sitzungen fleißig zu besuchen, wie sie es auch für die Vollversammlungen anstrebten: so etwa der Präsident der Patriotischen Gesellschaft der Sektion Butte-des-Moulins am 25. Mai 1793 oder ein Mitglied der Gesellschaft der Sektion Poissonnière am 24. Pluviôse des Jahres II, die daraufhin beschließt, die Mitglieder, die drei Sitzungen hintereinander gefehlt haben, dem Aufnahmeausschuß anzuzeigen – aber alle diese Aufrufe blieben ohne Wirkung.

Im Herbst 1793 nahmen an den Sitzungen der Gesellschaft der Verteidiger der Republik nur vierzehn Mitglieder teil, darunter vier Frauen. So berichtet jedenfalls eine Anzeige an den Konvent.[138] Die Freunde der Gleichheit in der Sektion Réunion hatten zum Abschluß ihrer Säuberungsaktion am 7. Frimaire des Jahres II noch 148 Mitglieder; aber am 9. Oktober waren sie nur 43 in der Sitzung, am 14. Oktober 42 und am 19. Brumaire 37. Am 5. Nivôse wohnten der Eröffnungssitzung der Sektionsgesellschaft der Sektion République 62 Personen bei. Die Petition, die die Gesellschaft der Sektion Mutius-Scaevola am 28. Ventôse dem Konvent unterbreitet, trägt 95 Unterschriften, wobei es aber noch die Frage ist, ob sie alle im Laufe einer einzigen Sitzung gesammelt worden waren! Zufolge einer Denunziation vom 11. Prairial waren die Sitzungen der Brüderlichen Gesellschaft beider Geschlechter in der Sektion Panthéon-Français gewöhnlich nur von rund 60 Männern und ebenso vielen Frauen besucht.[139]

Diese fragmentarischen Angaben werden bestätigt durch die seltenen Protokollserien, die uns überkommen sind, wie z. B. die der Patriotischen Gesellschaft der Sektion Bibliothèque, die später, im Jahre 1793, die Volksgesellschaft Lepeletier wurde. Am 14. November 1790 schritten 80 Wähler zur Wahl des Präsidenten. Am 24. April 1792 sind ganze neun Mitglieder da, und die Gesellschaft ist nicht beschlußfähig. Am 17. September 1793 erinnert die Gesellschaft an einen voraufgegangenen Beschluß, wonach die Zahl der Anwesenden elf betragen muß, damit die Sitzung eröffnet werden kann. Am 24. stellt sie fest, daß für eine Sitzung nicht genug Mitglieder vertreten sind. Am 1. Oktober sind 17 Mitglieder anwesend, aber am 15. wird wieder keine Beschlußfähigkeit erreicht. Am 19. regt sich ein Mitglied über den dürftigen Besuch auf: jeder, der an sechs Sitzungen hintereinander fehlt, soll ausgeschlossen werden. Aber auch diese Drohung verfehlte ihren Zweck. Am 7. Brumaire beschließt die Gesellschaft, sie wolle keine neuen Kandidaten mehr aufnehmen, wenn nicht wenigstens 25 Mitglieder beisammen wären. Am 22. unterzeichnen endlich einmal 42 Mitglieder eine Petition an den Konvent.

Auch in der Gesellschaft der Sektion Poissonnière kann am 14. Frimaire die Sitzung nicht eröffnet werden, weil zuwenig Mitglieder gekommen sind. Am 24. wird das Präsidium von

25 Stimmberechtigten gewählt, und am 27. nehmen 39 Stimmberechtigte an der Wahl des Aufnahmeausschusses teil. Am 2. Nivôse wählen 47 Mitglieder den Präsidenten, aber am 7. nur 28 den Aufnahmeausschuß. Am 14. werden 37 Teilnehmer an einer ersten Wahl gezählt, 45 an einer zweiten. Am 2. Pluviôse setzen 43 Wähler den Präsidenten ein und 53 die Sekretäre. In der Frühjahrskrise steigt die Zahl der Anwesenden auf 78 Mitglieder am 2. Ventôse und 77 am 2. Germinal an, am 2. Floréal sinkt sie wieder auf 48 ab.

Genauso schwach scheint der Besuch in der Gesellschaft der Freien Menschen gewesen zu sein. Die Anwesenheitslisten tragen im August 1793 selten mehr als 20 Unterschriften, während der theoretische Stand der Gesellschaft bei 100 Mitgliedern lag. Nach der Vertreibung der Gemäßigten sind die Sansculotten eifriger: 31 unterzeichnen die Anwesenheitsliste vom 24. Nivôse. Die Gesellschaft hat damals, nach der Säuberungsaktion, 85 Mitglieder. Die Krise gegen Ende des Winters des Jahres II bringt die Sansculotten auf die Beine, und der Sitzungsbesuch wird besser, durchschnittlich mehr als 50 Personen in den letzten Pluviôse- und ersten Ventôsetagen. Das Maximum wird am 19. Ventôse erreicht, auf dem Höhepunkt der Krise. Es erscheinen 58 Mitglieder. Die Verwirrung, die die Hinrichtung Héberts hervorruft, drückt sich im Besuch der Versammlungen aus: 45 Anwesende am 4. Germinal, 34 am 22., im Floréal weniger als 30. Der Feldzug gegen die Volksgesellschaften, der darauf einsetzte, belebte noch einmal die Aktivität. Am 4. Prairial zählen die Freien Menschen 36 Anwesende. Auch sie mußten ihre Gesellschaft auflösen. 53 Unterschriften auf der Anwesenheitsliste am 14. Prairial sind als ein Zeichen der Verbundenheit mit der Gesellschaft und als Manifestation des Protestes der Mitglieder zu werten.

1793 waren die Volksgesellschaften Kampforganisationen gegen die Gemäßigten gewesen, und daher rührt der Schutz, den ihnen die entstehende Revolutionsregierung im Sommer dieses Jahres gewährte. Im Herbst hingegen verrät die Entstehung zahlreicher neuer Sektionsgesellschaften die Sorge der Sansculotten um die Beibehaltung ihrer Kontrolle über das politische Leben in den Sektionen. Von diesem Zeitpunkt an bricht der Gegensatz zwischen den Sektionsgesellschaften und dem Regierungsapparat auf. In ihm drückt sich der Antagonismus zwischen der Volksmacht und der sansculottischen Demokratie einerseits und der Jakobinerdiktatur und der Revolutionsregierung andererseits aus.

Die Sektionen stellten in der Hauptstadt ebenso viele autonome Organismen dar, verfügten sie doch über eine eigene Streitmacht, deren Offiziere sie selbst bestimmten, verwalteten sich selbst und wählten aus eigener Verantwortung ihre Verwaltungen und Ausschüsse. Ihre Organismen, die Versammlungen, Ausschüsse und Gesellschaften, bildeten mit Hilfe der Korrespondenz in normalen Zeiten, durch die Fraternisierung in den Perioden der Krise ein Konkurrenzunternehmen zur Pariser Gemeindeverwaltung. Damit waren sie eine Macht, mit der gerechnet werden mußte, die in die Bereiche der Regierungsausschüsse einzudringen drohte und die darauf hinzielte, zugunsten der Sansculotterie das soziale Gleichgewicht zu stören, auf dem sich die Revolutionsregierung aufbaute. An die Macht gekommen, um den Sieg der bürgerlichen Revolution zu sichern, konnten die Regierungsausschüsse auf die Dauer nicht die Existenz einer demokratischen Organisation dulden, die sich ihrem Einfluß entzog. Sie beraubten die Sektionen des Rechts, Kommissare zu ernennen, die, von der Regierung besoldet und von ihr abberufbar, sich in Staatsbeamte verwandelten. Sie zwangen die Vollversammlungen unter ihre Botmäßigkeit und unterdrückten die Sektionsgesellschaften. Dadurch aber beraubten sie sich des Vertrauens der Sansculotten, das ihre Kraft gewesen war. Die Kader blieben zwar bestehen, aber ihnen war jeder volkstümliche Charakter genommen. Die jakobinische Zentralisation triumphierte über die sektionäre Autonomie. Damit aber stellte sich die Frage, ob sich angesichts der lauernden Reaktion die Jakobiner ohne die Hilfe der Sansculotten über längere Zeit behaupten konnten.

VI. Der militante Sansculotte im täglichen Leben

Der militante Sansculotte ist mit dem Leben seiner Sektion tief verwachsen. Ihm opfert er einen großen Teil seiner Freizeit, selbst wenn er keinerlei Funktion in den Organisationen der Sektion bekleidet. Zwar besucht er selten den Jakobinerklub, aus Gründen der Bequemlichkeit vielleicht, wohl auch, weil das soziale Milieu dort dem seinen nicht entspricht und ihm nicht behagt, aber die meisten seiner Abende teilt er dennoch zwischen der Sektionsgesellschaft und der Vollversammlung. Um ihm einen Wegweiser an die Hand zu geben, veröffentlichen die Gesellschaften einen »politischen und patriotischen Dienstplan für die Dekaden«, der eigentlich nichts weiter als eine Abschrift des jakobinischen war.[1] Fünf Abende jeder Dekade sind der Muttergesellschaft vorbehalten, die »das einzige Zentrum der öffentlichen Meinung sein soll«. Die Volks- oder Sektionsgesellschaften versammeln sich gewöhnlich jeweils am 2., 4. und 7. Tag jeder Dekade, oftmals halten sie auch noch am Dekadi, um 11 Uhr, eine Art staatsbürgerliche Feierstunde ab. Am 5. und am 10. Tag jeder Dekade haben die Vollversammlungen ihre Sitzungen. »Wenn er den Tag über gut gearbeitet hat«, schreibt Hébert im *Père Duchesne*, »geht der Sansculotte am Abend in seine Sektion und ruht sich aus; und wenn er im Kreise seiner Brüder erscheint..., streckt ihm einer die Hand hin, der andere klopft ihm auf die Schulter und fragt, ob er den Tag gut verbracht hat.«[2]

Der Aktive erscheint in seiner Sektion in dem Aufzug, der das Symbol seiner Klasse geworden ist[3], nämlich mit der roten Mütze auf dem Kopf und, wenn die Lage irgendwie ernst ist, mit der Pike in der Hand.

Noch mehr als der kurze Rock, die »Carmagnole«[4], wird die Jakobinermütze[5] zum symbolischen Kleidungsstück des aktiven Sansculotten. Als Kopfbedeckung der freigelassenen Sklaven und somit als Emblem der Freiheit wird sie von 1789 an in diesem Sinne getragen. Die Schweizer des Regiments Châteauvieux von Nancy, die wegen Meuterei gegen ihre royalistischen Offiziere verurteilt worden waren, trugen sie, als sie 1792 von den Galeeren befreit wurden. Von da an ist sie fester Bestandteil der Volkstracht und wird nicht selten auch vom revolutionären Bürgertum getragen. »Der Anblick einer roten Wollmütze entlockt ihm Begeisterung, und keiner sollte sich erlauben, darüber zu spotten«, schreiben im März 1792 die *Révolutions de Paris*. »Seine Begeisterung ist aller Ehren wert und durchaus begründet. Man hat ihm gesagt, diese rote Mütze sei in Griechenland und in Rom das Emblem der Befreiung von aller Knechtschaft gewesen und das Zeichen der Sammlung für alle Feinde des Despotismus. Das genügt ihm. Seitdem will jeder Bürger diese Mütze haben.«[6] Trotzdem scheiterte etwa um die gleiche Zeit ein Versuch, sie bei den Jakobinern einzuführen. Am 19. März 1792 sprachen sich Robespierre und Petion gegen ihre Annahme durch die Sprecher und das Präsidium der Versammlung aus: das bedeute, erklärte Robespierre, eine *Verminderung der Ausdruckskraft* des einzigen nationalen Symbols, der dreifarbigen Kokarde.[7]

Trotz der Ablehnung von seiten der Jakobiner setzte sich das Tragen der roten Mütze nach dem 10. August allgemein durch. Die Behörden der verschiedenen Sektionen anerkannten sie nach und nach. Am 8. Dezember 1792 beschloß die Vollversammlung der Sektion Droits-de-l'Homme, ihr Präsident solle eine tragen, und am Tage darauf entscheidet die Sektion Sans-Culottes, alle Beamten der Sektion sollten sie aufhaben. Von da an wird die rote Mütze zum Symbol der politischen Macht der Sansculotten und als solches Zielscheibe für den Spott und auch die Angriffe der Gemäßigten. Die Sektion Pont-Neuf hatte beschlossen, daß keines ihrer Mitglieder das Wort ergreifen dürfe, wenn es die rote Mütze nicht auf dem Kopf trage. Am 17. April 1793 bestand ein gewisser Daubenton darauf, er wolle barhäuptig sprechen, und »sparte keinen Ausdruck, dieses Zeichen der Freiheit der Völker in den Schmutz zu ziehen«. Er wurde der Polizeiverwaltung übergeben und für ein Jahr aus der Versammlung ausgeschlossen.[8] Am 21. April beschließt die Sektion Contrat-Social, nachdem festgestellt worden ist, daß in den meisten Vollversammlungen die Präsidenten und Sekretäre »mit der Mütze der Freiheit bedeckt sind«, sich diesem Brauch anzuschließen.[9] Am 4. Mai beschloß die Sektion Sans-Culottes, daß ihr

Präsident am nächsten Tage eine Adresse der Sektion dem Konvent vorlegen solle, und zwar *in langen Hosen und mit der roten Mütze*.

Der Sieg der Volksbewegung im Laufe des Sommers 1793 war auch ein Sieg der roten Mütze.[10] Daß man sie trug, wurde zur Selbstverständlichkeit. In der Sektion Beaurepaire ersetzte der Arzt und aktive Sansculotte Montain-Lambin »als einer der ersten seinen breitkrempigen Hut und die Kleidung seines Standes durch den Jakobineranzug und vor allem durch die rote Mütze«[11]. Auf Antrag Chaumettes beschloß der Generalrat der Kommune am 16. Brumaire, daß von nun an alle seine Mitglieder die Mütze zu tragen hätten. Am 19. beauftragte die Gesellschaft der Freunde des Vaterlandes ihren Schatzmeister, vier rote Mützen für das Präsidium zu kaufen. Eine Satire über den Aktiven aus dem Volke vom Herbst 1793 stellt ihn dar mit »roter Mütze auf dem Kopf, Säbel an der Seite, langem Schnurrbart unter der Nase«[12]. Wenn einer schrie: »Nieder mit den Rotmützen!«, dann langte das durchaus zu einer Verdächtigung. Trotzdem schlug der Versuch der Revolutionären Republikanerinnen fehl, sie auch bei den Frauen durchzusetzen. Dieser Versuch wurde am 7. Brumaire dem Generalrat der Kommune angezeigt und am Tage darauf dem Konvent, der völlige Freiheit in der Wahl der Kleidung dekretierte. Und als am 27. Brumaire eine Abordnung von Frauen mit der roten Mütze auf dem Kopf vor dem Generalrat erschien, wurde sie sogar mit dem Ruf empfangen: »Nieder mit den roten Mützen der Frauen!« Chaumette erinnerte in einer sehr moralisierenden Rede daran, daß sich die Frauen ihren häuslichen Aufgaben widmen sollten, und erntete lebhaften Beifall. Die Reaktion gegen die politische Gleichberechtigung der Frauen bestätigte sich damit aufs glänzendste.

In der Tat führte der Umstand, daß die rote Mütze allgemein getragen wurde, zu einigen Schwierigkeiten. Die Sansculotten trugen sie aus Überzeugung, andere aber aus Klugheit oder auch aus Demagogie. Am 1. Frimaire brachte die Sektion Halle-au-Blé dem Generalrat zur Kenntnis, daß mehrer Aristokraten sie trügen und das zum Anlaß nähmen, die Patrioten damit herauszufordern. Sie verlangte, daß niemand, der eigene Haare trüge, sich eine Jakobinerperücke aufsetzen dürfe, denn »viele Leute tragen in der Stadt eine Jakobinerperücke und auf dem Lande ihre eigenen Haare«. Außerdem sollte die rote Mütze nur von den republikanischen Behörden bei der Ausübung ihrer Amtstätigkeit getragen werden. Der Generalrat verbot die Jakobinerperücken, lehnte aber den zweiten Antrag ab. Die Sache war damit noch nicht abgetan. Schon am nächsten Tage flammte die Diskussion wieder auf, als zur Sprache kam, daß die rote Mütze von seiten der Stutzer und Aristokraten ein Gegenstand bissiger Spötteleien sei. Die Meinungen waren geteilt: Für die einen bedeutete es eine Herabsetzung des Symbols, wenn allen Bürgern ohne Unterschied erlaubt würde, sie zu tragen; die anderen bestanden auf dem Recht aller, sich mit ihr zu schmücken. Der Generalrat, der am Tage vorher die Jakobinerperücken verboten hatte, berief sich nun auf das Recht eines jeden, die Kleidung zu tragen, die er wollte, und ging zur Tagesordnung über. Die Revolutionskämpfer aus dem Volk fuhren trotzdem fort, zu verlangen, daß das Tragen der roten Mütze in irgendeiner Form gesetzlich geregelt werden müßte. Am 10. Frimaire entrüstete man sich in der Versammlung der Sektion Temple darüber, daß es Leute gab, die mit der roten Mütze auf dem Kopf tanzten. Das sei Verunglimpfung, man dürfe sie nicht tragen, wenn man nicht irgendeinen Auftrag zu erfüllen hätte. Am 2. Nivôse beschwerte sich ein Aktiver aus der Sektion Chalier in einem Brief an Hébert über die falschen Patrioten, die sich damit schmückten: »Bei dem Durcheinander mit den roten Mützen gibt es keine Möglichkeit mehr, diejenigen herauszukennen, die wirklich wert sind, sie zu tragen.« Er schlug daher vor, sie für alle die zu verbieten, die nicht durch *eine Bestätigung in Form einer Wahl* von seiten ihrer Mitbürger dazu berechtigt seien.[13] Wie der Polizeibeobachter Pourvoyeur am 5. Nivôse bemerkte, wird verlangt, »auf das Verhalten der Rotmützen genau achtzugeben«. »Denn für die, die sie tragen, ist sie alles andere als das Zeichen der Freiheit und Gleichheit, sondern sie bilden sich ein, sie seien mehr als andere, und sehen in ihr ein Mittel, das ihnen gestattet, sich als kleine Despoten aufzuspielen.«[14]

Mit dem Abklingen der Volksbewegung verschwindet die rote Mütze; in den Texten aus der Zeit nach dem Germinal wird sie viel seltener erwähnt. Am 17. Messidor greift Payan vor dem Generalrat diejenigen an, die ein Maximum von

Patriotismus erreichen wollen, indem sie die rote Mütze tragen. Diese Tendenz verschärft sich noch nach dem Thermidor. Am 9. Nivôse des Jahres III entfesselte Armonville einen wahren Tumult im Konvent, als er mit seiner roten Mütze auf der Tribüne erschien. Am 30. Pluviôse »mißbilligte die Vollversammlung der Sektion Lombards die rote Mütze«, und der Sekretär machte pflichtschuldigst die nationale Kokarde davon los.[15]

Ebenso wie die rote Mütze ist auch die Pike ein Emblem des aktiven Sansculotten. Mit ihr ist die Erinnerung an die großen Tage der Revolution verbunden, sie symbolisiert das Volk unter Waffen, sie ist das Zeichen, daß das Volk die Ausübung seiner Souveränität mit Hilfe des Aufstandes in die eigenen Hände genommen hat. Wer eine Petition vorzubringen hat, erscheint mit der Pike in der Hand und der roten Mütze auf dem Kopf vor den Stufen des Konvents oder im Jakobinerklub.[16] So wird in aller Deutlichkeit an die Macht des Volkes gemahnt. Als Jacques Roux am 25. Juni 1793 vom Konvent verlangt, den Börsenwucher zu verbieten und die Spekulanten mit der Todesstrafe zu belegen, fügt er hinzu: »Die Sansculotten werden mit ihren Piken in der Hand die Durchführung Eurer Gesetze erzwingen.« Und Hébert stellt fest: »Wenn die Aristokraten irgendeinen hundsföttischen Streich gegen die Freiheit anzetteln, dann nimmt [der Sansculotte] seinen Säbel und seine Pike und eilt zu seiner Sektion.«[17]

Die ganze Revolution hindurch wurde die Pike als *die* Waffe der Volksmassen gefeiert. Die Patrioten setzten alles daran, mit ihr die Sansculotten zu bewaffnen, die zunächst vom Dienst in der Nationalgarde ausgeschlossen waren. Als dann der Krieg ausbrach, dachte man daran, besondere Truppen von Pikenträgern aufzustellen. Als am 25. Juli 1792 der Gesetzgebenden Nationalversammlung ein *Handbuch der mit der Pike bewaffneten Bürger* gewidmet worden war, legte Carnot die Vorteile dieser Waffe dar, schlug vor, die Soldaten mit ihr zu bewaffnen und außerordentliche Maßnahmen zu ihrer Herstellung zu ergreifen. Am 1. August ermächtigte die Versammlung die Gemeindebehörden, auf Kosten des Staatshaushaltes Piken herstellen zu lassen und an die Bürger zu verteilen, die waffenfähig wären, aber kein Gewähr besäßen. Als im Laufe des Sommers 1793 die Sansculotten die Levée en masse fordern und die Regierung die Rüstungsfabrikation ankurbelt, wird die Pike von neuem *das* Kampfinstrument gegen die Tyrannen. Am 14. August hört der Konvent die feierliche Verlesung eines Lobliedes[18] auf die Pike, »die fürchterlichste aller Waffen«, »die schreckliche und unbesiegbare Waffe«. Am 21. September erklärt vor den Jakobinern der Abgeordnete Lejeune, »man müsse aus unseren Piken Nutzen ziehen«. »Man habe diese schreckliche Waffe zu lange unterschätzt, die Aristokraten haben sie in aller Absicht in Verruf gebracht, indessen hat sich das französische Volk nur mit der Pike in der Hand zu neuer Größe aufschwingen können. Nur die Pike des Sansculotten ist es gewesen, die uns die Freiheit eingebracht hat.«[19] Trotzdem ist die Pike niemals eine Kriegswaffe geworden. Sie blieb auch 1793 und im Jahre II immer eine Waffe der inneren Kämpfe, der Kämpfe gegen den Feind in den eigenen Reihen. Als solche ist sie von den Sansculotten glorifiziert und *heiliggesprochen* worden. Der Sansculotte wird zum *Pikenträger,* weil sie das Symbol der Volksmacht ist. Es geht so weit, daß die Pike – ähnlich wie auch die Carmagnole – schließlich den Sansculotten selber bezeichnet. Am 12. September 1793 wurde der Konditor Dubois vom Revolutionskomitee der Sektion Lombards verhaftet, weil er gerufen hatte: »Nieder mit den Piken!«[20]

Solange die Terreur andauerte, verbarg so mancher Gemäßigte und Aristokrat seine geheimsten Gefühle unter dem Aufzug des Sansculotten und den Kennzeichen der Revolutionskämpfer. Im Frimaire des Jahres II wetterte der *Père Duchesne* gegen »die neue Parole, die die Drahtzieher des Königs Georges Dandin ausgegeben haben«, nämlich die Patrioten nachzuäffen, und entwarf folgende Karikatur: »Riesenlange Hosen haben sie an, eine kurze Jacke, eine schwarze Perücke auf und eine rote Mütze drauf, um ihren Blondschopf zu verstecken, einen falschen Schnurrbart angeklebt und eine Pfeife in der Schnauze an Stelle ihres Zahnstochers, das Spazierstöckchen gegen einen dicken Knüttel eingetauscht, und fluchen tun sie nicht mehr und nicht weniger als der Père Duchesne, statt wie bisher mit spitzen Lippen zu flöten.«[21]

Ebenso wie an seinen äußeren Kennzeichen, seiner Tracht, der roten Mütze oder der Pike, erkannte man den aktiven Sansculotten nämlich an seiner Sprache und an einem bestimmten Verhalten gegenüber seinen Mitmenschen. Das Duzen, wenn nicht gar das Fluchen, wäre es nach dem *Père Duchesne* gegangen – gleichwohl hat die Sprache des Volkes ihre ganze Frische behalten –, stellten Grundzüge dieser Sprache dar und waren Ausdruck einer bestimmten Auffassung von den gesellschaftlichen Beziehungen.

In dem gleichen Rhythmus wie die Revolution waren auch die Gepflogenheiten demokratisch geworden. Einen großen Einfluß übten hierbei die Brüderlichen Gesellschaften aus, die den Ausdruck *Herr* durch den Ausdruck *Bürger* ersetzten. Der Konvent übernahm diese Sitte von seiner ersten Sitzung an. Aber das genügte den vielen noch nicht, die alle Vorteile und Ungleichheiten mit einem Schlage beseitigen wollten, indem sie in die Sprache alle die Empfindungen der brüderlichen Verbundenheit hineinlegten, deren ihr Herz voll war. Schon am 14. Dezember 1790 sprach sich der *Mercure national* in einem Aufsatz *Über den Einfluß des Wortschatzes und die Macht der Sprache* für das Duzen aus.[22] Das ganze Jahr 1791 über verstummte der Ruf nach dem brüderlichen Du nicht, das sich dann im Laufe des Sommers 1792, mit dem Eintritt der Sansculotten ins politische Leben, endgültig durchsetzte. Auch hier wieder war der Einfluß der Volksgesellschaften und der Vollversammlungen von ausschlaggebender Bedeutung. Am 4. Dezember 1792 verbannt die Vollversammlung der Sektion Sans-Culottes auf den Hinweis eines Diskussionsredners, »das Wort ›Sie‹ sei gegen das Recht der Gleichheit, es habe immer nur dem Recht der Feudalität gedient, und das Wort ›Du‹ sei die rechte Anrede, deren sich freie Menschen bedienen sollten«, die Anrede *Sie* aus ihrem Sprachschatz als »einen Rest der Feudalherrschaft« und ersetzte sie durch das *Du* »als die wahre, freier Menschen würdige Anrede«[23]. Am 8. Dezember beschließt die Vollversammlung der Sektion Droits-de-l'Homme, ihr Präsidium solle hinfort das Du verwenden. Etwa aus der gleichen Zeit stammt das Reglement der Volksgesellschaft von Sceaux: »Die Mitglieder sollen sich wie Brüder behandeln, sich duzen und ›Bürger‹ anreden, des Ausdrucks ›Herr‹ sollen sie sich unbedingt enthalten.«[24] Wie hatte doch am 3. Oktober des gleichen Jahres die *Chronique de Paris* geschrieben? »*Sie* gehört zu *Herr*, *Du* gehörst zu *Bürger*.« »Unter der glückverheißenden

Herrschaft der Gleichheit ist der vertrauliche Umgang nur das Bild der menschenfreundlichen Tugenden, die man im Herzen trägt.« Die Girondisten blieben allerdings dem Duzen der Volksmassen gegenüber feindlich gesinnt. Brissot hielt diese *Unschicklichkeit* für Kinderei. Auch Robespierre war ihr nicht gewogen.

Der Sieg der Sansculotten im Jahre 1793 setzte das Du allgemein durch, trotz des Widerstrebens mancher Montagnarden. Die Sansculotten wollten sogar noch weiter gehen und es zur Pflicht machen. Am 10. Brumaire des Jahres II erschien eine Abordnung aller Volksgesellschaften von Paris vor den Stufen des Konvents und protestierte gegen den Gebrauch des Sie. »Viele Übel erwachsen uns immer noch aus dieser leidigen Angewohnheit, und der Sansculotte kann ihren Sinn nicht einsehen. Sie bewahrt den Dünkel der Verdorbenen und die Lobhudelei, und unter dem Vorwand des Respektes führt sie weg von den Grundsätzen brüderlicher Tugenden.« Die Volksgesellschaften fordern ein Gesetz »über die Verbesserung dieser Laster«. »Daraus werden weniger Hochmut, weniger eingebildete Unterschiedlichkeit, weniger Vertraulichkeit, aber mehr offene Vertrautheit, mehr Neigung zur Brüderlichkeit und folglich größere Gleichheit entstehen.« Daß das ein Trugschluß war und daß sich eine solche erzwungene, sich mit dem bloßen Wort begnügende Brüderlichkeit als sehr trügerisch erweisen konnte, das ging den Sansculotten keineswegs ein. Vielmehr verlangten sie, diejenigen, die sich dem Duzen widersetzen sollten, für verdächtig zu erklären, »für Lobhudler, und damit dem Dünkel freies Spiel gebend, der der Ungleichheit zum Vorwand dient«[25]. Wenn auch Basire mit Nachdruck auf dem Dekret bestand, begnügte sich der Konvent mit der ehrenvollen Erwähnung der Abordnung. Am 21. Brumaire packte Basire das heiße Eisen von neuem an und verlangte ein formelles Gesetz. Der Konvent hatte sich schon geweigert, das obligatorische Tragen der roten Mütze zu dekretieren, und auch hier ging er zur Tagesordnung über: »Widerspricht es nicht der Freiheit«, erklärte Thuriot, »wenn den Bürgern vorgeschrieben wird, auf welche Weise sie sich ausdrücken sollen?«[26] Das Direktorium des Departements Paris ging über die Auffassung des Konvents hinaus und beschloß am 22. Brumaire, genauso wie es schon der Disktrikt

Franciade getan hatte, daß in seinen Büros und in seiner Korrespondenz die Anrede Du verwendet werden solle. »Die Sprache der Brüderlichkeit ist nunmehr die einzige, die für republikanische Franzosen paßt.«[27] Das ganze Jahr II hindurch war das Duzen in den Einrichtungen der Sektionen und in den Gemeinde- und staatlichen Verwaltungen selbstverständlich.[28] Im privaten Verkehr ging es allerdings nicht ohne Auseinandersetzungen ab.

Die Sansculotten erzwingen das Du, ohne auf eingefleischte Gewohnheiten Rücksicht zu nehmen. So fingen am 5. Nivôse zwei Bürger im Café Procope einen Streit mit einem der Kellner an, der, schon ein alter Mann, sie nicht geduzt hatte. »Sie nannten ihn einen Sklaven.« Dieser entschuldigte sich daraufhin. »Immerhin sei die Bemerkung gestattet«, fügt der Berichterstatter hinzu, »daß es kein Gesetz gibt, wonach man sich duzen müsse, und es sollte daher keinem Bürger erlaubt sein, einen anderen wegen einer gänzlich freiwilligen Angelegenheit anzugreifen.«[29]

Gleichsam als Vorspiel zu der nahenden Reaktion mehren sich nach dem Germinal, als die Volksbewegung abzuklingen beginnt, die Fälle, wo das Duzen verweigert wird. Am 1. Messidor wendet sich ein gewisser Bouin in seinen *Réflexions sur les abus d'autorité que commet le comité révolutionnaire de la section du Temple* gegen das Duzen, vor allem gegenüber den Frauen. »So wie es heute angewandt wird, gibt es ein sehr schlechtes Bild von der Revolution, von der auf diese Weise angenommen werden könne, sie führe uns auf einen Zustand der Grobheit und Ungeschliffenheit zurück, ... gerade weil es von einer ganzen Anzahl von Behördenangestellten in einem harten und brutalen Ton gebraucht wird, der die Gemüter abstößt, demütigt und beleidigt, anstatt sie für unsere jetzige Gesellschaftsordnung zu gewinnen. Das gilt in ganz besonderer Hinsicht für die Frauen, denen gegenüber dieses Duzen in jedem Fall wenig passend, wenig ehrenvoll und wenig anständig ist.«[30] Am 17. Messidor griff Payan im Generalrat diejenigen an, die, ihrer Reputation als gute Bürger wegen, sich Mühe gaben, »gekonnt zu duzen«[31].

So wie nach dem 9. Thermidor die Reaktion an Boden gewann und der Einfluß der Volksmassen zurückging, verschwand auch das Duzen wieder. Am 11. Nivôse des Jahres

III stellt die *Vedette ou gazette du jour* fest, daß »die ›Du‹ und ›Dich‹ aus den Unterhaltungen verschwinden und ... daß sie auch in den Briefen nicht mehr so oft auftauchen«. Im Café Foy kam es am 21. Ventôse zu einem scharfen Wortwechsel, weil ein einfacher Bürger einen General mit Du angeredet hatte. Die Prairialtage versetzten dem Duzen den Todesstoß: es wird mit der Leidenschaft für die Gleichheit erstickt, die es ins Leben gerufen hatte.

Diese war seit dem 10. August vor allem in der Nationalgarde hell aufgelodert. Der Generalrat der Kommune hatte in seinem Reglement vom 13. August 1792 für alle Grade wollende Epauletten vorgeschrieben. Die Epaulettenträger wurden prompt zur Zielscheibe des Spotts der Sansculotten. In den Prairialtagen des Jahres III wurden die Rufe »Nieder mit den Epauletten, nieder mit den Epaulettenträgern!« sehr häufig das Signal des Aufstands in den Kompanien.[32] Die Sansculotten waren scharf hinterher, alle Rangabzeichen von den Uniformen verschwinden zu lassen, und jeder Versuch, privilegierte Einheiten mit besonderen Uniformen, Grenadiere oder Jäger zum Beispiel, aufzustellen, führte zu lautstarken Proteststürmen. Auf den Vorschlag der Sektion Halles erklärte die Vollversammlung der Sektion Homme-Armé feierlich, sie wolle »keinen Rangunterschied als den unumgänglichen für den Diensthabenden Kommandanten« zulassen. Die Wiedereinführung militärischer Rangunterschiede würde »in fast gerader Linie auf den Ausschluß der unbemittelten Klasse« von militärischen Rängen hinführen, und das hieße »die schöne Einhelligkeit bei der Dienstpflicht und die Prinzipien der Gleichheit und Brüderlichkeit zerstören«[33]. Die praktisch geübte Gleichheit in den militärischen Formationen war für die Aktiven und die Volkspresse ein beliebtes und viel ausgeschlachtetes Thema. So schreibt Leclerc am 14. August 1793 im *Ami du peuple,* die neuzugründende Revolutionsarmee sei ein Beispiel; »Kommandanten, Offiziere und Soldaten, die dort dienen, sollten den gleichen Sold erhalten, das gleiche Brot essen, und Rangabzeichen sollten nicht alberner Paradeschmuck, sondern nur allgemein notwendige Unterscheidungen sein«. Hébert spricht in Nummer 311 seines *Père Duchesne* vom Brumaire über einen »Mordskerl aus dem Haufen [d. h. der Revolutionsarmee] namens la Tulipe«, der ihm von der Mosel geschrieben habe: »Nun sag mir bloß, warum tragen die Generale und ihre Adjutanten nicht auch die Nationaluniform? Warum sind sie mit goldenen Tressen behängt? Du wirst vielleicht sagen, es muß einen Unterschied für die Dienstgrade geben, damit einer seine Chefs erkennen kann. Aber müssen sich denn Republikaner durch schöne Kleider voneinander unterscheiden? ... Wenn wir alle gleich sind, verdammt noch mal, dann muß die Aristokratie der Fräcke aufhören, und vor allem in der Armee.« In der Pariser Nationalgarde wachen die Vollversammlungen streng darüber, daß die äußeren Zeichen der militärischen Gleichheit beibehalten werden. Diejenige der Sektion »1792« forderte am 15. April 1792 den Oberstkommandierenden auf, »niemals zu vergessen, daß er seine Vollmachten von freien Menschen erhalten hat und daß freie Menschen niemals wie Sklaven herumkommandiert werden dürfen«[34]. Die Sektion Cité beschloß am 1. Nivôse des Jahres II, daß an jedem Dekadi Offiziere und Unteroffiziere mit den gemeinen Soldaten aus dem Kochgeschirr essen sollten.[35]

Am eklatantesten aber manifestierte sich die militärische Gleichheit in der allgemeinen Dienstpflicht. Die Sansculotten haben niemals aufgehört, die Abschaffung des Loskaufs für die Nationalgarde zu fordern. Am 30. Oktober 1792 verlangt die bewaffnete Einheit der Sektion Droits-de-l'Homme »ein strenges Gesetz gegen den Bürger, der sich weigern sollte, seinen Dienst in der Nationalgarde zu versehen, in Anbetracht der Tatsache, daß in einer Republik ein jeder Bürger Soldat ist«. Der Dienst in der Nationalgarde wird als eine Schule der Gleichheit angesehen. »Die Wache, die jeder persönlich übernimmt, wird bis auf die letzten Spuren alle Klassenunterschiede verwischen, die jemals existiert haben.«[36] Die Sektion Homme-Armé erklärte am 25. November 1792, »daß die Wachmannschaft der einzige Schmelztiegel ist, in dem sich die fleißige Armut und der reiche Müßiggang immer weiter miteinander verbinden können«[37]. Alle Sektionen standen fest auf diesem Standpunkt. Sie nahmen endlich einmütig im Juli 1793 eine Petition an, die auf die Initiative der Sektion Lombards zurückging und in der es hieß, nachdem energisch auf den Widerspruch zwischen den egalitären Grundsätzen der Erklärung der Menschenrechte und der Praxis des Loskaufs hingewiesen worden war: »Urteilt nun, Gesetzgeber, ob Gleichheit in einem Lande herrschen kann, wo der Reiche immer in der Lage ist, einen Armen für sich umkommen zu lassen.«[38] Der Konvent blieb unerschütterlich. Aus Vertretern der Bourgeoisie zusammengesetzt, konnte er schlechterdings nicht das abschaffen, was eben ein Privileg des Reichtums war.[39]

Es scheint, als müßte das politische Leben, die Sitzungen der Vollversammlungen und der Sektionsgesellschaften, der Dienst in der Nationalgarde, alle möglichen patriotischen Aufträge, die gesamte gesellschaftliche Aktivität des aktiven Sansculotten in Anspruch genommen haben. Wenn wir aber dem *Tagebuch eines Angestellten*[40] Glauben schenken dürfen, gab es daneben immer noch häufig genug Zusammenkünfte zwischen Freunden, Unterhaltungen in den Kneipen, ganze Abende im Café und Schmausereien in den Wirtshäusern, wo bei einem Schoppen Wein Politik gemacht und patriotische Hymnen gesungen wurden. An den Feiertagen – der Dekadi hatte es im ganzen nicht leicht, sich gegen den althergebrachten Sonntag durchzusetzen, aber die Aktiven hielten ihn peinlich genau ein – strömten die Sansculotten in Scharen in die Kneipen vor den überall nahen Stadtmauern. Immer wieder beschreibt Hébert die Courtille mit ihren vielen Schenken und Weinlauben, mit ihrem ganzen fröhlichen Treiben. »Letzte Dekade«, schreibt er in der Nummer 351 seines *Père Duchesne* im Ventôse, »hab ich am Morgen erst einmal mit allen Sansculotten meiner Sektion die republikanische Messe im Tempel der Vernunft gehört, das will sagen, verdammt noch mal, wir haben die allerpatriotischsten Reden gehört und lauthals Hymnen zu Ehren der Freiheit gesungen und viel Vergnügen dabei gehabt. Am Nachmittag hab ich mich dann mit einigen braven Knaben auf den Weg gemacht, um zur Vesper nach der lieben Courtille zu gehen.« Alle Beobachter stimmen darin überein, daß an den Feiertagen das Volk durchaus guter Laune ist, selbst in den schwierigsten Zeiten. »Die Straßen der Courtille«, schreibt Perrière am 21. Ventôse des Jahres II, »waren vollgestopft von einem Schwarm fröhlichen und sauber gekleideten Völkchens. Von allen Seiten her tönten Instrumente und das Stampfen der Tänzer ..., das Volk hält seine staatsbürgerliche Fastenzeit ab, indem es die Carmagnole und alle seine geliebten Freiheitslieder singt.«[41] Die Sansculotten begnügen sich aber nicht mehr mit den Schenken der Courtille, sie strömen jetzt auch in die Promenaden und Boulveards, die früher nur den reicheren Schichten vorbehalten waren. Derselbe Polizeibeobachter Perrière berichtet am 15. Ventôse, daß »die Boulevards in ihrer ganzen Ausdehnung voll Menschen« waren und »daß es mehr Hauben als Hüte gab«. Was ihm aber am meisten gefiel, war, daß »die am ärmlichsten gekleideten Bürger, die sich sonst nicht an diesen der eleganten Welt vorbehaltenen Orten zu zeigen gewagt hätten, inmitten der Reichen spazierengingen, den Kopf ebenso hoch tragend wie diese ... Es war auch eine gewisse Zufriedenheit dabei, und ein Fremder hätte nie vermutet, daß dieses das Volk war, dem die gegenwärtige Lage so viele Opfer abverlangt.«[42]

Durch das Fehlen statistischer Dokumente, oder wenigstens genügend zahlreicher Beschreibungen, ist es indessen recht schwer, sich eine klare Vorstellung von dem Tagesablauf und den Lebensbedingungen eines durchschnittlichen Sansculotten zu machen. Sein Leben war mehr als bescheiden, nach den literarischen Quellen und den wenigen genaueren Dokumenten zu urteilen, deren Aussagekraft in dieser Beziehung von einiger Bedeutung sind.

Über die Handwerker oder Kleinhändler erfahren wir einige, die schon fast zur mittleren Bourgeoisie zu rechnen sind. Der Lederhändler André Guettier aus der Sektion Quatre-Nations, der am 28. Januar 1793 Konkurs anmeldet, setzt in seinem Aktivsaldo 6000 Livres für Möbel und Haushaltsgegenstände, Wäsche und Kleider im Werte von 5000 Francs. Der Krämer Lalonde aus der Rue Tiron in der Sektion Piques, der am 14. Februar 1793 Konkurs anmeldet, gibt ein Aktivum von 3400 Livres an Möbeln, Hausrat, Wäsche und Kleidern an. Die Haushalte der meisten Handel- oder Gewerbetreibenden dürften aber viel bescheidener gewesen sein. Das Mobiliar des Trödlers Feuchère in der Grande Rue du Faubourg Saint-Antoine, der am 30. Januar 1793 in Konkurs gegangen ist, wird auf 1234 Livres geschätzt, das des Gerbers Louis Raimbault aus der Rue d'Argenteuil, der am 10. April Konkurs anmeldet, auf 1200 Livres. Der Weinhändler Morville jun., Rue Guérin-Boisseau, am 14. Februar 1793 in Konkurs geraten, besitzt Möbel und Wäsche im Werte von 850 Livres. 830 Livres gibt der Getreidehändler Charles Guendré, am 28. Februar in Konkurs gegangen, an. Charles-François Madeline, ein Maler aus der Rue Saint-Martin, der am 24. Januar seine Zahlungsunfähigkeit erklären läßt, besitzt Möbel, Kleider, Wäsche und Gebrauchsgegenstände im Werte von ganzen 600 Livres. Der Krämer Arnal aus der Rue du Mûrier Saint-Victor in der Sektion Sans-Culottes ist fast gänzlich mittellos: seine Möbel und Haushaltungsgegenstände werden am 18. Februar 1793 auf ganze 353 Livres geschätzt.

Ebendieser Eindruck der Mittellosigkeit, ja der nackten Not offenbart sich in den Häuslichkeiten einiger Aktiver aus den Sektionen, so wie wir sie heute aus den Haussuchungs- oder Verhaftungsprotokollen kennenlernen können. Claude Desmarets, ein Lastträger aus dem Getreidehafen, der am 16. November 1793 zum Mitglied des Revolutionskomitees der Sektion Maison-Commune ernannt worden war, mußte dieses Amt bald wieder zurückgeben, denn die Entschädigung von 1800 Livres, die er im Jahr dafür bekam, reichte nicht aus, seine Frau und drei Kinder davon zu ernähren. Die Familie Desmarets bewohnte ein einziges Zimmer. Das Mobiliar war mehr als bescheiden: zwei Tische, drei Betten und eine Wiege, eine Kommode, ein Schrank, eine Anrichte, »mit ein wenig Fayence geschmückt«, und einige »andere Kleinigkeiten, die eine Aufzählung nicht wert sind«[43]. Der Wert der Möbel von Descombes aus der Sektion Droits-de-l'Homme, der zusammen mit Hébert hingerichtet worden ist, überstieg keine 400 Livres.[44] Die Familie von Ducroquet, dem Kommissar zur Bekämpfung des Wuchers in der Sektion Marat, lebte in Verhältnissen, die vom tiefsten Elend nicht weit entfernt waren. Als Ducroquet im Ventôse verhaftet wird, hat er schon 700 Livres Schulden. Er läßt seine Frau völlig mittellos zurück, die borgen oder an der Beleuchtung sparen muß. In seinem Brief vom 1. Germinal ruft ihr ihr Mann die Nöte und Sorgen ins Gedächtnis, die sie gehabt haben, ihre zwei Kinder aufzuziehen; als Windeln für das dritte, das bald geboren wird, müssen alte Hemden herhalten oder die getragenen Kleider, die die Großmutter Ducroquet aus Amiens schicken soll.[45]

Selbst wenn er Angestellter oder Kommissar in seiner Sektion war, waren die Einkünfte des einfachen Sansculotten mehr als bescheiden. Ein Revolutionskommissar bezog eine Entschädigung von fünf Livres pro Tag, das sind 1800 Livres im Jahr. Als Sekretär eines Ausschusses erhielt er 1200 Livres jährlich, als Bürodiener nur 800. Der Sansculotte Girbal, Korrespondent in einem Büro zur Verwaltung des Emigranteneigentums, verdient 150 Livres im Monat. Als er am 30. Ventôse des Jahres II seinen Schoppen trinken geht, läßt er ganze 11 Sous in der Kneipe; am 4. Germinal ißt er mit Freunden für 5 Livres 2 Sous pro Kopf zu Mittag; als er einmal auswärts essen muß, weil er keine Zeit hat, heimzugehen, kostet ihn das Mahl 32 Sous. Am 10. Messidor geht er mit seiner Frau nach Montmartre spazieren und gibt 4 Livres 15 Sous für »ein schlechtes Essen« aus. Es blieb ihm also herzlich wenig für andere Dinge, das meiste wurde für das Essen verbraucht.

Es ist sehr schwierig zu sagen, welchen Anteil an den Ausgaben des durchschnittlichen Sansculotten die Miete ausmachte. Immerhin beschäftigte das Problem der Wohnungsmieten die Sansculotten lebhaft, vor allem, je mehr sich ihre Lebensbedingungen mit der zunehmenden Geldentwertung verschlechterten. Das Problem der Mietpreise war nicht neu. Schon in den letzten Jahren des Ancien régime hatte es die Gemüter erregt. 1789 wurde in einem *Cahier particulier et local du Tiers-Etat* verlangt, es sollten »der übertriebenen Verteuerung der Mieten Grenzen gesetzt werden, und der kleine Bürger sollte nicht gezwungen sein, die Hälfte seines Einkommens dafür auszugeben, um sich selber und seine Familie vor den Unbilden der Witterung zu schützen«[46]. Schon damals traten die Unterschiede zwischen den Mieten im Westen der Stadt und denen im Osten und im Zentrum auf. Die Adligen, Finanzgewaltigen und reich gewordenen Bürger etablierten sich aufs großzügigste in prächtigen Villen mit einem weiträumigen Hof und einem Vorgarten, vom Faubourg Saint-Germain bis zur Chaussee d'Antin und zum Roule. Die Volksmassen, das Kleinbürgertum, die Ladenbesitzer, Handwerker, Gesellen, drängten sich in den alten Stadtvierteln, in engen, luft- und lichtlosen Straßen, ohne daß indessen eine wirklich scharfe soziale Trennung dagewesen wäre. In den alten Miethäusern wohnten oftmals vom Bürger bis zum Gesellen die verschiedensten sozialen Kategorien unter einem Dach: die Ärmsten in den obersten Stockwerken, während die unteren Etagen gutbürgerliche Mieter hatten. Die Sansculotten, schreibt der *Père Duchesne*, »muß man nicht in den Palais oder in den Geschäften der Großhändler und Handelsvermittler suchen, sondern in den Speichern, die sie bewohnen... Wenn man die Blüte der Sansculotterie kennenlernen will, dann muß man auf die Dachböden steigen, wo die Arbeiter leben.«[47] Die vierköpfige Familie des Schuhmachers Boutry, Revolutionskommissar der Sektion Mutius-Scaevola, bewohnte ein einziges Zimmer im fünften Stock. Der Schuster Potet, ebenfalls Revolutionskommissar, wohnte mit seiner Frau und drei Kindern in einem einzigen Zimmer im 4. Stock des Hauses Rue Tiquetonne 106. Ebenfalls nur ein Zimmer hatte die fünfköpfige Familie des obenerwähnten Lastträgers Desmarets, der kurze Zeit Revolutionskommissar in der Sektion Maison-Commune war.[48] So waren die Wohnverhältnisse der meisten Aktiven aus den Kreisen des Volkes. Dazu kamen noch die ganz Armen: Handwerksburschen, Arbeiter, Tagelöhner – eine wenig seßhafte Bevölkerung, die ihren Wohnsitz häufig wechselte. Für sie gab es eine große Menge von Logierhäusern.

Die ersten Jahre der Revolution waren, trotz gewisser zeitbedingter Umstände, die den Wohnungsmarkt günstig beeinflußten, von einer schweren Wohnraumkrise gekennzeichnet, vor allem seit 1791. Die Emigration, der wirtschaftliche Stillstand, der äußere und dann auch der Bürgerkrieg, die vielen einschränkenden Maßnahmen hatten viele Pariser aus allen Schichten der Bevölkerung aus der Stadt getrieben. Diese Fluchtbewegung erreichte ihren Höhepunkt im Frühjahr des Jahres II, als das Gesetz vom 27. Germinal alle Adligen und Ausländer zwang, die Hauptstadt innerhalb von 10 Tagen zu verlassen. Allerdings müssen wir uns vor Übertreibung hüten, denn umgekehrt hatte ein starker Zustrom zahlreiche Flüchtlinge in die Stadt geführt, die der Krieg an den Fronten und im eigenen Land vertrieben hatte: Belgier, Rheinländer, Elsässer, Bewohner von Lyon u. a. Außerdem hatten die starke Entwicklung des Verwaltungswesens und das Ansteigen der Kriegsproduktion eine große Anzahl von Arbeitern und kleinen Angestellten in die Pariser Verwaltungen und Werkstätten gezogen.

Aber ganz abgesehen von der Wohnraumkrise: die Sansculotten, deren Kaufkraft immer geringer wurde, fanden die Mieten übertrieben. Die Forderungen der Volksmassen nach einer amtlichen Preisregelung erstreckten sich ebenso auf die Mieten. Manche gingen sogar so weit, daß sie ein Maximum für die Mieten forderten, analog demjenigen, das für die Lebensmittel des dringendsten Bedarfs erlassen worden war. Die Forderungen der Volksmassen in dieser Hinsicht nehmen gegen Ende des Sommers 1793 klare Gestalt an, ohne daß allerdings festgestellt werden könnte, daß um diese Zeit besondere und weitere Erschwernisse auf dem Wohnungsmarkt eingetreten wären. Der Fall liegt einfacher: Die Sanculotten hatten erste Erfolge errungen, und das trieb sie nun zu weiteren Forderungen. Am 5. September 1793 forderte die Bürgerin Barbot, eine kleine Krämerin aus der Rue Transnonain Nr. 17 in der Sektion Gravilliers, »ein allgemeines Gesetz, das die Habgier der Hausbesitzer beschneidet«[49]. Die Sektion Popincourt verlangt am 29. September vom Konvent, es solle etwas über die Mieten der unbemittelten Soldaten festgesetzt werden. Die Sektion Indivisibilité fordert am 1. Oktober die gerichtliche Aufhebung der Mietverträge, die von jungen Leuten abgeschlossen worden sind, die jetzt im Felde stehen. Am 16. bittet die Sektion Cité die Vollversammlungen der anderen Sektionen um ihre Zustimmung zu einem Petitionsentwurf, in dem eine allgemeine Mietpreissenkung gefordert wird. Diese Petition wurde von allen Vollversammlungen angenommen und am 10. Brumaire des Jahres II dem Konvent unterbreitet. »Das Gesetz über das Maximum ist ganz eindeutig eine Wohltat für das Volk, aber dieser großartige Akt der Gerechtigkeit wäre unvollständig«, wenn nicht alle Pacht- und Mietverträge auf das Preisniveau von 1760 zurückgeführt werden, wie es die Sektionen verlangen, »denn 1764 [d. h. nach Kriegsende 1763] begann der Börsenwucher des Tyrannen Ludwig XV. und seiner perfiden Minister mit der Lebenskraft des Volkes, aus dieser Zeit rührt der plötzliche Anstieg der Mieten, dem das Steigen der Lebensmittelpreise auf dem Fuße folgte«[50]. Am 17. Brumaire wendet sich die Sektion Observatoire an den Generalrat mit der Bitte, die Häuser, die Nationaleigentum sind, und die der Emigranten, die noch leer stehen, von den Frauen der Freiwilligen beziehen zu lassen, ganz zweifellos mietfrei. Hatte der Konvent schon nur sehr widerwillig dem allgemeinen Maximum für die Lebensmittel zugestimmt, so hütete er sich nun, die Mietpreise festzulegen: das hätte nichts weniger bedeutet, als die Rechte der Eigentümer anzugreifen.

Die gleiche Sorge um die Erhaltung der bestehenden gesellschaftlichen Verhältnisse brachte auch die Reklamationen der Hauptmieter und der Pensionsinhaber zum Scheitern. Es war im Wohnungswesen üblich, im ganzen an einen Hauptmieter zu vermieten, meistens einen Kaufmann, Händler oder Handwerker, der das Erdgeschoß für seinen Laden oder seine Werkstatt brauchte, selbst eine Wohnung innehatte und die anderen untervermietete. Da er dem Besitzer gegenüber für die Mietzahlung und den Unterhalt des Hauses allein verantwortlich war, kannten die Untermieter nur ihn und hielten sich auch an ihn. Dieser Hauptmieter, der besonders dann, wenn er Geschäftsmann war, ohnehin von der Preisfestsetzung in seinen Geschäften geschädigt war, hatte als der eigentlich Verantwortliche im Jahre II alle Mühe, die Mietsummen pünktlich und in der vollen Höhe einzutreiben, auf deren Ablieferung der Hauseigentümer trotz aller Schwierigkeiten beharrte. Am 28. Floréal des Jahres II erbaten neun Fleischer, die Hauptmieter waren und deren Geschäfte ohnehin am Boden lagen, vom Konvent die Erlaubnis, ihre Pachtverträge kündigen zu dürfen. Der Gesetzgebende Ausschuß widersetzte sich ihrem Verlangen: wenn man es einmal genehmigte, würden alle Hauptmieter aus einer solchen Verfügung Nutzen ziehen wollen, vor allem diejenigen, »die Pensionen betreiben«[51].

Deren Situation war nämlich nicht weniger kritisch. In den ersten Tagen der Revolution hatte ihr Geschäft geblüht: zahlreiche Ausländer und Provinzler waren, von den Ereignissen angezogen, in die Stadt geströmt. Die Mietverträge, die von 1789 bis 1791 abgeschlossen worden waren, zeugen von diesem Wohlstand. Aber mit dem allmählichen Einschwenken der Revolution in relativ ruhigere Bahnen, mit dem Krieg, vor allem mit der einsetzenden Terreur leerten sich die Pensionen nach und nach, und die Mieten für möblierte Zimmer sanken auf die Hälfte. Nichtsdestoweniger bleiben die Vermieter von den Hauseigentümern unter Druck gesetzt. Sie sind hier und da sogar gezwungen, ihr Mobiliar zu verkaufen, und vernichten damit ein für allemal die Grundlagen ihres Gewerbes. Daher fordern auch sie die Aufhebung ihrer Pachtverträge. Am 8. Brumaire des Jahres II beklagen sich die Bürger Pensionsinhaber im Faubourg Saint-Germain vor dem Konvent: »Es ist stadtbekannt, daß der Stand der Vermieter möblierter Zimmer in Paris wenn nicht überhaupt, so doch auf alle Fälle bis zum Frieden ruiniert ist«; ihre Zimmer sind im Zuge der Maßnahmen zur öffentlichen Sicherheit leer geworden. »Könnt Ihr wollen, Gesetzgeber, daß wir verpflichtet sein sollen, Hauseigentümern Summen zu zahlen, die wir selber gar nicht einnehmen?«[52] Der Konvent und sein Gesetzgebender Ausschuß bleiben stumm, aber die Petitionäre lassen nicht locker: »Der Konvent hat mit allen seinen Dekreten nichts weiter im Sinn gehabt, als die Vermögen zu verteilen und den Sansculotten unter die Arme zu greifen.« Wird er jetzt etwa Familienväter zwingen, ihre Möbel zu verkaufen, »um mit dem, was sie bitter entbehren, müßige Hauseigentümer, die meistens auch noch von der Revolution wenig begeistert sind, reich zu machen?«[53] Am 15. Brumaire erfolgt ein weiterer Vorstoß, diesmal von den Vermietern des Faubourg Saint-Honoré, aber mit ähnlichen Argumenten. Beschuldigungen dieser Art verstummen das ganze Jahr II hindurch nicht, unter dem Personal der Sektionen findet sich mancher Pensionsinhaber. Im Floréal greift ein gewisser Bazin die Hauseigentümer, »deren Einkommen noch nicht um einen Sou geringer geworden ist«, voller Heftigkeit an: sie lassen den ganzen Druck ihres Eigennutzes »auf der fleißigsten und nützlichsten Klasse des Volkes« lasten. Im Prairial, am 4. Thermidor und am 17. Fructidor sind neue Vorstöße der Vermieter zu verzeichnen. Ende Prairial vermerkt der Gesetzgebende Ausschuß, es sei mit »der Beibehaltung der Grundsätze unvereinbar«, wenn dergleichen Petitionen angenommen und die Pachtverträge gekündigt würden. Allenfalls könnte man irgendeine Entschädigung ins Auge fassen, aber wie sollte das gehen ohne eine ungebührliche Belastung der öffentlichen Finanzen?

Das Problem erwies sich als unlösbar. Die Regierungsbehörden saßen in der Klemme zwischen den Forderungen der Volksmassen und dem Grundsatz, die bestehende soziale

Ordnung zu bewahren. Es gab keinen Zweifel darüber, wie ihre Wahl ausfallen mußte: sie konnten nicht an das Eigentumsrecht rühren. Die Thermidorreaktion vermochte allenfalls das Problem der Pensionen zu lösen, indem sie eine große Anzahl von Emigrierten und Verdächtigen wieder in die Stadt zog, aber sie beschwor gleichzeitig eine schwere Wohnungskrise herauf, deren Gewicht zuallererst und am stärksten die Sansculotterie traf.

Das Wohnungsproblem und die Mieten waren nicht das einzige und auch nicht das Schwerste, was auf den Sansculotten und ihrem Geldbeutel lastete und den Löwenanteil ihrer Löhne und Einnahmen verschlang. Weit mehr lag den Sansculotten die Sorge um die Ernährung am Herzen und auf der Tasche. Deren Hauptbestandteil war ohne jeden Zweifel das Brot; für das Volk, dessen Tagesverdienst in den meisten Fällen einen nennenswerten Verbrauch anderer Nahrungsmittel von vornherein ausschloß, nahezu das ausschließliche Nahrungsmittel überhaupt. »Unser oberstes Gut ist das Brot«[54], gefällt sich der *Père Duchesne* zu sagen. Am 26. Februar 1793 lenkte die Sektion Invalides das Augenmerk des Konvents auf die teure Lebenshaltung und erklärt: »Die Männer vom 14. Juli und vom 10. August leben von Brot. Was soll aus dem Bürger werden, bei dem zu Hause Tag für Tag 10 Pfund Brot gegessen werden, ... wenn es auf dem Preis bleibt, auf den es die Hamsterer und Spekulanten getrieben haben?«[55] Etwa um die gleiche Zeit erscheint *Der Schrei der Sansculotten, die Brot verlangen*, eine langatmige Klageschrift, aus der die besondere Bedeutung des Brotes im täglichen Leben der Sansculotten hervorgeht. Der durchschnittliche Verbrauch eines erwachsenen Arbeiters wurde auf drei Pfund geschätzt, der eines Kindes auf anderthalb. Auf dem Höhepunkt des Hungers, am 25. Ventôse des Jahres III, erschien dem Konvent eine Mindestration von eineinhalb Pfund für einen Handarbeiter und von einem Pfund für die übrige Bevölkerung angemessen; in normalen Zeiten wurde das Doppelte verbraucht. Die Bedeutung, die das Brot für die Ernährung der Volksmassen hat, treibt deren Forderungen deswegen in die Höhe. Es will, daß ihm Brot in genügender Menge, zu erschwinglichem Preis und in guter Qualität geliefert wird. Daraus resultiert die Forderung nach dem Maximum, nach Einführung strenger Kontrolle; daraus resultiert auch, daß der Sansculotte ständig auf der Hut vor möglichen Betrugsversuchen ist: er fordert das gleiche Brot aus reinem Weizen wie der Reiche. Hébert fand in der Brotfrage ein besonders geeignetes Thema für die Schmähreden des *Père Duchesne*. Man muß aber auch versuchen, sich ein Bild von den Schwierigkeiten zu machen, mit denen sich die Familien der einfachen Arbeiter herumzuschlagen hatten, ein Bild, das der Tageslohn eines Bauarbeiters von der Panthéon-Werkstätte im Ventôse des Jahres II vermitteln kann: er bekam 3 Livres. Wenn der Brotpreis damals auf 3 Sous für das Pfund festgesetzt war und der Tagesverbrauch einer Familie von vier oder fünf Personen etwa 10 Pfund betrug, verschlang das Brot allein die Hälfte des Verdienstes. Der Anteil des Brotes am Budget des Volkes scheint sich das ganze Jahr II hindurch auf einer geradezu gefährlichen Höhe gehalten zu haben. Leider ist es uns heute nicht mehr möglich, darüber genaue Angaben zu machen, da nicht genügend statistische Unterlagen vorhanden sind.

Trotz aller Anstrengungen der Regierung und der Kommune ist die Kartoffel nicht sehr verbreitet und wohl auch nicht sehr geschätzt, wenn wir der Bemerkung eines aktiven Sansculotten aus der Volksgesellschaft der Freunde des Vaterlandes Glauben schenken dürfen. Demgegenüber nimmt das Fleisch einen immerhin nennenswerten Platz in der Ernährung der Pariser Bevölkerung ein. Das wird durch mehrere Beweise erhärtet, nicht zuletzt durch die große Anzahl von Fleischern und die allgemeine Unzufriedenheit, als es gegen Ende des Winters des Jahres II knapp zu werden beginnt. Als die Sektion Indivisibilité am 30. Pluviôse die Fleischrationierung forderte, setzte sie die Tagesration auf ein halbes Pfund pro Person fest. Die Rationen, die tatsächlich ausgegeben wurden, erscheinen beträchtlich. Der Angestellte Girbal aus der Sektion Guillaume-Tell erhält für einen 2-Personen-Haushalt am 11. Ventôse zwei Pfund, weitere zwei am 16.; am 18. werden ihm drei Pfund Kalbfleisch zugestanden. Als aber am 29. Germinal die Gemeindekörperschaft die Fleischverteilung regelte, wurde die Ration für jeden auf ein halbes Pfund alle fünf Tage festgesetzt.

Schließlich gehört auch der Wein mit einem nicht geringen Prozentsatz zu den Nahrungsmitteln der unteren Pariser

Volksschichten. Der Ausschank von Getränken – in Tavernen für die Ärmeren, Schenken und Cafés für die Bessergestellten – nahm im täglichen Leben der Sansculotten einen gewichtigen Platz ein, was durch die wesentliche Rolle unterstrichen wird, die zahlreiche Weinhändler der Hauptstadt in der Volksbewegung spielten, und durch den beträchtlichen Anteil, den sie hinsichtlich des politischen Personals der Sektionen stellten. Der Angestellte Girbal besuchte mit seinen Kollegen regelmäßig die Schenke, wobei er die Ausgaben, die er dort machte, sorgfältig aufschrieb. Er legte großen Wert darauf, daß er täglich seinen Wein bekam, den er sich von den Dörfern im Süden der Stadt holte, aus Clamart oder aus Ivry, und den er selber auf Flaschen zog. Die zahllosen Beschuldigungen wegen der Verfälschung von Getränken und die Einsetzung von besonderen Kommissaren zur Verkostung unterstreichen die Bedeutung, die die Sansculotten dem Wein und seiner Güte beimaßen. Das Schlimmste, was der *Père Duchesne* kennt, ist, Wasser trinken zu müssen. Es unterliegt keinem Zweifel, daß Hébert das nicht aus der Luft gegriffen hat, sondern daß er hier die Meinung des Volkes wiedergibt. Wenn nicht Ordnung in die Intrigen der Wucherer und Spekulanten gebracht wird, schreibt er im Pluviôse, »dann werden wir Wasser saufen müssen wie die Enten, was für mich eine Strafe ist, die bloß den Gemäßigten, den Aristokraten, den Royalisten und den Philippotins vorbehalten bleiben sollte«[56].

Auch literarische Texte geben einen Einblick in das tägliche Leben des Sansculotten und Auskunft über seinen Lebensstandard. Hébert hat im *Père Duchesne* oftmals mit Schwung und nicht ohne eine gewisse Bewegung das Schicksal »des braven Sansculotten« beschrieben, »der von der Arbeit seiner Hände und von der Hand in den Mund lebt. Wenn er nur ein Vierpfundbrot und ein Glas Schnaps in seinem Kasten hat, ist er zufrieden.«[57] Während der *Père Duchesne* uns den Sansculotten zeigt, wie er auf seinem Dachboden zusammen mit seiner Frau und seinen Rangen glücklich ist, wenn er nur Brot hat, »ein bißchen Fleischernes« und »einen patriotischen Tropfen, damit sie sich erholen können, wenn sie von der Arbeit ganz ausgepumpt sind«[58], sieht Chaumette, der mehr zur Rührseligkeit neigt, den Armen, »immer unter der unerträglichen Last einer mühseligen Arbeit gebeugt, wie er seine

Tage in Mühe dahinbringt, um am Abend auf einem Dachboden ein Stück hartes Brot zu verschlingen, das er oft mit seinen Tränen netzt«[59]. Die Schmähschriften gegen den Luxus und die Darstellung des Ideals eines einfachen und genügsamen Lebens, wie man sie oft in den Texten antrifft, sind mehr als nur Nachwirkungen der Lehren Rousseaus: sie sind Ausdruck eines bestimmten Lebensniveaus, einer bestimmten Lebensauffassung, wie sie in den Kreisen des Volkes zu finden sind. In seinen *Entretiens d'un citoyen de Philadelphie ...et d'un républicain français* gründet der Angestellte Maurin das Glück auf die *Tugenden der Natur*. »Laß uns in die Behausung des Patrioten gehen ... Dort werden wir einfache Sitten finden, einen schlicht bestellten Tisch, eine Mutter, die ihr Kind an der Brust hat.«[60]

Ebenso, wie es schwierig ist, die materiellen Bedingungen des täglichen Lebens des Durchschnittssansculotten zu bestimmen, lassen sich, da Dokumente darüber fehlen, nur wenige und ungenaue Angaben über sein geistiges Niveau machen.

Zahlreiche Revolutionäre, auch solche, die in den Sektionen Funktionen bekleideten, konnten weder lesen noch schreiben. In den Krisenzeiten durch Hunger und Elend zur Tat getrieben, waren sie trotzdem von gewissen Anschauungen durchdrungen, die wie durch eine Art von Osmose aus den gebildeteren Schichten in die ganz ungebildeten gedrungen waren. Daher kommt es, daß die Theorien Rousseaus über die Volkssouveränität, wenn auch in sehr unbestimmter Form, Aufnahme gefunden haben bei Menschen, die niemals den *Contrat Social* gelesen hatten. Eine wichtige Rolle auf diesem Gebiet spielten die Volksgesellschaften, die nach dem Vorbild der Jakobiner entstanden waren. Sie trugen wesentlich und sehr wirksam zur politischen Erziehung der Sansculotterie bei. Daher rührt die Bedeutung, die ihnen die Montagnarden zumaßen, und der Haß, mit dem die Reaktion nach dem Thermidor sie verfolgte.

Die populäre Presse übte einen wesentlich größeren Einfluß aus, als nach ihrer Auflagenhöhe zu vermuten wäre, denn ihre Wirkung wurde vervielfacht durch die Lektüre, die Abend für Abend in den Volksgesellschaften und Vollversammlungen stattfand. Mehr als das: auch am Tage sammelten sich die

Arbeiter auf den Plätzen oder den Baustellen um öffentliche Vorleser. Varlet war nicht der einzige Revolutionär, der seine Propaganda mit Hilfe einer fahrbaren Rednertribüne machte. Am 15. Oktober 1793 lasen auf der Change-Brücke zwei Redner, die auf einem Jahrmarktspodium standen, inmitten einer zahlreichen Menge von Bürgern patriotische Schriften vor. Ein gewisser Collignon nannte sich »der öffentliche Vorleser der Sansculotten«. Seit Beginn der Revolution verlas er auf öffentlichen Plätzen und in Theatern einen republikanischen Katechismus, den er selbst verfaßt hatte. Im Oktober 1793 verlangten die Sektion Arsenal und die Volksgesellschaft Harmonie in Anbetracht der Tatsache, daß die Zeitungen nicht ausreichen, um das Volk aufzuklären, »die Organisation einer mündlichen Nachrichtenverbreitung mit Hilfe einer Zeitung, die ausdrücklich für das Volk gemacht wird und die bis in die kleinsten Dörfer durch Staatsbeamte und extra zu diesem Zweck angestellte Vorleser verlesen wird«[61]. Wenn auch die Petition der Sektion Arsenal bei den Behörden keinen Widerhall fand, weil man den Volksrednern im allgemeinen nicht wohlgesinnt war[62], wurden die öffentlichen Vorlesungen auf den Straßen und Arbeitsstätten doch bis in das Jahr III hinein fortgesetzt. Am 1. Prairial um 10 Uhr morgens verlas der Steinschneider Closmesnil, der sich auf ein Gerüst geschwungen hatte, vor mehr als hundert Arbeitern der Werkstätten des Pantheons ein Blatt, das für subversiv erachtet wurde; er wurde deswegen verhaftet. In einer Petition zu seinen Gunsten erklärten seine Arbeitskameraden, sie hätten ihn dazu erwählt. »Er habe die Stimme und die Bereitschaft, alle Tage zur Frühstückszeit eine Zeitung vorzulesen, die der *Auditeur national* heißt und die wir gemeinsam halten, um uns in aller Brüderlichkeit gegenseitig aufzuklären.«[63] Der Fall der Werkstätten des Pantheons steht sicherlich nicht vereinzelt da.

Auf den Straßen, wohin ihn der Zufall seiner Arbeit oder seiner Spaziergänge gerade trieb, hatte der Sansculotte manche Gelegenheit, nicht nur die Vorlesung aktueller politischer Schriften anzuhören, sondern sie auch selber zu lesen. Revolutionäre klebten Plakate, die sie selbst geschrieben hatten. So klebte der Sansculotte Montain-Lambin aus der Sektion Chalier zweimal jede Dekade an die Tür des Wachlokals der Sektion ein handgeschriebenes Plakat, das nach Auskunft der

Polizeibeobachter viele Leser anzog. Größere Anziehungskraft als diese handgeschriebenen Plakate hatten die zahllosen offiziellen und offiziösen Anschläge. Die gegnerischen Parteien benutzten bis zum Germinal dieses Mittel der Propagierung in geradezu übertriebener Weise. In den ersten Tagen des Nivôse waren die Mauern von Paris bedeckt von Anschlägen Vincents, Ronsins, Mazuels und Maillards. Die Passanten drängten sich davor und debattierten eifrig. Auf diese Weise erhielt auch der unwissendste Sansculotte eine intensive politische Erziehung.

Es bleibt die Frage, ob die militanten Sansculotten, wenigstens diejenigen unter ihnen, die eine elementare Bildung genossen hatten, auch bei sich zu Hause zum Buch oder zur Zeitung griffen. Das geschah mit ziemlicher Sicherheit selten. Sie hatten auch gar nicht die Zeit dazu, denn den ganzen Tag über gingen sie ihrer Arbeit nach, der Abend war ausgefüllt mit den Sitzungen der Volksgesellschaft oder der Vollversammlung. Hébert schildert den Sansculotten so, daß er sich bei Tagesanbruch schon aufmacht, »Blut und Wasser schwitzt«, um seine Familie zu ernähren, und am Abend wieder auf seinen Dachboden steigt, nachdem er vorher noch in seiner Sektion gewesen ist. »Er ißt mit einem Mordshunger zu Abend, und nach dem Essen unterhält er seine Familie, indem er ihr die *große Freude* oder den *großen Zorn* des *Père Duchesne* vorliest.«[64] Das Bild ist beredt, aber der durchschnittliche Sansculotte hatte weder die Zeit noch die Gewohnheit, auch nur die volkstümlichste Presse zu lesen. Die Protokolle über Haussuchungen aus den Jahren II und III, die bei Revolutionären durchgeführt wurden, erwähnen nur ganz selten Bücher oder Sammlungen von Zeitschriften, höchstens einmal einzelne Nummern der Blätter Marats oder Héberts oder die eine oder andere patriotische Schrift. Die Lektüre der meisten der militanten Sansculotten ging nicht über diese aktuellen Schriften hinaus. Im allgemeinen scheinen auch die Gebildeteren unter ihnen keine direkte Kenntnis der philosophischen oder politischen Anschauungen des Jahrhunderts gehabt zu haben, höchstens eine indirekte Kenntnis durch die Vermittlung der Presse oder der Reden im Jakobinerklub oder bei den Cordeliers, die zumeist in den Volksgesellschaften wiederholt wurden. Wahrscheinlich ist es über diesen Umweg geschehen, daß die Anschauungen Rousseaus schließlich den aktivsten und bewußtesten der militanten Sansculotten vertraut geworden sind.

Noch schlechter war es mit der Literatur im eigentlichen Sinne, mit der schöngeistigen Literatur, bestellt. Hier ging die Lektüre auch der gebildetsten Sansculotten nicht über den Kolportageroman hinaus. Wenn diese durch Kolporteure vertriebene Literatur heute auch gänzlich verschwunden ist, so hat sie doch damals einen nicht beträchtlichen Anteil an der Formung der Gedankengänge der Volksmassen und der nationalen Kultur gehabt. Im 18. Jh., das gibt selbst ein Malesherbes in seinem *Mémoire sur la librairie* von 1759 zu, hat der Vertrieb von Büchern mit Hilfe von Straßenhändlern eine große Ausbreitung erfahren, trotz der besonders strengen Gesetzgebung, mit der dieses Verfahren unterdrückt werden sollte. Die Revolution gab der Kolportage den Weg frei, sie schaffte die Zensur ab, sie rief die Sansculotten zum politischen Leben. All das eröffnete der Kolportageliteratur neue Möglichkeiten. Im Jahre II waren die frommen Traktate, vor allem die Lebensbeschreibungen von Heiligen, die eine der traditionellen Thematiken dieser Art von Literatur fürs Volk gewesen waren, aus den Bauchläden der Straßenhändler verschwunden. Eine nach wie vor große und vielleicht noch gesteigerte Nachfrage scheinen die Bücher über Magie u. dgl. besessen zu haben, wenn wir nach der Flut von »Traumbüchern« und Schriften über »die Kunst, die Karten zu legen«, urteilen. Noch immer sind spannende Romane zahlreich vertreten, aktuelle politische Schriften nehmen jedoch einen immer breiteren Raum ein. Der Bücherkasten des Kolporteurs Buy war in den ersten Pluviôsetagen des Jahres II bei einer Haussuchung beschlagnahmt worden; das Verzeichnis über seinen Inhalt, das aufgestellt wurde, gibt einige interessante Aufschlüsse. Die klassische Literatur war vertreten mit den Werken von Racine, Voltaires *Pucelle d'Orléans*, den *Liaisons dangereuses* von Choderlos de Laclos, *Tom Jones ou l'enfant trouvé* von Fielding. Alle diese Werke wenden sich an ein gebildeteres, schon ganz und gar bürgerliches Publikum. *Le souterrain ou Mathilde, le Conte du tonneau* gehören einer anderen, dem Volke näherstehenden, abenteuerlichen oder satirischen Gattung an. Ein *Moyen de parvenir* gesellt sich allen den Ratgebern zur Überwindung des Elends oder den weisen Sprüchen des »Bonhomme Richard«, die gegen Ende des Ancien régime einen großen Anteil der Kolportageliteratur ausmachten. Aktuelle politische Themen greifen ein *Poème pour la Révolution* und zwei weitere Broschüren auf, deren Titel nicht genau angegeben sind. Die ganze Vielfalt dieser Titel beweist deutlich, daß sich die Kolportageliteratur an die verschiedensten Schichten der Sansculotterie wandte, vom Kleinbürgertum mit einem gewissen Anspruch auf Kultur bis zu den ausgesprochenen unteren Volksschichten.

Die Bescheidenheit, die Einfachheit ihrer Lebensumstände ist von den Sansculotten idealisiert, mit einem normativen Anspruch versehen worden. Sie haben einen Lebensstil daraus gemacht, in dessen Namen sie alle verurteilten, die ihn sich nicht anzueignen gewillt waren. Der aktive Sansculotte moralisiert für sein Leben gern. Er neigt dazu, seine Lebensweise und die praktische Ausübung der republikanischen Tugenden gleichzusetzen. Private Tugenden sind für ihn Grundvoraussetzung gesellschaftlicher Tugenden: die einen wie die anderen ergeben zusammen den wahren Patriotismus. »Um ein anständiger Mensch zu sein«, erklärt der republikanische Franzose dem Bürger von Philadelphia, »muß man ein guter Sohn, ein guter Gatte und ein guter Vater sein, man muß, mit einem Wort, alle gesellschaftlichen und persönlichen Tugenden in sich vereinen.« »Dann hat man einen wahren Begriff davon, was Patriotismus ist.«

Die Revolutionäre begnügten sich nicht mit solchen rousseauistischen Überlegungen. Chaumette wetterte im Generalrat der Kommune gegen die Laster und machte sich anheischig, Paris sittlich zu säubern. Die Gesellschaft der Revolutionären Republikanerinnen verlangt am 16. September 1793, die öffentlichen Mädchen sollten in nationalen Anstalten untergebracht werden, wo die Luft sauber sei, man sollte sie mit ihrem Geschlecht angemessenen Arbeiten beschäftigen und ihnen zweimal täglich patriotische Lektüre vorlesen, »und überhaupt sollte man sich damit befassen, sie physisch und moralisch zu läutern«[65]. In einer Adresse an den Konvent verlangt die Sektion Tuileries ein Gesetz, das die Spielhöllen und Freudenhäuser auflöst. »Die Sitten sind die festeste Stütze der Republik. Ohne Sitten keine staatliche Ordnung, ohne staatliche Ordnung keine Sicherheit, ohne Sicherheit keine Freiheit.«[66] Die ganze Zeit der Terreur hindurch wurden die »sittenlosen« Menschen den Verdächtigen oftmals gleichgesetzt, da, wie es in einer Anzeige vom September 1793 heißt, die Sitten die *Grundfesten* der Republik bilden. Am 25. Ventôse beschloß das Revolutionskomitee der Sektion Faubourg-Montmartre die Verhaftung eines gewissen Hautavoine, weil er »ein Mensch ohne Sitten, ohne Scham, überhaupt ein unmoralischer Mensch ist, der zu einem guten Teil von seinen Töchtern lebt, die ein schändliches Leben führen«[67]. Wenn Montain-Lambin an die Tür des Wachlokals der Sektion Chalier seine handgeschriebenen Blätter klebte, so wollte er dadurch »alle Bürger über ihre Pflichten aufklären«. Vor allem hatte er es auf die Trunkenbolde abgesehen, denen er vorstellte, daß »derjenige, der versucht, sich um den Verstand zu bringen, nicht würdig ist, ein Republikaner zu sein«, und auf die Freudenmädchen. Sein Blatt hatte viel Erfolg.[68] Dergleichen großartige Auslassungen über die Sittlichkeit sagen durchaus nicht aus, daß etwa eine allgemeine Verrohung der Sitten geherrscht hätte, sondern sie sind ganz einfach der Ausdruck der Würde und Einfachheit des Lebens der Volksmassen, das die Revolutionäre zum System erhoben hatten. Hébert hat uns in seiner Zeitung hier und da ein flüchtiges Bild des häuslichen Lebens gezeichnet, wie es wohl die meisten Sansculotten geführt haben dürften. »Wenn er am Abend auf seinen Dachboden kommt, fällt ihm seine Frau um den Hals, und seine Kinder kommen herbei, ihren Vater zu liebkosen.«[69] Bei aller Not und Erbarmungswürdigkeit ihres Loses schildern die schlichten Briefe Ducroquets an seine Frau ein Familienleben, dem eine rührende Zartheit und eine gewisse Größe nicht abgehen.

Sein Leben würdig führen heißt nicht, sich an gewisse gesellschaftliche Vorbehalte klammern. Freie Lebensgemeinschaften sind häufig. Manche erhielten ihre gesetzliche Sanktion, wenn ein Kind geboren wurde, viele aber sollten niemals legalisiert werden. Besonders interessante Aufschlüsse gibt die Zahl der unehelichen Kinder, die im Jahre II im Hospiz der Menschlichkeit, dem ehemaligen Hôtel-Dieu, angemeldet wurden.[70] Am 13. Oktober 1792 erschienen vor der Vollversammlung der Sektion Bondy der Schmiedegeselle Etienne Pascal, 26 Jahre alt, und die siebzehnjährige Marie-Louise Buffin, »seit achtzehn Monaten durch die Bande zärtlichster Zuneigung verbunden und mit einem Kinde gesegnet, das auf ihrer beider Namen getauft und die Frucht ihrer freien Verbindung ist, in der sie seit dieser Zeit miteinander gelebt haben«. Sie kamen, um die »Rechtmäßigkeit ihrer Liebe« beurkunden zu lassen, wobei sie sich auf nichts anderes berufen konnten als »auf den freien, feierlichen und beiderseitigen Willen, der sie miteinander verband«. Die Vollversammlung beschloß »aus Achtung vor den Sitten und vor den aller Ehren werten Empfindungen der Natur« die Eintragung dieser Erklärung in die Register.[71] Es handelt sich hier allerdings um einen Ausnahmefall, denn im allgemeinen wurde diese einfache Erklärung vor den Mitbürgern für genauso überflüssig erachtet wie die gesetzlichen Eheschließungsverträge. In einer Petition wegen der rechtlichen Gleichstellung von unehelichen und ehelichen Kindern in Sachen der Erbfolge nennt sich ein Sansculotte, der sich als Maurermeister ausgibt, nicht ohne Prahlerei »Bastard seines Vaters und selber Vater von sechs Kindern, deren Mutter niemals vor dem Traualtar gestanden hat, was nichts damit zu tun hat, daß der Haushalt etwa nicht gut klappt und daß die Kinder nicht genauso gut wachsen, als wenn der Notar und der Pfaffe ihre Hand im Spiel gehabt hätten«[72].

Die Ausdauer, mit der die Sansculotten die Rechtsgleichheit für außereheliche Kinder und für illegitime Frauen fordern, spiegelt die Bedeutung wider, die die freie Lebensgemeinschaft in den unteren Volksschichten hatte. Die Sektion Bon-Conseil beklagt sich beim Konvent über das Gesetz, in dem die Hilfe für die Familien der Soldaten geregelt wird. »Das Gesetz hat überhaupt nichts über die bedauernswerten Geschöpfe gesagt, die ein barbarisches Vorurteil bisher als illegitim gestempelt hat. Es hat sich gleichermaßen über die Bürgerinnen ausgeschwiegen, die die Liebe zur Mutter gemacht hat, ehe sie den Willen des Gesetzes erfüllt haben, das heißt, die die Formalität umgangen haben, die das Gesetz verlangt, um eine Verbindung zu legalisieren.«[73] Allerdings machten die Sektionsbehörden im Jahre II in der Praxis überhaupt keinen Unterschied zwischen den gesetzlichen und den »ungesetzlichen« Frauen und Kindern. Am 20. Messidor des Jahres III stellte ein Mitglied der Hilfskommission für die Familien der Soldaten in der Sektion Maison-Commune fest, daß verschiedene Beschlüsse der Versammlung »Bürgerinnen, die durch keinerlei Bande der gesetzlichen Eheschließung mit Bürgern verbunden sind, die an der Front stehen«, eine Unterstützung gewährt haben. Die »anständigen Bürger« und mit ihnen die hergebrachten Moralvorstellungen gaben nun den Ausschlag: die Versammlung untersagte ihrer Kommission, irgendwelche Hilfe Frauen zu gewähren, »die sich nicht durch eine ordnungsgemäße Eheschließung ausweisen können«[74].

Daß die Sansculotten nichts auf gesellschaftliche Vorurteile gaben, deckte sich mit einer bestimmten Auffassung von Solidarität. Das Wort hatte damals noch bei weitem nicht den Inhalt, den es heute hat[75], immerhin fehlen nicht Beispiele jener staatsbürgerlichen Tugend, die in der Auffassung der Volksmassen nichts anderes war als die Konsequenz des Prinzips der Brüderlichkeit. Manche üben einfach Wohltätigkeit, indem sie der christlichen Karitas neue Formen geben, wie etwa Jacques Roux in der Sektion Grabilliers oder Montain-Lambin, der sich in der Sektion Beaurepaire als *Mann der allgemeinen Wohltätigkeit* niedergelassen hatte und Unterstützungen und sogar Wohnraum verteilte. Die Sansculotten haben ganz allgemein eine Vorstellung von gegenseitiger Verantwortlichkeit, die sie bindet. Bei den zahlreichen Sammlungen, die längst nicht alle rein patriotische Ziele verfolgen, geben sie verhältnismäßig mehr als die wohlhabenderen Bürger: das ist ein weiterer Vorwurf gegenüber den Reichen. Die aktive Solidarität der Sansculotten untereinander ging oft so weit, daß sie Waisen adoptierten. Am 16. Oktober 1793 adoptierte die Sektion Montagne eine Waise, deren Vater bei der Armee stand; eine Frau erbot sich, das Kind aufzunehmen, und die Versammlung übergab es ihr zu treuen Händen. Die Sektion Droits-de-l'Homme adoptierte am 30. Frimaire des Jahres II das Kind eines in der Vendée gefallenen Hauptmanns, dessen Mutter eben gestorben war. Die Gastwirtin Françoise Ravinet, die wegen ihrer Beteiligung an allen Kampftagen der Revolution bis in den Prairial des Jahres III hinein bekannt war und vier unmündige Kinder hatte, zögerte nicht, noch ein fünftes anzunehmen »durch Adoption und aus

Menschlichkeit«. Hier zeichnet sich eine ganz neue Moralvorstellung ab.

Ihr praktisches Verhalten und ihre Gesinnung, ihre sozialen und politischen Bestrebungen wie auch ihre Organisationsformen kennzeichnen die Vorkämpfer der Sektionen als eine selbständig wirkende Kraft innerhalb der revolutionären Bewegung. Die Lebensmittelkrise führte ihnen in den beunruhigten Sansculotten neue Kräfte zu: die Revolutionsregierung und die durchaus noch beherrschende Bourgeoisie fühlten sich von ihnen bedroht. Gewiß, manche Züge hat der Sansculotte mit dem Jakobiner gemeinsam. Wie bei jenem wird bei ihm die Leidenschaft für die Politik zum Fanatismus. Man kann sogar sagen, daß eben sein Sektierertum ihm die Kraft gibt für ein Heldentum, das auch vor der Selbstaufopferung nicht haltmacht. Nicht weniger groß ist seine Leidenschaft für die Geschlossenheit und Einheit der Nation. Sein Verhalten mag hier und da Züge der Anarchie tragen – Individualismus ist ihm zutiefst fremd. Aus der Revolution selbst, die die Stände, Zünfte und Genossenschaften zerstört hat, schöpfen Sansculotte wie Jakobiner ein neues Zusammengehörigkeitsgefühl, eine neue Bindung von Mensch zu Mensch. Seine Brüder und Freunde in den Volksgesellschaften und der Vollversammlung sind seine Welt. Der militante Sansculotte lebt in der Gruppe und handelt in der Masse.

Was den Sansculotten letztlich vom Jakobiner scheidet, ist seine Leidenschaft für die Gleichheit, genauer: für die *faktische Gleichheit*[76] als notwendige Ergänzung zur Rechtsgleichheit. Sie ist es im wesentlichen, die die revolutionäre Begeisterung in ihm wachhält und ihn zunächst zum Gegner des Aristokraten, dann auch zum Gegner des Bourgeois macht. Denn nicht nur der Girondist und der Gemäßigte klammern sich ängstlich an die gesellschaftliche Hierarchie, auch der Montagnard und selbst der Jakobiner möchten sie erhalten wissen – und hierin, in der egalitaristischen Leidenschaft, liegt das unterscheidende Merkmal zwischen den Sansculotten und allen anderen, bürgerlichen Gruppen. Durch sie gemahnt der Sansculotte an den Leveller, den Gleichmacher, kündigt er den Teilungskommunisten an.

Aber war die Zeit wirklich schon reif für eine wahrhaft soziale Demokratie?

Ausblick

Volksbewegung und bürgerliche Revolution.
Versuch einer Bilanz

Der 9. Thermidor stellt letzten Endes eine tragische Episode des Konflikts zwischen den im einstigen dritten Stand zusammengefaßten Klassen dar. Immerhin darf man bei der historisch genauen Einschätzung dieses Ereignisses nicht außer acht lassen, daß die Revolution hauptsächlich ein Kampf zwischen der Gesamtheit des dritten Standes und der europäischen Aristokratie war. In diesem Kampf hielt die französische Bourgeoisie das Heft in der Hand; wie konnte es auch anders sein? Die Revolutionsregierung, hervorgegangen aus der Vereinigung der montagnardischen Bourgeoisie und der Pariser Sansculotterie, konnte für sich in Anspruch nehmen, die Verteidigerin der Revolution gegen die Aristokratie von innen und außen zu sein. Daß die Revolution die Bourgeoisie an die Spitze des Landes brachte und daß die Montagnarden darin durchaus nichts Unnatürliches sahen, versteht sich von selbst. Vielleicht war das in ihrem Denken sogar ein Umstand von geringer praktischer Bedeutung. Einzig und allein auf den Sieg gerichtet, begriffen die Montagnarden, und vor allem die Robespierristen, daß der dritte Stand wie 1789 geschlossen bleiben mußte. So kommt es zu ihrem Zusammengehen mit den Sansculotten, das die Einsetzung der Revolutionsregierung 1793 möglich machte. Hier liegt auch die Wurzel für die bis in das Frühjahr 1794 hinein bezogene Stellung »über den Klassen«, die die *Jakobinerdiktatur* bezog, um auf diese Weise die notwendigen Opfer bestmöglichst zu verteilen und gleichermaßen den bürgerlichen Widerstand und die Volksbewegung auszubalancieren und unter Kontrolle zu halten, wo sie der Politik der nationalen Verteidigung gefährlich zu werden drohten. Es ging vor allem darum, Krieg zu führen.

In den Hauptpunkten, dem Haß auf die Aristokratie und dem Willen zum Sieg, waren die Pariser Sansculotten mit der Revolutionsregierung durchaus einer Meinung. Und sie sind bei dieser Meinung auch immer geblieben, so sehr, daß am 13.

Vendémiaire und am 18. Fructidor eine ganze Anzahl von ihnen ihren gerechten Zorn unterdrückend, der thermidorianischen Bourgeoisie geholfen hat, die Gegenrevolution zu zerschlagen. Gleichwohl brach der Widerspruch zwischen Revolutionsregierung und Pariser Sansculotterie rasch genug hervor. Wenn er auch seinen Ausgang von den Konsequenzen nahm, die der Krieg nach sich zog, ist er dennoch im Innersten Ausdruck der unvereinbaren Tendenzen verschiedener sozialer Kategorien.

Was die politische Seite angeht, so verlangte der Krieg gebieterisch eine autoritäre Regierung, und die Sansculotten waren sich dessen wohl bewußt, als sie an deren Schaffung entscheidend mitwirkten. Aber schon hier traten der Krieg und seine Erfordernisse in Widerspruch zu der Demokratie, die einmal die Montagnarden und zum anderen die Sansculotten im Auge hatten. Darüber hinaus tendierte die Demokratie, wie die Sansculotten sie verstanden wissen wollten, auf ganz natürliche Weise auf eine *direkte* Regierung hin, deren Schwäche mit einer straffen Kriegführung nicht zu vereinbaren war. Die Sansculotten hatten eine starke Regierung verlangt, die die Aristokratie vernichten sollte, sie hatten aber nicht bedacht und einbezogen, daß eine solche Regierung, um siegen zu können, sie zum Gehorsam und zur Anpassung an den von ihr vorgesehenen Lauf der Dinge zwingen mußte.

Ihr politisches Ideal, das in den revolutionären Kämpfen nur sehr unklar zum Ausdruck gekommen war, trieb die Sansculotten andererseits nicht zu einer liberalen Demokratie hin, so wie sie die Bourgeoisie begriff, sondern zu einer Volksdemokratie. Die Kontrolle der gewählten Vertreter, das Recht des Volkes, ihre Mandate zurückzufordern, gewisse Verfahren, wie die Abstimmung durch Aufruf oder Zuruf: das alles sind Zeichen dafür, daß die Vorkämpfer der Sektionen nicht gewillt waren, sich mit einer formalen Demokratie zu begnügen. Ihr Kampf ging dahin, dem Gestalt zu geben, was zunächst erst eine Idee war; sie begriffen die Republik als die Demokratie in Aktion. Für die Bewußtesten unter ihnen sind die Begriffe Freiheit und Gleichheit nicht ein für alle Male postuliert, sondern wollen Tag für Tag unter Beweis gestellt werden: Freiheit wird zur Befreiung, Gleichheit zum sozialen Fortschritt – auf diese Weise wird das *allgemeine Glück*

Wirklichkeit, das alle als das Ziel der Gesellschaft bezeichnen. Hier liegt mehr zugrunde als ein aus den Gegebenheiten entstandener Antagonismus. Auf diesem Gebiet bestand ein grundsätzlicher Widerspruch zwischen der Bourgeoisie und der Pariser Sansculotterie, zwischen den Vorkämpfern der Sektionen und der Revolutionsregierung.

Nicht weniger unüberwindlich war der Gegensatz auf wirtschaftlicher und sozialer Ebene. Robespierre und viele andere Montagnarden haben darauf hingewiesen, daß man im Krieg nicht ebenso regieren kann wie in Friedenszeiten – ein Anspruch, der vom politischen Standpunkt her ebenso gilt wie auf ökonomischem Gebiet. Der Interessengegensatz zwischen den Besitzenden, die die Revolutionsregierung zu unterstützen gewillt waren, und den Lohnarbeitern, die geholfen hatten, sie einzusetzen, zwang die Revolutionsregierung, auf die einen wie auf die anderen angewiesen, eine Vermittlerstelle »über beiden« einzunehmen.

Als Anhänger der Wirtschaftsfreiheit haben sich die Männer des Wohlfahrtsausschusses nicht etwa freudigen Herzens auf den Weg der gelenkten Wirtschaft begeben. Sie haben sich nur aus dem Grunde damit beschieden, weil sie um die Preisfestsetzung und die Requirierung einfach nicht herumkamen, wenn sie einen großen nationalen Krieg zu Ende führen wollten. Sie faßten dieses Mittel als Notmaßnahmen und als nur bis zum Sieg gültig auf. Die Revolution, die sie leiteten, blieb, so demokratisch sie auch geworden war, eine bürgerliche Revolution. Unter diesem Gesichtspunkt wäre es unsinnig gewesen, die Erzeugnisse wertmäßig festzulegen, ohne gleichzeitig auch die Löhne zu regeln, die in den Herstellungspreis eingingen. Es war für die Regierung ein Gebot der Notwendigkeit, ein gewisses Gleichgewicht zwischen den Unternehmern, auf deren Mitwirkung sie nicht verzichten konnte, und den Lohnarbeitern herzustellen.

Die Zwangswirtschaft erwies sich auch als notwendig, um einer Geldentwertung entgegenzutreten. Um die Assignate zu stützen und ihr eine gewisse Wertbeständigkeit zu sichern, trotz der unvermeidlichen Inflation – die Regierung konnte mitten im Kriege an eine Währungsreform gar nicht denken –, mußte ein Höchstsatz für Löhne und Preise unbedingt gewahrt werden. Duldete die Regierung einen Anstieg der

Löhne, mußte sie auch die Preise für die Kriegslieferungen und den Bedarf der nationalen Verteidigung erhöhen, es sei denn, sie rührte an das Privateigentum und den Profit – eine Hypothese, die historisch absurd ist, wo es sich um eine bürgerliche Revolution handelt. So willigte der Wohlfahrtsausschuß in eine Festlegung der Löhne und Preise ein, um die staatlich finanzierte Verteidigung zu sichern, ohne einen Teufelskreis zwischen den Preisen und Profiten und den Löhnen zu entfesseln, was seinerseits wieder eine zügellose Inflation hervorgerufen hätte, denn die Assignate wäre wertlos geworden und hätte die Regierung mit in den Abgrund gerissen.

Eine solche Politik setzte die Aufrechterhaltung der Allianz zwischen Montagnarden und Sansculotten voraus. Sie stieß aber die Bourgeoisie und selbst die jakobinische Bourgeoisie ab, hob sie doch die *freie Wirtschaft* auf und beschnitt den Profit. Immerhin steht die jakobinische Bourgeoisie zur nationalen Verteidigung der Revolution und nimmt die Diktatur der Ausschüsse hin. Aber außer für die vom Staat bezahlten Kriegslieferungen und die beim Bauern beschlagnahmten Getreide und Futtermittel umgehen Handwerker und Händler, auch die jakobinischen, das Maximum: der Konflikt mit den Lohnarbeitern wird unvermeidlich.

Die Sansculotten, von der Inflation und der unzureichenden Versorgung bedrängt, hielten sich wie unter dem Ancien régime vor allen Dingen an das Verhältnis von Löhnen und Preisen. Wenn sie Requirierung und Preisfestsetzung forderten, dachten sie nicht nur an die nationale Verteidigung, sondern hatten mehr noch ihren eigenen Unterhalt im Auge. Andererseits waren die Arbeitenden natürlich geneigt, sich den relativen Mangel an Arbeitskräften zunutze zu machen, um ihre Löhne zu verbessern, ohne dabei gleichzeitig den Preisen Rechnung zu tragen. Vom Herbst bis zum Frühjahr des Jahres II waren die Sansculotten Herren in Paris oder doch wenigstens vom Konvent mehr oder weniger gefürchtet. So konnten sie Lohnerhöhungen durchsetzen, doch im Widerspruch zum Gesetz legte die hébertistische Kommune keine Richtlöhne fest. Dadurch geriet die Assignate in Gefahr, während auf der anderen Seite die Bourgeoisie murrte. Die Regierung war gezwungen, sich einzuschalten.

Vom Germinal an besserte die Revolutionsregierung die

Lage der Unternehmen auf, die immer weniger Profit abwarfen, weil sie in der Zwickmühle zwischen der Preisfestsetzung und der illegalen Lohnerhöhung saßen. Eine große Anzahl von Beschlüssen des Wohlfahrtsausschusses hat Überschreitungen der in den Listen des Maximums vom Ventôse festgelegten Preise gewährt, obgleich dieses Maximum Gesetz war. Solche Erhöhungen wären wirkungslos geblieben, wenn die Löhne weiter angezogen hätten. Das ist der Grundgedanke des Beschlusses der robespierristischen Kommune vom 5. Thermidor, der allerdings nur die Pariser Arbeiter betraf. Aber schon seit dem Prairial hatte der Wohlfahrtsausschuß im Hinblick auf die kommende Ernte Interventionen der Distrikte gegen die Löhne der Landarbeiter geschürt. Jedoch stellte die Kommune, wenn sie solches tat, von den Lohnarbeitern bereits errungene Vorteile in Frage und schien in ihren Augen von der Vermittlerrolle abzurücken, die bis dahin die Regierung auszuzeichnen schien. Die Zwangswirtschaft des Jahres II, die auf keiner festen Klassenbasis ruhte, stand auf des Messers Schneide. Nach dem 9. Thermidor brach das Gebäude zusammen.

Es versteht sich von selbst, daß sich in einer bürgerlich ausgerichteten Gesellschaft die Schiedsrichterrolle des Wohlfahrtsausschusses mehr zugunsten der Besitzenden als zugunsten der Lohnarbeiter auswirken mußte, wo die ersteren die Preisbestimmungen umgingen, sobald sie für private Verbraucher produzierten. Bestimmt hätten die Robespierristen Ordnung in die Sache gebracht, wenn sie es nur gekonnt hätten. Bestimmt hätten die Handwerker und Kaufleute die Verbraucher weniger ausgesogen, wenn ihnen bei genügend Rohstoffen in den Werkstätten und genügend Lebensmitteln in den Läden der Umsatz einen fetteren Gewinn abgeworfen hätte. Gesellen und Tagelöhner hatten immer darauf hingewiesen, daß, sollte ihr Recht auf Existenz gewahrt bleiben, die Löhne in entsprechendem Verhältnis zu den Preisen bleiben müßten – sie hätten sich sicher mit dem Maximum beschieden, wären sie nur gewiß gewesen, wenigstens das Notwendige dafür zu bekommen.

Aber der Revolutionsregierung fehlten die Mittel, Angebot und Nachfrage an Gebrauchsgütern und Grundnahrungsmitteln in Einklang zu bringen. Schon die Produktionsbedingungen und die Transportmöglichkeiten konnten hier nicht genügen; es gab noch keine kapitalistische Konzentration, Rationalisierung und Mechanisierung, die sie hätten modernisieren können. Die Regierung stieß bei ihren Bemühungen immer wieder gegen die Wirtschaftsstruktur der Epoche, und der Krieg erschwerte zusätzlich die Bedingungen für eine ausreichende Versorgung der Bevölkerung. Die gelenkte Wirtschaft des Jahres II stand bei der Bereitstellung von Vieh und landwirtschaftlichen Produkten vor unüberwindlichen Schwierigkeiten. Und dabei war es noch notwendig, die Bauern bei der Stange zu halten. Selbst beim Brot wuchs sich die Mangelhaftigkeit der Transportmittel zu einem Hindernis aus, nicht weniger als die Zersplitterung des Mühlenwesens.

Die Revolutionsregierung begnügte sich deshalb damit, der Pariser Bevölkerung die Versorgung mit Brot zu garantieren, ohne dabei zur Einführung staatlicher Lebensmittelkarten Zuflucht zu nehmen. Für die übrigen Nahrungsmittel hielt sie sich an die örtlichen Behörden und an die Verbraucher selber, um Produzenten und Kaufleute zu verpflichten, sie unter Beobachtung des Maximums zu versorgen. Die Requirierung blieb ein streng gewahrtes Privileg der Armee für ihre eigene Versorgung. Die Sansculotten, die bei einem solchen Modus der Versorgung nicht auf ihre Rechnung kamen, forderten Lohnerhöhungen und griffen zum Mittel des Streiks, doch das wiederum verboten ihnen die Ausschüsse, wie es schon immer das Ancien régime getan hatte. Auf diese Weise richtete die handwerkliche Wirtschaft, unfähig, sich den Erfordernissen eines großen Volkskriegs anzupassen, zwischen der Revolutionsregierung dund der Volksbewegung, die diese an die Macht getragen hatte, einen unüberwindlichen Widerspruch auf.

In gleicher Weise wie die Gegensätze zwischen der Revolutionsregierung und der Volksbewegung führten auch die Widersprüche, die im Wesen der Pariser Sansculotterie selbst lagen, zum Untergang des Systems vom Jahre II.

Es bestand ein sozialer Grundwiderspruch zwischen den Jakobinern, die sich fast ausschließlich aus Kreisen der kleinen, mittleren und vereinzelt selbst großen Bourgeoisie rekrutierten, und den Sansculotten, wenn man wie Petion der

Meinung sein will, daß sie sich nur aus Tagelöhnern und Handwerksgesellen zusammensetzten. Aber man kann in Wirklichkeit Sansculotten nicht einfach mit Lohnempfängern identifizieren, wenn auch diese das zahlreichste Element gestellt haben. In der Tat lagen die Dinge viel verwickelter. Die Sansculotterie ist keine Klasse, noch ist die Bewegung der Sansculotten die Partei einer Klasse. Handwerker, Krämer und Kaufleute, Gesellen und Tagelöhner bildeten zusammen mit einer bürgerlichen Minderheit eine Koalition, die der Aristokratie eine unüberwindliche Kraft entgegensetzte. Aber im Innern dieser Koalition schwelte der Gegensatz zwischen jenen, die, wie Handwerker und Kaufleute, Nutznießer des Profits waren, den sie aus dem Privateigentum an Produktionsmitteln zogen, und denen, die als Gesellen und Tagelöhner sowie als Gelegenheitsarbeiter nur über einen geringen Lohn verfügten.

Die Errichtung des Maximums machte diesen Widerspruch offenkundig. Handwerker und Krämer fanden es gut und richtig, daß man die Bauern zur Ernährung der Stadtbevölkerung zwingen wolle, aber sie entrüsteten sich nur allzubald darüber, daß man auch sie selber dem Maximum unterwerfen wollte. Die Gesellen standen dem nicht nach. Die Levée en masse und der Bürgerkrieg hatten die Arbeitskraft zur Mangelware gemacht und die Löhne in die Höhe getrieben. Wenn die Produzenten und die Zwischenhändler die Preisfestsetzung nicht respektierten, warum sollten sich dann die Arbeiter selbst als willige Opfer anbieten? Die Notwendigkeit des revolutionären Kampfes hatte die Einheit der Pariser Sansculotterie geschmiedet und die Interessenkonflikte, die ihre einzelnen Elemente in Gegensatz zueinander brachten, für einen Augenblick in den Hintergrund gedrängt – es war aber ausgeschlossen, daß diese Konflikte unter dem Zwang dieser Notwendigkeit ganz verschwinden konnten.

Gewisse Eigenarten der sozialen Mentalität verschärften noch das Spiel der Interessen und Gegensätze. Die Widersprüche innerhalb der Sansculotterie decken sich nicht genau mit jenen, die zwischen Besitzenden und Produzenten auf der einen Seite und Lohnempfängern auf der anderen bestehen. Zu den letzteren gehörten vor allen Dingen Leute, die zum Personal der herrschenden Schicht gehörten, wie Angestellte,

Lehrer u. a., und die auf Grund ihrer Lebensweise sich als Bourgeois betrachteten und durchaus nicht mit dem »niederen Volk« in einen Topf geworfen werden wollten, selbst wenn sie seine Sache zu der ihren machten. Auf der anderen Seite aber schmückte sich mancher ausgesprochene Bourgeois mit dem Titel des Sansculotten und handelte auch als solcher.

Somit konnten die ihrer Herkunft nach sehr heterogenen Sansculotten kein Klassenbewußtsein haben. Wenn sie im allgemeinen der neuen Produktionsweise feindlich gegenübertraten, dann geschah das nicht bei allen aus den gleichen Gründen. Der Handwerker fürchtete, sich zum Lohnarbeiter herabgedrückt zu sehen; der Geselle verabscheute den Aufkäufer, der ihm das Leben teuer machte. Auch wenn man sich nur an die eigentlichen Gesellen hält, wäre es anachronistisch, ihnen ein Klassenbewußtsein unterzuschieben, vielmehr war ihr Bewußtsein ganz und gar durch das Handwerkertum geprägt. Noch hatte die kapitalistische Konzentration nicht durch ihre Zusammenfassung in den Fabriken und um die Fabriken herum jene für das Erwachen der Klassensolidarität und für die »Ansteckung« mit Ideen, die deren Entstehung begünstigen, so sehr fördernde Annäherung aneinander hervorgerufen.

Immerhin, wenn auch keinerlei Klassenbewußtsein in den Reihen der Sansculotterie zu bemerken ist, so kann man ein gewisses Klassengefühl unter den Lohnempfängern nicht totschweigen. Als ihren Meistern unterstellt, begreifen sie sich als eine besondere Gruppe, die sich nicht nur durch die manuelle Arbeit und ihre Stellung in der Produktion absondert, sondern auch durch ihre Kleidung, ihre Ernährung, vor allem durch ihre Wohnverhältnisse, ihre Vergnügungen und ihre Sitten wie auch durch den Mangel an Bildung, deren Monopol sich die durch Geburt und Vermögen Privilegierten gesichert hatten: gerade das schuf in den Reihen der Volksmassen manchmal sogar ein Gefühl der Ohnmacht. Die aktiven Sansculotten stellten sich oftmals in Gegensatz zu den »Leuten mit Talent«, mit dem Anspruch jedoch, wie diese das Leben zu meistern. Aus verschiedenen Elementen zusammengesetzt, keine Klasse bildend und infolgedessen auch kein Klassenbewußtsein besitzend, fehlte der Pariser Sansculotterie immer, von einigen kläglichen Versuchen der Koordinierung abgesehen, ein wirksames Instrument für ihre politische Aktion: eine streng disziplinierte Partei nämlich, die zu diesem Zweck eben auf einer soliden Klassenbasis und strengen Auswahl ruhen mußte. Der gleiche Mangel trifft übrigens die Revolutionsregierung: die Jakobiner bilden ebefalls keine Klasse. Das ganze Regime des Jahres II ruhte auf einer spiritualistischen Konzeption der politischen Demokratie – hier liegt seine entscheidende Schwäche. Die Konsequenzen dieser Schwäche trafen aber besonders hart die Volksbewegung.

Zwar haben zahlreiche Volksführer versucht, die Vollversammlungen und die Volksgesellschaften zu disziplinieren, aber in vielen Sektionen haben sie das Übel nur noch verschlimmert, indem sie sich um die Macht stritten und sie gelegentlich auch mißbrauchten, wenn sie sie besaßen. Was die große Masse anbetrifft, so konnte sie über den Haß auf die Aristokratie und die summarischen Mittel hinaus, vor allem den Terror, den sie gegen diese Aristokratie zu ergreifen im Auge hatte, keine weitsichtigen Perspektiven aus dem Nichts hervorzaubern. Sie erwartete, mitunter verwirrt und oft getäuscht, die Vorteile der Revolution. Sie forderte das Maximum weniger, um die Assignate zu verteidigen und die Kriegsproduktion zu sichern, sondern vor allem, weil sie von der Taxierung und der Reglementierung die Beibehaltung ihres Lebensstandards erhoffte. Als sie sich darüber klargeworden war, daß die gelenkte Wirtschaft, so wie sie Wirklichkeit wurde, in vieler Hinsicht nicht zum Ziele kam, wandte sie sich von ihr ab und griff wieder auf ältere Methoden der Volksforderungen zurück. Hätten die Pariser Sansculotten darauf verzichtet, Lohnerhöhungen zu verlangen, wenn (schon diese Hypothese ist absurd!) Besitzende und Produzenten das Maximum so respektiert hätten, daß wenigstens nicht der von der Revolutionsregierung für billig erachtete Profit angestiegen wäre? Der Krieg forderte Opfer, und es wäre ein solches gewesen, nicht aus den Umständen Nutzen zu ziehen, die er herbeiführte, um die eigenen Vorteile zu vergrößern.

So narrte der 9. Thermidor in dieser Hinsicht durchaus die Sansculotten. Aus guten Gründen unzufrieden mit der Revolutionsregierung, haben sie die Drohung nicht gespürt, die deren Fall über ihrem Haupte zusammenzog: »Zum Teufel mit dem Maximum!« Zehn Monate später, von der Teuerung und der Hungersnot zur Verzweiflung gebracht, endlich in der Lage, zu ermessen, was sie verloren hatten, forderten sie die Rückkehr zur gelenkten Wirtschaft und erhoben sich ein letztes Mal, um dann endgültig geschlagen vom Schauplatz der Geschichte abzutreten.

Aber hier standen nicht allein die inneren Widersprüche der Sansculotterie zur Debatte. Das Abgleiten der Volksbewegung war im dialektischen Lauf der Geschichte selbst vorgezeichnet. Die unreflektierten Angriffe der Ausschüsse und die beständige Festigung der Revolutionsregierung, das Germinaldrama und der Stimmungsumschlag, der ihm folgte, können nicht für sich allein den Niedergang der Volksbewegung erklären. Durch ihren Triumph verstärkte sie selbst die Faktoren, die endlich zu ihrem Untergang führten.

Das Ende des Bürgerkrieges, der erzwungene Stillstand der Invasion, endlich der Sieg ließen die Hochspannung als nicht mehr notwendig erscheinen. Diese Gründe galten für das Volk ebenso wie für die Bourgeoisie, wenngleich diese letztere auch noch andere hatte. Das Ende der Terreur war nicht ihr einziges Motiv, das Ende der Zwangswirtschaft war gleichfalls eines und lag ihr nicht weniger am Herzen, ebenso die Wiedereinsetzung einer Regierung und Verwaltung in den Händen von Notabeln. Das Volk wollte die Früchte seiner Anstrengungen genießen. Man kann von diesem Gesichtspunkt aus die Eröffnung eines Registers durch die Sektion Montagne, in dem Zustimmungen zur Verfassung eingetragen werden sollten, nicht als ein einfaches Manöver abtun. Die Verfassungsakte vom Juni 1793 symbolisierte in den Augen vieler Revolutionäre die soziale Demokratie; sie hatten nie aufgehört, die Organisierung des Rechts auf Unterstützung und die Verwirklichung des Rechts auf Bildung zu fordern. Was die Masse angeht, so wollte sie verständlicherweise vor allem ihr Recht auf Leben. Nun der Sieg endlich gewiß war, verhieß das, wenn nicht Überfluß, so doch eine leichtere Versorgung, die Zusicherung des täglichen Brotes. Der Sieg demobilisierte die Volksbewegung.

Im Zuge der Dialektik der Kriegsanstrengungen hatte sich die Pariser Sansculotterie von Monat zu Monat weiter geschwächt. Die Aushebung von 300 000 Mann, die Einberufung für den Vendéefeldzug, dann für die Eurefront, die Levée en masse und die Bildung der Revolutionsarmee hatten dem aktiven Leben einen bedeutsamen Teil Patrioten entzogen: die Jüngsten, die am meisten zur Tat drängten, die oft auch die Bewußtesten und die Begeistertsten waren und für die die Verteidigung des Vaterlandes die erste Bürgerpflicht war. Es wäre für eine Einschätzung der Lebenskraft der Volksbewegung von entscheidender Bedeutung, den Abzug von Menschen durch die verschiedenen Aushebungen exakt zu beziffern. Wenn sich auch in der Gesamtheit eine Untersuchung als undurchführbar erweist, geben doch wenigstens einige Dokumente eine Vorstellung von dem Verlust an Lebenskraft, den im Jahre 1793 die Pariser Sansculotten erlitten. In der Sektion Piques, wo 3540 Wähler im Alter von 21 und mehr Jahren im Jahre II registriert waren, schrieben sich vom 3. bis zum 17. Mai 1793 allein 233 Freiwillige gegen die Vendée ein, in der Hauptsache Sansculotten in den besten Jahren.[1] Am 17. Juli 1793 meldet die Sektion Finistère, daß sich ihre Streitmacht aus 12 Kompanien zusammensetzt, »die aber durch die teils zur regulären Armee, teils zu den Freiwilligen mobilisierten Bürger derart dezimiert ist, daß nur noch 942 Männer im Alter von 18 bis 40 Jahren übrig sind«. Die Sektion zählte ungefähr 12 000 Einwohner, und 3783 Wähler über 21 Jahre waren im Jahre II dort eingetragen. Eine sektionsweise Aufstellung der waffenfähigen Männer aus dem Juli 1793 beleuchtet den Niedergang der Kräfte der Sektionstruppen: die Männer von über 50 und selbst 60 Jahren stellen einen gewichtigen Anteil der Gesamtstärke der Kompanien. Von den 3231 Männern der Sektion Quatre-Vingt-Douze sind 767 (23,7 Prozent) über 50 Jahre alt. In der Sektion Arcis umfassen die Kompanien 2986 Mann, »von denen man ein Viertel entlassen müßte«, nämlich alle Männer, die über 60 Jahre alt sind.[2]

Durch die Aushebung ist die Volksbewegung in einen Zustand der Überalterung geraten, und man wird die unausbleiblichen Folgen für die revolutionäre Begeisterung und die Kampfkraft der Pariser Bevölkerung ermessen.

Auch durch die Dialektik des Erfolges der Volksmassen sah die Sansculotterie ihre Kader dahinschwinden. Viele Sektionäre, selbst wenn nicht einfach Ehrgeiz sie trieb, betrachteten den Erhalt eines Postens als die rechtmäßige Entschädigung für ihre kämpferische Aktivität. Übrigens hing davon die Solidarität der Volksbewegung ab: die Befriedigung der persölichen Interessen fiel hier mit der Notwendigkeit einer Säuberung zusammen. Im gleichen Fall aber erwächst aus dem Erfolg ein neuer Konformismus bürgerlichen Vorzeichens. Das Beispiel der Revolutionskommissare beleuchtet diese Entwicklung. Ursprünglich haben sie das kämpferischste Element des politischen Personals der Sektionen dargestellt. Aus den untersten, volksnächsten Schichten der Sansculoterie hervorgegangen, war es im Interesse des Erfolges der Revolution selbst notwendig, daß sie für ihre Tätigkeit bezahlt wurden. Die Furcht, den einmal gewonnenen Vorteil wieder einzubüßen, machte ebenso wie die Stärkung der Revolutionsregierung aus ihnen gefügige Instrumente in den Händen der bürgerlichen Machthaber. Das ganze Jahr II hindurch verwandelten sich auf diese Weise viele Kämpfer in Angestellte. Dieser Vorgang gründete sich nicht nur auf die innere Entwicklung der Pariser Sansculoterie, sondern auch auf die Verschärfung des Klassenkampfes im Inneren und an den Fronten. Die bewußtesten Elemente unter den Sansculotten gingen in den bürgerlichen Staatsapparat über, und in gleichem Maße wurde dadurch die politische Aktivität der Sektionsorgane gebremst, um so mehr, wenn man die gesteigerten Anforderungen der nationalen Verteidigung in Betracht zieht. Gleichzeitig wurde die Demokratie innerhalb der Sektionen geschwächt: der Prozeß der Verbeamtung zog allmählich eine Lähmung der Kritikfreudigkeit und der Aktivität der Massen nach sich. Daraus wiederum ergab sich endlich ein Nachlassen der Volkskontrolle über den Apparat der Revolutionsregierung, deren autoritäre Tendenzen damit Auftrieb erhielten. Diese bürokratische Sklerose beraubte die Pariser Sansculoterie eines guten Teils ihrer Kader, indem sie sie »verbürgerlichte«.

Trotzdem darf man über die Volksbewegung des Jahres II nicht eine rein negative Bilanz formulieren. Gewiß, sie war einfach nicht in der Lage, ihre eigentlichen Ziele zu erreichen, jene Gleichheits- und Volksrepublik, nach der die Sansculotten mehr oder weniger bewußt strebten – die Umstände der Epoche und ihre eigenen Widersprüche ließen das nicht zu. Trotzdem hat die Volksbewegung nicht wenig dazu beigetragen, die Geschichte vorwärtszutreiben, nämlich durch die entschiedene Unterstützung und Hilfe, die sie der bürgerlichen Revolution angedeihen ließen.

Ohne die Pariser Sansculotterie hätte diese niemals auf eine so durchschlagende Weise siegen können. Von 1789 bis zum Jahre II haben die Sansculotten das wirksame Instrument des revolutionären Kampfes und der nationalen Verteidigung gebildet. Die Volksbewegung hat 1793 die Errichtung der Revolutionsregierung zustande gebracht und damit auch die Niederlage der Konterrevolution im Inneren und der Koalition an den Fronten. Die Thermidorianer profitierten von diesem Siege. Wenn sie ihn nicht für den Frieden auszunützen wußten, dann, weil die Aufgabe der gelenkten Wirtschaft und die Demoralisierung der vom Allernotwendigsten entblößten Truppen die Armee lähmten und dem Feind Zeit ließen, neue Feldzüge vorzubereiten. Gerade an diesem Kontrast kann man das Werk der Revolutionsregierung und die Bedeutung der Volksbewegung des Jahres II um so deutlicher ermessen.

Aber selbst wenn man die Perspektive außer acht läßt, erscheint ihre Tätigkeit im Sinne der Geschichte nicht geringer. Ihr Sieg im Laufe des Sommers 1793 hat dazu geführt, daß die Terreur auf die Tagesordnung gesetzt wurde, deren schreckliche Schläge die Zerstörung der alten Gesellschaft vollendeten. Die Großbourgeoisie des Ancien régime, auf Handelskapital gegründet und in bestimmtem Maße mit dem politischen und sozialen System der Feudalaristokratie verflochten, wurde hierbei nicht geschont. Die Sansculotterie der Handwerker und Kleinhändler, in ihren bestimmenden Elementen aus unabhängigen Kleinproduzenten gebildet – die Analyse der Pariser Revolutionskomitees beweist das –, stellte im Jahre II das wirksamste Element im Kampf um die Zerstörung der alten Produktionsweise und der gesellschaftlichen Beziehungen dar, die sich aus ihr ergaben. Der Thermidor mochte ruhig eine Reaktion auf wirtschaftlichem wie auch auf politischem Gebiet bringen – zu diesem Zeitpunkt hatte die Terreur schon den Boden bereitet für die Errichtung neuer Produktionsverhältnisse. In der kapitalistischen Gesellschaft, die aus der Revolution hervorging, wurde der Handel von der Industrie beherrscht. Das Handelskapital, gegen das die Pariser Sansculotterie im Jahre II mit solcher Erbitterung zu Felde gezogen war, sollte von nun an keine unabhängige Existenz mehr führen, es war für alle Zukunft dem einzigen produktiven Kapital, dem Industriekapital, untergeordnet.

Auch innerhalb der Sansculotterie selbst brachte die mit der Revolution verbundene wirtschaftliche Entwicklung eine Änderung mit sich: ihre einzelnen Gruppen schieden sich schärfer voneinander. Von den kleinen und mittleren Marktproduzenten, die in den Jahren 1793 und 1794 die Kader der Volksbewegung gebildet hatten, kamen einige hoch und wurden Industriekapitalisten, während die anderen ausschieden und die Reihen der Lohnarbeiter vermehrten. Wieder andere blieben bei der Handwerksarbeit und dem Kleinhandel. Die »Wirtschaftsfreiheit« begann die Konzentration der Unternehmen zu beschleunigen, wobei sie die materiellen Bedingungen des gesellschaftlichen Lebens, gleichzeitig aber auch die Struktur der herkömmlichen Klasseneinteilung des Volkes änderten. Handwerker und Gesellen hatten durchaus eine Ahnung von dem Schicksal, das den meisten von ihnen zugedacht war (denn wie viele Handwerker mußten ihre selbständige Existenz verlieren, ehe es einem von ihnen gelang, in die Reihen der Kapitalisten emporzusteigen?): die einen wußten sehr wohl, daß die Maschinenarbeit das Gespenst der Arbeitslosigkeit mit sich brachte, die anderen waren sich darüber klaren, daß die kapitalistische Konzentration über kurz oder lang sie zur Schließung ihrer Werkstätten zwingen und sie selbst in Lohnarbeiter verwandeln würde. Das ganze 19. Jahrhundert noch klammerten sich Handwerker und Kleingewerbetreibende an ihre alten Produktionsbedingungen. Es wäre in diesem Zusammenhang interessant, genau festzustellen, welcher Anteil an den Revolutionsschlachten von 1848 und an der Kommune von 1871 dem eigentlichen, modernen Proletariat zukommt und inwieweit hier die gesellschaftlichen Kategorien des alten Typs noch eine Rolle spielten. Man könnte auf diese Weise den Rückgang der letzteren im Zuge des fortschreitenden Durchbruchs des Industriekapitalismus abmessen und unterstriche dabei gleichzeitig eine der Ursachen für die Schwäche der revolutionären Anläufe im 19. Jahrhundert. Ihre Umkehrung vollzieht keine Sansculotterie, sondern ein Proletariat, zur »Klasse für sich« herangereift, durch seine eigene Revolution.

So tritt noch einmal in einer letzten Konsequenz der dramatische Charakter der Klassenkämpfe des Jahres II hervor.

Anmerkungen

Anmerkungen zur ›Einleitung‹

1 Jules Michelet, *Histoire de la Révolution française*, 7 Bde., Paris 1847 bis 1853, Vorwort von 1847 (im Vorwort der 2. Aufl., Paris 1868, S. XIII).

2 Louis Adolphe Thiers, *Histoire de la Révolution française*, 7. Aufl., Bd. 8, Paris 1838, S. 310.

3 Michelet, S. XI (Vorwort von 1868).

4 Ebenda, S. XIX u. XXI.

5 Ebenda, S. XXII.

6 M. Mortimer-Ternaux, *Histoire de la Terreur 1792-1794, d'après les documents authentiques et inédits*, 3. Aufl., Bd. 1, Paris 1868, S. 27.

7 Hippolyte Taine, *Les origines de la France contemporaine. La Révolution*, Bd. 3: *Le Gouvernement révolutionnaire*, Paris 1885, S. 1 (Vorwort). Taine schreibt: »Daher ist dieser Band ebenso wie die vorangegangenen nur für die Liebhaber der moralischen Zoologie geschrieben.« Man müßte hier das ganze Vowort zitieren.

8 Ernest Mellié, *Les sections de Paris pendant la Révolution française (21 mai 1790-19 vendémiaire an IV). Organisation. Fonctionnement*, Paris 1898, S. 3.

9 Ebenda.

10 F. Braesch, *La Commune du 10 août 1792. Etude sur l'histoire de Paris du 20 juin au 2 décembre 1792*, Paris 1911, S. II.

11 Ebenda, S. III.

12 Ebenda, S. IX.

13 Ebenda, S. VII.

14 Albert Mathiez, *La vie chère et le mouvement social sous la Terreur*, Paris 1927, S. 611.

15 Daniel Guérin, *La lutte des classes sous la première République. Bourgeois et »bras nus« (1793-1797)*, Bd. 1, Paris 1946, S. 8. An anderer Stelle spricht der Autor von »Koexistenz einer bürgerlichen Revolution und einer Keimform der proletarischen Revolution« (ebenda, S. 2).

16 Albert Mathiez, *La Révolution française*, Bd. 3: *La Terreur*, 8. Aufl., Paris 1948, S. 41.

17 Guérin, S. 13.

Anmerkungen zu Kapitel I

1 Archives Nationales Paris (im folgenden zitiert: *AN*), F^7 4708, dossier Florian. – Über Herkunft und Verbreitung des Wortes »Sansculotte« siehe Ferdinand Brunot, *Histoire de la langue française des origines à 1900*, Bd. 9: *La Révolution et l'Empire*, Paris 1927, S. 715.

2 *AN*, F^7 4585, pl. 5, p. 15. Barack wurde am 2. Thermidor des Jahres III freigelassen, bekam aber seine Waffen nicht zurück. – Zum Wort »muscadin« (Stutzer) siehe Brunot, S. 714. Über die rote Mütze siehe weiter unten.

3 *AN*, F^7 4709. Fontaine wurde am 29. Messidor des Jahres III entlassen.

4 *AN,* F⁷ 4721.

5 *AN,* F⁷ 4715. Gannal wurde vom Kommissar zur Bekämpfung des Wucherunwesens, Nogès, angezeigt, der ihm außerdem »seine große Gleichgültigkeit in Dingen des Allgemeinwohls« vorwarf. Er habe des weiteren geäußert, »er pfeife auf das Gesetz über das Maximum«. Gannal wurde am 30. Thermidor des Jahres II freigelassen.

6 Paul Bonjour ... an die Volksgesellschaft der Sektion Poissonnière, die der Jakobiner und an alle Patrioten, 29. Frimaire des Jahres II. Bibliothèque Nationale (im folgenden zitiert: *BN*), Ln²⁷ 2347; Maurice Tourneux, *Bibliographie de l'histoire de Paris pendant la Révolution française,* 5 Bde., Paris 1890/1913, Nr. 21903. Siehe auch: Ergänzung zum Rechtfertigungsschreiben von Paul Bonjour..., 6. Nivôse des Jahres II. *BN,* Ln²⁷ 2348; Tourneux, Nr. 21904.

7 *AN,* F⁷ 4615, d. 3.

8 *AN,* F⁷ 4725. Gide wurde außerdem zur Last gelegt, er habe erklärt, die Franzosen seien »ein heruntergekommenes Volk«. Er wurde am 20. Thermidor des Jahres II in Freiheit gesetzt.

9 *AN,* F⁷ 4612, d. 3. Bourgeois wurde am 7. Vendémiaire des Jahres III entlassen.

10 *AN,* F⁷ 4764. Langlois wurde am 19. Thermidor des Jahres II auf freien Fuß gesetzt.

11 *AN,* F⁷ 4584, pl. 5.

12 *AN,* F⁷ 4635. Catoire wurde am 20. Thermidor des Jahres II entlassen.

13 *AN,* F⁷ 4721. Das Komitee führt als Einzelheit an, Gence habe es als schlecht gefunden, daß die Sansculotten eine Uniform auf Wache zögen.

14 *AN,* F⁷ 4615, d. 4. Es wird Brasseur außerdem vorgeworfen, »er sei in seinem Beruf unredlich«; bei »seiner Sorglosigkeit könnten seine Verbindungen nur verdächtig und schlecht sein«. Brasseur wurde am 22. Thermidor des Jahres II entlassen.

15 *AN,* F⁷ 4734.

16 *AN,* F⁷ 4726.

17 *AN,* W 367, d. 820. Bei seiner Vernehmung am 23. Nivôse erklärte Cézeron, er habe sagen wollen, »die Sansculotten bedürften der Reichen und die Reichen der Sansculotten«. Er wurde vor das Revolutionstribunal gebracht und am 29. Floréal des Jahres II zum Tode verurteilt (Henri Wallon, *Histoire du Tribunal révolutionnaire de Paris, avec le journal de ses actes,* 6 Bde., Paris 1880/82, Bd. 3, S. 457). Vor allem wurde ihm seine Haltung bei der Wahl Hanriots zum Kommandanten der Nationalgarde vorgeworfen.

18 *AN,* F⁷ 4595, pl. 2, p. 29. Der Ausschuß warf Bergeron außerdem vor, er sei »Egoist und habe nur dann etwas für die Revolution getan, wenn ihn das Gesetz dazu zwang«. Er wurde am 19. Thermidor des Jahres II in Freiheit gesetzt.

19 *AN,* F⁷ 4775[35].

20 *AN,* F⁷ 4580, pl. 4. Antheaume wurde vom Ausschuß auch vorgeworfen, er flöße seinen Zöglingen Verachtung gegenüber den Volksgesellschaften ein. Er wurde am 7. Fructidor des Jahres II auf freien Fuß gesetzt.

21 *AN,* C 271, pl. 666, p. 37. In der Adresse der Sansculotten von Beaucaire heißt es wörtlich: »Wir kennen auch unsere Feinde, die nämlich, die sich die anständigen Leute nennen, die Freunde der Gesetze, der Ordnung und des Friedens, überhaupt jene Herren aller Art, die im verborgenen um einen Erfolg der Armeen der Engländer, der Spanier, der Österreicher seufzen...« – worunter also alle zu verstehen sind, die auf seiten der Aristokraten stehen.

22 *AN,* C 289, pl. 394, p. 9. Unter dieser Adresse stehen 444 Unterschriften.

23 *AN*, F⁷ 4736, dossier Guillot, und F⁷ 4737, dossier Guyot. Guyot wurde am 5. Prairial des Jahres III verhaftet und am 21. Messidor entlassen.

24 Archives de la Préfecture de Police Paris (im folgenden zitiert: APP), A A/266, p. 297.

25 Siehe Brunot, S. 712. Über die Veränderung der etymologischen Bedeutung der Wörter »Aristokratie« und »Aristokrat« im Laufe der Revolution siehe ebenda, S. 646. – »Man muß zugeben«, sagte Mounier am 6. Oktober 1789, »daß das Wort Aristokratie eine große Ausweitung erfahren hat. Jeder wendet es jetzt für alles an, was er nicht leiden mag.« Diese Bemerkung hat für die Sansculotten des Jahres II volle Gültigkeit. Unter den Gründen für die Verhaftung des Kaufmanns Antoine Le Pécheux durch das Revolutionskomitee der Sektion Poissonnière am 24. September 1793 sei folgender hervorgehoben: ». . . seit die Sansculotten die Oberhand über die Aristokratie der Bourgeois errungen haben, ist er nicht mehr in den Versammlungen erschienen« (*AN*, F⁷ 4774[18]).

26 *AN*, D XL 23, d. 77. Der Text ist abgedruckt bei Walter Markov / Albert Soboul, *Die Sansculotten von Paris. Dokumente zur Geschichte der Volksbewegung 1793-1794*, Berlin 1957, Nr. 2.

27 *AN*, C 355, pl. 1864, p. 44; Markov/Soboul, Nr. 8.

28 *AN*, W 345, d. 676, p. 7, Affaire Chardin.

29 *AN*, C 295, pl. 994, p. 27, Adresse an alle guten Sansculotten, unterzeichnet »Servant«. Es gibt keinerlei Hinweis über die Herkunft dieses durchaus volkstümlichen Dokuments.

30 Siehe weiter unten.

31 Die Opposition gegen alle Juristen ist ebenfalls ein besonderer Zug in der Haltung der Massen. Sie entsteht in dem Maße, wie sich unter dem Ancien régime der Justizapparat in den gesamten Staatsapparat einordnete, in dem Maße also, wie die Juristen im Dienste der herrschenden Klasse erscheinen. Am 22. Januar 1793 verwahrt sich Hanriot, der spätere Kommandant der Pariser Nationalgarde, in der Vollversammlung der Sektion Sans-Culottes gegen den Titel eines Juristen: »Er sollte aus der Verfassung eines freien Volkes gestrichen werden.« Eine Anzeige des Revolutionskomitees der Sektion Théâtre-Français vom 30. Juni 1793 erklärt alle Advokaten, Staatsanwälte, Kanzleiangestellten als »allen guten Bürgern verdächtig« (*AN*, W 6, d. 268).

32 Brunot (S. 711) findet den Ausdruck »honnêtes gens« zum erstenmal im *Tribun du peuple* Babeufs (Nr. 35, II, 93). Tatsächlich taucht er in den handgeschriebenen Dokumenten seit Juni 1793 auf.

33 *AN*, F⁷ 4594, pl. 8, p. 34.

34 *AN*, F⁷ 4721; siehe oben S. 23.

35 *AN*, F⁷ 4666. Lamarre wird außerdem seine Teilnahme am Ladensturm vom 25. Februar 1793 zur Last gelegt. Er wurde am 21. Thermidor des Jahres III freigelassen.

36 *AN*, F⁷ 4774[86]. Sie wurde am 5. Prairial des Jahres III auf Anordnung der Vollversammlung der Sektion République verhaftet.

37 Die »honnêtes gens« bezeichnen sich gelegentlich selbst mit dem Ausdruck »ehrsame, tugendsame Bürger« (gens vertueux). Der Schuster Duval aus der Sektion Arsenal, der am 11. Prairial des Jahres III zum Tode verurteilt wurde, war nach dem 9. Thermidor, »in dem Augenblick, als die ehrsamen Bürger sich wieder zeigen konnten«, aus den Vollversammlungen gejagt worden (*AN*, W 546).

38 *AN*, F⁷ 4596, pl. 11, p. 3. Das Revolutionskomitee gibt an, Bertout habe in der Vollversammlung stets die Royalisten und die Unterzeichner bürgerfeindlicher

Petitionen unterstützt. Bertout wurde am 10. Frimaire des Jahres II aus der Haft entlassen.

39 *AN*, F⁷ 4580, pl. 6.

40 *AN*, D III 256⁴, p. 148.

41 *AN*, D III 256⁴, p. 128. Hier handelt es sich um eine ganz elementare Reaktion, da die Lage des Kleinrentners in der Inflation äußerst prekär war. Es war die Reaktion derjenigen, welche arbeiten, gegen jene, die von ihren Einkünften leben. Ein anonymer Brief, den im Juli 1792 die Patriotische Gesellschaft der Sektion Luxembourg erhielt, trennt hier schärfer. Er unterscheidet drei Klassen. Die erste ist die der Reichen, »die am meisten zu fürchtende«. »Die zweite steht der Revolution näher als die erste, sie umfaßt die wohlhabenden Bürger ... Die Rentner zum Beispiel, die nur ein festes Einkommen haben, das ihnen eine sehr bescheidene Existenz erlaubt, die ebenso viele Steuern bezahlen wie früher und deren Vermögen mit der Teuerung der Lebensmittel nicht Schritt hält..., müssen sie nicht endlich die alte Gesellschaftsordnung zurückwünschen, da die neue für sie kein anderes Ereignis hat als das, sie immer tiefer ins Unglück zu stürzen?« Die dritte Klasse ist »die dem Staat wahrhaft nützliche, diejenige, der wir Handel und Handwerk verdanken« (*BN*, Mss, Nouv. acq. fr. 2705, f. 49-50).

42 *AN*, F⁷ 4699. Duval wurde am 29. Thermidor des Jahres II auf freien Fuß gesetzt.

43 *AN*, F⁷ 4615, d. 3.

44 *AN*, F⁷ 4765.

45 *AN*, F⁷ 4592, pl. 4, p. 58. Nach dem Zeugnis der Vollversammlung war Becquerel ein guter Patriot.

46 *BN*, Mss, Nouv. acq. fr. 2662, f. 56-57.

47 *AN*, F⁷ 4774⁸⁰.

48 *Le Tribun du peuple*, Nr. 34, vom 15. Brumaire des Jahres IV.

49 *AN*, F⁷ 4775¹⁴. Sie wurde mit der Ermahnung entlassen, hinfort umsichtiger zu sein.

50 *AN*, F⁷ 4667.

51 *AN*, F⁷ 4775⁴⁶. Viguier hatte außerdem geäußert, er »trauere dem Regime Robespierre nach; er sei damals zufriedener gewesen als heute«. Er wurde am 3. Thermidor des Jahres III entlassen.

52 *AN*, F⁷ 4709. In den Prairialtagen hatte Fortier, ohne selbst lesen zu können, eine Schrift mit der Erklärung verbreitet: »Wir pfeifen auf Dekrete, wir brauchen Brot!« Er wurde am 17. Thermidor des Jahres III freigelassen.

53 *AN*, F⁷ 4774³². Abschriften dieser Anzeigen finden sich in: AN, W 180. Sie waren am 22. und 23. Germinal des Jahres II erstattet und dem Sicherheitsausschuß zugeleitet worden. Er war damals nichts darauf erfolgt.

54 *Les Affiches de la Commune de Paris* vom 27. August 1793. Am 26. ordnete der Generalrat die Ausgabe des Bürgerausweises an: der angeschuldigte Bürger besaß nur 180 Livres Rente.

55 *AN*, F⁷ 4712.

56 *AN*, F⁷ 4584, pl. 4, p. 18. Ein weiterer Vorwurf gegen Bapst: »Er habe in der Vollversammlung das Volk in deutscher Sprache beschimpft.« Bapst wurde am 19. Thermidor des Jahres II aus der Haft entlassen.

57 *AN*, F⁷ 4727. Godefroy wurde am 25. Thermidor des Jahres II auf freien Fuß gesetzt.

58 *AN*, F⁷ 4721.

59 *AN*, F⁷ 4775¹³. Santerre wurde außerdem vorgeworfen, er sei geizig.

60 *Archives du département de la Seine* (im folgenden zitiert: *ADS*), 4 AZ 698, ohne Datum.

61 *AN*, D III, 251-252, d. l.

62 *AN*, W 112. – Siehe auch die Anzeige gegen den Arzt und ehemaligen Polizeikommissar der Sektion Thermes, Victor Bach, vom 20. Prairial des Jahres III. Am 20. Germinal des Jahres II hatte er die Reichen angezeigt, die es gewagt hatten, bei einer Sammlung für den Erwerb von Salpeter 20 Sous bis 5 Livres anzubieten, »während die Werkstattarbeiter, die nur 4 Livres am Tage verdienen, 5, 6 und sogar 12 Livres gespendet haben«. Die Vollversammlung übergab eine Liste dieser Bürger dem Revolutionskomitee, damit es Erkundigungen über sie einzöge. *BN*, Lb⁴⁰ 2169; Tourneux, Nr. 8997.

63 Siehe seine Proklamation aus Nevers vom 2. Oktober 1793. »Eigennützige Reiche, Ihr seid schuld an allen unseren Leiden.« *Journal de la Montagne* vom 10. Oktober 1793.

64 *AN*, C 355, pl. 1860, p. 7.

65 *AN*, F⁷ 2494.

66 *AN*, F⁷ 2509, f. 56.

67 *AN*, F⁷ 4774⁸.

68 *AN*, F⁷ 4635, d. 2.

69 *AN*, F⁷ 4602, pl. 7, p. 32.

70 *AN*, F⁷ 4774³⁵, Notiz des Zivilausschusses vom 27. Messidor des Jahres III. Marlée predigte »diese angebliche Gleichheit, in deren Namen so viele Verbrechen begangen worden sind«. Der Zivilausschuß läßt aber der Uneigennützigkeit Marlées Gerechtigkeit widerfahren: »Selbst arm, hat er Unglücklichen im Elend mit Geld ausgeholfen.«

71 *AN*, D III 255-256¹, p. 18; Markov/Soboul, Nr. 40. Dieser Petition schlossen sich 36 Sektionen an.

72 *APP*, A A/266, p. 73.

73 P.-B. Buchez / P.-C. Roux, *Histoire parlamentaire de la Révolution française au Journal des Assemblées nationales depuis 1789 jusqu'en 1815*, 40 Bde., Paris 1934/38, Bd. 31, S. 102, zit. nach: Brunot, S. 712.

74 *AN*, W 112; Pierre Caron, *Paris pendant la Terreur. Rapports des agents secrets du ministère de l'Intérieur*, Bd. 4, Paris 1949, S. 357.

75 *APP*, A A/266, f. 99.

76 *AN*, F⁷ 4774⁴⁵, Anzeige ohne Datum und Unterschrift.

77 *AN*, F⁷ 4766.

78 *Moniteur*, Bd. 18, S. 90.

79 *AN*, F⁷ 4595, pl. 2, p. 70, Bericht des Revolutionskomitees über die Verhafteten, ohne Datum (Jahr II). Dussautoy wurde am 19. Thermidor des Jahres II freigelassen. Über die Feindseligkeit der Sansculotten der Sektion Lombards gegenüber den Kaufleuten siehe weiter unten.

80 *AN*, F⁷ 4645, Brief des Revolutionskomitees an die Polizeiverwaltung vom 6. Oktober 1793.

81 *AN*, F⁷ 4758, Bericht des Revolutionskomitees, 26. Germinal des Jahres II.

82 *AN*, F⁷ 4595, pl. 2, p. 70, Bericht des Revolutionskomitees über die Verhafteten, ohne Datum. Duthu und Garillaud (oder Garilleau) wurden am 19. Thermidor des Jahres II entlassen.

83 Bericht an die Vollversammlung der Sektion Unité in der Sitzung vom 10. Ventôse ... im Namen des Fünferausschusses, der mit der Überprüfung ihrer Protokolle beauftragt ist. *BN*, Lb⁴⁰ 530; Tourneux, Nr. 8784.

84 *BN*, Lb⁴⁰ 2432, ohne Datum; Tourneux, Nr. 9710.

85 Siehe vor allem Père Duchesne, Nr. 279, von Ende August 1793: »Ein Vaterland, he? Die Kaufleute haben keins...« Siehe auch die Nr. 300, vom September 1793.

86 Siehe vor allem die Denunziationen gegen Bouland an das Revolutionskomitee der Sektion Finistère: »... Hat nie aufgehört, ›Wehe! über die Kaufleute‹ zu schreien« (*AN*, F⁷ 4611, vom 11. Floréal des Jahres II).

87 *AN*, F⁷ 4663. Davelin behauptet in seiner Reklamation, diese Anschuldigung sei absurd: er sei selber Kaufmann. Dieses Argument fand keine Anerkennung. Viele kleine Krämer erhoben sich im Jahre II gegen die Großkaufleute. Am 15. Fructidor des Jahres II erhielt Davelin seine Waffen zurück.

88 *AN*, W 548. Brabant wurde von einem Krämer angezeigt. Er wurde am 8. Thermidor des Jahres III freigelassen.

89 *AN*, F⁷ 4631. Caillaud wurde am 28. Vendémiaire des Jahres IV in Freiheit gesetzt.

90 *AN*, F⁷ 4587, pl. 3, p. 93. Barqui wurde am 9. Thermidor des Jahres III entlassen.

91 *AN*, F⁷ 4774⁹⁹.

92 *AN*, F⁷ 4774⁸⁵.

93 *AN*, F⁷ 4635, d. 2, Bericht der vereinigten Ausschüsse über die Inhaftierten der Sektion Quinze-Vingts vom 17. Messidor des Jahres III; Markov/Soboul, Nr. 112.

94 *AN*, F⁷ 4775¹⁸. Das war einer der Vorwürfe, die gegen Servière bei seiner Verhaftung am 5. Prairial des Jahres III erhoben wurden. In einem Protokoll vom 27. Messier führt das Zivilkomitee dieses Verhalten »auf den Mangel an Bildung, seinen Parteigeist und überhaupt die Wirrnis in seinem Kopfe« zurück.

95 *AN*, F⁷ 4645. Chenaux wurde am 5. Prairial des Jahres III verhaftet, am 20. Messidor aber wieder auf freien Fuß gesetzt. Über derlei Reden, die anläßlich der Plünderungen vom 25. Februar 1793 geführt wurden, siehe *Moniteur*, Bd. 15, S. 627.

96 *AN*, F⁷ 4664. Debon wurde am 9. Thermidor des Jahres III entlassen.

97 *AN*, F⁷ 4594, pl. 3, p. 27. Bergeron wurde am 12. Pluviôse des Jahres III entlassen (*AN*, F⁷ 2203).

98 Es geht nicht an, alle Anschuldigungen wegen Aufrufs zur Plünderung, die im Prairial des Jahres III gegen frühere »Schreckensmänner« erhoben wurden, für bare Münze zu nehmen. Der Buchhändler Masson, Mitglied des Zivilkomitees der Sektion Bon-Conseil, antwortet auf diese Anklage: wenn er schon die Preisüberhungen und die Kaufleute, die schuld daran waren, angezeigt habe, so habe er doch niemals die Plünderung befürwortet. »Habe ich denn nicht selber einen Laden?« (*AN*, F⁷ 4774³⁸, vom 5. Prairial des Jahres III) Die Aufforderung zur Plünderung oder ihre Rechtfertigung bezogen sich außerdem nur auf die Lebensmittelgeschäfte und die Waren des täglichen Bedarfs.

99 *AN*, F⁷ 4585, pl. 5, p. 73; Markov/Soboul, Nr. 109.

100 *AN*, F⁷ 4595, pl. 8, Anzeige vom 15. Frimaire des Jahres III.

101 *AN*, F⁷ 4631, d. 3. Calvet wurde am 21. Ventôse des Jahres III verhaftet und am 6. Fructidor entlassen.

102 *AN*, F⁷ 4702, dossier Fargère. Er wurde am 3. Prairial wegen seiner Teilnahme an den Unruhen der vorangegangenen Tage verhaftet. Seine Frau war Stammgast auf den Tribünen der Jakobiner : »Sie behängte sich an den Festtagen mit allen Insignien besagter Gesellschaft.«

103 *AN*, F⁷ 4664⁹⁷. Rohait wurde daraufhin prompt verhaftet, aber am 9. Floréal des Jahres III wieder entlassen.

Für den maßgeblichen Anteil, den die Teuerung des Lebensunterhaltes auf den Haß der Sansculotten gegenüber den Kaufleuten und auf ihre terrorfreundliche Haltung hatte, seien als weiterer Beweis die Worte des Zeitungsverkäufers Augustin Robillard aus der Sektion Montreuil angeführt, als er auf der Place de Grève am 24. Frimaire des Jahres III die auf dem Schafott zur Schau gestellten Leichen von Dieben sah: »Nicht die kleinen Diebe müsse man bestrafen, sondern die Kaufleute, die für 200 Livres verkaufen, was 60 wert ist; das seien die Gauner, die man umlegen müßte« (*AN*, F⁷ 4774⁹⁴).

104 *AN*, F⁷ 4596, pl. 4, p. 43, Auszug aus dem Protokoll der Vollversammlung vom 10. Prairial des Jahres III.

105 *AN*, W 546. Von der Verkäuferin eines Lebensmittelhändlers angezeigte Äußerungen.

106 *AN*, F⁷ 4774³³. Barrucand wurde am 5. Prairial des Jahres III verhaftet.

107 *AN*, F⁷ 4589, pl. 2, p. 1. Baudit wurde am 5. Prairial zusammen mit seinem Freund, dem Uhrmacher Gamey, verhaftet. Sie waren von einem Papierhändler, einem Großkaufmann, einem Kaffeewirt und einem Posamentenhändler angezeigt worden. Sie wurden am 30. Thermidor des Jahres III entlassen.

108 *AN*, F⁷ 4706. Ferrier wurde am 6. Prairial verhaftet, am 6. Thermidor wieder in Freiheit gesetzt.

109 *AN*, F⁷ 4584, pl. 5. Baillieux wurde am 6. Prairial des Jahres III inhaftiert.

110 *AN*, F⁷ 4586, pl. 3, Bericht des Zivilkomitees vom 4. Thermidor des Jahres III.

111 Das wissen natürlich auch die Sansculotten. Davon gibt u. a. Zeugnis: Adresse an die Franzosen über die Notwendigkeit eines baldigen Zusammenschlusses, verlesen vor der Vollversammlung der Sektion Bonne-Nouvelle durch den Bürger Jault, einen ihrer Vertreter bei der Kommune, am 22. Juni 1793. *BN*, Lb⁴⁰ 1740; Tourneux, Nr. 7967. Jault wendet sich an die »reichen Verächter der Revolution«, an die »im Überfluß lebenden Egoisten«: »Einigen wir uns wenigstens in unseren Anschauungen, begraben wir seit langem immer wieder angefachte Haßgefühle...« Der Feind ist für die einen wie für die anderen der gleiche: was geschähe, wenn das Ancien régime wiedererrichtet würde, wenn die Adligen zurückkehrten? Dergleichen Appelle an die Reichen, sich mit dem Volke gegen den gemeinsamen Feind zu verbinden, kehren oft genug wieder. Siehe auch: Sektion Mail, Wunsch eines Bürgers, dem einmütig zugestimmt wurde, vom 22. März 1793. *BN*, Lb⁴⁰ 1951; Tourneux, Nr. 8624.

112 *Père Duchesne*, Nr. 279, vom August 1793. Hébert führt im einzelnen aus (und unterstreicht dadurch den utopischen Charakter seiner sozialen Konzeption): »Ich habe mehrere Geschäftsleute gekannt, die wie Väter zu ihren Arbeitern waren. Sie begnügten sich mit mäßigem Gewinn... Sie wollten keine ungeheuren Reichtümer aufhäufen... Leider sind Menschen dieses Schlages rar, aber ich hoffe, die Republik wird sie hervorbringen.«

113 Über den Gebrauch des Wortes »prolétaire« in der Revolution siehe Brunot, S. 710.

114 *BN*, Lb⁴⁰ 2195; Tourneux, Nr. 9686. In Druck gegeben auf Anordnung der Volksgesellschaft der Freunde der Gleichheit am 7. Brumaire des Jahres II.

115 *AN*, W 191, Bericht des Polizeibeobachters Charmont vom 28. Pluviôse des Jahres II; Caron, S. 144.

116 Zit. nach: Brunot, S. 708.

117 *Journal de la Montagne* vom 10. Juli 1793.

118 *Moniteur*, Bd. 16, S. 101. Petion bezieht sich auf einen Resolutionsentwurf

der Sektion Halle-au-Blé. Dieser volksmäßigen Auffassung des Begriffs »Sansculotte« setzt er eine weiter gefaßte Definition entgegen, die den sozialen Aspekt der Frühjahrskrise von 1793 verdeckt: »Wenn man darunter die braven Bürger des Dritten Standes verstand ...«

119 Père Duchesne, Nr. 283, siehe auch Nr. 339. Hébert definiert hier den Sansculotten als »den armen Schelm, der von der Hand in den Mund lebt und Blut und Wasser schwitzt, um seine Familie zu ernähren«.

120 *AN*, C 272, pl. 675, p. 8; Markov/Soboul, Nr. 37. – Im gleichen Sinne ist die Definition des Sansculotten durch die Volksgesellschaft von Mende vom 9. Pluviôse des Jahres II gehalten: »... wahre Sansculotten, das heißt Leute, die sozusagen keine andere Quelle für ihren Lebensunterhalt besitzen als die Arbeit ihrer Hände ...« Departementsarchiv Lozère, L 532, zit. nach: Richard Cobb, *Note sur la répression contre le personnel sans-culotte de 1795 à 1801*, in: *Annales historiques de la Révolution française* (im folgenden zitiert: *AHRF*), 1954, S. 363.

121 *AN*, F^7 4645. Die soziale Stellung der drei abgesetzten Kommissare bestätigt, daß es sich hier sehr wohl um einen Klassenkonflikt handelt: der eine war Apotheker, der zweite ein ehemaliger Hutfabrikant, der dritte Bauunternehmer. Die Angelegenheit wurde dadurch noch erschwert, daß sie die Entschädigungen abgelehnt hatten, »auf die ihre Kollegen, die wahren Sansculotten, nicht verzichten konnten. Das nahmen sie zum Vorwand, sich nicht verpflichtet zu fühlen, der Sache des Volkes einen Dienst zu erweisen, und so hatten sie sich angewöhnt, als Herren herumzukommandieren, und den Männern, die von der Sache mehr verstanden als sie selber.«

122 *AN*, F^7 4775[48]. – Das Wort »ouvrier« schließt in dieser Zeit den Gedanken der Armut in sich ein. Brunot, S. 1198, stellt heraus, daß unter dem Konsulat und dem Kaiserreich, als sich die wirtschaftliche und soziale Situation noch mehr verschlechterte, »Arbeiter« mehr und mehr zum Synonym für »Bedürftiger« wird.

123 *AN*, F^7 4736, dossier Guin.

124 *AN*, F^7 4659. Damilot wurde am 3. Germinal des Jahres III verhaftet. Er war schon einmal, am 30. Ventôse des Jahres II, ins Gefängnis geworfen worden, weil er die Versammlung »durch überspitzte Anträge« in Unruhe versetzt hatte; außerdem hatte er sich als »Vater der Sansculotten« bezeichnet (*AN*, F^7 4778).

125 Bericht im Namen der dazu beauftragten Kommissare, zufolge von Beschlüssen der Vollversammlung der Sektion Bon-Conseil ..., die Aussagen der Bürger zu Protokoll zu nehmen, die Opfer oder Zeugen von tyrannischen oder Willkürakten geworden sind, vom 20. Germinal des Jahres III. *BN*, Lb^{40} 1733; Tourneux, Nr. 8502. Der Bericht wirft dem Revolutionskomitee vor allem vor, sich das Recht angemaßt zu haben, »die Kaufleute und die Reichen willkürlich zu besteuern«.

126 So muß wohl der Ausdruck »bourgeois sans-culottes« aufgefaßt werden, auf den man hier und da stößt. Siehe *AN*, F^7 4706, dossier Festuaux, Fächerhändler, Sektion Temple.

127 Père Duchesne, Nr. 283.

128 Brunot, S. 716, verweist nachdrücklich auf diesen allgemeinen Sinn des Wortes Sans-culotte: »Obwohl auf verschiedene Weise, hat es im Grunde stets die Vorstellung von einem der Republik Verschworenen ausgedrückt.«

129 In einem Bericht des Geheimpolizisten Perrière finden wir folgende Definition: Der Sansculottismus ist »nichts anderes als die Liebe, durch die man sich mit dem Schicksal von seinesgleichen verbunden fühlt. Er darf nicht nach dem Grad der Wohlhabenheit bewertet werden und ist weder dem Armen noch dem Reichen vorbehalten, sondern stellt eine hervorragende Anlage des Charakters und das

Ergebnis einer Erziehung durch die Nation dar« (Markov/Soboul, Nr. 65). Diese Definition idealisierender Tendenz entspricht in keiner Weise den Merkmalen, die die Sansculotten ihrer eigenen Selbsteinschätzung zugrunde legten.

130 *AN*, F⁷ 4743. Herbet wurde verhaftet und am 17. Thermidor des Jahres III wieder in Freiheit gesetzt.

131 *AN*, F⁷ 4774²⁹. Über Brutus Magnier siehe auch: *AN*, W 68, d. 3795, und W 497, d. 523. Brutus Magnier wurde am 3. Thermidor des Jahres III von der Militärkommission für die Aburteilung der Prairialgefangenen zur Deportation verurteilt.

132 *AN*, F⁷ 4775⁴⁸, Affaire J.-B. Vingternier.

133 Père Duchesne, Nr. 339, vom Pluviôse des Jahres II.

134 Voller Wortlaut ist abgedruckt bei Markov/Soboul, Nr. 1.

135 *AN*, F²⁰ 19 und F²⁰ 381, Gesamtaufstellung der Bevölkerung der 48 Sektionen von Paris nach den Erhebungen vom 11. Fructidor über die Auslieferungsregister für die Brotkarten. – Die Ergebnisse dieser Volkszählung von 1794 sind untersucht bei Braesch, a.a.O., Kapitel I, § 1: La population de Paris en 1792. Dort (S. 2) finden sich auch bibliographische Angaben über ältere Arbeiten zum Gegenstand, insbesondere über die Arbeiten von J. Bertillon. N. Kareiev, *La densité de la population des différentes sections de Paris pendant la Révolution*, übers. a. d. Russ. von J. Patouillet, Paris 1912 (entnommen aus: *Н. Кареев,* Неизданные документы по истории Парижских секций *1790-1795* гг., Petersburg 1912); Paul Meuriot, *Le recensement de l'an II, Paris 1918.* Der Autor stützt sich sowohl auf die von verschiedenen Sektionen in den Jahren II und III durchgeführten Zählungen als auch auf die Erhebungen über die Brotkarten vom 11. Fructidor und kommt zu der Zahl 626 582.

136 *AN*, F⁷ 3688⁴. »Wenn man aber von dieser Aufstellung der Pariser Bevölkerung auch keine völlige Exaktheit erwarten darf, so ist es doch sehr wahrscheinlich die dem tatsächlichen Stand am weitesten angenäherte von allen, die bis dato von den Verwaltungsämtern [der Lebensmittelverwaltung] aufgestellt worden sind.« Die Sektionen sind ihrer Bevölkerungszahl nach geordnet. Wir ziehen diese Aufstellung der vom 11. Fructidor vor, denn sie scheint uns, da von der Lebensmittelverwaltung und nicht von den Angestellten des Departements aufgestellt, dem tatsächlichen Stand des Jahres II näher zu kommen.

137 Mit 22 691 Einwohnern steht die Sektion Muséum auf dem dritten Platz. Nach ihr dann die Sektion Montagne (16 719) auf dem achten Platz, Amis-de-la-Patrie (16 648) auf dem neunten, Réunion (16 320) auf dem zehnten, Tuileries (15 148) auf dem elften, Bonne-Nouvelle (14 860) auf dem dreizehnten, Lombards (14 811) auf dem vierzehnten, Bon-Conseil (13 818) auf dem sechzehnten, Marchés (13 146) auf dem zwanzigsten, Gardes-Françaises (12 846) auf dem einundzwanzigsten, Contrat-Social (12 567) auf dem fünfundzwanzigsten, Halle-au-Blé (11 640) auf dem einunddreißigsten Platz. Das sind insgesamt 181 212 Einwohner.

138 Dabei steht die Sektion Unité mit 21 601 Einwohnern an vierter Stelle aller Sektionen. Es folgen Bonnet-Rouge mit 16 744 an sechster, Mutius-Scaevola (16 663) an siebenter, Marat (14 400) an fünfzehnter Stelle. Das sind insgesamt 70 408 Einwohner.

Wir haben nicht den Eindruck, als ergäbe sich aus der Bevölkerungsdichte der einzelnen Sektionen, so wie sie Kareev ermittelt hat, ein bestimmendes Element ihrer politischen Aktivität. Die größte Zusammenballung (über 500 Einwohner auf 1000 Quadratklafter [= ca. 3800 m²]) herrscht in den Sektionen Marchés und Arcis mitten in Paris; es folgen die Sektionen Gardes-Françaises und Lombards mit über

400. Wenn zwar auch noch die Sektionen Contrat-Social, Bonne-Nouvelle, Amis-de-la-Patrie, Bon-Conseil, Réunion und Gravilliers auf dem rechten Ufer des Zentrums, Chalier und Panthéon-Français auf dem linken Ufer der Stadtmitte zu den dichtbesiedelten gehören (mehr als 300), so zählen demgegenüber die Sektionen des Faubourg Saint-Antoine (Popincourt, Montreuil, Quinze-Vingts) weniger als 50 Einwohner auf 1000 Quadratklafter, ebenso wie die Sektion Finistère im Faubourg Saint-Marcel.

139 F. Braesch, *Un essai de statistique de la population ouvrière de Paris vers 1791*, in: *La Révolution française*, Bd. 63, 1912, S. 288. – Die Kartons mit diesen Dokumenten hatten früher die Standortnummer AN, F^{30} 1009-1062 und stehen jetzt unter F^{30} 115-169.

Die von den Arbeitgebern aufgestellten Ziffern umfassen nur männliche Arbeitskräfte; Arbeiterinnen wurden damals in Paris nur wenig beschäftigt. Wir sind geneigt, den statistischen Aufstellungen Braeschs nur Annäherungswert zuzugestehen. Der Austausch der Assignaten hat sich über einen längeren Zeitraum der Jahre 1790 und 1791 hingezogen; dabei machen sich für ein und dasselbe Unternehmen oftmals beträchtliche Schwankungen im Arbeitskräfteeinsatz geltend, denen Braesch nicht Rechnung getragen zu haben scheint. Das gilt besonders für die Saisonschwankungen im Baugewerbe: Der Maurermeister Brou aus der Sektion Faubourg-Montmartre gibt am 21. Juli 1791 24 Arbeiter an, am 18. August 44, am 25. September 84, am 25. November 90 (AN, F^{30} 138). Die Reihe solcher Beispiele könnte beliebig fortgesetzt werden. Zum anderen scheinen Kleinunternehmen mit nur zwei oder drei Gesellen am Assignatenumtausch nicht beteiligt gewesen zu sein. Siehe dazu weiter unten.

140 Cahen hat nach den Papieren des Großen Armenamtes eine Aufstellung über die Pariser Bevölkerung um die Mitte des 18. Jh. angefertigt (Léon Cahen, *La population parisienne au milieu du XVIIIe siècle*, in Revue de Paris, *Bd. 26, 1919, S. 146*). *Er schätzt die Zahl der Lohnarbeiter auf ungefähr 100 000, was eine Arbeiterbevölkerung von 400 000 Köpfen bei einer Gesamtbevölkerung von 500 000 bis 600 000 Einwohnern ergäbe. Es wäre aber hier der Begriff des Lohnempfängers genauer zu klären; Cahen schließt hierunter auch kaufmännische Angestellte ein, die in der Statistik von Braesch nicht mit enthalten sind. Siehe auch Léon Cahen, La répartition de la population de Paris au milieu du XVIIIe siècle*, in: *Bulletin de la Société d'Histoire moderne*, Mai 1911.

141 Genau sind es 10 522. Braesch rechnet die Sektion Panthéon-Français unter die Sektionen des Faubourg Saint-Marcel, womit wir nicht einverstanden sind.

142 Braesch unterscheidet hier zwei Gruppen: diejenige des Zentrums (Sektionen Muséum, Gardes-Françaises, Marchés, Lombards, Arcis) und die der Faubourgs des Nordens (Sektionen Réunion, Gravilliers, Amis-de-la-Patrie, Bon-Conseil, Bonne-Nouvelle, Poissonnière, Bondy, Faubourg-du-Nord). In Wahrheit sind diese beiden Gruppen aufs engste miteinander verschmolzen.

143 Popincourt 1358 Arbeiter, Montreuil 1330, Quinze-Vingts 1831, Observatoire 1133, Sans-Culottes 1695, Finistère dagegen nur 613 Arbeiter. Die Sektionen Observatoire und Sans-Culottes gehören strenggenommen nicht zum Faubourg Saint-Marcel.

144 Popincourt 16,1; Montreuil 15,8; Quinze-Vingts 13. Wenn die Sektionen Observatoire (20,6) und Sans-Culottes (25,7) mit zum Faubourg Saint-Marcel gerechnet werden, so ergibt sich ein Durchschnitt von 20,8 Arbeitern auf einen Arbeitgeber. Braesch nimmt außerdem noch die Sektion Panthéon-Francais dazu; sein Durchschnitt stellt sich auf 19,7.

331

145 So wie Braesch die Sektionen des rechten Ufers einteilt, sind es 20,1 für das Zentrum, 19,2 für die Faubourgs des Nordens.

146 *BN*, Mss, Nouv. acq. fr. 2686, f. 117-122. Die Aufstellungen sind vom 18. Juni 1793 datiert; sie wurden auf Anforderung der Departementbehörden für die Errichtung von Rüstungsfabriken erhoben. Es sind die einzigen, die wir finden konnten. Sie sind abgedruckt bei Walter Markov, *Über das Ende der Pariser Sansculottenbewegung*, in: *Beiträge zum neuen Geschichtsbild. Zum 60. Geburtstag von A. Meusel*, hg. v. F. Klein und J. Streisand, Berlin 1956, S. 176-183.

147 Die Dokumente beziehen sich auf die Sektion Faubourg-Montmartre. *AN*, F^{30} 138.

148 Ein Unternehmen beschäftigt 3 Arbeiter, zwei andere 4, drei 6, ein einziges 7.

149 Dazu kommen zwei Werkstätten mit 5 Arbeitern, zwei mit 6, zwei mit 8, eine mit 9.

150 Dazu kommen zwei Werkstätten mit 3 Gesellen, drei mit 4, eine mit 6. Nach diesen Dokumenten werden die Arbeitnehmer im Zimmerei- und Stellmachergewerbe als Arbeiter, in der Tischlerei und Schlosserei als Gesellen bezeichnet; die erste Bezeichnung würde auf eine größere Zusammenballung der Arbeitskräfte, die zweite auf eine entsprechende Aufsplitterung zutreffen. Das Wort Geselle ist spezifisch für eine durchaus handwerkliche Organisation der Arbeit und der Produktion.

151 *Journal de la Montagne* vom 17. Germinal des Jahres II.

152 Es handelt sich hierbei wohlgemerkt um Unterstützungsempfänger. Aber wie viele Arme gab es, denen keiner half? Im Jahre 1778 schätzte der Pfarrer von Saint-Etienne-du-Mont die Zahl der Bedürftigen in Paris auf 120 000, nicht gerechnet die völlig mittellosen Bettler. 1787 gibt eine Broschüre *Vœu de la dernière classe du peuple* für Paris 200 000 teils durch öffentliche Werkstätten, teils durch die Spinnereien unterstützte Arme an. Der Ausschuß für das Armenwesen schätzt die Zahl der unterstützten Armen für Paris im Jahre 1790 auf ein Zehntel der Bevölkerung. Albert Mathiez, *Note sur l'importance du prolétariat en France à la veille de la Révolution*, in: *AHRF*, 1930, S. 512, hält diese Zahl für noch zu niedrig gegriffen.

153 Popincourt 3930 Bedürftige, Montreuil 4211, Quinze-Vingts 6601.

154 *AN*, W 546. Delorme gehörte trotzdem nicht zu den Bedürftigen, er wird als »Unternehmer für militärische Ausrüstungsgegenstände« geführt. Delorme fügte hinzu, er sei »Soldat seit 1760, und er werde als Soldat sterben«. Als er seinen Säbel dem General Menou übergeben sollte, zögerte er lange und erklärte, »er werde niemals in bessere Hände kommen, als die meinen es waren«. Auf die Anzeige eines Geschäftsmannes wurde er am 5. Prairial des Jahres III zum Tode verurteilt.

155 Die Sektion mit den meisten Bedürftigen, die Sektion République, zählt einen auf acht Einwohner. Demgegenüber steht ein Verhältnis von 1 zu 10 für die Sektion Champs-Elysées und 1 zu 29,8 für die Sektion Tuileries.

156 Siehe dazu den Artikel von Marcel Rouff, *Le personnel des premières émeutes de 1789 à Paris*, in: *La Révolution française*, Bd. 57, 1909, S. 213, und vor allem die wichtigen Aufsätze von George Rudé, *La composition sociale des insurrections parisiennes de 1789 à 1791*, in: *AHRF*, 1952, S. 256; *Les émeutes des 25, 26 février 1793 à Paris, d'après les procèsverbaux des commissaires de police des sections parisiennes*, in: *AHRF*, 1953, S. 33; *The motives of popular insurrection in Paris during the French Revolution*, in: *The Bulletin of the Institute of historical research*, Bd. 26, 1953, S. 53; siehe auch die Bemerkungen von Georges Lefebvre, *A propos des récents articles de George Rudé*, in: *AHRF*, 1953, S. 289.

157 Siehe zum Vergleich Richard Cobb, *Die soziale und politische Zusammenset-*

zung der Pariser Revolutionsarmee, in: *Jakobiner und Sansculotten. Beiträge zur Geschichte der französischen Revolutionsregierung 1793 bis 1794*, hg. v. W. Markov, Berlin 1956, S. 143-149. Wir kommen zu ähnlichen Schlußfolgerungen wie Cobb.

158 *AN*, F⁷ 4577 bis 4775[53], insgesamt 348 Kartons. Eine einfache Aufstellung aller dieser Kartons gibt Pierre Caron, *Le fonds du Comité de sûreté générale*, Paris 1954. Es finden sich hier auch die Akten über die 1793 und im Jahre II durchgeführten Verhaftungen. Deshalb ist die Sammlung für jede Untersuchung über die Terreur unerläßlich, insbesondere für Forschungen über die Anwendung des Gesetzes über die Verdächtigen.

159 S. Hardy, *Mes Loisirs, ou journal d'événements tels qu'ils parviennent à ma connaissance*. *BN*, Mss, Anc. sup. fr. 6680-6687.

160 Jean Jaurès, *Histoire socialiste*, Bd. 4, Paris 1904, S. 1448.

161 *AN*, F⁷ 4774[40]; Markov/Soboul, Nr. 102.

162 Eine Schwierigkeit ganz ähnlicher Art: Unter dem politischen Personal der Randsektionen tauchen Gärtner und Blumenzüchter auf. Waren sie ganz oder teilweise die Besitzer der Ländereien, die sie bearbeiteten? Wenn ja, muß man sie unter die Handwerker und Ladenbesitzer zählen, wenn nein, unter die Lohnarbeiter. Jedoch geben die Dokumente über ihren Besitzstand keinerlei Auskunft.

163 Während Ladainte (*AN*, F⁷ 4757) immerhin zuerkannt wird, er sei ein zwar harter, aber humaner Mann gewesen, findet Veirun, über den nähere Ausführung Fabrikant genannt wird (*AN*, F⁷ 4775[42]), als »Apologet des 31. Mai [1793]« keine Nachsicht. Er macht indessen geltend, daß seine Verhaftung seine 80 Arbeiter brotlos gemacht habe; er wurde am 6. Thermidor entlassen.

164 In diesem Zusammenhang sind auch die kleinen Angestellten niederer Lohngruppen zu nennen, die in der Funktion von Kommissaren zusätzliche Einnahmequellen fanden. Zum Beispiel Rognon aus der Sektion Finistère, Angestellter im Haupthospital: sein Jahresverdienst betrug 700 Livres, während ein Kommissar des Revolutionskomitees auf 1800 Livres kam (*AN*, F⁷ 4774[97]).

165 *AN*, F⁷ 4774[58].

166 *AN*, F⁷ 4774[54], Rechtfertigungsschreiben, ohne Datum.

167 *AN*, F⁷ 4774[45], Aktennotiz, ohne Datum. Miel wurde am 15. Messidor freigelassen.

168 *AN*, F⁷ 4731. Grambeau wurde am 5. Prairial des Jahres III verhaftet, am 28. Messidor entlassen.

169 *AN*, F⁷ 4635, d. 2. Castet wurde am 5. Prairial des Jahres III inhaftiert und am 12. Thermidor auf freien Fuß gesetzt.

Selbstverständlich müssen hier die böswilligen Absichten der thermidorianischen Denunzianten in Rechnung gestellt werden. Musterbeispiel für einen solchen Fall ist die Denunziation des Gastwirts Lemaire aus der Sektion Montagne: »Als Lemaire seine Einnahmen als Gastwirt von Tag zu Tag geringer werden sah, glaubte er Entschädigung zu finden, wenn er sich auf die Seite der Revolution stellte. Er warf sich der Partei der Anarchisten in die Arme ... So kam er zum Rang eines Bataillonchefs der Revolutionsarmee« (*AN*, F⁷ 4774[55], vom 19. Messidor des Jahres III). Auch Lemaire war am 5. Prairial des Jahres III verhaftet worden.

170 *AN*, F⁷ 4730. Gourgaud war am 5. Prairial des Jahres III verhaftet worden. Nach Meinung des Zivilausschusses war er »ein ehrenwerter Mensch von guten Sitten«.

171 *AN*, F⁷ 4774[70], Rechtfertigungsschreiben, ohne Datum.

172 Führen wir immerhin auch den umgekehrten Fall an. Claude Desmartes schied aus dem Revolutionskomitee der Sektion Maison-Commune aus, um seinen

Beruf als Lastträger wiederaufzunehmen, wo er mehr verdiente (Markov/Soboul, Nr. 104). Damit wird unterstrichen, welche gewaltigen Lohnerhöhungen manche Berufsgruppen zu erlangen verstanden hatten.

173 *AN*, F⁷ 3688².

174 *AN*, F⁷ 4759.

175 *AN*, F⁷ 4775²⁶; Markov/Soboul, Nr. 85.

176 *AN*, F⁷ 4774³⁷. Martineau wurde am 5. Prairial des Jahres III verhaftet und am 2. Thermidor aus der Haft entlassen.

177 *AN*, F⁷ 4774³³, dossier Mansienne.

178 *AN*, F⁷ 4774³⁵, Maron wurde am 19. Vendémiaire des Jahres III verhaftet und am 10. Nivôse entlassen, am 5. Prairial erneut verhaftet und am 9. Thermidor in Freiheit gesetzt.

179 *AN*, F⁷ 4774⁴⁰; Markov/Soboul, Nr. 102.

180 *AN*, F⁷ 4766. Larue war »als eingefleischter und blutrünstiger Jakobiner« denunziert und am 6. Germinal des Jahres III verhaftet worden; seine Freilassung erfolgte am 21. Thermidor. Nach Angaben der Denunzianten fiel Larue in den Vollversammlungen von 1793 durch seine »Stentorstimme« und seine »Herkulesarme« auf.

181 *AN*, F⁷ 4712. Frangeux wurde am 5. Prairial des Jahres III verhaftet.

182 *AN*, F⁷ 4774⁴²; Markov/Soboul, Nr. 111.

183 *AN*, F⁷ 4611, d. 5.

184 *AN*, F⁷ 4660; Markov/Soboul, Nr. 105.

185 Siehe darüber die Angaben von Louis Trénard, *La crise sociale lyonnaise à la veille de la Révolution française*, in: *Revue d'histoire moderne et contemporaine*, Nr. 1, 1955, S. 5.

186 Wertvolle Angaben dazu finden sich bei George Rudé, *Les ouvriers parisiens dans la Révolution française*, in: *La Pensée*, Nr. 48/49, 1953, S. 108. Mathiez, *Note sur l'importance du prolétariat . . .*, a.a.O., S. 497, bezieht sich auf ganz Frankreich; es finden sich dort interessante Angaben über die Zahl der unterstützten Armen (S. 512). Über die regionale Herkunft der Arbeiter unterrichtet Georges Lefebvre, *Quelques documents sur le prolétariat parisien en 1789*, in: *AHRF*, 1953, S. 265.

187 Siehe dazu das folgende Kapitel.

188 Siehe dazu weiter unten die Auffassungen der Volksmassen vom Eigentum. Der Begriff der Arbeit gewinnt seine Gestalt erst mit der Entwicklung der wirtschaftlichen und sozialen Organisation der Großindustrie im 19. Jh. Am Ende des 18. Jh. ist er noch sehr vage und von den verkümmerten traditionellen Formen der Arbeit bestimmt. Durch die wirtschaftliche Entwicklung wird der Begriff der Arbeit in dem Maße relevant, wie die Arbeiter selbst sich ihrer Stellung und ihrer Rolle in der Gesellschaft bewußt werden. Dann erst erscheint die Arbeit als eine wesentlich gesellschaftliche Funktion. Viel später noch und durch eine echte Umwertung erhellt ihre entscheidende Rolle bei der Entwicklung des Individuums. Dem Sansculotten erscheint die Arbeit kaum mehr als eine harte Notwendigkeit, um sich den Lebensunterhalt zu verschaffen. Siehe dazu Albert Soboul, *Das Problem der Arbeit im Jahre II*, in: *Jakobiner und Sansculotten*, S. 151.

189 *AN*, F⁷ 4649. Clique wurde am 15. Prairial des Jahres III auf freien Fuß gesetzt.

190 *AN*, F⁷ 4618 d. 3; F⁷ 4774⁹²; W 548. Richer wurde am 2. Prairial verhaftet und von der Militärkommission zur Deportation verurteilt.

Anmerkungen zu Kapitel II

1 Markov/Soboul, Nr. 52.

2 *BN,* Mss, Nouv. acq. fr. 2684, f. 113; keine Erwähnung bei Tourneux.

3 *AN,* D XL 23, d. 77, gez. Patron. »Die wahre Freiheit«, schließt der Verfasser, »darf nicht so weit gehen, daß man seinem Mitbürger schaden kann; das ist keine Freiheit mehr, das ist Anarchie, das heißt Schindluder damit treiben.«

4 Petition in Sachen der Versorgung, mit dem Entwurf eines Dekretes, von dem Bürger Renaud, Sektion Marais. *BN,* Lb⁴¹ 2888; Tourneux, Nr. 3914.

5 Abgedruckt bei: Albert Mathiez, *Le manifeste des Enragés*, in: *Annales révolutionnaires,* 7. Jg., 1914, S. 547.

6 *Journal de la Montagne* vom 21. August 1793.

7 Markov/Soboul, Nr. 31.

8 Ebenda, Nr. 52.

9 *APP,* A A/266, p. 254, Urschrift gez. Debon jun., Präsident.

10 Markov/Soboul, Nr. 52.

11 *Les Affiches de la Commune de Paris* vom 4. Frimaire des Jahres II; *Journal de la Montagne* vom 5. Frimaire des Jahes II; *Moniteur,* Bd. 18, S. 505.

12 *BN,* Lb⁴⁰ 1154 g*; Tourneux, Nr. 6433.

13 *BN,* Lb⁴¹ 4737; Tourneux, Nr. 6465.

14 *AN,* F⁷* 2514.

15 Siehe Markov/Soboul, Nr. 108.

16 Entwurf einer Petition an den Nationalkonvent. *BN,* Lb⁴⁰ 1730; Tourneux, Nr. 8497. »Man müsse«, wird in der Petition erklärt, »die Menschenrechte dadurch wahren, daß man alle einzelnen Mitglieder auf der Grundlage der Gleichheit behandelt.«

17 *Les Affiches de la Commune de Paris* vom 28. Brumaire des Jahres II.

18 *Moniteur,* Bd. 18, S. 445. Levasseur hatte voller Empörung vor der Nationalversammlung seine Eindrücke wiedergegeben, die er bei einem Besuch der Küchen des Schlosses der Condé in Chantilly empfangen hatte, das in eine Haftanstalt umgewandelt worden war: »Die Ärmsten der Gefangenen mußten sich mit den Resten des Mahls der Reichen begnügen.« Der Konvent hatte daraufhin sofort beschlossen, daß die Gefangenen auf eine »gleichmäßige und brüderliche Ration« zu setzen seien. Chaumette verlas dieses Dekret des Konvents vor der Kommune und empfing lebhaften Beifall (*Moniteur,* Bd. 18, S. 538).

19 *AN,* D XLII 11. Dieser Bericht ist bei Caron, *Paris pendant la Terreur,* nicht angeführt.

20 *AN,* W 78, Aussage von Joséphine Belledame, Büroangestellte bei dem Kaufmann Lohier, vom 29. Ventôse des Jahres II; Alexandre Tuetey, *Répertoire général des sources manuscrites de l'histoire de Paris pendant la Révolution française,* 11 Bde., Paris 1890/1914, Bd. 10, Nr. 2526.

21 *AN,* W 112.

22 *AN,* F⁷ 4592, pl. 6, p. 35, Protokoll des Polizeikommissars der Sektion Brutus. Die Verhaftung wurde vom Sicherheitsausschuß bestätigt (*AN,* AF II* 298). Béguin wurde außerdem vorgeworfen, er habe »Es leben die Jakobiner!« gerufen.

23 Caillau wurde deswegen am 8. Prairial des Jahres III verhaftet (*AN,* F⁷ 4631, d. 2). – Viele Sansculotten waren der Auffassung, der nationalisierte Grundbesitz müßte ihnen übereignet werden. In der Sektion Homme-Armé wurde am 8. Prairial des Jahres III eine Frau Chalandon verhaftet, »weil sie im Hinblick auf die Häuser in der Rue du Grand Chantier und auf die Bürger, von denen einer die Absicht

geäußert hatte, ein solches Haus, das Nationaleigentum war, zu erwerben, gesagt hatte, sie sei dagegen, sie sollten nicht verkauft, sondern ihnen übergeben werden, und sie, die Frau Chalandon, hoffe sehr, sie werde ihr Teil davon bekommen« (*AN*, F⁷ 4637).

24 *AN*, F⁷ 4653. Cordebar wurde am 15. Fructidor des Jahres II entlassen.

25 *AN*, F⁷ 4774⁶⁰.

26 *BN*, Lb⁴⁰ 1760; Tourneux, Nr. 8615.

27 Auszug aus den Beratungsprotokollen der Sektion Panthéon-Français vom 22. September 1792. *AN*, F¹¹ 218. Keine Erwähnung bei Tourneux. Am Schluß der Entschließung wird eine Preisfestsetzung gefordert »für den Fall übermäßiger Preise sowie offenkundigen und fortgesetzten Mißbrauchs des Rechtes auf Eigentum und der freien Verfügung darüber im Handel mit Getreide, Fleisch und Wein«.

28 Siehe Anm. 2.

29 Siehe oben, Anm. 4. Die Petition schließt: »Wer könnte die Stirn haben und auf sein Eigentumsrecht an einer Ware pochen, von der die Existenz aller abhängt?«

30 »Kein Sterblicher hat in einem solchen Augenblick das Recht, mehr für sich in Anspruch zu nehmen, als er für seinen eigenen Unterhalt von einer Ernte zur anderen braucht. Alles, was darüber ist, muß zu mäßigem Preis an diejenigen verkauft werden, denen ihr Vermögen erlaubt, es zu bezahlen, und die Gesellschaft schuldet es den Armen.«

31 Siehe Anm. 9.

32 *AN*, AD I 70; *Moniteur*, Bd. 18, S. 381. Der Plan sieht eine Beibehaltung des Groß- und Kleinhandels vor, aber unter Kontrolle des Staates, wobei der Staat eine Handelsspanne von 6 Prozent erhält. Die Großhändler beziehen ihre Ware aus den staatlichen Magazinen, ihre Provision soll 8 Prozent betragen; die Kleinhändler verdienen 12 Prozent.

33 *AN*, W 112, Bericht des Polizeibeobachters Perrière vom 23. Ventôse des Jahres II.

34 Markov/Soboul, Nr. 108. Journet nimmt in mancher Hinsicht das System Babeufs vorweg. Er wurde am 5. Prairial des Jahres III verhaftet. Als weiterer Verhaftungsgrund kam hinzu, daß er am Abend des 8. Thermidor erklärt habe, »Robespierre habe wie ein Gott gesprochen«. Er wurde am 15. Thermidor wieder auf freien Fuß gesetzt.

35 *ADS*, D 989.

36 *Moniteur*, Bd. 13, S. 438.

37 *Journal de la Montagne* vom 21. August 1793.

38 *BN*, Mss, Nouv. acq. fr. 2654, f. 113. Der Titel schon unterstreicht den utopischen Charakter der Broschüre: »Der Königskuchen. Bürger! Hier ist ein Familienfest. Wo ist der Anteil des Armen?«

Dieser Schrift steht jene eines gewissen Hugues Nardon zur Seite, der die Versöhnung zwischen Armen und Reichen predigt: »Verteilt Eure Reichtümer unter die Armen, laßt Euren Überfluß in die Hütten strömen, häuft keine Schätze auf!« So werden die Reichen angeredet. Und die Armen: »Hasse den Reichen nicht, er ist Dein Feind nicht. Wenn der Zufall ihm zu Reichtum verhalf, so wird er von nun an Dein Vater, Dein Freund, Dein Wohltäter sein . . .« (*AN*, AD I 69, ohne Datum)

39 Essai sur les moyens d'améliorer le sort de la classe indigente de la société. *BN*, Lb⁴⁰ 2056; Tourneux, Nr. 8653. »Damit«, so schließt der Verfasser, »schafft Ihr alle Leihhäuser, Pfandleihanstalten und anderen Einrichtungen dieser Art ab, deren Prosperität auf nichts anderem beruht als auf dem Elend der Massen.« Dieser Plan wurde in zwei Sitzungen der Vollversammlung der Sektion Fédérés diskutiert.

40 Petitionsentwurf der Volksgesellschaft Lepeletier an den Nationalkonvent. BN, *Mss, Nouv. acq. fr.* 2660, f. 259. Keine Erwähnung bei Tourneux. Siehe auch die Beratung der Gesellschaft vom 2. Frimaire des Jahres II (ebenda, f. 57).

41 »Keiner soll mehr Ländereien in Pacht haben können, als für eine begrenzte Anzahl von Pflügen vonnöten sind.« Diese Forderung nach einer Beschränkung der Anbaufläche des einzelnen Landwirts oder nach Aufteilung großer Güter, die den Sansculotten der ländlichen Gegenden gemein ist (siehe Georges Lefebvre, *Questions agraires au temps de la Terreur*, 2. Aufl., Paris 1954, vor allem *Einführung*, S. 59), ist den Pariser Sansculotten durchaus nicht fremd; gleichwohl erscheint sie in einer klaren Formulierung nur selten in den Texten. Hébert erwähnt sie in der Nummer 345 seines *Père Duchesne* vom Pluviôse des Jahres II: »Um mit einem Schlage der Großgrund- und Handelsaristokratie den Garaus zu machen, sollte man alle großen Güter in kleine Pachtgüter aufteilen.« Die gleiche Forderung ist auch in den *XVI commandements patriotiques* von Palloy enthalten: ». . . habe nie mehr als ein Gut unter dem Pflug« (*AN*, AD I 65).

42 Markov/Soboul, Nr. 31.

43 *Moniteur*, Bd. 14. S. 636. Robespierre fährt fort: »Es stimmt nicht, daß das Eigentum jemals in einem Widerspruch zum Lebensunterhalt der Menschen stehen könnte, der ebenso heilig ist wie das Leben selbst. Alles, was dazugehört, ihn zu sichern, ist Gemeineigentum der gesamten Gesellschaft; nur was darüber ist, darf persönliches Eigentum sein und dem Unternehmerfleiß der Kaufleute überlassen werden.« Robespierre gehörte damals zur Opposition. Später wird Saint-Just in seinen *Institutions républicaines* schreiben: »Das Brot gehört in einem weise gelenkten Staat Rechtens dem Volke.«

44 *BN*, Le[38] 2461; Tourneux, Nr. 6510. Momoro schließt daraus, daß die Erzeugnisse der Landwirtschaft nicht »mit dem anderen, eigentlichen Eigentum auf eine Stufe gestellt werden könnten«. Eine Schlußfolgerung, die mit der Vorherrschaft der Landwirtschaft in der Ökonomie der damaligen Zeit in Einklang steht.

45 *Père Duchesne*, Nr. 273. Siehe auch ebenda, Nr. 289, vom September 1793: »Ich höre immer von Achtung vor dem Eigentum reden – gut und schön, aber ist das allererste und wichtigste Eigentum nicht die Existenz? Gibt es irgendeine Autorität auf der Welt, die sie rauben dürfte? Die Erde, genauso wie Luft und Wasser, gehört allen Menschen.«

46 *Opinion publique, ranime-toi . . .*, von L.-P. Dufourny, Präsident des Departements Paris. *AN*, AD I 65.

47 Siehe dazu z. B. die Anklagerede Chaumettes vom 6. Mai 1793. *BN*, Mss, Nouv. acq. fr. 2649, f. 35, *Discours du citoyen Chaumet, procureur de la Commune, sur les mesures de salut public à prendre dans les circonstances actuelles.*
Zur Ansicht Héberts über diesen Punkt siehe den *Père Duchesne*, Nr. 272, vom August 1793: ». . . die einen haben alles, die anderen nichts«; oder seine Beschreibung der Republik, »wie sie in einigen Jahren aussehen wird«: »Die Sansculotten bilden eine große Familie; sie kennen nur noch die heilige Gleichheit; . . . Man sieht keine reichen Müßiggänger mehr, aber es gibt auch kein Elend mehr . . .« (Ebenda, Nr. 338, vom Pluviôse des Jahres II)

48 *BN*, Lb[41] 2383. Billaud-Varenne fährt fort: »Wenn die Anhäufung großer Massen von Reichtümern in der Hand einer kleinen Anzahl von Personen in immer stärker werdendem Maße alle Übel der Gesellschaft nach sich zieht, so führt die Wohlhabenheit der großen Masse der Nation, als Frucht ihrer Arbeit, ihres Fleißes und ihrer kaufmännischen Unternehmungen, eine Nation zum höchsten Grade von Wohlstand und verleiht ihrer Regierung wahrhaft Größe.«

49 Über die sozialen Auffassungen Robespierres siehe Lefebvre, *Questions agraires au temps de la Terreur*, S. 4; derselbe, *Discours sur Robespierre*, in: *AHRF*, 1933, S. 492.

50 Siehe Albert Soboul, *Les Institutions républicaines de Saint-Just d'après les manuscrits de la Bibliothèque nationale*, in: *AHRF*, 1948, S. 193.

51 Siehe André Lichtenberger, *Le socialisme et la Révolution française. Etude sur les idées socialistes en France de 1789 à 1796*, Paris 1899. – Diesen montagnardischen und sansculottischen Auffassungen von der »Gleichheit des Lebensstandards« und über die notwendige Einschränkung des Eigentumsrechtes stehen jene der Girondisten gegenüber. Am 13. März 1793 erklärt Vergniaud: »Für den gesellschaftlich verhafteten Menschen gibt es nur eine Gleichheit des Rechts« (*Moniteur*, Bd. 15, S. 705).

52 *Bibliothèque historique de la Ville de Paris* (im folgenden zitiert: *BHVP*), 109 586 (Artikel XXVII).

53 *Idée sur l'espèce de Gouvernement populaire qui pourrait convenir à un pays de l'étendue et de la population présumée de la France. Essai présenté à la Convention nationale par un citoyen*, 1792. *AN*, AD I 65. Ebenso setzt der Autor ein Maximum für Mitgiften, »die aus landwirtschaftlichem Besitz oder anderen Immobilien bestehen«; soweit es sich aber um Geld oder Effekten handelt, können sie »in jeglichen Werten mitgegeben werden«.

Ein weiterer Beweis für diese Haltung, in der eine gesellschaftliche Position zum Ausdruck kommt, ist das *Projet de Constitution par Lagrange et Dupin employés au Département de Paris*, welches vorsieht, daß »Grundeigentum höher besteuert werden soll als Geschäftseigentum und dieses wieder mehr als industrielles Eigentum«. *AN*, AD I 65, ohne Datum [Jahr II].

54 Siehe oben.

55 In der Einführung zu seinem Werk: *Le socialisme et la Révolution française. Etude sur les idées socialistes en France de 1789 à 1796*, schreibt A. Lichtenberg, daß sich der Übergang vom Sozialismus als spekulativ-moralischer Doktrin zu einem Sozialismus der politischen Aktion während der Revolution vollzogen habe. Ohne hier kritisch auf die mißbräuchliche Verwendung des Wortes Sozialismus eingehen zu wollen, möchten wir bemerken, daß dieser Satz in gewissem Maße umgekehrt werden könnte. Denn aus ihrer revolutionären Aktion schöpften die Sansculotten ihre sozialen Ideen und ebenso zweifellos auch die Robespierristen, insbesondere Saint-Just im Laufe seiner Mission im Elsaß (siehe Albert Soboul, *Sur la mission de Saint-Just à l'armée du Rhin*, in: *AHRF*, 1954, S. 193). Gleiches gilt für Babeuf. Wir möchten sagen, daß zumindest eine wechselseitige Beeinflussung vorliegt.

56 Gegen den Luxus z. B. siehe *Père Duchesne*, Nr. 279, von Ende August 1793; die Lyoner Instruction (Markov/Soboul, Nr. 52); die XVI commandements patriotiques von Palloy (*AN*, AD I 65).

57 *AN*, D XL 23, d. 77, Petition, eingetragen am 10. Februar 1793.

58 *Moniteur*, Bd. 15, S. 615; Bd. 16, S. 108.

59 Ebenda, Bd. 16, S. 759.

60 Ebenda, Bd. 17, S. 521.

61 Ebenda, Bd. 18, S. 538.

62 *AN*, C 285, pl. 831, p. 19.

63 *Moniteur*, Bd. 18, S. 559. – Die durch das Dekret vom 11. April 1793 für den illegalen Handel mit Zahlungsmitteln vorgesehenen Strafmaße wurden durch das Dekret vom 21. Floréal des Jahres II noch verschärft. Das Dekret vom 11. April 1793 wurde am 6. Floréal des Jahres III durch den Konvent aufgehoben. Wie sehr es

den Bestrebungen der Sansculotten entsprach, findet eine weitere Bestätigung darin, daß der Konvent am 2. Prairial des Jahres III unter dem Druck der Volksmassen das Verbot des Handels mit Zahlungsmitteln neuerlich dekretieren mußte. Das Radikalmittel einer Einziehung alles gemünzten Geldes jedoch verweigerten sowohl der Konvent als auch der Wohlfahrtsausschuß. Am 29. und 30. September 1793 hatte Fouché der Provinz Erlasse herausgegeben, die eine Ablieferung von Münzen und Edelmetallen vorschrieben; der Konvent annullierte aber am 23. Brumaire diese Beschlüsse und wies auch mehrere Vorschläge Cambons, die in dieselbe Richtung gingen, zurück. Die Bourgeoisie, die große wie die kleine, maß dem gemünzten Gelde zu großen Wert bei, als daß sich der Konvent zu seiner Einziehung hätte verstehen können.

64 Sektion Faubourg-du-Nord. Protokollauszug der Vollversammlung in Permanenz vom 1. Mai 1793. *BHVP*, 10065*; Tourneux, Nr. 8081.

65 *AN*, C 355, pl. 1860, p. 19.

66 *Moniteur*, Bd. 17, S. 484; Bd. 18, S. 79; Bd. 20, S. 233.

67 *AN*, F7* 2517.

68 *Moniteur*, Bd. 18, S. 492.

69 *AN*, F7* 2510, Protokolle der Vollversammlung der Sektion Invalides. – Über das Funktionieren dieser Werkstatt siehe Mellié, S. 291.

70 *Journal de la Montagne* vom 5. Oktober 1793.

71 *BN*, Mss, Nouv. acq. fr. 2713, f. 46. Dieser Adresse stimmte die Volksgesellschaft Harmonie-Sociale, Sektion Arsenal, zu (ebenda, f. 50).

72 *Moniteur*, Bd. 18, S. 16. – Bezeichnend ist die Haltung Héberts zu dieser Frage. Im *Père Duchesne*, Nr. 311, vom Brumaire des Jahres II, denunziert er die Armeelieferanten, »die sich auf Kosten der Republik bereichern«, »die den Soldaten ausräubern«, ohne jedoch jemals zu verlangen, daß die privaten Armeelieferungen ganz abgeschafft würden, wie es die Sansculotten taten. Seine Haltung ist rein demagogisch.

73 Markov/Soboul, Nr. 61.

74 *BN*, Mss, Nouv. acq. fr. 2662, f. 104.

75 *AN*, F7* 2510. Wir haben keine Spur eines Auftretens dieser Petitionäre bei den Jakobinern finden können.

76 *AN*, D III 253³, d. 1, p. 13. Die Petition wurde am 17. Floréal dem Konvent vorgelegt und an den Ausschuß für Gesetzgebung verwiesen. Der *Moniteur* erwähnt sie nicht.

77 So die sansculottischen Behörden der Gemeinde Heyrieux im Distrikt Vienne (Dep. Isère). Nach Verlesung der Instruktion stellten der Generalrat der Kommune und das Revolutionskomitee entsprechend Art. 1 der Instruktion am 23. Nivôse eine Liste der Personen auf, »die unterstützt werden müssen«, und eine zweite Liste der Personen, »die durch ihre Reden oder ihre Taten dem Fortschritt unserer Revolution Abbruch getan haben und zu denen man auch die Egoisten oder Gleichgültigen rechnen sollte«. Auf der ersten Liste stehen 94 Erwachsene, die 134 Kinder zu versorgen haben, auf der anderen 150 Personen, die als Egoisten, Gleichgültige, Gemäßigte, meistens aber als Fanatiker gekennzeichnet und je nach ihrem Vermögen mit einem Hemd, vier Paar Galoschen, einem guten Unterrock besteuert werden. »Alle armen Familien sind eingekleidet, den Kranken ist Hilfe zuteil geworden.« Gemeindeangestellte und Kommissare wurden später durch die Distriktsbehörden von Vienne angezeigt, verhaftet (sie saßen im Messidor im Gefängnis) und vor das Revolutionstribunal gestellt. Zwei von ihnen wurden am 4. Vendémiaire des Jahres III zum Tode verurteilt (*AN*, W 454, d. 143, und W 150).

78 Adresse der Sektion Piques an den Nationalkonvent vom 30. Germinal des Jahres III ... *BHVP*, 10065*; Tourneux, Nr. 8698.

79 Die auf die Reichen umgelegte Zwangsanleihe von einer Milliarde, die der Konvent am 21. Mai 1793 dekretiert hatte und deren Durchsetzung am 3. September geregelt wurde, möge hier unerwähnt bleiben. Wo sie von sansculottischen Behörden eingetrieben wurde, geschah das nach Regeln, die diese nicht selbst erlassen hatten.

80 Das Dekret vom 14. Frimaire des Jahres II über die Provisorische oder Revolutionsregierung verbietet jede Erhebung einer Steuer, freiwilligen oder Zwangsanleihe, wenn sie nicht durch Dekret angeordnet worden ist (Abschnitt III, Art. 20). Das Gesetz vom 15. Nivôse des Jahres II, das auf Antrag von Merlin de Thionville erlassen worden war, forderte die Rechnungslegung aller Revolutionskomitees und anderer Behörden, die dergleichen Steuern oder Anleihen eingetrieben hatten. Der Artikel VIII des Gesetzes vom 30. Germinal brachte eine neue Verfügung im gleichen Sinne. Dieses Gesetz war auf Vorschlag Cambons angenommen worden. Am 27. Prairial faßte der Wohlfahrtsausschuß einen Beschluß über die Anwendung dieser beiden Gesetze, indem er die Form festlegte, in welcher die Rechnungslegung erfolgen sollte. Wurde mit der Durchführung dieses Beschlusses begonnen? Es scheint nicht so. Es sei immerhin auf die augenfällige Gleichheit der Ansichten des Konvents zu diesem Punkt vor und nach dem 9. Thermidor verwiesen, wodurch sein Klassencharakter erneut unterstrichen wird: er hatte die Steuerpolitik der Massen nur unter Zwang und der Gewalt weichend akzeptiert. Die Sansculotten ihrerseits verstanden es, die Verfügungen des Dekrets vom 14. Frimaire zu umgehen. Sie fuhren fort, *freiwillige* Sammlungen zu veranstalten, die nichts anderes waren als verkappte Revolutionssteuern.

81 *BN*, Mss, Nouv. acq. fr. 2707, f. 230-361.

82 *BN*, Mss, Nouv. acq. fr. 2651, f. 192.

83 *APP*, A A/266, p. 203.

84 *ADS*, D 784. Die Versammlung der Sektion Bondy fügte zu den Besitzenden die besoldeten öffentlichen Angestellten hinzu, indem sie festlegte, daß auch diese ihre Steuererklärung selbst zu machen hätten.

85 *BN*, Mss, Nouv. acq. fr. 2690, f. 121. – Wenn die Sektionsbehörden noch zögern, die Reichen zu besteuern, so bereitet das den einfachen Sansculotten keinerlei Skrupel. Der Maurergeselle Larue, Sektion Lombards, erklärt den Freiwilligen, »sie seien Trottel und Sch ... kerle, wenn sie ins Feld zögen, ohne jeder seine 100 Gulden in der Tasche zu haben«; man sollte »den Reichen der Sektion ein bißchen in den Taschen kramen, und wenn sie nicht mitmachten, sollte man ihnen den Kopf abschneiden und ihnen an die Tür nageln, zur Warnung für die anderen« (*AN*, F[7] 4766; siehe auch D III 256[4], p. 128).

86 *Bibliothèque Victor Cousin* (im folgenden zitiert: *BVC*), Ms 120.

87 *APP*, A A/266, p. 143.

88 *Journal de la Montagne* 21. Brumaire des Jahres II: keine Erwähnung im *Moniteur*.

89 *AN*, F[7] 4774[8].

90 *AN*, F[7] 4774[34].

91 *Journal de la Montagne* vom 15. Pluviôse des Jahres II.

92 *APP*, A A/266, p. 158.

93 *BVC*, Ms 119, f. 49; *AN*, W 174, Bericht des Polizeibeobachters Charmont vom 6. Germinal des Jahres II.

94 Sektion Panthéon-Français, Auszug aus dem Beratungsprotokoll vom 11. Juni 1793. *BN*, Lb[40] 2027 (2); Tourneux, Nr. 8865.

95 *AN*, F⁷* 2486.
96 *APP*, A A/266, p. 174.
97 Plan für die Erhebung eines Beitrags bei den Grundbesitzern und Bürgern der Sektion Bonne-Nouvelle, um die Verpflichtungen zu erfüllen, die die Sektion gegenüber den Freiwilligen übernommen hat, die in den Vendée-Feldzug ziehen. *BHVP*, 10065*; Tourneux, Nr. 7965.
98 Siehe auch die Adresse der Gesellschaft der Freunde der Republik zu Arras an den Konvent vom 7. Juni 1793: »... wir verlangen von Euch diese abgestufte Gleichheit, die die Kosten verteilt, nicht einfach nach Maßgabe des Vermögens, sondern nach Maßgabe des Vermögens und der Bedürfnisse.« Gemeint ist eine Progressivsteuer (*Moniteur*, Bd. 16, S. 615). Erst am 3. September 1793 wurde das Gesetz über die Zwangsanleihe schließlich angenommen.
99 *Moniteur*, Bd. 16, S. 712. »Es hat den Anschein, als wolle man den Reichtum auf Kosten der Kleineigentümer schonen ... Man muß alles vermeiden, was die Gemüter in Aufruhr versetzen kann.«
100 »Die Gesellschaft schuldet den vom Unglück verfolgten Bürgern den Lebensunterhalt, sei es, indem sie ihnen Arbeit verschafft ...« (Art. 21) Es ist dies unter anderer Bezeichnung das Prinzip der Wohltätigkeitswerkstätten des Ancien regime: die Erklärung der Menschenrechte meint nur die *vom Unglück betroffenen* Bürger.
101 Sektion Maison-Commune, Petition an den Nationalkonvent vom 27. Juli 1793. *BN*, Lb⁴⁰ 1945; Tourneux, Nr. 8284.
102 *BN*, Mss, Nouv. acq. fr. 2713, f. 46.
103 *BN*, Lb⁴⁰ 1892*; Tourneux, Nr. 8307.
104 *Moniteur*, Bd. 16, S. 288; Buchez/Roux, Bd. 26, S. 318: »Hinterher sollen diese Summen ... zu gleichen Teilen auf die Bedürftigen jeder Gemeinde oder jeder Sektion verteilt werden.«
105 *BN*, Lb⁴⁰ 3169; Tourneux, Nr. 7936.
106 »Hilfe durch den Staat ist eine heilige Pflicht. Die Gesellschaft schuldet den vom Unglück verfolgten Bürgern den Lebensunterhalt, sei es, indem sie ihnen Arbeit verschafft, sei es, indem sie allen denen, die außerstande sind zu arbeiten, die Mittel für ihren Lebensunterhalt gewährt« (Art. 21).
107 *AN*, C 261, d. 573, p. 30.
108 *Les Affiches de la Commune de Paris* vom 15. August 1793. Wir konnten diese Petition nicht finden.
109 *AN*, C 271, pl. 667, p. 36.
110 *Les Affiches de la Commune de Paris* vom 12. Brumaire des Jahres II; *Journal de la Montagne* vom 13. Brumaire des Jahres II; *Moniteur*, Bd. 18, S. 318.
Die Tätigkeit verschiedener Volksvertreter in Mission und ihrer Gehilfen, die den Pariser Sektionen dank einer lebhaften Korrespondenz gut bekannt war, tat im Herbst 1793 das Ihre, den verschwommenen sozialen Vorstellungen der Sansculotten ein Profil zu geben. Siehe z. B. den Brief von Farot, Kommissar der Exekutivgewalt in Orléans, vom 13. Oktober 1793 an die Sektion Poissonnière. Er berichtet darin über die Tätigkeit des Kommissars Parmentier, der von Laplanche, Volksvertreter in Mission im Dep. Loiret, in den Distrikt von Neuville geschickt worden ist, »um dort die Schikanen der Reichen gegen die Armen abzustellen«. Durch eine Abgabe der Reichen soll Parmentier »eine Volksküche für alle« eingerichtet haben, »die durch die Stützen der Adelsherrschaft bedrückt worden sind« (*BVC*, Ms 118, f. 58).
111 Wir wollen hier nur eine Petition an den Konvent mit dem Datum vom 26.

Brumaire des Jahres II erwähnen, die von einem Bürger der Sektion Poissonnière stammt und gegen die Ärzte gerichtet ist, die als Scharlatane bezeichnet werden. Es wird die Einrichtung einer »Volksmedizin« und die Schaffung einer »Nationalapotheke« in jeder Stadt verlangt, die die Armen, die Hospitäler und die einzelnen Apotheken beliefern soll (*AN*, F^{17} A 1146, d. 4, gez. Cardon).

112 *Journal de la Montagne* vom 30. Nivôse des Jahres II.

113 *BN*, Lb^{40} 2139; Tourneux, Nr. 8340.

114 *BN*, Lb^{40} 2344; Tourneux, Nr. 10096.

115 *AN*, W 112; *Caron*, Paris pendant la Terreur, Bd. 4, S. 255.

116 *BN*, Mss, Nouv. acq. fr. 2662, f. 145; *AN*, F^{7*} 2510.

117 Entwurf einer Adresse an den Nationalkonvent, vorgeschlagen von der Sektion Homme-Armé. *BHVP*, 10065; Tourneux, Nr. 8051. Die dazu notwendigen Mittel sollen jenen entnommen werden, die bisher den Hospitälern und Hospizen von Paris zugeflossen sind, und sich zusätzlich aus patriotischen Abgaben rekrutieren.

118 Abdruck des Protokolls vom gleichen Tage; keine Erwähnung im *Moniteur*.

119 *AN*, W 112, Bericht von Bacon.

120 Für die Zeit vor dem Sturz der Monarchie sei die Petition der Sektion Faubourg-Montmartre an die Gesetzgebende Nationalversammlung vom 18. Juni 1792 genannt (*AN*, D III 256^3, d. 11, p. 4): »Gleichheit und Gerechtigkeit werden sich nur durch eine Bildung festigen, die alle Menschen in den Stand setzen wird, ihre Früchte zu ernten, indem sie ihnen zeigt, worin sie bestehen.«

121 *BN*, Mss, Nouv. acq. fr. 2704, p. 146. Die Ausbildung soll sonntags von 10 Uhr bis Mittag und donnerstags von 17 bis 19 Uhr stattfinden. »Es wird Strafen und Belohnungen geben, die eines freien Menschen würdig sind«: Eintragung ins Protokoll mit lobender Erwähnung und Tadel sowie, in schweren Fällen, Aushang des Namens mit dem Vergehen. Strafen und Belohnungen sollen die Zustimmung der Kinder erfahren. »Kein Kind soll bestraft oder belobt werden, wenn nicht die Zustimmung der Mehrheit vorliegt; deswegen werden sie darüber beraten.« Der Einfluß Rousseaus ist hier ganz offensichtlich. Sechs Mitglieder der Gesellschaft, darunter Hassenfratz, boten sich als Lehrer an. Es existiert leider kein Dokument, das uns über das Funktionieren und die Ergebnisse dieser Sektionsschule unterrichtet.

122 *BN*, Mss, Nouv. acq. fr. 2702, f. 232; keine Erwähnung bei Tourneux.

123 Sektion Amis-de-la-Patrie, Rede über das öffentliche Erziehungswesen von Mittié jun. *BN*, Lb^{40} 1687: Tourneux, Nr. 8725. Siehe auch *BN*, Lb^{40} 1687 A; Tourneux, Nr. 8726, Anmerkung über die Nationalfeste (die »einen der wichtigsten Zweige der öffentlichen Erziehung« darstellen).

124 »Erziehung liegt im Sinne aller. Die Gesellschaft muß mit all ihrer Kraft den Fortschritt des Wissens im Volke fördern und die Bildung für alle Bürger ermöglichen« (Art. 22).

125 *BN*, Lb^{40} 2028; Tourneux, Nr. 8866.

126 *AN*, C 261, d. 573, p. 5. »Denn wir sind alle zutiefst überzeugt, daß es ohne Erziehung keine guten Sitten, ohne gute Sitten keine Tugend, ohne Tugend keine Freiheit gibt.«

127 *AN*, C 261, d. 573, p. 12.

128 *BN*, Lb^{40} 1729; Tourneux, Nr. 8496.

129 *AN*, C 262, d. 578, p. 37.

130 *AN*, C 261, d. 573, p. 18.

131 Ebenda, p. 30.

132 Der Plan Lepeletiers sah vor, daß die Republik die Jungen vom 5. bis zum 12. und die Mädchen vom 5. bis zum 11. Lebensjahr in staatlich unterhaltene Heime aufnahm.

133 *Père Duchesne*, Nr. 277. Diese Nummer erschien, als der Prozeß gegen Custine im Gange war. Hébert legt hier in großen Zügen seine Gedanken zum Erziehungsproblem dar. Sobald ein Kind laufen kann, »soll es in öffentliche Schulen gebracht werden, wo man es mit dem Abc die Verfassung lehrt; sie soll sein erster Katechismus sein. Vor allem dürfen ihm die Priester nie zu nahe kommen . . . Indem wir Herz und Verstand unserer Kinder bilden, gewöhnen wir sie an die Arbeit, sie lernen, Anstrengung zu ertragen, Kälte und Hitze auszuhalten.«

134 *Archives parlamentaires de 1787 à 1860. Recueil complet des débats législatifs et politiques de chambres françaises, 1. Serie (1787-1799)*, 82 Bde., Paris 1867/1914, Bd. 73, S. 9. Folgende Sektionen hatten ihre Zustimmung zu dieser Petition gegeben: Gravilliers, Arcis, Indivisibilité, Muséum, Arsenal, Bon-Conseil, Nord, Contrat-Social, Halle-au-Blé. Der *Moniteur* erwähnt nur »eine Abordnung von Lehrern« (Bd. 17, S. 492).

135 *BN*, Lb⁴⁰ 2035; Tourneux, Nr. 8868. Diese Petition ist vor allem gegen den priesterlichen Fanatismus gerichtet. Sie unterstreicht die Bedeutung der Musik: ». . . die Musik sollte bei uns wie bei den Griechen einen besonderen Platz im Rahmen des Unterrichts einnehmen; sie sollte dazu dienen, die Sitten zu läutern, die sie allzulange korrumpiert hat. Es ist hohe Zeit, daß die Künste, die Kulte, die Leidenschaften, daß alles zum Glück des Volkes beiträgt.« In der Petition wird die Abfassung eines »Lyrischen Handbuchs der Freiheit« gefordert.

136 *Moniteur*, Bd. 18, S. 346.

137 *AN*, C 280, pl. 769, p. 27.

138 *AN*, C 285, pl. 829, p. 11; *Moniteur*, Bd. 18, S. 528. Der Ausschuß für Volksbildung war am 19. Brumaire beauftragt worden, das Dekret vom 21. Oktober zu überarbeiten. Die Diskussion darüber begann im Frimaire.

139 *BN*, Mss, Nouv. acq. fr. 2662, f. 54.

140 *AN*, F⁷* 2495.

141 Die Lehre war frei. Es wurde keinerlei Diplom verlangt, aber man mußte einen Ausweis über staatsbürgerliche Unbescholtenheit vorweisen. Die Schule war unter die gemeinsame Aufsicht der Erziehungsberechtigten und der Sektionen oder Gemeinden gestellt. Die Lehrer wurden von der Republik nach Maßgabe der Schülerzahl entlohnt.

142 Hébert fordert die Volksgesellschaften auf, »der Bildung der Sansculotten einen kräftigen Ruck zu geben, um mit einem Mal den Fanatismus und die Tyrannei zu zerschmettern«, denn die Unwissenheit »habe die Könige gemacht«. Die Volksgesellschaften sollten »lautere und gebildete Männer« bezeichnen, »die die Stellen in den Primärschulen besetzen« und jede Dekade »einen Lehrgang für die armen Sansculotten einrichten sollen«.

143 *AN*, C 292, pl. 935, p. 37. Schon am 2. September 1793 hatten die Lehrer der Sektionen Maison-Commune und Droits-de-l'Homme vom Generalrat gefordert, man möge ihnen »den ihrer angestrengten Arbeit angemessenen Lohn« zugestehen (*Les Affiches de la Commune de Paris* vom 3. September 1793).

144 *AN*, C 292, pl. 936, p. 14.

145 *BN*, Mss, Nouv. acq. fr. 2662, f. 53.

146 Der Text fährt fort: ». . . die ersten dieser Bücher sind die Menschenrechte, die Verfassung, die Darstellung heroischer und tugendhafter Taten.«

147 *Moniteur*, Bd. 19, S. 335. Siehe dazu Brunot, S. 150.

148 *AN*, C 292, pl. 936, p. 14.
149 Ebenda, p. 18.
150 *AN*, W 112; Caron, *Paris pendant la Terreur*, Bd. 4, S. 293.
151 Sektion Sans-Culottes, Protokollauszug vom 10. Ventôse des Jahres II. *BN*, Lb⁴⁰ 2131*; Tourneux, Nr. 8341.
Diese Petition fordert die Außerkraftsetzung des Artikels 1 des Dekrets vom 29. Frimaire des Jahres II, wonach die Lehre frei sei. In Anbetracht dessen, »daß es wesentlich ist, in den Herzen der jungen Bürger alle Prinzipien der Gleichheit entstehen, wachsen und reifen zu lassen, ohne die es keine Freiheit, keine Republik gibt«, fordert sie, alle Kinder sollten in gleichartigen Erziehungshäusern zusammengefaßt sein, wo sie auf die gleiche Art zu kleiden und zu verpflegen wären, damit das Beispiel immer dem Lehrstoff vorausgeht ... Ihre gewöhnlichen Übungen sollen Spiele sein, bei denen ihre körperlichen und geistigen Fähigkeiten ständig in Anspruch genommen sind ... Man soll sie lehren, sich auf kurze und präzise Weise auszudrücken ... Sie sollen in allen dem Menschen nützlichen Künsten geübt werden.« Siehe die Analyse dieser Petition durch den Polizeibeobachter Hanriot (*AN*, W 112, vom 15. Ventôse des Jahres II).
152 *AN*, W 112. »Es genügt nicht«, fährt Hanriot fort, »von Sieg zu Sieg zu marschieren, man muß dafür sorgen, daß er dauerhaft bleibt. Aber wie? Durch ein festes Unterrichtswesen.« Hanriot verweist auch mit Nachdruck auf die Frage der Fibeln.
153 Ebenda.
154 Ebenda, Bericht von Boucheseiche. Der Berichterstatter sagt weiter, daß Familienväter Sekundärschulen verlangen, ihre Kinder wüßten schon alles, was in den »Kinderschulen« gelehrt wird.
155 *AN*, D XXXVIII 2, d. 17.

Anmerkungen zu Kapitel III

1 Der Ausdruck »Volksrepublik« taucht auf bei Etienne Barry, *Essai sur la dénonciation politique*. Siehe dazu oben Anm. 41.
2 Zit. nach: Braesch, *La Commune du 10 août 1792*, S. 1092.
3 *AN*, AD XVI, 70, p. 37; Buchez/Roux, Bd. 25, S. 104, zit. nach: Brunot, S. 737.
4 Sektion Théâtre-Français, Protokollauszug vom 30. Juli 1792, Jahr IV [der Freiheit], Sitzung in Permanenz, Politische Erklärung ..., gez. *Danton*, Präsident, *Anaxagoras Chaumette, Momoro*, Sekretäre. *BN*, Mss, Nouv. acq. fr. 2684, f. 125; Tourneux, Nr. 8913 (ohne Verweis).
5 *AN*, F⁷ 4774⁷⁸, dossier Poiré jun. Poiré, der bei seinem Vater, einem Holzhändler, beschäftigt war, wurde auf Anordnung des Revolutionskomitees der Sektion Finistère am 19. Frimaire des Jahres II verhaftet, weil er gegen den 31. Mai gewesen war und gegen die Ernennung Hanriots zum Kommandanten der Pariser Nationalgarde intrigiert hatte. In seinem Rechtfertigungsschreiben vom 30. Frimaire erläutert Poiré sein »Mißtrauen« gegenüber den Äußerungen Hanriots vom 31. Mai. Poiré unterscheidet »die ehrbaren Reichen, die ihr Vermögen ihrer Arbeit und nützlichen und erlaubten Geschäften verdanken«, von den zu verurteilenden Reichen, »die ihr Gold nur durch Intrigen und verbrecherische Rechenkunststücke erworben haben« – eine Unterscheidung, die auch die Sansculotten selbst oft treffen.

6 *BN*, Lb⁴⁰ 1970*; Tourneux, Nr. 8181.

7 *BN*, Lb⁴⁰ 1693; Tourneux, Nr. 7930.

8 *BN*, Lb⁴⁰ 523*; Tourneux, Nr. 9020.

9 Rede, vor der Gesellschaft der Revolutionären Republikanischen Bürgerinnen verlesen von den Bürgerinnen der Sektion Droits-de-l'Homme ... *BN*, Lb⁴⁰ 2411; Tourneux, Nr. 10059.

10 Vgl. dazu z. B. die Gründe für die Verhaftung der Frau Chalandon aus der Sektion Homme-Armé am 8. Prairial des Jahres III. Als ein Türsteher sie daran hinderte, die Vollversammlung zu betreten, und sie auf die Tribünen verwies, hatte sie erklärt, »eine solche Anweisung habe nur von Aristokraten gegeben werden können« (*AN*, F⁷ 4637).

11 Siehe oben, Anm. 9.

12 Appell an die Nation wegen der konstitutionsfeindlichen Dekrete, die der Nationalversammlung entrissen worden sind, und vor allem wegen des Dekrets vom 10. Mai 1791 ..., eingebracht von der Brüderlichen Gesellschaft der Patrioten beiderlei Geschlechts, der Verteidiger der Verfassung, mit dem Sitz bei den Jakobinern in der Rue Saint-Honoré. *AN*, AD XVI 73; keine Erwähnung bei Tourneux. Der Appell wurde am 6. Juni angenommen. Siehe darüber Isabelle Bourdin, *Les sociétés populaires à Paris pendant la Révolution*, Paris 1937, S. 227.

13 Siehe oben, Anm. 4.

14 Dieser Paragraph ist nicht mit in den Druck gekommen. Er steht auf der Reinschrift des Petitionsentwurfs (*APP*, A A/266, p. 297).

15 Liberté, Souveraineté, Egalité, gez. Gros de Luzene, Sektion Butte-des-Moulins. *AN*, AD I 69; keine Erwähnung bei Tourneux.

16 *Moniteur*, Bd. 17, S. 48. Siehe auch die Beratung der Sektion »1792« vom 6. Juli 1793. Über den Beschluß des Generalrats der Kommune vom 3., daß ihm die Sektionen die Protokolle über die Annahme der Verfassung vorlegen sollten, damit er sie prüfe, um sie dann dem Konvent zu übergeben, ging die Sektion »1792« zur Tagesordnung über. »Es kann keinen Mittler geben zwischen dem Souverän und seinen Repräsentanten« (*Les Affiches de la Commune de Paris* vom 5. Juli 1793; *BN*, Lb⁴⁰ 1964 [6]).

17 *Moniteur*, Bd. 17, S. 578; *Journal de la Montagne* vom 6. September 1793.

18 *AN*, F⁷ 4774⁴⁵, Anzeige aus dem Jahre III.

19 *BN*, Lb⁴⁰ 1781; Tourneux, Nr. 8755. Robespierre hat nie aufgehört, dem Volke auseinanderzusetzen, daß es seine Mandatare nicht nur beschuldigen dürfe; es müsse sie an ihre Pflichten erinnern.

20 Jean-Jacques Rousseau, *Der Gesellschaftsvertrag oder Grundlagen des Staatsrechts*, ins Deutsche übertragen und eingeleitet von Fritz Roepke, 2. Aufl., Rudolstadt o. J., S. 90.

21 Siehe vor allem die Nummer vom 1. Oktober 1790.

22 Albert Mathiez, *Le club des Cordeliers pendant la crise de Varennes et le massacre du Champs de Mars*, Paris 1910, S. 28.

23 De la Convention Nationale, Auszug aus den Beratungsprotokollen der Sektion Marché-des-Innocents vom 9. August 1792. *BN*, Lb⁴⁰ 3166.

24 Sektion Bondy, Protokollauszug der Sitzung der Vollversammlung vom 27. August 1792. *AN*, F⁷ 4718, dossier Gaudet; keine Erwähnung bei Tourneux. Chabot verlas diesen Auszug in der Sitzung der Wählerversammlung vom 3. September 1792 (Etienne Charavay, *L'Assemblée électorale de Paris [2 septembre 1792-17 frimaire an II]*, Paris 1905, S. 100; hier wird das Dokument zit. nach: *AN*, B I 15).

25 Charavay, S. 122, Protokoll vom 9. September 1792; siehe auch *AN*, F⁷ 4718, dossier Gaudet.

26 *BN*, Mss, Nouv. acq. fr. 2691, f. 188, Protokollauszug.

27 Wählerversammlung des Departements Paris, Sektion Poissonnière, Auszug aus den Beratungsprotokollen ... 18. September 1792. *BN*, Lb⁴⁰ 2068*; Tourneux, Nr. 8708. Das Stück ist gegengezeichnet von *Collot d'Herbois*, Präsident der Wählerversammlung, und *Bernard*, Sekretär.

28 *BN*, Mss, Nouv. acq. fr. 2647, f. 68, Protokollauszug. Am 3. November 1792 setzte die Sektion Cité ihre Ansichten zur Sache auseinander: Die Konventsabgeordneten sind nur die Redakteure eines Verfassungsentwurfs und die provisorischen Verwalter der Republik; der Entwurf muß spätestens am 1. Februar dem Volke zur Sanktion vorgelegt werden; verstreicht dieses Datum, treten die Bürger in die volle Ausübung ihrer Rechte wieder ein (Braesch, *La Commune du 10 août 1792*, S. 1091). Am 5. November stimmt die Sektion Bondy diesem Entschluß zu: die Vollmachten des Konvents sind lediglich konstitutiver Natur, die Souveränität des Volkes ist unübertragbar (*BVC*, Ms 120).

29 Sektion Piques, Ansicht über den Modus der Sanktion der Gesetze, von einem Bürger dieser Sektion. *BN*, Lb⁴⁰ 487; Tourneux, Nr. 8673.

30 *Moniteur*, Bd. 14, S. 768.

31 *BVC*, Ms 120.

32 *AN*, F⁷ 4774²²; W 34, d. 2113.

33 *AN*, W 78, pl. 3, p. 189.

34 *AN*, F⁷* 699.

35 *Moniteur*, Bd. 16, S. 408. »Das Volk muß sich Gerechtigkeit verschaffen, weil die Gerechtigkeit immer im Volke wohnt und weil es sich niemals täuscht.«

36 *AN*, F⁷ 4611, Auszug aus den Beratungsprotokollen des Revolutionskomitees der Sektion Finistère, Aussage von Véron, Unternehmer der Waschanstalt in der Salpêtrière, vom 11. Floréal des Jahres II. Über den Begriff des Volksgerichts im September 1792 siehe die sehr wertvollen Angaben bei Pierre Caron, *Les Massacres de septembre*, Paris 1935, S. 27 u. 435.

37 *Moniteur*, Bd. 13, S. 603.

38 *BN*, Lb⁴⁰ 3100; Tourneux, Nr. 7977.

39 *BN*, Lb⁴¹ 2381, gez. *H.-F. Pelletier*, Wahlmann der Sektion Thermes-de-Julien; Tourneux, Nr. 8968.

40 Sektion Chams-Elysées, Auszug aus dem Beratungsprotokoll vom 4. November 1792. *BN*, Lb⁴⁰ 1769*; Tourneux, Nr. 7988.

41 *AN*, F⁷ 2494.

42 Protokollauszug der Sektion Mauconseil. *BN*, Lb⁴⁰ 465; Tourneux, Nr. 8490. Abgedr. in: *Moniteur*, Bd. 13, S. 327; bei: Buchez/Roux, Bd. 16, S. 247; Mortimer-Ternaux, Bd. 2, S. 174. Zufolge diesem letzteren haben 14 Sektionen dem Beschluß von Mauconseil zugestimmt, 16 lehnten ihn ab, 10 gaben keine Meinung darüber kund, über 8 Sektionen fehlen entsprechende Dokumente (ebenda, S. 443).

43 »... Es gäbe keine Regierung und keine Verfassung mehr, allen Wirrnissen der Anarchie und allen privaten Streitereien wäre man ausgeliefert, wenn jeder Bürger oder jede Sektion für sich darüber bestimmen könnten, daß sie sich von diesem oder jenem Teil ihres Schwures lossagen, weil er ihnen etwa mißfällt, und wenn sie den Gehorsam gegenüber diesem Gesetz oder jener republikanischen Behörde verweigern dürften, bloß weil sie sie nicht mehr anerkennen wollen« (*Moniteur*, Bd. 13, S. 333). Das Dekret wurde dann gedruckt (*AN*, AD XVI 70, p. 5).

44 Saint-Just spricht nur vom »Willen des Souveräns«, ohne zu präzisieren, was er meint.

45 Mathiez, *La Révolution française*, Bd. 3, S. 77. Die Klubs haben nur noch eine rein konsultative Rolle.

46 *BN*, Mss, Nouv. acq. fr. 2663, f. 178, Brief des Nationalagenten der Kommune von Paris an die Vollversammlung der Sektion Lepeletier.

47 *AN*, W 192, Darlegung des politischen Charakters von Potel ... durch das Revolutionskomitee der Sektion Contrat-Social, 26. Prairial des Jahres II.

48 *Recueil des actes du Comité de salut public avec la correspondance officielle des représentants en mission et le registre du Conseil exécutif provisoire*, hg. v. F.-A. Aulard, 28 Bde., Paris 1889/1951, Bd. 17, S. 206, zit. nach Brunot, S. 653.

49 *AN*, W 548, Militärkommission, Urteilsregister. Thévenin wurde am 11. Thermidor des Jahres III entlassen.

50 *Moniteur*, Bd. 24, S. 505.

51 *ADS*, 4 AZ 698. Siehe auch die Protestresolutionen der Sektionen Réunion (*BVC*, Ms 118, f. 67, vom 21. Fructidor des Jahres III). Droits-de-l'Homme (ebenda, f. 135, vom 3. Vendémiaire des Jahres III), Cité (*BN*, Lb⁴⁰ 391; Tourneux, Nr. 8539).

52 Für den Sansculotten ist die Volkssouveränität nicht anders als auf Gleichheit gegründet denkbar; eine Version, die für die Reaktion des Jahres III nicht zumutbar ist. Siehe die Broschüre *Nécessité des lois organiques ou la Constitution de 1793 convaincue de jacobinisme* (*AN*, AD I 65). Die Gleichheit »ähnelt zweifellos nicht der, die Marat und Robespierre proklamierten. Sie will nicht, daß einer, der nichts weiter gelernt hat, als Kleider oder Schuhe zu machen, Staatsminister werden könnte.« Die Sansculotten meinen just das Gegenteil.

53 Rousseau, S. 90.

54 *BVC*, Ms 118, f. 97.

55 Siehe den Brief von Phulpin, Friedensrichter und Präsident der Sektion Arcis, an den Präsidenten des Konvents vom 6. September 1793 (*AN*, C 271, pl. 666, p. 8); ebenso den Brief von dem Unternehmer Chatigny an Fouquier-Thinville, vom 8. Tag des 2. Monats des Jahres II (*AN*, W 151). Zu diesem Zug der Mentalität der Volksmassen siehe auch die Äußerung Héberts vor dem Jakobinerklub am 20. Tag des 1. Monats des Jahres II: »... ein Volksvertreter ist außerhalb des Konvents nur ein ganz gewöhnlicher Sterblicher« (*Journal de la Montagne* vom 1. Tag des 2. Monats des Jahres II), ferner die Antwort des Revolutionskomitees der Sektion Tuileries an einen Gastwirt, der Fleisch verlangte, um zwölf Abgeordneten ein Essen machen zu können: »... Die Abgeordneten sind außerhalb der Versammlung nicht mehr als die anderen Bürger und haben keine anderen Privilegien als diese« (*AN*, F⁷* 2472, vom 22. Germinal des Jahres II).

56 Zu den Protesten gegen das indirekte Wahlrecht und zur Inanspruchnahme des Sanktionsrechtes durch die Primärversammlungen bei den Wahlen zum Konvent siehe Braesch, *La Commune du 10 août 1792*, S. 563.

57 *BN*, Lb⁴⁰ 461; Tourneux, Nr. 8917; zit. nach: Charavay, Bd. 2, S. III.

58 *APP*, A A/266, p. 250.

59 Sektion Citoyens armés de la Place-Vendôme (27. August 1792). *BN*, Lb⁴⁰ 2064*; Tourneux, Nr. 8664. Das Schriftstück trägt die Unterschrift: *Robespierre*, Präsident, *Garnier l'Aunay*, Sekretär. Zit. bei: Mortimer-Ternaux, Bd. 4, S. 34; Charavay, Bd. 2, S. IV. Siehe den zehnten Brief Robespierres an seine Kommettenten.

60 *AN*, B I 15; zit. nach: Charavay, Bd. 2, S. 100, Anm. 3.

61 *AN*, B I 14; zit. nach: Charavay, Bd. 2, S. XLV.

62 *AN*, F⁷ 4718, dossier Gaudet. Siehe Charavay, Bd. 2, S. 134. – Am Abend vorher, dem 11. September, hatte die Sektion Observatoire ihrem Wunsch nach einer Überprüfung der Abgeordneten Ausdruck gegeben.

63 *BN*, Mss, Nouv. acq. fr. 2667, f. 180.

64 *ADS*, D 1017, Protokollauszug.

65 Adresse des Generalrats der Kommune an die 48 Sektionen von Paris. Ebenda, D 771; keine Erwähnung bei Tourneux.

»Bürger, ist es klug gehandelt, wenn Ihr Euch der Gefahr aussetzt, möglicherweise die besten Abgeordneten zu verlieren, indem Ihr sie allen Streichen des Neids und dem Wüten einer Partei ausliefert, die immer dem Wohl der Allgemeinheit im Wege gestanden hat und die nach jeder Gelegenheit giert, den Patrioten eins auszuwischen?«

66 *BN*, Lb⁴⁰ 2098; Tourneux, Nr. 7892. Die Allmacht des Souveräns ruht im versammelten Volke. Die Wahlmänner, die gewählt worden sind, um die Deputierten für den Konvent zu ernennen, sind nur Mandatare, deren Wahl anzunehmen oder abzuweisen das Volk das unveräußerbare Recht hat. Gleichwohl kann im gegenwärtigen Augenblick von diesem Recht kein Gebrauch gemacht werden, »ohne die Sache des Volkes den Gefahren auszuliefern, von denen das Vaterland sowohl durch die Feinde im Innern als auch an den Grenzen bedroht ist«.

67 *BN*, Lb⁴⁰ 2068; Tourneux, Nr. 8708.

68 *BN*, Lb⁴⁰ 3166.

69 *ADS*, 4 AZ 698.

70 *AN*, F⁷ 4718, dossier Gaudet. Siehe Charavay, Bd. 2, S. XLVI, 112 u. 122. Die Sektion Amis-de-la-Patrie stimmte am 17. September, die Sektion Faubourg-Montmartre am 18. dem Beschluß der Wählerversammlung zu.

71 *BVC*, Ms 120.

72 *BN*, Lb⁴⁰ 2068.

73 Sektion Réunion (früher Beaubourg), Auszug aus dem Beratungsprotokoll der Vollversammlung vom 18. September 1792. *BN*, Lb⁴⁰ 2089; Tourneux, Nr. 7892. Der Beschluß der Sektion Réunion sieht den Mechanismus der Abberufung vor. Diese soll auf Vorschlag einer Sektion oder eines Kantons allen Sektionen oder Kantonen des Departements mitgeteilt werden. Wird sie von der Mehrheit angenommen, soll sie dem abberufenen Deputierten und dem Präsidenten der Nationalversammlung mitgeteilt werden durch zu diesem Zweck bestimmte Beauftragte; mit dieser Mitteilung erlöschen die Vollmachten des Abgeordneten.

74 Adresse der Sektion Champs-Elysées, beschlossen in der Vollversammlung vom 30. Dezember, ... gedruckt auf Anordnung des Nationalkonvents. *ADS*, D 789; keine Erwähnung bei Tourneux. Gegen den Auftrag des Konvents, die Adresse in Druck zu geben, hatte Legendre heftig protestiert (*Moniteur*, Bd. 15, S. 8).

75 *Moniteur*, Bd. 15, S. 704, zitiert von Vergniaud in seiner Rede vor dem Konvent am 13. März 1793.

76 *APP*, A A/266, p. 248, gleichlautende Kopie, gezeichnet *Varlet, Lefachet*, Präsident. Die Adresse wurde noch am gleichen Tag der Sektion Théâtre-Français mitgeteilt (ebenda, p. 265).

77 Immerhin muß daran erinnert werden, daß die Gironde bei passender Gelegenheit das Prinzip der eventuellen Abberufung der Abgeordneten für sich in Anspruch genommen hat, so zum Beispiel gegen Marat. Es war somit ein sehr zweischneidiges Schwert.

78 *BVC*, Ms 118, f. 104.
79 *AN*, C 255, d. 480, p. 14.
80 *Moniteur*, Bd. 16, S. 537.
81 Ebenda, S. 548.
82 *AN*, C 255, d. 483, p. 15, Adresse über die Mittel, die Bande der Einheit und Unteilbarkeit enger zu knüpfen.
83 *AN*, C 258, d. 529, p. 31; *Moniteur*, Bd. 16, S. 689. »Wir wissen sehr wohl, daß die einmal von uns bestimmten Deputierten die gesamte Republik vertreten und daß nicht nur wir, das Volk von Arras, für uns allein das Recht besitzen, sie abzuberufen, ja daß wir es nicht einmal gemeinsam mit unseren Brüdern in den Departementen tun können, da die Republik, als ein einheitliches und unteilbares Ganzes, nur durch die Zustimmung einer Mehrheit oder kraft eines Gesetzes ihrer Volksvertreter handeln kann. Aber es ist unsere Angelegenheit, sie den anderen Departementen und dem Konvent anzuzeigen, ... damit er in seiner Weisheit die Mittel finde, sich selbst zu reinigen.«
84 *Moniteur*, Bd. 16, S. 739. »Es ist unsere Absicht gewesen«, erklärte Hérault, »der Sektion des Volkes, die einen Abgeordneten gewählt hat, die Sorge zu übertragen, über sein Verhalten zu urteilen; und wir haben weiter gesagt, daß ein Abgeordneter nur dann wiedergewählt werden darf, wenn seine Haltung durch seine Kommettanten gebilligt worden ist. Wir haben das aus dem Wesen der Vertretung der Nation selbst gegriffen.« Couthon machte geltend, »daß eine Sektion des Volkes nicht das Recht hat, die ganze Nation eines Volksvertreters zu berauben, dem sie ihre Achtung schenkt«.
85 *Les Affiches de la Commune de Paris* vom 5. August 1793.
86 Protokollauszug der Sitzungen der Vollversammlung der Sektion Halleau-Blé- vom 29. September 1793. *BN*, Lb^{40} 1873; Tourneux, Nr. 8241.
87 *ADS*, D 933.
88 *APP*, A A/266, p. 306-309. Dieser Haltung entspricht diejenige von Bouchotte, als er am 28. April 1793 an die Sektion Contrat-Social schreibt, um ihr die Namen von sechs Stabsoffizieren zu übermitteln, die er ernannt hat, und diejenige von Xavier Audouin, des Stellvertreters von Bouchotte, der am 2. Mai an die gleiche Sektion schreibt, um ihr über die Reformen zu berichten, die er sich für seine Abteilung vorgenommen hat (Markov/Soboul, Nr. 3; *AN*, C 355, pl. 1860, p. 15, 19). Immer in Krisenzeiten fühlen die revolutionären Behörden das Bedürfnis, sich der Hilfe des Volkes zu versichern.
89 *ADS*, D 916.
90 Sektion Gardes-Françaises, Protokollauszug der Beratungen vom 11. Januar 1793. *BN*, Lb^{40} 1944*; Tourneux, Nr. 8571.
91 *BVC*, Ms 117, f. 6. Es sei noch ein weiterer Zwischenfall zwischen Santerre und der Sektion »1792« erwähnt, aus welchem Anlaß die Sektion ihn am 15. April daran erinnert, »daß er seine Vollmachten von freien Menschen erhalten hat und daß freie Menschen niemals wie Sklaven herumkommandiert werden dürfen« (*BN*, Lb^{40} 1964 (2); keine Erwähnung bei Tourneux).
92 *AN*, F^7 4672, Adresse an die Sektionen von Paris, ohne Datum.
93 Markov/Soboul, Nr. 15.
94 *ADS*, D 917.
95 *BN*, Lb^{40} 1964 (1); Tourneux, Nr. 7932. Jeder Angestellte oder Anwärter auf eine staatliche Anstellung soll in der Vollversammlung der Sektion diskutiert werden, »über sein staatsbürgerliches und moralisches Verhalten, über seine Talente und Tugenden und vor allem über seinen Patriotismus und seine Hingabe an die

Interessen des Staates, ohne welche auch die besten Talente der Republik nur zum Schaden gereichen können«.

96 Bericht vom 30. Pluviôse des Jahres III vor der Vollversammlung der Sektion Butte-des-Moulins durch die mit der Überprüfung der Protokolle der Sitzungen vom 1. August 1793 bis zum 30. Brumaire des Jahres III beauftragten Kommissare. *BN*, Lb⁴⁰ 1760; Tourneux, Nr. 8615. Unser Zitat bezieht sich auf die Absetzung des besoldeten Sektionssekretärs am 13. August 1793.

97 *Journal de la Montagne* vom 25. August 1793; keine Erwähnung im *Moniteur*.

98 *BN*, Lb⁴⁰ 396; Tourneux, Nr. 8982.

99 *APP*, A A/266, p. 145.

100 Markov/Soboul, Nr. 30.

101 *BN*, Lb⁴⁰ 1875; Tourneux, Nr. 8241.

102 *ADS*, D 933.

103 Abschnitt IV des Dekrets.

104 *AN*, W 191, Bericht von Bacon; Caron, *Paris pendant la Terreur*, Bd. 4, S. 75.

105 *AN*, F⁷ 4775²⁰, dossier Six. Außerdem soll Frau Auxerre gesagt haben, »es sei doch recht erstaunlich, daß der Souverän kein Holz hat, wenn die, die seine Geschäfte führen, überreichlich damit versorgt sind«.

106 Distrikt Capucins de Saint-Louis de la Chaussée-d'Antin, Bericht an die Vollversammlung vom 18. März 1790 ... über die Permanenz der Sektionen ... *BN*, Lb⁴⁰ 3105; Tourneux, Nr. 7021.

107 Adresse der Kommune von Paris mit ihren 60 Sektionen an die Nationalversammlung. *BN*, Lb⁴⁰ 90; keine Erwähnung bei Tourneux.

108 Rede des Herrn Bürgermeisters von Paris vor der Nationalversammlung am 22. [23.] März 1790. *BN*, Le²⁹ 519; Tourneux, Nr. 5387. Siehe *Moniteur*, Bd. 3, S. 689.

109 Betrachtungen über die Permanenz der Sektionen von Paris, von einem Freund des Glücks der Bürger, seiner Brüder. *BN*, Lb³⁹ 6080; Tourneux, Nr. 5399.

110 Antwort auf die Einwände gegen die aktive Permanenz der Sektionen von Paris. *BN*, Lb³⁹ 9280; Tourneux, Nr. 5394. – Ein Beschluß des Distrikts Saint-Honoré vom 15. März 1790 wandte sich gegen die Permanenz im Namen der Prinzipien der Gewaltenteilung und der unteilbaren Souveränität der Nation (*BN*, Lb⁴⁰ 1582; Tourneux, Nr. 7587). »Es ist das Recht der Urversammlungen, alle diejenigen frei zu wählen, die vereint die Macht ausüben, die jene nicht selbst ausüben können«; sollten sie andere Rechte haben, wären sie Legislative oder Exekutive oder Gerichtshoheit; und das ist unmöglich. Es sind aber ebendiese Rechte, die die Sansculotten im Namen der Volkssouveränität für ihre Sektionen fordern.

111 *Moniteur*, Bd. 4, S. 282.

112 Siehe z. B. den Beschluß der Sektion Bibliothèque vom 25. Januar 1791 zugunsten der Permanenz der Sektionen bis zur Wiederherstellung der öffentlichen Ordnung (*BN*, Lb⁴⁰ 1722; Tourneux, Nr. 7914). Danach ist die Permanenz notwendig, »bis die öffentliche Ordnung wiederhergestellt ist, damit jede Sektion in der Lage ist, mit den anderen für die öffentliche Ruhe nützliche Erfahrungen auszutauschen, und damit sie in jedem Augenblick die Partei und die Vorsichtsmaßnahmen ergreifen können, die die Umstände erfordern«.

113 *Moniteur*, Bd. 7, S. 85 u. 104.

114 Zit. nach: Michelet, Bd. 5, Kap. 1, nach dem heute nicht mehr vorhandenen Register 19 der Beratungen des Generalrats der Kommune. Der Beschluß der Sektion Théâtre-Français war unterzeichnet: *Boucher* und *Momoro*.

115 Petition an die Kommune von Paris über ihre 48 Sektionen über die

Permanenz ihrer Versammlungen ... *BN*, Lb³⁹ 10412; Tourneux, Nr. 5396. Die Petition führt im einzelnen aus, daß die Permanenz der Sektionen nur eine verzerrte Konsequenz des Prinzips der Souveränität wäre, wenn nicht alle Bürger ohne die Bedingung des Zensus zu den Vollversammlungen zugelassen würden. Die Nationalversammlung hat an die Stelle von zwei herrschenden Ständen »die Klasse der Reichen gesetzt, in deren Hände sie die aristokratische Zuchtrute gelegt hat«. Durch die Zulassung der Passivbürger zu den Vollversammlungen bekam die Permanenz einen ganz neuen Sinn.

116 *AN*, D III 256³, d. 9, p. 1, und 256⁴, d. 5, p. 22; *Moniteur*, Bd. 12, S. 511.

117 *Moniteur*, Bd. 12, S. 536.

118 *AN*, D III 256⁶, d. 2, p. 1, vom 30. Mai 1792.

119 Adresse der Sektion Croix-Rouge an die Nationalversammlung, vorgelegt am 17. Juni 1792. *BN*, Le³³ 3 X, Nr. 43; Tourneux, Nr. 8015. Siehe *Moniteur*, Bd. 12, S. 687.

120 *AN*, D III 256³, d. 11, p. 4.

121 *APP*, A A/266, p. 181.

122 *ADS*, D 1001. Siehe F. Braesch, *Procès-verbaux de l'assemblée générale de la section des Postes. 4 décembre 1790-5 septembre 1792*, Paris 1911, S. 126, 134 u. 150.

123 An die Wahlkörperschaft von 1792. *BN*, Lb⁴¹ 2381; Tourneux, Nr. 8968.

124 *BVC*, Ms 118, f. 57.

125 *BVC*, Ms 120.

126 *Moniteur*, Bd. 16, S. 706.

127 Sehr genaue Darlegung der Ursachen, der Motive und Umstände der Verhaftung des Bürgers Nicoleau, Expräsident des Departements Paris. *BN*, Lb⁴¹ 1003; Tourneux, Nr. 24580. »Jedermann kennt«, fügt Nicoleau hinzu, »die heftigen Debatten, die Handgreiflichkeiten, die skandalösen und oft blutigen Szenen, die diese Permanenz in einigen Sektionen hervorgerufen hat und die leider Gottes mehrmals den Konterrevolutionären, die sich unter der Maske des Patriotismus versteckten, [worunter die militanten Sansculotten zu verstehen sind!] zugute kamen.«

128 Permanenz und Bildung von Sektionen oder Distrikten. *BN*, Lb³⁹ 3334; Tourneux, Nr. 5388. Siehe dazu: Lucien Foubert, *L'idée autonomiste dans les districts de Paris en 1789 et 1790*, in: *La Révolution française*, Bd. 28, 1895, S. 140.

129 *ADS*, D 928.

130 *AN*, W 191, Bericht von Le Harivel, vom 25. Pluviôse des Jahres II; Caron, *Paris pendant la Terreur*, Bd. 4, S. 88. Siehe auch *AN*, W 112. Bericht von Charère (?), vom 2. Ventôse des Jahres II; diesen Bericht gibt Caron, *Paris pendant la Terreur*, nicht wieder.

131 *BN*, Lb⁴⁰ 1154 g*; Tourneux, Nr. 6463. Dieser Beschluß wurde wegen des Sous gefaßt, den manche Sektionen als Bon für geliefertes Holz reklamierten.

132 *APP*, A A/266, p. 317.

133 Ebenda, p. 252. – Mit um so größerem Recht protestierten die Sektionen gegen die Entsendung von Polizeibeobachtern in ihre Sektionen. Siehe den Brief der Sektion Molière-et-Lafontaine an den Innenminister Roland vom 15. November 1792: »... Wenn ein Minister durch gekaufte Subjekte, durch erbärmliche Spione in unseren Versammlungen sich berechtigt glauben sollte, sie [die Bürger] vor das Tribunal der Nation zu stellen, hätten wir nur Despoten und Tyrannen gegen andere ausgetauscht. Das aber werden wir niemals dulden« (*BVC*, Ms 118, f. 32).

134 Kurze Betrachtungen eines Bürgers über die Sektions- und Polizeikommissare. *BN*, Lb³⁹ 9281; Tourneux, Nr. 5395.

135 *La Société des Jacobins. Recueil de documents pour l'histoire du Club du Jacobins de Paris*, hg. v. F.-A. Aulard, 6 Bde., Paris 1889/97, Bd. 5, S. 107.

136 *Moniteur*, Bd. 21, S. 556.

137 *AN*, F⁷ 4774[63]. Paris hatte außerdem gesagt, »man sollte [den Konvent] bloß vor die Türe setzen und ihn neu wählen, denn seit der Konvent regiert, fehlt es in den Sektionen an allem«.

138 *APP*, A A/266, p. 118. Die Petition wurde am 1. Sansculottide des Jahres II dem Konvent vorgelegt (*Moniteur*, Bd. 21. S. 787).

139 *BN*, Lb⁴⁰ 2430; Tourneux, Nr. 10082.

140 *AN*, F⁷ 4774[86].

141 *AN*, F⁷ 4650. Das Dokument enthält die Vollmachten der von der Sektion Popincourt ernannten Kommissare, die ihren Beschluß den anderen Sektionen mitteilen sollten. Es wurde vom Zivilausschuß der Sektion Arsenal »in Permanenz« am 14. Germinal »gegen ein Uhr morgens« geprüft.

142 *Moniteur*, Bd. 24, S. 346. Der Beschluß der Sektion Montreuil wurde von den Sektionen Tuileries, Piques, Fontaine-de-Grenelle und Invalides mißbilligt.

143 *AN*, W 547, Anklageakte; *Moniteur*, Bd. 24, S. 506.

144 Im Vendémiaire des Jahrs IV sind es die royalistischen Sektionen, die sich in Permanenz erklären, z. B. die Sektion Lepeletier. So kommt es zu den Protesten der Parteigänger des Regimes (siehe Permanenz der Primärversammlungen. *AN*, AD I 70). Die Permanenz »ist ein Attentat auf die Souveränität, ein Umkehren aller Grundsätze, Sturmglocke eines allgemeinen Aufstandes ... Unter dem doppelten Schutz der Permanenz und der garantierten Sicherheit wird jeder dieser kleinen Despoten den Staat nach seinen Grundsätzen leiten können und der Zentralgewalt hohnsprechen.« So wurden je nach den Erfordernissen der Politik die gleichen Grundsätze von den entgegengesetzten Parteien ins Feld geführt.

145 *Moniteur*, Bd. 26, S. 173. Wer Sektionsversammlungen zusammenruft oder ihnen präsidiert oder dort die Funktion eines Sekretärs ausübt, wird wegen Anschlags auf die innere Ruhe der Republik als schuldig verfolgt und bestraft.

146 »Wenn die Regierung die Rechte des Volkes verletzt, ist der Aufstand für das Volk und für jeden Teil des Volkes die heiligste und unerläßlichste aller Pflichten.« Über das Wort »insurrection« siehe Brunot, S. 855. Zunächst nur pejorativ aufgefaßt, füllt sich das Wort mit einem neuen Inhalt. Danton spricht in seinem Rundschreiben vom 19. August 1792 an die Tribunale von der »heiligen und tausendfach glücklichen Insurrektion«.

147 *AN*, W. 546. Duval legte diese Worte dem Gazeweber Chevrier in den Mund, einem ehemaligen Mitglied des Revolutionskomitees der Sektion Arsenal, der gleich ihm am 11. Prairial des Jahres III zum Tode verurteilt wurde.

148 *Les Révolutions de Paris* vom 14. bis 21. September 1789 sprechen von »jener Insurrektion in einem kleinen Teil der belgischen Provinzen«. Gemeint sind damit durchaus friedliche Protestkundgebungen gegen die Abschaffung von Sonderrechten für das Gebiet von Cambrai (zit. nach: Brunot, S. 855).

149 *APP*, A A/266, p. 111.

150 Ebenda, p. 260. Diese Entscheidung liegt auch im Druck vor: British Museum, F. R. 12*, 18; Tourneux, Nr. 8925.

151 *BN*, Lb⁴⁰ 530; Tourneux, Nr. 8784.

152 *AN*, F⁷ 4745. Bei dem umstrittenen Artikel handelt es sich um Art. 17, Abschn. III des Gesetzes vom 14. Frimaire.

153 *AN*, W 548, Vernehmung von Brutus Magnier durch die Militärkommission am 21. Messidor des Jahres III.

154 *Moniteur*, Bd. 16, S. 289.
155 *BN*, Mss, Nouv. acq. fr. 2702, f. 232.
156 *AN*, F7 4775³⁴.
157 *AN*, F7 4774⁷⁶. Pitton wurde wegen dieser Äußerungen am 5. Prairial des Jahres III verhaftet und am 30. Messidor wieder auf freien Fuß gesetzt.
158 *AN*, F7 4653. Nachdem Cordas schon einmal vom 26. Germinal bis zum 19. Thermidor des Jahres II in Haft gewesen war, wurde er am 5. Prairial des Jahres III erneut festgesetzt und am 19. Fructidor wieder entlassen.
159 *AN*, F7 4774¹⁰. Lécrivain wurde am 10. Thermidor festgenommen und am 27. Frimaire des Jahres III wieder freigelassen. In der gleichen Sache von neuem verhaftet, saß er vom 3. Nivôse bis zum 7. Pluviôse in Haft.
160 *AN*, F7 4775³⁴, dossier Trouxville, Anzeige gegen Pellecat vom 15. Thermidor des Jahres II; W 195, Memorandum zugunsten von Pellecat, ohne Datum. Pellecat wurde wegen dieser Äußerungen in Haft genommen, die Volksgesellschaft und die Vollversammlung der Sektion Quinze-Vingts bestätigten aber seine staatsbürgerliche Unbescholtenheit am 4. und am 20. Fructidor des Jahres II.
161 *AN*, F7 4774³⁴. Marchand wurde am 5. Prairial des Jahres III verhaftet. Er hatte zu denen gehört, die am hartnäckigsten die Forderung nach der Verfassung von 1793 erhoben hatten. Er war in Haft bis zum 30. Thermidor.
162 *AN*, F7 4760. Lallemand wurde noch am gleichen Tage verhaftet.
163 *AN*, F7 4775⁴⁵. Vian war vom 5. Prairial des Jahres III bis zum 13. Fructidor in Haft.
164 Markov/Soboul, Nr. 11.
165 Ebenda, Nr. 107. Siehe auch das Protokoll der Sitzung der Vollversammlung der Sektion Théâtre-Français vom 10. März 1793, wo sie sich als im Aufstand befindlich erklärte (*APP*, A A/266, p. 265).
166 *Moniteur*, Bd. 15, S. 705.

Anmerkungen zu Kapitel IV

1 *BN*, Lb⁴⁰ 1831; Tourneux, Nr. 1807.
2 *AN*, D III 251-252, d. 1.
3 *Moniteur*, Bd. 13, S. 19.
4 In diesem Rahmen steht der Entwurf eines Dekrets von Tombé aus der Sektion Gravilliers, der in das Jahr II fällt und in dem die Veröffentlichung der gesamten Rechenschaftslegung über die Kriegslieferungen gefordert wird. Die Erklärungen der Lieferanten sollen »während dreier Monate der Prüfung durch die Öffentlichkeit« unterworfen sein, und nur wenn keine Beanstandungen eingebracht werden, sollen sie bezahlt werden (*BN*, Lb⁴¹ 2929; Tourneux, Nr. 3923).
5 *ADS*, D* 1001, veröffentlicht bei Braesch, *Procès-verbaux de l'assemblée générale de la section des Postes*, S. 85 u. 123. am 26. Juni 1792 hatte die Vollversammlung den Passivbürgern gestattet, ausnahmsweise den Sitzungen beizuwohnen (ebenda, S. 117). Ihren Beschluß vom 3. Juli begründete die Vollversammlung mit dem Dekret der Legislativversammlung vom 1. Juli. Die Öffentlichkeit der Sektionsversammlungen war seit 1790 gefordert worden. Eine »Boileux de Beaulieu« unterzeichnete Broschüre fordert, in den Sitzungssälen sollten Galerien eingebaut werden, »damit alle Vorgänge, die das Gemeinwohl der Einwohner, die öffentliche Sicherheit und die Freiheit aller betreffen, unter aller Augen beraten, diskutiert und

beschlossen werden können« (*BN*, Lb³⁹ 334; Tourneux, Nr. 5388).

6 *BN*, Lb⁴⁰ 2107 (1); Tourneux, Nr. 8837. Die Sektion Roule beruft sich auf einen Beschluß der Sektion Théâtre-Français vom 19. März 1792 zum gleichen Gegenstand. Diese Sektion soll die erste gewesen sein, die die Öffentlichkeit ihrer Sitzungen proklamiert hat. Leider haben wir diesen Beschluß nicht finden können.

7 *BN*, Mss, Nouv. acq. fr. 2707, f. 33.

8 *BN*, Lb⁴⁰ 2064*; Tourneux, Nr. 8664. Siehe Maximilian Robespierre, *Lettres ... à ses commettants*, 2 Bde., Paris 1792/93, Nr. 10.

9 *AN*, B I 15.

10 Über die Amtshandlungen der Wählerversammlung, die Öffentlichkeit ihrer Sitzungen und die offenen Wahlen siehe Mortimer-Ternaux, Bd. 4, S. 29; Charavay, Bd. 2, S. 97.

11 *ADS*, D* 833.

12 Sektion Champs-Elysées, Protokollauszug vom 3. Oktober 1792. *BN*, Lb⁴⁰ 1769*; Tourneux, Nr. 7986.

13 *BVC*, Ms 120. Die Sektion Bon-Conseil bestand auf ihrem auf jeden Fall zu respektierenden Recht, »ihren Willen auf die Art und Weise auszudrücken, die ihr am geeignetsten schien, sich ihrer Rechte und ihrer Freiheit zu versichern«. Demnach wird sie »entsprechend dem Fingerzeig der Natur und unter Wahrung des aufrechten Charakters, den sie allezeit in der Revolution an den Tag gelegt hat, mit lauter und vernehmlicher Stimme« wählen (*AN*, F¹ c III Seine 1).

14 *Moniteur*, Bd. 14, S. 145.

15 *BN*, Ms, Nouv. acq. fr. 2647, f. 29.

16 *APP*, A A/266, p. 179.

17 *Moniteur* vom 25. Oktober 1792 (Bd. 14, S. 281). Die Versammlung erklärte, daß, wenn ihr Präsident und ihr Sekretär wegen dieses Beschlusses vor den Konvent zitiert würden, die ganze Sektion dort in Waffen erscheinen würde. Das führte zu einem Tumult (ebenda, S. 312).

18 *BVC*, Ms 120.

19 *AN*, F¹ c III Seine 1. In geheimer Wahl haben folgende Sektionen abgestimmt: Quatre-Nations, Fontaine-de-Grenelle, Fraternité, Luxembourg, Popincourt, Molière-et-Lafontaine, Invalides, Croix-Rouge, Théâtre-Français, Piques, Champs-Elysées. Die Sektionen Mail, Gravilliers, Panthéon-Français, Quatre-Vingt-Douze, Fédérés, Louvre, Mirabeau, Contrat-Social, Marais, Gardes-Françaises, Réunion, Finistère, Temple, Faubourg-Montmartre und Arsenal haben offen gewählt.

20 *AN*, C 243, pl. 302.

21 Eindruck von einigen Revolutionskomitees der Sektionen von Paris, die auf illegale Weise durch Zuruf und nicht durch eine Zettelwahl nach dem Wortlaut des Gesetzes vom vergangenen 23. März (sic) gebildet worden sind. Das des Komitees (sic) der Sektion Contrat-Social ist ein wahres Muster an Anarchie ... *BN*, Lb⁴¹ 3038; Tourneux, Nr. 8749. Alle Wahlen in dieser Sektion wurden im Frühjahr 1793 durch Aufstehen und Sitzenbleiben vorgenommen.

22 Über das Revolutionskomitee der Sektion Bon-Conseil siehe z. B. den Bericht vom 20. Germinal des Jahres III (*BN*, Lb⁴⁰ 1733; Tourneux, Nr. 8502).

23 *AN*, C 355, pl. 1864, p. 49, Protokoll der Vollversammlung der Sektion Mail vom 21. Mai 1793. Vgl. Markov/Soboul, Nr. 8-10.

24 *AN*, W 138, Memorandum an den Öffentlichen Ankläger, von Paindavoine, ohne Datum. Paindavoine, der aus der Haft schreibt, ist beschuldigt, an der Durchsetzung der geheimen Wahl beteiligt zu sein und für Raffet gestimmt zu haben.

25 Bericht an die Vollversammlung der Sektion Unité ... vom 10. Ventôse des Jahres III. *BN*, Lb⁴⁰ 530; Tourneux, Nr. 8784.

26 *BN*, Mss, Nouv. acq. fr. 2713, f. 29, u. 2712, f. 9.

27 *AN*, F⁷ 4589, pl. 2, p. 21. Bourdon war Sekretär des Zivilausschusses der Sektion gewesen. Er hatte bürgerfeindliche Petitionen unterzeichnet und Sympathie für die Verfassung von 1791 gezeigt.

28 *AN*, F⁷ 4774³⁰. Maillet wurde am 22. Thermidor des Jahres II auf freien Fuß gesetzt. Als bürgerfeindlich wird auch die Verteilung von Listen für die Kandidaten auf freie Posten angesehen. Basselard, Händler aus der Sektion Mutius-Scaevola, wird am 9. September verhaftet, weil er Listen verteilt hat, »die er für die Ernennung in Ämter gemacht hat« (ebenda, 4588, pl. 3, p. 4). Im Brumaire des Jahres II muß sich Jean Lapisse vor der Vollversammlung der Sektion Champs-Elysées verantworten, weil er Kandidatenlisten für die Wahlen des Revolutionskomitees verteilt hat (*AN*, D III 256³). Nichts darf die Entscheidung des souveränen Volkes beeinflussen. In der Tat geht es darum, die Gemäßigten daran zu hindern, daß sie auf die Wähler aus dem Volk irgendwelchen Einfluß gewinnen.

29 Memorandum an den Allgemeinen Sicherheitsausschuß des Nationalkonvents von dem Bürger Béhourt (Jean-François) aus der Sektion Beaurepaire ... *AN*, AD I 49; Tourneux, Nr. 21824. Béhourt bestätigt, im Laufe des Sommers 1793 sechsmal durch Zuruf zum Präsidenten der Vollversammlung gewählt worden zu sein.

30 Bericht vom 30. Pluviôse des Jahres III an die Vollversammlung der Sektion Butte-des-Moulins. *BN*, Lb⁴⁰ 1760; Tourneux, Nr. 8615.

31 *BVC*, Ms 120.

32 *Journal de la Montage* vom 4. Ventôse des Jahres II; keine Erwähnung im *Moniteur*.

33 »Die Geschworenen sollen mit lauter Stimme ihr Urteil sprechen und ebenso ihren Spruch öffentlich kundtun...« (Art. 12 des Gesetzes vom 10. März 1793) Durch dieses Gesetz wurde in Paris ein außerordentlicher Strafgerichtshof ins Leben gerufen.

34 *AN*, D III 251-252, d. 1.

35 *AN*, W 112.

36 *AN*, F⁷* 2510.

37 *AN*, F⁷ 4595, pl. 1 p. 10.

38 Über die Geschichte des Wortes »dénonciation« siehe Brunot, S. 1063.

39 Ein Auge im Mittelpunkt eines Dreiecks. Dieses Symbol wurde vor der Revolution schon von den Freimaurern benutzt, darüber hinaus war in vielen Kirchen damit die Dreifaltigkeit zum Ausdruck gebracht worden. Siehe Mathiez, *Les origines des cultes révolutionnaires (1789-1792)*, Paris 1904, S. 3; Brunot, S. 632.

40 Siehe etwa den Schwur der Gesellschaft der Freunde der Verfassung von Tours (*AN*, C 272, pl. 673, p. 12, vom 21. September 1793). »Ich werde namentlich angeben ohne Ansehung der Person entweder den Gerichten oder der öffentlichen Meinung die Verräter, die Böswilligen, die Verdächtigen, die Wucherer, die gierigen Spekulanten, die Gemäßigten, die Egoisten und alle, die nicht aktiv Anteil an der Revolution nehmen.«

41 Etienne Barry, *Ansprachen zu den Dekadensitzungen der Sektion Guillaume-Tell* (4 Bde.), Bd. 2, S. 24; Essay über die politische Denunziation. Rede an die Volksgesellschaft im ehemaligen Kloster Petits-Pères in der Sektion Guillaume-Tell vom 25. Juli 1793. *BN*, Le² 809; Tourneux, Nr. 8645.

42 Der staatsbürgerliche Charakter der Anzeige war von 1789 an zum Ausdruck gebracht worden. »Schweigen, wo es anzugeben gilt, ist unter dem Despotismus eine

Tugend; unter der Herrschaft der Freiheit ist es ein Verbrechen« (Bericht an die Vollversammlung der Wahlmänner der Kommune, gegeben von M. Agier, im Namen des Untersuchungsausschusses am 30. November 1789, abgedr. bei: Buchez/Roux, Bd. 3, S. 419, zit. nach: Brunot, S. 1063). Siehe auch den Brief der Jakobiner an den Klub von Lectoure vom 8. Juni 1793: »Denunziant zu sein war einst von uns verabscheut, weil wir nur Sklaven waren. Nun, da wir frei sind, müssen wir den Eifer derjenigen wertschätzen, die im Genusse des Rechts über ihren Anteil an der Souveränität den Mut haben, Missetaten anzuzeigen, von denen sie Kenntnis erhalten« (zit. nach: Brunot, S. 1064, Anm. 2).

43 Tages- und Nachtordnung der Republikaner, von dem Bürger Sarot, Sektion Chalier, Paris, an diesem 7. Floréal des Jahres II. *BN*, Lb^{41} 3824; Tourneux, Nr. 8992. Sarot fordert, daß die Rechtsprechung für Majestätsbeleidigung auf das Verbrechen der Beleidigung der Nation angewandt werden soll.

44 Wir möchten nicht versäumen, darauf hinzuweisen, daß das Wort mit dem Gebrauch an Stärke verlor. Denunzieren bedeutete oftmals nicht mehr als »einen Hinweis geben« (Brunot, S. 1064).

45 *BN*, Lb^{40} 2169; Tourneux, Nr. 8997.

46 Ebenda. Am 6. Pluviôse des Jahres II forderte das Revolutionskomitee der Sektion Chalier die Volksgesellschaft der Sektion auf, »mit dem Mute freier Menschen alle Böswilligen und Intriganten aller Art anzuzeigen« (*AN*, F^{7*} 2511).

47 *AN*, F^7 4763. Landru wurde am 16. Thermidor des Jahres III freigelassen.

48 *AN*, F^7 4774^{45}. Michel wurde am 25. Fructidor des Jahres III auf freien Fuß gesetzt.

49 *AN*, W 146. Gentil wurde gefragt: »Was versteht ihr unter: den Interessen des Vaterlandes Zuwiderhandelnde? – Feinde der Freiheit. – Und was versteht Ihr unter Feinden der Freiheit? – Die sich zu Feinden des Volkes machen.«

50 Sektion Réunion (früher Beaubourg), Proclamation de Fraternité. *AN*, F^7 4718, dossier Gaudet; keine Erwähnung bei Tourneux. Siehe auch *BVC*, Ms 118, f. 61.

51 *BVC*, Ms 120, f. 4.

52 *BN*, Lb^{40} 1844*; Tourneux, Nr. 8570.

53 *BVC*, Ms 118, f. 14, Adresse an die Bürger, zur Forderung von Gaben, die der Verteidigung des Vaterlandes dienen sollen.

54 *ADS*, D* 783, Protokollauszug.

55 *BN*, Mss, Nouv. acq. fr. 2646, f. 11; keine Erwähnung bei Tourneux. Alle Bürger sollen »in die Mitte ihrer Brüder, ihrer Freunde kommen und durch die zarte Gewohnheit, sich zusammenzufinden, die Bande der Liebe und Brüderlichkeit mehren, die alle wahren Republikaner verbinden sollen«.

56 Dieser Beschluß der Sektion Bondy gegen die »Leichtfertigen« wurde am 21. April 1793 durch die Sektion Contrat-Social angenommen (*AN*, C 355, pl. 1860, p. 8). Er wurde am nächsten Tag den Jakobinern übermittelt (*La Société des Jacobins...*, Bd. 5, S. 151).

57 *BN*, Lb^{40} 2040 (2); Tourneux, Nr. 8685.

58 *BN*, Lb^{40} 468; Tourneux, Nr. 8120.

59 *AN*, W 168.

60 Es sei mit aller Deutlichkeit unterstrichen, daß im Verlaufe der ganzen Revolution, welche Partei auch immer an der Macht war, die Teilnahme am politischen Leben der Sektionen stets nur die Sache einer kleinen Minderheit war, außer wenn besondere Umstände vorlagen. Noch am 19. Ventôse des Jahres III nahm der Ausschuß der Sektion Guillaume-Tell Kenntnis von einem Antrag der

Vollversammlung, »ein Mittel zu suchen, das die Bürger bewegen könnte, in die Sektionsversammlungen zu kommen« (*ADS*, D* 948).

61 *Moniteur*, Bd. 18, S. 90. Als Verdächtige sind zu betrachten: ». . . 6. die keinen aktiven Anteil an allem genommen haben, was die Revolution angeht, und die zur Entschuldigung das Bezahlen von Kontributionen, ihre patriotischen Abgaben, ihren Dienst in der Nationalgarde und anderes angeben; 7. die die republikanische Verfassung mit Gleichmut aufgenommen haben . . .; 8. die zwar nichts gegen die Freiheit, aber auch nichts für sie getan haben; 9. die ihre Sektion nicht regelmäßig aufsuchen und als Entschuldigung angeben, sie könnten nicht reden und ihre Geschäfte hielten sie ab.« Dieser Beschluß des Generalrats zeigt sehr deutlich die Anschauung des Volkes.

62 *AN*, F⁷ 4603, pl. 8, p. 19. Blondel wurde am 27. Thermidor des Jahres II entlassen.

63 *AN*, F⁷ 4758.

64 *AN*, F⁷ 4580, pl. 4, p. 93. Arnoult wurde am 22. Thermidor des Jahres II freigelassen.

65 *AN*, F⁷ 4614, d. 3.

66 *AN*, F⁷ 4609, d. 4. Bossu wurde am 21. Thermidor des Jahres II aus der Haft entlassen.

67 *AN*, F⁷ 4610, d. 2. Boucher wurde am 29. Thermidor des Jahres II befreit.

68 *AN*, F⁷ 4774[50].

69 *AN*, F⁷ 4765. Laporte hat 3600 Livres Rente; das kam als erschwerender Umstand dazu. Siehe Markov/Soboul, Nr. 54, auch Nr. 102.

70 *AN*, F⁷ 4584.

71 *AN*, F⁷ 4755. La Chapelle hatte eine Rente von 3000 Livres.

72 *AN*, F⁷ 4615, d. 4. Brasseur wurde am 22. Thermidor des Jahres II freigelassen.

73 *AN*, F⁷ 4647. Es handelt sich hier um den Bruder des Schriftstellers.

74 *AN*, F⁷ 4596, pl. 5, p. 8.

75 *AN*, F⁷ 4648. »Er hat der Republik um so größeren Schaden zugefügt, als er das Vertrauen der Gemäßigten, Royalisten und Egoisten besaß, und wenn er ein Wort zugunsten der Rechte des Volkes gesagt hätte, hätte er viele von diesen letzteren bekehren können und sie die Partei der Republik ergreifen lassen« (Bericht des Revolutionskomitees vom 1. Floréal des Jahres II). Civet wurde am 2. Fructidor des Jahres II befreit (Markov/Soboul, Nr. 102).

76 *AN*, F⁷ 4759. »Sehr gebildet, aber grob, hochmütig, egoistisch«, unterstreicht das Revolutionskomitee.

77 *Moniteur*, Bd. 8, S. 51, Über das Petitionsrecht.

78 Ebenda, Bd. 9. S. 353.

79 Ebenda, Bd. 11, S. 310.

80 Ebenda, Bd. 16, S. 155 u. 157.

81 *APP*, A A/266, p. 125. Dieser Protest wurde dem Generalrat der Kommune vorgelegt, der ihn in Druck geben ließ (*BN*, Mss, Nouv. acq. fr. 2657, f. 113; keine Erwähnung bei Tourneux). Die Sektion Amis-de-la-Patrie gab ihm am 20. April 1793 ihre Zustimmung (*APP*, A A/266, p. 286).

82 Art. 364.

83 *ADS*, D* 639. Es hatte schon vorher einmal einen ähnlichen Versuch der Bildung eines Korrespondenzbüros für 42 Distrikte gegeben, das im Bischofspalais eingerichtet werden sollte (*BN*, Lb³⁹ 7895; Tourneux, Nr. 5386). »Jede Sektion«, erklärt die Sektion Lombards, »ist so etwas wie eine Späherin, deren Wachsamkeit aber verpufft, wenn sie ihre Entdeckungen nicht schnell den anderen Wachen und

dem Haupttrupp mitteilen kann.«

84 *ADS,* D* 672. Ein ähnlicher Versuch etwa um die gleiche Zeit sei von der Sektion Faubourg-Montmartre erwähnt (*ADS,* D* 770). Siehe auch die am 2. Februar 1792 vor der Brüderlichen Gesellschaft beiderlei Geschlechts mit dem Sitz im Jakobinerkloster verlesene Petition, in der »ein allgemeines oder Zentralkomitee« gefordert wird, das aus zwei Beauftragten jeder Sektion gebildet werden soll, die »sich bedeutungsvolle Beschlüsse, die in ihren jeweiligen Sektionen gefaßt worden sind, untereinander mitteilen sollen« (*BN,* Lb^{39} 10412; Tourneux, Nr. 5396).

85 *BN,* Mss, Nouv. acq. fr. 2707, f. 19.

86 *Moniteur,* Bd. 16, S. 478.

87 *APP,* A A/266, p. 324. Diese Entscheidung ist auch gedruckt worden (*BHVP,* 10065*; Tourneux, Nr. 8239). »Wenn die Sektionen uneinig sind, ist der Bürgerkrieg da.«

88 *Les Affiches de la Commune de Paris* vom 2. Frimaire des Jahres II; *Journal de la Montagne* vom 3. Frimaire des Jahres II.

89 *La Société des Jacobins...,* Bd. 5, S. 90.

90 *AN,* C 355, pl. 1860, p. 8, 9 u. 34, Außerordentliche Zwölferkommission. Protokolle der Sektion Contrat-Social.

91 Ebenda, p. 13 u. 14; Markov/Soboul, Nr. 3 u. 4.

92 *BVC,* Ms 117, f. 9. Das Protokoll ist gedruckt worden: Sektion Bon-Conseil, Protokollauszug der permanenten Vollversammlung der Sektion vom 5. Mai 1793. *BN,* Lb^{40} 1726; Tourneux, Nr. 8498. – Am 19. Mai kam es zu neuen Verbrüderungen zwischen den Sansculotten der Sektionen Bon-Conseil und Lombards (*BVC,* Ms 117, f. 11). Diese Vorgänge wurden im Jahre III angezeigt. Siehe den am 20. Germinal des Jahres III der Vollversammlung der Sektion Bon-Conseil vorgelegten Bericht (*BN,* Lb^{40} 1733; Tourneux, Nr. 8502) und Markov/Soboul, Nr. 5 u. 7.

93 *BVC,* Ms 119, f. 4. Über diese Sitzung vom 12. Mai 1793 siehe auch Lb^{40} 1733, 1781 u. 3038; Tourneux, Nr. 8502, 8755 u. 8719.

94 Markov/Soboul, Nr. 5; *AN,* C 355, pl. 1860, p. 37. Im Jahre III wurden diejenigen Sansculotten, die den größten Anteil am Zustandekommen solcher Verbrüderungen hatten, Opfer der antiterroristischen Verfolgung. So z. B. ein gewisser Lagrye, genannt Darçon, aus der Sektion Contrat-Social, »der immerfort nach der Sektion Bon-Conseil gelaufen ist, um die Schurken dieser Sektion, seine würdigen Spießgesellen, anzufordern, damit sie die ehrsamen Bürger der Sektion Contrat-Social unterdrücken kämen, die gegen den Despotismus dieser Rädelsführer kämpften« (*AN,* F^7 4758 u. 4775[29]).

95 Markov/Soboul, Nr. 7.

96 Ebenda, Nr. 8, 9 u. 10; *AN,* C 355, pl. 1864, p. 45.

97 *BN,* Lb^{40} 2076; Tourneux, Nr. 8262.

98 *BN,* Mss, Nouv. acq. fr. 2684, f. 199.

99 *AN,* W 186.

100 *BN,* Lb^{40} 523*; Tourneux, Nr. 9020.

101 *AN,* F^{7*} 2511; *BVC,* Ms 119, f. 48.

102 *BN,* Lb^{40} 1865; Tourneux, Nr. 8638. Nach dem 9. Thermidor hatten die Reaktionäre ein Verfahren für sich nutzbar gemacht, das schon vor ihnen seine Bewährungsprobe abgelegt hatte. Am 20. Frimaire des Jahres III wandte sich die Sektion Fraternité an die Sektion Unité und erklärte: »Von den gleichen Gefühlen vereint, wollen wir den Terroristen den Krieg erklären;... richten wir zwischen uns eine lebhafte Korrespondenz ein« (*BN,* Lb^{40} 1842; Tourneux, Nr. 8300).

103 *AN,* F^7 4650.

104 *AN*, F⁷ 4774³⁷. Es handelt sich um den 23jährigen Schlosser Louis Martin und den gleichaltrigen Porzellanformer Maurice Cœurdacier.

Die letzte Reklamation des Rechtes der Sektionen, miteinander zu korrespondieren, wurde am 23. Fructidor des Jahres III von der Sektion Arsenal gemacht, nachdem der Konvent am 21. die Entsendung von Kommissaren durch die Primärversammlungen untersagt hatte: »Keine Behörde, gleich welcher Art, hat das Recht, brüderlichen Verbindungen zwischen verschiedenen Sektionen des Volkes, die zur Ausübung ihres Rechts auf Souveränität zusammengekommen sind, Hindernisse in den Weg zu legen« (*BN*, Mss, Nouv. acq. fr. 2696, f. 34; Tourneux, Nr. 7880).

105 *AN*, W 548, Militärkommission, Urteilsregister, Jean Thévenin. Nach Aussagen des Zivilausschusses der Sektion Arsenal sonst ein guter Bürger.

106 Siehe Brunot, S. 886.

107 *AN*, F⁷ 4627, d. 2.

108 *AN*, F⁷ 4636, d. 2.

109 *AN*, F⁷ 4749. Jayet wurde am 8. Thermidor des Jahres III freigelassen.

110 *AN*, F⁷ 4774⁸⁶, Anzeige über die Unruhen vom 10. Ventôse des Jahres III.

111 *AN*, F⁷ 4610.

112 *AN*, F⁷ 4774⁵³. Morlot ist bekannt, »zu allen Gelegenheiten seine Stimme den Terroristen und Blutmenschen gegeben und seiner Meinung in den Sektions- und Volksversammlungen mit Worten und Taten Gewicht verliehen zu haben«. Er wurde am 13. Messidor des Jahres III aus der Haft entlassen.

113 *AN*, F⁷ 4776, beim Überwachungsausschuß des 3. Arrondissements am 9. Prairial des Jahres III eingegangene Anzeige.

114 *AN*, F⁷ 4774⁵⁴.

115 Brunot, S. 877.

116 *AN*, F⁷ 4774³². Den Feinden des Volkes müßte man »die Schnauze mit dem Knüppel schließen«.

117 *AN*, F⁷ 4587, pl. 7, p. 62. Barrayer wurde am 6. Prairial des Jahres III verhaftet.

118 *AN*, W 112; Caron, *Paris pendant la Terreur*, Bd. 4, S. 319.

119 *AN*, F⁷ 4649.

120 *AN*, F⁷ 4669. Denis wurde am 30. Messidor des Jahres III auf freien Fuß gesetzt.

121 *AN*, F⁷ 4637. Frau Chalendon wurde am 5. Prairial des Jahres III verhaftet und am 25. Vendémiaire des Jahres IV freigelassen.

122 *AN*, W 548; siehe auch *AN*, F⁷ 4618, d. 3, Urteil der Militärkommission vom 3. Thermidor des Jahres III, die Jean-François-Louis Richer zur Deportation und Pierre-Désiré Brochet zu vier Jahren Kettenhaft verurteilt. Brochet, der Schlosser war, nach dem Zivilausschuß »ein heftiger Mensch«, hatte die Äußerungen Richers gebilligt.

Anmerkungen zu Kapitel V

1 Zu diesem ganzen Kapitel siehe Ernest Mellié, *Les sections de Paris pendant la Révolution française (21 mai 1790-19 vendémiaire an IV). Organisation. Fonctionnement*, Paris 1898.

2 Siehe Georges Garrigues, *Les districts parisiens pendant la Révolution française*, Paris 1932.

3 So geschah es in der Sektion Tuileries (*BVC*, Ms 118, f. 104).

4 *AN*, W 112. Das Dekret vom 24. Mai 1793, das der Konvent auf Vorschlag des Zwölferausschusses erlassen hatte, ordnete die Aufhebung der Sitzungen der Vollversammlungen um 10 Uhr abends an. Dieses Dekret wurde durch dasjenige vom 9. September, welches die Permanenz der Sektionen aufhob, wieder in Kraft gesetzt.

5 *AN*, W 191; Caron, *Paris pendant la Terreur*, Bd. 4, S. 195.

6 *AN*, W 112, Bericht Charmont; Caron, *Paris pendant la Terreur*, Band 4, S. 202.

7 *AN*, W 174, Bericht Hanriot. Über die Sitzungssäle der Vollversammlungen finden sich Angaben bei: Mellié, S. 23. Siehe auch die Petition der Versammlung der Sektion Champs-Elysées vom 4. Oktober 1793, die ein Haus in Chaillot mieten möchte; die der Versammlung der Sektion Bonne-Nouvelle, daß ihr die Kirche ihres Distrikts samt den dazugehörigen Gebäuden für ihre und ihrer Ausschüsse Sitzungen zur Verfügung gestellt wird (*Les Affiches de la Commune de Paris* vom 1. Frimaire des Jahres II); die der Vollversammlung der Sektion Maison-Commune, die gleichermaßen über die Kapelle Unserer Lieben Frau der Kirche Saint-Gervais verfügen möchte (*Les Affiches de la Commune de Paris* vom 18. Frimaire des Jahres II). Am 11. Pluviôse verlangt die Sektion Montagne von den Jakobinern, sie sollten ihren Saal für Sitzungen zur Verfügung stellen, doch ließ die Gesellschaft später diesen Antrag fallen (*La Société des Jacobins...*, Bd. 5, S. 636).

Daß Frauen in den Versammlungen anwesend waren, trug nicht immer zu deren geordnetem Ablauf bei. Am 19. Februar 1793 ordnet die Versammlung der Sektion Droits-de-l'Homme anq die Frauen sollten von den Bürgern getrennt sitzen (*BVC*, Ms 120). Eine ähnliche Maßnahme beschließt die Vollversammlung der Sektion Contrat-Social (*AN*, C 355, pl. 1860, p. 17). Das ganze Jahr II über verfolgen die Frauen mit Interesse den Verlauf der Debatten in den Vollversammlungen. Am 30. Brumaire des Jahres III verlangt ein Bürger in der Vollversammlung der Sektion Fontaine-de-Grenelle den Ausschluß der Frauen, weil sie gelegentlich die Sitzungen störten. Sein Antrag ruft Tumult hervor. Da das Gesetz eine solche Maßnahme nicht zuläßt, werden die unzulänglichen Raumverhältnisse ins Feld geführt: die Frauen müssen die Sitzungen verlassen (*AN*, F[7*] 2509).

8 Protokoll der Vollversammlung der Sektion Luxembourg vom 21. November 1791 über die geringe Beteiligung an den Sitzungen, *BN*, Lb[40] 1932; Tourneux, Nr. 8443.

»Seit nach den ersten Ereignissen der Revolution eine gewisse Ruhe eingetreten ist, erscheint selbst bei starkem Zulauf zu den Versammlungen kaum mehr als der fünfte Teil der Bürger.« Dieses Verhältnis wird sogar noch schlechter: »Die beiden jüngsten Erhebungen im Rathaus ergeben, daß die Zahl der Bürger, die nicht in ihren Sektionen erscheinen, sich auf etwa sieben Achtel der Gesamtzahl der Bürger beläuft.« Von 1600 Bürgern, die über die notwendigen Bedingungen des Aktivbürgers verfügen, sind nur etwa 800 in die Listen der Sektion Luxembourg eingetragen, und auch diese erscheinen nicht alle zu den Versammlungen. Deshalb beschloß die Vollversammlung, die Namen der Abwesenden auszuhängen.

9 Ein Bürger »drückte sein Erstaunen aus über die Leere im Sitzungssaal, als es um eine so wichtige Angelegenheit wie die Kenntnisnahme von der Wahl verschiedener Bürger in so bedeutende Ämter wie die des Gemeinderats ging, die die Sektionen vorgenommen hatten« (*ADS*, D 1002).

10 *Moniteur*, Bd. 14, S. 281.

11 Sektion Pont-Neuf, Vollversammlung vom 2. September 1793, Registerauszug. *BN*, Lb[40] 2075*; Tourneux, Nr. 8264. 1791 hatte die Sektion Pont-Neuf (früher

Henri VI) 883 Aktivbürger, 1264 Wähler zählte sie im Jahre II. Vgl. Markov/Soboul, Nr. 32.

12 Zu dem schwachen Besuch der Versammlungen kommt gelegentlich auch ein Umstand materieller Natur hinzu: das geringe Fassungsvermögen der Säle, in denen die Vollversammlungen abgehalten wurden. Am 9. Nivôse des Jahres II teilt die Sektion Gardes-Françaises dem Generalrat der Kommune mit, daß ihr Sitzungssaal nur 200 Personen faßt, und verlangt einen größeren Raum, »der die gesamte Sektion aufnehmen kann« (*Les Affiches de la Commune de Paris* vom 11. Nivôse des Jahres II).

13 *Moniteur*, Bd. 17, S. 576, 583 u. 625.

14 Markov/Soboul, Nr. 65.

15 In einem Beschluß des Gemeinderats vom 1. Oktober 1793 wurden die Sektionen aufgefordert, eine Durchführungsverordnung zu dem Gesetz vom 9. September 1793 auszuarbeiten, das Unterschleifen begegnen sollte: eine Maßnahme, die über die Einstellung der Behörden aussagt.

16 *APP*, A A/266, p. 121, Reglement über die Entschädigung von 40 Sous, vom 25. September 1793. Eine Analyse dieses Dokuments findet sich bei: Mellié, S. 147.

17 *BVC*, Ms 120.

18 *AN*, D XLII 11, Bericht von Prévost. Seine Berichte werden von Caron, *Paris pendant la Terreur*, nicht erwähnt.

19 *AN*, F⁷ 3688³; Caron, *Paris pendant la Terreur*, Bd. 2, S. 39.

20 *AN*, F⁷ 4677, dossier Didot.

21 *AN*, F⁷ 4775⁴⁴, dossier Verpeau, Protokoll der Vollversammlung vom 30. Prairial des Jahres II.

22 Das gilt etwa für die Sansculotten der Sektion Unité, die deshalb beim Generalrat der Kommune vorstellig werden (*Journal de la Montagne* vom 25. Brumaire des Jahres II). Der Generalrat verwies die Petition an den Finanzausschuß des Konvents.

23 *ADS*, D 989.

24 *AN*, F⁷ 4677, dossier Didot. Didot wurde auf Befehl des Sicherheitsausschusses am 18. Ventôse des Jahres II endgültig eingekerkert.

25 *AN*, F⁷ 4775³, dossier Rouy. Der 25jährige Wahrsager, Verfasser einer Broschüre mit dem Titel *Der kleine Magier der Republik*, warf am 20. Pluviôse den Ausschüssen der Sektion Lombards heftig ihre Langsamkeit bei der Auszahlung der Entschädigung von 40 Sous vor. »Er erlaubte sich zu sagen, wenn es ein Blutgesetz wäre, könnte man es nicht schnell genug durchführen, aber da es wohltätig sei, wäre seine Durchführung eben nicht zu erlangen.« Rouy wurde am 22. Prairial durch das Revolutionskomitee verhaftet und am 18. Thermidor wieder freigelassen, dann im Jahre III erneut verhaftet.

26 *AN*, F⁷ 4639, dossier Chancogne. Chancogne wurde am 7. Prairial des Jahres III verhaftet.

27 Siehe z. B. den Bericht des Polizeibeobachters Mercier vom 27. Nivôse: »Täglich erheben sich Beschwerden wegen der 40 Sous, die die Nation den Bedürftigen gewährt für ihre Anwesenheit bei den Versammlungen der Sektion. Es sind welche darunter, die diese Entschädigung überhaupt nicht nötig haben und es sich trotzdem geben lassen, und andere, die sie dringend brauchen, denen man sie aber nicht gewährt, was natürlich Krach gibt« (*AN*, F⁷ 3688³; Caron, *Paris pendant la Terreur*, Bd. 2, S. 398). Siehe auch den Bericht Jarousseaus vom 23. Pluviôse: »Die meisten der Arbeiter verlieren einen viertel oder sogar einen halben Tag; andere kommen zu Beginn der Sitzungen und am Ende zum Aufruf; drei Viertel kämen

nicht, wenn sie nicht bezahlt würden« (*AN*, W 191; Caron, *Paris pendant la Terreur*, Bd. 4, S. 46). Gleiches berichtet auch Perrière (Markov/Soboul, Nr. 65).

28 *AN*, F[7] 3688[3]; Caron, *Paris pendant la Terreur*, Bd. 1, S. 315.

29 Markov/Soboul, Nr. 65.

30 *Moniteur*, Bd. 20, S. 498. Zufolge einer Abordnung der Sektion Indivisibilité schreiben sich manche Bürger um 5 Uhr in die Liste der Empfangsberechtigten ein und gehen dann wieder; andere sind zur Einschreibung da, auch wenn sie gelegentlich im Tempel Wache stehen sollten; wieder andere lassen ihre Karten durch Dritte vorlegen. Die Abordnung zählt diese Betrügereien mit offensichtlicher Genugtuung auf.

31 *AN*, AF* II 40, f. 23, Auszug aus den Sitzungsprotokollen des Wohlfahrtsausschusses; Alexandre Tuetey, *L'assistance publique à Paris pendant la Révolution*, 4 Bde., Paris 1895/97, Bd. 4, S. 512. Wir haben von diesem Rundschreiben zwei Exemplare finden können: *AN*, F[7] 4774[96], dossier Rocherie, und F[7] 4775[44], dossier Verpeau.

32 *AN*, F[7] 4775[44], dossier Verpeau, Bericht an die Vollversammlung vom 15. Thermidor des Jahres II. Leider enthält der Bericht weder die Liste der 91 Entschädigungsempfänger noch der 104 Abgewiesenen. Aus der Erwähnung von vier Sansculotten ergibt sich aber trotzdem ein Bild von der sozialen Situation der Nutznießer dieser Maßnahme: Simon, 61 Jahre, Schneider, ohne Beschäftigung; Lefebvre, 61 Jahre, ehemaliger Perückenmacher, Invalide, ohne Beschäftigung; Ligeron, 64 Jahre, Parfümeurgehilfe, ohne Arbeit; Coffinet, 65 Jahre, ein früherer Rechtsanwalt, jetzt ohne Gewerbe, der sich seinen Lebensunterhalt durch Wachdienste verschafft. Die Entschädigung ist damit durchaus zu einer Unterstützung der Armen geworden.

33 *Moniteur*, Bd. 21. S. 555.

34 *APP*, A A/266, p. 86.

35 Am 4. April 1793 beschließen z. B. die Ausschüsse der Sektion Réunion, daß »sie sich über Maßnahmen der öffentlichen Sicherheit untereinander verständigen werden« (*AN*, F[7*] 2494). Über gemeinsame Beratungen des Zivil- und Revolutionskomitees am 9. Thermidor siehe *AN*, F[7] 4432.

36 *BN*, Mss, Nouv. acq. fr. 2715, Tagebuch über die Tätigkeit des Zivilkomitees der Sektion Révolutionnaire, vom 29. April 1793.

37 *Journal de la Montagne* vom 13. September 1793.

38 Petition an den Nationalkonvent über die Zivilausschüsse der Sektionen von Paris. *AN*, C 280, pl. 769, p. 39; keine Erwähnung bei Tourneux. – Die Petition war am 5. Brumaire des Jahres II von der Vollversammlung angenommen worden. Die Sektion Droits-de-l'Homme machte sie sich am 10. Brumaire zu eigen (*BVC*, Ms 120). Siehe die Liste der unterzeichneten Sektionen in: *AN*, C 280, pl. 769, p. 63; siehe auch *Moniteur*, Bd. 18, S. 415.

39 *BVC*, Ms 120.

40 *Moniteur*, Bd. 20, S. 315. Das Dekret vom 6. Floréal wurde durch diejenigen vom 23. Fructidor des Jahres II und 28. Vendémiaire des Jahres III erweitert und erläutert.

41 Hier ist vor allem das Gesetz vom 11. Fructidor des Jahres II von Wichtigkeit, das die Kommune von Paris neu organisierte. Nach dem Gesetz vom 14. Vendémiaire des Jahres III, Art. I, geben die Zivilausschüsse die Beglaubigungen der staatsbürgerlichen Unbescholtenheit aus. Bei der antiterroristischen Säuberung im Prairial des Jahres III werden sie eine besondere Rolle spielen: zu diesem Zeitpunkt sind sie aber nur noch Werkzeuge des großen Sicherheitsausschusses.

42 Art. 10.

43 Durch das Gesetz vom 5. Fructidor des Jahres III wurde die Wahl der Friedensrichter wieder eingeführt (Art. 212).

44 *BN*, Lb[39] 1802*; Tourneux, Nr. 8041.

45 Der Plan, der in der Folge mehrfach geändert wurde, war am 20. April 1793 erstmals ausgearbeitet worden (Plan des Hilfskomitees, das in jeder Sektion eingerichtet werden soll . . ., 16 Druckseiten. *ADS*, D 104). Die Wohltätigkeitsausschüsse wurden in Durchführung der Art. 8, 9 und 10 des Gesetzes vom 28. März 1793 eingesetzt, das die Erfassung der Armen und Kranken jeder Sektion vorsah.

46 Die Unterstützungsbedürftigen sind in drei Klassen eingeordnet: Alte und arbeitsunfähige Kranke, werdende und stillende Mütter, Ernährer großer Familien oder zeitweilig in Not Geratene.

47 Es muß erwähnt werden, daß die Unterstützung der Freiwilligen und ihrer Familien nicht unter die Aufgaben der Wohltätigkeitsausschüsse fiel. Am 21. Pluviôse des Jahres II betraut der Konvent mit dieser Aufgabe besondere Kommissare zur »Prüfung und Verteilung«, die von den Vollversammlungen zu ernennen waren, wobei mit der Verteilung die angesehensten Bürger der Sektionen und mit der Prüfung die Unterstützungsberechtigten beauftragt wurden.

48 Von diesen 126 Männern sind 107 einfache Nationalgardisten, einer ist Kapitän, einer Leutnant, ferner 2 Unterleutnants, 1 Feldwebel, 4 Unteroffiziere, 8 Gefreite, 2 Tamboure.

49 *Moniteur*, Bd. 16, S. 395.

50 *APP*, A A /266, f. 265.

51 *AN*, F[7*] 2520.

52 Die Ausschüsse hatten übrigens ein Budget für ihre Verwaltungskosten und die Bezahlung ihrer Beamten. So erhält die Sektion Finistère unter dem 16. Juli 1793 eine Anweisung über 1200 Livres für den Sekretär, 800 Livres für den Bürodiener, 400 für Miete, 300 für Bürokosten: insgesamt 2700 Livres, »welche Summe in Zwölfteln aus der Kasse der Stadtverwaltung ausgezahlt wird« (*AN*, F[7*] 2517, Brief von Pache).

53 Marc Bouloiseau, *Les comités de surveillance des arrondissements de Paris sous la réaction thermidorienne*, in: *AHRF*, 1933, S. 317 u. 441; 1934, S. 233; 1936, S. 42 u. 204.

54 Der Vollständigkeit halber wären noch zu nennen die Salpeterkommissionen der Sektionen, die in Anwendung des Gesetzes vom 14. Frimaire des Jahres II über die Aufbereitung salpeterhaltiger Erden und die Einrichtung einer entsprechenden Werkstatt in jeder Gemeinde oder Sektion gebildet worden waren (*Moniteur*, Bd. 19, S. 588). Damals ernannten die Pariser Sektionen sofort sogenannte Salpeterkommissionen, die unter die Aufsicht der Revolutionskomitees gestellt wurden. Siehe die entsprechenden Unterlagen für die Sektionen Brutus (*ADS*, D 823, Protokolle der Salpeterkommission vom 24. Nivôse des Jahres II bis zum 21. Nivôse des Jahres III) und Panthéon-Français (*AN*, F[7*] 2521, Vom Revolutionskomitee gebilligtes Reglement, vom 13. Messidor des Jahres II). Über die Salpeterkommissionen siehe Mellié, S. 262.

55 Siehe hierzu: Isabelle Bourdin, *Les sociétés populaires à Paris pendant la Révolution* [genauer: bis August 1792], Paris 1937; dieselbe, *La société de la section de la Bibliothèque (26 août 1790-1825 floréal an II)*, Paris 1937. Allgemeine Übersicht gibt L. de Cardenal, *La province pendant la Révolution. Histoire des clubs jacobins (1789-1795)*, Paris 1929.

56 *Moniteur*, Bd. 9, S. 808. Das Dekret vom 29. September 1791 stellt fest, daß

»keine Gesellschaft, kein Klub, kein Zusammenschluß von Bürgern in irgendeiner Form politischen Charakter haben noch irgendeine Gewalt auf die Tätigkeit der verfassungsmäßigen Behörden und gesetzlichen Vollzugsorgane ausüben dürfen«; Petitionen im Namen einer Gruppe oder Abordnungen sind ihnen untersagt. Das Dekret ist gedruckt: *AN*, AD I 91.

57 Rede über den Nutzen der patriotischen und Volksgesellschaften, über die Notwendigkeit, sie zu pflegen und allerorts zu mehren, vom 28. September 1791. *BN*, Lb^{40} 638.

58 »An uns, an den patriotischen Gesellschaften ist es, [das Volk] aufzuklären, die Gesetze zu brechen, die Geist und Herz so mancher Bürger gefangenhalten. Das Gewicht der Meinungen, das Zusammenwirken von Kenntnissen ergeben eine Masse von Einsichten, die nur wenige Bürger aus sich selber gewinnen können. Indem wir die patriotischen Gesellschaften mehren und ihnen eine starke Hörerschaft gewinnen, zeigen wir dem Volke, das so lange getäuscht worden ist, in welchen Ansichten es die Strahlen der Wahrheit findet« (*BN*, Mss, Nouv. acq. fr. 2705, f. 153).

59 »Sie beschäftigt sich mit allen Dingen, die das öffentliche Interesse angehen, verteidigt die Unterdrückten, hilft ihnen, wo sie kann, sie überwacht die Verräter, zeigt ihre Machenschaften an und ihre Verschwörungen, sie unterhält mit allen echten Freunden der Freiheit, der Gleichheit und der Verfassung eine brüderliche und freundschaftliche Korrespondenz« (*BN*, Mss, Nouv. acq. fr. 2713, f. 161).

60 *BN*, Lb^{40} 865; Tourneux, Nr. 9916.

61 *Journal de la Montagne* vom 23. August 1793; *Moniteur*, Bd. 17, S. 459. – Kritik an den Volksgesellschaften wird im Jahre II ein Verdachtsmoment. Berly, Perückenmachergehilfe, Sektion Homme-Armé, ist am 14. September 1793 unter der Anklage verhaftet worden, er habe u. a. ständig die Volksgesellschaften verleumdet (*AN*, F^7 4595, pl. 4, p. 38). Am 16. Brumaire wird der Lehrer am Institut der »Schüler des Vaterlands«, Antheaume, vom Revolutionskomitee der Sektion Guillaume-Tell verhaftet. Er wird vor allem angeklagt, »seinen Schülern Mißtrauen gegenüber den Volksgesellschaften einzuflößen, gegen die er tobte und wetterte« (*AN*, F^7 4580, pl. 4, dossier Antoine [statt Antheaume]). Am 30. Nivôse wird der Schmied Beauperin aus der Sektion Bonne-Nouvelle verhaftet, weil er die Volksgesellschaften verleumdet habe (*AN*, F^7 4591, pl. 8, p. 11).

62 *BN*, Mss, Nouv. acq. fr. 2705, f. 36, gedrucktes Zirkular an die Volksgesellschaft der Sektion Mutius-Scaevola. »Es ist eine patriotische Pflicht, diejenigen zu nennen, die sich durch ihren Patriotismus hervorheben. Denn Wissen ohne Republikanismus würde zu nichts anderem nützen, als das Volk zu verführen und die Nation zu verderben. Republikanischer Geist und eine offen vertretene Liebe zum Vaterland sind die erste Bedingung für die Anstellung oder den Vorschlag von Bürgern für öffentliche Funktionen jeder Art.« Das Präsidium der Gesellschaft schlug sieben Personen vor: je einen Schuhmacher, Schlosser, Kistenmacher und Architekten sowie zwei Schneider.

63 Sie sollen einmal die Intrige enthüllen, den »Tartüffs des Patriotismus« die Maske vom Gesicht reißen, die Provokateure entlarven und »den Egoisten, der kein Vaterland hat; sie sollen endlich auf alle in der Öffentlichkeit stehenden Männer das Licht dieser Fackel werfen« usw. Andererseits sollen sie »die schlummernden Talente suchen, wecken, ermutigen«. Schließlich sollen die auf Mission entsandten Volksvertreter »alle Staatsbeamte vor das Tribunal der Volksmeinung« rufen. »Das große Buch ihrer Taten wird durchgeblättert werden, Ihr werdet für sie die Posaune des Jüngsten Gerichts sein.« Es geht also um Zensur, nicht um Ernennung.

64 Über die Volksgesellschaften bis zum 10. August siehe Bourdin, *Les sociétés populaires à Paris pendant la Révolution*. Für 1792 siehe unter den Papieren der Patriotischen Gesellschaft der Sektion Luxembourg die *Liste mit den Namen der in die patriotischen Gesellschaften entsandten Kommissare* (BN, Mss, Nouv. acq. fr. 2705, f. 138 u. 140, ohne Datum) und die *Liste der angeschlossenen Gesellschaften* (ebenda, f. 336, ohne Datum). Für Ende 1792 und Anfang 1793 siehe den *Etat der patriotischen Gesellschaften der Stadt Paris* (AN, D XLII 5, p. 7, ohne Datum, abgedr. bei: Braesch, *La Commune du 10 août 1792*, S. 729). Es sind 20 Gesellschaften einschließlich der Jakobiner und der Cordeliers.

Für das Jahr II erwähnt ein *Etat der Volksgesellschaften* (AN, F^{1a*} 548, ohne Datum) lediglich die Jakobiner, die Cordeliers, die Männer vom 10. August und für jede Sektion eine Volksgesellschaft ohne nähere Bezeichnung. Im Pluviôse wurden durch ein Zirkular des Wohlfahrtsausschusses der Name und die Gründungszeit aller Volksgesellschaften angefordert; dieses Zirkular wurde Anfang Ventôse in den Pariser Sektionen verteilt. Die Akte mit den Ergebnissen haben wir leider nicht finden können.

65 Bei zwei Sektionen, nämlich Bondy und Cité, haben wir für das Jahr II keine Erwähnung irgendeiner Volksgesellschaft finden können. Bei drei Sektionen ist es nicht möglich, das genaue Gründungsdatum der Volksgesellschaft anzugeben; es sind, der Reihe nach: die Republikanische Gesellschaft der Sansculotten der Sektion Lombards, die Gesellschaft der Freunde der Wahrheit in der Sektion Faubourg-du-Nord und die Volksgesellschaft der Sektion Invalides.

1790: Gesellschaft der Freunde der Sektion Bibliothèque, gegründet am 26. August, im Jahre II in die Gesellschaft Lepeletier umgewandelt; die Brüderliche Gesellschaft von Sainte-Geneviève, im Dezember gegründet, im Jahre II nennt sie sich Brüderliche Gesellschaft beider Geschlechter der Sektion Panthéon-Français.

1791: Gesellschaft der Freunde der Freiheit, der Gleichheit und der Menschlichkeit (Sektion Gravilliers), gegründet am 8. August; Gesellschaft der Freunde der Freiheit, im Jahre II dann Gesellschaft der Freunde der Freiheit und Gleichheit (Sektion Bonnet-Rouge); Gesellschaft der Freunde des Gesetzes (Sektion Fontaine-de-Grenelle), gegründet im Februar 1791.

66 Vor dem 10. August 1792: Patriotische Gesellschaft der Sektion Palais-Royal, die im Jahre II Gesellschaft der Montagne geworden ist; die im Januar 1792 gegründete Patriotische Gesellschaft der Sektion Luxembourg, die im Jahre II zur Volksgesellschaft von Mutius-Scaevola wird; die Gesellschaft der Freien Menschen (Sektion Révolutionnaire), gegründet am 20. Februar 1792; die am 17. Mai gegründete Gesellschaft der Sektion Observatoire, im Jahre II dann Gesellschaft der Republikanischen Tugenden. Es hat nicht den Anschein, als bestünde zwischen der am 1. April 1792 gegründeten Gesellschaft der brüderlichen Vereinigung der Sektion Gobelins und der Brüderlichen Lazowski-Gesellschaft (Sektion Finistère) irgendein Zusammenhang.

Nach dem 10. August 1792: Volksgesellschaft der Sektion Halle-au-Blé, im September gegründet; Patriotische Gesellschaft der Sektion Mail, die im Jahre II zur Volksgesellschaft Guillaume-Tell wird; Volksgesellschaft der Sansculotten (Sektion Temple).

67 Die Volksgesellschaften der Sektionen Mont-Blanc und Brutus, gegründet am 2. September 1793, die Brüderliche Gesellschaft (auch Republikanischer Klub genannt) der Sektion Homme-Armé, die Volksgesellschaft der Sektion Droits-de-l'Homme, die Volksgesellschaft der Sansculotten beiderlei Geschlechts (auch Gesellschaft der Sozialistischen Harmonie genannt) in der Sektion Arsenal, gegründet am

17. Juli 1793, die Brüderliche Gesellschaft der Sektion Unité, die Volksgesellschaft der Sektion Sans-Culottes.

68 Die Volksgesellschaften Tuileries, Bonnet-Rouge (Sektion Champs-Elysées), die der Sektion République, die Freunde der Französischen Republik in der Sektion Piques, die Volksgesellschaften Muséum, Gardes-Françaises, Contrat-Social, Bonne-Nouvelle, Amis-de-la-Patrie, Bon-Conseil, Marchés, Arcis, Faubourg-Montmartre, Poissonnière, Popincourt, Montreuil, Quinze-Vingts, Gravilliers, Réunion, Maison-Commune (auch Stützpfeiler der Republik genannt), die Revolutionäre Gesellschaft in der Sektion Indivisibilité, die Volksgesellschaften der Sektionen Fraternité und Unité, die Gesellschaft Volksfreund in der Sektion Marat, die Gesellschaft der Revolutionären Sansculotten (Sektion Chalier), die Brüderliche Lazowski-Gesellschaft (Sektion Finistère).

69 In der Sektion Unité erscheint im Pluviôse des Jahres II eine neue Gesellschaft, die Gesellschaft der Bedürftigen, die sich am 8. Ventôse beim Generalrat registrieren läßt. Es handelt sich dabei zweifelsohne um die alte Brüderliche Gesellschaft unter einem neuen Namen. Außerdem taucht in der Sektion Guillaume-Tell im Floréal des Jahres II eine Volksgesellschaft der Freunde der Tutgend auf.

70 Ein Zentraler Wählerklub des Departements Paris mit dem Sitz im Bischofspalais hatte in den Jahren 1791/92 bestanden. Am 21. November 1793 erklärt der Zentrale Klub des Departements Paris, der ebenfalls im Bischofspalais eingezogen ist, daß er seine Sitzungen wiederaufnimmt. Dieser Klub nennt sich oft einfach Wählerklub, ist aber nicht mit dem Zentralkomitee der Volksgesellschaften von Paris zu verwechseln, wie es Tourneux macht. Es gab außerdem eine Volksgesellschaft mit dem Sitz im Saal des Wählerklubs, die nichts weiter gewesen zu sein scheint als eine Umbildung des Wählerklubs, die im Winter des Jahres II vollzogen worden sein muß. Siehe das Reglement dieser Gesellschaft in: *AN*, AD XVI 72; Tourneux, Nr. 10079. Über diesen ganzen Komplex wäre noch zu arbeiten.

71 Die Weltrepublik. Reglement der Patriotischen Gesellschaft der Sektion Luxembourg. *BN*, Lb⁴⁰ 2449; Tourneux, Nr. 9911.

72 *BN*, Mss, Nouv. acq. fr. 2705, f. 272, ohne Datum. In den Sektionsversammlungen »bilden wir einen Teil der Masse des Volkes, in dem die Souveränität ruht; wir üben dort eine Kontrolle über unsere Verwaltungen aus; in den Sektionsversammlungen sind wir nichts weiter als Brüder, als Freunde, die sich zu gegenseitiger Belehrung zusammenfinden«. Der Redner schlug die Gründung eines Unterrichtsausschusses vor, der »die geeignetsten Gegenstände herausfinden sollte, um die öffentliche Meinung zu bilden, um das Volk aufzuklären«. In einer zweiten Rede erklärt der gleiche Redner: »Unsere Sitzungen müssen zu einer Schule der Moral, zu einer Studienanstalt der Gesetze werden« (ebenda, f. 279).

73 *BN*, Mss, Nouv. acq. fr. 2713, f. 35, Zusatzartikel zum Reglement. Die Gesellschaft ernennt zu diesem Zweck ein Komitee mit dem Auftrag, »die Reden und Berichte zu sammeln, die im Konvent oder in den patriotischen Gesellschaften gehalten werden, außerdem die Zeitungen, Plakate sowie Anschläge und überhaupt alle Druckschriften, die die Gesellschaft belehren können und wert sind, gelesen zu werden«.

74 Organisationsplan und Reglement der Brüderlichen und Volksgesellschaft des einen und des anderen Geschlechts der Freunde des Vaterlandes, beschlossen am 14. des ersten Monats des Jahres II. *BN*, Lb⁴⁰ 3398; Tourneux, Nr. 26443. Man ist der Meinung, daß vor allem Überwachung notwendig ist, ohne die »herzlosen Männer, die mit der Ausübung der Volksregierung beauftragt sind, sich unmerklich der souveränen Autorität, die im Volke liegt, bemächtigen und uns auf despotische

Weise regieren könnten«.

75 Sektion Piques, Reglement der Volksgesellschaft der Freunde der einen und unteilbaren Französischen Republik, sanktioniert durch das souveräne Volk am 10. August 1793. *AN*, AD XVI 73; Tourneux, Nr. 10053. Das Reglement diente der Volksgesellschaft von Belleville zum Vorbild, die es am 22. Germinal des Jahres II annahm. Die Reglements sind bis auf wenige Worte gleichlautend (ADS, 4 AZ 590).

76 Reglement der Volksgesellschaft der Rue de Montreuil, mit dem Sitz im Faubourg Saint-Antoine, *AN*, AD XVI 73; Tourneux, Nr. 10013. Die Gesellschaft setzt sich zum Ziel, durch Belehrung das Wissen ihrer Mitglieder zu vergrößern, die republikanischen Prinzipien zu verbreiten, die Beamten zu überwachen, die Intriganten und Verräter zu entlarven, die Brüderlichkeit unter den Patrioten zu pflegen, die Unglücklichen zu unterstützen, die Unterdrückten zu verteidigen und wessen Leiden auch immer zu lindern.

77 *ADS*, 4 AZ 590, ohne Datum [Ventôse des Jahres II].

78 *ADS*, 3 AZ 159². Siehe auch das Reglement der Brüderlichen Gesellschaft, genannt Republikanischer Klub, der Sektion Homme-Armé (*BN*, Lb⁴⁰ 2444; Tourneux, Nr. 9888). Ihr Ziel ist es, »die Prinzipien der Freiheit, Gleichheit und der Liebe zum Vaterland zu verbreiten, die Schritte der Feinde des Gemeinwohls ausfindig zu machen, ihre Intrigen zu vereiteln, die schwachen oder schwankenden Patrioten aufzurichten, die Autoritäten und Behörden zu überwachen, die die Sektion regieren, und die Gesetze aufrechtzuerhalten«.
Nach dem Thermidor, als sich in der Rue Huchette, in der Sektion Chalier, die Gesellschaft der Freunde von Jean-Jacques Rousseau bildet, unterstreicht sie, daß ihre Ziele diejenigen der Belehrung, der Überwachung und der gegenseitigen Hilfe sind (*BN*, Lb⁴⁰ 5002, ohne Datum [Vendémiaire des Jahres III?]; Tourneux, Nr. 9685).

79 *BVC*, Ms 118, f. 22, vom 30. September 1793.

80 Entwurf eines Reglements für die Volksgesellschaft der Sektion Gardes-Françaises, vom 22. September 1793. *BN*, Lb⁴⁰ 2440; Tourneux, Nr. 9878. Reglement für die Volksgesellschaft der Sektion Halle-au-Blé, vom 2. Frimaire des Jahres II. *BN*, Lb⁴⁰ 2443; Tourneux, Nr. 9886. Gleiche Bedingungen für die Zulassung, sogar in fast dem gleichen Wortlaut, für die Gesellschaft der Sektion République (*AN*, D III 256⁷; keine Erwähnung bei Tourneux).

81 Reglement der Gesellschaft der Republikanischen Tugenden mit dem Sitz in der Rue des Postes, Sektion Observatoire, vom 4. Germinal des Jahres II. *BN*, Lb⁴⁰ 2465; Tourneux, Nr. 10097.

82 Glaubensbekenntnis der Brüderlichen Gesellschaft der Freunde der Menschenrechte und Feinde des Despotismus, mit dem Sitz in der Rue de Montreuil. *BN*, Lb⁴⁰ 3276; Tourneux, Nr. 10014. Ihr Ziel ist es, Wissen zu verbreiten und sich über die für das Wohl des Volkes notwendigen Mittel zu unterrichten. Sie wird diejenigen überwachen, die das Volk mit seinen Vollmachten ausgestattet hat.

83 *ADS*, D 989, Reglement, vom 17. Frimaire des Jahres II. Das Reglement der Freunde der Republik, in der Sektion Piques, sah unter anderen Fragen auch diese vor: »Hast Du das Haupt des letzten Tyrannen mit Freude fallen sehen?«

84 Reglement der Republikanischen und Volksgesellschaft der Sektion Unité, vom 9. Tage des 2. Monats des Jahres II. *BN*, Lb⁴⁰ 2463; Tourneux, Nr. 10088.

85 Markov/Soboul, Nr. 58-59.

86 In den Gesellschaften der Sektionen Luxembourg, Gardes-Françaises, Halle-au-Blé und Poissonnière muß man durch ein Mitglied eingeführt werden und zwei weitere als Bürgen bringen; die Gesellschaften der Freunde des Vaterlandes und der

Sektion Unité verlangen sogar vier Bürgen. In der Gesellschaft der Republikanischen Tugenden besteht der Aufnahmeausschuß aus sechs Mitgliedern, in der Gesellschaft Maison-Commune und der der Sektion Poissonnière aus sieben Personen, in den Gesellschaften der Sektionen Gardes-Françaises und Halle-au-Blé sind es acht, in der Gesellschaft der Rue de Montreuil sind es sogar zwölf und in der Sektion Unité fünfzehn Mitglieder. In den Gesellschaften der Sektionen Gardes-Françaises, Halle-au-Blé und Unité wird dreimal hintereinander über die Aufzunehmenden abgestimmt.

87 Nicht in allen Reglements ist ein besonderer Eid vorgesehen. Wir finden ihn bei den Gesellschaften der Freunde des Vaterlandes, der Freunde der Republik (Sektion Piques), der Republikanischen Tugenden in der Sektion Observatoire, der Rue de Montreuil, der Sektion Gardes-Françaises und dem Republikanischen Klub der Sektion Homme-Armé. Der Eid der Freunde der Französischen Republik lautet beispielsweise folgendermaßen: »Ich schwöre, mit meiner ganzen Kraft die Freiheit, Gleichheit, Brüderlichkeit, Einheit und Unteilbarkeit der Französischen Republik zu schützen und, wenn es sein muß, auch bei ihrer Verteidigung zu sterben. Ich schwöre ewigen Haß den Royalisten, Föderalisten, Triumvirn, Diktatoren, Tyrannen und allen Unterdrückern der Freiheit und Gleichheit, wer sie auch immer sein mögen.« Der Eid der Gesellschaft der Sektion Gardes-Françaises hielt sich in unbestimmteren Ausdrücken: »Ich schwöre, als Republikaner zu leben und zu sterben, den Grundsätzen der republikanischen Verfassung von 1793 treu zu bleiben, den Gesetzen zu gehorchen und ihnen alle Geltung zu verschaffen, mit meiner ganzen Kraft an ihrer Durchführung mitzuwirken und mich den Gepflogenheiten und Regeln dieser Gesellschaft zu unterwerfen.« In der Gesellschaft der Sektion Brutus forderte der Aufnahmeausschuß vom 16. Frimaire des Jahres II an folgenden Eid von seinen Mitgliedern: »Wir schwören, als Menschen die Geheimnisse, Unterlagen und Kenntnisse zu verraten, die dem Aufnahmeausschuß der Volksgesellschaft Brutus anvertraut worden sind« (*BVC*, Ms 118, f. 48).

88 Eine ebensolche Überprüfung alle drei Monate wurde in der Volksgesellschaft der Sektion Poissonnière und in der Brüderlichen Gesellschaft der Sektion Unité zufolge ihrem Reglement vom 15. August 1793 verlangt (*BN*, Mss, Nouv. acq. fr. 2705, f. 57).

89 Es gab 1793 nur einen einzigen ausgesprochenen Frauenklub, nämlich die Gesellschaft der Revolutionären Republikanerinnen, deren Gründung am 10. Mai 1793 dem Generalrat der Kommune angezeigt wurde und deren treibender Geist Claire (gen. Rose) Lacombe war. Die Gesellschaft wurde im Brumaire des Jahres II aufgelöst. Siehe Markov/Soboul, Nr. 29. Demgegenüber waren Gesellschaften mit männlichen und weiblichen Mitgliedern sehr zahlreich. Siehe Marc de Villiers, *Histoire des clubs de femmes et des légions d'amazones, 1793-1848-1871*.

90 Wenn schon die Frauen nicht als Mitglieder der Gesellschaft teilnahmen, waren ihnen doch zumindest die Tribünen offen, so in der Gesellschaft der Sektion Marchés (*BVC*, Ms 118, f. 22).

91 *BN*, Mss, Nouv. acq. fr. 2713, f. 36 u. 40.

92 *BN*, Mss, Nouv. acq. fr. 2662, f. 22.

93 Siehe Markov/Soboul, Nr. 59.

94 In der Gesellschaft der Sektion Gardes-Françaises gibt es den Aufnahmeausschuß mit 9 Mitgliedern und die Verwaltungskommission mit 6 Mitgliedern, in der Gesellschaft der Sektion Halle-au-Blé den Aufnahmeausschuß und den Ausschuß für Korrespondenz, Verwaltung und Berichtswesen, die alle drei Monate zur Hälfte erneuert wurden. Die Gesellschaft der Sektion République hatte nur einen einzigen

Ausschuß von 10 Mitgliedern, »um die Mitglieder einzutragen, die Korrespondenz zu führen, sich mit den Anschaffungen und Ausgaben der Gesellschaft sowie mit der gesamten inneren Verwaltung zu befassen«. Die Gesellschaft der Freien Menschen hatte einen Leseausschuß, »der den Auftrag hat, der Gesellschaft die Fragen vorzulegen, deren Behandlung ihm von Nutzen scheinen«.

95 So gab es in der Gesellschaft der Freien Menschen in der Sektion Pont-Neuf »ein und denselben Tisch für den Präsidenten und die Sekretäre, dieses Präsidium ist um 18 Zoll erhöht; die Rednertribüne ist zwei Fuß hoch« (*BN*, Mss, Nouv. acq. fr. 2713, f. 167).

96 *ADS*, D 989, Gesellschaft der Sektion Poissonnière, »Plan für die Einrichtung eines Saales, welchem zugestimmt worden ist . . .«, vom 14. Pluviôse des Jahres II. Die Einrichtung ist die übliche. An den Wänden neben den Büsten von Marat und Lepeletier, die auf Konsolen stehen, die Inschriften: Die Republik oder den Tod; Einheit und Unteilbarkeit der Republik; Freiheit, Gleichheit, Brüderlichkeit oder den Tod. Eine Tribüne nahm die Zuhörer auf. In einer Volksgesellschaft in Versailles hatte der Polizeibeobachter Siret folgendes Glaubensbekenntnis an der Wand entdeckt: »Wir erkennen nur die Sonne als Vater, die Natur als Mutter, Tugend und Vernunft als Führer und die Gesetze als Beschützer an« (*AN*, W 191, vom 28. Pluviôse des Jahres II; Caron, *Paris pendant la Terreur*, Bd. 4, S. 161).

97 Für die Wartung des Sitzungssaales hatten die Gesellschaften zumeist einen fest angestellten Bürodiener. Derjenige der Gesellschaft der Sektion Arcis erhielt 800 Livres jährlich (*APP*, A A/266, p. 6). Als Beispiel für das Budget einer Volksgesellschaft siehe den Bericht über die laufenden Ausgaben der Patriotischen Gesellschaft der Sektion Luxembourg (*BN*, Mss, Nouv. acq. fr. 2705, f. 45, ohne Datum [1792?]):

Miete	300 Livres jährlich
Heizung (6 Wintermonate)	120 Livres jährlich
Beleuchtung für vier Lampen	180 Livres jährlich
Papier, Federn, Löschsand	36 Livres jährlich
Unterhaltskosten für den Saal	200 Livres jährlich
	836 Livres jährlich

Daraus ergibt sich ein Beitrag von 1,50 Livre im Vierteljahr.

98 ». . . die zum Ziele haben sollen, die Liebe zur republikanischen Regierung, ihre Vorteile für die französische Nation, die Mittel zu ihrer Erhaltung und sich ihrer würdig zu erweisen, zu verbreiten.«

99 Gemäß Art. XXX *Die Freiheit und die Art und Weise, seine Gedanken auszusprechen* des Reglements der Volksgesellschaft von Sceaux »betrachtet die Gesellschaft jeden Menschen als Unverschämten, der sich erlauben sollte, über irgendeine Meinung zu lachen oder Witze zu reißen, und wird alle diejenigen zur Ordnung rufen, die dagegen verstoßen sollten« (*ADS*, 3 AZ 159²).

100 Nach Art. XVI des Reglements der Volksgesellschaft von Sceaux »sollen sich die Mitglieder wie Brüder behandeln, sich duzen, mit *Bürger* anreden und sich unter allen Umständen der Anrede *Herr* enthalten«.

101 Nach einem Artikel des Reglements der Gesellschaft von Belleville »sollen Ruhe und Aufmerksamkeit die Zaghaften ermutigen, und Nachsicht gegenüber falschen Worten oder Meinungen sollte vornehmste Gewohnheit in allen Volksgesellschaften sein« (*ADS*, 4 AZ 590).

102 Siehe die Sitzung der Gesellschaft Lepeletier »aus Anlaß des Jahrestages des Todes des Tyrannen« im Nivôse des Jahres II (*BN*, Mss, Nouv. acq. fr. 2662, f. 96, ohne Datum).

103 Zu diesem Wort siehe Brunot, S. 812.

104 Robespierre, *Discours*, Bd. 2, S. 745. – In der Praxis konnten die Mitglieder einer Gesellschaft an den Sitzungen der angeschlossenen Gesellschaften teilnehmen. Siehe z. B. den Brief der Brüderlichen Gesellschaft der Sektion Halles an die Gesellschaft Luxembourg (*BN*, Mss, Nouv. acq. fr. 2705, f. 152, ohne Datum [Jahr II]): »Alle ihre Brüder Mitglieder jedweder angeschlossenen Gesellschaft haben das Recht, sich in ihrer Mitte zu versammeln und an ihren Diskussionen teilzunehmen, wenn sie ihre Karte vorzeigen und im übrigen sich den durch die Gesellschaft angenommenen Regeln unterwerfen.« Zu dem gleichen Zweck gaben die Gesellschaften Diplome an ihre Mitglieder aus. So wurde am 28. Frimaire des Jahres II von der Republikanischen Gesellschaft der Sansculotten in der Sektion Lombards an Jean-Pierre Hadot ein Diplom ausgegeben, in dem alle »Volksgesellschaften der Französischen Republik aufgefordert wurden, ihn brüderlich zu empfangen« (*APP*, A A/266, p. 178).

105 *ADS*, 4 AZ 590.

106 Über den Einfluß und den Nutzen der Klubs, von einem Freund der Verfassung, Jahr IV der Freiheit. *AN*, AD I 65, 33 Druckseiten.

107 *AN*, C 256, d. 489, p. 4. *Moniteur* erwähnt nur die Abordnung (Bd. 16, S. 504).

108 Jedesmal wenn die Lage kritisch erschien, wurden die Zusammenschlüsse feierlich bekräftigt oder erneuert. So manifestiert am 22. Ventôse des Jahres II »die Gesellschaft der Freunde der Republik ihre Übereinstimmung und ihre Einigkeit mit ihren Brüdern, den Cordeliers« (*BVC*, Ms 117, f. 118).

109 Siehe z. B. die Bitte der Gesellschaft der Sektion Piques um Anschluß (Rede, oder auch Bericht, über die Säuberung..., gehalten von Bürger Moussard, am 22. Pluviôse des Jahres II. *BN*, Lb^{40} 2458; Tourneux, Nr. 10054). »Ja, der Anschluß an die Muttergesellschaft ist das Ziel unserer Wünsche. Wir würden mit tiefer Bewegung das Bruderschaftsdiplom entgegennehmen, das es uns erlaubte, mit der berühmten Gesellschaft zu korrespondieren... Aber ein Beweggrund im Interesse des Gemeinwohls scheint unseren Hoffnungen entgegenzustehen.«

110 *Moniteur*, Bd. 21, S. 728. – Unter den zahlreichen Pamphleten, die nach dem Thermidor gegen die Volksgesellschaften erschienen sind und die vor allem den Zusammenschluß und die Korrespondenz verurteilen, siehe:
Sagen wir es laut. Betrachtungen über die Pressefreiheit, über die Revolutionsregierung, über die Volkssouveränität, über die Jakobiner und die Aufstände (*AN*, AD I 69).
Der vernünftige Jakobiner oder republikanisches Glaubensbekenntnis (ebenda).
Patriotische Flausen oder die Hauptgründe, warum das französische Volk verstimmt ist (ebenda).
Der Freund der Volksgesellschaften (*AN*, AD I 68).
Wenn das Raubzeug schon in der Falle ist, muß man es auch überwältigen!, vom 20. Vendémiaire des Jahres II (*AN*, AD I 65).

111 *AN*, AD I 91. Über die Debatte siehe *Moniteur*, Bd. 22, S. 255.

112 Einen ähnlichen Versuch gab es schon 1791. Siehe das Protokoll vom 13. September des »Zentralkomitees der meisten patriotischen, brüderlichen und der Verfassung freundlichen Gesellschaften von Paris« (*BN*, Mss, Nouv. acq. fr. 2664, f. 68).

113 *BN*, Mss, Nouv. acq. fr. 2713, f. 179. Das Zentralkomitee der patriotischen Gesellschaften trat erstmalig hervor am 13. September 1793 mit einer Petition an den Nationalkonvent, in der die Bestrafung der Girondisten gefordert wurde (*BN*, Lb^{40} 2372; Tourneux, Nr. 9789).

114 Reglement des Zentralkomitees der Volksgesellschaften mit dem Sitz im Bischofspalais, vom 29. Tag des ersten Monats des Jahres II. *BN*, Lb⁴⁰ 2373; Tourneux, Nr. 9791. Tourneux verwechselt das Zentralkomitee mit dem Wählerklub, der auch im Bischofspalais tagte. Das Zentralkomitee der Volksgesellschaften hatte die gleichen Funktionen wie eine einfache Volksgesellschaft und auch einen ähnlichen Aufbau. Außer der Brüderlichen Gesellschaft sollen sich dem Zentralkomitee gleich zu Anfang angeschlossen haben: die Gesellschaften der Freunde der Republik, der Freien Menschen, der Sozialen Harmonie, der Männer des 10. August, die Lazowski-Gesellschaft, die Montagnarden von Jemappes, die Gesellschaften der Belgier und der Lütticher sowie diejenigen der Sektionen Mail, Montagne, Mutius-Scaevola, Panthéon-Français, Bonnet-Rouge und Sans-Culottes.

115 *Les Affiches de la Commune de Paris* vom 13. u. 19. Brumaire des Jahres II.

116 Durch seinen Beschluß vom 17. Nivôse des Jahres II erklärte der Wohlfahrtsausschuß, daß der Wohlfahrtsausschuß des Departements Paris nicht als ein Zentralkomitee angesehen werden könne: das Gesetz vom 14. Frimaire sei auf ihn nicht anwendbar (*Recueil des actes du Comité de salut public...*, Bd. 22, S. 82). Nach einer Erklärung Rolins vom 24. Pluviôse des Jahres II soll sich der Zentrale Klub, der im Bischofspalais tagte, damit beschäftigt haben, »alle sogenannten brüderlichen Gesellschaften der Sektionen zusammenzufassen« (*AN*, W 191; Caron, *Paris pendant la Terreur*, Bd. 4, S. 74). Über diesen aussichtslosen Versuch siehe *Moniteur*, Bd. 19, S. 490.

117 *BN*, Mss, Nouv. acq. fr. 2713, f. 276.

118 Schon 1792 war diese Rolle der Sektionsgesellschaften erkannt worden. In seiner »Petition an die Kommune von Paris... über die Permanenz ihrer Versammlungen« fordert H.-F. Pelletier am 2. Februar 1792, es solle sich in jeder Sektion ein Klub bilden, der an den Tagen zusammenkommt, wo die Vollversammlung nicht tagt. Sein Ziel soll es sein, »die Diskussionen über die Dinge vorzubereiten, die der Entscheidung der beratenden Versammlung anheimgestellt werden könnten«. Auf diese Weise würde »dem Mangel der überstürzten und unvorbereiteten Versammlungen« abgeholfen werden (*BN*, Lb³⁹ 10412; Tourneux, Nr. 5396).

119 *APP*, A A/266, p. 29.

120 *BN*, Mss, Nouv. acq. fr. 2713, f. 203, Reglement der Volksgesellschaft der Sektion Maison-Commune, vom 16. des ersten Monats des Jahres II; keine Erwähnung bei Tourneux.

121 *AN*, F⁷* 2495. Gleiche Anliegen führten auch zur Bildung der Gesellschaften in den Sektionen Indivisibilité (*AN*, F⁷ 4749, dossier Javey, Anzeige vom 16. Nivôse des Jahres II), Arcis (*Les Affiches de la Commune de Paris* vom 20. September 1793), Contrat-Social (*AN*, F⁷ 4737, dossier Guiraut, Protokoll der Vollversammlung vom 26. September 1793: »Es war notwendig, die Dinge, die der Versammlung vorgelegt werden sollten, vorzubereiten«).

122 *BVC*, Ms 119, f. 46, Vollversammlung der Sektion Beaurepaire, vom 19. September 1793. Eine Abordnung der Sektion Révolutionnaire erklärt, die Aristokraten bezeichneten die Gesellschaft der Freien Menschen als »Clique«. Darauf erwidert der Präsident: »Wir haben selber eine solche ›Clique‹ in der Sektion. Die Aristokraten haben diesen Namen einer Volksgesellschaft gegeben, die sich in Beaurepaire gebildet hat. Aber diese Clique hat die Aristokratie gestürzt, und wir rechnen es uns zur Ehre an, daß man uns diesen Namen gegeben hat, genauso wie wir stolz sind auf den Namen Sansculotten, mit dem uns Marie-Antoinette bedacht hat.«

123 *AN*, D III 256⁴, d. 5, p. 32. Registerauszug der Vollversammlungen vom 20. u. 30. Pluviôse des Jahres III. Die Akte ist gedruckt worden (ebenda; keine

Erwähnung bei Tourneux). Siehe auch *AN*, F⁷ 4774⁷⁰, dossier Georges Rémy Petit.

Aus einer Anzeige vom Ventôse des Jahres III geht hervor, daß der Schuhmacher Mallais, Mitglied des Revolutionskomitees der Sektion Temple, als ihm eine Entscheidung der Vollversammlung nicht paßte, erklärt haben soll: »Das werden wir rückgängig machen, das taugt nichts, das bringen wir vor unseren Klub« (*AN*, F⁷ 4774³⁷). Siehe auch die Beratung der Vollversammlung der Sektion Panthéon-Français vom 10. Prairial des Jahres III: Sie sei von einer Minderheit von Aufwieglern unterdrückt worden, vor allem »seit der Gründung eines Aufstandsherdes, der sich auf ihrem Gebiet gebildet habe unter der Bezeichnung *Brüderliche Gesellschaft beider Geschlechter, Tochterklub der infamen Gesellschaft der Jakobiner*«; »sie habe ihre ursprüngliche Freiheit und Energie erst am 5. Prairial des Jahres III völlig wiedererlangt« (*BN*, Lb⁴⁰ 485; Tourneux, Nr. 8882).

124 *APP*, A A/266, p. 154.

125 *AN*, F⁷ 2514. – Anfang Herbst 1793, als die Revolutionskomitees sich noch nicht sehr fest im Sattel fühlten, scheinen sie sehr bemüht gewesen zu sein, sich mit den Volksgesellschaften ins Einvernehmen zu setzen. Als sich zwischen dem Revolutionskomitee der Sektion Tuileries und der Republikanischen Gesellschaft der Männer vom 10. August Schwierigkeiten ergeben hatten, beschloß das Komitee am 10. Oktober 1793, eine Abordnung in die Gesellschaft zu schicken, »um ihr alle notwendigen Aufklärungen zu geben, die geeignet sein dürften, alle Wolken zu zerstreuen, die das Vertrauen schmälern, dessen das Komitee so sehr bedarf« (*AN*, F⁷* 2471).

126 *BVC*, Ms 119, f. 47.

127 *AN*, F⁷ 4646, dossier François Chevalier. Die Aktiven der Volksgesellschaften wurden im Jahre III oftmals eben wegen ihrer Tätigkeit in den Gesellschaften belangt. So wurde z. B. Joseph André aus der Sektion Lombards am 5. Prairial verhaftet, weil er »als Mitglied des Kerns der Volksgesellschaft« vorgeschlagen hatte, »die verfassungsmäßigen Behörden der Sektion durch die Volksgesellschaften einer Überprüfung zu unterziehen« (*AN*, F⁷ 4579, pl. 5).

128 *BVC*, Ms 118, f. 48, Bericht der Fünfzehnerkommission, ohne Datum. Diese Kommission war im Jahre III zur Überprüfung der Papiere und Akten der Volksgesellschaft der Sektion Brutus gebildet worden. Dieser Bericht gibt wichtige Aufschlüsse über die Rolle der Volksgesellschaften im Jahre II. Die Analyse der Protokolle ist unter verschiedenen Gesichtspunkten vorgenommen worden: terroristische Maßnahmen; Unternehmungen gegen die verfassungsmäßigen Gewalten; Maßnahmen, die zur Beherrschung und Zusammenfassung der Wahlen und Meinungen ergriffen worden sind; ungünstige Meinungen über die staatsbürgerlichen Tugenden von Bürgern.

129 Hinweis für Republikaner. *BN*, Lb⁴⁰ 856; Tourneux, Nr. 10068.

130 *AN*, F⁷ 4646, dossier François Chevalier. »Man hatte es sich zur Gewohnheit gemacht, keine Unterschrift vor irgendeinem Mitglied irgendeines Ausschusses der Sektion anzuerkennen, so daß die guten Bürger, die in diesen Ausschüssen saßen, niemandem seine staatsbürgerliche Unbescholtenheit beglaubigen konnten.«

131 Siehe dazu die Angaben von L. de Cardenal, *La suppression des sociétés populaires et le sort de leurs archives en l'an III*, in: *Etudes et documents divers*, Paris 1928 (Bd. 14 der *Notices, inventaires et documents*, hg. von der Section d'histoire moderne et d'histoire contemporaine du Comité des travaux historiques et scientifiques). Art. 1 des Gesetzes vom 6. Fructidor des Jahres III, durch das die Volksgesellschaften aufgelöst werden, bestimmt, daß ihre Archive in den Gemeindeämtern zu deponieren sind. Über die Bedeutung der Archive der Volksgesellschaften siehe

z. B. das *Classement des papiers du Comité* der Volksgesellschaft von Sceaux, vom 21. Messidor des Jahres II (ADS, L IV 1).

132 *BN,* Lb⁴⁰ 2458; Tourneux, Nr. 10054.

133 Die Sicherheitskarten wurden an Bürger ausgegeben, die Stimmrecht in den Vollversammlungen hatten.

134 *AN,* D III 256⁶, d. 7, p. 1, Register der Beratungsprotokolle der Volksgesellschaft der Sektion République. In der Volksgesellschaft von Belleville (*ADS*, 4 AZ 590, Bericht des Schatzmeisters) sieht die Entwicklung des Mitgliederstandes vergleichsweise so aus:

Nivôse des Jahres II	214 zahlende Mitglieder
Pluviôse	194 zahlende Mitglieder
Ventôse	171 zahlende Mitglieder
Germinal	161 zahlende Mitglieder
Floréal	138 zahlende Mitglieder
Prairial	129 zahlende Mitglieder

135 Siehe die Angaben von Bourdin, *Les sociétés populaires à Paris pendant la Révolution,* S. 132.

136 *AN,* F⁷ 4774³⁷. In dieser Hinsicht ist die Rede des Vorsitzenden des Aufnahmeausschusses der Gesellschaft der Sektion Unité, François-Joseph Voisin, vom 17. Oktober 1793 bezeichnend: »Sagt diesen wegen ihrer Talente angesehenen Männern einmal, sie sollten sich den ehrbaren Handwerker, von denen sie leben, zur Seite stellen: Ihr werdet sehen, wie sie zornrot werden« (*BN,* Lb⁴⁰ 2463; Tourneux, Nr. 10088).

137 Am 12. Frimaire des Jahres II bitten »junge Republikaner aus der Pension von Giroux« darum, an den Sitzungen der Volksgesellschaft der Sektion Poissonnière teilnehmen zu dürfen, »um sich zu unterrichten«. Sie werden zugelassen (*ADS*, D 989).

138 *AN,* F⁷ 4775⁴⁸, dossier Vingternier, ohne Datum. »Ist eine Gesellschaft mit vierzehn Mitgliedern, von denen auch noch vier Frauen sind, in der Lage, reiflich zu beraten?«

139 *AN,* F⁷ 4774⁴². Zum Vergleich: Als sich die Volksgesellschaft der Sektion Chalier im Vendémiaire des Jahres III unter dem Namen der Volksgesellschaft der Freunde von Jean-Jacques Rousseau neu konstituiert, unterzeichnen 50 Mitglieder die Grundsatzerklärung der Gesellschaft (*BN,* Lb⁴¹ 5002; Tourneux, Nr. 9685).

Anmerkungen zu Kapitel VI

1 Markov/Soboul, Nr. 43; siehe auch die Aufstellung über die Sitzungsfolge in den 48 Sektionen und den Volksgesellschaften von Paris für die drei Dekaden des Monats, hg. von der Gesellschaft der Jakobiner am 24. Tage des 1. Monats des Jahres II (*BN,* Mss, Nouv. acq. fr. 2713, f. 191; keine Erwähnung bei Tourneux).

2 *Père Duchesne,* Nr. 313, von Ende Brumaire des Jahres II.

3 Über den Anzug der Sansculotten, die an die Jacke angeknöpfte lange Hose, und über die Entwicklung des Wortes *Sansculotte* siehe Brunot, S. 715.

Bildliche Darstellungen von dokumentarischem Wert sind selten. Zu erwähnen sind hier vor allem zwei farbige Kupferstiche (*BN,* Est. Qb. 93, Sansculottenkostüme, Mann und Frau, Nr. 607 des Katalogs der Ausstellung in der Nationalbibliothek vom Jahre 1928 über die Französische Revolution) und die Aquarelle von P.-E.

Lesueur im Musée Carnavalet, die für die Geschichte der Volkskleidung im Verlauf der Revolution wichtig sind (siehe: Marcelle Legrand, *Un ensemble de gouaches révolutionnaires déposées au Musée Carnavalet*, in: *Bulletin du Musée Carnavalet*, Mai 1951, S. 2).

Kleidungsstücke selbst existieren nicht mehr. Sie wurden bis zur vollständigen Abnutzung getragen oder von den Motten zerfressen, und deshalb sind Kleider des Kleinbürgertums und des Volkes vollständig verschwunden. Jedenfalls wurde nicht ein einziges Stück in der Ausstellung über die Kleidung des 18. Jh. gezeigt, die im November 1954 vom Musée Carnavalet veranstaltet worden war (siehe den Katalog).

4 Über die *Carmagnole* und die Entwicklung des Wortes siehe Brunot, S. 992.

5 Rote Mütze, Freiheitsmütze oder auch phrygische Mütze, allerdings kommt der letztere Ausdruck in den Texten seltener vor. Siehe auch hierzu Brunot, S. 625.

6 *Révolutions de Paris*, Nr. 141, vom 17.-24. März 1792, zit. bei: Mathiez, *Les origines des cultes révolutionnaires*, S. 35.

7 *La société de Jacobins*..., Bd. 3, S. 443. Siehe den Kommentar des *Moniteur* über diesen Zwischenfall (Bd. 11, S. 693). Ihm zufolge »verbreitete sich dieses in die Augen springende Zeichen der Gleichheit schon auf den Promenaden und in den Theatern«. Am 20. März war die Büste Voltaires damit bekleidet worden, nachdem sein Drama *Caesars Tod* aufgeführt worden war.

8 BN, Lb[40] 2075*; Tourneux, Nr. 8261. Die Sektion teilte ihre Entscheidung den anderen Sektionen mit (*AN*, C 355, pl. 1860, p. 11). Daubenton wurde im Herbst 1793 als Verdächtiger verhaftet. Siehe sein Rechtfertigungsschreiben (*AN*, W 149). Er übergeht den Zwischenfall vom 17. April 1793 stillschweigend, gibt aber an, er habe als Präsident der Versammlung eine dreifarbige Mütze getragen: »Aber seit wann sind denn die drei Farben ein Zeichen der Konterrevolution?« Daubenton nennt sich Patriot seit 1789. Auch hier wird wieder der Gegensatz zwischen den *Patrioten von 1789* und den *Patrioten von 1793*, zwischen Gemäßigten und Sansculotten, faßbar.

9 *AN*, C 355, pl. 1860, p. 8, u. pl. 1864, p. 11.

10 Am 21. September 1793 untersagt der Konvent dem Publikum auf der Galerie das Tragen der roten Mütze (*Moniteur*, Bd. 17, S. 717).

11 BVC, Ms 119, f. 98.

12 Ich bin kein Jakobiner mehr und pfeife auch drauf, oder Gespräch von Tranche-Montagne, Korporal der Kanoniere der Republik, zurück aus Indien, mit Brise-Raison, Steinschneider und Präsident eines Revolutionskomitees. BN, Lb[41] 720; Tourneux, Nr. 9579.

13 *AN*, W 345, pl. 676, p. 50.

14 *AN*, F⁷ 3688; Caron, *Paris pendant la Terreur*, Bd. 1, S. 412. Zufolge Pourvoyeur kann nicht jeder eine rote Mütze kaufen, »weil die Händler auf alles draufschlagen und diese Mütze zu 6, 7 und 8 Francs verkaufen«.

15 APP, A A/266, p. 179.

16 Varlet steigt am 7. November 1792 mit einer Pike, über die eine rote Mütze gestülpt ist, auf die Tribüne der Jakobiner (*La société des Jacobins*..., Bd. 4, S. 467).

17 *Père Duchesne*, Nr. 335, vom Pluviôse des Jahres II.

18 *AN*, C 267, pl. 607, p. 27, gez. *Choin*, Verwalter und Mitglied des Departementsdirektoriums von Seine-Inférieure. »... daß Alexander das Universum mit der Pike erobert hat, daß die Römer mit der Pike die ganze bekannte Welt unterworfen und ganze Reiterarmeen zerschlagen haben, daß die Schweizer mit der Pike ihre Freiheit zurückerobert und die österreichische Kavallerie besiegt haben, ja daß sogar

die Artillerie anfangs oftmals mit der Pike über den Haufen gerannt worden ist.« Carnot hatte am 25. Juli 1792 auf ähnliche Weise an die Geschichte erinnert.

19 *Moniteur*, Bd. 17, S. 745. Lejeune vergleicht die Pike mit dem Bajonett: ». . . taugt eine Pike in den Händen eines braven Mannes, eines Franzosen, nicht geradesoviel wie ein Bajonett?«

20 *AN*, F7 4682. Der Bericht des Revolutionskomitees sagt aus: ». . . als sehr aristokratisch, weil er nichts für die Revolution getan hat, weil er die Versammlungen der Sektion gestört hat und, vor allen Dingen, weil er es getan hatte, als das Kontingent ausgehoben wurde.« Dubois wurde am 23. Thermidor des Jahres II in Freiheit gesetzt. Über die Entwicklung des Wortes *Carmagnole* siehe S. oben Anm. 4; zum Wort *pique* finden sich keine Angaben.

21 *Père Duchesne*, Nr. 315, vom Frimaire des Jahres II. Manche schlugen eine Kleidungsreform im Sinne des neuen Geistes vor, wie z. B. Charles Bougas in einer Petition, die vom Konvent am 17. Brumaire des Jahres II entgegengenommen wurde: »Die Franzosen, die schon ihre politischen, religiösen und bürgerlichen Vorurteile abgelegt haben, sollten auch ihre lächerliche, unbequeme und verrückte Kleidung ablegen und sie mit einem edlen und bescheidenen Gewand vertauschen, dessen der natürlichen Entwicklung des Körpers gemäßer Schnitt der republikanischen Einfachheit entspricht« (*AN*, C 280, pl. 766, p. 23).

22 Zit. bei: A. Aulard, *Le tutoiement pendant la Révolution*, in: *La Révolution française*, Bd. 34, S. 481; siehe auch Brunot, S. 689.

23 *ADS*, 4 AZ 269 *ter*; keine Erwähnung bei Tourneux.

24 *ADS*, 3 AZ 159².

25 *AN*, C 280, pl. 162, p. 14; *Journal de la Montagne* vom 11. Brumaire des Jahres II; *Moniteur*, Bd. 18, S. 314; *Archives parlementaires . . .*, Bd. 78, S. 85; Markov/Soboul, Nr. 44.

26 *Journal de la Montagne* vom 22. Brumaire des Jahres II; *Moniteur*, Bd. 18, S. 402. Ein Abgeordneter wandte ein, »daß die Liebe zur Gleichheit genügt, um aus unserer Sprache die aristokratische Gepflogenheit zu verbannen, gegen die hier Sturm gelaufen wird«.

27 *BN*, Lb⁴⁰ 1158*; Tourneux, Nr. 6434. Der Wohlfahrtsausschuß war beim Duzen mit gutem Beispiel vorangegangen, indem er es vom 10. Brumaire des Jahres II an in seiner offiziellen Korrespondenz einführte (*Recueil des actes du Comité de salut public . . .*, Bd. 8, S. 146).

28 Über die Ausbreitung des Duzens und über den Widerstand dagegen – Robespierre verwendete das Du bei seinen Reden niemals – siehe Brunot, S. 692.

29 *AN*, F7 3688³, erster Bericht von Pourvoyer; Caron, *Paris pendant la Terreur*, Bd. 1, S. 409.

30 *AN*, F7 4611, d. I. »Ohne Zweifel ist dieses Duzen die Sprache der Gleichheit«, fügt Bouin hinzu, »aber warum soll man es gegenüber den Frauen verwenden, die wir doch in anderer Hinsicht gar nicht als unseresgleichen betrachten, indem wir ihnen durchaus nicht die gleichen Rechte einräumen?«

31 *Moniteur*, Bd. 21, S. 237.

32 Über das Wort *épauletier* siehe Brunot, S. 840 u. 994. Das Wort wurde von Sansculotten und Konterrevolutionären gleichermaßen gebraucht. Die ersteren bezeichneten damit ironisch ihre gewählten Offiziere, aber auch Lafayettisten, Gemäßigte, endlich alle Reaktionäre; die anderen meinten damit vor allem die Offiziere der Revolutionsarmee. Über die Verhaftungen im Jahre III siehe z. B. die Akte Marchand, Tischlergehilfe, Sektion Homme-Armé, der am 7. Prairial entwaffnet worden ist, weil er gewollt habe, daß die Offiziere ihre Schulterstücke ablegten (*AN*,

F⁷ 4774³⁴). Siehe auch die Akte Mourotte, Arbeiter in den Waffenwerkstätten der Sektion Indivisibilité, entwaffnet am 5. Prairial des Jahres III, weil er gerufen hatte: »Runter mit den Schulterstücken! Unsere Brüder in den Faubourgs haben keine!« (*AN*, F⁷ 4774⁵⁴)

33 *APP*, A A/266, p. 134. Die Sektion Marais hatte diesem Beschluß schon zugestimmt.

34 *ADS*, D 777 2; keine Erwähnung bei Tourneux.

35 *AN*, F⁷ 3688³.

36 Streitmacht der Sektion Droits-de-l'Homme, Plan für den Militärdienst. *BHVP*, 10065*; Tourneux, Nr. 8820. Der Text fährt fort: »Indem sie den armen mit dem reichen Bürger zusammenbringt, den ehrbaren und wenig gebildeten Arbeiter mit denen, deren Beschäftigung geistiger Natur ist, lehrt sie (die Nationalgarde) die angeblich Privilegierten, was das Volk taugt, und sie läßt die wenig begüterten Bürger aus den Erkenntnissen Nutzen ziehen, die ihnen in brüderlichen und freundschaftlichen Gesprächen von den gebildeteren Bürgern vermittelt werden.«

37 *APP*, A A/266, p. 134. Hier geht es um das gleiche Anliegen wie im vorhergehenden Text: »Es ist wichtiger denn je, daß man sich nicht dieses Mittel der Verbrüderung zwischen allen Bürgern entgehen läßt, die die Vorrechte der Erziehung und der Ungleichheit in der Begabung ständig voneinander zu isolieren bestrebt sind.«

38 Petition der Bürger der Sektion Lombards an den Nationalkonvent, verfaßt durch den Bürger Rouy den Älteren, vom 12. Juli 1793. *BN*, Lb⁴⁰ 1920; Tourneux, Nr. 8391. Dieser Petition stimmten zu: die Sektion Théâtre-Français am 15. Juli, die Sektion Gardes-Françaises am 18. Juli und dann auch die Sektionen Gravilliers, Amis-de-la-Patrie, Bondy und Temple.

39 Über die Leidenschaft der Sansculotten für die Gleichheit siehe auch die Petition der Gesellschaft der Freien Menschen in der Sektion Révolutionnaire, die die Ladenschwengel anzeigt, die »das Volk antichambrieren lassen« (*BN*, Mss, Nouv. acq. fr. 2713, f. 43), und die Petition der Sektion Faubourg-du-Nord, die am 12. Januar 1793 eine Kürzung der Besoldung des Bürgermeisters von Paris fordert, da eine hohe Bezahlung nicht »mit republikanischen Tugenden in Übereinstimmung stehen könne« (*BN*, Lb⁴⁰ 1807 (1); Tourneux, Nr. 8079). Eine ähnliche Petition nahm die Sektion Théâtre-Français am 14. Januar 1793 an (*APP*, A A/266, p. 263).

40 *ADS*, 4 AZ 425, handschriftliches Tagebuch des Angestellten Girbal aus den Jahren II bis VI.

41 *AN*, W 112.

42 Markov/Soboul, Nr. 66.

43 Ebenda, Nr. 104.

44 Ebenda, Nr. 80.

45 Ebenda, Nr. 77.

46 Zit. nach Jean de la Monneraye, *La crise du logemenet à Paris pendant la Révolution*, Paris 1928, S. 7.

47 *Père Duchesne*, Nr. 339, vom Pluviôse des Jahres II.

48 Markov/Soboul, Nr. 104.

49 Ebenda, Nr. 41.

50 Ebenda, Nr. 42.

51 *AN*, D III 251-252, d. 1.

52 Ebenda.

53 Ebenda. In seinem Entwurf zu einer Antwort bemerkt der Gesetzgebungsausschuß: Die Logierhäuser sind oftmals Nationaleigentum; eine Kündigung der

Pachten würde dem Verkauf abträglich sein, außerdem würden dann alle Herbergen Frankreichs mit der gleichen Forderung kommen.

54 *Père Duchesne*, Nr. 341, vom Pluviôse des Jahres II.

55 *AN*, F¹⁰ 227.

56 *Père Duchesne*, Nr. 341, vom Pluviôse des Jahres II.

57 Ebenda, Nr. 313, von Ende Brumaire des Jahres II.

58 Ebenda, Nr. 341, vom Pluviôse des Jahres II.

59 Rede des Bürgers Chaumette, Anwalt der Kommune, über die Maßnahmen, die für die öffentliche Wohlfahrt unter den gegenwärtigen Umständen ergriffen werden müssen, vom 6. Mai 1793. *BN*, Mss, Nouv. acq. fr. 2649, p. 35; keine Erwähnung bei Tourneux. Es ist dies eine heftige Anklagerede gegen das Elend der Massen; vielleicht übertreibt Chaumette ein wenig.

60 Gespräche eines Bürgers von Philadelphia, der unlängst nach Frankreich gekommen ist, und eines französischen Republikaners, der im Kriege der Vereinigten Staaten von Amerika unter Washington gedient hat, von dem Bürger Maurin, Angestellter im Ministerium des Auswärtigen. *AN*, AD I 66.

61 *BN*, Mss, Nouv. acq. fr. 2713, f. 189; *Journal de la Montagne* vom 22. Tag des 1. Monats des Jahres II.

62 Als Varlet am 25. Brumaire des Jahres II den Generalrat der Kommune um die Erlaubnis ersucht hatte, eine solche Tribüne auf den öffentlichen Plätzen aufstellen zu dürfen, ging der Generalrat zur Tagesordnung über, denn Chaumette gab zu bedenken, daß Intriganten sich eine solche Einrichtung zunutze machen könnten (*Moniteur*, Bd. 18, S. 433).

63 *AN*, F⁷ 4649.

64 *Père Duchesne*, Nr. 313, von Ende Brumaire des Jahres II.

65 *Procès-verbal de la Convention nationale, imprimé par son ordre*, 72 Bde., Paris 1792 – an IV, Bd. 21, S. 23; *Moniteur*, Bd. 17, S. 661. »Wir fordern, daß diese Frauen, die deswegen doch ein gutes Herz haben..., mit aller Güte und Menschlichkeit behandelt werden, die ihr Geschlecht und ihre besondere Lage erheischen, damit sie zum Frieden, wenn sie von Grund auf zu neuen Menschen gemacht worden sind, der Gesellschaft zurückgegeben werden können, in ihr als gute Bürgerinnen auftreten und Familienmütter werden können.«

66 *ADS*, 4 AZ 730.

67 *AN*, F⁷ 4739. Hautavoine wurde am 5. Fructidor des Jahres II auf freien Fuß gesetzt.

68 *AN*, F⁷ 3688³, Bericht von Charmont vom 7. Nivôse des Jahres II; Caron, *Paris pendant la Terreur*, Bd. 2, S. 24.

69 *Père Duchesne*, Nr. 313, von Ende Brumaire des Jahres II.

70 Edouard Lévy, *Les prénoms parisiens en l'an II*, in: *La Révolution française*, Bd. 73, S. 134 u. 224. Dieser Artikel stützt sich zum Teil auf die Vornamen, die dem Register der im Großen Hospiz der Menschlichkeit (vom 1. Frimaire bis zum 19. Thermidor des Jahres II) geborenen Kinder entnommen worden sind. Es handelt sich dabei um uneheliche Kinder. Die Wahl der Vornamen gibt Aufschluß über die politische Zugehörigkeit der Sansculotten: Manche wählen Vornamen aus der römischen Antike, andere aus der Geschichte der Revolution, wieder andere verwenden die Namen von Pflanzen und Blumen, die sie dem republikanischen Kalender entnehmen. Siehe dazu auch Cobb, *Débaptisations à Perpignan*, in: *AHRF*, 1954, S. 361. Am 27. Prairial des Jahres II übermittelt der provisorische Nationalagent des Distrikts Noyon (Oise), Hennon, als Beweis seines Republikanismus dem Sicherheitsausschuß die Vornamen, die er seinen fünf Kindern gegeben

hat: Lepeletier, Marat, Brutus, Jean-Jacques Rousseau, Voltaire (*AN*, W 159).

71 *BVC*, Ms 120. Die Vollversammlung erklärte trotzdem, sie könne die Deklaranten nicht von der Unterwerfung unter die Gesetze entbinden, und verpflichtete sie, »sich den Formalitäten zu unterziehen, die von den Gesetzen vorgeschrieben seien, sobald sie es vermöchten«.

72 Brief eines Sansculotten ... an den *Père Duchesne. BN*, Lb[41] 3431; Tourneux, Nr. 20194.

73 *AN*, W 174, ohne Datum. Wir haben von dieser Petition keine Spur gefunden. Immerhin bestand ein Vorurteil gegen die ledigen Mütter. Am 5. Frimaire des Jahres II richten die Sektionen und die Volksgesellschaften von Paris das Augenmerk des Konvents auf die staatliche Institution der »Natürlichen Kinder des Vaterlandes«, früher Findelkinder. »Verfahrt so, daß in Zukunft keine falsche Scham mehr ein Mädchen, das das Unglück gehabt hat, sich verführen zu lassen, zwinge, zu erröten, weil es Mutter geworden ist, seine schwere Stunde im geheimen zu verbringen und sein Kind auszusetzen« (*AN*, C 285, pl. 828, p. 28; *Moniteur*, Bd. 18, S. 514).

74 *BVC*, Ms 118, f. 11.

75 Brunot, S. 669.

76 Babeuf verwendet diesen Ausdruck im *Le Tribun du peuple*, Nr. 35, vom 9. Frimaire des Jahres IV.

Anmerkungen zu ›Ausblick‹

1 *ADS*, D* 982, Aushebung für die Vendée. Von den 233 Freiwilligen haben sich 83 bei den Kanonieren einschreiben lassen. Bei 172 Freiwilligen sind die Berufe angegeben: 31 Maurer, davon 8 Maurergehilfen, 12 Schlosser, 15 Tischler, 9 Perückenmacher, 7 Schuhmacher, 7 Tagelöhner oder Handlanger, 6 Zimmerleute usw. Kleinhändler sind wenig zahlreich: 1 Limonadenverkäufer, 1 Fleischer, 2 Obsthändler, aber 12 Ladengehilfen. Außerdem nur 2 Angestellte und 1 Bürodiener. Weder Vertreter freier Berufe noch Angehörige gehobenerer sozialer Schichten sind darunter. Die altersmäßige Aufteilung ist folgende: 2 Tamboure von 12 Jahren, 2 von 15 Jahren; 6 Freiwillige von 16 oder 17 Jahren, 108 zwischen 18 und 25 Jahren, 38 zwischen 26 und 30, 45 zwischen 31 und 40 Jahren. 19 Freiwillige sind zwischen 41 und 50 Jahre alt, 13 sind älter als 50 Jahre. Mithin sind 191 Freiwillige oder 86,2 Prozent im Alter zwischen 18 und 40 Jahren.

2 *AN*, AA 15, d. 783, Sektionsweise Aufstellung der waffenfähigen Männer, vom Juli 1793.

Anmerkungen zu ›Anhang III‹

1 Nach: *Population de Paris relativement aux subsistances. 13. Pluviôse des Jahres III, AN*, F[7] 36884.

2 Nach F. Braesch, *Un essai de statistique de la Population ouvrière de Paris vers 1791*, in: *La Révolution française*, Bd. 63, 1912, S. 288. Vgl. oben unsere kritischen Einschränkungen dazu.

3 Nach *Journal de la Montagne* vom 17. Germinal des Jahres II.

4 Wir verzichten auf eine mit mehreren Unbekannten belastete Berechnung des

Arbeiteranteils; diejenige von Braesch scheint uns zweifelhaft. Insgesamt gewinnt man aus den zeitgenössischen Statistiken eher eine annähernde Vorstellung als Gewißheit.

Anmerkungen zu ›Anhang IV‹

1 Etat des citoyens de Paris, ayant les facultés equivalentes à celles qui peuvent donner la qualité de *citoyens actifs*, vom 6. Juni 1791. *BN*, Lb[40] 1254; Tourneux, Nr. 5447.

2 *AN*, F[20] 381. Diese Zahlen finden sich unter der Rubrik: Vom 21. Lebensjahr an Wahlberechtigte. Es handelt sich um nicht ganz vollständige und nur relativ zuverlässige Listen vom Nivôse des Jahres II und Fructidor des Jahres III.

3 Vermehrung der Wahlberechtigten 1793/94 gegenüber 1791.

4 *AN*, F[20] 381. Wahlberechtigt ist vom 24. Lebensjahr an, wer direkte Steuern zahlt und seit einem Jahr ortsansässig ist.

5 Verminderung der Wahlberechtigten im Jahre VII gegenüber den Jahren II/III.

6 Vermehrung der Wahlberechtigten von 1791 bis zum Jahr VII.

Anhang I

Der republikanische Kalender

Monatstage	Jahr II (1793/94)	Jahr III (1794/95)
1. Vendémiaire	22. September 1793	22. September 1794
10. —	1. Oktober	1. Oktober
30. —	21. —	21. —
1. Brumaire	22. —	22. —
11. —	1. November	1. November
30. —	20. —	20. —
1. Frimaire	21. —	21. —
11. —	1. Dezember	1. Dezember
30. —	20. —	20. —
1. Nivôse	21. —	21. —
12. —	1. Januar 1794	1. Januar 1795
30. —	19. —	19. —
1. Pluviôse	20. —	20. —
13. —	1. Februar	1. Februar
30. —	18. —	18. —
1. Ventôse	19. —	19. —
10. —	28. —	28. —
11. —	1. März	1. März
30. —	20. —	20. —
1. Germinal	21. —	21. —
12. —	1. April	1. April
30. —	19. —	19. —
1. Floréal	20. —	20. —
12. —	1. Mai	1. Mai
30. —	19. —	19. —

Monatstage	Jahr II (1793/94)	Jahr III (1794/95)
1. Prairial	20. —	20. —
13. —	1. Juni	1. Juni
30. —	18. —	18. —
1. Messidor	19. —	19. —
13. —	1. Juli	1. Juli
30. —	18. —	18. —
1. Thermidor	19. —	19. —
14. —	1. August	1. August
30. —	17. —	17. —
1. Fructidor	18. —	18. —
15. —	1. September	1. September
30. —	16. —	16. —
Fête de la vertu	17. —	17. —
Fête du génie	18. —	18. —
Fête du travail	19. —	19. —
Fête de l'opinion	20. —	20. —
Fête des récompenses	21. —	21. —
Fête de la Révolution	—	22. —

Anhang II

Kartenskizze der 48 Sektionen von Paris (nach dem Plan von 1790)

1 Tuileries	7 Mont-Blanc	13 Brutus	19 Arcis
2 Champs-Élysées	8 Muséum	14 Bonne-Nouvelle	20 Faubourg-Montmartre
3 République	9 Gardes-Françaises	15 Amis-de-la-Patrie	21 Poissonnière
4 Montagne	10 Halle-au-Blé	16 Bon-Conseil	22 Bondy
5 Piques	11 Contrat-Social	17 Marchés	23 Temple
6 Lepeletier	12 Guillaume-Tell	18 Lombards	24 Popincourt

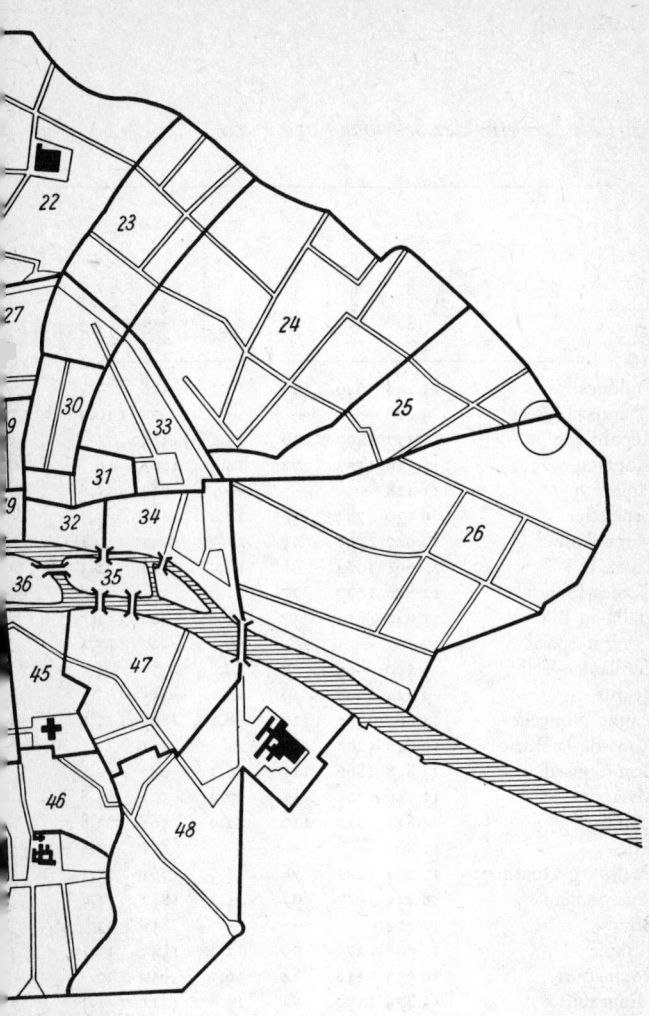

25 Montreuil
26 Quinze-Vingts
27 Gravilliers
28 Faubourg-du-Nord
29 Réunion
30 Homme-Armé
31 Droits-de-l'Homme
32 Maison-Commune
33 Indivisibilité
34 Arsenal
35 Fraternité
36 Cité
37 Révolutionnaire
38 Invalides
39 Fontaine-de-Grenelle
40 Unité
41 Marat
42 Bonnet-Rouge
43 Mutius-Scaevola
44 Chalier
45 Panthéon-Français
46 Observatoire
47 Sans-Culottes
48 Finistère

Anhang III

Die soziale Struktur der Sektionen von Paris

Sektion	Einwohner[1]	Arbeiter[2]	Unternehmer	Arbeiter auf einen Unternehmer	Registrierte Arme[3]	Anteil der registr. Armen an der Gesamtbevölkerung[4] in %
1 Tuileries	15 148	646	40	16,1	508	3¹/₃
2 Champs-Élysées	9 000	—	—	—	977	10,9
3 République	11 377	1497	106	14,1	1365	12
4 Montagne	16 719	1334	92	14,5	1008	6
5 Piques	13 428	—	—	—	784	5,8
6 Lepeletier	9 930	782	46	17	510	5,1
7 Mont-Blanc	10 920	1197	55	21,7	1031	9,4
8 Muséum	22 691	1094	61	17,9	522	2,3
9 Gardes-Françaises	12 846	1677	77	21,8	365	2,8
10 Halle-au-Blé	11 640	621	37	16,8	200	1,7
11 Contrat-Social	12 567	—	—	—	900	7,2
12 Guillaume-Tell	9 500	969	7	13,6	370	3,9
13 Brutus	9 424	298	29	10,2	355	3,8
14 Bonne-Nouvelle	14 860	2331	129	18,1	1807	12,2
15 Amis-de-la-Patrie	16 648	5288	242	21	521	3,1
16 Bon-Conseil	13 818	1866	115	16,2	642	4,6
17 Marchés	13 146	1705	61	27,9	502	3,8
18 Lombards	14 811	1421	110	12,9	561	3,8
19 Arcis	11 800	—	—	—	855	7,4
20 Faubourg-Montmartre	10 104	1242	78	15,9	1567	15,5
21 Poissonnière	8 435	1517	97	15,7	1847	21,9
22 Bondy	12 404	—	—	—	1856	15
23 Temple	11 988	1273	99	12,8	1340	11,2
24 Popincourt	10 933	1358	84	16,1	3930	36
25 Montreuil	13 479	1330	84	15,8	4211	31,2
26 Quinze-Vingts	18 283	1831	141	13	6601	36,1
27 Gravilliers	24 774	4699	339	13,8	1616	6,5
28 Faubourg-du-Nord	11 630	3217	101	31,8	1938	16,7

Sektion	Einwohner[1]	Arbeiter[2]	Unternehmer	Arbeiter auf einen Unternehmer	Registrierte Arme[3]	Anteil der registr. Armen an der Gesamtbevölkerung[4] in %
29 Réunion	16 320	2966	166	17,8	1219	7,5
30 Homme-Armé	10 481	1015	102	9,9	358	3,4
31 Droits-de-l'Homme	12 321	1028	67	15,3	1265	10,3
32 Maison-Commune	12 231	—	—	—	4258	34,8
33 Indivisibilité	11 836	1172	75	15,6	955	8,1
34 Arsenal	10 264	890	58	15,3	845	8,2
35 Fraternité	4 862	305	28	10,8	1180	24,3
36 Cité	11 402	—	—	—	767	6,7
37 Révolutionnaire	5 126	459	54	8,5	158	3,1
38 Invalides	10 401	767	30	25,5	1662	16
39 Fontaine-du-Grenelle	12 554	985	71	13,8	792	6,3
40 Unité	21 601	2310	164	14,1	1401	6,5
41 Marat	14 400	2207	105	21	846	5,9
42 Bonnet-Rouge	16 744	1669	118	14,1	2037	12,2
43 Mutius-Scaevola	16 663	1061	84	12,6	773	4,6
44 Chalier	12 394	1135	72	15,8	1246	10,1
45 Panthéon-Français	24 977	2136	129	16,5	2630	10,5
46 Observatoire	13 193	1133	55	206,	2803	21,2
47 Sans-Culottes	15 125	1695	66	25,7	3946	26,1
48 Finistère	11 775	613	38	16,1	4951	42

Anhang IV

Die politische Struktur der Sektionen von Paris

Sektion	Aktivbürger 1791[1]	Wähler Jahr II[2]	+%[3]	Urwähler Jahr VII[4]	−%[5]	+%[6]
1 Tuileries	1654	—	—	2559	—	55
2 Chams-Élysées	873	—	—	2001	—	129
3 République	1289	—	—	2524	—	96
4 Montagne	2395	5031	110	2679	47	12
5 Piques	1030	3540	244	2406	32	134
6 Lepeletier	1517	—	—	3364	—	122
7 Mont-Blanc	856	—	—	—	—	—
8 Muséum	2023	3318	64	2392	28	18
9 Gardes-Françaises	1902	3869	103	2006	48	5
10 Halle-au-Blé	1870	—	—	—	—	—
11 Contrat-Social	1809	3224	78	2519	22	39
12 Guillaume-Tell	1394	3139	125	2408	23	73
13 Brutus	1087	2670	146	1757	34	62
14 Bonne-Nouvelle	1107	4181	278	1925	54	74
15 Amis-de-la-Patrie	2304	4356	89	3428	—	49
16 Bon-Conseil	1708	5281	—	2492	—	46
17 Marchés	1702	2724	60	—	—	—
18 Lombards	2504	3490	39	3298	6	32
19 Arcis	1753	—	—	2406	—	37
20 Faubourg-Montmartre	687	—	—	1391	—	102
21 Poissonnière	834	1886	126	1756	7	111
22 Bondy	1432	—	—	2506	—	75
23 Temple	1662	2950	77	2572	13	55
24 Popincourt	1268	2594	105	—	—	—
25 Montreuil	1478	—	—	1914	—	29
26 Quinze-Vingts	1958	—	—	2567	—	31
27 Gravilliers	3252	—	—	5329	—	64
28 Faubourg-du-Nord	1330	—	—	2104	—	58
29 Réunion	2285	4378	92	3496	20	53
30 Homme-Armé	1784	—	—	2344	—	31
31 Droits-de-l'Homme	1811	—	—	2300	—	27

Sektion	Aktivbürger 1791[1]	Wähler Jahr II[2]	+%[3]	Urwähler Jahr VII[4]	−%[5]	+%[6]
32 Maison-Commune	1729	3347	94	3190	5	84
33 Indivisibilité	1883	3599	91	3018	16	60
34 Arsenal	1407	3142	123	—	—	—
35 Fraternité	1032	1614	56	—	—	—
36 Cité	1657	—	—	3271	—	97
37 Révolutionnaire	883	1264	43	—	—	—
38 Invalides	763	1440	220	2161	11	183
39 Fontaine-de-Grenelle	1610	4127	156	2715	34	69
40 Unité	2653	—	—	3845	—	45
41 Marat	1736	2418	39	2116	12	22
42 Bonnet-Rouge	1551	4494	190	2808	38	81
43 Mutius-Scaevola	1611	4651	189	1798	61	12
44 Chalier	1759	—	—	—	—	—
45 Panthéon-Français	2762	—	—	—	—	—
46 Observatoire	1455	4212	189	3014	28	107
47 Sans-Culottes	2178	—	—	4397	—	102
48 Finistère	774	3783	389	2474	35	220

Bibliothek Suhrkamp

501 Andrej Belyj, Petersburg
503 Cortázar, Geschichten der Cronopien und Famen
504 Juan Rulfo, Der Llano in Flammen
505 Carlos Fuentes, Zwei Novellen
506 Augusto Roa Bastos, Menschensohn
508 Alejo Carpentier, Barockkonzert
509 Elisabeth Borchers, Gedichte
510 Jurek Becker, Jakob der Lügner
512 James Joyce, Die Toten/The Dead
513 August Strindberg, Fräulein Julie
514 Sigmund Freud, Eine Kindheitserinnerung des Leonardo da Vinci
515 Robert Walser, Jakob von Gunten
517 Luigi Pirandello, Mattia Pascal
519 Rainer Maria Rilke, Gedichte an die Nacht
520 Else Lasker-Schüler, Mein Herz
521 Marcel Schwob, 22 Lebensläufe
522 Mircea Eliade, Die Pelerine
523 Hans Erich Nossack, Der Untergang
524 Jerzy Andrzejewski, Jetzt kommt über dich das Ende
525 Günter Eich, Aus dem Chinesischen
526 Gustaf Gründgens, Wirklichkeit des Theaters
528 René Schickele, Die Flaschenpost
529 Flann O'Brien, Das Barmen
533 Wolfgang Hildesheimer, Biosphärenklänge
534 Ingeborg Bachmann, Malina
535 Ludwig Wittgenstein, Vermischte Bemerkungen
536 Zbigniew Herbert, Ein Barbar in einem Garten
537 Rainer Maria Rilke, Ewald Tragy
538 Robert Walser, Die Rose
539 Malcolm Lowry, Letzte Adresse
540 Boris Vian, Die Gischt der Tage
541 Hermann Hesse, Josef Knechts Lebensläufe
542 Hermann Hesse, Magie des Buches
543 Hermann Lenz, Spiegelhütte
544 Federico García Lorca, Gedichte
545 Ricarda Huch, Der letzte Sommer
546 Wilhelm Lehmann, Gedichte
547 Walter Benjamin, Deutsche Menschen
548 Bohumil Hrabal, Tanzstunden für Erwachsene und Fortgeschrittene
549 Nelly Sachs, Gedichte
550 Ernst Penzoldt, Kleiner Erdenwurm

551 Octavio Paz, Gedichte
552 Luigi Pirandello, Einer, Keiner, Hunderttausend
553 Strindberg, Traumspiel
554 Carl Seelig, Wanderungen mit Robert Walser
555 Gershom Scholem, Von Berlin nach Jerusalem
556 Thomas Bernhard, Immanuel Kant
557 Ludwig Hohl, Varia
559 Raymond Roussel, Locus Solus
560 Jean Gebser, Rilke und Spanien
561 Stanisław Lem, Die Maske · Herr F.
562 Raymond Chandler, Straßenbekanntschaft Noon Street
563 Konstantin Paustowskij, Erzählungen vom Leben
564 Rudolf Kassner, Zahl und Gesicht
565 Hugo von Hofmannsthal, Das Salzburger große Welttheater
567 Siegfried Kracauer, Georg
568 Valery Larbaud, Glückliche Liebende . . .
570 Graciliano Ramos, Angst
571 Karl Kraus, Über die Sprache
572 Rudolf Alexander Schröder, Ausgewählte Gedichte
573 Hans Carossa, Rumänisches Tagebuch
574 Marcel Proust, Combray
575 Theodor W. Adorno, Berg
576 Vladislav Vančura, Der Bäcker Jan Marhoul
577 Mircea Eliade, Die drei Grazien
578 Georg Kaiser, Villa Aurea
580 Elias Canetti, Aufzeichnungen
581 Max Frisch, Montauk
582 Samuel Beckett, Um abermals zu enden
583 Mao Tse-tung, 39 Gedichte
584 Ernst Kreuder, Die Gesellschaft vom Dachboden
585 Peter Weiss, Der Schatten des Körpers des Kutschers
586 Herman Bang, Das weiße Haus
587 Herman Bang, Das graue Haus
588 Hermann Broch, Menschenrecht und Demokratie
589 D. H. Lawrence, Auferstehungsgeschichte
590 O'Brien, Zwei Vögel beim Schwimmen
591 André Gide, Die Rückkehr des verlorenen Sohnes
592 Jean Gebser, Lorca oder das Reich der Mütter
593 Robert Walser, Der Spaziergang
594 Natalia Ginzburg, Caro Michele
595 Rachel de Queiroz, Das Jahr 15
596 Hans Carossa, Ausgewählte Gedichte
600 Thomas Bernhard, Ja
611 Wladimir Trendrjakow, Die Nacht nach der Entlassung
624 Ludwig Hohl, Bergfahrt

edition suhrkamp

806 Gesellschaft, Beiträge zur Marxschen Theorie 6
807 Gilles Deleuze/Félix Guattari, Kafka. Für eine kleine Literatur
808 Ulrike Prokop, Weiblicher Lebenszusammenhang
809 G. Heinsohn / B. M. C. Knieper, Spielpädagogik
810 Mario Cogoy, Wertstruktur und Preisstruktur
811 Ror Wolf, Auf der Suche nach Doktor Q.
812 Oskar Negt, Keine Demokratie ohne Sozialismus
813 Bachrach/Baratz, Macht und Armut
814 Bloch/Braudel/L. Febvre u. a., Schrift und Materie der Geschichte
815 Giselher Rüpke, Schwangerschaftsabbruch und Grundgesetz
816 Rainer Zoll, Der Doppelcharakter der Gewerkschaften
817 Bertolt Brecht, Drei Lehrstücke: Badener Lehrstück, Rundköpfe, Ausnahme und Regel
818 Gustav Landauer, Erkenntnis und Befreiung
819 Alexander Kluge, Neue Geschichten. Hefte 1-18
820 Wolfgang Abendroth, Ein Leben in der Arbeiterbewegung
821 Otto Kirchheimer, Von der Weimarer Demokratie zum Faschismus
822 Verfassung, Verfassungsgerichtsbarkeit, Politik. Herausgegeben von Mehdi Tohidipur
823 Rossana Rossanda / Lucio Magri u. a., Der lange Marsch durch die Krise
824 Altvater/Basso/Mattick/Offe u. a., Rahmenbedingungen und Schranken staatlichen Handelns
825 Diskussion der ›Theorie der Avantgarde‹. Herausgegeben von W. Martin Lüdke
826 Fischer-Seidel, James Joyces »Ulysses«
827 Gesellschaft, Beiträge zur Marxschen Theorie 7
828 Rolf Knieper, Weltmarkt, Wirtschaftsrecht und Nationalstaat
829 Michael Müller, Die Verdrängung des Ornaments
830 Manuela du Bois-Reymond, Verkehrsformen zwischen Elternhaus und Schule
831 Henri Lefebvre, Einführung in die Modernität
832 Herbert Claas, Die politische Ästhetik Bertolt Brechts vom Baal zum Caesar
833 Peter Weiss, Dramen I
834 Friedensanalysen 2
835-838 Bertolt Brecht, Gedichte in 4 Bänden
839 Géza Róheim, Psychoanalyse und Anthropologie
840 Aus der Zeit der Verzweiflung. Beiträge von Becker/Bovenschen/Brackert u. a.
841 Fernando H. Cardoso/Enzo Faletto, Abhängigkeit und Entwicklung in Lateinamerika
842 Alexander Herzen, Die gescheiterte Revolution
844 Otthein Rammstedt, Soziale Bewegung
845 Ror Wolf, Die Gefährlichkeit der großen Ebene

847 Friedensanalysen 3
848 Dieter Wellershoff, Die Auflösung des Kunstbegriffs
849 Samuel Beckett, Glückliche Tage
850 Basil Bernstein, Beiträge zu einer Theorie
851 Hobsbawm/Napolitano, Auf dem Weg zum ›historischen Kompromiß‹
852 Über Max Frisch II
853 Brecht-Jahrbuch 1976
854 Julius Fučík, Reportage unter dem Strang geschrieben
856 Dieter Senghaas, Weltwirtschaftsordnung und Entwicklung
857 Peter V. Zima, Kritik der Literatursoziologie
858 Silvio Blatter, Genormte Tage, verschüttete Zeit
859 Russell Jacoby, Soziale Amnesie
860 Gombrich/Hochberg/Black, Kunst, Wahrnehmung, Wirklichkeit
861 Blanke/Offe/Ronge u.a., Bürgerlicher Staat und politische Legitimation. Herausgegeben von Rolf Ebbighausen
863 Gesellschaft, Beiträge zur Marxschen Theorie 8/9
864 Über Wolfgang Koeppen. Herausgegeben von Ulrich Greiner
866 Fichant/Pêcheux, Überlegungen zur Wissenschaftsgeschichte
867 Ernst Kris, Die ästhetische Illusion
868 Brede/Dietrich/Kohaupt, Politische Ökonomie des Bodens
870 Umwälzung einer Gesellschaft. Herausgegeben von Richard Lorenz
871 Friedensanalysen 4
872 Piven/Cloward, Regulierung der Armut
873 Produktion, Arbeit, Sozialisation. Herausgegeben von Th. Leithäuser und W. R. Heinz
874 Max Frisch/Hartmut von Hentig, Zwei Reden zum Friedenspreis des Deutschen Buchhandels 1976
875 Eike Hennig, Bürgerliche Gesellschaft und Faschismus in Deutschland
877 Starnberger Studien 1
878 Leithäuser/Volmerg/Wutka, Entwurf zu einer Empirie
879 Peter Bürger, Aktualität und Geschichtlichkeit
880 Tilmann Moser, Verstehen, Urteilen, Verurteilen
881 Loch/Kernberg u. a., Psychoanalyse im Wandel
882 Michael T. Siegert, Strukturbedingungen von Familienkonflikten
883 Erwin Piscator, Theater der Auseinandersetzung
884 Politik der Subjektivität. Texte der italienischen Frauenbewegung, Herausgegeben von Michaela Wunderle
885 Hans Dieter Zimmermann, Vom Nutzen der Literatur
886 Gesellschaft, Beiträge zur Marxschen Theorie 10
887 Über Hans Mayer, Herausgegeben von Inge Jens
888 Nicos Poulantzas, Die Krise der Diktaturen
889 Alexander Weiß, Bericht aus der Klinik
890 Bergk/Ewald/Fichte u. a., Aufklärung und Gedankenfreiheit. Herausgegeben und eingeleitet von Zwi Batscha
891 Friedensanalysen 5

892 Franz L. Neumann, Wirtschaft, Staat, Demokratie
893 Georges Politzer, Kritik der Grundlagen der Psychologie
895 Umberto Eco, Zeichen. Einführung in einen Begriff und seine Geschichte
897 Ralph-Rainer Wuthenow, Muse, Maske, Meduse
898 Cohen/Taylor, Ausbruchversuche. Identität und Widerstand
902 Ernest Borneman, Psychoanalyse des Geldes
904 Alfred Sohn-Rethel, Warenform und Denkform
906 Brecht-Jahrbuch 1977
907 Horst Kern, Michael Schumann, Industriearbeit und Arbeiterbewußtsein
908 Julian Przyboś, Werkzeug aus Licht
910 Peter Weiss, Stücke II
913 Martin Walser, Das Sauspiel mit Materialien. Herausgegeben von Werner Brändle
916 Dürkop/Hardtmann (Hrsg.), Frauen im Gefängnis
917 Bowles S./Gintis H., Pädagogik und die Widersprüche der Ökonomie
918 Klaus-Martin Groth, Die Krise der Staatsfinanzen
920 Tagträume vom aufrechten Gang. Sechs Interviews mit Ernst Bloch, Herausgegeben von Arno Münster
922 Anderson, Von der Antike zum Feudalismus
923 Sozialdemokratische Arbeiterbewegung, Band 1, Herausgegeben von Wolfgang Luthardt
925 Friedensanalysen 6
927 Ausgewählte Gedichte Brechts, Herausgegeben von Walter Hinck
928 Betty Nance Weber, Brechts ›Kreidekreis‹
929 Auf Anregung Bertolt Brechts: Lehrstücke. Herausgegeben von Reiner Steinweg
930 Walter Benjamin, Briefe 1 und 2. Herausgegeben von Gershom Scholem und Theodor W. Adorno
933 Ute Gerhard, Verhältnisse und Verhinderungen
934 Sozialdemokratische Arbeiterbewegung, Band 2, Herausgegeben von Wolfgang Luthardt
935 Literatur ist Utopie. Herausgegeben von Gert Ueding
938 Habermas, Bovenschen u. a., Gespräche mit Marcuse
939 Thomas Brasch, Rotter Und weiter
943 Gewerkschaften und Strafvollzug, Hrsg. v. Lüderssen u. a.
954 Elias/Lepenies, Zwei Reden. Theodor W. Adorno-Preis 1977
955 Friedensanalysen 7
956 Brecht-Jahrbuch 1978. Hrsg. Fuegi/Grimm/Hermand
957 Gesellschaft, Beiträge zur Marxschen Theorie 11
958 Friedensanalysen 8
960 Albert Soboul, Französische Revolution und Volksbewegung
963 Starnberger Studien 2
969 Ernst Bloch, Die Lehren von der Materie
971 Siegfried Kracauer, Jacques Offenbach
979 Bertolt Brecht, Tagebücher 1920-1922

Alphabetisches Verzeichnis der edition suhrkamp

Abendroth, Sozialgesch. d. europ. Arbeiterbewegung 106
Abendroth, Ein Leben 820
Achternbusch, L'Etat c'est moi 551
Adam, Südafrika 343
Adorno, Drei Studien zu Hegel 38
Adorno, Eingriffe 10
Adorno, Kritik 469
Adorno, Jargon d. Eigentlichkeit 91
Adorno, Moments musicaux 54
Adorno, Ohne Leitbild 201
Adorno, Stichworte 347
Adorno, Zur Metakritik der Erkenntnistheorie 590
Adorno, Gesellschaftstheorie u. Kultur 772
Aggression und Anpassung 282
Alberts/Balzer/Heister/Warneken u.a., Segmente der Unterhaltungsindustrie 651
Alff, Der Begriff Faschismus 456
Alff, Materialien zum Kontinuitätsproblem 714
Althusser, Für Marx 737
Altvater/Basso/Mattick/Offe u. a., Rahmenbedingungen 824
Andersch, Die Blindheit des Kunstwerks 133
Anderson, Von der Antike 950
Antworten auf H. Marcuse 263
Architektur als Ideologie 243
Architektur u. Kapitalverwertung 638
Über H. C. Artmann 541
Arzt u. Patient in der Industriegesellschaft, hrsg. v. O. Döhner 643
Aspekte der Marxschen Theorie I 632
Aspekte der Marxschen Theorie II 633
Auf Anregung Bertolt Brechts: Lehrstücke, hrsg. von Reiner Steinweg 929
Augstein, Meinungen 214
Aus der Zeit der Verzweiflung 840
Ausgewählte Gedichte Brechts, hrsg. von W. Hinck 927
Autonomie der Kunst 592
Autorenkollektiv Textinterpretation..., Projektarbeit als Lernprozeß 675
Bachrach/Baratz, Macht und Armut 813
Baran/Sweezy, Monopolkapital [in Amerika] 636
Barthes, Mythen des Alltags 92
Barthes, Kritik und Wahrheit 218
Basaglia, F., Die abweichende Mehrheit 537
Basaglia, F. (Hrsg.), Die negierte Institution 655
Basaglia, F. (Hrsg.), Was ist Psychiatrie? 708

Basso, L., Gesellschaftsformation u. Staatsform 720
Baudelaire, Tableaux Parisiens 34
Becker, E. / Jungblut, Strategien der Bildungsproduktion 556
Becker, H., Bildungsforschung 483
Becker, J., Felder 61
Becker, J., Ränder 351
Becker, J., Umgebungen 722
Über Jürgen Becker 552
Beckett, Aus einem aufgegeb. Werk 145
Beckett, Fin de partie / Endspiel 96
Materialien zum ›Endspiel‹ 286
Beckett, Das letzte Band 389
Beckett, Warten auf Godot 3
Beckett, Glückliche Tage 849
Beiträge zur marxist. Erkenntnistheorie 349
Benjamin, Drei Hörmodelle 468
Benjamin, Das Kunstwerk 28
Benjamin, Über Kinder 391
Benjamin, Kritik der Gewalt 103
Benjamin, Städtebilder 17
Benjamin, Versuche über Brecht 172
Benjamin, Briefe 1 und 2, hrsg. v. Scholem/ Adorno 930
Bergk/Ewald/Fichte u.a., Aufklärung und Gedankenfreiheit 890
Berger, Untersuchungsmethode u. soziale Wirklichkeit 712
Bergman, Wilde Erdbeeren 79
Bernhard, Amras 142
Bernhard, Fest für Boris 440
Bernhard, Prosa 213
Bernhard, Ungenach 279
Bernhard, Watten 353
Über Thomas Bernhard 401
Bernstein, Beiträge zu einer Theorie 850
Bertaux, Hölderlin u. d. Französ. Revol. 344
Berufsbildungsreform, hrsg. v. C. Offe 761
Blatter, Genormte Tage 858
Blanke u. a., Bürgerlicher Staat 861
Bloch, Avicenna 22
Bloch, Ästhetik des Vor-Scheins I 726
Bloch, Ästhetik des Vor-Scheins II 732
Bloch, Das antizipierende Bewußtsein 585
Bloch, Die Lehren von der Materie 969
Bloch, Christian Thomasius 193
Bloch, Durch die Wüste 74
Bloch, Über Hegel 413
Bloch, Pädagogica 455
Bloch, Tübinger Einleitung in die Philosophie I 11

Bloch, Tübinger Einleitung in die Philosophie II 58
Bloch, Über Karl Marx 291
Bloch, Vom Hasard zur Katastrophe 534
Bloch, Widerstand und Friede 257
Bloch/Braudel/Ł. Febvre u. a., Schrift und Materie der Geschichte 814
Block, Ausgewählte Aufsätze 71
Blumenberg, Kopernikan. Wende 138
Böhme, Soz.- u. Wirtschaftsgesch. 253
Bock, Geschichte des ›linken Radikalismus‹ in Deutschland 645
Boer, Lodewijk de, The Family 760
Böckelmann, Theorie der Massenkommunikation 658
du Bois-Reymond, B. Söll, Neuköllner Schulbuch, 2 Bände 681
du Bois-Reymond, M., Strategien kompensator. Erziehung 507
du Bois-Reymond, Verkehrsformen 830
Bond, Gerettet / Hochzeit d. Papstes 461
Borneman, Psychoanalyse des Geldes 902
Bosse, Verwaltete Unterentwicklung 752
Bowles/Gintis, Pädagogik 917
Brackert, Bauernkrieg 782
Brandt u. a., Zur Frauenfrage im Kapitalismus 581
Brandys, Granada 167
Brasch, Rotter 939
Braun, Gedichte 397
Braun, Es genügt nicht die einfache Wahrheit 799
Brecht, Antigone / Materialien 134
Brecht, Arturo Ui 144
Brecht, Ausgewählte Gedichte 86
Brecht, Baal 170
Brecht, Baal der asoziale 248
Brecht, Brotladen 339
Brecht, Das Verhör des Lukullus 740
Brecht, Der gute Mensch v. Sezuan 73
Materialien zu ›Der gute Mensch . . .‹ 247
Brecht, Der Tui-Roman 603
Brecht, Die Dreigroschenoper 229
Brecht, Die Geschäfte des Julius Cäsar 332
Brecht, Die heilige Johanna der Schlachthöfe 113
Brecht, Die heilige Johanna / Fragmente und Varianten 427
Brecht, Die Maßnahme 415
Brecht, Die Tage der Commune 169
Brecht, Furcht u. Elend d. 3. Reiches 392
Brecht, Gedichte u. Lieder aus Stücken 9
Brecht, Herr Puntila 105
Brecht, Im Dickicht der Städte 246
Brecht, Jasager – Neinsager 171
Brecht, Kaukasischer Kreidekreis 31
Materialien zum ›Kreidekreis‹ 155

Brecht, Kuhle Wampe 362
Brecht, Leben des Galilei 1
Materialien zu ›Leben des Galilei‹ 44
Brecht, Leben Eduards II. 245
Brecht, Stadt Mahagonny 21
Brecht, Mann ist Mann 259
Brecht, Mutter Courage 49
Materialien zu ›Mutter Courage‹ 50
Materialien zu ›Die Mutter‹ 305
Brecht, Die Mutter (Regiebuch) 517
Brecht, Über Realismus 485
Brecht, Über d. Beruf d. Schauspielers 384
Brecht, Schweyk im zweiten Weltkrieg 132
Materialien zu ›Schweyk im zweit. Weltkrieg‹ 604
Brecht, Die Gesichte der Simone Machard 369
Brecht, Über Politik und Kunst 442
Brecht, Über experiment. Theater 377
Brecht, Trommeln in der Nacht 490
Brecht, Tagebücher 1920-1922 979
Brecht, Über Lyrik 70
Brecht, Gedichte in 4 Bänden 835-38
Brecht-Jahrbuch 1974 758
Brecht-Jahrbuch 1975 797
Brecht-Jahrbuch 1976 853
Brecht-Jahrbuch 1977 906
Brecht-Jahrbuch 1978 956
Brecht, Drei Lehrstücke 817
Brecht im Gespräch, hrsg. von Werner Hecht 771
Brechts Modell der Lehrstücke, hrsg. von Rainer Steinweg 929
Brede u. a., Determinanten d. Wohnungsversorgung 745
Brede u. a., Politische Ökonomie d. Bodens 868
Bredekamp, Kunst als Medium sozialer Konflikte 763
Materialien zu H. Brochs ›Die Schlafwandler‹ 571
Brooks, Paradoxie im Gedicht 124
Brus, Funktionsprobleme d. sozialist. Wirtschaft 472
Brus, W., Sozialistisches Eigentum 801
Bubner, Dialektik u. Wissenschaft 597
Bürger, Die französ. Frühaufklärung 525
Bürger, Theorie der Avantgarde 727
Bürger, Aktualität und Geschichtlichkeit 879
Bulthaup, Zur gesellschaftl. Funktion der Naturwissenschaften 670
Burke, Dichtung als symbol. Handlung 153
Burke, Rhetorik in Hitlers ›Mein Kampf‹ 231
Busch, Die multinationalen Konzerne 741
Cardoso/Faletto, Abhängigkeit 841
Caspar D. Friedrich u. d. dt. Nachwelt, hrsg. v. W. Hofmann 777

Celan, Ausgewählte Gedichte 262
Über Paul Celan 495
Chasseguet-Smirgel (Hrsg), Psychoanalyse der weiblichen Sexualität 697
Chomsky, Aus Staatsraison 736
Claas, Die politische Ästhetik 832
Clemenz, Gesellschaftl. Ursprünge des Faschismus 550
Cohen/Taylor, Ausbruchversuche 898
Cogoy, Wertstruktur und Preisstruktur 810
Cooper, Psychiatrie u. Anti-Psychiatrie 497
Córdova/Michelena, Lateinamerika 311
Creeley, Gedichte 227
Dallemagne, Die Grenzen der Wirtschaftspolitik 730
Damus, Entscheidungsstrukturen in der DDR-Wirtschaft 649
Deleuze/Guattari, Kafka 807
Determinanten der westdeutschen Restauration 1945-1949 575
Deutsche und Juden 196
Die Hexen der Neuzeit, hrsg. von Claudia Honegger 743
Dobb, Organis. Kapitalismus 166
Dobb, Wert- und Verteilungstheorien 765
Döbert, R./Nunner-Winkler, G,. Adoleszenzkrise und Identitätsbildung 794
Dorst, Eiszeit 610
Dorst, Toller 294
Über Tankred Dorst (Werkbuch) 713
Drechsel u. a., Massenzeichenware 501
Doras, Ganze Tage in den Bäumen 80
Duras, Hiroshima mon amour 26
Eckensberger, Sozialisationsbedingungen d. öffentl. Erziehung 466
Eco, Zeichen 895
Eich, Abgelegene Gehöfte 288
Eich, Botschaften des Regens 48
Eich, Mädchen aus Viterbo 60
Eich, Setúbal / Lazertis 5
Eich, Marionettenspiele / Unter Wasser 89
Über Günter Eich 402
Eichenbaum, Theorie u. Gesch. d. Literatur 119
Eisner, Sozialismus als Aktion 773
Elias/Lepenies, Zwei Reden 954
Eliot, Die Cocktail Party 98
Eliot, Der Familientag 152
Eliot, Mord im Dom 8
Eliot, Was ist ein Klassiker? 33
Entstalinisierung in der Sowjetunion 609
Enzensberger, Blindenschrift 217
Enzensberger, Deutschland 203
Enzensberger, Einzelheiten I 63
Enzensberger, Einzelheiten II 87
Enzensberger, Landessprache 304
Enzensberger, Das Verhör von Habana 553

Enzensberger, Palaver 696
Enzensberger, Der Weg ins Freie 759
Über H. M. Enzensberger 403
Erkenntnistheorie, marxist. Beiträge 349
Eschenburg, Über Autorität 129
Euchner, Egoismus und Gemeinwohl 614
Expressionismusdebatte, hrsg. von H. J. Schmitt 646
Fassbinder, Antiteater 443
Fassbinder, Antiteater 2 560
Fassbinder, Stücke 3 803
Fichant/Pêcheux, Überlegungen zur Wissenschaftsgeschichte 866
Fischer-Seidel, James Joyces »Ulysses« 826
Fleischer, Marxismus und Geschichte 323
Materialien zu M. F. Fleißer 594
Foucault, Psychologie u. Geisteskrankheit 272
Frauenarbeit – Frauenbefreiung, hrsg. v. A. Schwarzer 637
Frauenfrage im Kapitalismus, Brandt/Kootz/Steppke 581
Frauen im Gefängnis, hrsg. von Dürkop/Hartdmann 916
Frerichs/Kraiker, Konstitutionsbedingungen 685
Friedensanalysen 1 784
Friedensanalysen 2 834
Friedensanalysen 3 847
Friedensanalysen 4 871
Friedensanalysen 5 891
Friedensanalysen 6 925
Friedensanalysen 7 955
Friedensanalysen 8 958
Frisch, Ausgewählte Prosa 36
Frisch, Biedermann u. d. Brandstifter 41
Frisch, Die chinesische Mauer 65
Frisch, Don Juan oder Die Liebe zur Geometrie 4
Frisch, Frühe Stücke. Santa Cruz / Nun singen sie wieder 154
Frisch, Graf Öderland 32
Frisch, Öffentlichkeit 209
Frisch, Zürich – Transit 161
Frisch/Hentig, Zwei Reden 874
Über Max Frisch 404
Über Max Frisch II 852
Materialien zu Max Frischs »Andorra« 653
Fritzsche, Politische Romantik 778
Fromm, Sozialpsychologie 425
Fučík, Reportage unter dem Strang geschrieben 854
Fuegi/Grimm/Hermand (Hrsg.), Brecht-Jahrbuch 1974 758
Gastarbeiter 539
Gefesselte Jugend / Fürsorgeerziehung 514

Geiss, Geschichte u. Geschichtswissenschaft 569
Germanistik 204
Gerhard, Ute, Verhältnisse und Verhinderungen 933
Gesellschaft, Beiträge zur Marxschen Theorie I 695
Gesellschaft II 731
Gesellschaft III 739
Gesellschaft IV 764
Gesellschaft V 787
Gesellschaft VI 806
Gesellschaft VII 827
Gesellschaft VIII/IX 863
Gesellschaft X 886
Gesellschaft XI 957
Gesellschaftsstrukturen, hrsg. v. O. Negt u. K. Meschkat 589
Gespräche mit Ernst Bloch, Hrsg. von Rainer Traub und Harald Wieser 798
Gewerkschaften und Strafvollzug, Hrsg. v. Lüderssen u. a. 943
Goeschel/Heyer/Schmidbauer, Soziologie der Polizei I 380
Goffman, Asyle 678
Goldscheid/Schumpeter, Finanzkrise 698
Gombrich/Hochberg/Black, Kunst, Wahrnehmung, Wirklichkeit 860
Grass, Hochwasser 40
Gröll, Erziehung 802
Groth, Die Krise der Staatsfinanzen 918
Guattari, Psychotherapie 768
Guérin, Anarchismus 240
Haavikko, Jahre 115
Habermas, Logik d. Sozialwissenschft. 481
Habermas, Protestbewegung u. Hochschulreform 354
Habermas, Technik u. Wissenschaft als Ideologie 287
Habermas, Legitimationsprobleme im Spätkapitalismus 623
Habermas, Bovenschen u. a., Gespräche mit Marcuse 938
Hacks, Das Poetische 544
Hacks, Stücke nach Stücken 122
Hacks, Zwei Bearbeitungen 47
Handke, Die Innenwelt 307
Handke, Kaspar 322
Handke, Publikumsbeschimpfung 177
Handke, Wind und Meer 431
Handke, Ritt über den Bodensee 509
Über Peter Handke 518
Hannover, Rosa Luxemburg 233
Hartig/Kurz, Sprache als soz. Kontrolle 543
Haug, Kritik d. Warenästhetik 513
Haug, Bestimmte Negation 607

Haug, Warenästhetik. Beiträge zur Diskussion 657
Hecht, Sieben Studien über Brecht 570
Hegel im Kontext 510
Hegels Philosophie 441
Heinemann, Präsidiale Reden 790
Heinsohn/Knieper, Theorie d. Familienrechts 747
Heller, A., Das Alltagsleben 805
Heinsohn/Knieper, Spielpädagogik 809
Heller, E., Nietzsche 67
Heller, E., Studien zur modernen Literatur 42
Hennicke (Hrsg.), Probleme d. Sozialismus i. d. Übergangsgesellschaften 640
Hennig, Thesen z. dt. Sozial- u. Wirtschaftsgeschichte 662
Hennig, Bürgerliche Gesellschaft 875
Henrich, Hegel im Kontext 510
Herbert, Ein Barbar 2 365
Herbert, Gedichte 88
Hermand, J., Von deutscher Republik 793
Herzen, Die gescheiterte Revolution 842
Hesse, Geheimnisse 52
Hesse, Tractat vom Steppenwolf 84
Hildesheimer, Das Opfer Helena / Monolog 118
Hildesheimer, Interpretationen zu Joyce u. Büchner 297
Hildesheimer, Mozart / Beckett 190
Hildesheimer, Nachtstück 23
Hildesheimer, Herrn Walsers Raben 77
Über Wolfgang Hildesheimer 488
Hirsch, Wiss.-techn. Fortschritt i. d. BRD 437
Hirsch/Leibfried, Wissenschafts- u. Bildungspolitik 480
Hirsch, Staatsapparat u. Reprod. des Kapitals 704
Hobsbawm, Industrie und Empire I 315
Hobsbawm, Industrie und Empire II 316
Hobsbawm, Auf dem Weg zum ›historischen‹ Kompromiß 851
Hochmann, Thesen zu einer Gemeindepsychiatrie 618
Hoffmann-Axthelm, Theorie der künstler. Arbeit 682
Hoffmann, HV. 6Hrsg.), Perspektiven kommunaler Kulturpolitik 718
Hofmann, Universität, Ideologie u. Gesellschaft 261
Hondrich, Theorie der Herrschaft 599
Horn, Dressur oder Erziehung 199
Horn u. a., Gewaltverhältnisse u. d. Ohnmacht d. Kritik 775
Horn (Hrsg.), Gruppendynamik u. ›subjekt. Faktor‹ 538
Hortleder, Gesellschaftsbild d. Ingenieurs 394

Hortleder, Ingenieure in der Industriegesellschaft 663
Horvat, B., Die jugoslaw. Gesellschaft 561
(Horváth) Materialien zu Ödön v. H. 436
Materialien zu H., ›Geschichten aus dem Wienerwald‹ 533
Materialien zu H., ›Glaube Liebe Hoffnung‹ 671
Materialien zu H., ›Kasimir und Karoline‹ 611
Über Ödön v. Horváth 584
Hrabal, Tanzstunden 126
Hrabal, Zuglauf überwacht 256
(Huchel) Über Peter Huchel 647
Huffschmid, Politik des Kapitals 313
Imperialismus und strukturelle Gewalt, hrsg. von D. Senghaas 563
Information über Psychoanalyse 648
Internat. Beziehungen, Probleme der 593
Jacoby, Soziale Amnesie 859
Jaeggi, Literatur und Politik 522
Jahoda u. a., Die Arbeitslosen v. Marienthal 769
Jakobson, Kindersprache 330
Jauß, Literaturgeschichte 418
Johnson, Das dritte Buch über Achim 100
Johnson, Karsch 59
Über Uwe Johnson 405
(Joyce, J.) Materialien zu J., ›Dubliner‹ 357
Joyce, St., Dubliner Tagebuch 216
Jugendkriminalität 325
Kalivoda, Marxismus 373
Kapitalismus, Peripherer, hrsg. von D. Senghaas 652
Kasack, Das unbekannte Ziel 35
Kaschnitz, Beschreibung eines Dorfes 188
Kern/Schumann, Industriearbeit 907
Kino, Theorie des 557
Kipphardt, Hund des Generals 14
Kipphardt, Joel Brand 139
Kipphardt, In Sachen Oppenheimer 64
Kipphardt, Die Soldaten 273
Kipphardt, Stücke I 659
Kipphardt, Stücke II 677
Kirche und Klassenbindung, hrsg. v. Y. Spiegel 709
Kirchheimer, Politik und Verfassung 95
Kirchheimer, Funktionen des Staates u. d. Verfassung 548
Kirchheimer, Von der Weimarer Demokratie 821
Klöckner, Anna 791
Kluge/Negt, Öffentlichkeit und Erfahrung 639
Kluge, Lernprozesse mit tödlichem Ausgang 665
Kluge, Gelegenheitsarbeit einer Sklavin 733
Kluge, Neue Geschichten 819

Knieper, Weltmarkt 828
Über Wolfgang Koeppen 864
Kommune i. d. Staatsorganisation 680
Kracauer, Jacques Offenbach 971
Kraiker/Frerichs, Konstitutionsbedingungen 685
Kristeva/Eco/Bachtin u. a., Textsemiotik 796
Kritische Friedenserziehung 661
Kritische Friedensforschung 478
Kroetz, Drei Stücke 473
Kroetz, Oberösterreich u. a. 707
Kroetz, Vier Stücke 586
Krolow, Ausgewählte Gedichte 24
Krolow, Landschaften für mich 146
Krolow, Schattengefecht 78
Über Karl Krolow 527
Kris, Die ästhetische Illusion 867
Kropotkin, Ideale und Wirklichkeit 762
Kühn, Ausflüge im Fesselballon 656
Kühn, Goldberg-Variationen 795
Kühn, Grenzen des Widerstands 531
Kühn, Unternehmen Rammbock 683
Kühnl/Rilling/Sager, Die NPD 318
Kulturpolitik, Kommunale 718
Kunst, Autonomie der 592
Laermann, u.a., Reise und Utopie 766
Laing, Phänomenologie der Erfahrung 314
Laing/Cooper, Vernunft und Gewalt 574
Laing/Phillipson/Lee, Interpers. Wahrnehmung 499
Landauer, Erkenntnis und Befreiung 818
Leithäuser/Volmerg/Wutka, Entwurf zu einer Empirie 878
Lefebvre, H., Marxismus heute 99
Lefebvre, H., Dialekt. Materialismus 160
Lefebvre, H., Metaphilosophie 734
Lefebvre, Einführung in die Modernität 831
Lehrlingsprotokolle 511
Lehrstück Lukács, hrsg. v. I. Matzur 554
Leithäuser/Heinz, Produktion, Arbeit, Sozialisation 873
Lempert, Berufliche Bildung 699
Lenhardt, Berufliche Weiterbildung 744
Lévi-Strauss, Ende d. Totemismus 128
Liberman, Methoden d. Wirtschaftslenkung im Sozialismus 688
Linhartová, Geschichten 141
Literaturunterricht, Reform 672
Lippe, Bürgerliche Subjektivität 749
Literatur und Literaturtheorie, hrsg. von Hohendahl u. P. Herminghouse 779
Loch/Kernberg u. a., Psychoanalyse im Wandel 881
Lorenz, Sozialgeschichte der Sowjetunion 1 654
Lorenz (Hrsg.), Umwälzung einer Gesellschaft 870

Lorenzer, Kritik d. psychoanalyt. Symbolbegriffs 393
Lorenzer, Gegenstand der Psychoanalyse 572
Lotman, Struktur d. künstler. Textes 582
Lukács, Heller, Márkus u. a., Individuum und Praxis 545
Luthardt (Hrsg.), Sozialdemokratische Arbeiterbewegung Band 1 923/Bd. 2 934
Lyon, Bertolt Brecht und Rudyard Kipling 804
Majakowskij, Wie macht man Verse? 62
Malkowski, Was für ein Morgen 792
Mandel, Marxist. Wirtschaftstheorie, 2 Bände 595/96
Mandel, Der Spätkapitalismus 521
Marcuse, Versuch über die Befreiung 329
Marcuse, H., Konterrevolution u. Revolte 591
Marcuse, Kultur u. Gesellschaft I 101
Marcuse, Kultur u. Gesellschaft II 135
Marcuse, Theorie der Gesellschaft 300
Marcuse, Zeit-Messungen 770
Marx, Die Ethnologischen Exzerpthefte 800
Marxist. Rechtstheorie, Probleme der 729
Marxsche Theorie, Aspekte, I 632
Marxsche Theorie, Aspekte, II 633
Massing, Polit. Soziologie 724
Mattick, Spontaneität und Organisation 735
Mattick, Beiträge zur Kritik des Geldes 723
Matzner, J. (Hrsg.), Lehrstück Lukács 554
Mayer, H., Anmerkungen zu Brecht 143
Mayer, H., Anmerkungen zu Wagner 189
Mayer, H., Das Geschehen u. d. Schweigen 342
Mayer, H., Repräsentant u. Märtyrer 463
Mayer, H., Über Peter Huchel 647
Über Hans Mayer 887
Meier, Begriff ›Demokratie‹ 387
Meschkat/Negt, Gesellschaftsstrukturen 589
Michel, Sprachlose Intelligenz 270
Michels, Polit. Widerstand in den USA 719
Mitbestimmung, Kritik der 358
Mitscherlich, Krankheit als Konflikt I 164
Mitscherlich, Krankheit als Konflikt II 237
Mitscherlich, Unwirtlichkeit unserer Städte 123
Mitscherlich, Freiheit und Unfreiheit i. d. Krankheit 505
Mittelstraß, J. (Hrsg.) Methodologische Probleme 742
Monopol und Staat, hrsg. v. R. Ebbinghausen 674
Moral und Gesellschaft 290
Moser, Repress. Krim.psychiatrie 419
Moser/Künzel, Gespräche mit Eingeschlossenen 375
Moser, Verstehen, Urteilen, Verurteilen 880

Most, Kapital und Arbeit 587
Müller, Die Verdrängung des Ornaments 829
Münchner Räterepublik 178
Mukařovský, Ästhetik 428
Mukařovský, Poetik 230
Napoleoni, Ökonom. Theorien 244
Napoleoni, Ricardo und Marx, hrsg. von Cristina Pennavaja 702
Negt/Kluge, Öffentlichkeit u. Erfahrung 639
Negt/Meschkat, Gesellschaftsstrukturen 589
Negt, Keine Demokratie 812
Neues Hörspiel O-Ton, hrsg. von K. Schöning 705
Neumann-Schönwetter, Psychosexuelle Entwicklung 627
Neumann, Wirtschaft, Staat, Demokratie 892
Nossack, Das Mal u. a. Erzählungen 97
Nossack, Das Testament 117
Nossack, Der Neugierige 45
Nossack, Der Untergang 19
Nossack, Pseudoautobiograph. Glossen 445
Über Hans Erich Nossack 406
Nyssen (Hrsg.), Polytechnik in der BRD? 573
Obaldia, Wind in den Zweigen 159
v. Oertzen, Die soz. Funktion des staatsrechtl. Positivismus 660
Oevermann, Sprache und soz. Herkunft 519
Offe, Strukturprobleme d. kapitalist. Staates 549
Offe, Berufsbildungsreform 761
Olson, Gedichte 112
Ostaijen, Grotesken 202
Parker, Meine Sprache bin ich 728
Peripherer Kapitalismus, hrsg. von D. Senghaas 652
Perspektiven der kommunalen Kulturpolitik, hrsg. v. H. Hoffmann 718
Piscator, Theater der Auseinandersetzung 883
Piton, Anders leben 767
Piven/Cloward, Regulierung der Armut 872
Politik der Subjektivität, hrsg. von Michaela Wunderle
Politzer, Kritik der Grundlagen 893
Poulantzas, Die Krise 888
Pozzoli, Rosa Luxemburg 710
Preuß, Legalität und Pluralismus 626
Price, Ein langes glückl. Leben 120
Probleme d. intern. Beziehungen 593
Probleme d. marxist. Rechtstheorie 729
Probleme d. Sozialismus u. der Übergangsgesellschaften 640
Probleme der materialist. Staatstheorie, hrsg. v. J. Hirsch 617
Projektarbeit als Lernprozeß 675
Prokop D., Massenkultur u. Spontaneität 679
Prokop U., Weiblicher Lebenszusammenhang 808

Pross, Bildungschancen v. Mädchen 319
Prüß, Kernforschungspolitik i. d. BRD 715
Przybós, Werkzeug aus Licht 908
Psychiatrie, Was ist ... 708
Psychoanalyse als Sozialwissensch. 454
Psychoanalyse, Information über 648
Psychoanalyse d. weibl. Sexualität 697
Queneau, Mein Freund Pierrot 76
Rajewsky, Arbeitskampfrecht 361
Rammstedt, Soziale Bewegung 844
Reform d. Literaturunterrichts, hrsg. v. H. Brackert / W. Raitz 672
Reichert/Senn, Materialien zu Joyce ›Ein Porträt d. Künstlers‹ 776
Restauration, Determinanten d. westdt. R. 575
Ritsert (Hrsg.), Zur Wissenschaftslogik 754
Ritter, Hegel u. d. Französ. Revolution 114
Ritter-Röhr, D. (Hrsg.) Der Arzt, sein Patient und die Gesellschaft 746
Rocker, Aus d. Memoiren eines dt. Anarchisten 711
Róheim, Psychoanalyse und Anthropologie 839
Rolshausen, Wissenschaft 703
Rossanda, Über Dialektik v. Kontinuität u. Bruch 687
Rossanda/Magri, Der lange Marsch 823
Rottleuthner (Hrsg.), Probleme d. marxist. Rechtstheorie 729
Runge, Bottroper Protokolle 271
Runge, Frauen 359
Runge, Reise nach Rostock 479
Rüpke, Schwangerschaftsabbruch 815
Russell, Probleme d. Philosophie 207
Russell, Wege zur Freiheit 447
Sachs, Das Leiden Israels 51
Sandkühler, Praxis u. Geschichtsbewußtsein 529
Sarraute, Schweigen / Lüge 299
Schäfer/Edelstein/Becker, Probleme d. Schule (Beispiel Odenwaldschule) 496
Schäfer/Nedelmann, CDU-Staat 370
Schedler, Kindertheater 520
Scheugl/Schmidt jr., Eine Subgeschichte d. Films, 2 Bände 471
Schklowskij, Schriften zum Film 174
Schklowskij, Zoo 130
Schlaffer, Der Bürger als Held 624
Schlaffer, Studien zum ästhetischen Historismus 756
Schmidt, Ordnungsfaktor 487
Schmitt, Der Streit mit Georg Lukács 579
Schmitt, Expressionismus-Debatte 646
Schneider/Kuda, Arbeiterräte 296
Schnurre, Kassiber / Neue Gedichte 94
Scholem, Judentum 414

Schram, Die perman. Revolution i. China 151
Schütze, Rekonstrukt. d. Freiheit 298
Schule und Staat im 18. u. 19. Jh., hrsg. v. K. Hartmann, F. Nyssen, H. Waldeyer 694
Schwarzer (Hrsg.), Frauenarbeit – Frauenbefreiung 637
Sechehaye, Tagebuch einer Schizophrenen 613
Segmente der Unterhaltungsindustrie 651
Senghaas, Rüstung und Materialismus 498
Senghaas, Weltwirtschaftsordnung 856
Setzer, Wahlsystem in england 664
Shaw, Caesar und Cleopatra 102
Shaw, Der Katechismus d. Umstürzlers 75
Siegert, Strukturbedingungen 882
Soboul, Französische Revolution 960
Söll/du Bois-Reymond, Neuköllner Schulbuch, 2 Bände 681
Sohn-Rethel, Geistige u. körperl. Arbeit 555
Sohn-Rethel, Ökonomie u. Klassenstruktur d. dt. Faschismus 630
Sohn-Rethel, Warenform und Denkform 904
Sozialistische Realismuskonzeptionen 701
Spazier/Bopp, Grenzübergänge. Psychotherapie 738
Spiegel (Hrsg.), Kirche u. Klassenbindung 709
Sraffa, Warenproduktion 780
Starnberger Studien 1 877
Starnberger Studien 2 963
Sternberger, Bürger 224
Straschek, Handbuch wider das Kino 446
Streik, Theorie und Praxis 385
Strindberg, Ein Traumspiel 25
Struck, Klassenliebe 629
Sweezy, Theorie d. kapitalist. Entwicklung 433
Sweezy/Huberman, Sozialismus in Kuba 426
Szondi, Über eine freie Universität 620
Szondi, Hölderlin-Studien 379
Szondi, Theorie d. mod. Dramas 27
Tagträume vom aufrechten Gang, hrsg. von Arno Münster 920
Tardieu, Imaginäres Museum 131
Technologie und Kapital 598
Teige, Liquidierung der ›Kunst‹ 278
Tibi, Militär u. Sozialismus i. d. Dritten Welt 631
Tiedemann, Studien z. Philosophie Walter Benjamins 644
›Theorie der Avantgarde‹ hrsg. v. W. Martin Lüdke 825
Tohidipur (Hrsg.), Verfassung 822
Toleranz, Kritik der reinen 181
Toulmin, Voraussicht u. Verstehen 292
Tumler, Nachprüfung eines Abschieds 57
Tynjanov, Literar. Kunstmittel 197

Ueding, Glanzvolles Elend. Versuch über Kitsch u. Kolportage 622
Ueding, (Hrsg.), Literatur ist Utopie 935
Uspenskij, Poetik der Komposition 673
Vossler, Revolution von 1848 210
Vyskočil, Knochen 211
Walser, Abstecher / Zimmerschlacht 205
Walser, Heimatkunde 269
Walser, Der Schwarze Schwan 90
Walser, Die Gallistl'sche Krankheit 689
Walser, Eiche und Angora 16
Walser, Ein Flugzeug über d. Haus 30
Walser, Kinderspiel 400
Walser, Leseerfahrungen 109
Walser, Lügengeschichten 81
Walser, Überlebensgroß Herr Krott 55
Walser, Wie u. wovon handelt Literatur 642
Walser, Sauspiel mit Materialien, hrsg. von Werner Brändle 913
Über Martin Walser 407
Was ist Psychiatrie?, hrsg. v. F. Basaglia 708
Weber, Über d. Ungleichheit d. Bildungschancen in der BRD 601
Weber, Betty N., Brechts ›Kreidekreis‹ 928
Wehler, Geschichte als Histor. Sozialwissenschaft 650
Weiss, Abschied von den Eltern 85
Weiss, Stücke I 833
Weiss, Stücke II 910
Weiss, Fluchtpunkt 125
Weiss, Gesang v. Lusitanischen Popanz 700
Weiss, Gespräch d. drei Gehenden 7
Weiss, Jean Paul Marat 68

Materialien zu ›Marat/Sade‹ 232
Weiss, Rapporte 2 444
Weiss, Schatten des Körpers 53
Über Peter Weiss 408
Weiss, Alexander, Bericht aus der Klinik 889
Wellek, Konfrontationen 82
Wellershoff, Die Auflösung des Kunstbegriffs 848
Wellmer, Gesellschaftstheorie 335
Wesker, Die Freunde 420
Wesker, Die Küche 542
Wesker, Trilogie 215
Winckler, Studie z. gesellsch. Funktion faschist. Sprache 417
Winckler, Kulturwarenproduktion / Aufsätze z. Literatur- u. Sprachsoziologie 628
Wirth, Kapitalismustheorie in der DDR 562
Witte (Hrsg.), Theorie des Kinos 557
Wittgenstein, Tractatus 12
Wolf, Danke schön 331
Wolf, Fortsetzung des Berichts 378
Wolf, mein Famili 512
Wolf, Pilzer und Pelzer 234
Wolf, Auf der Suche nach Doktor Q. 811
Wolf, Die Gefährlichkeit 845
Über Ror Wolf 559
Wolff/Moore/Marcuse, Kritik d. reinen Toleranz 181
Wuthenow, Muse, Maske, Meduse 897
Zima, Kritik der Literatursoziologie 857
Zimmermann, Vom Nutzen der Literatur 885
Zoll, Der Doppelcharakter der Gewerkschaften 816